泉港姓氏志

泉港区地方志编纂委员会 编

二〇一六年八月

泉州市泉港区方位图

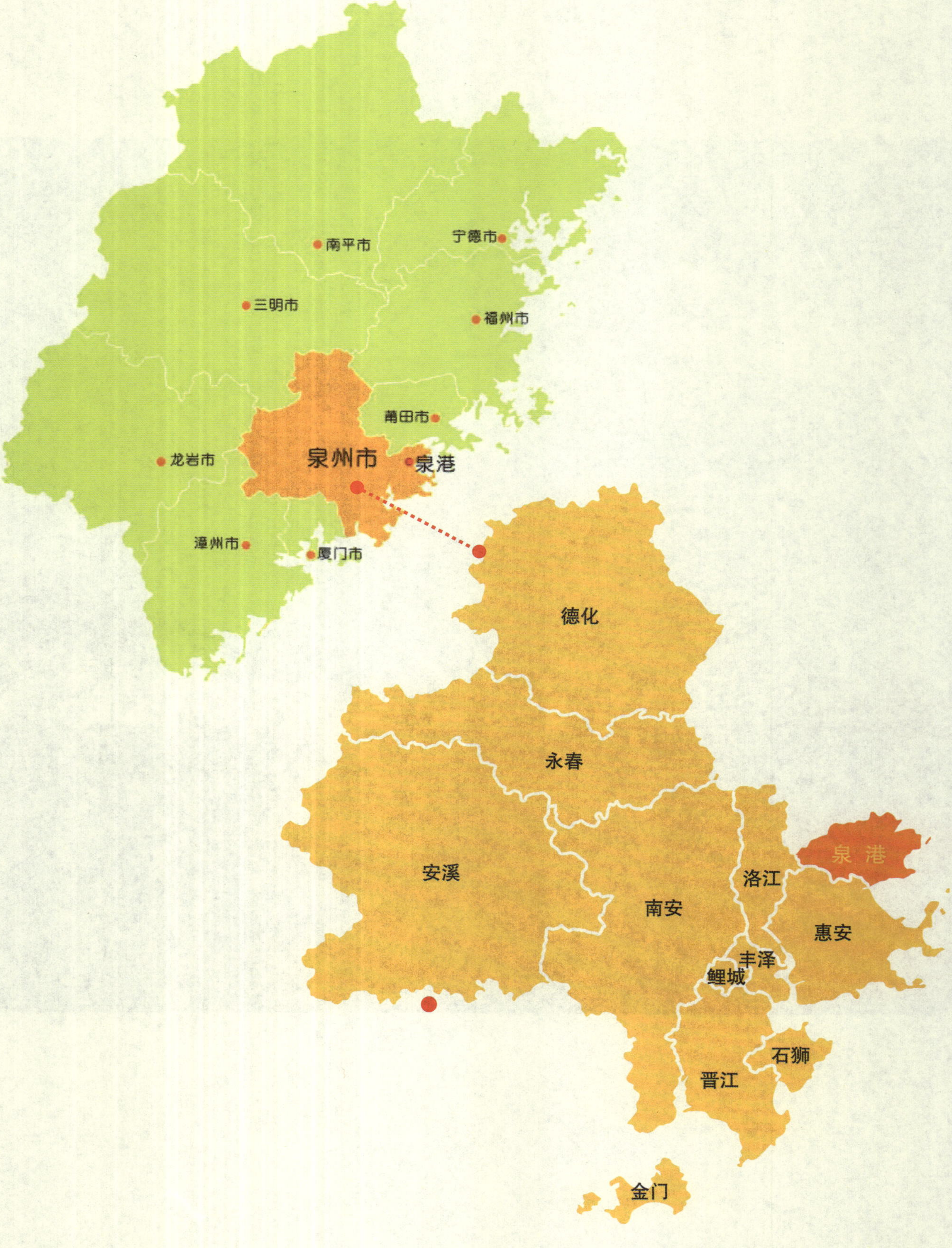
南平市
宁德市
三明市
福州市
莆田市
泉州市
泉港
龙岩市
漳州市
厦门市
德化
永春
安溪
洛江
泉 港
南安
惠安
丰泽
鲤城
石狮
晋江
金门

泉港区地图

福建省制图院　2016年8月

泉州市泉港区古代山川图

（含惠安部分）

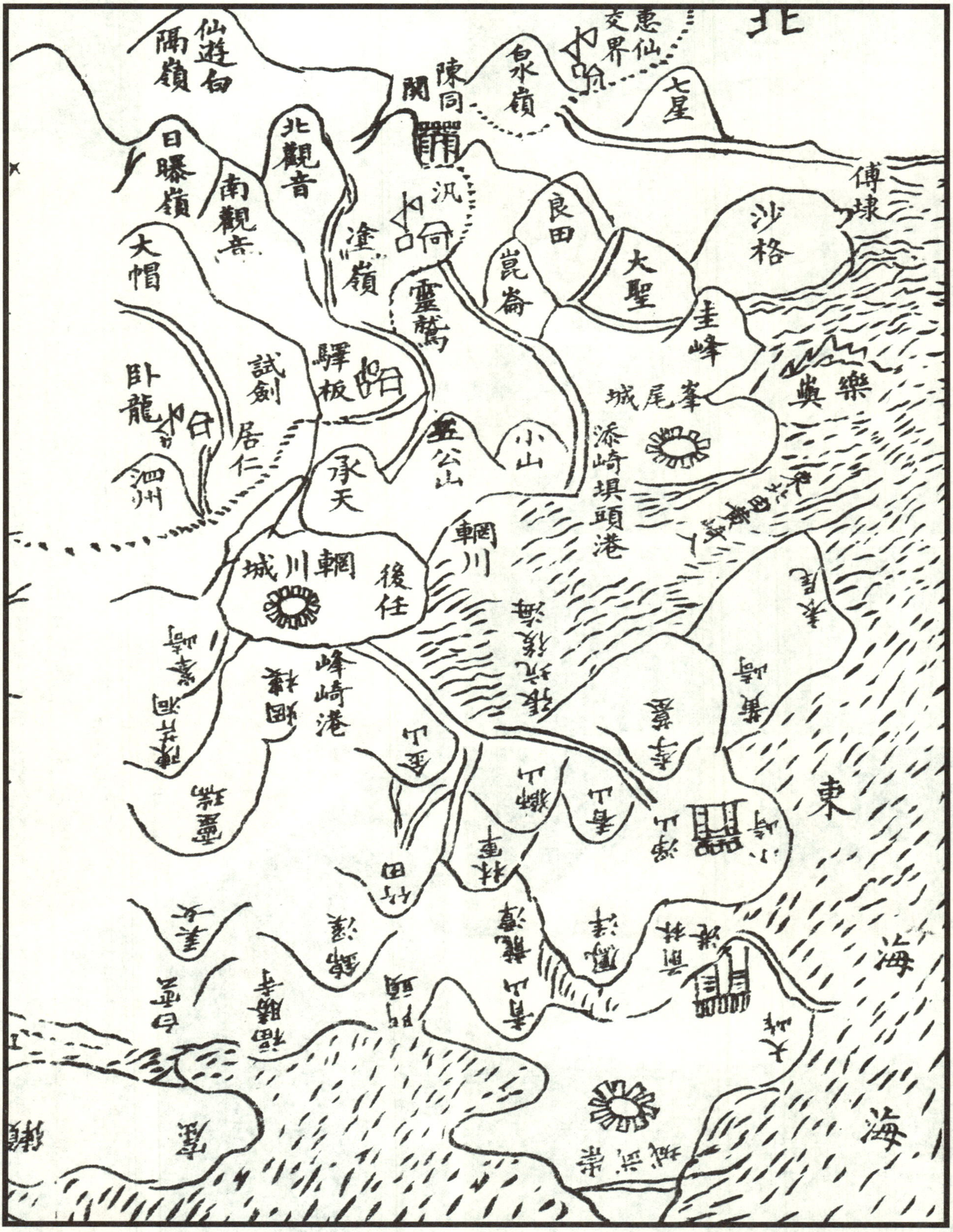

摘自 清·嘉庆版《惠安县志》

山海宜居

热血春秋

宗教信仰

科教文卫

艺术瑰宝

名筑佳构

码头港湾

阡陌交

命运，有着共同的追求与记忆，有着共同的轨迹和愿景，日久天长便积淀为共同的姓氏文化和情怀。这些老百姓用生命和血汗铸就的族魂和乡愁，生生不息，绵延不绝，维系并激励着海内外的泉港子民。兹辑列相片数帧以形象反映百姓共同的文化印记和生命轨迹。

民俗风情

祠堂

溪流水库

讨海养殖

耕山耘田

泉港姓氏文化掠影

泉港八十个聚族世居姓，各姓氏从何而来，根在何处，始祖何人，名人几何，郡望何方，堂号何名，辈字何谓，史迹留何，几番迁徙，如何发展……沧桑人世，纷繁离合，难以尽述。由于长期共处于这方水土并历经共同的社会历史，生存发展的共同需求使得各姓氏有着共同的时空与

吞海吐盐

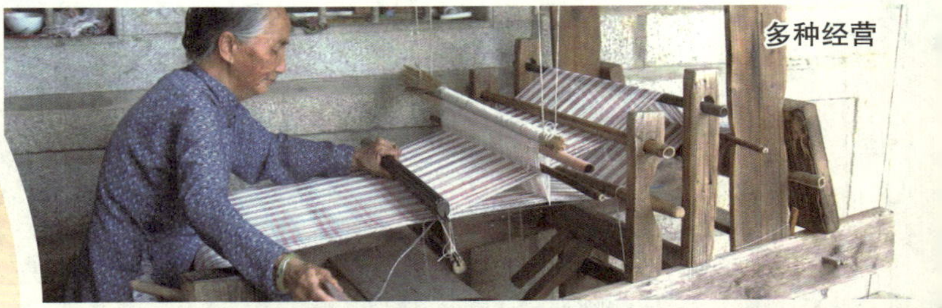
多种经营

硕果佳肴

城乡进程

生命轨迹

游子情深

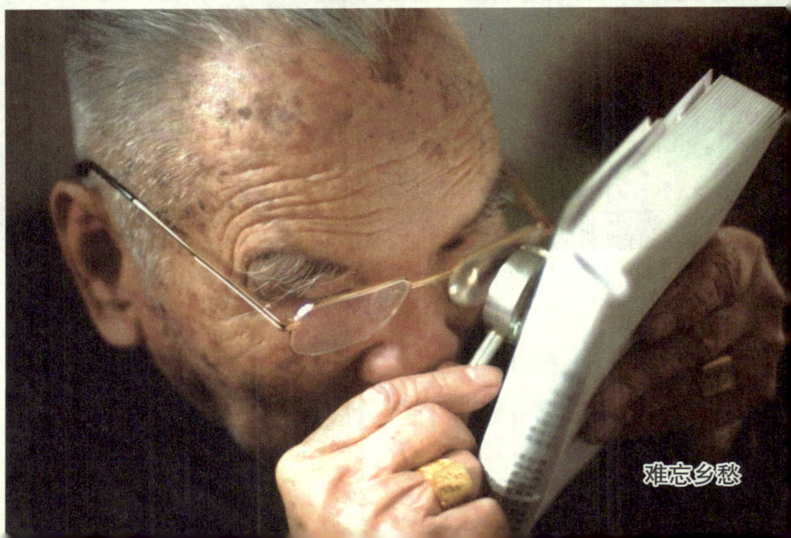
难忘乡愁

泉港姓氏文化

山海宜居

沧海遗石

涂岭绿源

玉笏朝天

涂岭绿笛

笔架山

界山石龟

涂岭茶梯

南埔围垦

峰尾石狗尾

沙格海景

惠屿风光

泉港姓氏文化

溪流水库

菱溪

南庄太阳陂

坝头溪

开渠引流

桥闸

水库纪念碑

山涧流水

陈田水脉

泉港姓氏文化

码头港湾

半岛风光天铸成
碧波三面千帆竞
海国一塔出云庭

五里海沙

圭峰良澳

渔排

围垦

港口

码头作业

塔吊

龙田门

海湾新姿

百舸竞发

炼油厂

泉港姓氏文化

阡陌交通

大德古渡

无量桥碑

古巷

福厦古道

曲径通幽

古驿遗迹

涂岭旧路

动车过境

濴头古桥

九龙之路

泉港姓氏文化

耕山耘田

春播

吊乌（杆杠提水）

牛犁耕

饲兔

打粟

晒谷

拔秧

牧羊

养鸡

赶鸭

饲猪

机作

耕闲

泉港姓氏文化

讨海养殖

定置网鱼

挑蚵

网箱养鱼

起海

拉蚵

滩涂种菜

鱼跃人欢

海带加工

渔网

海上养殖

拔落令

泉港姓氏文化

吞海吐盐

夯歌造田

机械装盐

风车提水

银池扒收

吊乌取卤

盐入公堆

振兴轻工 走向世界
授予全国轻工业出口创汇
先进企业
中华人民共和国轻工业部
一九八八年

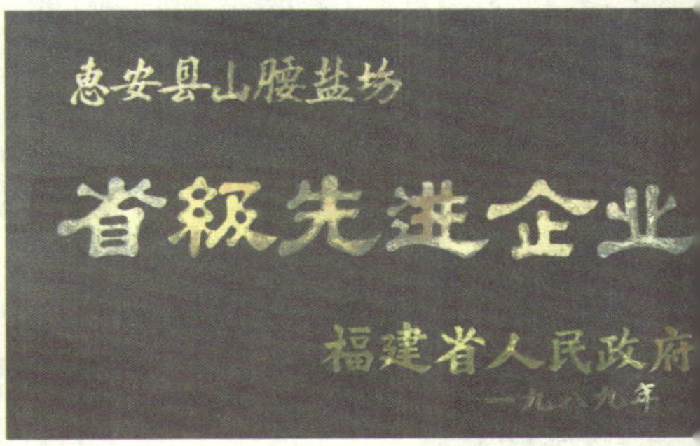
惠安县山腰盐场
省級先进企业
福建省人民政府
一九八九年

8·18纪念山腰盐场解放53周年座谈

泉港姓氏文化

多种经营

涂岭猪脚

打铁店

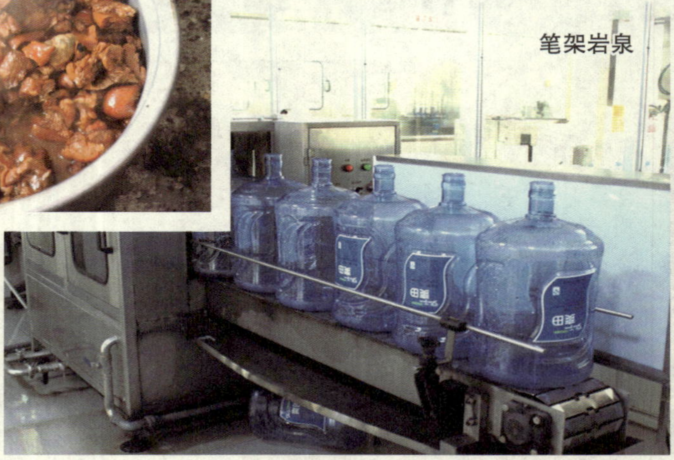
笔架岩泉

纺纱

船模制作

采茶

织布梭子

手工线麺

晾晒炊粉

豆皮作坊

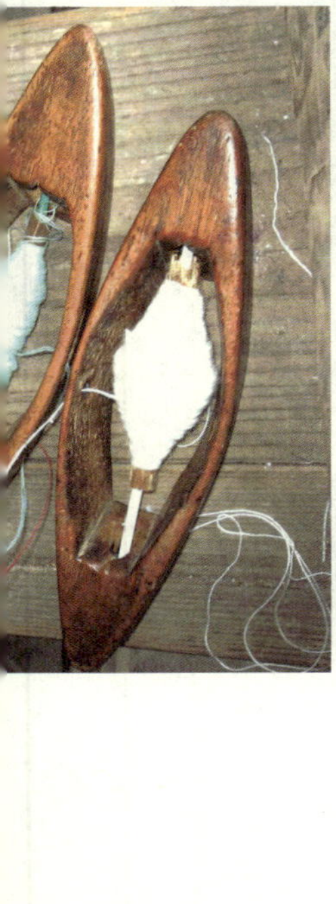

织布

泉港姓氏文化

硕果佳肴

甜瓜

青椒

印桃粿

糯米团

鳗浮

海龙窝

白菜

蚵饼

浮粿

圆箭枣

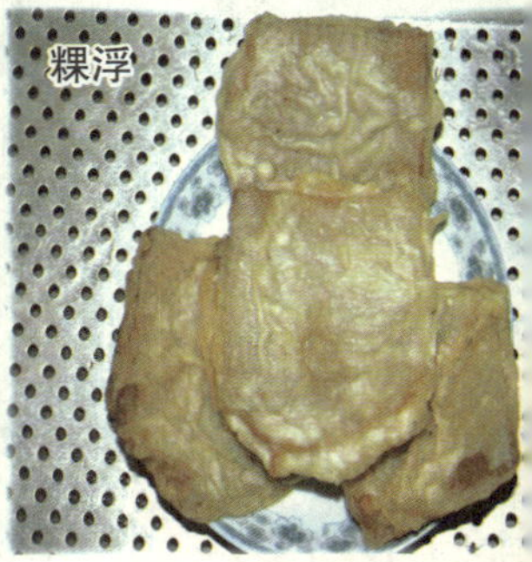
粿浮

红萝卜

粽子

白糕

甜粿

圆仔

摘桔子

杨桃包装

玉米

泉港姓氏文化

城乡进程

五间厢古厝

山腰旧市

老宅留韵

樟脚古居

建区初期

城乡蜕变

南山中路

泉港姓氏文化

名筑佳构

黄素石楼

沙格灵慈宫

燕尾脊

选青斋（文武馆）

土坑古民居群

石角民居

出砖入石

砖石合壁

大厝并列

藻井

尾观海楼

寨后旧厝

萧厝洋楼

泉港姓氏文化

艺术瑰宝

天子传音

七星灯舞

北曲演奏

七星灯

现代话剧

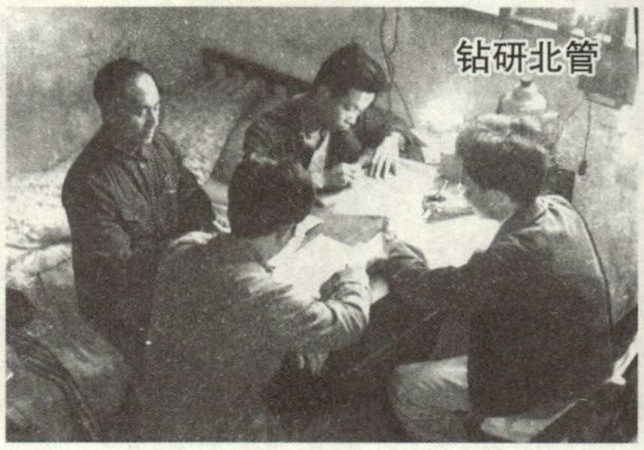
钻研北管

古装戏

南音演奏

咸水腔芗剧

古厝天籁

木刻

古船模

龙柱

文艺汇演

石雕

砖刻

泉港姓氏文化

热血春秋

烟墩遗址

烽火台

女民兵

庄盛春烈士事迹报告会

粉碎江青反革命集团庆祝大会

陈平山烈士陵园

三朱革命纪念碑

后楼革命据点

吴敦仁烈士纪念碑

革命活动遗址

塘头抗倭遗址

田里据点旧址

泉港姓氏文化

科教文卫

科技下乡

北管切磋

惠北华侨医院

文艺获奖

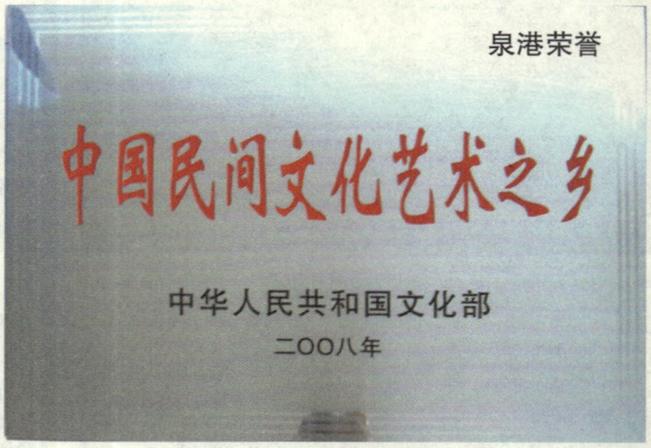

泉港荣誉

少先队活动

北管渊薮

民间音乐社

从小

土坑文武馆

文艺进校园

情系桑梓

扁担拳

太极拳

第一实幼

华侨建校

政府鼓励

中学

泉港姓氏文化

宗教信仰

虎岩寺

柱联

曾炉寺

东岳庙一角

清莲庵

云门寺

青狮洞

笔架寺

树抱塔

燕山寺

天湖寺

院前普渡迁界碑

寺庙育孤

礼拜

道场法事

土地古庙

基督教

泉港姓氏文化

祠堂文化

堂号

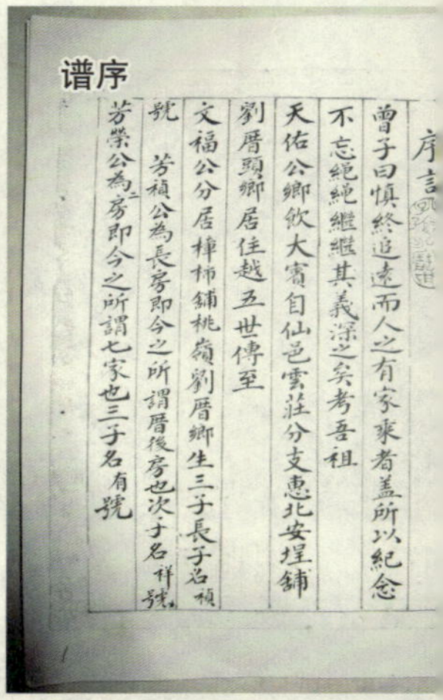
谱序

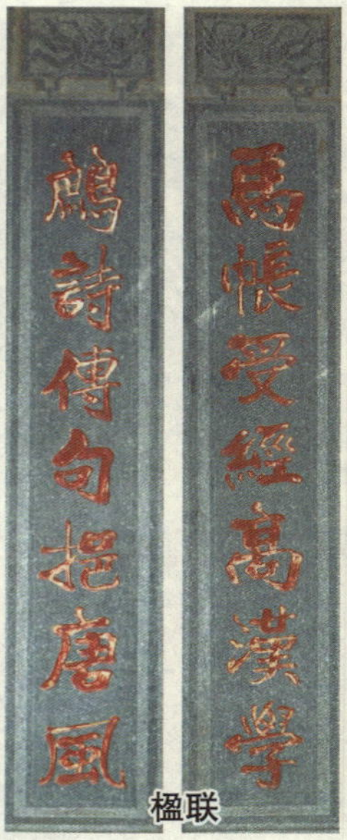

楹联

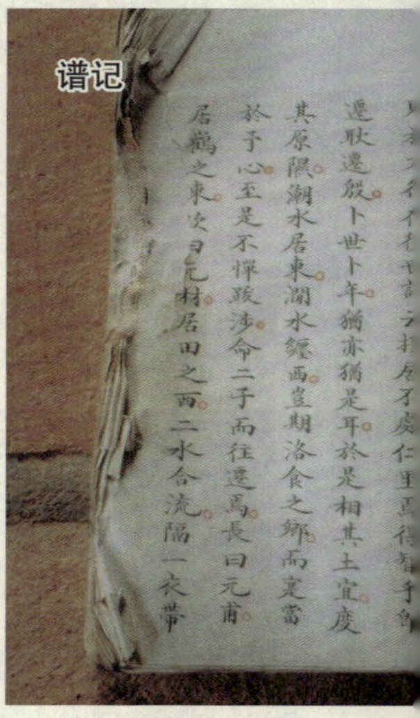
谱记

祭祖

尊贤

发谱

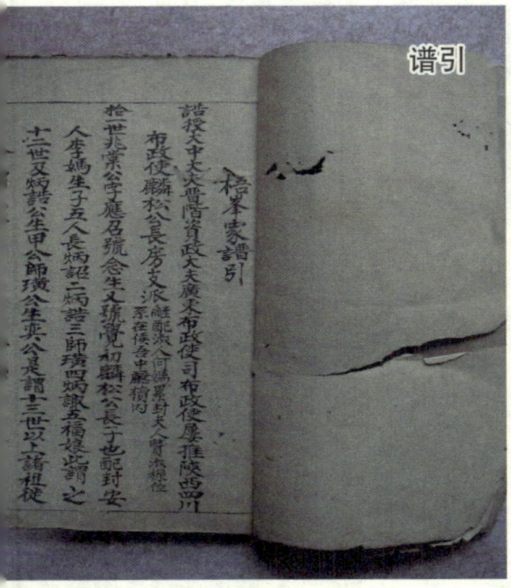
谱引

敬祖

祠鼓

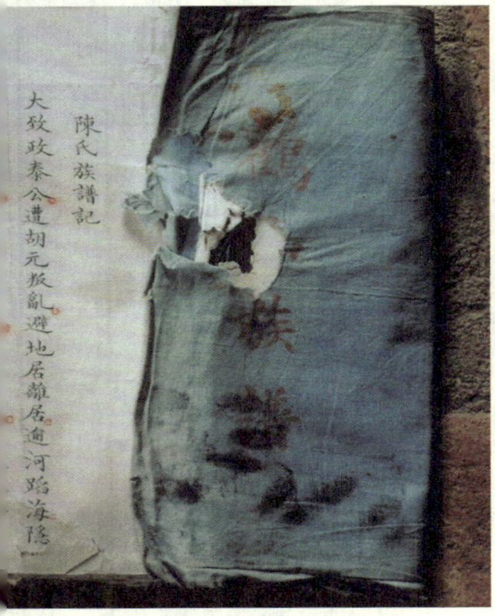

点主

公婆牌

列祠

泉港姓氏文化

民俗风情

扒龙船

冬至扫墓

出筵碗

跳

“挂香”

迎神

弄狮

板龙灯

踩街

钻灯脚

乞彩

求神

游灯

泉港姓氏文化

生命轨迹

乌篮迹

少年乐

食为天

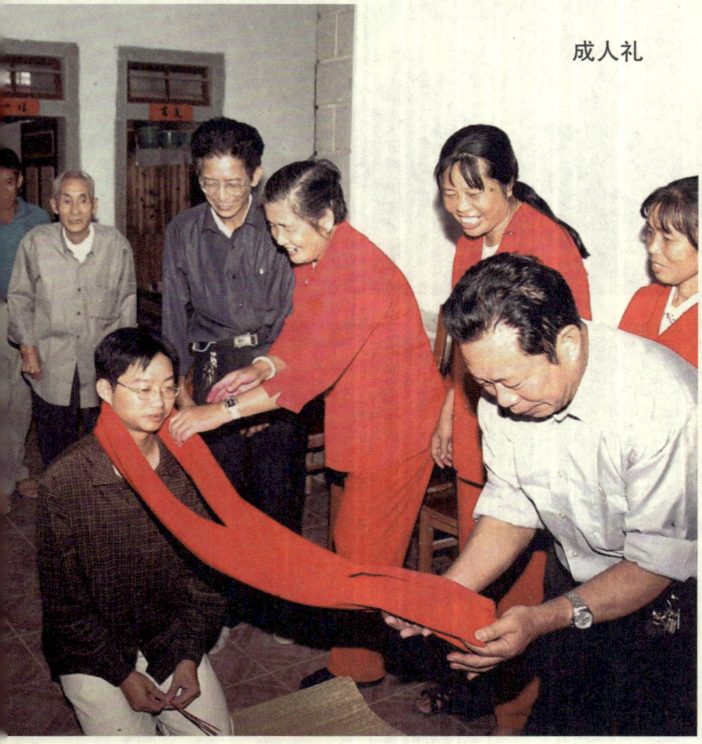

成人礼

喜担盘

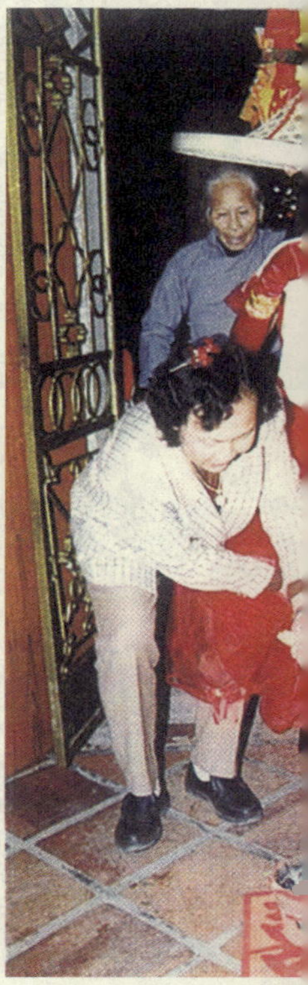

送灯忙

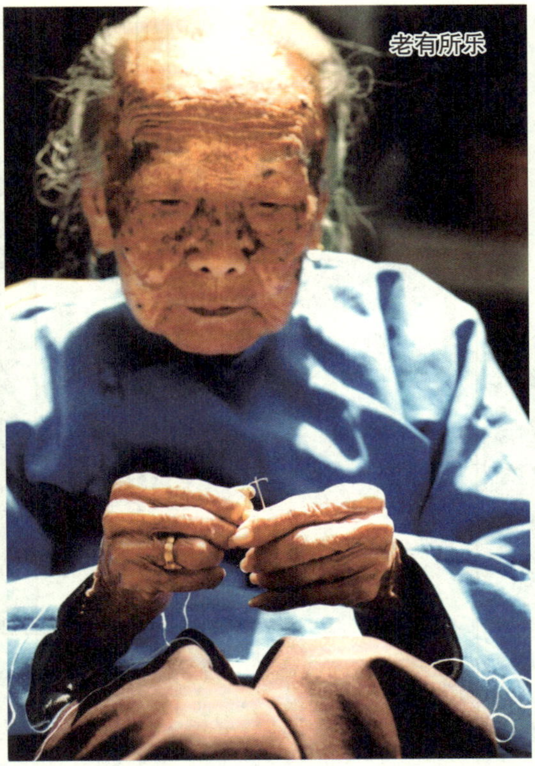

老有所乐

天伦乐

跨火盆

五代同堂

闽林始祖陵

泉港姓氏文化

游子情深

侨建古楼（阿罗婶大厝）

侨捐学校

知音和

山腰侨联办公楼

恋乡情

盼和合

长辉亭

联谊会

泉港姓氏文化

民族和谐

畲族恢复大典

出氏祠堂

蒙古族小学

泉港特

畲族门匾

族中学

民族文化节

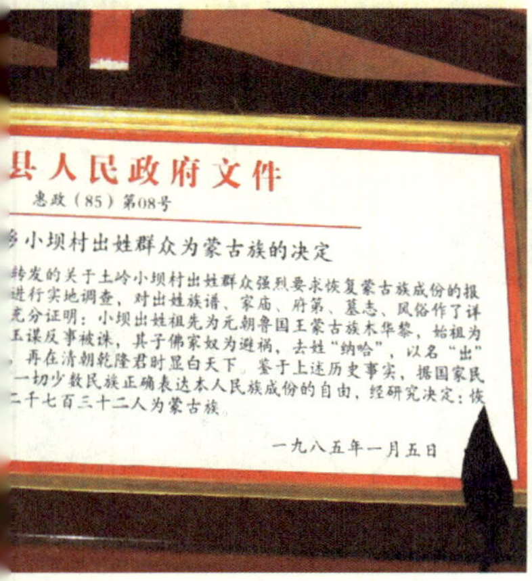
县人民政府文件

惠政（85）第08号

乡小坝村出姓群众为蒙古族的决定

转发的关于土岭小坝村出姓群众强烈要求恢复蒙古族成份的报
进行实地调查，对出姓族谱、家庙、府第、墓志、风俗作了详
充分证明：小坝出姓祖先为元朝鲁国王蒙古族木华黎，始祖为
王谋反事被诛，其子佛家奴为避祸，去姓"纳哈"，以名"出"
，再在清朝乾隆君时显白天下。鉴于上述历史事实，据国家民
一切少数民族正确表达本人民族成份的自由，经研究决定：恢
二千七百三十二人为蒙古族。

一九八五年一月五日

回族村门

泉港姓氏文化

难忘乡愁

游子恋海

老有所学

异形古井

林中午餐

农具

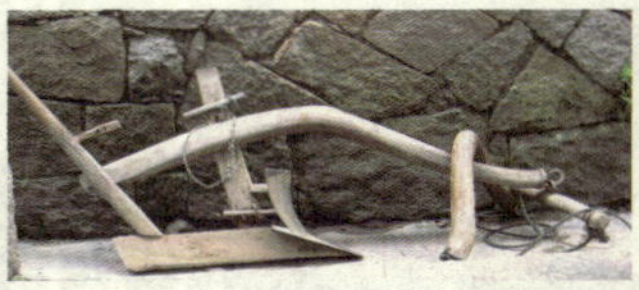

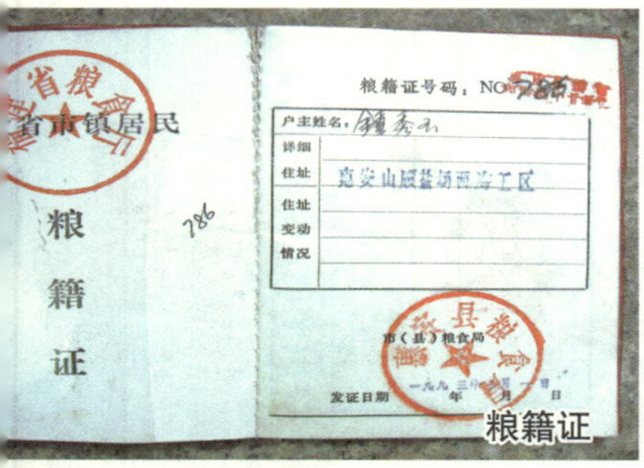

粮籍证

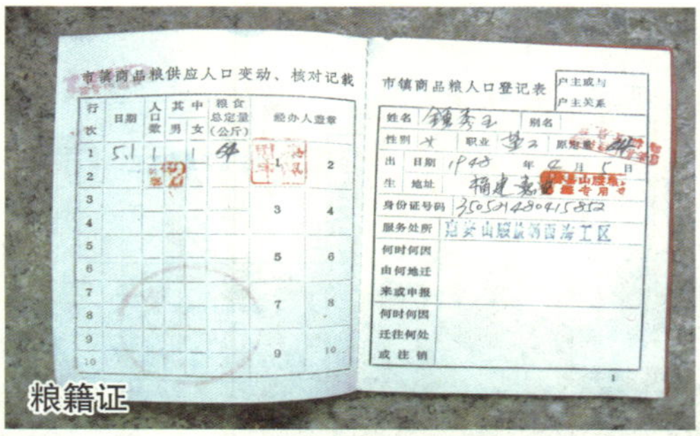

粮籍证

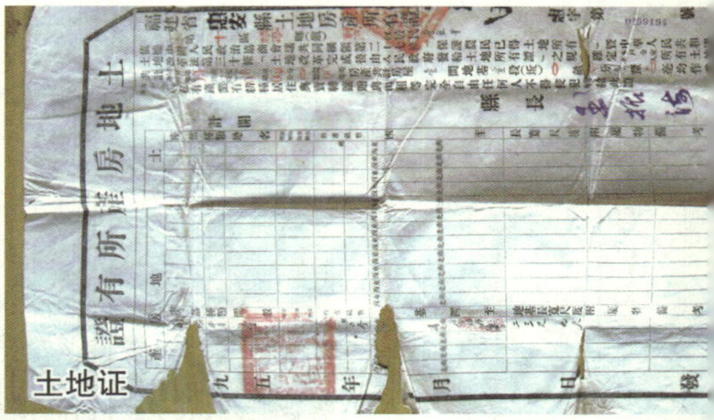
土地证

髻饰

打谷机

竹梗

旱厕

槐山窑址

泉港姓氏文化

开门修志

政府主导·民间运作

敬畏求真·创新务实

2012年6月13日，区委书记洪自强，区委常委、组织部部长朱云鹏，副区长肖惠中调研方志工作

2013年8月26日，区长吴礼源、副区长肖惠中调研方志工作

2013年10月12日，区委常委、宣传部部长张继红，副区长肖惠中听取姓氏志工作汇报

2013年9月，逐镇进行村姓资料审核

2015年10月23日，省方志委副主任林浩现场修改《泉港姓氏志》

2015年7月23日，市方志委常务副主任张惠评到泉港调研工

2008年8月29日，召开全区姓氏志编纂工作会议，副区长赵琼花部署工作

2009年6月，全区各镇村姓资料征集工作启动

2009年11月11日，专家对《泉港姓氏志》初稿进行论证座谈

2014年8月28日，召开姓氏志涉及当代人物再审工作推进会，副区长肖惠中作具体部署。

《泉港姓氏志》编委会研究“敬畏求真·创新务实”工作

《泉港姓氏志》资料员、审核员培训现场

2014年11月21日，区方志委组织省、市、区有关领导和专家评审《泉港姓氏志》，会后合影

《泉港姓氏志》编纂和评审人员名单

泉港区地方志编纂委员会名单

■ 2007 年 9 月成立泉港区地方志编纂委员会

顾　问： 游祖勇

主　任： 林华伟

副主任： 黄文成　林耀平　赵琼花　钟海平　万顺灿　庄赞清

■ 2010 年调整后的泉港区地方志编纂委员会

顾　问： 游祖勇

主　任： 洪自强

副主任： 林耀平　赵琼花　林荣清　万顺灿　蔡清龙

■ 2012 年 12 月调整后的泉港区地方志编纂委员会

顾　问： 洪自强

主　任： 吴礼源

副主任： 张继红　肖惠中　万顺灿　柯永进

编纂组名单

■ 2009 年 5 月成立的编委会名单

主　　编： 郭丁法

副 主 编： 庄赞清

执行主编： 郭民富

编　　委： 邱清满　蔡志阳　庄绍能　庄雪辉　吴海鹰　肖德宝
陈宝喜　陈秋财　蒋海昆　庄剑锋　钟云申

■ 2011 年 1 月成立的编纂组名单

主　　编： 郭丁法

副 主 编： 蔡清龙　庄赞清

执行主编： 郭民富

编　　委： 邱清满　蔡志阳　庄绍能　连溥恩　吴海鹰　肖德宝
庄乙平　陈秋财　黄凤禧　庄剑锋　钟云申

■ 2013 年 7 月调整后的编纂组名单

主　　编： 郭丁法

副 主 编： 林进辉

执行主编： 郭民富

编　　委： 庄绍能　刘建阳　康良兴　蔡志阳　庄俊洋　林昀瑜
王传林　吕伟成　连森阳

评审组名单

■ 2009 年 11 月 11 日初稿评审组名单

邱哲宏　林龙海　庄德祖　黄纯能　庄福星　陈开登　刘荣旗
林龙西　曾献秋

■ 2014 年 11 月 21 日终稿评审组名单

陈支平　蔡千豪　林龙海　朱定波　陈桂炳　林少川　林永平
黄建聪　林明辉　陈开登

■ 摄影和编务名单

摄影（提供照片）： 郭民富　庄玉宗　陈荣玉　刘宗训　郑碧辉
刘华军

编务： 黄丽虹　黄纯能　吴玉杯　庄添财　林珠金　庄稼山

序 言

洪自强

《泉港姓氏志》是老百姓喜闻乐见的宝典。她第一次以国家的视野、从文化的角度，对泉港现有374个姓氏特别是80个聚族世居姓氏的历史与现状进行了系统的梳理和总结，使得各姓氏可以较为清晰地了解自己的姓自何来、根在何处、始祖何人、郡望何方、堂号何名、名人几何、几番迁徙以及如何生存发展。更可让人深切地感悟到，由于各姓氏长期共处于泉港这方水土，历经了共同的社会历史，因而生存发展的共同需求使得各姓氏有着共同的时空与命运，有着共同的追求与记忆，有着共同的轨迹与愿景，从而积淀铸就了共同的人文精神。这种奇特的姓氏文化，正是中华文明在泉港的延续、承传和发展，至今依然生生不息、充满生机。

《泉港姓氏志》是老百姓集体智慧的结晶。中华文明有着5000多年的悠久历史，源远流长，是中华民族自强不息、绵延发展的强大精神力量。这种力量渗透于泉港这方热土，早已融化为各姓氏历程的优良传统，镌刻在各族人民的心坎上，薪火相传，为我们积累留存了弥足珍贵的精神财富和人文史料。承传和弘扬这种伟大精神，在当今已是政府和百姓的共同需求和期待，因此唤起了海内外乡亲魂牵梦萦的乡愁，凝聚为抢救、追寻、整理和再现自己生命轨迹的共同行为和集体智慧，由此在全区上下内外形成一波波增强方志意识、普及姓氏知识、培养骨干队伍、构筑业务网络、激发姓氏魂魄，促进社会和谐进步的姓氏文化大普及的社会活动。《泉港姓氏志》是人文历史的积淀，是盛世文明的见证，也是各姓氏同心协力的成果，必将产生深远的历史与现实影响。

《泉港姓氏志》还展示了姓氏文化的厚重悠久、丰富多彩。站在时空的坐标上考察，定然会领悟到泉港姓氏文化具有强盛的活力。她既是历史的，又是当代的；是有形的，又是无形的；是现实的，又是潜在的；是闽南的，又是中国的，更是世界的。“究天人之际，通古今之变”。重视、研究和借鉴自己的历史文化，可以为我们带来更多的了解昨天、把握今天、开创明天的才智和动力。现在，举国上下正在为实现中华民族伟大复兴奋斗，摆在我们面前的一个课题是如何承传弘扬姓氏文化，动员和组织各姓氏同心共圆中国梦。这是历史使命，更是共同责任。

首先，要激活姓氏文化的顽强生命力。姓氏文化之所以具有顽强的生命力，是因为她源于老百姓，植根于百姓心中，世代相传，绵延不绝。无论国运兴衰，还是民生起伏，总是支撑和维系着各民族的生存发展。我们应当以前辈为榜样，把这种姓氏优良传统融化贯通到新的时代里和新的征程上，在承传中创新，在创新中承传，让中华文明与时俱进地得到丰富、充实和升华。

其次，要激活姓氏文化的民族凝聚力。中华文明绵延数千年，是因为中华民族具有统一的价值标准和价值取向。尽管姓氏各异、来历不一，但都认同“自强不息、厚德载物”，都认同“天下兴亡、匹夫有责”，都认同“义孝和谐、行善积德”等等，这是老百姓世代相传的共同意志和品格，也是民族团结统一的基因和根本。历史还将告诉未来：老百姓的拥护支持，是各项事业兴旺发达取之不尽、用之不竭的力量源泉。

再次，要激活姓氏文化的历史穿透力。这种历史穿透力，迸发于姓氏文化具有超越时空的精神底蕴。纵观各姓氏千百年来的生命轨迹和所留有的经典传奇，至今仍鲜活生猛。近看《泉港姓氏志》的编纂历程，人不分海内外，地不分南北，姓不分大小，族不分多少，都始终关注和支持。同心共圆中国梦，就要激活这种跨越时空的历史穿透力，广泛动员和依靠各姓氏各民族，共同开创美好的未来。

《泉港姓氏志》问世，是编纂的结束，也是研究开发和运用弘扬的开始。

期待着各路专家学者和海内外乡亲继续从泉港的社会、地理、历史、文化和经济等多角度进一步挖掘探索，让古老或年轻的姓氏文化唤发出更响的时代强音，涌现出更多的文化精品。

谨以为序。

（作者系中共泉港区委书记、泉港区方志委顾问）

序　言

吴礼源

历史可以无限大，也可以无限小。一部《泉港姓氏志》道尽374个姓氏的起源流变和苦难辉煌，更是勾画出姓氏文化与泉港历史的脉动。通过这些相关联的宗族生命的演进，还原历史与姓氏文化发展的真况，让我们一道“穿越”历史，弥漫乡愁于字里行间。

走进历史，我们不难发现，泉港历古至今，一直以来就是众多姓氏大迁徙、大融合的舞台。自4300多年前的人类文明曙光照临这片热土以来，2000多个姓氏支系纷繁离居、显微殚续、分合散处于这一东南海隅。历经至少七次大迁入、九次大迁出，终由1200多支系迁入构成现80个世居姓氏。穿过漫长的历史迷雾，我们依稀可以瞥见各姓氏入泉港之先祖，就陋而居，勤劳为本，起家室于穷白，立基业于乱世，传风采于修身，代代相依，薪火相传，绵亘数千年，成就家族荣光，也用乳汁和血汗精心哺养泉港这块乐土，煅就“五里不同风、三里不同俗”的民俗风情和“开放包容、坚韧独立、和谐共荣”的人文特质。

而后，林禄定边、谢履断水、义可请命、卢锡事桥、卢琦立德、蔡清论道、李恺购地、一龙经文、郭良廉政、忠孝渡台、王璋著史、林汇靖海、科联授业、端弘善举、永华续路、开泰取义、二娘举旗、正元忠烈、高参痴武、碧川建港、说本办学、平山捐躯、晚芳问茶、汉膺逐理、重文兴教、温仁悬壶、荣辉探天……这些各姓氏之精英，文修德行利生益民、武振威仪安邦定国、士弘仁义施善乡里，其报国之志、忠诚之胆、济世之义、正义之节、敬业之风、思源之心、舔犊之情，无不是民族精神与人性道德的集中表现，更承载着泉港各姓氏的人文血脉与道德精华，跨越时空，愈久弥真，历久弥亲，不断启迪族亲后昆对人生价值取向的重新思考，这，正是这部《泉港姓氏志》的魅力所在。

海纳百川，万泉归港。面对古希腊哲学家苏格拉底昂天高问“我是谁？我来自何方？我去何处？”的千年诘问，《泉港姓氏志》在一定层面上回答了这个深奥的问题。通过姓氏这条血统源流线索，器元重本，饮水思源，不忘本根、不忘天道、不忘祖宗，承先启后，继往开来，永续辉煌。这是千年诘问的最好注脚，也是家庭和睦、社会和谐的重要基石，中华民族和中华文化的生生不息的大根大本。从这个意义上讲，泉港姓氏文化是泉港真实的性格，是泉港文化的标志，也是泉港文化的根本所在，更是泉港文化的生命“基因”，成为当今泉港抢抓“一路一带”和“清新福建”建设机遇，树立创业自信、文化自觉，实现发展自强，打造海西绿色石化港口新城升级版的最大源泉。

值得一提的是，为编纂这部“泉港区大族谱”，一千多位参编人员无怨无酬、八方遍访、不辞诹筹、历时九载、十易其稿、芸编斯册，足见其对历史的敬畏、生命的敬重和故土的敬爱，可谓意义非常，功莫大焉，可恭可贺。相信，它的出版，对于更好地了解泉港、热爱泉港、建设泉港，意义深远；对于各姓氏的海内外宗亲、港澳台同胞寻根问祖搭桥牵线，至关重要。同时，期待有更多的泉港历史文化著作问世。

是为序。

（作者系泉港区人民政府区长、泉港区方志委主任）

序 言

陈支平

甲午夏日，家乡的郭民富、郭丁法二位先生来访，赠我《泉港姓氏志》第九稿，图文并茂，洋洋百万字。时值酷暑难耐、诸事不宜，幸得此书慢慢翻阅，拜读之余，烦闷顿消、惊喜交加，诚如圣人所言："洋洋乎盈耳哉"!

敝家乡地处兴化、泉州二府交界之处，经常成为人们"遗忘的角落"。即以所操语言为例，南腔北调，与闽南方言、兴化方言，均在疑似之间，不成格局。即使是在行政归属上，历史上也曾经遭遇过数次险被割舍遗弃的尴尬境地。因此之故，敝家乡很难引起历代文史学家们的青眼眷顾，坟典缺失，记述稀疏。这些年来，我虽然在厦门大学以教书兼治史为生，对于家乡祖先的历史，时有关注。无奈文献少征，所获甚少，至今不敢敷衍成篇，难以对家乡的文史有所发见，深有歉疚。

十余年前，为政者雄图大略，终于把敝家乡从原属的惠安县中分割出来，成立了据说是与惠安县同等行政级别、可以平起平坐的泉州市"泉港"行政区。然而时至今日，许多局外人对于"泉港区"依然是难明就里。我曾有数次寄快件回泉港老家的经历，快递公司在泉州市城郊转了数日，退还物件，言称在泉州市城郊找不到"泉港区"，无法投送。此事虽属意外，但亦可知道家乡"泉港区"诸事开创之艰难。

改革开放以来，政府大力提倡"盛世修志"，各省、各市、各县纷纷响应，依样画葫芦、众人拾柴火焰高。到二十世纪、二十一世纪之交的时候，从政府的文告中得知"第一轮的盛世修志"顺利完成，全国编纂出版的地方志书总有数千种之多吧？然而敝家乡"泉港"行政区，其生也晚，错过了第一轮"盛世修志”的大好时光。当此全国方志办踌躇满志的时候，泉港区依然是空白一片，难于自遣。我的一位博士学生曾经担任过福建省方志办主任，每当和他谈及此事，连带得我都不得不垂头丧气起来。

好在家乡的父老乡亲们，不像我这般容易垂头丧气，他们秉记古人们“知难而行”的古训，“日夜孳孳，敏行而不敢怠也”。在当地政府的支持、方志办组织和有识之士的激励、努力下，奋起直追，终于纂写成功泉港行政区的首部专志《泉港姓氏志》。在文献及史志基础十分薄弱的情况下，《泉港姓氏志》写作之艰辛，可想而知。这正如此书“概述”中所言：千年泉港文明所涉及的诸多史料都得从惠安县中进行艰难的分析、辨别、梳理、考究，时间跨度大，涉及面广。再者，姓氏志还必须依靠大量的民间文献。历史上姓氏资料所依托的族谱文化曾屡遭毁灭性破坏，绝大多数族姓的史实仅能凭借老一辈口述和乡里传闻，不免真伪混杂。为力求“齐、全、准”，既不能闭门造车，也不能只停留在各村资料员的“一面之词”，还需要全面考察、深入走访探询，核实查证。最后再反复修改，精益求精，编成此书。近三十年来，我也经常涉足中国特别是闽台区域的家族姓氏问题，许多地方修志的先生们也会不时地和我讨论家族姓氏志的编修问题。我可以毫不夸张地说，《泉港姓氏志》无论是从内容的全面完整性，还是写作的严谨性，以及文字表达的可读性等等方面，都堪称是福建省内同类专志的上乘之作。

《泉港姓氏志》给我带来的无限惊喜，我可以在今后的岁月中细细品尝、慢慢享用。而当我读完全书的时候，涌现在我心头的另一份感受，是我对编纂《泉港姓氏志》的列位先生的满怀敬意。他们的艰辛与不懈努力，为我的这块既旧又新的家乡土地，树立了一座文化的初创丰碑！

承蒙郭民富、郭丁法二位先生的好意，我有幸先睹《泉港姓氏志》为快，感慨良多。又嘱为叙一言于卷首以为序。我不敏，素不治方志之学，且一直因未能为家乡的文史建设有所奉献而自歉，故深虞有负雅望。踌躇些时，终为列位乡贤的盛德所感佩，不辞愚拙，从命赘述如上。不妥之处，还望各位鉴谅！

（作者系厦门大学教授、博士生导师，厦门大学人文学院院长，国学研究院常务副院长）

凡　例

一、本志编纂以马克思列宁主义、毛泽东思想、邓小平理论、“三个代表”重要思想和科学发展观为指导，坚持历史唯物主义、辩证唯物主义的立场、观点和方法，记录泉港姓氏生存发展演变的历史和现状，旨在存史、资治、教化、聚力。

二、本志在泉港区方志委领导下，由泉港区方志办组织实施，按照“政府主导，民间运作，全面发动，开门修志”的工作机制，资料征集由编纂组指导，各镇（街）发动，各村（居）负责，各村姓资料员进行调查、整理、核实、报送。

三、本志记述时限上溯姓氏起源，下限截至2007年12月31日。其中，大事记、重大史迹发掘的收录时间下延至2014年12月31日，当代人物收录时间至2015年12月31日，2016年6月本志送印时因各级班子换届，个别人物任职情况及年月下延。

四、本志编修对象为各村世居姓，世居姓指世代聚居于泉港且依然存在的姓氏。志中各章源流节溯源目着重反映与本地姓氏有关内容，未全面反映各姓发源、郡望、堂号等情况。根据已知资料共设53章。凡资料要素完整的姓氏按“溯源、繁衍、谱牒、史迹、人物、记事”等独立成章，下设节、目，个别章酌情减设节。个别节下内容单一，不设目，直接记述。部分姓氏因资料不足而每五姓合为一章，以姓设节，一节一姓，下酌情设目。因工作分配等迁入的非世居姓仅统计人口数列表附后。各章次序原则上以人口数多少排序，个别如辜姓、卢姓虽人口不多但资料完整而独立设章并置前。本志各节内容原则上以时间先后为序记述，时间不详者列于后；“繁衍”一节内容按山腰街道、前黄镇、涂岭镇、界山镇、南埔镇、后龙镇、峰尾镇依次记述。

“溯源”，侧重记述各姓氏入闽入泉港的迁播经历。姓氏起源具有全国共性，本志仅予略述与泉港或有关联的若干说法，并非全部。

“繁衍”，侧重记述区内人口分播和外迁主要支系情况。各村姓人口数以村级报送人数为据，并非精确统计。

“谱牒”，侧重记录各姓家乘族谱的修编过程和基本要素，包括族谱资料和辈分。

“史迹”，侧重记录姓氏之建筑遗迹，包括家庙、祠堂、祖厝、宫庙观亭碑，以及支系祖、名人墓茔，辅以图片。所记要素无力核准，仅供参考。合建共祀的宫庙或涉及多姓，仅记于一处，无关权属。

“人物”，侧重录入已知历代科第仕宦、当代人物和英烈等三方面知名人物。历代科第仕宦指泉港籍且见载于清代《惠安县志》者，族谱所载暂不予采信。当代人物泛指民国元年（1912年）之后的知名人物，包括6种对象：现当代知名人士、副处（团）级及以上人士、副处级及以上国有企业人士、高级专业技术职务者、博士、港澳台胞及海外侨胞知名人士；若同一人多项达标则只记于一处，避免重复；凡媳妇则列在夫姓同类目之后，为其附记。第三，英烈名录以民政部门确认的对象为准。节下人物内容为单条者，不分目记述。民国期间出生人物，直接以公元纪年表述。

“记事”，侧重选择涉及该姓氏的较大事件予以录入，未经考究。

五、本志大事记集中辑录反映姓氏生存生产发展历史且有较大影响的事件。各姓氏择录最早迁入泉港的支系，同姓但灯号不同者酌情录入。凡要素不清者不予录入。其中“县”指惠安县（含泉港）。

六、本志特设置与人口流动相关并具有代表性的“异地商会”，以体现改革开放以来泉港姓氏人口迁移规模与频率不断扩大、加快，并呈常态化。

七、本志中凡历史纪年括注相应公元纪年，省略“公元”字样。中华民国纪年用阿拉伯数字并每节首注公元纪年。1949年10月1日后用公元纪年。数字方面则根据规范化要求酌情使用阿拉伯数字和汉字。所涉及古地名尽量括注今名；少数无从稽查者，则从旧或直接使用今名。

八、本志资料来源为全区各村姓报送的《泉港区姓氏志资料征集表》，后期编纂时参阅族谱、省、市、县地方志和相关姓氏资料而综合考订。所有文字、照片，编入时不注明出处。

九、本志采取“有疑存疑，多说并存”的原则采编各村姓所送资料。成稿后于2009年、2013年送达各村姓组织全稿审核校对，2014年当代人物部分第三次审核，2015年元月印发2000册样稿向海内外征求意见。对合理部分予以补录。资料因收集困难而真伪未辨，有待考究。

十、本志以方阵形式集中编排部分图片，以反映泉港姓氏文化的共同记忆。

十一、本志随章配合该姓附以分布地图。志后附录设泉港姓氏人口基本情况一览表（2009年公安户籍统计数据）、泉港80个世居姓分布及人口统计表、泉港各村姓迁入情况一览表、泉港古今乡里地名表、村姓资料员与审核员名表、当代人物审核人员表等，以俾查阅。

十二、本志概述中所录入的相关数据以2009年泉港统计年鉴为准。统计年鉴外的数据，以各镇（街道）、村（居）资料员报送的数据为准。

十三、本志各章源流节溯源目着重反映与本地姓氏有关内容，未全面反映各姓发源、郡望、堂号等情况。

目　录

概　述

一

泉港区今属福建省泉州市，地处福建省东南沿海突出部，介于泉州湾与湄洲湾之间，北纬25°03′~25°15′，东经118°41′~119°01′，东濒台湾海峡，东南与泉州湾相望，东北与莆田秀屿区相对，西北面与仙游县毗邻，西南面与洛江区、惠安县紫山镇接壤，南与辋川镇相连，位于两市三县区的交界处。这方水土山海兼具，形若半岛，西北倚山，其余三面环海。辖区总面积441.4平方公里，其中陆域面积321平方公里，岛屿面积0.8平方公里，海域面积119.6平方公里。地势西北高，东南低，呈马蹄形层状倾斜，即由西北的低山过渡到东南的丘陵和台地，而以丘陵地为主。西南西北山丘绵连，峰峦起伏，54座200米海拔以上的山脉延绵构成画屏，其中以大雾山为最高峰，海拔797.5米，间有河谷冲积地和台地，为林辋溪、黄塘溪、菱溪、坝头溪等四大溪流的发源地。境内有9条溪流循山之势，由西面分向北东南，注入台湾海峡，溪流总长66.9公里，流域面积168.9平方公里。沿海地区开阔平坦，多为溪海冲积的沙土原野和历代的围垦造地。泉港属南亚热带海洋性季风气候区，温暖、湿润、无酷暑，罕霜寒，四季常青，光热充沛，年日照2206.6小时，年均气温17.2℃~20.8℃，年降雨量1022毫米，年蒸发量2033毫米。沿海常年有154天6级以上的大风。因而易涝易旱，夏秋之间常受台风、洪涝和干旱的影响。

涂岭蚁山（旧作艾山）远在新石器时期已有先民聚居。东晋以降，以蚁山为中心的方圆数里，有衣冠南渡的晋人卜居繁衍，晋安郡王林禄安葬于蚁山西北面的龙头岭。唐代华林寺于唐会昌废佛时被废以及塔山东麓有金紫光禄大夫郑济时于唐天祐六年（909年）所建的离相寺，可以证明这里宗教信仰早已流行。北宋初年惠安立县选址于蚁山东南，可以证明这里人烟稠密、交通便利、经济繁荣。至于分布于东南西北的宋代槐山古窑址、宋代冶铁遗址、六朝墓、唐初墓葬等历史文化遗迹，无一不是经济繁荣、文明昌盛的见证。

木本水源，泉港的千年历史离不开母县惠安。此地素称惠北。惠安县于宋太平兴国初年析晋江东乡16里置县，设3乡，今泉港区域大致相当于三乡之一的城山乡。之前，惠安县域隶属晋江县，而晋江县隶属于泉州府，泉州府隶属于福建省。泉港区域接壤仙游县，两地婚姻互通、交流密切，因此文化深受影响，尤其是界山一带。历史上，惠安县北界原在涂岭白水，明嘉靖二十一年（1542 年），因仙游县枫亭南面（今界山北部及涂岭秀溪一带）被李恺购买而并入惠安，界碑才北移数里至今址。而明清仍隶属惠安十都的乐屿岛以及原属涂岭的义路数村却也在后来的区域重新划分中先后划归莆田县（今莆田市秀屿区）和仙游县园庄镇管辖。

1991 年 7 月 14 日，在惠北区域设立肖厝镇，1992 年 9 月 29 日正式挂牌成立，下辖南埔、后龙、山腰、涂岭 4 个办事处和国有山腰盐场。1996 年 4 月 21 日，成立泉州市肖厝经济开发管理委员会，为泉州市人民政府派出的正县级行政机构，下辖南埔、后龙、山腰、涂岭、埭港 5 个镇和国有山腰盐场。1999 年 8 月，镇级行政区划调整为南埔、界山、后龙、峰尾、山腰、前黄、涂岭等 7 个镇和国有山腰盐场，99 个行政村。2000 年 4 月 12 日，获国务院批准成立泉州市泉港区，12 月 28 日，正式挂牌成立。全区 7 个镇，100 个行政村（居）。

泉港地域古称乐土。明惠安名士张宇有记：“（惠安）北而五、六、七、八、九、十、十一，旧自为都。夫此之数都者，山势平衍，其中辄广良田，美水草，一亩之田，岁入数钟，沃矣。而村落棋置星列，家百数十为村，往往而是，而村且多大家。海潮时至，昔人捍之为田。而海至此为内港，外无畏于波涛之险，而内时有鱼虾之饶，力余采之，亦足以赡生，故县人称此为乐土。”明代进士庄朝宾赞道：“其地带海负畦，饭稻羹鱼，不贾而自足。”唐时，沿海先民开始围垦筑埭作畦，种植畲稻和畲蔗，过着以农为本的定居生活。唐神龙、景龙年间，沙格等地已有捕鱼业。北宋初期，沿海居民业航捕渔，航运商贸颇为发达。农业方面也通过引进安南占城稻并广为种植，实行“稻稻”或“稻麦”双熟制。冶铁、烧瓷、制糖、煮盐、纺织等家庭作坊手工业崛起。盛产荔枝、龙眼、桃、李、梨、余甘、柑、桔、柚、杨桃、杨梅、香蕉和甘蔗等。明万历年间（1573—1620 年），从吕宋引进甘薯并在沿海、山区普遍栽种，成为百姓的主要口粮。农业、手工业迅速发展，商品经济繁荣。鸦片战争后，国外洋货倾销，地方经济遭到严重冲击，手工业日趋衰落。民国时期，制糖、制面、碾米、榨油、陶瓷、砖瓦、打铁等手工业复兴，近代工业开始萌芽。境内商船行于台澎、温州、宁波、上海、烟台、牛庄、大连、旅顺、广州、汕头以及南洋群岛诸地区。

世世代代的泉港人，适应并改造着这片热土，缔造一方乐土。

围海造田。为了生存，泉港百姓世代坚守着并不断改造这方水土。唐代已有先民在沿海一带“捍海为田”即围海垦埭造畦，至明代，区内有“崇福埭三百余顷”“蔡埭长宽各五里”“曾炉埭二千余亩”的文字记载。民国时期，植被破坏，水土流失，土质硗薄，水利不修，抗灾能力甚低，耕作技术落后，加上战祸频仍，农村经济濒于破产。中华人民共和国成立后，社会主义建设取得辉煌成就，各项事业得到全面发展。20 世纪 50 年代后进行土地改革，废除封建土地所有制，农民组织起来，走集体化道路，全面响应农业“治山治水，封山育林”的号召，开荒造田，筑堤垦滩，其中较大的围垦就有 19 处计 41577 亩，先后修建大小型水库16座，挖筑潭池塘坝5484处和大井491眼，有效地扩大了农耕水作面积。据《2009年泉港区统计年鉴》数据，泉港区耕地面积7.4万亩，山地面积20.48万亩，盐田含港道14.38平方公里；潮间带以上滩涂面积47.68平方公里。

物产丰富。截至2009年，全区农作物主要有粮食、油料、甘蔗、蔬菜、瓜果等，总播种面积180697亩。其中粮食主要有稻谷、大小麦、甘薯、马铃薯、杂粮（含玉米、高粱、谷子等）、大豆、杂豆等，播种面积115293亩，产量37051吨（春收2708吨，夏收13187吨，秋收21156吨）。油料以花生为主，兼有油菜籽、芝麻、向日葵籽等，花生播种面积39691亩，总产量6683吨。甘蔗播种面积494亩，总产量2403吨。蔬菜作物中，叶菜类主要有菠菜、大白菜、包菜、芥菜、空心菜；瓜类主要有黄瓜、冬瓜、丝瓜；根茎类主要有萝卜、胡萝卜、芋头等；茄果类主要有茄子、西红柿、甜椒等；葱蒜类主要有蒜头、蒜苗、小葱等；菜用豆类主要有四季豆、豌豆等，总播种面积19361亩，总产量31295吨。花卉有鲜切花和盆栽观赏植物，共778亩。植物有乔灌木109科，336种；蕨类和草本23科，主要有龙眼、枇杷、柑橘、茶叶、荔枝、余甘、杨桃等，其中邱后荔枝，品种独特，含糖量高；涂岭龙眼被列入“福厦公路龙眼带工程”；涂岭红茶、乌龙茶，远销日本、东南亚各国和我国港、澳等地区。主要畜牧有猪、牛、山羊、家禽（鸡、鸭等）、兔和蜂。主要水生动物有海洋鱼类58科110种：浅海滩涂有缢蛏、牡蛎、锯缘青蟹、对虾、海带和紫菜，淡水有鲤、鲫、鲢、鳙、草等30余种以及河蟹、青虾、蛙、河蚬和田螺。其中鲍鱼养殖、吊蛎养殖、浅海养殖和网箱养鱼的面积和产量均居泉州市首位。野生动物有鹿、野猪、野山羊、穿山甲及各种鸟类。珍贵动物有鹗鸟、鹧鸪和水獭。矿物资源以非金属矿物居多，其中花岗岩储藏量最多，尚有高岭土、砖瓦黏土、玻璃沙和泥炭土等，金属矿藏稀少，仅有零星矿化点。至2009年全区国民经济生产总值151.17亿元，农业总产值13.92亿元。

渔盐并举。肖厝港海深港阔、不冻不淤，舟楫可通五洲四海，为“中国少有，世界不多”的港口，是宋元时期号称“东方第一大港”泉州港的组成部分。世代生存于斯的百姓承传先民“习于水斗，善于舟楫”的文化习俗，通于临海“讨海”的生计之道。入宋之后，惠北沿海的捕捞作业以定置网及内海围网为主，牡蛎养殖业亦已出现；元代，已有使用手杆钓捕淡水鱼的文字记载；明洪武十六年（1383年），沙格设置“河泊所征渔课”。明正德年间（约1506年后），肖厝峰尾开始带鱼延绳钓作业。至清代后期，峰尾前亭五、六十吨位的大钓船已达90多艘；民国21年（1932年），峰尾有180多艘钓船，渔民800余人。第二次世界大战后，渔业被破坏，抗日战争胜利后始逐渐恢复。20世纪50年代以来，渔业生产突飞猛进。钓业、流网传统作业形式不断革新；灯围、机拖大型高产作业大兴；海洋捕捞机械化、电信化，科学捕捞程度不断提高。作业范围南至广东，东至台澎列岛，北至浙江和渤海渔场，主要捕捞带鱼、鳗鱼、鲳鱼、鱿鱼、对虾和梭子蟹等。与此同时，传统养殖业得到改进，着重养殖对虾、海蛎、海蛏、海带和海菜，其次有贝类和藻类，诸如普遍推广庄元栅栏式挂养经验（俗称吊蚵）、盐场滩养对虾大蛏、奎璧和后龙各地加工蚵干，沙格、肖厝、上西、土坑、割山等村办场养殖、加工，产销海带紫菜，具有一定规模，其中1989年上西海带场养殖700亩，产量680吨，位居泉州市前茅。肖厝、割山的紫菜加工包装后，远销日本和东南亚各国。区内山腰盐场总面积14平方公里（不含潘南盐场），为全省第二大盐场、最大的食盐生产基地，全国107家食盐定点生产企业之一。原细盐畅销全国六省一市；出口远销菲律宾、新加坡、马来西亚、美国关岛以及我国港、澳地区。

商业发达。宋元时期，伴随泉州海上贸易繁荣之势，境内沿海百姓造舟通航，南来北往，渔村逐步变为渔港镇。明代，朝廷有重农抑商政策，甚至迁乐屿、惠屿等海岛居民入内地以控制海运，但凡社会稳定时，沿海居民仍然勇于闯荡，乐于冒险，逐利于海。明中晚期，因倭寇之祸，地方经济和海上贸易遭到极大程度的破坏。清初泉港境内烽烟四起战乱频繁，顺治十八年（1661年）播迁时，全境沦为废墟长达22年，之前数百年的物质遗存遭到毁灭性破坏，十室九空，丧亡无数，至复界时，回迁人口不足十分之一二。自清代康乾之后，山腰的渡口街、坝头街、峰尾城、后龙港、南埔柳厝街和涂岭驿坂街等市场繁荣，以摊贩零售为主，经营着民生所需的海产品、粮油、果蔬、柴草、棉纱、盐布、肉禽蛋、糖烟酒等各种南北山海货。其他诸如走乡入村，以打铁、打草鞋、补锅、修锁、卷床、削刀磨剪为业以及粮食加工面线炊粉、磨豆腐榨油坊，海产品加工、酱酿行业，可谓五花八门。新中国成立以后，特别是改革开放以来，随着体制改革和新城市开发建设，贸易市场产销两旺，百姓需求新结构也逐步向高层次转变，商业网点随之迅猛发展。截至2009年，全区有工商银行、农业银行、中国银行、建设银行、兴业银行、民生银行、邮政储蓄银行、农村信用社等金融机构9家，2009年居民储蓄存款年末余额23.7亿元。区内已有超市商场40多家，酒店宾馆14家，各类商业网点8500多个，各种集贸市场8个。

工业发展。据考古证实，宋代烧窑制陶已成规模，槐山窑址达90多座。曾炉一带有冶铁业，废渣甚至堆积成岸。宋初，取海水煮盐已有记载，至明嘉靖年间（1522—1566年），始改煮盐为滩晒。清乾隆六十年（1795年），山腰、鸢峰、大前黄一带成片开发盐埕，规模产盐。晚清至20世纪中叶，军阀混战，兵灾匪祸，苛捐杂税，使社会经济遭到严重破坏。抗日战争时期，交通破坏，渔业停产，海盐滞销，侨汇中断，日货充斥市场，地方工业、手工业企业相继倒闭。其后，内战又起，国民政府滥行征兵、征粮、征税，天灾人祸，时疫流行，社会动荡，民不聊生。20世纪80年代始，随着福建炼油厂的入驻，工业链条不断延伸，石化、物流、粮油等产业得到规模化发展，据统计，2007年全区工业生产总值达314.5亿元，2009年达503.6亿元。

交通便捷。肖厝港地处国际航线中心，与上海港相距540海里，与广州港相距510海里，距台湾高雄港194海里、基隆港174海里。在全区56公里的海岸线上，适宜建港的岸线达21.4公里，其中深水岸线5.5公里，建有多个泊位，拥有120多平方公里可供开发的港后区用地。国家一类口岸——泉港口岸开关运作，海关、检验检疫、边检、海事等联检机构配套齐全，港口开发带动物流业兴起，年吞吐能力突破4000万吨。随着福建炼油厂的入驻，泉港交通设施日益完善。海陆空交通所连接的地区辐射到厦漳泉闽南地带以外的粤浙赣、港澳台和东南亚地区。陆路距福州、厦门各 145 公里。324 国道和福厦高速公路纵贯本区，并设有驿坂和涂岭两个出入口，建成东西向的通港路和驿峰路，南北向的南北三路和南山公路。泉州沿海大通道泉港段建成通车，漳泉肖铁路全线贯通，并经漳平与鹰厦铁路连接，设置前黄编组站以及港前站、安兜工业站和施厝工业站三个货运站，2007 年建成福建省第二条直通港口的通港铁路。

文化繁荣。随着物质文明的进步，教育、科技、文化、卫生、体育事业不断发展。截至 2009 年，区内普通中学 22 所，教职工数 2190 人，其中专任教师 1825 人，在校生 28169 人，其中高中在校生 9377 人，初中在校生 18792 人。小学 67 所，教职工数 2034 人，其中专任教师 1881 人，在校生 16794 人。幼儿园、学前班 80 所，教职工数 240 人，其中专任教师 89 人，在园生 8707 人。职业中学 1 所，特殊教育学校 1 所。同时还有南埔职业中专学校、少体校、教师进修学校和广播电视大学工作站等。各镇（街道）均有文化站、文化中心、广播站。区内 83 家文化店，28 个民间职业剧团，65 支群众业余演出队，3 座影剧院，30 支放映队。城乡文体活动普遍活跃，文化生活丰富多彩。全区有各类医疗机构 170 个，医院、卫生院等机构 14 个，医生 309 人。其中：区级医疗机构 2 个，民办医疗机构 3 个，镇级医疗机构5 个，村级医疗机构 104 个，个体诊所 57 家。区级卫生防疫机构 1 个，妇幼保健机构 1 个，基本形成区、镇、村三级卫生服务网络。

二

在中国，姓氏已有四千多年历史，世代相传，绵延至今。据先秦文献记载，古代黄河流域分布着不少氏族部落。在今陕西一带有炎帝部落和黄帝部落，他们之间曾结成同盟，世代通婚。因此，中国人常自称为“炎黄子孙”。炎帝，一说即神农氏，是姜姓部落的始祖，生长在今陕西岐山东面的姜水附近。姜姓苗裔有烈山氏、共工氏等，四岳是姜姓发展下来的胞族，后代有齐、吕、申、许四个分支。黄帝是姬姓部落的始祖，生活在姬水附近，又号轩辕氏。据《国语·晋语》载：“凡黄帝之子二十五宗，其得姓者十四人，为十二姓：姬、酉、祁、己、滕、箴、任、荀、僖、姞、儇、依。”

炎黄两个原始部落偏位于西方，而远古东方部落则是太昊、少昊。太昊即伏羲氏（或包牺氏），是风姓部落。风即凤鸟，以鸟为图腾。东方部落共二十四个氏族，统称东方夷人。东方夷人融入华夏族的有皋陶、伯益、颛顼和帝喾。传说中，皋陶的后裔有英氏、六蓼和群舒。伯益的后裔有徐氏、郯氏、莒氏、终黎氏、运奄氏、菟裘氏、将梁氏、黄氏、江氏、修鱼氏、白冥氏、蜚廉氏、秦氏、赵氏。颛顼就是高阳氏，高阳氏有子八人，为八个氏族。颛顼的后裔为祝融，据《国语·郑语》记载：祝融八姓，即己、董、彭、秃、妘、曹、斟、芈。

帝喾即高辛氏，也有八个氏族。

在上古，姓和氏意义并不相同。姓是表示有血缘关系的世系同族称号，起源于母系社会；氏则为由同姓衍生的分支，起源于父系社会。夏代的姓氏情况，无法详知。中国姓氏的现存最早文字记录来自殷墟甲骨卜辞之中，商代最大的族姓见之于文献记载的有20余支，总称为“百姓”（甲骨文为“百生”）。其时贵族才称姓，因而最初所谓的百姓是指全体贵族。先秦时期，贵族有姓氏，一般平民和奴隶只有名字没有姓氏。周代贵族之中，女子称姓，男子称氏，姓用来“别婚姻”，“氏”用来“明贵贱”。据学者考证，周朝的22个主要姓，其中周王室及其同姓封国如鲁、晋、郑、卫、燕、虞、虢、吴、随、巴等公族都是姬姓，异姓封国如齐、申、吕、许等贵族是姜姓，秦、徐等国是嬴姓，楚国是芈姓，殷人后裔的宋国是子姓，夏人后裔的越国是姒姓，传说中虞舜后裔的陈国是妫姓。周代同姓不可通婚，同姓之国互称兄弟，而异姓之国相互世代通婚，结为亲戚，互称甥舅。周代贵族男子的全称有姓、氏、名、字四个部分，婴儿出生三个月后由父亲命名，男子二十岁举行冠礼时取字。名和字有意义上的联系，两者相连时，字在前名在后。贵族女子的全称有排行、姓、字、名四部分。排行为孟（伯）、仲、叔、季等。

秦王朝统一全国后，姓和氏已经没有多少分别，至汉代，姓和氏完全合而为一。从东汉文献来看，当时常见姓氏共600多个，来源分为9大类：（1）以祖先的族号为姓氏，如唐、虞、夏、殷；（2）以赏赐的爵位为姓氏，如王、公、伯、侯；（3）以分封的国名为姓氏，如齐、鲁、宋、卫；（4）以担任的官衔为姓氏，如司马、司空、司寇；（5）以贵族的谥号为姓氏，如武、宣、穆、庄；（6）以居住的地方为姓氏，如城、郭、池、园；（7）以亲属的排行为姓氏，如伯、仲、叔、季；（8）以从事的工作为姓氏，如陶、匠、巫、卜；（9）以职务的称号为姓氏，如三乌、五鹿。

历史上有许多专门的姓氏辞书。如南朝宋有何承天撰《姓苑》10卷，南朝齐有王俭撰《姓谱》26卷；唐代有张九龄撰《姓源韵谱》1卷，林宝撰《元和姓纂》18卷；宋代有王应麟撰《姓氏急就篇》2卷，邵思撰《姓解》3卷，邓名世撰《古今姓氏书辨证》40卷；明代有陈湘撰《姓林》5卷，夏树芳撰《奇姓通》14卷，凌迪知撰《万姓统谱》146卷；清代有陈廷炜撰《姓氏考略》1卷，张澍撰《姓氏寻源》45卷。汉代以后，在中央集权的封建专制制度下，出现姓氏的族谱和家谱。三国魏黄初元年（220年），魏王曹丕建立九品中正制度，由此产生了官方主持制定的家族谱系。唐贞观十二年（638年），《氏族志》颁行天下，共收氏族293姓1651家，分为上、中、下三则，每则又分为上、中、下三等，共计九品。官修的姓氏谱系成为氏族大夫高贵门阀的凭据，而庶族小姓不入士流。历代庶族地主为抬高身价，往往攀龙附凤，杜撰身世，侧身士流。这种风气从魏晋开始，直到唐代，依然未息。

据初步统计，历史上出现过的姓氏，共5600多个，其中单字姓3400多个，双字姓2000多个，三字姓100多个。当前实际使用的汉字姓氏只有其中的一半左右，而双字姓只保留了100多个，三字姓几乎全部消失。姓氏不断发生变化，其原因有：一是家族在社会斗争中灭绝了，如若敖氏，是楚国贵族的复姓，后因背叛楚国而被灭门。二是为避讳免祸而改姓换氏，如北宋名臣文彦博，家族本来姓“敬”，后为避后晋高祖石敬瑭的名讳，改姓“文”，后晋灭亡后恢复原姓，北宋初为避宋太祖父亲的讳，又改姓“文”，从此这一支“敬”姓就成为“文”姓，人存姓亡。三是某些双字姓、三字姓为称呼方便，简化为单字姓。其中既有汉族复姓的简化，也有兄弟民族复姓的转写。在历代姓氏消失或转化的同时，也不断出现新的姓氏：一是随着人口的增殖和迁移，从原有的姓氏衍生出许多分支，如从周朝姬姓衍生出周、王、刘、杨等几百个姓氏；一是历史上兄弟民族在接受汉语时，又创造出许多汉字姓氏，如蒙古族纳哈出后裔改称“出”姓。至于姓名，从古到今在全国各地，一字姓二字名的形式始终占大多数，其次是一字姓一字名，再次是二字姓一字名和二字姓二字名。泉港世居姓中未发现二字姓。

泉港境内的蚁山（也作艾山）先民，早在4300年前就已经在这里聚居生活。他们从何而来，之后的数千年，又是如何生息繁衍，不得而知。秦统一全国后，设闽中郡，泉港是否为蛮瘴之地无人之区，尚难断言。方言是文化的活化石，从泉港方言中去寻觅历史的痕迹，或可窥视遥远迷茫的历史之余光：挂在口头动不动使用的骂娘话，是母系氏族中多夫制的曲折表达；以“鸟”字为开头的词汇和“风”形墓葬，是东方夷族“鸟”崇拜的隐晦象征；至今本地百姓用“无诸子”责骂不听话的孩子，与汉武帝封闽越王无诸这段历史有关；而“无诸无户”的骂语，或许与西汉元封元年（前110年）汉武帝下令把闽越百姓迁往江淮一带导致闽地绝户的历史有关。

（一）泉港姓氏变迁

泉港区域的人口流动，与大中华的历史是息息相关紧密相连的。汉代以降，泉港所在的闽南地区，至少迎来七次较大规模的迁入：（1）西晋永嘉二年（308年），永嘉之乱，中州板荡。中原衣冠士族成批南迁入闽，史称“八姓入闽”。八姓指林、黄、陈、郑、詹、邱、何、胡等姓，同时还有大量平民百姓涌入。（2）梁末侯景之乱，中原大批避难士民逃入闽南。（3）唐初闽南发生土著叛乱，总章二年（669年）至垂拱二年（686年），光州固始人陈政、陈元光父子受命，统岭南行军总管事，先后带府兵约7000人入闽平叛。其中将士与军眷姓氏可考者近90姓。（4）唐末中原战乱，光启元年（885年），王绪率光州、寿州5000多士兵，辗转入闽。其中姓氏可考者有67姓。（5）宋室南迁偏居一隅后，闽浙因之繁华，中原百姓大量迁入。（6）元末战乱由北向南，中原士民大批迁徙入闽。（7）20世纪50年代以后，先有南下的解放军干部因工作安家境内。后有因工作分配到福建炼油厂、三峡移民安置、尤溪移民安居，以及外来经商就业等迁入。

有迁入就有徙出。泉港姓氏的迁播，同样有着复杂的历史和社会背景。较大规模的迁出，情况大致如下：（1）秦汉之前无可稽考。秦统一全国后，设闽中郡。汉高帝五年（前202年），率兵助汉有功的无诸受封为闽越王，至汉元封元年（前110年），因反叛朝廷而被汉武帝尽迁至江淮一带，为有文字记录的历史上第一次外迁。（2）南宋末年，皇室逃亡于闽粤沿海一带，宋室官员家族因之四散避祸。（3）元末泉州一带动荡，长达十年的波斯之乱祸及泉港，逃离者无数。（4）明初重农抑商，禁海政策迫使无地可耕者荡舟外逃；中晚期倭寇频扰，离乡背井者无计。（5）清初辛丑播迁。沿海30里居民因迁徙而沦落死亡者不计其数，内迁往莆仙、延汀等四府、外逃台湾及南洋者无计。（6）民国时期，惠北黑白旗械斗，难以生存被迫迁徙异乡，其中下南洋者居多。（7）清末至台湾光复，前往台湾者不少。（8）20世纪50~60年代，响应号召迁往闽北开发山区者不少。（9）改革开放后，因工作分配、求学谋生、经商创业而迁出者不少。

姓氏族群的析分和播迁，由于年久事湮，诸多原始姓氏的迁入史已难知悉。仅从田野调查和族谱资料记载统计，情况如下：（1）唐至五代：康、蔡、郭、谢、郑、陈、庄等7个支姓（注：支姓指该姓氏的其中一支系，下同）迁入，其中明代县志明确记载有蔡姓于唐大中年间（847—859年）自莆田迁来肇基，有明代墓志铭记载郭姓于唐末光启年间自光州固始迁到肇基。以上7姓分布于惠安县七、十、十一都，对应的是今南埔、山腰、涂岭、前黄等区域。其祖源均认同是在中原。其中2支姓属首次迁移，5支姓属再次迁移。（2）宋代：迁入23个支姓，其中有20个支姓是在福建省内迁移，2个支姓是从外省迁入，属再次迁移者。其中除1支姓迁出地不明外，从北迁来者14支，从南迁来者8支。（3）元代：迁入10个支姓，均是福建省内迁移，属再次迁移。其中除1支姓迁出地不明外，从北迁来者6支，从南迁来者3支。这与元末莆仙一带的战乱或有关系。（4）明代：迁入85个支姓，除1支姓从外省迁来外，均是福建省内迁移，属再次迁移者居多。其中除6支姓迁出地不明外，从北迁来者39支，从南迁来者40支。迁入支姓南北相当，数量之多，意味着明代泉港区域环境是宜居宜业的。（5）清代：迁入71个支姓，其中有69个支姓是在福建省内迁移，1个支姓是从台湾迁入，1支姓迁出地不明。其中从北迁来者12支，从南迁来者58支。由于清初迁界，家园沦废，迁民流离失所，至复界时返回者很少，至于时隔数代才从寓居地陆续返回祖籍地者，或定居异乡不再返回者，难以计数。（6）民国年间：迁入20个支姓，均是福建省内迁移，大多是从邻近地区迁来。其中从北迁来者13支，从南迁来者7支。（7）中华人民共和国成立后。迁入13个支姓，其中从北迁来者9支，从南迁来者4支。均是省内迁移。除以上7个历史阶段的迁入信息相对完整外，还有未知迁入时间的支系共有47支，其中从北迁来者10支，从南迁来者30支，迁出地不明者7支。资料显示，首次迁移入闽者大多认可来自中原；而入闽后再次迁移才入泉港者，南方主要从漳州、南安、永春等地迁入，北面主要从莆田、仙游等地迁入。

（二）迁播原因

一切迁徙都是为了生存发展。不论迁入基于何种历史背景，生存发展都是迁入者共同的愿景。泉港各姓迁入的原因大致有以下几种：（1）战乱所迫，如前郭郭氏，先祖为避唐末光启之乱而随王绪自光州固始南迁入闽。（2）政治避难，如林头张姓，据称系躲避政治迫害而举家从安徽六安投靠外祖冉姓而入居；又如蒙古族后裔出姓，有明一代隐于群山之中。

(3) 任职留居，如港墘李氏，先祖李德遂任惠安县丞，殁后子孙辗转定居今所；又如南埔林氏，先祖自广东增城县尉调任惠安，肇基开族。(4) 择地开族，如蓝田陈氏，先祖向往秀丽山川，举家自乐屿迁入；又如坝头连氏，先祖听从堪舆之说，自仙游迁入衍传。(5) 谋生经商，如土坑刘氏，先祖自仙游秀屿开拓迁入，从事航运商贸发家旺族；又如山腰庄氏，先祖赶鸭子谋生，后定居繁衍。

在来来往往之间，在沧桑变幻之中，古老的闽人在当年的中原移民潮中，在强盛的中原文化中或遭镇压，或迁徙他方，或被安抚同化。泉港的姓氏由少到多，由多到少，并非亘古不变，这里曾经是许许多多族群的异乡，而今视为原籍。这里曾是许许多多姓氏的故乡，而今物是人非，如欧厝欧姓、林头冉姓、白井白姓、崔厝崔姓等。在各姓仅存的谱牒中，不难发现，很多村落消失了，很多姓氏不见了，当然，这不是消亡灭绝，而是流动迁徙，其道理如同先人从中原迁来后音讯断绝，其故乡只能视为绝户一样。

(三) 变迁特征

泉港 80 个世居姓氏，是由 1200 多支系迁入构成的，有的属于首次迁移，有的属于二次甚至多次迁移。这些生活在这里的家族，都认可其原乡在中原，而远徙异地他乡的泉港子民，时隔数百年依旧认同这里是他们的故乡。

姓氏的变迁离不开社会和历史的作用，泉港区域的姓氏变迁有以下特征：一是村落姓氏多变。有的村在姓在，如前郭郭氏，自肇基以后一直延续至今，即便是兵燹迁徙，一旦时局稳定就仍然固守家园，迄今上千年一脉相承。有的村在姓迁，如东头埔刘氏，肇基泉港后，子孙后裔或迁居县城，或移居邻村，更甚者远渡重洋，于是母村荒废，原始姓氏散居周边。有的村在姓不在，如白井，古有白姓聚居，而今人去楼空；先锋村林头有冉姓，庙中敬祀，却已无后裔。有的村在姓换，如涂岭村原居姓氏为涂姓，而今涂姓不见，后陆续迁入 35 姓。有的村变姓换，如山腰，历史上称钱蔡、前蔡，有蔡、钱、洪、李、周、江、程等数个姓氏居住，而庄姓于明代迁入后如今独大。二是村落姓氏聚居。有的一姓多村，如陈氏，分布于全区近 80 个村落。有的一村多姓，如鸠林村，先后有近 20 个姓氏在这个村子的各个角落聚居；又如涂岭村，至今仍有 35 个姓氏和谐共处于一个村。有的一姓一宗，如近 4 万人口的庄姓，无一例外为永春桃源庄氏派下的锦绣支系；又如连姓，都是凤阿连氏分支。有的一姓多宗，如郭姓，既有汾阳衍派，也有阿拉伯支系，同是汾阳派下，既有汾阳长房派下，也有四房派下；又如林氏，既有九牧派下，也有阙下林氏派下，同是九牧派下，既有林蕴支系，又有林藻裔孙。有的一宗多支，如陈姓，同是颍川派下，又分支为玉湖陈氏、太邱陈氏、大义陈氏等。三是姓氏迁移多元化。入住时间差异而支系有别，有的姓同而迁入时间不同，如庄姓，唐末就有庄章开基龙田（今属泉港区前黄镇），后迁移异地；而至明初又有洛阳琯头（今属泉州市洛江区）庄氏迁入前蔡，形成今日山腰庄氏。有的同宗而迁出地不同，如刘氏，同是涵江刘韶派下，峰尾刘氏先是迁入惠安后再迁至峰尾，而土坑刘氏从秀屿迁入土坑。四是在各种历史背景下有发生“改姓”，如下朱辜姓融入当地林姓，西蔡蔡姓融入庄姓。

改革开放尤其是2000年设区以来，泉港各姓氏流动主要呈现出六大特征：一是各姓氏人口的流入和流出量呈现常态化。即流入与流出的姓氏人口量基本相当，并随着泉港的经济社会快速发展，流入量略高于流出量。从统计数据可知，各姓氏人数2004年迁入1489人，迁出2511人；2006年迁入2046人，迁出2630人；2007年迁入2677人，迁出2306人；2008年迁入2690人，迁出2353人；2009年迁入2805人，迁出1823人；2010年迁入3888人，迁出2975人；2011年迁入4702人，迁出8968人（其中大部分为炼化一体化项目工人）；2012年迁入4080人，迁出4003人；2013年迁入3139人，迁出3667人；2014年迁入3020人，迁出3652人。二是带有明显的亲缘关系趋同性。主要表现以整个家庭，或以亲缘关系为主体群体性迁移为主要特征，集中体现在一些创业成功的乡贤携家带口或将缘亲的大部分成员带到流入地共同创业，并在流入地定居生活甚至繁衍后代。三是流向大多为大城市或经济相对发达地区。从各姓氏乡贤的流向看，主要集中在北京、上海、广州、深圳、西安、海口、三亚、福州、厦门和泉州市区等地。四是相对集中在传统流入地。泉港的传统流入地，省外为海南、西藏、广东、浙江，省内为厦门、福州、南平、莆田和泉州市区。除莆田、南平市外，其他省、市迄今为止仍是泉港各姓氏的主要流向地。仅在海南的乡贤就达3万人以上，西安、厦门两市均在5000人以上。五是原来移民地泉港籍乡亲回流现象普遍。1956年、1960年和1966年，原惠安县人民政府曾动员434名农民到闽北崇安、浦城两县定居，开发建设山区。1969—1970年，曾组织837名知识青年到龙岩县、邵武县安家落户。其中，泉港籍的乡亲主要居住在崇安、浦城和邵武等地。90年代以来，居住在这些地区的乡亲陆续回乡定居生活。据区方志办的抽样调查，回乡定居乡亲的比例高达60%以上。六是定居发达国家和地区成为海（境）外移民新趋势。澳大利亚、美国、英国、加拿大和香港、澳门，是泉港各姓氏海（境）外移民的主要流入地。嫁台湾，当“台湾新娘”在20世纪90年代比较盛行。

在千年沧桑中磨合、同化、交融，泉港百姓作为泉港家园的主人，共存相依，血脉相连，文化相通，共同谱写着泉港的过去、现在和将来。

（四）泉港人口的分布结构

地理上的通达便利造成人口流动的频繁，造成居民的不稳定性，成为泉港姓氏丰富的重要因素。2009年发动的泉港姓氏志资料普查工作中，以村为单位，按世居姓统计，截至2007年12月31日，全区共有386556人。其中，按人口数依次排序：南埔镇73707人，山腰街道60907人，峰尾镇54989人，涂岭镇54850人，界山镇52494人，后龙镇46834人，前黄镇42775人。按姓氏人数依次排列，其中上万人口的姓有12个，依次是陈姓67992人，占全区总人口数的17.6%；林姓48241人，占全区总人口数的12.5%；庄姓36715人，占全区总人口数的9.5%；刘姓30745人，占全区总人口数的8%；连姓18247人，占全区总人口数的4.7%；张姓16154人，占全区总人口数的4.2%；黄姓15862人，占全区总人口数的4.1%；郑姓15087人，占全区总人口数的3.9%；郭姓14622人，占全区总人口数的3.8%；吴姓14161人，占全区总人口数的3.7%；王姓12438人，占全区总人口数的3.2%；萧姓

11928人，占全区总人口数的3.1%。此外，上千人口的姓有33个，百人以下的姓有19个。世居姓中，人口最多为陈姓，最少为应姓。

世居姓按镇分布情况看，依次是涂岭镇60姓，南埔镇35姓，界山镇32姓，前黄镇30姓，山腰街道24姓，峰尾镇21姓，后龙镇17姓。

由于数据来源于各村姓，均为概数，故与2009年的公安户口统计不同，增加5916人，误差率为1.5%。公安户口资料的统计数字中，因媳妇姓氏未加夫姓，故姓氏增多，情况如下：全区7个镇、街道共374姓，1297个村姓，共375455人。其中上万人口的姓有11个，依次是陈、林、庄、刘、连、张、黄、郭、郑、王、吴。千人以上的姓氏有33个；百人以下的姓氏有307个，1人的姓氏有115个。各镇姓氏总数依次是山腰街道213个，南埔镇202个，涂岭镇193个，界山镇190个，后龙镇174个，前黄镇164个，峰尾镇161个。

至于户的分布和人口素质情况，据统计年鉴资料数据，截至2009年，全区（公安户籍）共有99199户；总人口380640人。其中男193233人，女187407人。从分布上，山腰街道共有16649户，总人口63377人；后龙镇共有12058户，总人口45291人；南埔镇共有18603户，总人口70059人；涂岭镇共有13414户，总人口53195人；前黄镇共有10894户，总人口41493人；界山镇共有12277户，总人口52551人；峰尾镇共有15304户，总人口54674人。从结构上，城镇基层组织为1个街道，下辖4个社区12个行政村。农村基层组织6个镇，84个行政村，1136个村民小组。乡村共有91860户，计352852人。乡村从业人员173746人，其中男94365人，女79381人。其中农业从业人员57905人；工业34223人；建筑业38389人；交通运输、仓储及邮政业7450人；信息传输、计算机服务和软件1464人；批发与零售业7635人；住宿与餐饮业3159人，其他从业人员23521人。

社会发展和历史变迁支配并决定着姓氏命运，在世界性的人口流动加速时代，“今日他乡”终将成为“明日故乡”。

（五）泉港人文

一方水土蕴育着一方文明。萦系着这缕乡愁的，是泉港的一山一水；一山一水，见证着具体家族的兴衰存亡。

泉港东眺碧海，西倚群山，南连泉州惠安，北邻莆田仙游，偏居海隅而扼控孔道，为南北必经之道。这里是海国文明的发祥地，中原文化的传入地，海外游子的回望乡，是闽南文化和莆仙文化的分水岭、衔接带、交融区。唐代，陆路已是贯通南北的通途，宋代，海路造就“每岁造舟通异域”的繁华。泉港历代先民用智慧和汗水书写着泉港历史。泉港的地理和历史决定着泉港文明的多元和美丽。

诗礼传家英才辈出。历史上，泉港百姓耕读成风，形成了“地瘠栽松柏，家贫子读书”的优良传统。据不完全统计，宋代，以圭峰卢氏，菱溪谢氏、陈氏、崔氏，塔山郭氏、郑氏，沙格陈氏等为代表，计有30多人登科进士（含特奏名）。元代，圭峰卢琦高中进士，有“终元之世，泉人第进士者，惟琦而已”之冠。有明一代，泉港进士、举人、贡生、辟荐共约47人，其中文化水准以朱、黄、郭、蔡、欧、王、卢、刘、李等家族为先，尤以朱姓为最，文武兼具，形成以添奇坝头港水系为中轴线而串起的一脉贯通，东自圭峰卢氏起，西至龙田林氏，溯游而上，中有塔山诸姓（欧、郭、陈、蔡、涂、唐），继之前黄黄氏、后林朱氏，以及沿溪居住的吴氏、郑氏等人才蔚起的科第格局。文峰社学、坝头社学以及土坑刘氏文武馆的随后振起。据已知资料统计，清代进士、举人、贡生共约76人，其中以王、黄、连、出、刘、萧、陈为盛，尤以前黄黄氏、沙格王氏、土坑刘氏、萧厝萧氏、涂岭出氏为最，且文功武绩，煊赫一时。值得一提的是，在清初统一台湾的历史关头，林汇、林正春、萧武、林皋等凭借弄潮优势成为一代海军将领。截至2016年，已知当代人物中有副团处以上、副高级专业技术职务以上、博士、港澳台知名人士以及革命烈士等共3040余人，其中涌现出中国科学院院士、大气物理学家黄荣辉；中国高压氧医学创始人、心胸外科专家李温仁；茶叶专家庄晚芳等学者专家和刘赐贵、庄玉辉、朱亚衍、郑育文、陈桦、陈显国、庄荣文、庄稼汉等杰出人才。

古今著述不胜枚举。宋代有谢履《双峰集》，卢瞻《高士集》，郭朏《汾阳集》，陈世德《殖轩诗集》，陈沼、陈沚《双桂集》，陈沚《竹溪诗集》，谢起宗《野议》；元代有谢子龙《云从先生诗文集》，卢琦《圭峰集》；明代有朱昭《小园抱瓮》，朱一龙《一统舆图广略》《剔历余稿》《游海梦谈》《诗余类稿编》，郭良《北洲文集》《枫磐文集》，王忠孝《四居录》《孝经解》《易经测略》《四书语录》，朱文焕《户垣谏草》，朱又孺《澹宁居集》，戴云《唱和集》；清代有朱兆纲《云中吟》《冀北吟》，黄云蒸《诗骏选刊》，黄瑞鳌《柱峰集》，卢易《瑞峰文集》等。民国时期兴修族谱成风，留下许多宝贵的家族史料。泉港建区以来，有《政协文史资料》《泉港人文丛书》以及个人著述陆续刊印传播。

多元信仰斑驳陆离。泉港宗教信仰有道教、佛教、基督教和天主教等，拥有活动场所198处。民间信仰所奉祀的神灵体系庞大繁杂，每个村落都有一个或数个境主、铺主、社公，敬祀“王爷公”“大人公”“相公爷”，据不完全统计，这类宫庙府宇约有431座。这类信仰包括自然崇拜、先贤崇拜、俗神崇拜、王爷崇拜，主要有广德尊王、司马圣王、灵安尊王、武安尊王、正顺尊王、观音妈、菩萨、佛祖、海神妈祖、临水夫人、保生大帝、三平祖师、萧太傅、关帝爷、七娘妈、盘古爷、孙悟空以及土地神、行业神等，范围广对象泛，并且辅以画符念咒、卜告抽签、扶乩降神、跳神问亡、驱邪祈雨、斋醮普渡、迎神赛会等活动。有始于明万历年间的地方信仰“三一教”，现有信仰点58个。而各村落每年都进行的普渡祭祀，和分布各处的万善庙信仰，大致是多灾多难历史的一种祭奠，如凤翔院前因辛丑播迁惨死700多人而于每年十月十九日普渡。其中涂岭一带信仰对象最为丰富，而界山、南埔、后龙、峰尾的“三一教”信仰比较兴盛。许多说不清道不明却持续不断的信仰，既有原始闽越土著之习残存，又有历史移民他乡文化的传入。

古老习俗多姿多彩。从唐装、汉装到西装，从柴屐（即木屐）到草鞋到皮鞋，从土结、石角、方垞（即条石）、埕邦、红砖红瓦到水泥砖瓦，从独轮车、脚踏车到摩托车、小轿车，从独木舟、舢板到铁壳船、木制轮船等，无不反映了时代的变迁，社会的进步。诸神诞日筵碗演戏，清明冬至祭祖扫墓，南腔北调相融相生，逢年过节或喜事临门，妇女红衣红裤盛装添彩……这也无不存留着历史发展的星星薪火，昭示渊源。同为惠北，由于地缘关系和历史沿袭，一境之内，有以涂岭、山腰、前黄为主的闽南话语系；以界山为主的莆仙话语系；以南埔、后龙及峰尾为主的头北话语系；以及所过渡衍生的腔调，妙趣横生。“开水”叫“滚水”，“干活”叫“穑”，“天亮”叫“天光”，“太阳”叫“日头”，“挣钱”叫“趁钱”，“睡”叫“睏”……诸如此类大致属于闽南语系，而“茶”叫“达”，“来”叫“黎”，“花生”叫“地因”……诸如此类大致属于闽中（莆仙）语系。这些方言蕴藏着中原文化、古闽越文化相生相融的丰富信息。

中原文化和闽越文化的结合、海洋文化和农耕文化的契合、宗教文化和民族文化的融合，所形成的多元文化在此汇聚。

（六）地域特点

一方乐土传递着一种希望，在改造和适应进程中，泉港百姓以“起海国文明，作东南巨镇”的胸襟抱负，推动着泉港历史文明的进程，体现出来的地域特征大致如下：

1、主客不分的移民地。自4300年前就已经有先民生活的泉港，成了南来北往百姓的落脚点，汇集形成移民区。摸底统计截至2007年，泉港共有279个（支系）姓氏迁入定居并繁衍至今（不含福建炼油厂工人和三峡、尤溪移民）。从资料分析，迁入的高峰期在明清两代，共有158个次族姓迁入。明代南北迁入者大抵相当，清代则南方迁入者居多。从历史的角度看，元代是一个历史节点，这一节点之前的姓氏迁徙历史记载缺乏，有明显断裂和消失倾向，现在的同姓家族由于缺乏族谱资料佐证而不知是否相连相关，如谢姓、庄姓等。从安土重迁的传统分析，明清迁入的姓氏也有可能是宋元外迁姓氏的部分回归，如坑边郑姓，相传历史已达千年却苦无记载，直至2014年从明代祖墓中发掘到墓志铭才得到证实。

2、南北文化的交融区。在上千年的沧桑岁月中，中原文化、宗教文化和海洋文化等在此汇集碰撞熔铸，形成别具一格的地域风情，是闽南文化和莆仙文化的衔接带、分水岭、交融区。大而言之，是浙闽和粤闽文化的碰撞交汇地。泉港一方面承接文教较早发达的莆仙文化之辐射，另一方面深受航运商贸较早发达的闽南文化之影响，南北交汇，兼容并蓄。首次迁移者大多认可来自中原的河南，从已知唐五代迁入者可以证明，如前郭郭姓有明代墓志铭为证，圭峰卢姓有明清所修族谱记载为证。而再次迁移时，南面则从漳州、南安、永春迁入，北面则从莆田、仙游等地方迁入者居多。从整体分析，80个世居姓的入闽始祖都认可其先祖来自中原尤其是河南固始，这虽然未必准确，但可以证明历史上中原文化对闽南地区的辐射和影响，闽南百姓基于对中原宗族文化的向心力和归属感而自然产生的认同感。超过半数的村姓认同其先祖是从南面迁入，这表明处于闽南文化和莆仙文化衔接带的泉港，在同时接受两种文化辐射影响的情况下，由于历史上一直隶属于泉州府的缘故，对闽南有一种更明显的认同倾向。

3、南洋诸岛的回望乡。泉港处南北贯穿的古老驿道两边，呈半岛形，自宋代就已经是“岸隔诸蕃国，江通百粤舟”，在历次动荡中，乡人大多选择漂洋过海求生存求发展，诸多消失的姓氏不可能全都灭绝，更可能是迁徙，只是因为时间渺远，寻根不易罢了。泉港是著名的侨乡和台胞祖籍地之一，据不完全统计，共有旅居海外的华侨、华人和港澳台同胞 37 万多人，其中台胞 16 万人，华侨主要集中分布在东南亚，马来西亚有 14.7 万人，占 69%，其次为新加坡，约有 5.3 万人，占 25%。

4、诸多民族的和谐圈。全区常住人口以汉族为主，约占人口总数的 93.5%，兼有回族、畲族、蒙古族等 17 个少数民族，总人口 2.44 万人，占全区总人口的 6.5%,主要分布在 4 个镇 6 个行政村，分别是涂岭镇小坝蒙古族村 1878 人，山腰镇钟厝畲族村 4738 人、鸢峰畲族村 1136 人、龙山回族村 2400 人，峰尾镇郭厝回族村 8483 人，后龙镇柳亭回族村 1727 人，是全省 20 个民族工作重点县（市、区）之一。

5、反抗压迫的根据地。唐大中年间（847—859 年）就有梁兵马使蔡镐驻军沙格，守护海疆；至宋代，为护卫南宋末帝过境，惨遭元兵焚毁洗劫，迄今斑斑史迹见诸古谱；元代，陈同举兵抗元，筑寨于南北孔道之要冲，至今有“陈同关”遗迹；明代，有王忠孝怀抱孤忠，毁家纾难，抗清全节；清代，在收复台湾大业中，有南埔林汇、肖厝萧斌、打银林正春等为首的一大批弄潮儿见载志乘，有巾帼英雄邱二娘于咸丰三年 (1853 年) 举抗清义旗于涂岭群山中。辛亥革命时期，以华侨志士郑聘廷、庄竹林为代表的数以百计的海外志士仁人加入国民革命行列。民国八年（1919 年）9 月 19 日，涂岭人民自发奋起，斫死以陈宗仪为首的匪军 80 多人，拉开了新民主革命战争的伟大序幕。民国 12 年 (1923 年) 农历十二月初六至次年正月，惠北农、盐、渔民武装抗捐歼灭“杨团”军阀，写下可歌可泣的战斗篇章。新民主主义革命时期，以陈平山、吴敦仁、陈纯元、唐言福、朱汉膺为代表的众多仁人志士，为中国人民解放事业不屈斗争。1949 年 8 月 18 日，山腰盐场盐警起义，泉港区域成为泉州地区最早解放的地方。

6、宜居宜业的幸福区。2000 年建区以来，泉港以港兴区，社会经济产生质的飞跃。2009 年，全区完成财政总收入 46.96 亿元；地方级一般预算收入 6.11 亿元。全社会完成固定资产投资 75.83 亿元。社会消费品零售额 38.81 亿元。金融机构各项存款余额 67.97 亿元，贷款余额 238.54 亿元。城镇居民人均可支配收入 15039 元，农民人均现金收入达 8806 元。住宅以民建为主，公建为辅，住宅条件逐步好转。城镇人均居住面积 46.57 平方米，农村人均居住面积 57.74 平方米。人民生活消费结构产生大变化，衣着穿戴注重时尚、美观、品牌。饮食讲究营养、美味、绿色。全区实现饮用自来水村村通，电信村村通。摩托车、家用轿车、电脑、液晶彩色电视机、组合音响、电冰箱、洗衣机等高档消费品已普遍进入城乡居民家庭。截至 2009 年，全区有工商银行、农业银行、中国银行、建设银行、兴业银行、民生银行、邮政储蓄银行、农村信用社等金融机构 9 家，2009 年居民储蓄存款年末余额 23.7 亿元。区内已有超市商场 40 多家，酒店宾馆 14 家，各类商业网点 8500 多个，各种集贸市场

8个。这里是国家级非物质文化遗产“泉州北管”的根据地，是中国民间戏剧之乡，2013年，泉港获得“中国长寿之乡”美誉。

三

泉港区是新建区，是以港口兴起的石化城市，也是著名的侨乡和台胞祖籍地，是经济活跃的沿海开发区，编修姓氏志，对于弘扬独特的本土文化，扩大海内外联谊交往，进一步联络亲情族谊，促进经济建设和各项社会事业的发展，具有十分重要的意义。通过姓氏志可以了解各姓氏的源流、发展和现状，以及对社会经济、政治、文化建设方面的贡献和作用，弘扬优秀传统文化，为海外同胞寻根谒祖提供基础性材料，增强凝聚力和向心力，为中华文明复兴、为社会和谐服务。

根据泉港政办【2003】76号文件关于开展姓氏志编纂工作的意见，2008年8月29日，副区长赵琼花主持召开“全区姓氏志修纂工作会”，各镇党委秘书参加。会上，确定修纂工作方案和志书框架，以及以镇村为依托，逐村逐镇普查的思路方案，组建新的修志班子，重新启动姓氏志修纂工作。编纂人员全面深入调查研究，充分掌握第一手资料，调动并依靠社会力量进行调查和资料收集，认真查阅相关家族史料，坚持实事求是原则，心怀敬畏，据实立言，以客观审慎的态度，分析吸取新旧族谱的内容，摒弃夸大不实的内容。修纂历程大致如下：

由点到面进行探索。先试点修撰一个村姓资料，以摸索修志方法，掌握修志规律，把握修志重点难点，试撰汾阳龙山郭氏资料后，主动向省方志委刘祖陛、郑羽等专家请教，得到积极肯定和热情鼓励。再试点发动一个镇的资料归集，经过半年的试点工作，在界山镇率先完成镇级姓氏志资料汇编，对于实践中遇到的困难和困惑，主动向专家学者请教，得到时任泉州市方志委主任邱哲宏、志书编纂科科长林龙海的关心和指导，逐步加深对志书修纂的理解，调整完善修志的思路做法。

以表带路进行征集。及时组织人手，进行内部培训，论证形成《泉港姓氏志资料征集表》。从2009年5月中旬至6月份，全面开启修纂姓氏志工作，先后到7个镇召开姓氏资料征集会，以会代训，共10场，受训人数900多人次，其中有673个（一说为666个）村姓资料员。界山镇的成功归集使得各镇既有信心又有压力，而《回族龙山汾阳郭氏志》样本的示范增强了各村各姓的信心和动力。

由内到外开展调查。七八两个月下乡入村召开村级培训指导会，指导资料员收集整理。动员培训后，所有村都动起来，村姓资料员不辞辛劳，在没有任何报酬的情况下，东奔西跑，内查外调，有的村成立修纂小组，集中在村部撰写，如大前村；有的多次到莆仙、泉惠一带查访；有的自掏腰包去找同姓宗亲借阅资料。成千上万的人员被调动起来，家族历史破天荒地被重视和得到抢救。

入村近姓指导整理。6月15日开始培训，要求资料既有纸质的，以便签名盖章，又有电子文档，以便后期编纂。归集程序从资料员到村主任到镇党政办到区方志办，不得越级。资料收集时限一个月，配合征集资料，至7月26日，刊发3期《泉港方志》姓氏志专刊，起到促动互动的作用，以先进带后进，传递相关业务知识，及时反馈修纂情况。分组下村去跟踪并负责拍照。跑遍全区100个行政村，足迹遍及525个自然村，拍摄数万张乡村景点的照片（包括祖厝祠堂宫庙寺宇、古墓古井古谱古物等）。

剥茧抽丝进行编辑。9月，资料陆续收集移交到编纂组。100个村，六七百个村姓，每村少则一份资料，多则数十份，资料每份少则三五页，多则数十页。资料初步收集后开始拟定凡例，编订章节目，遵照体例选择语言表述方式，有选择性地进行资料梳理整理。面对信息凌乱芜杂，良莠不分，真伪莫辨的现实，修纂时犹如在乱麻中抽丝，在断线中连接，把片片叶子努力接插到原本的树枝上，把众多的树枝慎重地接插到原来的木本上，把众多树木有序地归集到统一的场地中。众多基层资料员收集整理提供的历史碎片，成为本次修纂最最重要的宝贵的第一手资料。除少数族谱之外，大多数村姓资料都是在口传中整理，资料员为此付出极大的努力，却仍然无法克服历史资料残缺严重、传闻旧说难辨真伪的巨大缺陷。在既要尊重基层族谱说法，又要与大历史背景相接轨；既要珍惜资料员的劳动成果，尽可能保存珍贵史料信息，又要严格把关考证，体现志书的科学严谨的情况下，任务极其艰巨，所涉及的历史信息远非个人能力所能够考证辨别，因此存在不少讹误错漏。10月15日完成姓氏志第一稿，形成近60万字的初稿。马上交由华榕印刷，合订本10本供论证，单行本643本。

以姓为章下发校对。初稿形成后，于2009年11月通过挂号信的方式把初稿寄达各村各姓资料员及村主任手中，要求核实修改补充，寄出670份，获得反馈意见1400多条，反馈率达到100%，经考辨收录有效信息780多条。之后，由区方志办牵头组织本地学者专家召开论证，综合吸纳后，形成初稿，送泉州市方志委进行初审，反馈意见有9大方面27条。之后认真落实市方志委的审稿意见，再次核实考证并调整充实。2013年9月份，数易其稿后，在区委区政府的重视和区方志委的部署下，再次逐镇部署复核校对工作，反馈率达100%，共计1400多条意见，收录800多张相片和文字资料进行辑录补充，并送往印刷厂进行排版。值得一提的是，因为把分散在各镇各村的同姓第一次集中记录并理出头绪来，这个历史性的创举让各姓都又惊又喜，许多村姓从中找到源流，找到母村，找到兄弟，找到分派，亲情族谊油然而生，联宗睦族之思更加迫切，多数村姓不仅内部审核，还主动请教专家学者帮忙审核，甚至举行数村同姓联合审核。如蓝田陈氏和蒙古族出姓。还有许多姓氏主动提供族谱或赠送族谱，如东张陈姓、肖厝萧姓、山腰庄姓、蓝田陈姓、割山陈姓、土坑刘姓、圭峰林姓、奎璧林姓、三朱朱姓等。

内查外调收集史料。搜集查阅相关资料。下乡发掘，闭门考证，在千年历史中潜心研究，到广东中山大学、惠安县方志委、惠安县档案局、惠安县图书馆、惠安县政协、惠安县博物馆等单位借阅相关史志，搜集整理大量珍贵史料，澄清并补充各村姓所讹误缺漏的历史真相，从而丰富并基本实现了各世居姓资料的“真实性”“基础性”和“史料性”，为全面深入地研究泉港历史提供了坚实的平台。

千方百计反复征求。2010 年 11 月，姓氏志主体部分第四稿（60 多万字）出炉，为避免走弯路，11 月 11 日，在区委宣传部会议室召开泉港姓氏志初稿座谈会，参加者有市区方志办领导、专家，论证会的召开，收到 73 条宝贵意见。书稿送到泉州市方志委请林龙海专家审阅，得到“篇目较合理，内容丰富，资料翔实，较全面系统客观反映泉港姓氏的发展历程。对于当地加深对故乡的了解，开展地情教育，对旅外乡亲寻根谒祖，对外界加深了解泉港很有意义”的积极评价。11 月 25 日，林龙海先生莅临泉港指导，提出修改意见。2011 年至 2013 年，主纂人员一方面进行规范化修改，一方面进行史料的核实补充，通过广征博览，在大量的志书文献中辨别抽取，形成全区姓氏大事记、泉港历代科举仕宦名表、泉港古今地名对照表、泉港各姓氏迁入情况一览表等，并着手收集概述的相关基础资料。2013 年 9 月，在数易其稿后，铺开全区第二次村姓资料再审核工作，逐镇部署落实，召开区级会议 1 场，镇级会议 7 场，村姓审核员全力以赴进行审核，反馈率达到 100%。之后，主纂人员逐条过细，收录有效信息 1200 多条。2014 年 8 月 28 日，在区方志委的重视下，对当代人物部分进行第三次审核，并补充 2008 年至 2014 年新达标的对象信息收集。为此，召开区级会议 1 场，参会人数 140 多人，动用各地泉港商会的力量，逐一核实补充。修纂中不但对全区 600 多个村落 80 个世居姓进行普遍性调查，对 1200 多个支系族姓家史进行历史性梳理，而且大胆探索修志新思路：尝试“图随文走”达到图文并茂效果；尝试运用 22 个方阵相片分类展示姓氏共同文化；抽象归纳运用图表 200 多幅昭示区域姓氏演化规律。自 2009 至 2015 年，历时数年，艰辛修纂，数易其稿，终成一志。

修纂中，坚持志书的编纂原则和体例，并积极开拓创新。以志为主，述、记、图、表、传、录诸体并用。在编排上，主体以姓为章，以要素为节，力求门类齐全，重大事件时间节点齐全。坚持去芜存菁，用历史唯物史观和辩证观作为判断筛选素材的基本原则。重视史实，用严谨审慎和忠实记录的作风作为修志的品质。提炼精华，在各姓氏个体材料的梳理中提炼泉港各姓氏的共性，便于进一步研究其生存发展的深层规律。立意清楚，摒弃材料的堆砌和资料的简单罗列，在大量采集中反复核对校补，对重点难点疑惑点多次实地勘察入村查证。

自发动宣传以来，姓氏的宗亲联谊活动空前活跃频繁，如闽台萧姓族谱对接、前郭郭姓到马来西亚访亲，台湾台中林姓回泉港寻根、惠安泉港郑氏宗亲会等；姓氏文化研究更加深入主动，如先后成立泉港姓氏文化研究会、林氏研究会、连氏文化研究会等；修祠堂，如黄田村陈姓集资兴修祠堂，先锋村林头张姓集资修祠晋主；修编族谱，如溪西村任姓修成族谱、南埔林姓某支系修成房谱、狮东村吴姓修成支谱、邱厝村邱姓修成族谱、芦朴村黄姓、下炉村水曲修谱等，其他如叶厝叶姓、钟厝钟姓、普安张姓也都先后启动修谱。抢救史料，如发掘留山郑耀星史料、坑边郑姓史料，推荐港墘李姓、坝头连姓、东头埔刘姓、李恺、郭良、王忠孝、卢琦等姓氏和人物研究，夯实文史基础。促进寺庙志和村志村史的收编，如龙山村、路口村、柳厝村相继整理村史村志，离相寺、华林寺、云门寺、山头寺、虎岩寺等纷纷着手抢救整理。

《泉港姓氏志》的修纂，是修志知识在泉港的普及，也是志书修纂在泉港的实践，更是修志方法的开拓创新：一是对 80 个世居姓进行历史上广泛普遍的调查，二是对全区 600 多个村落进行全面细致的勘察走访，三是对相关姓氏的家族历史进行准确完整的记录收集，四是首次以政府层面对民间文化抢救工作进行积极的鼓励推动，五是结束泉港区历史上没有独立志书的历史。

当然，本志修纂还存在诸多不如人意之处，主要有三方面问题：一是缺少对内在联系的全面考察。如庄姓闽南始祖庄森次子庄章于唐末即开基龙田，至清代龙田庄氏仍与邻近村姓联姻，见诸族谱。而山腰庄姓却是庄森四子庄申的裔孙庄夏后裔，于明永乐三年（1405 年）才从洛阳琯头迁居惠北前蔡。同是桃源庄氏派下，之间不无联系，值得研究。二是缺少对旧志旧谱的全面研究。由于种种历史原因，大多数家族族谱失存，祖源信息只能凭借口口相传的说法予以记载，编纂时佐证资料极其匮乏，必然出现不全、不准、不实的情况。即便是家族内部，由于知识和认识的差异，存在不同看法甚至争议，抱残守缺、将错就错陋习难改。而改革开放之后组织力量抢救修编的族谱，普遍存在详今略古、杜撰历史、美化祖系、胡乱攀附的不良倾向，所提供资料不符合志书修纂原则和编纂体例。三是缺少对文化遗迹的全面收集。由于资料征集时间短、项目多、范围广，村姓资料员系临时选拔，在族谱无稽的情况下，需从“源、流、文、物、人、事”6 大方面归集整理撰写报送，实在难为。而主编总纂人少事多而无力逐一核实校正，其他诸如修纂保障和保护机制尚未完善等因素所造成的消极影响，不免让本志留下历史性的缺憾。

本志所记的主要对象，仅限于 2009 年仍世居于泉港区域的姓氏，不包括历史上曾经居住繁衍的全部姓氏。历代迁出的姓氏，由于志乘谱牒的缺失，无法追根溯源，或许早已把异乡作故乡，是故，各地荒废村落及迁出姓氏未能予以一一考证体现并记录，这也是本志最大的一个缺憾，有待日后重视并弥补完善。

大 事 记

商周时期

蚁山商周时代文化遗迹考古发掘的资料表明，远在三四千年前，已有人类在境内活动。

唐

大中十二年（858 年）

济阳蔡氏自莆田肇基今南埔镇先锋村。

大顺元年（890 年）

汾阳郭氏自光州固始肇基今山腰街道龙山社区前郭。

唐末

唐侍御史谢逊后裔自光州固始肇基今涂岭镇菱溪村谢庄。

青屿郑济时自光州固始肇基十都（今南埔镇先锋、沙格一带）。

盐仓陈国忠自光州固始肇基十都（今南埔镇先锋、沙格一带）。

庄氏自永春桃源里肇基今前黄镇古县龙田。

天祐六年（909 年）

郑济时建离相书院。

宋

开宝三年（970 年）

范阳卢氏自南安四都朋山肇基今峰尾镇诚平村卢厝。

太平兴国六年（981 年）

析晋江县北东乡十六里置惠安县（泉港属惠安北部，通称邑北），领以三乡，辖十八里。

至道元年（995年）

惠安县建立户口版籍制度。

大中祥符二年（1009年）

民间开始种植占城稻。

嘉祐二年（1057年）

菱溪谢履进士及第。

治平二年（1065年）

县令张介主持在菱溪建造永济桥。

治平三年（1066年）

四月，地震，有声如雷。

熙宁三年（1070年）

王安石变法，创保甲法。惠安县分为三十四都，并设置保正、保副。

元丰八年（1085年）

户籍分为主户（有土地者）、客户（无土地者）；16岁以上的男子称为"成丁"，以丁征收钱粮，称"身丁钱"。

元祐三年（1088年）

前郭郭朏进士及第。

元祐六年（1091年）

江夏黄氏自莆田涵江黄巷前黄肇基今前黄镇前黄村。

圭峰卢瞻进士及第。

绍圣三年（1096年）

七月，大雨，部分民房倒塌，五谷歉收。

崇宁元年（1102年）

大旱。民有渴死。

崇宁五年（1106年）

前郭郭郊进士及第。

大观四年（1110年）

十二月，下大雪。

宣和七年（1125年）

槐庭王氏自莆田肇基今南埔镇沙格村。

靖康年间（1126–1127年）

里人连大德在九都坝头溪上建 漈头桥。

绍兴元年（1131年）

九牧林氏自莆田阳城北螺村入居今后龙镇田里村上坑。麦氏自广东顺德县香山开基今南埔镇仑头村杨厝。

乾道元年（1165 年）

域内发生饥荒。

乾道二年（1166 年）

延陵吴氏自莆田水南迁居今界山镇狮东村。

乾道三年（1167 年）

五月起，大雨连下 40 天。

乾道七年（1171 年）

海寇抢掠沿海诸村。

乾道八年（1172 年）

圭峰卢应时、菱溪谢汝为进士及第。

淳熙七年（1180 年）

海贼沈师大肆抢劫沿海诸村。

淳熙十一年（1184 年）

四月至八月均无雨，域内秋季农作物受旱无收。

前郭郭洙、菱溪谢齐石进士及第。

嘉泰二年（1202 年）

圭峰卢迪进士及第。

凤阿连氏自仙游唐安连坂开基今前黄镇坝头。

开禧元年（1205 年）

菱溪谢宜中进士及第。

嘉定九年（1216 年）

大水灾，庄稼歉收。

嘉定十三年（1220 年）

峰尾东岳庙始建。

宝庆元年（1225 年）

大义陈氏自莆田湖柄迁居今南埔镇沙格村。

大水灾，五谷歉收。

绍定三年（1230 年）

海潮暴涨，沿海民居被淹严重。

嘉熙四年（1240 年）

海潮暴涨，沿海民居尽被淹没。

宝祐四年（1256 年）

菱溪谢次鲁进士及第。

咸淳七年（1271 年）

惠安（含泉港）隶属泉州路

咸淳十年（1274 年）

西河阙下林氏自广东增城肇基今南埔镇南埔村。

祥兴元年 (1278 年)

玉湖陈氏自莆田阔口肇基今界山镇东张村。

元

至元二十二年（1285 年）

正月地震，丙戌复震。

元贞元年（1295 年）

惠安县划为四乡，东为文质乡，南为行满乡，北为忠恕乡，西为信义乡；仍设十八里，三十四都。

元贞二年（1296 年）

田赋为夏秋两季征税，其中夏税派钞，秋税征粮。

大德年间（1297-1307 年）

修建太阳陂，陂为石构三层拦溪坝，灌溉 5000 亩。

延祐四年（1317 年）

凤阿坝头连氏修谱。

泰定元年（1324 年）

十月，大旱，五谷歉收，发生饥荒，赈之。

元统元年（1333 年）

六月，霪雨不断，不少民屋倒毁。

至元二年（1336 年）

县衙被倭寇烧毁。

至正二年（1342 年）

圭峰卢琦进士及第。

至正七年（1347 年）

县衙再次被倭寇烧毁。

至正十二年（1352 年）

鹳山、蓝田陈氏家庙始建。

至正十三年（1353 年）

雨下白丝，海水一天三潮。

至正十四年（1354 年）

大旱，田地干裂，无法播种。

至正十七年（1357 年）

三月，万户赛甫丁·阿迷里丁在泉州作乱，祸及泉港百姓。

里人卢勤重修离相寺。

至正二十一年（1361 年）

四月，元官苫思丁杀兴化同知陈从仁（惠安人）。六月，陈从仁弟陈同为兄复仇，率众攻陷惠安县城。

明

洪武元年（1368 年）

朝廷遣官弓量土地，按田地、山林、池塘、海荡，分官、民、职、学四等以实定赋。

洪武三年（1370 年）

率众反明的陈同被驸马都尉王恭擒杀。

六月，倭寇骚乱。

南湖郑氏自兴化府莆田吉蓼铺肇基八都牛坑村。

洪武四年（1371 年）

因倭患，实行海禁。

洪武七年（1374 年）

兰陵萧氏肇基今南埔镇萧厝村。

洪武十二年（1379 年）

天湖峰岩建烽火台。

洪武十五年（1382 年）

曲江张氏自莆田横塘肇基今后龙镇上西村。

是年，颁行黄册法（专门记载田赋钱粮的清册）。

洪武十六年（1383 年）

沙格澳设河泊所，征收渔课。

洪武二十年（1387 年）

四月，江夏侯周德兴经略福建沿海，置崇武千户所，又设峰尾、黄崎、獭窟、小岞等四个巡检司，并檄筑城，练兵防御倭寇。

洪武二十一年（1388 年）

四月地震，五月复震，八月又震。

洪武二十四年（1391 年）

建预备仓二，一在县南屿乡，一在县北香林堡。万历年间移于县仪门内（已废）。

洪武二十六年（1393 年）

出氏先祖自福州肇基今后龙镇上西村。

洪武二十九年（1396 年）

十二月壬辰，境内发生两次地震。

洪武三十一年（1398 年）

刘氏自惠安下江肇基峰尾。

永乐七年（1409 年）

全县遭受蝗虫灾害，知县陈永年组织百姓扑灭之，确保当年秋收。

永乐十九年（1421 年）

朱氏开基今涂岭镇芦朴村西仁（垄）。

宣德元年（1426 年）

全县发生饥荒。

正统元年（1436 年）

龙山郭氏宗祠重建。

正统十三年（1448 年）

建筑东坑、虎窟、白水三寨。

天顺四年（1460 年）

荷池郑氏宗祠肇建。

天顺六年（1462 年）

清河张氏自安徽庐州六安肇基今南埔镇先锋村林头。

成化十二年（1476 年）

邱厝邱氏建造祠堂。

大旱，饥荒，知县康永诏赈济有方，使百姓免遭饥饿。

成化二十一年（1485 年）

自春至夏，雨下不停，五谷歉收。

成化二十二年（1486 年）

春、秋旱，禾苗枯萎。九月，地震三次。

成化二十三年（1487 年）

春旱，麦歉收；又秋旱，五谷无收。

弘治十二年（1499 年）

自夏至冬大旱，甘蔗枯死，花生结实如黍，饥荒。

弘治十三年（1500 年）

地震，声响如雷。

杨氏迁居今前黄镇香芹村前炉。

弘治十四年（1501 年）

正月十七日，地震，是年大旱。

弘治十五年（1502 年）

地震。

正德八年（1513 年）

旱灾，饥民采野菜、剥树皮充饥，多有饿死。

正德年间（1506—1521 年）

海禁稍宽。萧厝渔民造尖尾大船，冬往浙江南儿、北儿、普陀等处捕捞，春往镇海、铜山捕白（带）鱼。

嘉靖六年（1527 年）

颍川钟氏肇基今山腰街道钟厝。

嘉靖八年（1529 年）

知县莫尚简聘张岳纂《惠安县志》13 卷，翌年书成，为惠安首部县志。

嘉靖九年（1530 年）

周氏自惠安县辋川迁居今涂岭镇丘后村下林。

海洋捕捞采用拖网、流刺网、手摇钓船、方网、插秋小网、拖钓网船等 29 种作业技术。

嘉靖十五年（1536 年）

大旱，五谷歉收。

嘉靖十六年（1537 年）

大旱，百姓饿死甚多。

嘉靖二十四年（1545 年）

大旱，百姓饿死甚多，路有遗骨。

嘉靖二十七年（1548 年）

海盗骚扰沿海乡村，泉州知府程秀民遣官兵平定。

嘉靖二十九年（1550 年）

后林朱一龙进士及第。

嘉靖三十二年（1553 年）

后林朱氏建造家庙。

嘉靖三十四年（1555 年）

倭寇骚扰频仍。

嘉靖三十七年（1558 年）

四月，倭寇攻陷福清，乘势南下，进逼惠安。卸任知县林咸及乡宦李恺、张宇等率领民众坚守七昼夜，援兵到来，倭寇撤走。

嘉靖三十九年（1560年）

清河房氏肇基今峰尾镇前亭村。任氏自惠安辋川后任迁居今涂岭镇驿坂村。

嘉靖四十一年（1562年）

前郭郭良进士及第。

知县陈玉成建辋川城，里人倾资捐助。其后，知县萧继美续建。

嘉靖四十二年（1563年）

春，总兵戚继光率军援闽，军队到崇武所时，正好倭寇登陆。戚继光下令出击，把倭寇赶下海。十一月，倭寇又侵扰惠安。

嘉靖四十三年（1564年）

兵疫之后，户口锐减，全县合并为三十都，每都十甲，计三百班。

隆庆四年（1570年）

叶春及任惠安知县，于任内著《惠安政书》。开凿鸬鸠圳（今泉港区内），在辋川乡筑承天坝等。

隆庆六年（1572年）

峰尾永全社扩建。

万历元年（1573年）

卓氏自莆田秀屿营边肇基今后龙镇后墘村梅林。

万历二年（1574年）

六桂方氏自莆田黄石下洋肇基今前黄镇龙田村方厝。

八月初八日地震。时，知县刘宏道重修科山书院。全县还建有厚俗、南门等21所社学。

万历七年（1579年）

自吕宋引进甘薯，广泛种植于沿海、山区。

万历二十二年（1594年）

四月，地震，响声如雷。

万历二十四年（1596年）

八月，飓风大作。九月，大地震。

万历三十一年（1603年）

七月，地震。十一月二十八日申时，有陨星自南而北掠过境域上空，并发出声音。

万历三十二年（1604年）

十一月初八、初九两日连续地震。

万历三十五年（1607年）

正月，地震，洛阳桥桥梁倒塌，桥基倾陷。

万历三十九年（1611年）

气候异常，五谷歉收，百姓以甘薯充饥。自此甘薯作为主要粮食作物，在境内大面积栽种。

万历四十年（1612 年）
自江西省引进鱼苗，养殖鲢鱼、草鱼。
万历四十二年（1614 年）
秋，海水一日三潮。
万历四十四年（1616 年）
十一月初六日，大雪。
万历四十五年（1617 年）
大饥荒，疫病流行。
是年，烟叶始在境内普遍种植，成为重要的经济作物。
天启元年（1621 年）
峰尾义烈庙扩建。
天启二年（1622）
后林朱又焕进士及第。
天启三年（1623 年）
熙春李氏自惠安北门迁居今界山镇界山村南山。
崇祯元年（1628 年）
沙格王忠孝进士及第。
崇祯四年（1631 年）
二月二十一日丑时，地震。五月初二日，地又震。
崇祯十二年（1639 年）
前黄黄氏祠堂肇建。

清

顺治三年（1646 年）
九月，清兵进入惠安，分兵防守，而后入泉州。
顺治四年（1647 年）
反清义军进逼惠安县城，被清军韩尚亮部击退。
顺治五年（1648 年）
四月二十三日，郑耀星为首的抗清农民军数万人攻打惠安县城。七月，被清兵击退。
顺治九年（1652 年）
前黄黄云蒸进士及第。
顺治十年（1653 年）
十一月，郑成功从厦门遣将率辖镇到惠安、仙游等地方筹集饷银 30 万两。十二月初三日夜，郑成功军队袭击惠安县。初四日攻下县城。

顺治十四年（1657年）

全县共4274户，10790口。

顺治十五年（1658年）

气候反常，下红雨（雨水如血）。

顺治十六年（1659年）

六月初六日，下冰雹，暴风雨。

顺治十八年（1661年）

清廷下令迁界，江浙闽粤四省沿海居民尽迁而入内地。数日，吾邑山海之交，百姓弃乡离井，各求栖身之地，滨海30里尽为废墟。图甲十减六七。

十月十九日，院前寨（今属南埔镇凤翔村）避难的670多人被清兵纵火烧死。

康熙二年（1663年）

废除甲班，全县34都改为68铺，时因里长贪污公粮，全部革职。

康熙六年（1667年）

十月地震。是年五谷丰登，一两银可购米八石。

康熙八年（1669年）

秋，大旱。十月初十日地震。

康熙九年（1670年）

朝廷允准沿海迁民回迁至离海20里处，史称“展复”、“展界”。

全县实有丁5629人。

是年，全县丁口、田地盐、屯田丁税及附征各项税收共计银21560.4822两。

康熙十年（1671年）

泉州富翁胡宝金率卢天琪等人移居南庄村，围垦南庄埭，毁旧陂，再筑一坝，改名为“太阳陂”。

康熙十二年（1673年）

三月十六日，地震，声响如雷。

康熙十三年（1674年）

三月十五日，耿精忠反叛清廷。

九月，耿精忠部将、提督王进率军进驻惠安，肆行焚掠。郑经派刘国轩统兵抵御，王进退兵屯扎枫亭，列营20里，作长蛇势。

十月，刘国轩进军至涂岭，严阵会战。王进兵败，逃入兴化城内，紧闭城门。刘国轩追至兴化城下，大胜而归。

康熙十六年（1677年）

八月，清兵各路出击，其中一路满、汉骑步兵由枫亭大路进至惠安。

康熙十七年（1678 年）

六月二十六日，刘国轩攻夺洛阳桥。二十八日，刘国轩令部将王一继率众到涂岭，狙击从兴化来的清军援师，王一继到达后驻扎于驿坂铺，控制险要道路。

十月，清提督杨捷、巡抚吴兴祚探知王一继军队集中于上西、肖厝、沙格，乘夜袭击，经过几天激战，郑军阵亡 700 多人，被掳 6 人，落水而死者不计其数。

康熙十八年（1679 年）

正月，清廷再次下令赶逐百姓入内地，于沿海 20—30 里靠近海边险要地方添设炮台，筑造小寨，防范郑经军队。

康熙二十年（1681 年）

复界。

康熙二十二年（1683 年）

清军收复台湾，撤销迁界令，沿海居民复回，重建家园。未归者难计其数。

是年，朱兆纲（今前黄镇后林人）编修《惠安县志稿》，未刊印。

康熙三十九年（1700 年）

圭峰刘氏重修明德堂支谱。

康熙四十二年（1703 年）

干旱，五谷歉收。

康熙四十七年（1708 年）

瘟疫流行，粮食价格昂贵。

康熙四十八年（1709 年）

日食，白昼暝如夜。

康熙四十九年（1710 年）

水灾，谷贵。

苏氏自惠安县东园苏坑迁居今涂岭镇路口村。

康熙五十年（1711 年）

六月，地震。七月又地震。是年全县人口 14226 人。

康熙五十九年（1720 年）

洪厝坑出氏修撰《出府族谱》。

康熙六十年（1721 年）

八月十五日台风，峰尾舢板被风刮上山，一艘官船沉没，人尽溺死；南埔船只几乎全部沉没，溺者多为渔民。

雍正元年（1723 年）

出氏建造家庙。

雍正二年（1724年）

闰四月，邑人林之濬向朝廷呈请增加惠安秀才的录取额数，得准。自此每年府试增加6个名额（即24名）。

雍正三年（1725年）

大饥荒，疫病流行。

雍正七年（1729年）

丈量官民盐田地、山林，分别计征。

是年，韩氏自漳州南靖迁居今涂岭镇前欧村乌石庙。

乾隆元年（1736年）

前黄黄瑶观进士及第。

是年，全县盐丁1883人，盐田地36482亩，盐丘4775丘。

乾隆二年（1737年）

监生骆钟岳修建自居仁铺至涂岭道路，长30华里。

乾隆四年（1739年）

洪厝坑出科联进士及第。

乾隆六年（1741年）

前黄黄素石楼肇建。郭厝郭氏宗祠重修。

乾隆十三年（1748年）

大风灾，洪水骤涨，淹没农作物，晚稻歉收，蠲免钱粮，并发币赈济。

乾隆十五年（1750年）

曾氏自惠安迁居今涂岭镇松园村。

乾隆十六年（1751年）

涂山刘氏重建家庙。

乾隆二十四年（1759年）

重建土坑白石宫。

乾隆二十五年（1760年）

赵氏自莆田仙游县园庄迁居今界山镇界山村。

乾隆四十六年（1781年）

六月初六日，自卯时至戌时，大风雨，飞沙走石，折树木，毁房屋，海上船只倾覆十之八九。

乾隆六十年（1795年）

八月十五日，台风，山腰、钱蔡、前黄、普安、钟厝、叶厝的田地被海水冲毁1875.14亩。后改筑为盐埕，计1595.77亩。

章氏自福建浦城迁居今涂岭镇。

嘉庆元年（1796年）

庄捷轩建造望海楼。

嘉庆六年（1801年）

土坑刘肇元高中武进士。

嘉庆八年（1803年）

全县有31254户，248754口。

知县吴裕仁组织修纂《惠安县志》，共36卷。

嘉庆十年（1805年）

土坑刘梦超高中武进士。

嘉庆十三年（1808年）

土坑刘大峰高中武进士。

嘉庆十四年（1809年）

山腰锦绣庄氏肇建宗祠，两年后竣工。

嘉庆十七年（1812年）

重建涂岭驿坂关帝庙。

嘉庆二十年（1815年）

东海徐氏自惠安洛阳迁居今界山镇鸠林村南庄。

嘉庆二十四年（1819年）

各保甲按户设门牌，标明行业、人口、性别等，编册造报。

道光九年（1829年）

知县仝卜年重修大德桥。

道光十年（1830年）

西宅村沈氏修撰《沈氏族谱》。

道光十一年（1831年）

按各乡造册申报，全县有17015户，496025口。

道光十五年（1835年）

土坑刘开泰武进士及第。

是年，渔船始大批转浙江渔场作业。

道光十七年（1837年）

晋江散匪啸聚旗山掳劫，惠安知县率兵清剿，东坑、寨后、陈田三乡民兵据寨帮助，匪患悉平。

道光二十八年（1848年）

董氏自惠安县洛阳镇白沙迁居今界山镇玉山村。

道光三十年（1850年）

惠安开始流通银元。

咸丰元年（1851年）

境内产生大姓会和小姓会的封建帮派组织。

咸丰三年（1853年）

四月，邱二娘在涂岭笔架山高明王宫举义旗反清。

咸丰四年（1854年）

四月二十四日上午，邱二娘与胡熊率义军千余人攻打惠安县城，未克。

咸丰五年（1855年）

五、六月间、邱二娘被清军捕获。六月十四日，在泉州南校场被凌迟处死，年仅22岁。

咸丰六年（1856年）

萧厝萧氏建天华堂。

同治四年（1865年）

涂岭驿坂创办基督教会。

同治八年（1869年）

境域内连续干旱200天。

光绪二年（1876年）

八月十五日中秋节夜，暴风骤雨，房屋倒塌，树木被拔起，大小船只覆没触破，渔民伤亡数人。

光绪三年（1877年）

前黄黄正元武进士及第。

光绪十四年（1888年）

邑内鼠疫流行。

是年，崇武名匠王益顺建成峰尾东岳庙中亭的藻井顶盖。

是年，天主教传入惠安。

光绪十八年（1892年）

十一月二十六日至二十七日大雪，积雪尺余。

光绪二十二年（1896年）

鼠疫流行。

是年，县内陆续使用银角，有广东造的一角、两角两种。

光绪二十三年（1897年）

县域内鼠疫大流行，流行140个自然村，死亡6161人。

光绪二十八年（1902年）

鼠疫大流行。英国伦敦宣教会派员在惠安县城创建仁世医院（今惠安县医院的前身），西医药始传入惠安，并培养一批医师。

光绪二十九年至三十年（1903—1904 年）

流行牛瘟。

开始使用铜元。

宣统元年（1909 年）

成立禁毒社。

宣统三年（1911 年）

秋，涂岭自治讲习所设立，学制 6 个月。越年停办。

11 月 11 日（农历九月二十一日），惠安宣告光复，清统治结束。

中华民国

民国元年（1912 年）

全县鼠疫流行 130 个自然村，死亡 4444 人。

民国 3 年

6 月 2 日，民国政制规定公布，惠安隶属于厦门道。

秋，郭良故居重修。

民国 4 年

9 月 12 日，山腰建盐馆，成立盐税局。盐民反抗，遭镇压，死 10 多人。

民国 6 年

3 月 5 日，股匪汪连盗陈益，住宅失火，烧死 8 命。

时，靖国军（反对段祺瑞政府的地方武装力量）兴起，县内各股匪都成为“民军”。

民国 8 年

9 月 19 日，涂岭人民痛歼土匪军 80 多人，当场斫死匪首陈宗仪。

民国 9 年

俞氏自莆田仙游县海地迁居今界山镇鸠林村南庄林厝。

民国 12 年

1 月 22 日，仙游民军陈国梁率部 200 余人，突袭东坑、寨后二乡，居民被掳 25 人，耕牛被夺 28 头，衣服、布匹等物被抢不计其数。

春，土著军阀陈国辉勒取惠安的“特别捐”12000 元白银，强迫农民种鸦片。

民国 13 年

1 月 11 日（农历 1923 年十二月初六），山腰、郭厝和峰尾等地农、渔、盐民联合起来武装抗捐，消灭王永彝部驻惠杨增福团的一个连，共 90 多人。

1月13日（农历1923年十二月初八），王永彝部由著匪汪连带队进犯坝头、山腰等乡村。烧毁房屋300多座、杀害群众100多人，酿成震惊海内外的“山腰惨案”。

是年，民军汪连勒派村民续建惠安枫亭公路25公里。

民国14年

7月，一批回乡知识青年在县城、辋川、峰尾、崇武各地发动学生罢课、商人罢市，同时组织工人纠察队控制沿海码头，抵制英、日货入境，焚烧走私仇货，惩办不法商人。

民国15年

5月29日至8月20日，东坑、寨后、陈田三乡被军阀驻仙游的周荫轩部队“剿办”，村民被杀害26人，房屋被烧毁200余间。

是年，惠安泉州公路正式通车。

民国16年

4月，山腰设立盐税局。

6月14日，涂岭农会和农民自卫军在林角埔正式成立。其中农会会员近1000人，自卫军300多人枪。负责人施岑侬。

8月18日，中共惠安县临委改为中共惠安特支（亦称涂岭区委会）的建制，下辖涂岭、林角、泗州三个支部，有党员12名。

9月，涂岭农会扩展到惠（安）晋（江）仙（游）三县交界的13个据点村，总地域面积约占全县的四分之一。

10月14日，施岑侬率领农民自卫军200余人枪进剿陈田著匪颜选，捣毁匪窝，颜选逃窜晋北。

12月1日，中共惠安特支改编农民自卫军为工农革命军。

民国17年

1月下旬，国民党林寿国海军陆战队林柄州补充团窜犯涂岭洪厝坑，工农革命军给以狙击，激战3小时，毙敌30名，缴获步枪30余杆，生俘20多人。

3月，林寿国海军陆战队杨献周部进犯涂岭，农民武装100余人枪雄踞泗州湾，激战一天，毙敌90余名。

民国18年

3—4月，陈平山在涂岭泗州一带改编农民武装为工农红军。

民国19年

4月，山腰成立山腰盐场总署。

5月，中共泉州特委军委书记陈平山，组织部部长蓝飞鹤，宣传部部长蓝飞凤奉命到惠安加紧进行中共的革命宣传和群众武装工作。

7月6日，蓝飞鹤、陈平山、吴敦仁、陈兴桂为首发动路口、菱溪、涂岭、三朱等地村民近千人武装反抗强征烟苗捐的匪徒汪柴水，斗争获得胜利。

9月15日凌晨，红一团主力挺进涂岭街，迅疾包围惠枫车站地霸陈速生老巢。因一时攻不下，红一团退回甘蔗园一带。18日陈速生仓皇外逃。

10月，中共福建省委常委王德在涂岭处理“惠安暴动”善后工作。陈平山奉命开辟晋（江）惠（安）仙（游）交界三坪山区游击根据地。

12月26日（农历十一月初七），吴敦仁不幸遇刺牺牲。

是年，山腰设立收税局。

民国20年

1月8日（农历1930年十一月二十日），惠安暴动总指挥陈平山遭敌伏击牺牲。是月，省防军第一混成旅陈国辉部派遣军队前往坝头乡弹压抗捐民众。

5月中旬，中共福建省委驻厦办事处调唐言福（化名陈鹏，新宅人）回乡发展地下党团组织。

6月初，中共福建省委代书记王海萍调老杨（即沈玉泉，化名马路杨）到惠组建党团县委。并组建游击队，开辟以三朱为中心的游击根据地。

是夏，陈国辉部陈育才团进驻惠安，横征暴敛，仅坝头区便被勒索50万两白银的“烟苗捐”。

12月16日，中共惠安县委发动下九乡农民武装围缴征收油园捐的陈育才匪军20多人的枪械。

是年，海盐实行量销限产，就场从量征税，规定盐税附加由中央统一征收。

是年，涂岭农民蔡二妹创办全县第一家粮食加工厂（瑞昌号米厂），使用机械动力加工粮食。

民国21年

1月21日，上海拒毒会致电国民政府中央，请求惩办在惠北迫种烟苗的军阀陈国辉。

是月，蔡协民以中共厦门中心市委巡视员身份来惠，组织和领导惠北武装抗捐斗争。

2月，惠北武装抗捐统一战线惠北抗捐大同盟在三朱昆山寺成立。接着在岩山祥云寺召开工作会议。

3月14日，惠安游击支队集结农民武装千余人，围攻坝头田墩下田宫施得成匪军，双方激战三四小时，匪军死伤30多人，俘敌连长2名，缴枪40余支，并捣毁丈量处。

20日，惠安旅厦同乡会致电国民党中央行政院、监察院、军政部、禁烟委员会，告发福建省防军旅长陈国辉派兵分赴惠安北部各地抢劫焚杀，要求迅电制止，以救民众。

5月中旬，十九路军进入惠安，陈国辉部遁出惠安。武装抗捐斗争取得胜利。

是年，霍乱流行，今峰尾镇奎壁村最烈。

民国22年

7—8月，惠北发生封建械斗，黑白旗大混战。

11月下旬，驻惠十九路军官兵同群众一起集会庆祝福建人民政府成立。

12月，国民党军李默庵师进攻驻涂岭的十九路军于观音山下，激战两昼夜。后经议和息战。

民国23年

1月30日，第十九路军番号被蒋介石取消，改为东路军第七路军。驻惠十九路军部队被缴械。

4月5日，涂岭农民武装捣毁颜选匪巢，并为陈平山、吴敦仁扫墓祭奠。

6月，驻仙游县海军陆战队营长陈安裕鸠集著匪颜选残部，围剿革命据点村——小坝。农民武装与其激战两个昼夜。陈部有所伤亡，迁怒抢劫、烧毁小坝村后才悻悻而去。

民国24年

5月，驻泉州国民党军旅长钱东亮部进剿惠安涂岭乡后头、泗洲中共地下党据点村。农会负责人王雨水被捕，后惨死于泉州狱中。

11月，境内禁止银、铜币流通。

创办于民国22年5月的《惠安三日刊》被县党部主任委员连茹接管，改为《惠安民报》。

是年，大旱，五谷失收。

民国25年

春，邑人萧碧川扩建碧霞洲（即肖厝港），并亲至南京国民政府交通部申办碧霞洲为商港，注册载入国际航海图中。

6月，国民党第九师李延年部雷镇波营下属1个排进驻柳厝街区公所，意图剿除“反蒋”势力，排斥异己，乘机收缴民间枪械。

8月，中共惠安特支书记曾炉被国民党政府通缉，党组织转移到三朱、涂坑、西陇、岭头等地隐蔽行动。

秋，全县恶性疟疾反复流行。

民国26年

2月间，鼠疫流行，死亡984人。

春，曾炉在东坪发动农民痛打义路土豪、国民党缉私队长郑昌美，惩办劣绅郑构。

4月，外厝、涂坑、峰尾鼠疫蔓延，死亡500余人。

7月29日，曾炉等中共地下党人在东坪、东坑、黄田、陈田成立抗日工作组。

是年，修通钱埔至山腰段公路。1958年修复时延长至峰尾，全长18.6公里。

民国27年

3月，大旱，农作物枯死，农民武力争水事件时有发生。

8月，中共惠安特支发动全县各学校进步教师组织12支抗敌巡回宣传队，山腰锦山小学“抗日话剧团”列为第六队。时，特支领导机关设于南庄村。

10月，峰尾一货船在马祖澳被日军焚毁。

12月，峰尾成立渔业分会。

冬，峰尾罗兰电船满载糖货2000担在浙江海面上被日军牵劫。船员、货物无归。

民国28年

2月，中共惠安特支在惠西北一带组织起惠仙抗日工作委员会。

5月，峰尾三桅大船2艘，在浙江海面上被日军劫走，船员被枪击，死2人，船、货全失。

6月22日，峰尾一货船在浙江台州海面上被日军劫走，船员21人惨遭杀害。

8月，惠北3区鼠疫流行，死亡400余人。26日起，狂风暴雨历4个昼夜，水灾致数万灾民饥寒交迫。

12月间，日机接连空袭惠安。

民国29年

2月，惠北一带肺鼠疫蔓延。

9月3日，日机轰炸峰尾，居民死4人，伤2人。炸毁澳内船只3艘。5日，日机数架轰炸峰尾澳内，炸毁木帆船2艘。29日峰尾一货船在湄州湾海面上被日军劫走，死2人。

12月17日，日机扫射峰尾村，居民死亡2人。

是月，峰尾村一商船在浙江海面上被日军劫走，船员6人被杀害。同时，另一商船航行时触上水雷，船员4人失踪，船只沉毁。

是年，盐区闹盐荒，百姓无处买盐。

是年，惠安县简易师范首届学生毕业，始为惠安公立、私立小学输送教师。

民国31年

3月，境内发生天花疾病。

4月，“关金券”在境内流通。

7月，峰尾查缉所抢劫金发兴船，枪杀船员3人，船上货物被全部没收。31日，县政府把土地分为田基、农地、果、荡、坟、林杂6个等级，依率计征。

民国32年

7月，连下11场暴雨，泗洲山洪汇集坝头溪，坝头成了汪洋大海。

民国33年

3月，干旱达100天，农作物全部枯死。

10月，裁区公所，全县缩编为13个乡镇。

峰尾开征码头捐，加重对人民的盘剥。

民国34年

1月17日，县长梁辅丞在惠安胡作非为，案积如山，被省府免职。

6月12日晨，国民党追捕惠安中共骨干，陈纯元等被捕。

民国35年

秋，鼠疫流行全县9个区，385个自然村，死亡5013人。

民国36年

5月27日至6月3日，狂风暴雨，海堤崩坏，溪流泛滥。惠安县农田受灾面积13750亩，房屋倒塌758座，农作物失收47600担，牲畜死亡1.8万头，船只损失137艘。

10月，中共闽中地委在三朱据点村召开扩大会议，贯彻闽浙赣省委“八二八”会议精神。是月，省公路局修筑枫亭至洛阳57公里的惠安公路段，造桥28座。

民国37年

2月，国民政府发行的金圆券在境内流通。是月，朱汉膺当选为中共惠安县工委书记。

3月，刘锡荣当选为出席南京国民代表大会代表。连谋被选为国民政府立法委员。

5月，县政府军警队伍“围剿”中共地下据点村八担村，因警官被击毙而败退。

6月13—16日，全县淫雨，溪洪暴涨，农田受灾面积3750亩，房屋倒塌352间。

10月，盐民迫于无奈，围攻盐场公署，公署慑于群情汹涌，不得不发放盐款。

是月，中共涂坑总支游击队在梅峰乡岩山、孝笠山一带狙击国民党接兵部队，使国民党官吏不敢到三川一带“三征”。

11月，中共山腰党组织开办惠远票局，印发货币，扰乱国民党的货币市场。

12月，中共惠安工委发动群众全面开展“挖蒋根，反三征”斗争。

民国38年

1月，纸币贬值，商民拒用，市场上改用银元、银角、铜元和外币。

7月1日，县政府鸠集三二五师九七五团和保安团的两个营以及武装警察计500余人枪进剿中共惠安县工委所在地——三朱乡。3日，国民党军警重兵包围三朱后宅村，烧毁朱汉膺等人的民宅数座，大肆抢劫群众财物后撤回县城。是日，国民政府改用中央银行“银圆券”，在县内市面流通。

8月18日，中共惠安（闽中）县工委接管国民党山腰盐场公署，接受山腰盐警大队官兵157人起义，接管国民党山腰盐场公署，解放山腰，并接受警察总队及县党部秘书等人员投诚。

8月23日，惠安人民（闽中）游击大队和惠安闽西南武工队相继挺进县城，宣告惠安县解放。

9月6日，中共惠安县委员会正式建立，尚书翰当选为县委书记。同时，惠安县人民政府成立，朱汉膺当选为县长。

中华人民共和国

1949年

10月4日，惠安县行政区域划分为8个区、辖191保。

是月，国民党飞机扫射山腰海面上船只，船民死3人。

1950年

3月，全面整修水利工程。

3月，境内部分地区发生鼠疫、天花、流行性脑膜炎。29日，福建省人民政府派医务人员支援消灭。

5月，发起反对美帝国主义武装日本的签名运动。是月，惠安县开展宣传《中华人民共和国婚姻法》，处理大量封建婚姻案件。

7月，废除保甲制度，划为11个行政区，辖187个乡。

8月19日，海匪在峰尾海面上劫走运盐商船16艘。

10月，惠安县建立区乡卫生组织，开展群众性捕鼠灭蝇活动。

11月6—9日，惠安县第一届农民代表大会召开。14日，县大队和肖厝民兵90多人，捣毁腊屿（即乐屿）的刘阿宝匪部，毙匪1人，捕匪6人，缴获枪支弹药一批。

12月5—7日，惠安县第一次工人代表大会召开。是月，涂岭、泗洲两个乡进行土地改革试点。

1951年

1月7日，惠安县土地改革委员会成立。

4月23日，抗美援朝惠安县分会成立。

是月，首批适龄青年自愿报名参加中国人民解放军。

5月25日，首届渔民代表会议召开。

6月，掀起抗美援朝热潮。捐款购买飞机大炮，支援前线。

9月25日，政府组织峰尾渔船100多艘，由人民解放军武装护航，恢复转浙钓捕白（带）鱼。

10月，惠安县完成土地改革任务。

1952年

1月21日，归国华侨联合会筹备委员会成立。

3月26日，供销合作总社成立。

3月，山腰盐场以坨为单位成立初级合作社。

7月，惠安县行政区域改划为14个区，辖222个乡。8月份并为198个乡。

8月，全面进行土地改革复查工作。

秋，惠安县推广速成识字法用以扫盲。

冬，民办和私立小学改为公立小学。

1953年

1月9日，惠安县人民政府在凤安乡开展重点乡民主建政。

7月1日零时，惠安县进行第一次人口普查。10日，第一批普选工作开始。15日，建立普选法庭。

8月23日凌晨2时，台湾当局军舰、炮艇在大岞海面劫走奎壁、峥嵘、华亭的商船4艘。

11月，惠安县实行粮食、油料统购统销。

是年，后龙莲山首先引种木麻黄营造沙荒防护林获得成功。

1954 年

3 月，进行第一次基层选举。

春，山腰盐场使用汽油发电机发电 3 千瓦，供盐场办公用电和小部分盐民照明。

4 月，惠安县沿海渔船被台湾当局军队劫走 49 艘，被击毁 2 艘，渔民伤 24 人，被抓走 269 人。

9 月 15 日，惠安县开始凭布票购买棉布。下旬，台湾当局飞机数架侵入县境上空 87 次，散发传单 4 次。并在第五、六、七区上空进行轰炸扫射，峰尾村民死亡 3 人。

10 月，肖厝肖斌德研究甘薯“多叉苗”栽培技术，经省级验收成功，亩产超万斤。

冬，惠安县办起农业生产初级合作社 13 个。

是年，惠安县共有国营粮店 28 家实行粮食计划供应。

1955 年

3 月 1 日，惠安县开始使用新版人民币。28 日，首批义务兵应征。

7 月，峰尾船只在小嶝海面上遭台湾当局飞机扫射，船员死 1 人。

8 月 15 日，惠安县组织村民移居沙县、崇安等地，开发建设山区。

9 月 19 日，惠安县划分为 11 个区、1 个镇、辖 191 个乡。26 日，涂岭区的东坪、义路、岭北、六户等乡 37 个自然村划归仙游县管辖。

12 月至 1956 年 1 月，实行粮食定产、定购、定销。

是年，惠安县人民政府改称县人民委员会。

8 月，修建全省第一个水库——后吴水库，迁移 15 户 90 余人到驿坂乡后吴村。

是年，山腰盐场建立气象站。

是年，惠安县内开始使用粮食（油）供应证（限于指定地点或粮店购买）。

1956 年

1 月 8 日，菱溪水库动工兴建。迁移菱溪乡的库内寨、巷仔口、埕尾埔、梧洋、岭兜、岭后、五社等 7 个村 253 户 912 人。6 月 6 日竣工，库容 3080 万立方米。

是月，割山乡成立 2 个蚝农生产合作社，推广搭桥式养殖牡蛎，增产二成多。

2 月 4 日，区乡合并工作结束，惠安设立 7 个区，65 个乡。城关、山腰设区级镇，辖 10 个村民委员会。

3 月，惠安县开始实行民用燃料用煤计划供应。

是年，实现农业高级合作化。

是年，开展对私改造。

是年，南埔组建南埔机修厂（原称铁器生产合作社），生产铁农具、生活用具等。

1957 年

1 月 18 日，归国华侨联合会成立，在山腰、南埔等地成立侨联分会。

6月8日，党政机关开展整风运动，进行大鸣、大放、大字报、大辩论。

9月25日，惠安县直机关开展反右派斗争。27—30日，惠安县遭受强台风暴雨袭击，山洪暴发，农田被冲毁，沿海船只受损严重。

10月，南埔乡鸠林村港西片晚稻100多亩，发生穗颈稻瘟病，发病率达70%。

是年底，惠安县对私改造工作基本结束。

1958年

开春，后龙五里海沙营造600余亩10万多株木麻黄防风固沙林带。

4月，菱溪水库右干渠后吴渠段兴建水电站，装机104千瓦，于次年10月正式投产，为惠安县内第一个小水电站。

6月，贯彻中共中央提出的总路线、人民公社、大跃进“三面红旗”的指示。

6月，创办惠安化工厂，开发盐化产品。厂址在山腰。

7月，乌潭水库动工兴建（1959年3月改称惠女水库），库容1.26亿立方米。

8月，后龙乡郭厝办起惠安县第一所敬老院（幸福院），入院8户11人。

9月，红旗、东红、超先、上游、飞跃等5个人民公社先后宣告成立，实现人民公社化。惠北属超先人民公社，社址设在山腰，管辖今泉港区域和惠安县辋川一带。7日，天湖、凤山等获国务院“水土保持”奖旗。

是月，响应中共中央主席毛泽东“大办民兵师”的口号，办起民兵师。

10月，开始“大炼钢铁”“大办食堂”。是月，涂岭、南埔、后龙等联合诊所改称为保健院。

是年，修建泗洲水库，迁移涂岭乡泗洲、碰头、新庄等3个自然村99户417人。

是年，修建涂肖（涂岭到肖厝）公路，全长14.3公里。

是年，地方国营惠安糖厂选址涂岭公社下炉建造。

是年，创办界山林场，山地总面积11090亩。

是年，改造坝头溪。

1959年

1月，掀起除四害（老鼠、麻雀、苍蝇、蚊子）热潮。

2月12日，惠安县首届农民体育运动大会在惠安一中举行。

春，潘南围垦工程动工兴建，至1967年竣工。围垦总面积4800亩，扩大耕地面积1930亩。

4月，农村春荒缺粮。

7月30日，台风、暴雨，农作物受淹21万亩，死亡7人，伤21人。

秋，柯港1380亩围垦动工，修筑肖厝下路口至许店海堤650米。

9月20日起，连续干旱172天，冬种难以进行。

是年，创办海滨农场。

1960 年

1 月 3 日，菱溪水电站正式供电（装机容量 104 千瓦）。

4 月，中共福建省委书记叶飞到山腰视察惠安化工厂。

10 月，在农村干部中开展“三反”（反贪污、反浪费、反官僚主义）运动。

11 月，贯彻中央“十二条”政策，纠正农村的“共产风”、浮夸风、命令风以及干部特殊化作风。

12 月，农村推行“三自一包”（即扩大自留地、自由一季、自由市场和大包干）。

1961 年

3 月，整风整社，进行社会主义教育。

5 月，惠安县调整农村人民公社、生产大队规模。

7—8 月，台风多次袭击。

9 月，惠安县 5 个人民公社析为 15 个人民公社，下设 4 个农林牧场，405 个大队（其中农业 362 个），4267 个生产队（其中农业 3756 个）。

11 月，各地公共食堂停办，恢复定量供应以户发证的办法。

是年，南埔公社肖厝大队采用多叉苗栽培“娘仔薯”，创造惠安县第一个亩产万斤薯纪录。

1962 年

9 月，山腰盐民诊所升格为地方国营惠安盐场职工医院。

10 月至翌年 6 月中旬持续 8 个余月干旱。

是年，山腰公社中心保健院搬入新建成的华侨医院，改称为惠北华侨医院。

1963 年

7 月 1 日、17 日，连续遭受台风正面袭击，暴雨成灾。

7 月，流行乙型脑炎。

1964 年

4 月，掀起学习毛泽东著作热潮。

4 月 22 日，提倡计划生育，提倡晚婚。

6 月 10 日，暴雨成灾，全县农作物受淹 6.4 万亩，死 1 人，伤 4 人。

7 月 1 日，第二次人口普查。

11 月 25 日，全县进行移民开发建设崇安、三明、长泰山区。

是年，扩建山腰盐场五四、南海、下江等工区外滩，增加生产面积。

1965 年

4 月，开展以学大寨、学下坑内为目标的“比学赶帮”运动。

6 月 5 日，惠安县第一批点上“四清”（清政治、清思想、清经济、清组织）社会主义教育运动开始。至1966年1月结束。

8月，农村贯彻粮食统购“一定三年”政策。

12月，暴雨，惠安县农作物受淹3.66万亩，民房倒塌778间。

1966年

2月，第2批点上“四清”社教运动开始。8月基本结束，“四清”工作队相续撤走。

7月，各公社、大队成立“文化大革命”领导小组。

7—8月，气候炎热、大旱。

9月，中学纷纷成立红卫兵组织，停课闹革命，部分教师和学生外出“串联”。

是月，城乡掀起破“四旧”（旧思想、旧文化、旧风俗、旧习惯）狂潮。

是年，修建山外水库，迁移涂岭公社秀溪大队山外、中崎自然村21户97人。

1967年

1月23日，因“造反派”夺权，惠安县委、县人委机构瘫痪。是月，全县突发流行性脑脊髓膜炎，3月大流行，发病4396例。5月，省军区、省防疫站派员配合在山腰公社作流脑防治的调查研究。

3月12日，后龙公社前亭大队闽渔11号船在乌龟屿海面遭台湾当局舰艇炮击，渔民死亡2人。

1968年

2月，久旱，农业歉收，晋江专区批准惠安动用储备粮150万公斤。

4月14日，向贫下中农赠送《毛主席语录》，每户1本。

12月，各公社相继成立革命委员会。

1969年

12月，涂岭公社创办朝阳林场，开发山地14000余亩。

12月27日，后龙公社诚峰大队渔船1艘在南日岛海面触礁沉没，29名渔民得到人民解放军奋力抢救，全部脱险。

是年，南埔公社岭头大队林德枝选育的大豆良种“花面豆”被全国13个省引种推广。

是年，山腰公社前黄大队农民黄炳炎育成“176”甘薯新品种，在全省13个县推广种植。

1970年

7月3日，陈田水库动工兴建。迁移涂岭公社李厝等10个自然村208户1127人。1973年3月竣工。总库容2650万立方米。

1971年

春，全县推广花生隔沟间作高粱耕作技术，面积4万余亩。

4月，粮食征购“一定三年”改为“一定五年”。

推行计划生育，提倡“晚、稀、少”，控制多胎生育。

1972 年

10 月，山美水库惠安灌区动工兴建。1976 年 7 月竣工，灌溉面积 8.85 万亩。

1973 年

1 月 18 日，大风，后龙公社诚峰大队 1 艘渔船返航途中沉没，渔民死亡 11 人。

7 月 3 日，发生历史上罕见暴雨，日降雨量达 441 毫米，陈田水库首次溢洪。

1974 年

后龙、郭厝、诚峰在沿海沙滩成功引种蜜柑、芦柑等 22 个品种。

1975 年

1 月 12 日，陈田水电站破土兴建，1978 年 5 月 1 日完成 800 千瓦机组安装任务，并投产运行。

10 月，经省计委立项，总面积 7320 亩的南埔围垦工程全面动工。由时属南埔公社的南埔等 13 个生产大队以 10 股份投入参建。至 1992 年底，围垦主堤合龙。

是年，建山腰变电站，架设北关山腰 35 千伏输变电线路，全长 15.9 公里。1976 年 10 月建成投产。主要担负山腰、盐场、盐业机械厂、后龙、南埔、涂岭、化工厂等公社（场、厂）用电。

1976 年

4 月 17 日，南埔、后龙、涂岭地区冰雹为害，受灾 7782 户，41781 人，春收作物受灾 7075 亩，粮食减产 55 万公斤。

8 月，受第 13 号台风外围影响，后龙、南埔等地 30 艘运输船（共 1345 吨位）沉没。

是年，发现位于曾炉寺东南处的宋代冶铁遗址。

1977 年

8 月 1 日，第 5 号台风从后龙前亭澳登陆，渔船破毁 5 艘、损坏 5 艘、舢板破毁 7 艘、损坏 11 艘，受灾 344 户，1926 人。

是年，山腰盐场扩建东海工区，增加 12400 公亩。

1978 年

8 月，年产 250 万吨的福建炼油厂项目获国家计委批准立项。

1979 年

11 月，菱溪水库建坝后电站。1980 年 7 月 1 日正式运行。

是年，落实平反“文化大革命”受处理的各种人员 3127 人。

是年，计划生育工作实行“一对夫妻只能生育一个孩子”的政策。

1980 年

5 月 24 日，台风袭击，沿海社队渔船被风浪击破 33 艘。

10—12 月，各公社、镇、场相继取消“革命委员会”名称，恢复“管理委员会”名称。

是年，上西、肖厝等大队办海带场加工优质海带，出口日本。

1981 年

2 月，惠安县革命委员会撤销，成立惠安县人民政府。

7 月，山腰北管乐团荣获福建省第二届“武夷之春”音乐会优秀节目奖。

是年，山腰原盐出口销往香港和新加坡、马来西亚、菲律宾、美国关岛等地区及国家。

是年，山腰、南埔、后龙、涂岭等 4 个公社和山腰盐场，有大小“会仔”贩 1120 人，经营标会 9684 套，诈骗、侵吞群众资金近千万元。

是年，山腰公社锦川大队种植蚕豆获高产。

是年，涂岭公社清美大队砖仔埕生产队率先利用沼气当燃料。

是年，南埔围垦工程因资金不足缓建。

1982 年

7 月 1 日零时，第三次人口普查。

10 月，肖厝港简易码头投建。

是年，山腰公社凤林大队连玉章种植大豆“威来姆斯”获高产。

是年，农村全面推行家庭联产承包责任制。

是年，境内开展“五讲四美”“三热爱”活动。

1983 年

11 月 5 日，山腰、崇武、洛阳等恢复镇建制。

1984 年

春，涂岭建立余甘生产基地。

8 月 1 日，陈田水库坝后电站兴建。1985 年 5 月正式发电。

10 月 6 日中午，援藏工程公司共产党员庄盛春（山腰人）在拉萨河抢救一落水藏胞时不幸牺牲，被追认为烈士。

10 月，福建省人民政府重新正式确定三朱为革命基点村。

10 月，撤销人民公社建制，改设乡、镇人民政府。

是年，“文化大革命”中发生的冤假错案全部平反。

是年，肖厝万吨级轮渡码头投建，次年 6 月竣工。

1985 年

1 月，涂岭、南埔、后龙等乡被列为省民政厅重点双扶乡。

是月，肖厝港万吨级杂货码头兴建，至 1988 年 11 月竣工验收，投入使用。

是月，涂岭小坝等村出姓恢复蒙古族成份。

4 月，粮食统购改为合同定购。

6 月 29 日，向烈属换发、补发“革命烈士证书”。

9 月 10 日，境内庆祝第一个教师节。

9 月 24 日，山腰乡鹭峰、钟厝村钟姓村民恢复畲族成份。

12 月，国务院批准在肖厝港区建设福建炼油厂。

是年，境内发现蚁山商周文化遗址。

是年，山腰盐场钟厝工区创办加碘盐厂。

1986 年

1 月 10 日，后龙乡郭厝村、山腰乡龙山村的郭姓居民恢复回族成份。

8 月，福建炼油厂选址确定于湄洲湾南岸肖厝并投建。

9 月，省科委、省水产厅、水产学院组织专家到惠安考察湄洲湾海水污染问题。

是年，南埔乡鸠林南青食品厂创办，生产闽脯、鱼皮花生、蛋花酥等。

1987 年

春，山腰种鸡场研制出“F3600 型自动孵化机”，次年通过评审，达到省内先进水平。

11 月 6 日，肖厝自来水厂动工兴建。

是年，山腰盐场推行企业劳动制度改革，纳入国家劳动管理，实行盐业职工退休制度。参加全省退休保险统筹。

是年，经省政府按照有关标准认定：土地革命时期的老区基点村有涂岭、松园、小坝、前欧、三朱、土坑、东山等 21 个行政村及后墘、后田自然村；抗日时期的老区基点村有割山村，先锋村；解放时期的老区基点村有前黄村、后张村、北坑自然村、古县村、普安村、钟厝村、鸾峰村、崇福自然村、后楼自然村、上西村、凤翔村、鹅头沟口自然村。

同时，确认涂岭乡为革命老区乡。

是年，南埔乡被定为省列重点扶持的贫困乡。

是年，发现位于古县霞仁美（下龙尾）的东晋和南朝古墓。

1988 年

1 月，省长王兆国视察福建炼油厂厂址。

4 月 23 日，中共中央政治局候补委员丁关根视察肖厝港。

7 月，中国人民解放军总参谋部防化所和北京大学考察组对湄洲湾大气污染、气象进行低空探测。

9 月，仙境变电站兴建，装机 560 千伏安。次年向炼油厂的生产区、生活区、码头供电。

11 月，肖厝港万吨级杂货码头建成投入使用。

是年，峰尾五里海沙柑桔总产量达 200 吨，成为省海滩栽植柑桔的样板。

1989 年

4 月 14 日，南埔外厝村民近千人到福建炼油厂工地要求兑现征地政策。

10 月 23 日，省长王兆国到福建炼油厂召开现场会。

是年，邱后村种植荔枝 1343 亩，年产量超 75 吨。

是年，致公党南埔支部成立。

是年，后龙前亭村创办调味品厂。

1990 年

2 月 26 日，美国加州大学教授叶娜和英国剑桥大学教授恩迪到山腰考察北管。

6 月 12 日，省政府在肖厝举行新闻发布会，宣布国务院批准福建炼油厂开工。130 多个单项工程全面铺开，10 万吨油码头顺利施工。

7 月 16 日，后龙乡诚峰村刘祖龙出席在北京召开的全国第二次见义勇为先进分子表彰大会。

10 月，涂岭乡被列为全省 6 个农业综合开发实施乡之一。

1991 年

3 月 16 日，后龙乡前亭村 9 艘渔船首批出航南海渔场。

6 月 28 日，仙境 110 千伏变电站正式投产，为福建炼油厂供电。

7 月 14 日经福建省人民政府批准设立肖厝镇，辖区包括山腰、后龙、南埔、涂岭 4 个乡和山腰盐场，4 乡均改为办事处。

9 月 19 日，南埔围垦续建工程全面开工。

12 月 14 日，肖厝万吨码头首次对外通航，“晴川”7 号轮启航驶往日本大阪。

1992 年

3 月，塘头 220 千伏变电站竣工投产。

5 月，上西鲤鱼尾的 10 万吨级油码头建成投入使用。

5 月，肖厝二级公路竣工通车。

6 月 1 日，涂（岭）肖（厝）二级公路通车。

1993 年

1 月，山腰办事处养鸡专业户庄志元被评为省十佳农民科技示范户。

2 月 7 日，肖厝供水工程动工兴建，拟投资 3 亿元，计划年供水能力约 9000 万吨。

3 月 23 日，肖厝港首次通航俄罗斯。

6 月 8 日，惠安湄洲湾肖厝地区水产协会成立。

9 月 7 日，前亭村 2834 号钓船在珠海渔场遭遇 16 号台风袭击，46 名渔民连同渔船失踪。

11 月，福建炼油厂全面建成正式投产。

1994 年

4 月，农工党山腰小组升格为农工党山腰支部。

11 月 9 日，省委书记贾庆林、省长陈明义等视察 324 国道惠安段的扩宽、改建工程。

是月，前黄火车站动工兴建。

12 月，湄洲湾肖厝海域 10 万吨航道开通。

1995 年

3 月，南埔至山腰的南山公路建成通车。

4月24日，国家水电部、省水电厅在肖厝召开南埔火电厂现场会。

6月13日，泉州市委副书记、代市长何立峰一行到湄洲湾南岸现场察看开发区总体布局。

1996年

2月28日，省轮船总公司“安福”号6万吨级油轮航经乌丘岛附近海面时触礁，造成左舷舱破裂漏油，严重影响沿海23个行政村近10万群众的生产生活。

3月，南埔界山村被授予“全国造林绿化千佳村”称号。

4月，肖厝党工委、管委会成立。

7月，泉州市委决定菱溪、陈田水库由惠安管理，泗洲、山外水库归肖厝管理。

7月，省委书记贾庆林、省长陈明义到肖厝调研。

12月，农工党山腰支部更名为农工党肖厝支部；致公党南埔支部更名为致公党肖厝支部。

1997年

1月9日，日本音乐考察团到山腰镇考察北管。

2月，《肖厝城市总体规划（1996—2020)》原则通过，定位为以石化工业为主导的现代化港口城市。

4月，位于山腰的城市中心起步区建设启动，驿峰路和南北五路等基础设施相继开工建设。

6月，中共中央政治局委员、国务院副总理邹家华到肖厝考察。

10月，中心工业区（位于龙山、新宅和郭厝三村交界处）动工兴建，首期开发共征用土地1000亩，拆迁民宅17座、地基10座，迁移坟墓1188座。

11月，肖厝5万吨煤炭多用途码头动工。

11月，肖厝基本普及九年义务教育和基本扫除青壮年文盲。

11月，漳泉肖铁路肖厝站货运开始试运营。

12月，境内开始推行殡葬改革。

12月，福州二化易地技改项目湄洲湾氯碱工业公司在肖厝开工建设。

1998年

1月，城乡居民最低生活保障金首发式举行。

7月，金山街和七星街等项目开工。

9月，湄洲湾南岸供水工程全线通水。

1999年

4月，民盟、农工党、致公党肖厝支部同日成立。

12月8日，交通部宣布肖厝港正式对外开放，口岸园区内海事、边检、海关、检验检疫等机构正式运作。

2000年

2月24日，福建省高级人民法院对“安福”号油轮漏油事件进行终审判决，省轮船总公司赔偿550万元。

4月12日，国务院批准设立泉港区，辖山腰、后龙、南埔、涂岭、前黄、峰尾、界山7个镇，区人民政府驻山腰镇。辖区陆域面积321平方公里，海域面积105平方公里，人口35.9万人。12月28日，举行泉港区成立庆典大会。

6月26日，省长习近平到泉港区调研。

9月12日，国家计委批准福建炼化一体化项目立项。

10月，中国共产党泉州市泉港区第一次代表大会召开。

11月，泉港区一届人大一次会议和区政协一届一次会议相继召开。

2001年

4月27日，日本NHK电视台到山腰、峰尾采访北管演出。

12月28日，泉港区中医药学会成立。

2002年

8月，朝阳公路拓宽改建工程竣工。

9月，泉港一中、实验小学、实验幼儿园、泉港医院、山腰中学、职业中专、清美中学、三川中学、鸠林中学、卫生防疫站、妇幼保健院、计生服务站等一批社会事业项目陆续建成并投入使用。

9月18日，福建炼油乙烯一体化项目可行性研究报告获国务院批准。

11月，省长卢展工到泉港区调研。

11月，设立普安高新技术开发区。

12月，全国人大常委会委员长李鹏考察泉港。

2003年

2月8日，市委书记施永康率市、区两级相关领导到惠屿岛开展扶贫工作，现场落实帮扶资金800多万元，确定通电、通水、通讯等8个扶持项目。

4月，全民防抗“非典”。自4月24日至6月24日，全区发热门诊接诊数8010人次，实现全区无一例“非典”病例的目标。

4月，炼化一体化项目征拆安工作启动。共征用南埔、后龙14个行政村土地3898.11亩，拆迁民居1612幢44.59万平方米，动迁群众2124户7528人，迁移坟墓上万座，其中外厝、西枫两个村整体搬迁。

5月，中共中央政治局委员、全国人大常委会副委员长、中华全国总工会主席王兆国视察泉港。

8月，投资150亿元的南埔火电厂动工建设。

8月，山腰“改镇建街”。城区山腰街道辖12个行政村及锦祥、荷池、龙山、新宅4个社区居委会。

2004年

3月，福建炼化一体化项目安置区栖霞小区和幸福社区启用。

5月，第三届世界惠安（泉港）同乡联谊会在泉港举办。来自马来西亚、新加坡等8个国家和地区20个海外社团的200多名海外侨亲和港澳台同胞欢聚一堂，共叙乡谊，谋划泉港石化基地建设。

11月，中共中央政治局常委、全国人大常委会委员长吴邦国到泉港考察工作。

2005年

7月，福建炼油乙烯一体化项目工程开工建设。

8月，民革泉港学习小组成立。

9月，区政府成立洋屿片区开发建设领导小组，全面协调鸿基沥清、顺通物流、福煤码头、鸿基码头、东港码头、福讯码头等8个项目建设，掀起洋屿片区建设高潮。

2006年

1月，涂岭天主教堂恢复设点。自此，全区有佛教、道教、基督教、天主教4大宗教。

1月，农工党泉港支部升格为总支。

2月，致公党泉港支部升格为总支。

3月，泉港区地方志办公室成立。

3月，泉州市民宗局确认柳亭村为民族村。至此，域内共有6个民族村。

4月，民建泉港支部成立。

4月，民盟泉港支部升格为总支。

6月，湄洲湾氯碱公司新项目扩建。

2007年

4月，国务院原总理朱镕基视察泉港。

5月，省政府常务会议研究通过的《福建省湄洲湾石化基地发展纲要》提出，“湄洲湾石化基地以泉港石化工业区为先导，向泉惠、东吴石化工业区延伸”。

9月，沿海大通道泉港段建成通车。沿海大通道泉港段全线长33公里，总投资6.47亿元。沿线途经4镇1街道1场25个行政村，共征用土地约3450亩，拆迁房屋430幢约71710平方米。

9月，泉港区地方志编纂委员会成立。

9月，通港铁路建成通车，总长6.04公里。

12月，泉港区石化港口新城总体规划完成修编。

12月，位于峰尾半岛的城区污水处理厂建成并投入试运营。

2008年

1月28日至31日，泉港石化工业区南垦片区控制详规与泉港石化基地城市生态园林总体规划通过评审。

3月31日，泉港区荣获“2005—2006年度全国科技进步先进区”称号。至此，已连续三次获此殊荣。

4月22日，马来西亚华侨庄添文先生冠名慈善基金举行捐赠仪式。庄添文先生已向泉港区累计捐赠445万元人民币。

4月29日，区闽林公司非法吸收公众存款案资产处置工作领导小组研究处置措施。

5月14日，区领导举行为四川灾区募捐仪式。全区社会各界累计捐款418万多元。

5月26日，泉港区召开纪念朱汉膺同志诞辰100周年座谈会。

6月19日，“中国石油化工（泉港）园区”授牌和国家循环经济示范试点（泉港）园区揭牌仪式在南垦片区举行。

10月15日，新加坡惠安泉港探亲访问团一行30人到泉港探亲访问。

10月20日，福厦漳高速公路泉港段扩建工程启动。

10月26日，泉港区组织300余人参加在泉州海峡体育中心举行的第六届全国农民运动会开幕式。

10月31日，泉港区新闻网开通。

2009年

2月4日，泉港区慈善总会成立。

3月7日，区成立反腐败协调小组。

4月2日，中共中央政治局常委、中纪委书记贺国强在福建省委书记卢展工，省长黄小晶等省市领导陪同下到泉港考察。

5月15日，中共中央政治局常委、全国政协主席贾庆林到泉港调研。

6月17日，福建联合石化公司捐赠后龙镇后墘村饮水项目工程开工。

8月1日，泉港区荣获“福建省双拥模范城”称号，系第三次获此荣誉。

8月2日，福建省湄洲湾港口管理局及其下属机构在泉港区挂牌。

8月19日，位于峰尾诚平村的泉港区城市污水处理厂在试运行中出现污水外溢臭气散发问题，近百名群众聚集强烈要求尽快妥善处理。区领导立即到现场同群众见面谈话，并召开专题会议，成立处置事故领导小组，开展事故处置工作。

9月28日，泉港区委区政府决定由有关部门关闭普安工业区8家皮革企业提请公安机关拘捕3名犯罪嫌疑人，同时对5名失职干部严肃处理。

10月17日，第五届“世界惠安泉港同乡联谊会”来自海外12个国家和地区27个社团共320多人，到泉港参观城市建设的重点项目。

10月18日，泉港惠华中学邱财加科技楼竣工落成。

12月31日，惠屿岛越海供水工程通水。

2010年

3月16日，沙特阿美公司向泉港区蒙古小学捐赠200套服装。此前，该公司已向该小学捐赠150万元扶持资金。

5月11日，区人大常委会决定，接受林华伟辞去区长职务，任命洪自强代理区长职务。

6月5日，省委书记孙春兰、省长黄小晶带领全省各区市党政主要领导和省直部门负责人到泉港检查工作。

6月8日，新加坡惠安公会青少年“寻根浸濡夏令营”一行43人到泉港参观考察。

6月18日，泉港区在第八届中国海峡项目成果交易会上完成55个项目对接，4个项目签约。

9月1日，泉港区政府和福建艺术职业学院签约在泉州艺术学院开设音乐表演（北管方向）大专班。

9月14日，泉港综合应急救援大队成立。

11月8日，泉港区知识产权局揭牌。

11月18日，涂岭镇在红星山庄举行首届猪脚美食节。

11月23日，朝阳公路延伸段竣工通车。延伸段是涂岭内山连接洛江、仙游的交通节点，全长6公里。

11月28日，泉港区纪念建区10周年。经过十年发展，全区国内生产总值200亿元，工业总产值768亿元，财政总收入741亿元，分别比建区时增长7倍、11倍、39倍。

2011年

4月7日，纳川管材在深交所创业板挂牌上市，成为泉港区首家上市创业公司。

4月29日，泉港区劳动模范协会成立。

5月2日，是日决定，全区60周岁以上农村老人从10月1日起开始领取养老金。

6月15日，新加坡惠安公会会长谢福崧率青少年“寻根之旅”夏令营到泉港考察。

6月23日，经省委、泉州市委决定任命洪自强为中共泉港区委书记。

7月10日，南埔沙格村、峰尾前亭村的海防基础设施被列为省2011年实施项目。

7月11日，是日统计，全区校安工程项目投入2303万元，加快17所中小学标准化创建工作。

7月14日，泉港区首个村级骨灰塔——前黄村龙麒安息楼建成。

7月22日，全省最大的化学品船“兴通99号”驶入泉港正式运营。

10月5日，泉港区举办第一届“十大孝”表彰大会。

10月11日，泉港区林区巡逻大队成立。

11月23日，“泉港号”渡轮首航。

12月3日，是日统计，泉港地方级财政收入首次突破十亿元关。

12月16日，吴礼源当选泉港区人民政府区长。

12月29日，泉港区体育总会成立。

2012年

1月19日，泉港区2011年城乡道路绿化改造投入近600万元。

3 月 23 日，蚁山遗址考古。据此可以证实泉港 4000 多年前就存在人类文明。

3 月 29 日，双溪水库工程正式开工。双溪水库规划库容 984 万立方米，计划投资 17823.05 万元。

4 月 11 日，沈海高速泉港段森林通道，泉港落实造林面积 633 亩。

5 月 3 日，泉港区专家服务团首批聘任 65 名专家成员。

5 月 21 日，国家农业部批准同意峰尾诚峰一级渔港工程项目建设。

6 月 7 日，泉港区健康长寿研究会成立。

6 月 20 日，泉港放流 16 万只真鲷鱼苗入海。

6 月 29 日，峰尾镇举办首届古城文化节。

10 月 3 日，泉港二中举办建校六十周年庆祝活动。

10 月 9 日至 28 日，泉港北管乐团参加北京第四届传统音乐节和海峡两岸民间艺术节北管专场演出。

10 月 23 日，泉港区举办首届运动会。

10 月 24 日，泉港庄重文实验小学举行建校十周年庆典暨庄重文先生诞辰 100 周年活动。

12 月 7 日，泉港首个社区改造项目龙山社区“三旧”改造建设指挥部授牌。

2013 年

1 月 13 日，泉港区荣获“福建省森林县城”称号。

1 月 28 日，闽中特委三朱地下交通站和峰尾东岳庙被省政府公布为第八批省级文物保护单位。

2 月 4 日，福建海事局泉港区海巡基地通过竣工验收，这是福建规模最大的海巡基地。

3 月 6 日，泉港 11 家公立医疗机构试行“先看病，后付费”诊疗服务模式。

4 月 2 日，泉港区人民政府文化顾问团成立。

4 月 18 日，区总工会组织全区各级劳模体检。

4 月 30 日，泉港会议中心、万星城市广场、万星国际影城等一批市政项目竣工。

5 月 1 日至 7 月 1 日，东海海域进入伏季休渔期。泉港近 600 艘渔船在该海域休渔。

5 月 16 日，山腰街道被授予“中国绿色名街”称号。

6 月 3 日，区政府各有关部门联合到各中学及其周边餐饮服务单位检查学生用餐安全。

6 月 6 日，双溪水库主体工程开工。

6 月 27 日，前黄镇成立凤阳联村党总支。该总支由凤阳，古县和坑内三个党支部组成，目的在于联动发展。

7 月 15 日，泉州市委决定开展向陈其伟同志学习活动。陈其伟系全国劳模、省优秀党员、涂岭镇黄田村党支部书记。

7 月 26 日，新华社播发通讯《为穷山沟致富忙到最后一口气》，介绍陈其伟事迹。

7月29日，泉港举办首期职业技能鉴定，共有电工、焊工343人参加免费职技鉴定。

8月13日，泉港区举办学校安全管理培训活动。

9月1日，泉港第15次“九一”防空试鸣警报成功。

9月18日，南山片区公用管廊项目动工建设。

9月24日，“中国长寿之乡——泉港”授牌，泉港成为泉州市首个、福建省第二个“中国长寿之乡”。是年，全区有百岁寿星39人，80岁以上老人8186人，泉港人均预期寿命77.76岁。

11月15日，泉港第五次荣获“全国科技进步奖先进区”称号。

11月23日，泉港区太极拳协会成立。

12月11日，泉港房地产行业协会成立。

12月27日，台湾慈济善基金会到泉港开展冬令物资发放活动。

2014年

1月21日，泉港4号泊位通过省级验收。

1月22日，台湾大学生记者团一行50人到泉港开展“东亚文化之都·文化寻根之旅”活动。

1月23日，第40次区长办公会决定，从2014年1月1日起，城乡居民社会养老保险和被征地人员养老保障待遇分别提高到每月85元、130元。

2月12日，首张新版营业执照发放。

3月18日，马来西亚槟城泉港同乡会探亲访问团一行24人到泉港访问考察。

3月20日，截至是日，全区中小学、幼儿园购置国标专用校车达37部。

3月21日，福州大学石化学院（泉港校区）动工建设。

3月21日，泉州银行泉港支行开业。

3月29日，泉港区符合“单独两孩”政策的夫妻共161对。

4月2日，首都博物馆，福建省文物馆、泉州博物馆等单位专家到泉港考察南埔塘头村龟石山烽火台。

5月16日，肖厝作业区7万吨级通用泊位（11#泊位）运行。至此，共有15个泊位运行，年通过能力为2120万吨。

5月20日，泉港首个区级廉政警示教育基地揭牌。

5月22日，台湾苗栗县各界福建参访交流团到泉港交流寻根。

6月2日，泉港在沙格举行端午节龙舟赛。共有6支队伍参赛。

6月3日，区危险化学品安全警示教育展馆开馆。

6月12日，泉州市海洋渔业局与区农林水局联合在肖厝海域放流体长5厘米以上黄鳍鱼苗种95.8万尾。

6月20日，泉港区首家村史馆在南埔镇惠屿村开工建设。

6月24日，泉港有3138人参加2014年高考。是年，高考本科上线1619人，上线率51.59%。全区600分以上50人。

6月22日，泉港区出台《城乡居民社会养老保险规定》。

8月7日，泉港区第二届评选“泉港十大孝”活动启动。

8月10日，泉港区施厝“扁担拳”文化研究会成立。

8月28日，《泉港姓氏志》涉及的当代人物再审核工作推进会召开。

是年，土坑村被命名为“国家级历史文化名村”。

是年，泉港区获评为“中国海港文化之乡”和“中国北管音乐文化之乡”。

第一章 陳

第一节 溯源

一、起源

出自妫姓。始祖妫满，是黄帝第 9 世孙舜的后裔。周文王时，舜后裔妫满（即胡公满）娶周文王长女太姬。周灭商后，周武王封胡公满于陈（今河南开封以东，安徽亳县以北），以奉守舜帝的宗祀，建都宛丘（今河南淮阳），国号陈，其子孙以国为姓。

出自陈国公族后裔。妫满第 12 世孙陈完于周惠王五年（前 672 年）因避难逃到齐国，改姓田。陈完第 10 世裔田和建立田氏齐国。战国末年，齐被秦灭。齐王第 3 子田轸逃至颍川（今河南禹州、许昌一带），恢复陈姓。

胡公满的后裔，除陈完支系外，还有 3 支：一是陈哀公之子留，避居陈留；二是陈泯公之长子陈衍，避居阳武户牍乡；三是陈泯公次子全温之后陈孟琏，居于固始，因无子，便以颍川陈寔为嗣子，遂融入颍川陈氏。陈寔，字仲弓，封颍川侯，为颍川陈氏始祖。

出自少数民族改姓。据载，北魏孝文帝迁都后实行汉化政策，将多字姓改为单字姓，其中代北鲜卑族“侯莫陈氏”改为陈姓。

二、入闽

晋永兴元年（304 年），陈寔四子陈谌（号季方）裔孙陈润任南海太守迁散骑侍郎，携眷自光州固始南渡长江入闽，居福州乌石山，为福建陈姓入闽始祖。

西晋永嘉年间（307—312 年），中州板荡，衣冠南渡，陈姓与林、黄、郑、詹、丘、何、胡等 8 姓士族入闽。

晋建兴元年（313 年），晋盱眙（今属江苏）太守陈英第 3 子陈玄弼入闽避乱，居兴化（莆田）。

据《大义沙格陈氏家谱》记载，晋代，陈逵自河南固始（一说为淮阳）分支迁徙今闽侯县大义村，其后裔析居莆阳湖柄（今莆田市湖柄）。陈逵为大义陈氏入闽开基祖。

南朝陈霸先建立陈国后，许多陈姓子孙纷纷入闽为官，见诸记载的有陈文帝第 5 子晋安王陈伯恭，陈宣帝子建安王陈叔卿、南安王陈叔俭、临海令陈钰等，均留居福建开基。

隋大业十二年（616 年），陈润第 11 世裔陈迈领泉州兵马，镇守莆田，后卜居刺桐巷，为入莆始祖。至宋庆历元年（1041 年），第 15 世裔陈仁卜居莆田玉湖（今城厢镇阔口村），为玉湖陈氏始祖。至宋末，陈仁第 9 世裔陈必庆由莆田玉湖徙居晋江南厢，为晋江南厢开基祖。

唐总章二年（669 年），泉潮间“蛮獠啸乱”，陈霸先族孙陈政任岭南道行军总管，奉诏率府兵 3600 名将士自河南光州固始入闽平乱，寡不敌众后退守于九龙岭下，凭险固地势亦耕亦守，并奏请援兵。朝廷命其 2 兄陈敏、陈敷领兵南下，陈敏奏请母亲董氏同行。行至浙江江山县，陈敏、陈敷不幸病故，诸孙沦亡。陈政往迎其母，葬其 2 兄暨诸孙于浦城。合兵进屯梁山外之云霄镇，建宅于梁山火田村，营城置堠，寇息民安。陈政卒于唐仪凤二年（677 年）四月十五日亥时，寿 64 岁。其子陈元光代父领兵平乱，垂拱三年（687 年）十二月上书请建一州于泉潮间以控岭表。获准设置漳州，任刺史。后世尊为“开漳圣王”，子孙繁衍闽地。

唐开元二十四年（736 年），颍川派下陈忠自京兆万年县洪故乡胄桂里迁居泉州惠安县社坛后。其子陈邕官至太子太傅，由惠安迁居漳州南厢山。

唐光启年间（885—888 年），光州刺史王绪率光州、寿州义军 5000 多人经江西辗转入闽。其中大批陈氏随军入闽，后大多定居闽地。

宋嘉祐七年（1062 年），聚族而居长达 19 世的江州德安义门陈姓奉旨分庄，子孙自江西分派江南各地。其中数支迁入福建，如陈宗和分得福建侯官庄，迁居侯官（今福州）；陈显先分得福建邵武庄，迁居邵武；陈学成分得福建浦城庄，迁居浦城；陈璋带领家属，分迁福建兴化、泉州等地。

据《鹳山陈氏族谱》记载，南宋末年，“大致政”陈泰为避战乱，携眷入闽，初居莆田蛎屿（今莆田市秀屿区东埔镇乐屿），继徙温陵清源。

元至正元年（1341 年），玉湖陈氏第 10 世陈伯升自莆田阔口迁居惠安北门后坑（今惠安县辋川镇侯卿村），为侯卿玉湖陈氏一世祖。

据涂岭黄田《陈元明家谱》记载，太邱派下陈安定居兴化涵口，其子移居同安灌口乡，其长孙陈历山举家移居晋江凤栖坑（旧名山仔尾）。时间不详。

三、入泉港

唐末，陈国忠（字义卿）自河南光州固始避乱入闽，先居盐仓（今址不详），后迁居于惠安县十都（今属泉港区）。

南宋宝庆元年（1225年），陈逵派下有陈寿卿、傅卿、静卿兄弟3人自莆田湖柄徙居莆之猎屿（即乐屿）厝场里，置网于海荡。陈寿卿偕2子陈宁叔、陈寅叔迁居沙堤西畔（今南埔镇沙格村），号崎巷。长子陈宁叔，为沙格陈氏大宗一世祖；次子陈寅叔，为沙格陈氏小宗一世祖。陈寿卿为南埔镇沙格陈氏始祖。灯号“大义”。

南宋末年，元兵南下，莆田陈仁第9世裔陈节（字谊忠，谱记为银青大夫、殿中侍郎）与陆秀夫等人扶幼主败退福建。陈节隐居惠北澳埔，后定居东张（今界山镇东张村）繁衍，为今界山镇玉湖东亭、东张陈氏开基祖。

南宋祥兴二年（1279年），陈泰命2子迁居惠北忠恕乡光德里九都梅峰铺（今属后龙镇）。长子陈元甫居鹳之东，即今后龙镇割山（即鹳山，下同）；次子陈元材居田之西，即今后龙镇田里村（也称蓝田，下同）；第三子陈元顺初居素厝（今后龙镇田里村打厝），后迁居港墘下林尾（今属前黄镇凤北村），于明嘉靖末年（1565年）再迁往七部古楼铺岭脚（今后龙镇坑仔底村岭脚）定居。陈泰为鹳山、蓝田、岭脚陈氏开基祖。

元至正元年（1341年），陈润裔孙陈亿五自晋江南厢徙居惠安忠恕乡待贤里十一都陈地罗山（今界山镇大前村大路）。陈亿五为大前燕山陈氏一世祖。

约元至正十三年（1353年），颍川陈氏自河南入闽，定居今山腰街道陈庄。

明初，陈润后裔支系自莆田迁居今前黄镇凤林村鹳林。另有太邱陈氏支系自今泉州打锡巷迁居今涂岭小坝。

明永乐二年（1404年），福建延平府金沙县益丰街古楼下（今属三明市沙县）肖振隆流落惠安九都梅峰铺埭北乡（今后龙镇许厝村埭北）开基，改姓陈。

据《田头陈氏家谱》记载，明永乐八年（1410年），玉湖陈仁派下陈治郎自莆田阔口迁居惠安十都竹溪铺金圣宫古井社（今南埔镇凤翔村田头），灯号“见田”。陈治郎为凤翔田头陈氏开基祖。

明正德元年（1506年），莆田阔口玉湖陈文龙后裔、辋川侯卿长房六世裔陈元（字廷春）开基菱溪（属涂岭镇），后因建设水库被征迁移民，散居涂岭各地。

正德十二年（1517年），玉湖陈仁第12世裔陈教（字叔训）自莆田阔口徙入惠安龙山（今南埔镇天竺村埭头）定居。陈教为天竺龙山陈氏开基祖。另有碑刻证实，宋度宗咸淳之前，今南埔镇天竺村已有陈姓聚族而居。

明代中晚期，颍水陈氏第17世裔孙陈子德从莆田东山（紫璜山）迁居漳州，继而徙惠北南庄（今泉港界山镇鸠林村南庄）开基，衍传今本村新厝、后厝、顶厝、四狮等村落。

明万历年间（1573—1620年），有以下陈氏支系迁入，具体年科不详。

其中侯卿陈睿第4世孙迁居惠安县十一都樟市铺前欧中尼坑（也称冬莲坑，今属涂岭镇)，至今已传 24 代。第 11 世陈毓林自侯卿迁入涂岭菱溪繁衍，其二子分别居于埕尾埔和库内寨（今属涂岭镇）。

陈志荣自兴化莆田竹林乡分派入居林里乡（今后龙镇后垅村林里)，后分族加口乡（今属界山镇鹅头村)。

兴化涵口太邱派下陈历山长孙陈日耀从泉州马甲邦池徙居今涂岭镇黄田村。

惠安洛阳白沙陈氏族人迁居今界山镇玉山村羊角山。

明末，莆田阔口陈氏兄弟迁居今后龙镇上西村后张。另有陈氏支系自莆田玉湖迁居今后龙镇后龙村礁头，已传 21 代。

明末清初，颍川派下陈肥泉之子自惠安南门外新亭尾迁居今前黄镇坑内村。

明末清初，有陈氏支系自惠安东岭莲塘迁居今涂岭镇溪西村顶溪西。

清初，惠安县辋川侯卿玉湖陈氏有族人迁居今山腰街道新宅社区土庄（旧名涂村)。

约康熙年间，广东按察使陈濂（万历进士）派下长房支系、侯卿第 13 世陈志坚自京山（今属惠安县辋川）迁入邑内大巷内（惠安城关）暂住曾厝田，后迁入涂岭定居开族，村名“侯吾”。陈志坚（字翌修）为菱溪侯吾（即后吴）陈氏一世祖。

清康熙三十七年（1698 年)，太邱派下惠安东园埭陈朴存兄弟为避海匪，迁入涂岭东坑馆仔（今属涂岭镇樟脚村)。后其兄迁居今莆田县南日岛海山乡，其弟迁居今永春姑园山桥头（今址不详)。另据《樟脚犁壁岭陈氏族谱》记载，今涂岭镇樟脚村含草坑陈氏系自漳州圳尾迁入。

明嘉靖年间（1522—1566 年)，惠安东桥镇西坑村陈氏支系迁居今涂岭镇世上村。

康熙年间（1662—1722 年)，有陈姓族人自今惠安紫山林口迁居今涂岭镇溪西村。今莆田市仙游枫亭学仕村陈氏族人迁居今涂岭镇寨后村下寨。

清末，惠安辋川三兴亭大石盘陈氏族人迁居今涂岭镇白潼村后望、界山镇玉山村铁钉埕。

民国 22 年（1933 年)，惠安洛阳西风陈氏族人迁居今界山镇鹅头村。

1967 年，辋川西街头陈氏族人移居今前黄镇前烧村峰张。

2002 年 8 月，因国家修建长江三峡电站需要，重庆市奉节县新城乡袁梁村陈氏部分族裔迁居涂岭镇白潼村西青。

另有以下陈氏支系迁入，时间不详。

惠安后坑（即侯卿，下同）大房、二房、知府房、知县房陈氏族人先后移居今涂岭镇路口村。

江西德安义门派下陈伯俊自兴化西亭村（一说系奄头村）迁居今峰尾镇诚平村。

同安马巷陈氏族人迁居今涂岭镇黄田村奄前。

泉州菜巷陈氏三兄弟迁居境内，其中两位居涂岭长箱，另一位迁往福清。

晋江南安陈氏族人迁居南埔镇南埔村山仔尾。

莆田古山与仙游陈氏部分族裔返回祖籍地今南埔镇天竺村埭上、埭头、过溪居住。

第二节 繁衍

一、区内分播

（一）山腰街道

新宅土庄陈氏

第 15 世、第 16 世有族人移居今涂岭镇五社村。

（二）前黄镇

明末清初，坝头陈氏有支系迁居今涂岭镇涂岭村西吴顶亭。

（三）涂岭镇

樟脚陈氏

明正德年间（1506—1521 年），涂山厝仔陈温厚之子徙居今涂岭镇芦朴村后铺开基。

清嘉庆年间（1796—1820 年），有陈氏族人自含草坑迁居犁壁岭，后再迁至今涂型村西坑和世上村。

樟脚石廊

菱溪陈氏

1955 年，因菱溪水库建设需要，陈氏部分移民于今涂岭镇溪西村、驿坂村后吴、邱后村溪头。其中，溪西陈氏来源据称一为太邱派下，一为玉湖派下。玉湖陈氏系自惠安后坑析居，今有第 12 代长房陈奕支系和二房陈懋支系衍居，已传至第 25 代。

1956 年，陈氏部分库区移民安置于路口新村、后山新村，松园村东湖、垄尾、松园和涂型村。

泗洲陈氏

1958 年，因泗洲水库建设需要，侯卿派下泗洲碰头陈氏迁居今涂岭镇小坝、上新、南型、东洲等村落。

后吴（侯吾）陈氏

清嘉庆至同治初年，侯卿大宗第 18 世、后吴第 6 世陈坊世之子陈佳世开基过溪郑厝（今属南埔镇天竺村），后再移居库内寨（今属涂岭镇）。

（四）界山镇

东亭、东张陈氏

元代，开基祖陈节传9个儿子，其中7个儿子外迁衍传。居东张村附近的第5子陈五秀为东亭陈氏一世祖，留居东张村的第7子陈七秀为东张陈氏一世祖，两村相邻，后裔播居于今界山镇东亭、东张、新东张（陈复正派下）、青枫林、厝凉（陈复美派下）、楼仔下（陈复美派下）、东潘（陈复昂派下）、下朱尾（陈日容派下）及今涂岭镇驿坂、松园村虎岩（陈君策派下）。

界山东张玉湖祖祠

明弘治十二年（1499年），东张第5世顶三房陈敬善之子开族山腰古县东沧（也作东村，今前黄镇古县村东庄）。陈敬善为古县东庄一世祖。

明朝中叶，玉湖派下东张第13世陈天成携子陈惟长、陈惟高、陈景祥析居前陈（今峰尾镇前亭村），已传21代。

清嘉庆年间（1796—1820年），玉湖东亭陈氏族裔析居下朱尾（今属界山镇下朱村）。

清末，东亭派下有族人陆续移居涂岭开基，分布于涂岭村和白潼村白水、后望、白水岭等角落。

以下支系迁居时间不详：东张陈氏三房迁居过溪（今南埔镇天竺村，待证），再由过溪析居南庄顶头埕（今界山镇鸠林村）。东张第5世陈复美到今界山镇东凉护陵后定居。第17世裔、东张大厝里陈瑞接次子为看守祖墓迁居小溪桥头（今属涂岭镇秀溪村）。第14世、新东张陈日虹派下陈仕君迁居大路寨（今属界山镇），至今已传11代。第18世陈季德迁居今界山村北头尾，至今已传9代。东张陈氏有族人移居南埔塘头。

大前陈氏

元末，陈亿五次子陈万八移居新宅（今属界山镇东凉村）。

清道光年间（1821—1850年），第17世陈英时移居东潘（今属界山镇东凉村）。

东凉陈氏

1951年，东凉村东潘陈拣财迁居湖内（今属涂岭镇秀溪村）。

鸠林陈氏

民国21年（1932年），鸠林陈黄霜迁居海头（今属界山镇岭头村）。

南庄陈氏

天竺龙山陈氏派下、南庄顶头埕陈氏有族裔迁居今后龙镇许厝村埭北下厝。

（五）南埔镇

沙格陈氏

据《仑头陈氏族谱》所记，大义陈氏入居沙堤（即沙格）之前，沙堤已有陈顺、陈其禄等户居住。

大义陈氏大宗陈宁叔派下衍居沙堤。小宗陈寅叔开基仑头（今南埔镇仑头），为仑头陈氏之祖。陈寅叔生三男：长玄甫，次仁甫，三名甫。玄甫生子陈希程、希孟。陈希程派衍沙格后头房。元代初年，小宗寅叔三子陈名甫入赘邻乡邱家（今南埔镇邱厝），派下子孙姓邱。

清嘉庆年间（1796—1820年），陈彦英第六子迁入今南埔镇天湖村白井居住，后又析居今南埔镇塘头村和涂岭镇下炉村。

1950年，南埔沙格陈氏族人析居今后龙镇后田村顶厝。

天竺（龙山）陈氏

天竺村陈氏分居埭头、过溪、埭上三个自然村。

明代，龙山第5世裔陈光博析居过溪。

第13世“起”字辈族人由过溪徙居今界山镇鸠林村南庄顶头埕。

第5世裔陈光邃先迁埭上再迁今界山镇东凉村下凉尾定居，今称三房（一说是二房系埭头陈氏迁入）。

先锋陈氏

玉湖先锋陈氏有支系迁至碧罗山边开基，称为“后前陈”（今属南埔镇先锋村）。时间不详。

清初，后前陈陈邦矾析居今涂岭镇涂岭村西吴顶亭，至今已传21代。据西吴下亭陈氏称，该陈氏系明代由坝头迁入。

进士房派下陈氏族人开基丁龙（一作登龙，今属南埔镇先锋村）。

另有支系自先锋村前陈迁居沙格村，靠近许店，称“前陈龛”。

凤翔田头陈氏

始祖陈治郎生二子，派下子孙至今已传21代。

长陈心齐衍传今长房、二房、三房。

次陈心怀衍传今竹脚房、后嗣房、树脚房、井路房、油坊房、五主房、下厅房、曾厝尾房、院前房、头前房、重基房、八子房、田墘房、酒店房、五间张房、四间张房、大五主房、友梅房等支系角落。

（六）后龙镇

鹳山陈氏

陈元甫衍传长房、二房、三房、四房，至今已传24代。

清光绪六年（1880年），鹳山四房陈质信派下、树兜外庭第7世陈启爱率子孙迁居后龙坑头。

自清末以降，先后有族人移居今界山镇大路、南埔镇天竺村埭上、埭头、前黄镇坑内村朝林、后龙镇许厝村埭北、后龙村后龙港、峰尾镇峥嵘村等地。

民国 33 年（1944 年），有族人为谋生而迁入今界山镇岭头村浮洋居住。

二房后裔陈振豫（一说为陈元甫裔孙陈仕耀）迁居郑厝（今属后龙镇峰前村）。

蓝田陈氏

蓝田派下第 4 世繁衍析成 4 房，后裔繁衍拓展至四周村落开基。

明嘉靖年间（1522—1566 年），二房陈璲第 7 世裔迁往今南埔镇凤翔村麦厝定居。另有部分族人迁居后龙礁头。

明末清初，三房第 9 世裔迁往今后龙镇坑仔底村杨厝后开基。清初，第 12 世部分族人由杨厝后析居今邻村坑仔底。另有杨厝后陈氏移居今许厝村埭北，衍传顶伍厝角落。第 13 世部分族人迁居今峰尾镇奎璧村后引、联岩村港头。

清嘉庆年间（1796—1820 年），第 18 世陈永吓迁居坝头。

清道光年间（1821—1850 年），有族人迁居邻村后龙、柳山头等村落。

清代末年，部分族人自坑仔底村析迁周边散居于彭厝、乌石、东山、企塘等村落。后为避瘟疫而外逃寓居他处，至民国 30 年（1941 年）前后陆续回迁，部分择居于南埔天竺村埭上、埭头。

四房陈致斌后裔迁往邻近黄厝、礁头等村落居住。清嘉庆至道光年间（1796—1850 年），黄厝陈氏部分族人欲渡海外迁未果而留居今后龙镇后垅村林里。

民国 23 年（1934 年），田里族裔陈田九迁居今界山镇岭头村号房。

许厝陈氏

陈振隆后裔在周围拓展，形成隔壁、白泉等角落（均属许厝村），后白泉族人又析居今南埔镇先锋村港垅。

民国初年，埭北陈利如迁入今后龙镇后垅村梅林，至今已传 4 代。

后垅林里陈氏

清同治年间（1862—1874 年），有族人迁居今界山镇鸠林村南庄、鹅头村加口。

（七）峰尾镇

诚平陈氏

明万历年间（1573—1620 年），陈氏族裔析居今联岩村港头。

另有第 12 世族人迁居今后龙镇坑仔底村杨厝后、后龙村以及界山镇大前村大路。

前亭陈氏

清末，二房有族裔迁居上楼（今属峰尾镇）。

民国 18 年（1929 年），中厝有族人迁居今前黄镇前黄村西黄。

约民国 19 年（1930 年），长房陈圆目携陈乌才等迁居今峰尾镇奎璧村。

二、人口分布

据各村姓所报人口统计，截至 2007 年 12 月 31 日（下同），泉港区陈姓有 67992 人，居泉港世居姓第 1 位。主要聚居于 7 个镇（街道），依次是：后龙镇 18179 人，界山镇 16418 人，南埔镇 14775 人，涂岭镇 11349 人，峰尾镇 3971 人，山腰街道 1666 人，前黄镇 1634 人。具体分布如下：

街道、镇	村　落　人　口	合计
山腰街道	锦塔村 566 人；新宅社区土庄 560 人，新宅 22 人；陈庄村 128 人；海滨村崇福 390 人。	1666
前黄镇	坑内村 850 人；古县村 396 人；凤林村割林 200 人；三朱村樟林 128 人；凤北村外坑 30 人；前黄村 25 人；前烧村 5 人。	1634
涂岭镇	涂岭村西吴顶亭 800 人，下亭 200 人；世上村 1025 人；溪西村桥头新村 376 人，顶溪西 768 人；邱后村 330 人；下炉村 187 人；樟脚村馆仔 265 人，土楼 280 人，大宅 293 人，含草坑 147 人，犁壁岭 86 人；秀溪村桥头 60 人，湖内 22 人；松园村松园 70 人，虎岩 153 人；路口村路口 650 人，岭后（含竹洋）200 人,西坑 150 人，花园 180 人，五里松 180 人，后山 380 人，新村 120 人；黄田村溪坪 210 人，土楼 411 人，下厅 312 人，奄前 31 人，奄前仁 173 人；寨后村 198 人；五社村 5 人；前欧村 1000 人；清美村 10 人；白潼村白水 58 人，白水岭 76 人，后望 46 人，西青 3 人；涂型村涂型 544 人，顶山 144 人，白竹田 50 人；芦朴村后铺 80 人；小坝村小坝 164 人，上新 36 人，南型 11 人，东洲 43 人，后头 5 人；驿坂村 817 人。	11349
界山镇	玉山村铁钉埕 88 人，羊角山 40 人；岭头村浮洋 28 人，海头 29 人，长房 32 人；玉湖村 2995 人；东张村 2558 人；东凉村厝凉 983 人，楼仔下 1139 人，下凉尾 972 人；下朱村下朱尾 689 人；界山村北头尾 128 人；大前村大路 3021 人；鸠林村顶厝旗杆戈 1300 人，鸳鸯厝长房 1200 人，草埔 300 人，四狮 650 人；鹅头村加口 200 人，鹅头 66 人。	16418
南埔镇	天湖村白井 448 人，大厝 503 人，宫后 191 人，对面山 588 人，城脚 80 人，后张尾 47 人；仑头村 2080 人；南埔村山沟尾 240 人；邱厝村 76 人；凤翔村麦厝 1000 人，田头 4000 人；仙境村蔡坑头 22 人；天竺村埭头 900 人，过溪 900 人，埭上 1000 人；沙格村 2000 人；塘头村 100 人；先锋村 600 人。	14775
后龙镇	许厝村埭北顶伍厝 135 人，下厝 496 人，隔壁 356 人；东山村 35 人；鹤山村 4000 人；上西村后张 600 人；峰前村郑厝 136 人；后龙村 3000 人；柳亭村后亭 30 人；田里村上田 860 人，下田 1650 人；坑仔底村岭脚 1230 人，坑仔底 4850 人；后垅村梅林 19 人，林里 785 人；后田村顶厝仔 15 人。	18179
峰尾镇	联岩村港头 471 人；前亭村 3000 人；诚平村后山打银 50 人，后郑 82 人；上楼村 130 人；奎璧村 220 人；郭厝村 18 人。	3971

三、外迁主要支系

（一）山腰街道

新宅陈氏

民国年间，族人徙居今新加坡谋生，现有 50 多人。

另有支系迁往仙游县枫亭谋生。

海滨崇福陈氏

1966 年，陈振贵携家人移民浦城县仙阳公社选岭大队定居。

（二）前黄镇

凤林陈氏

明隆庆三年（1569 年），陈氏族人迁居枫亭郊尾林角，现有 2000 多人。

坑内陈氏

“顺”字辈陈顺斋迁居莆田北高。时间不详。

1965 年，陈金贵全家移民定居崇安，现有 30 多人。

（三）涂岭镇

寨后陈氏

民国初期，因避抓壮丁而漂洋过海者数十人，现均定居台湾。

另有族人一支迁往今莆田市仙游县园庄镇园庄村大云；一支迁往今仙游县园庄镇大埔村苦坑；一支迁往今南平市浦城县富岭镇店亭村。时间不详。

樟脚陈氏

族人迁居各处，已知有印尼 10 人，马来西亚约 100 人，台湾花莲约 40 人，福清县 100 人，泉州市区 20 人，厦门市区 20 人。

黄田陈氏

清康熙年间（1662—1722 年），第 3 代陈世永四子徙居莆田南日海山（今南日岛）。

溪西陈氏

明崇祯年间（1628—1644 年），陈氏第 11 世陈毓敬子陈光曙举家迁居今广东省会同县。

世上陈氏

有族人迁居今仙游县枫亭镇下桥村及台湾新竹县等地。时间不详。

后吴陈氏

清同治年间（1862—1874 年），后吴第 5 世陈汪长子移居漳州开族。

清道光年间，侯卿大宗第 19 世、后吴第 7 世陈雪春偕弟陈池香迁居同安厦屿本部巷。

清末，有族人下南洋。

白潼陈氏

民国初期，白水陈氏为逃避抓壮丁而漂洋过海，定居今马来西亚、吉隆坡，现有 12 人。

芦朴陈氏

民国初年，后铺陈氏陈问吓因避难漂洋过海，定居今新加坡，现有 30 多人。陈如里迁居厦门鼓浪屿，现有 20 多人。

（四）界山镇

东张陈氏

除留居的陈五秀、陈七秀外，其余 7 兄弟分别迁居他处，谱载“一秀福州延蔓岸，二秀莆田吉蓼，三秀莆田吉江，四秀莆田外桐梧，六秀莆田城南宫边，八秀南安山头斜，九秀泉州南门外”。后裔迁往台湾、香港、澳门、山东、福州、福清、崇安等地，另有迁居今新加坡、马来西亚、日本等地。

大前陈氏

明朝中叶，第 7 世陈汞道举家徙居仙游县香田里芹菜乡，现有 1000 多人。

清乾隆至民国年间，迁徙台湾定居约 10 户，共计 80 多人。

清嘉庆年间（1796—1820 年），第 17 世陈英明迁居今福清县城郊楼仔，现有 150 人。清末，第 19 世陈发万迁居长潭，现有 80 多人。另有族人迁往马来西亚谋生定居，现有 500 人。

鸠林南庄陈氏

明代，第 18 世八房由顶厝旗杆夹迁往莆田仙游赖店镇暗子叨，现有 200 多人。

第 20 世陈远思由草埔迁往仙游县慈孝里西南开基。

第 21 世陈元美由西狮迁往仙游县连江里锦桥开基。

第 23 世陈淑云迁往仙游县连江里桃兜开基。

清末，有族人先后迁往今马来西亚、新加坡等地谋生。

约民国 37 年（1948 年），“中”字辈陈荣付迁往台湾，现有近 100 人。

20 世纪 50 年代，陈庆贵兄弟移民崇安县黄柏果园，现有 40 多人。

（五）南埔镇

天竺陈氏

清咸丰四年（1854 年），天竺第 16 世裔陈文辉自埭上徙往今莆田仙游枫亭兰友定居，现有 200 多人。

清末民初，埭上“文”字辈族裔徙往今宁德市霞浦县海边定居。

埭头、过溪、埭上陈氏后裔有数十户散居台湾、南洋各地，其中有部分又由台湾迁往美国等地定居。

仑头陈氏

有族人徙居南洋，现有 200 多人；徙居台湾，现有 600 多人。迁出时间不详。

先锋陈氏

有族人徙往台湾台北、台中、新竹等地居住，现有约100人。迁出时间不详。

天湖白井陈氏

清雍正年间（1724—1729年），族人陈佛携子陈士英迁居浙江平阳石坪砰（今苍南石坪乡内湖）。

有族人迁居今马来西亚吉隆坡及我国台湾高雄、三明、大田上京等地，迁出时间不详。

凤翔田头陈氏

清乾隆年间（1736—1795年），第11世裔陈候怡迁居今宁德市霞浦县池沃镇下浒西牛角村，以捕捞、种植海带为业，现有150人。

（六）后龙镇

鹳山陈氏

长房陈质诚第9世陈标任职广东南澳，携眷迁居繁衍。

三房陈质仁后裔外迁莆田秀屿区乐屿岛看守始祖墓，已传6代，现有80多人。

清末以后，族人先后迁往惠安、仙游、莆田、涵江、湄洲岛、福清渔溪、宁德、四川、浙江三沙、我国台湾、香港地区及新加坡、马来西亚、美国等地方。

蓝田（田里）陈氏

清康熙三十年（1691年），二房陈璲第11世孙陈文华迁往今仙游郊尾镇塘边洋面村定居。

清康熙三十三年（1694年），长房陈崇吉第12世孙陈世英迁居今仙游县郊尾镇大埔村，至清朝中叶，大埔部分族人析居今郊尾镇松树下。

清嘉庆至道光年间（1796—1850年），四房陈致斌第15世孙徙居金门、台湾等地。清末以后，各房均有族亲先后徙居我国台湾、香港地区及新加坡、马来西亚、印度尼西亚等地。

后墘陈氏

清代，三房有族裔迁居莆田南日岛乌石盘。

第5世裔迁往仙游县香田里沙溪西埔乡居住。

民国4年（1915年），长房陈清顺、陈亚兵迁居台湾台北，现有300多人。

民国36年（1947年），林里陈枝水迁居台北市，现有10多人。

柳亭陈氏

清末，陈朝合徙居台湾苗栗县。

后龙礁头陈氏

1966年，陈奕水上山下乡迁居浦城县城关公社水南社区。

许厝陈氏

二房部分后裔移居仙游城关，三房、五房后裔迁居莆田笏石，现有1000多人。迁出时间不详。

（七）峰尾镇

诚平陈氏

后郑房陈招严举家迁往浙江省温岭市石塘南方澳流水坑居住，现有近1000人。

后内厅第9世陈亮三迁居三沙五岙。

第11世陈宗普迁居浙江海宁县。

第12世陈富连迁居浙江温州东门外。

第13世陈豪谈迁居浙江玉环教场头。

清末，陈祥德、陈祥大，陈亚九、陈基顺等举家徙居新加坡和马来西亚等地，现约300人。

联岩陈氏

联岩港头陈氏族人迁往浙江省沈家门五脚儿山、新加坡等地衍居。

前亭陈氏

清嘉庆年间（1796—1820年），中厝“重”字辈族人迁居今惠安县山霞镇山腰村前亭。

清末，前亭二房后角仔第16世陈侯门迁往浙江省坎门，已传6代。

中厝陈尾山迁居浙江大陈岛，继迁台湾台北。

民国年间，前亭中厝陈努生第四子陈妙进迁往新加坡谋生，现有39人。

另有族人迁往莆田湄洲岛、霞浦县等地繁衍。

第三节　谱牒

一、《莆阳玉湖陈氏家乘》

系玉湖陈氏通谱。南宋乾道八年（1172年），陈仁派下第4世、丞相陈俊卿“手著”，后由第8世陈文龙重修成谱。历经多次重修，重修时间和撰序者分别是：明洪武十年（1377年），国子司业、郡人吴源；洪武十一年（1378年），兴化府学训导方朴时；天顺四年（1460年），第14世裔广东诏州府学教谕陈玭；万历二十年（1592年），第17世孙陈瑛；崇祯十五年（1642年），黄俊明；清乾隆五年（1740年），通议大夫、太仆寺卿、加二级致仕林源。民国元年（1912年），陈道行再次续修。

二、《蓝田（田里）陈氏族谱》

系后龙镇田里村陈氏族谱。元至正十二年（1352年），蓝田第3世陈维铭始修。其间曾多次续修。至清乾隆四十五年（1780年），蓝田第16世孙陈建元修撰族谱、编续辈序，是为

6修。清光绪十八年（1892年）进行第7次修编。

2008年第八次修谱，成立编委会，追溯渊源，理顺昭穆，增添史实文物。郡望“颍川”，灯号“蓝田”，其36字昭穆为：

景廷文国，思德嘉元，伟绩经纶，奕肇兴建。

振起祈光显，绍承裕克昌，诗书遵礼乐，作述庆绵长。

蓝田派下坑仔底陈氏昭穆与蓝田陈氏相同。族谱由第13世陈奕柄、奕元、奕撮、奕承四兄弟始修，清光绪年间第18世贡元陈崇高、选魁陈灯吓、秀才陈达章3人再修。惜旧谱失传。

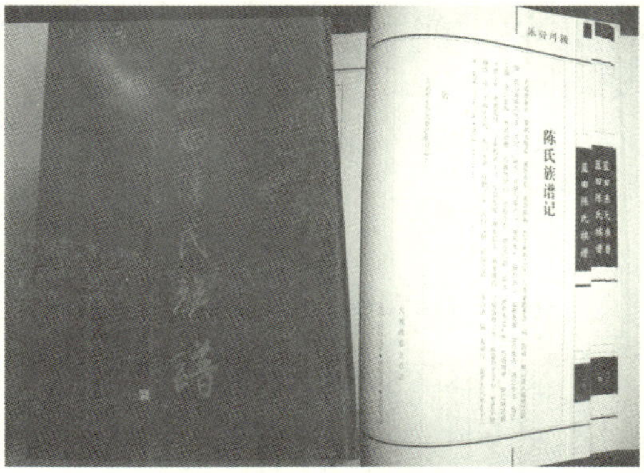

《蓝田陈氏族谱》

三、《鹳山陈氏族谱》

系后龙镇鹳山村陈氏族谱。元至正十三年（1353年），始祖陈泰自志。后多次修谱：一修于明万历三十五年（1607年），经魁徐羽骅作叙；二修于明万历四十三年（1615年），陈仕周、陈君御修谱，刘养纯作序；三修于明崇祯十三年（1640年），由陈仕偕、陈仕周、陈君御修撰，“莆兰斌野龚祖文”撰序；四修于清乾隆二十七年（1762年），由陈汝璧主持，第16世裔陈建元撰叙；五修于清乾隆四十六年（1781年），由陈汝光续修，第16世裔陈建元定式排行，鸠林宗裔陈文华重抄；六修于清光绪二十年（1894年），由陈扬桂、陈步禄和陈孙德倡议，宗侄陈文华纂修。

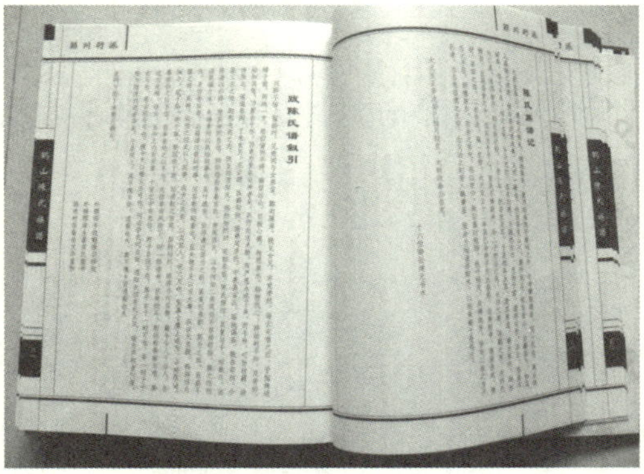

《鹳山陈氏族谱》

2007年第7次修谱，成立续谱小组，陈金元主编。精装，共544页，17万多字。其昭穆第一、二字为“泰”、“元”，自第3世起分别为：

长房：质时仕贵子，宗廷君宪德，志兴扬步定，振起祈光显，绍承裕克昌，经常遵礼乐，作述庆绵长。

二房：质时仕贵子，宗廷君宪德，志建扬步定，振起祈光显，绍承裕克昌，经常遵礼乐，作述庆绵长。

三房：质允乔志钦，进仕懋应汝，文国扬步定，振起祈光显，绍承裕克昌，经常遵礼乐，作述庆绵长。

四房：质□□□启，道善世孟圣，建承德明恩，振起祈光显，绍诚裕克昌，经常遵礼乐，作述庆绵长。

1996年，二房派下峰前陈氏另修房谱。内容有历次立谱修谱序、家庙重建碑记、辈行字序世系图谱、历代先祖功德录、迁徙定居各地名录等，昭穆与二房同。

民国5年（1916年），三房派下楼下编修《楼顶家谱》。1998年续修《三房楼下允高公家谱》，昭穆与三房相同。

民国2年（1913年）四房派下坑头另修房谱，1998年腊月第2次续修，其昭穆与四房同。

四、《燕山陈氏世谱》

系界山镇大前村陈氏族谱。清康熙年间（1662—1722年），陈一攀搜集编著。清光绪三十二年（1906年），陈水郊主持再修。1988年三修，成立理事会，陈和适主编，内容含旧谱人物事迹、彰名赞语、原文表志，共9卷，新编世系图1册。灯号“颍水”“玉湖”“燕山”，自第5世起，昭穆有同辈使用不同字的现象，依次为：

5. 原，6. 廷，7. 丞，8. 国、学，9. 宗、盖、应，10. 尔、必、克、可、子，11. 守、尧、邦、仲、朝，12. 衷、舜、淑、俟、旻。

自第13世起，字辈统一为：元圣哲兴，英华发越，安富尊荣，孝悌忠信，家承保定，伯侯晋永。

五、《芦朴村后铺陈氏谱》

系涂岭镇芦朴村后铺陈氏族谱。清乾隆三十一年（1766年），涂山莘野吴克明整理，毛笔楷书手写本，记载第1至第7世繁衍简况，尚存残本。

六、《吾峰家谱·长房》

系驿坂村后吴陈氏家谱。始修于清代，内容有侯卿第10至第21世支系世系、开基侯吾（今驿坂后吴）族史渊源。线装宣纸，毛笔竖写，共60页。

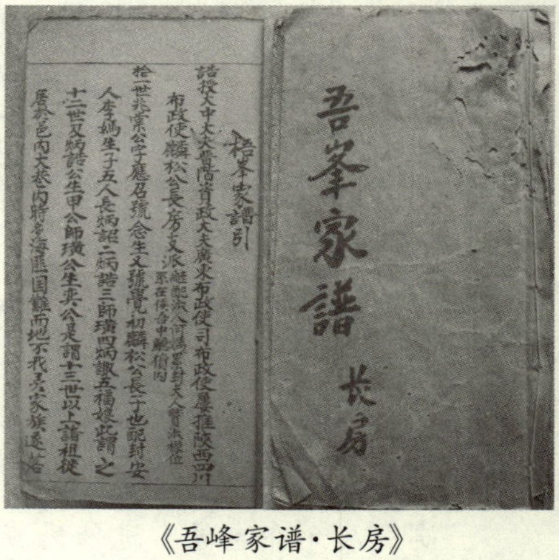

《吾峰家谱·长房》

七、《后墘林里陈氏族谱》

系后龙镇后墘村林里陈氏族谱。民国30年（1941年）后龙陈铁先整理，1995年陈荣才主持重修。堂号“颍川”“玉湖”，昭穆为：

肇元启俞，懋卿彦伯，

淑重振兴，起永同芳。

诗礼传家声远，文章华国光长，

守身务宜质朴，济世常奋精勤。

八、《黄田陈元明家谱》

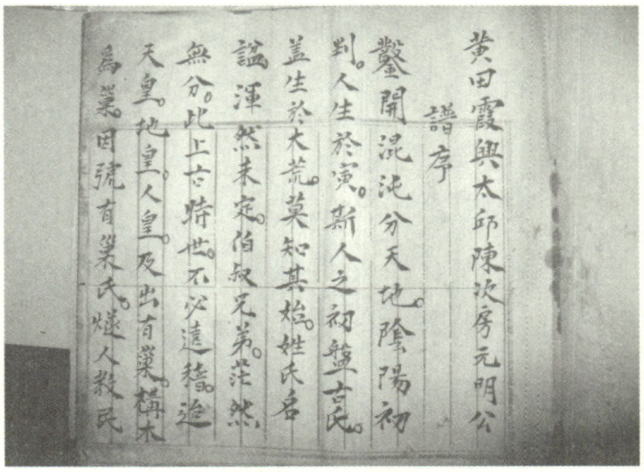

《黄田陈元明家谱》

系涂岭镇黄田村陈氏族谱。1982年第12世陈渥水整理。字辈共有57字，依次为：

日乾世元，奕殿典成，德以中和，祗庸孝友，

达词其兴，道讽涌言，语节舞在，云门卷咸，

磬夏濩武，书有会意，转注处事，假借象形，

谐声仁则，恭宽信敏，惠（注：原谱“磬”字下为“召”）

九、《玉湖陈氏家庙族谱》

《玉湖陈氏家庙族谱》

系界山镇东张村、玉湖村陈氏族谱。1992年由陈庆星等根据清末所编的《玉湖陈氏家乘》为基础主持重修，内容包括第1至41代世系谱图，重建宗祠资料，玉湖开族前官讳史料，玉湖开族后官讳遗像，敬奉禄位公妈铭录资料，历代谱系资料等。全1册，大16开本，铅字版，共846页，约80万字。

至第24世始编字辈8字，依次为：

家邦将兴，必有祯祥。

其派下界山镇部分支系房族各定字辈，分别为：

东张、东潘陈氏：仕和瑞日元文贤忠信悌。

东亭陈氏：应成侯伯子男恭从明睿。

新东张陈氏：怀臣伯仲季元文贤忠信。

楼仔下、下朱尾、东凉陈氏：云成元胤礼乐仁义孝悌。

1992年编谱时再撰32字，以统一使用，依次为：

敦亲睦族，鑫湖毓秀，崇功颂德，万世长春，

宽柔谕教，安富尊荣，华国魁章，晋升鸿禄。

十、《田头陈氏宗祠族谱》

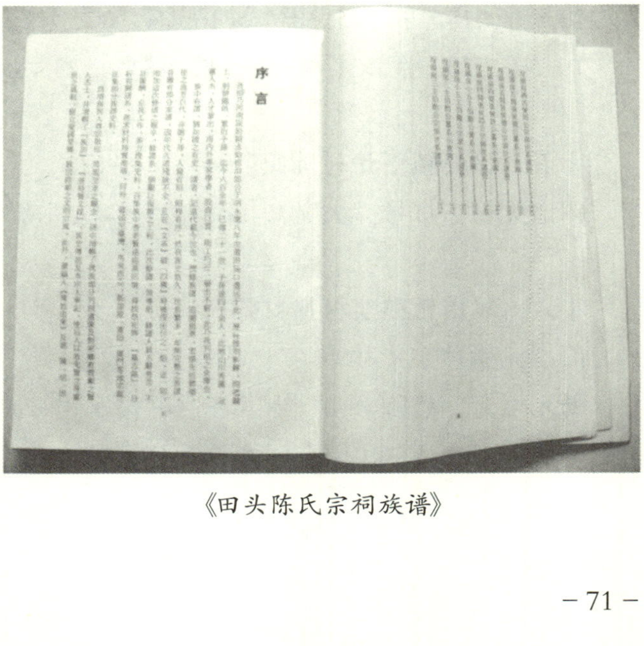

《田头陈氏宗祠族谱》

系南埔镇凤翔村田头陈氏族谱。1998年成立编委会，陈宜法主编。内容记录第1至21代世系，有序言、世系名录、修

宗祠族谱要事、牌主名录、人才榜等。全1册，铅字版，381页，约25万字。字辈自始祖陈治郎公计起，共41字，依次为：

治，
心锐继肖，仕国献元，
君侯伯子，文明振起，
道德祯祥，仁义礼智，
忠孝信悌，谦逊乐群，
博学经纶，耀宗显祖。

十一、前黄镇坑内顶坑内陈氏

旧谱无稽。自第3世起，字辈为：顺赐光垂彩，祥仕福禄祯。

十二、《樟脚馆仔陈氏族谱》

系涂岭镇樟脚村馆仔陈氏族谱。惜已佚失。堂号“太邱”，昭穆共24字，依次为：
朴振元仁，阐明礼义，贻谋燕翼，克守鸿归，传家忠厚，世德相承。

十三、涂岭镇寨后下寨陈氏

字辈为：德义礼智，文明瑞启，奕世培昌，顺熙敬信，泽庆慈祥。

十四、涂岭镇溪西巷仔口陈氏

因旧谱被毁，字辈不详。自开基祖以下，族中已知辈分（二字系该辈人名）依次为：
1. 伯升，2. 彦文，3. 威，4. 瑞，5. 俊，6. 元，
7. 让，8. 茂，9. 宗器，10. 泌，11. 毓林，12. 奕懿，
13. 明，14. 享，15. 世居，16. 岱，17. 乾，18. 固，
19. 祥，20. 智，21. 马来，22. 锦宗，23. 全兴。

十五、涂岭镇下炉村陈氏

旧谱无稽。灯号“大义”，字辈为：仁义礼知信。

十六、界山镇鹅头村加口陈氏：

旧谱无稽。字辈共40字，依次为：
肇元启俞，懋卿彦伯，淑重振兴，起永同芳。
诗礼传家声远，文章华国光长，守身务宜质朴，济世常奋精勤。

十七、界山镇鸠林南庄陈氏

自第 23 世起，字辈依次为：

元亨利贞，文行忠信，仁义礼智，修齐治平。

十八、《大义沙格陈氏家谱》

系南埔镇沙格村大义陈氏族谱。旧谱仅存残页，字迹难以辨认。

自第 10 世起，共 32 字昭穆，依次为:

允居用盛，学华仲元，光文正叙，式如金玉，

大舜真传，孔门道范，合族同钦，敬宗有耀。

十九、南埔镇沙格玉湖陈氏

字辈共有 20 字，依次为：

振惠汉武公，且巧立业全。

子孙求鼎盛，科甲永联芳。

二十、南埔镇天湖白井陈氏

灯号“大义”；字辈依次为：

延启孔圣，元享利祯，公侯伯子男，

孟仲叔季，奕世永昌，振启文武，瑞兆圭璋。

二十一、南埔镇先锋陈氏

字辈共有 30 字，依次为：

朱在仕下国，尚德永万世，存诚同玖敬，子孙齐昌盛，扬祖传荣宗，华夏庆文章。

二十二、南埔镇天竺陈氏

自第 16 世起，三次编续字辈，共 41 字，依次为：

光，彦缵启国，仕世振起，宪章文武，斋庄中正；

吉余有庆（原字是“足以有敬”）；

家邦益盛，弘祖敦亲，龙腾湖秀，群星璀灿，万代长春。

二十三、后龙镇上西后张陈氏

字辈为：仁义礼智信，璋兴其美善，发达永嘉祥。

二十四、后龙镇许厝埭北陈氏

埭北隔壁陈氏因族谱烧毁，原字辈仅存 9 字，依次为：

永建文明，启为万世开。

续编16字为：道学孔孟，承德扬贤，久馨传乡，国聚流通。

下厝陈氏字辈为：

仕钦文朝士，存贤怀元进，

振起里仁厚，启传国族兴。

顶伍厝陈氏字辈为：

景廷文国，思德嘉元，伟绩经纶，奕肇兴建。

振起祈光显，绍承裕克昌，诗书遵礼乐，作述庆绵长。

二十五、《前亭陈氏谱》

系峰尾镇前亭村陈氏族谱。现存支谱有长房《惟长祖祠族谱》，二房《惟高祖祠族谱》，三房中厝《景祥祠族谱》，灯号“玉湖”，根据莆田玉湖总谱，其昭穆前12字为：

仁贵诜周祖仪，建桂应多士庭。

其中：长房陈惟长派下昭穆共36字：

天惟宗永隆大，朝宜孔继孟仲，叔季公侯伯子，文贤忠信孝悌，吉庆国家中兴，必有民族祯祥。

二房陈惟高派下昭穆为32字，依次为：

宗永隆大，朝宜孔继，孟仲叔季，公侯伯子，文贤忠信，孝悌吉庆，国家中兴，必有祯祥。

中厝（原三房）陈景祥派下，昭穆共48字，依次为：

天景朝永舜元，象进世子厚重，庭国伯侯文章，经济诗礼传家，崇德尚义盛族，宏远科技铭志，尊长和顺孝友，敦宗睦里敬贤。

二十六、峰尾镇诚平陈氏

清光绪三十四年（1908年），陈氏重修族谱，字辈为：

惟仕君文良高永，宋亮玄宗豪杰，英雄贤哲萃聪明，恭宽信敏惠振悦。

后郑陈氏字辈为：

子瑞侯伯招来祥，开基奕世盛兴隆，传派联支承继祖，孙谋衍振裕永长。

第四节　史 迹

一、祠宇

蓝田陈氏家庙

位于后龙镇田里村。系抗日战争时期中共惠安县委地下党中心据点旧址，区级文物保护单位。始建于元至正十二年（1352年），多次修缮，1995—1998年在原址重建。坐向艮坤寅申，循三门并列同向规制，五开间二进皇宫式石木结构，面阔12.8米，进深25米，建筑面积320平方米，砖埕209平方米，总面积689平方米。厅堂悬挂着“举人”“进士”“司马”“兵部尚书”等匾。楹联有：

宗祠沐皇恩三门同向称高第，
后昆绳祖武五族共荣属世家。
派传颍水源流远，
族聚蓝田世泽长。
三水同源溯本追源岭脚礁头手足重，
两宗共祖寻根识祖鹤山蓝田骨肉亲。
尚书辅宋主安邦治国施韬略，
户部事明廷参政理纲展经纶。
设杏坛传马列革命星火燎北海，
兴教育树新人红色种子播蓝田。
名士实祖籍颍川长太邱谥称文范念当年德高望重，
致政泰公经砺屿历清源族开蓝田喜今日桂馥兰薰。

蓝田陈氏家庙

鹳山陈氏家庙

位于后龙镇鹳山村。始建于元至正十二年（1352年），清乾隆二十七年（1762年）第12世陈汝壁率众重修。1996年，第18世陈清雄主持，海内外宗亲捐资依原址翻建。坐庚向甲，三大门并列同向，三开间柱式砖石结构（原二进五开间土木结构）。由上下厅堂、天井、走廊、斗门、门埕、围墙等组成，建筑面积约500平方米。厅中悬挂“进士”、“兵部尚书”匾，后厅龛内供奉列祖神位。楹联有：

鹳山陈氏家庙

派源颍水北望中原缅祖泽，

基肇鹳山东临沧海展宏图。

临安功高跃马挥师力挽山河危局，

鹳垤峰峻培兰育桂永立耕读宗风。

基鹳山襟东海袖西水观帽岭而枕狮峰背倚蓝田龙凤地，

徙郑厝衍坑头邻林里通埭北以达后张前望砺屿手足情。

玉湖陈氏家庙

位于界山镇东张村。始建于明洪武三年（1370年），后被倭寇烧毁。清康熙四十七年（1708年），陈宪华、陈应元、陈仕裕等重建。清雍正十三年（1735年）倒塌，后陈光圣、陈世成再次重建。清乾隆初年（约1737—1742年），陈泉瑛、陈赐老等修缮。清光绪十六年（1890年），陈文贤、陈有通等修葺与扩建。“文化大革命”期间，家庙毁坏而倒塌。1992年，海内外宗亲陈捷麟、陈荣基等捐资修复。二进五开间皇宫式建筑，建筑面积400多平方米，占地540多平方米，硬山式屋顶，燕尾式屋脊，厅堂悬挂“文魁”“明经”“进士”、“节义文章”“银青大夫”等匾额，内中供奉着陈节、陈五秀、陈七秀塑像及祖先名人等神位。部分楹联为：

玉湖家声大，

颍水世泽长。

地瘦栽松柏，

家贫子读书。

文章魁天下，

节义愧当时。

银河永耀潜龙重腾凌万里，
青山长秀宿凤复鸣悠千载。
侨贤倡导集资修家庙赤子心，
乡亲力图鸿案祖丕显裔孙承。
北望长安为雪靖康留遗志，
南渡闽都力扶幼主尽忠心。
孝感动龙泉百村河山当盛世，
英灵萃凤阁千秋俎豆荐馨香。
麒麟阁中节公一脉蕃苗裔，
凤凰台上祀庙千古立纲常。
沧桑七百余年不觉天地老，
繁衍三十多世无数子孙贤。

玉湖陈氏家庙

陈庄陈氏祠堂

位于山腰街道陈庄村，俗称“陈除口”，谐音“大池口”。始建于明洪武三十一年（1398年），三开间三落厅，占地378平方米，建筑面积318平方米。1999年于旧址重建“顶厅”。楹联有：

东汉名士青史传清范，
大明国师儒林仰高才。
派衍颍川祖德铭心能裕后，
基开陈庄宗祠联谊可光前。
宗风还派起凤腾蛟谋继往，
家庙重光行仁播德冀开来。

陈庄陈氏祠堂

岭脚陈氏祖祠

位于后龙镇坑仔底村岭脚。始建于万历三年（1575年）。三开间土木结构，坐向乙辛卯酉，此后多次修缮。1993年至2000年在原址重建，采用石木结构，面阔10.8米，进深19.1米，建筑面积200.6平方米，总占地

岭脚祖祠

面积 322.7 平方米。厅后龛内供奉列祖神位。楹联有：

延年金沙先祖地，
泉港岭脚后裔天。

凤翔陈氏宗祠

位于南埔镇凤翔村田头。始建于清康熙五十年（1711 年），第 14 世陈君器、陈君喧、陈君乐创建。因年久失修，民国 12 年（1923 年），各房族长向各户按丁筹款，稍加修葺。1989 年，侨胞陈必清倡议并捐资重修。厅上悬挂“颍水渊源”匾额。楹联有：

承先祖懿德克勤克俭，
教子孙正道惟读唯耕。
披荆斩棘先辈创伟业，
继往开来后贤转乾坤。
龙腾北海仰观宇宙之大，
凤翔九天俯察品类之盛。
树雄心开新宇光前裕后，
立壮志绘宏图造福子孙。

凤翔陈氏宗祠

后墘林里祖祠

位于后龙镇后墘村林里。始建于清雍正年间（1723—1735 年）。年久失修，至民国 19 年倒塌。民国 30 年（1941 年）重建。土木结构，五开间两进一天井，建筑面积 300 平方米。

坑仔底陈氏祖厅

坑仔底陈氏祖厅

位于后龙镇坑仔底村。始建于清雍正年间（1723—1735 年）。因年久失修，2003 年秋重建。坐北朝南，二厅一天井，面积 500 多平方米。楹联有：

祖德宗功典范重万古，
子孙贤孝温馨播千秋。

大前陈氏祖祠

位于界山镇大前村大路。清乾隆五十年（1785 年）定为祠宇。因年久失修，1989 年按原貌进行大规模修复。三开间二进，硬山式屋顶，燕尾式飞脊，建筑面积 350 平方米，内挂“文魁”“选魁”“五代同堂”及民国 30 年（1941 年）惠安县长陈肇英题赠的“富能济国”

等匾额，中厅挂“先祖是皇”匾。灯号“燕山”，楹联有：

颍水家声大诗书礼乐望振千家，

太邱世泽长忠孝廉节芳流百世。

大前陈氏祖祠

坑内陈氏祠堂

位于前黄镇坑内村顶坑内。始建于清康熙末年（1720年前后），系顶坑内陈氏三世陈顺仁所建。2003年重修。坐东朝西，五开间一天井，出砖入石墙壁，建筑面积407平方米，门前埕面积158平方米。

坑内陈氏祠堂

涂岭西吴陈氏祖祠

位于涂岭镇涂岭村西吴。肇建于清初，2002年重修。坐东面西，建筑面积310平方米。正厅中央供奉始祖列宗神位。

黄田霞兴祖厝

黄田霞兴祖厝

位于涂岭镇黄田村。始建时间未考，清嘉庆年间（1796—1820年）修建，后多次重修。坐北向南，五开间二进一天井双护甲，硬山式抬梁木结构。建筑面积600平方米。灯号“太邱”，楹联有：

日耀江山千秋秀，

元明伟业万代传。

瑞峰楼

瑞峰楼

位于涂岭镇樟脚村。始建于清嘉庆四年（1799年）秋，青石拱门，上书“瑞峰”二字并有落款、钤印。2002年重修，墙体用就地取材之不规则石块砌成，瓦房，五开间二进一天井。

沙格陈氏宗祠

位于南埔镇沙格村西头旧街南。始建于清代，砖木结构，后厅已倾颓，占地约600平方米。灯号“大义”。

沙格陈氏宗祠

芦朴陈氏祖祠

位于涂岭镇芦朴村后铺村西。1958年被拆，2006年于原址重建。坐北朝南，土木石砖结构，建筑面积100多平方米。

东庄陈氏祖厝

位于前黄镇古县村东庄。2003年重修，五开间，占地160平方米。

许厝陈氏祖厅

位于后龙镇许厝村埭北隔壁。2007年重新修建，石柱对联为：

延平金沙先祖地，

泉港埭北后裔天。

樟脚陈氏宗祠

位于涂岭镇樟脚村，坐东朝西，灯号“太邱”。

港头陈氏宗祠

也称颖盛堂，位于峰尾镇联岩村港头。坐东向西，占地500多平方米，木石结构。

前亭陈氏祖厅

位于峰尾镇前亭村。共20座，其中：长房4座，分别为惟长祖祠、石卵埕祖厝、祠堂南祖厝、三间张祖厝；二房8座，分别为后角仔祖厝，三落祖厝、祠堂刊祖厝、九主大祖厝、祠堂前北祖厝、祠堂前祖厝、北大厝南祖厝、北大厝北祖厝；中厝8座，隘门祖厝、隔壁祖厝、隐龟石祖厝、孝思堂祖厝、砖仔埕祖厝、三间张祖厝、下大厝祖厝、阿示祖先祖厝。

二、宫庙

乌石宫

俗称乌面宫。位于涂岭镇前欧村境内。区级文物保护单位。始建于宋嘉祐二年（1057年）。明洪武二十年（1387年），江夏侯周德兴经略福建沿海时迁建于现址。明宣德元年

（1426年）重修。之后屡遭破坏，周边6社乡民多次修葺。20世纪90年代初，台胞陈金枝倡议捐资扩建。2003年全面翻修。坐东朝西，占地3000余平方米，抬梁式木结构，歇山式屋顶，主殿三开间三进深，南北护廊，中堂悬挂有“应天开基”匾，据称系宋泉州太守蔡襄所撰书。楹联有：

湄岛脱凡敕封圣母，
洲屿成佛特勒明神。
案前白鹤朝圣母，
殿后青狮扶乌石。
神仙福地万籁无声参佛性，
日月光华一尘不染证禅心。
乌龙焕威光神州永泰，
石胆呈瑞气圣地长春。

乌石宫·大门

乌石宫·正殿

杨山宫

位于后龙镇坑仔底村杨厝后。区级文物保护单位。始建于宋仁宗年间（1023—1063年）。经6次修葺，2008年新建。坐北朝南，二进大厅，主殿面积198平方米，护房2座400平方米，总面积1258平方米。楹联有：

慈仪贤德留芳百代，
神侠仁风永垂不朽。

杨山宫

硎山宫

位于涂岭镇涂型村。始建于元代，硬山式土木石混合结构，燕脊瓦房，三开间二进一天井，坐东朝西，前有大埕，占地500平方米。楹联有：

盘古开天分日月，
相公镇境安四海。
南海莲花九品香，
西方竹叶千年翠。
志在春秋一部书，
功垂汉室三分鼎。

硎山宫

东张宫

位于界山镇东张村，穴名“飞凤落田”。约元至顺元年（1330年），陈氏肇基祖陈节将原住民董、张、林、郑、许、邱、黄等8姓所建小宫整合，重新构建为三厅三殿三天井。后几经兴废，民国32年（1943年）改建为五间张宫殿式结构。厅壁内有“兴郡高侯复海碑记”。殿框上悬“海东保障”匾，楹联有：

岳帝英灵黎庶咸称慷慨，
阴阳燮理忠良保障江淮。

东张宫

龙盘宫

位于界山镇大前村。始建于明初，坐西朝东。清光绪三十二年（1906年）扩建、2007年重新翻建。

龙盘宫

天竺禅寺

原名“天德寺”，位于南埔镇天竺村埭上。始建于明代，历经多次修葺，1995年重建。坐西南朝东北，占地约660平方米。

天竺禅寺

元真庙

位于涂岭镇黄田村。始建于明代，“文化大革命”期间被拆毁，2002年重建。坐东北向西南，石砖结构，硬山式屋顶，三开间二进一天井。楹联有：

一点丹诚通帝座，
万般福祉翠门庭。

元真庙

埭头龙山祠

系三一教祠，位于南埔镇天竺村埭头。始建于明万历三十七年（1609年），2006年于原址重建。坐北朝南，三开厅，仿古木作，建筑面积136平方米，占地约460平方米。内挂“道参化育”“慈云法雨”匾。楹联有：

道洽乾坤心参五典，
学泛孔孟教流三宗。
教主立言功德无量，
凡人悟道圣贤可为。

埭头龙山祠

龙安宫

位于涂岭镇路口村，国道324线西侧。始建于清初，后被焚毁，1970年重修。坐西南朝东北，二进，土石木混合结构。建筑面积约150平方米，占地约300平方米。

金山宫

位于涂岭镇世上村东。始建时间待考，2004年秋重建。坐东南向西北，占地2000平方米，建筑面积130平方米。

重兴宫

位于后龙镇鹳山村。约始建于清乾隆年间（1736—1795年），民国29年（1940年）重修，1980年华侨捐资修缮，2000年重建。

仑头龙山祠

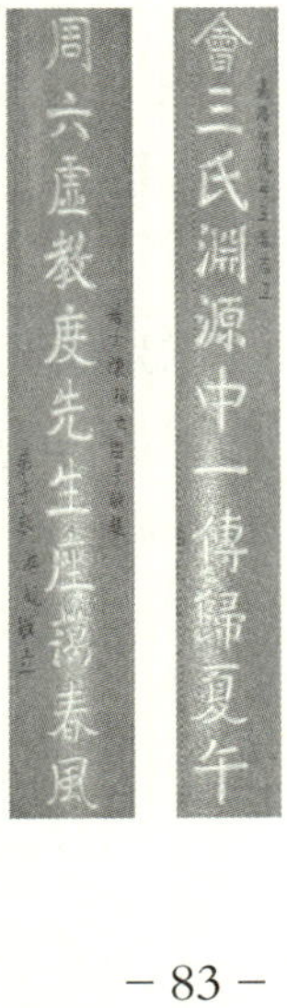

仑头龙山祠

系三一教祠。位于南埔镇仑

头村。始建于清嘉庆年间（1796—1820年），坐北朝南，占地约800平方米，内有仑头贡生陈振世于清嘉庆二十五年（1820年）所撰楹联：

会三氏渊源中一传归夏午，

周六虚教度先生座蔼春风。

圣泉宫

位于前黄镇坑内村顶坑内。始建于清代中叶，清光绪十四年（1888年）重修，1994年再次翻修。坐东朝西，建筑面积约50平方米，占地约120平方米。

圣泉宫

地灵宫

位于南埔镇天湖村白井。始建于清光绪年间（1875—1908年），坐北朝南，占地164平方米，门口埕面积231平方米。

地灵宫

仙公寺

位于涂岭镇观音山山顶。肇建时间无考，民国19年（1930年）修建，2000年重修，建有三宝殿。楹联有：

观览海天到处烟霞皆入画，

音传山谷此间花木亦知机。

逢源宫

位于峰尾镇前亭村。建于清代。坐北朝南，建筑面积约120平方米，楹联有：

逢莅盛世诵平安，源通大海赋福强。

逢源宫

安福社

位于峰尾镇前亭村。建于清代。坐北朝南，建筑面积约130平方米，楹联有：

安宁梓里崇宝殿，福惠黎民轮佛光。

安福社

竺林寺

位于涂岭镇涂型村后山顶。始建年月无考，清末倾圮，2008 年重建。坐北向南，三开间二进一天井，内八柱承梁，石砖木瓦结构。现存有“三宝道观”字样的旧石门斗。建筑面积约 400 平方米。

竺林寺

观莲堂

位于后龙镇田里村。始建时间无考。坐东北朝西南，面阔三间，三门同向。正门上悬有“妙相庄严”匾。堂东有观莲洞，位于鹳山南麓，依山而筑，洞内有滴水岩洞，建有上、下两座寺堂。

观莲堂

三、墓葬

陈节墓

位于涂岭镇秀溪村桥头村旁。也称银青大夫墓，穴名“青蛇逐蛙”，又称“田螺穴”。坐东面西，占地 100 多平方米。陈节系玉湖东张陈氏肇基祖。

陈节墓

陈泰墓

原址位于莆田市秀屿区乐屿岛北坪园脚。坐乙向辛，墓为“凤”字形布局，糯米灰筑就，由墓坧、墓埕、外围等组成，占地 200 多平方米。陈泰系鹳山、蓝田、岭脚陈氏始祖。

陈泰墓

陈睿墓

位于涂岭镇溪西阴山岭。陈睿（1440—1513 年），三十四都斗门后坑（今惠安县辋川侯卿）人，明成化十一年乙未（1475 年）进士，官至参政，系侯卿陈氏五世祖。

陈亿五墓

位于今界山镇大前村境内。元代墓葬，穴称“螃蟹穴”，庚向癸丁。陈亿五，系大路陈氏一世祖。

陈邦矶墓

位于涂岭镇境内泗洲水库竹洋山。背靠旗杆尖头，坐东向西。陈邦矶，系涂岭镇涂岭村西吴顶亭陈氏一世祖。

陈肥泉墓

俗称通乡公墓，位于前黄镇坑内村大门坑山。明代墓葬，坐西北朝东南，墓前曾有石狮。陈肥泉，系前黄镇坑内陈氏开基祖。

芦朴后铺陈氏祖墓

位于涂岭镇芦朴村东面。清代墓葬，坐东向西，称“田螺穴”，占地约200平方米。

第五节　人 物

一、历代科第仕宦名录

陈　沼　竹溪铺人，宋嘉祐二年（1057年）章衡榜进士，广州司理。著有《双柱集》。《重纂福建通志》记“与弟（陈沚）笃志力学，为蔡忠惠所奇，后同举乡荐，人榜所居曰‘联桂’”。

陈　沚　竹溪铺人，宋嘉祐二年（1057年）章衡榜进士。著有《竹溪诗集》。

陈大猷　菱溪人，宋崇宁二年（1103年）霍端友榜进士，“试中春官，殁于京”。陈世德祖父。

陈世德（1131—1190年）　字景申，涂岭菱溪人，南宋乾道八年（1172年）特奏名，莆田主簿，两摄县事，莆田人号为“佛子”，再调惠州录事参军。著《殖轩诗集》6卷。

陈元忠　菱溪人，南宋淳熙元年（1174年）举人。

陈　遂　八都人，明洪武二十九年（1396年）李骐榜举人，安徽广德州同知。

陈　除（1393—1454年）　一作陈徐，七都陈庄人，明永乐十二年（1414年）何琼榜举人，国子监助教。

陈　轼　字次瞻，驿坂铺后吴人，清乾隆元年（1736）丙辰恩科蔡云从榜举人，宁德教谕。

陈振世　南埔仑头人，清嘉庆四年（1799年）恩贡。

陈永华　字实侯，号蟠溪，驿坂后吴人，监生，修无量、惠宁、大德、永济、盟心诸桥。

陈中复　字以从，陈永华子，驿坂后吴人，清嘉庆五年（1800年）恩科张光浩榜举人。

陈清华　沙格人，清嘉庆九年（1804年）甲子科王清阶榜武举人。

陈思忠 驿坂后吴人，清嘉庆十三年（1808 年）恩科姚大椿榜举人。

陈　志 南埔人，清嘉庆十八年（1813 年）周滨海榜举人。

陈联升 沙格人，清嘉庆十八年（1813 年）周滨海榜举人。

陈联登 沙格人，清道光八年（1828 年）何联上榜武举人。

陈为梁 沙格人，清道光十二年（1832 年）恩科董长藩榜武举人。

二、已知当代人物名录

（一）现当代知名人士

陈兴桂 涂岭镇路口村人，1902 年出生，惠安县苏维埃政府筹备委员会主席。

陈冬水 涂岭镇涂岭村人，1905 年出生，惠安县苏维埃政府筹备委员会副主席，中共惠安县委委员。

陈德新 南埔镇凤翔村人，1907 年出生，民国独立团大炮团团长。

（二）副处（团）级及以上人士

陈纯元 后龙镇割山村人，1922 年出生，中共地下党惠安特派员、惠安县直属区区委书记，解放后任福建省水产公司厦门分公司经理，处级离休干部。

陈大才 南埔镇凤翔村人，1923 年出生，惠安县经委处级离休干部。

陈春三 涂岭镇涂岭村人，1924 年出生，中共地下党员，福州市政协党组成员、办公室主任，离休干部。

陈思谦 涂岭镇人，1924 年出生，泉州市信访局处级离休干部。

陈金栋 后龙镇坑仔底村人，1926 年出生，中共地下党员，处级离休干部。

陈金源 涂岭镇世上村人，1926 年出生，中共惠安县委代理书记，中共泉州市委常委、市人民政府副市长，离休干部。

陈清桂 后龙镇后龙村人，1927 年出生，德化县供销社处级离休干部。

陈茂枝 后龙镇田里村人，1928 年出生，漳州市农业局副局长。

陈端发 涂岭镇世上村人，1928 年出生，福建省盲聋哑协会副主席兼秘书长，离休干部。

陈亚考 界山镇大前村人，1928 年出生，惠安县人民政府副县长、县人大常委会副主任。

陈宗明 界山镇鸠林村人，1929 年出生，福州业余大学校长。

陈春宾 界山镇鸠林村人，1929 年出生，中共地下党员，福州市房管局党支部书记、副局长，离休干部。

陈仁才 涂岭镇世上村人，1929 年出生，福建省公安厅林业公安局负责人、调研员，离休干部。

陈坤清 界山镇鸠林村人，1932 年出生，中共地下党员，福建省公安厅史料办副主任、副编审，离休干部。

陈玉祥 界山镇鸠林村人，1932年出生，中共仙游县委常委、县人民政府副县长。

陈秋清 后龙镇许厝村人，1933年出生，惠安县老干局处级离休干部。

陈玉成 后龙镇许厝村人，1933年出生，厦门水产学院人事处处长。

陈淑媛 界山镇鸠林村人，女，1933年出生，福建省公安厅处长。

陈曾建 界山镇玉湖村人，1934年出生，福州市电业局党委书记、高级政工师。

陈良兴 界山镇东凉村人，1934年出生，南京军区空军总医院党组成员、副院长，主任医师，师职。

陈金玉 涂岭镇世上村人，1936年出生，莆田市人民检察院检察长、党组书记。

陈锦福 后龙镇田里村人，1936年出生，中共南安县委副书记，泉州市经委副主任、协作办主任。

陈顺宝 峰尾镇前亭村人，1937年出生，河北省石家庄铁路工程学院正处级干部。

陈碧珠 峰尾镇诚峰村人，女，1937年出生，福建省水利水电厅人事处处长。

陈品富 界山镇界山村人，1939年出生，解放军总参谋部三部四局正师职干部，大校。

陈文福 后龙镇割山村人，1939年出生，电子工业部第48研究所主任，厦门市信息技术有限公司董事长，高级工程师。

陈式章 前黄镇坑内村人，1940年出生，广州军区工程兵部教导大队副大队长。

陈志良 界山镇大前村人，1941年出生，福建省水产厅副厅长。

陈维德 界山镇东凉村人，1941年出生，中国科学院半导体研究所所长，研究员，博士生导师。

陈良富 后龙镇坑仔底村人，1942年出生，中国农业银行福建省分行行长、党委书记，省政协提案委员会副主任，高级经济师。

陈细泉 后龙镇后龙村人，1943年出生，河南省民权县人武部政委，转业任职于泉州市粮食局。

陈成金 前黄镇坑内村人，1943年出生，舟山市水利局副局长，高级工程师。

陈双玉 界山镇下朱村人，1943年出生，武警厦门市边防支队支队长，上校。

陈明泉 界山镇东凉村人，1943年出生，德化县委常委、副县长，泉州市对外经济贸易委员会副主任，市台办副主任，市政协台港澳侨联络委主任。

陈祖良 界山镇东张村人，1943年出生，江西省九江市港务局计划处副处长。

陈义清 南埔镇天湖村人，1943年出生，贵州省遵义县乌江水利局副局长。

陈炳洪 界山镇鸠林村人，1944年出生，莆田市广播电视台副台长。

陈明源 前黄镇坑内村人，1944年出生，广西大学化学化工学院副院长，教授。

陈开金 界山镇东凉村人，1945年出生，解放军新疆某部团长，转业任职于晋江机场。

陈宇翔 界山镇鸠林村人，1945年出生，泉州市政协副秘书长，民建泉州市委会专职副主委。

陈献枝 后龙镇后龙村人，1946 年出生，解放军 85 师 254 团政治处主任，转业任泉州市电业局党委书记。

陈永新 后龙镇割山村人，1946 年出生，集美大学水产学院办公室主任。

陈新才 后龙镇割山村人，1946 年出生，明溪县人民政府副县长。

陈明辉 界山镇东凉村人，1946 年出生，某部团职干部，转业任江西抚州市公安局局长。

陈庆财 后龙镇割山村人，1947 年出生，福建省高级人民法院执行局局长（副厅级）。

陈泉兴 南埔镇沙格村人，1948 年出生，空军第 12 飞行学院副参谋长，上校，转业任泉州市人民防空办公室主任。

陈　英 峰尾镇奎璧村人，女，1948 年出生，泉州军分区干休所医务室军医，专业技术六级。

陈松青 涂岭镇世上村人，1948 年出生，福建省军区后勤部营房处处长、上校，转业历任福建省人民政府打私办主任，省人民政府驻广州办事处主任，省口岸与海防办公室副主任（正厅级）。

陈竹丛 山腰街道锦塔村人，1949 年出生，福建省人大常委会农村经济委员会副主任，农业与农村工作委员会巡视员。

陈志良 后龙镇割山村人，1949 年出生，集美大学党委副书记。

陈春辉 涂岭镇世上村人，1949 年出生，辽宁省司法厅法规处处长。

陈明辉 涂岭镇路口村人，1949 年出生，中国冶金地质总局二局三队党委书记。

陈春禄 界山镇鸠林村人，1949 年出生，莆田市供销总社副主任。

陈　晃 界山镇玉湖村人，1949 年出生，福建省教育厅机关党委专职副书记。

陈瑞杰 界山镇玉湖村人，1950 年出生，海军福建基地政治部宣传处处长，转业任福建省新闻出版局社会处处长。

陈文昌 界山镇大前村人，1950 年出生，厦门水警区后勤部军港营防科科长，转业任厦门市国税局副巡视员兼集美区国税局局长。

陈华山 界山镇鸠林村人，1950 年出生，历任南昌海关关长，厦门海关党组副书记、副关长（正厅级）。

陈利军 界山镇玉湖村人，女，1951 年出生，福建省民政厅安置办副处长，调研员。

陈支平 界山镇东张村人，1952 年出生，厦门大学人文学院院长，国学研究院常务副院长，教授、博士生导师。

陈怀江 后龙镇田里村人，1952 年出生，兰州军区某部旅政治部主任，转业任职于惠安县司法局。

陈献耀 后龙镇割山村人，1952 年出生，福建省冶金厅办公室主任。

陈庆煌 后龙镇割山村人，1952 年出生，西安市碑林区东关南街办事处党委副书记。

陈明富 界山镇玉湖村人，1952 年出生，39111 部队副团职干部，转业任陕西省旅游集团亚太部书记。

陈荣芳　界山镇大前村人，1953年出生，海军福建基地政治部组织处处长，转业历任泉州市港务局局长，市人防办主任。

陈荣枝　后龙镇后龙村人，1953年出生，某部副团职干部，转业任职于惠安县国土资源局。

陈　建　涂岭镇涂岭村人，1953年出生，历任福建省统计局局长、党组书记，福建省人大常委会财经委员会主任，高级统计师。

陈加宗　界山镇玉湖村人，1953年出生，福建建材工业学校副调研员。

陈　桦　涂岭镇涂岭村人，女，1954年出生，历任南平市人民政府市长，福建省人民政府副省长，中共福建省委常委、省教育工委书记，省人大常委会副主任。

陈良宗　后龙镇后龙村人，1954年出生，漳州铁路分局党委书记。

陈祖富　界山镇东张村人，1954年出生，漳州市水电水利局党委副书记。

陈永强　界山镇鸠林村人，1955年出生，三明市委政法委副书记（正处级）。

陈成春　后龙镇田里村人，1955年出生，泉州市人力资源和社会保障局副局长，调研员。

陈兴国　后龙镇后龙村人，1955年出生，泉州市市政公用事业管理局正处级干部。

陈荣华　后龙镇田里村人，1955年出生，惠安县螺城镇党委书记。

陈荣忠　南埔镇天竺村人，1955年出生，海军上海基地组织处处长，转业任上海市委宣传部副处长、处长，新民晚报社党政办公室主任（正处级）。

陈立坚　涂岭镇世上村人，1955年出生，福建省政府办公厅老干处处长。

陈万兴　后龙镇后龙村人，1956年出生，泉州市公安局巡警支队支队长。

陈华忠　界山镇鸠林村人，1956年出生，厦门出入境检验检疫局副局长（正厅级），高级农艺师。

陈宗贤　后龙镇割山村人，1958年出生，海军后勤部海南企业管理处处长（副师职），转业任海南省旅游稽查总队副队长。

陈显国　后龙镇割山村人，1958年出生，历任海军东海舰队福建基地政委，东海舰队政治部主任，东海舰队副政委，南部战区政治工作部副主任，正军职，少将。

陈燕招　涂岭镇樟脚村人，1958年出生，泉州军分区副团职干部，转业任职泉州市人民政府办公室。

陈家祥　后龙镇割山村人，1959年出生，泉州市委某办公室副主任。

陈立云　涂岭镇世上村人，女，1959年出生，中共福建省委统战部联络处副处长，调研员。

陈志宏　峰尾镇前亭村人，1959年出生，厦门市强制戒毒所调研员。

陈荣锋　界山镇鸠林村人，1960年出生，南部战区空军工程建设局副局长专业技术五级，高级工程师。

陈宗荣　南埔镇天竺村人，1960年出生，某部副团职干部，转业任职于泉州市人民防空办公室。

陈国庆 界山镇东凉村人，1960 年出生，厦门大学实验中心副处长。

陈怀群 界山镇鸠林村人，1961 年出生，厦门市社会科学联合会副主席。

陈荣法 峰尾镇前亭村人，1962 年出生，历任中共南安市委书记，晋江市委书记，泉州市文化广电新闻出版局局长。

陈亚兵 涂岭镇前欧村人，1962 年出生，泉州师范学院副院长，研究员。

陈辉煌 涂岭镇溪头村人，1962 年出生，海军福建基地后勤部军港处副团职助理员，转业任职于泉港公安分局。

陈秀文 南埔镇凤翔村人，1962 年出生，历任南京军区某部后勤保障旅旅长，福建省军区装备部副部长，大校。

陈友辉 界山镇东凉村人，1962 年出生，新疆哈密地区财政局局长。

陈　丹 界山镇鸠林村人，女，1962 年出生，福建中医药大学科研处副处长，教授。

陈和军 界山镇鸠林村人，1962 年出生，某部副团职干部，转业任职于泉州市药监局。

陈庆风 后龙镇割山村人，1963 年出生，石狮市人武部部长，转业任泉州市旅游局副局长。

陈惠平 涂岭镇世上村人，1963 年出生，泉州市文化广播新闻出版局副局长。

陈荣富 后龙镇田里村人，1963 年出生，福建省海峡财经导报社总编辑，党委书记。

陈　斌 界山镇玉湖村人，1963 年出生，贵州省六盘水市国税局局长，黔南州国税局局长，总会计师。

陈庆华 南埔镇天竺村人，1964 年出生，历任福建师范大学环境科学与工程学院院长，泉港石化研究院院长，教授，高级工程师，博士生导师。

陈明辉 界山镇东张村人，1964 年出生，新疆维吾尔族自治区和田地区国税局党委书记。

陈文强 南埔镇天湖村人，1964 年出生，福建省国土资源厅执法监察处处长。

陈志刚 峰尾镇前亭村人，1964 年出生，福建省公安厅警务联络处副处长。

陈泉铭 涂岭镇路口村人，1964 年出生，空军航空兵第 42 师政治部党委委员，中校。

陈　江 涂岭镇涂岭村人，1964 年出生，历任福建医科大学国际交流与合作处处长，福建医科大学口腔医学院院长，附属口腔医院院长，主任医师、教授、博士生导师。

陈宗安 峰尾镇诚平村人，1965 年出生，中国粮油进出口公司深圳分公司经理。

陈燕飞 南埔镇天湖村人，1965 年出生，中共鲤城区委常委、政法委书记。

陈宗旗 南埔镇沙格村人，1965 年出生，泉港石化园区管理会副主任。

陈建阳 后龙镇田里村人，1965 年出生，福建省高级人民法院副处级审判员。

陈志忠 涂岭镇驿坂村人，1965 年出生，厦门市同安区人武部政委。

陈忠华 南埔镇天竺村人，1965 年出生，厦门市翔安区地方税务局局长、党组书记。

陈国华 界山镇东凉村人，1965 年出生，最高人民法院装备局处长，高级会计师。

陈惠黔　涂岭镇世上村人，女，1965年出生，莆田市委宣传部副部长、文明办主任，莆田市人民政府副市长。

陈维勇　界山镇东凉村人，1965年出生，新疆军区上校团长。

陈肖兴　界山镇大前村人，1965年出生，南京军区福州二局副处长兼总工程师。

陈　敏　界山镇玉湖村人，女，1965年出生，福建省教育厅财务处副处长。

陈庆宗　界山镇下朱村人，1966年出生，光泽县人武部政委，转业任泉州市委文明办副主任。

陈明军　界山镇东张村人，1966年出生，新疆维吾尔族自治区和田地区运输公司总经理。

陈建辉　后龙镇后龙村人，1967年出生，福建省委、省政府信访局办公室主任。

陈　煜　涂岭镇涂岭村人，1967年出生，中共浙江省委办公厅调研员。

陈来平　界山镇东张村人，1967年出生，中华人民共和国外交部驻冰岛大使馆参赞。

陈　萌　后龙镇许厝村人，女，1967年出生，集美大学人事处副处长，副研究员。

陈燕彬　后龙镇后龙村人，1968年出生，厦门市委对外招商局局长，厦门市高层次人才发展中心主任。

陈灿招　涂岭镇樟脚村人，1968年出生，泉州市人民政府行政服务中心副主任。

陈卫峰　涂岭镇世上村人，1968年出生，福建省农业厅效能办主任，高级经济师。

陈建林　界山镇大前村人，1968年出生，福建省边防武警总队正团职干部，转业任福建省科技厅对外合作处处长。

陈明辉　界山镇东凉村人，1968年出生，江西省抚州市公安局局长。

陈进平　涂岭镇驿坂村人，1968年出生，泉州市住房和城乡建设局副局长。

陈庆堂　界山镇东张村人，1968年出生，泉港区政协副主席，泉州市工商联副会长。

陈光明　后龙镇割山村人，1968年出生，兰州军区空军后勤部油料处处长（副师职）。

陈爱民　后龙镇后龙村人，1969年出生，泉州台商投资区公安分局局长。

陈宗宝　后龙镇割山村人，1970年出生，海军某训练基地处长（正团职），海军上校。

陈　翔　涂岭镇涂岭村人，1970年出生，浙江省海关某处副处长。

陈龙津　后龙镇坑仔底村人，1970年出生，中共泉港区委常委、统战部部长。

陈瑞锦　界山镇玉湖村人，1970年出生，福建化工学校副校长。

陈清才　后龙镇上西村人，1971年出生，中共顺昌县委副书记。

陈清文　界山镇玉湖村人，1972年出生，空军晋江场站副政委、政治处主任。

陈瑞峰　界山镇玉湖村人，1972年出生，泉州海关泉港办事处副主任。

陈秀强　峰尾镇奎璧村人，1972年出生，中国闽台缘博物馆人力资源部主任。

陈　媛　界山镇鸠林村人，女，1973年出生，福建省边防武警总队医院上校。

陈清辉　南埔镇天竺村人，1973年出生，武警8710部队后勤部团职干部。

陈阵隆　南埔镇沙格村人，1973年出生，武警福州指挥学院教研部副主任，转业任职于泉港区安监局。

陈清河 后龙镇坑仔底村人，1973 年出生，武警广东海警总队汕头支队参谋长，转业任职于广东省海事局。

陈　林 南埔镇凤翔村人，1974 年出生，石狮市人民检察院检察长。

陈翁翔 南埔镇凤翔村人，1974 年出生，国务院办公厅秘书三局处长，博士。

陈庆良 南埔镇仑头村人，1974 年出生，兰州军区空军干休所副所长。

陈宗坤 后龙镇割山村人，1975 年出生，海军某工程指挥部质量监督站站长（正团职），海军上校。

陈约瀚 后龙镇后龙村人，1976 年出生，福建省老干局办公室副主任，挂职南安市人民政府副市长。

陈忠坤 南埔镇天竺村人，1976 年出生，厦门广电集团广播中心副主任。

陈益祥 南埔镇仑头村人，1976 年出生，莆田市武警支队副支队长。

陈隆秀 南埔镇凤翔村人，1976 年出生，中央驻香港行政区联络办事处副处长。

陈金来 南埔镇天竺村人，1977 年出生，福建省纪委副处级纪检监察员。

陈美玲 南埔镇凤翔村人，女，1977 年出生，厦门市国税局财务管理处副处长。

陈顺德 峰尾镇前亭村人，1977 年出生，海军福建基地组织处处长。

陈梅兰 界山镇岭头村人，女，1978 年出生，兰州军区空军后勤部工程四处干事。

陈显斌 后龙镇割山村人，1981 年出生，解放军 91003 部队施工处副处长，中校。

陈　宏 后龙镇后龙村人，1983 年出生，解放军 94626 部队部队长（正团职）。

陈来良 界山镇界山村人，厦门出入境检验检疫局象屿保税区办事处副主任。

陈建平 后龙镇田里村人，福建警官学校信息技术中心主任。

高雪玉 界山镇玉湖村人，女，1952 年出生，福建省民政厅纪检组组长，正厅级纪检监察专员，共青团十届中央委员，全国劳动模范。

潘良莺 界山镇鸠林村人，女，1957 年出生，厦门市湖里区政协常委、提案委员会主任。

林雪莹 界山镇玉湖村人，女，1972 年出生，厦门机场海关副关长。

许　颖 后龙镇割山村人，女，1973 年出生，陕西西安市莲湖区土地局副局长。

房月英 后龙镇后龙村人，女，1974 年出生，福建海洋与渔业厅老干处副调研员。

王志刚 界山镇岭头村人，女，1976 年出生，兰州军区空军后勤部政治部干事。

（三）副处级及以上国有企业人士

陈耿星 界山镇玉湖村人，1930 年出生，福建省电影发行放映公司副经理、高级经济师。

陈良兴 界山镇玉湖村人，1934 年出生，中国福建国际经济技术合作（集团）公司香港分公司副总经理、副处长，高级工程师。

陈宗胜（1939—2014 年）　界山镇玉湖村人，长江葛洲坝集团基建公司总经理。

陈荣辉 后龙镇后垅村人，1941年出生，厦门建发开发公司副董事长兼总经理。

陈定清 后龙镇割山村人，1942年出生，福建海运集团公司副总经理、副总工程师。

陈荣玉 南埔镇天竺村人，1945年出生，上海远洋房地产开发经营公司党委书记，中远置业集团上海房地产投资有限公司纪委书记、党委副书记（央企副局级）、党委书记。

陈金长 界山镇玉湖村人，1950年出生，中国福建国际经济技术合作（集团）公司人事处处长。

陈清辉 峰尾镇奎璧村人，1951年出生，中铁第十八局五处党委书记。

陈纯鹏 后龙镇割山村人，1951年出生，中国水利第十六工程局党委书记。

陈碧堂 涂岭镇世上村人，1956年出生，集美大学资产经营公司总经理。

陈　瑜 界山镇玉湖村人，女，1961年出生，福建省电子器材有限公司党委书记、总经理。

陈飞山 涂岭镇下炉村人，1965年出生，福建炼油化工有限公司副总经理。

陈良辉 界山镇大前村人，1966年出生，龙岩市工商银行副行长。

陈富贵 界山镇玉湖村人，1966年出生，福建福日电子股份有限公司副总裁兼财务总监，高级审计师。

陈　斌 界山镇下朱村人，1967年出生，福建省华夏能源设计有限公司总经理。

陈加彬 界山镇东张村人，1968年出生，中石化森美（福建）石油有限公司董事会秘书兼总裁办公室主任，高级政工师。

陈锦林 界山镇东张村人，1969年出生，福安市农村信用社联社党委第一书记。

陈国宝 界山镇大前村人，1971年出生，国电泉州热电有限公司副总经理、党委委员。

陈湛清 后龙镇割山村人，1979年出生，中国建设银行总行副处级干部。

（四）高级专业技术职务者

陈明见 后龙镇割山村人，1916年出生，福建中医学院教授、温病教研室主任。

陈永贤 后龙镇割山村人，1927年出生，厦门市第一医院检验科主任，副教授。

陈英财 界山镇东凉村人，1929年出生，新疆生产建设兵团农四师高级工程师。

陈淑惠 后龙镇人，女，1930年出生，福建省粮食学校高级讲师。

陈伟中 后龙镇割山村人，1930年出生，福建医科大学附属第二医院副主任医师。

陈俊元 涂岭镇人，1931年出生，上海警备区第85医院主任医师，专业技术五级。

陈子荣 峰尾镇上楼村人，1932年出生，华侨大学教授，高级新闻记者。

陈德金 山腰街道锦塔村人，1933年出生，北京市建筑工程研究院高级工程师。

陈宝珠 后龙镇人，女，1934年出生，泉州市第一医院主任医师。

陈家天 南埔镇凤翔村人，1934年出生，厦门市第一医院主任医师。

陈水枝 涂岭镇溪西村人，1935年出生，安溪县农业局高级农艺师。

陈永年 涂岭镇人，1935年出生，浙江省立医院主任医师。

陈元福 后龙镇割山村人，1935 年出生，福建师范大学体育系副教授。

陈章荣 峰尾镇前亭村人，1935 年出生，惠安县医院主任医师。

陈荣水 界山镇鸠林村人，1936 年出生，惠安县农委高级农经师。

陈敬真 后龙镇割山村人，1936 年出生，泉港二中高级教师。

陈裕顺 后龙镇许厝村人，1938 年出生，泉州师范学院副教授。

陈金松 后龙镇坑仔底村人，1938 年出生，四川东风机械厂高级工程师。

陈顺才 南埔镇沙格村人，1938 年出生，泉港南埔中学高级教师。

陈国才 界山镇东张村人，1938 年出生，福建省土木建筑总公司高级会计师。

陈珠法 后龙镇后龙村人，1939 年出生，厦门集美中学高级教师。

陈金狮 界山镇玉湖村人，1939 年出生，泉港惠华中学高级教师。

陈金兴 后龙镇割山村人，1940 年出生，邵武市一中高级教师。

陈永土 南埔镇仑头村人，1940 年出生，泉港南埔中学高级教师。

陈宗辉 后龙镇后龙村人，1940 年出生，泉港后龙卫生院副主任医师。

陈敬修 后龙镇割山村人，1940 年出生，福建医科大学附属第二医院主任医师。

陈秀卿 涂岭镇寨后村人，1940 年出生，中国传播工业总公司系统工程部研究员。

陈秋松 界山镇东张村人，1941 年出生，泉港惠华中学高级教师。

陈玉荣 界山镇东凉村人，1941 年出生，上海市第七中学高级教师。

陈莆生 南埔镇天竺村人，1941 年出生，三明市重机厂高级工程师。

陈金聪 涂岭镇前欧村人，1941 年出生，山腰化工厂高级工程师。

陈金秋 界山镇东凉村人，1941 年出生，福建省计量科学研究院高级工程师。

陈能玉 山腰街道锦塔村人，1942 年出生，泉港二中高级教师。

陈世荣 峰尾镇诚平村人，1942 年出生，深圳蛇口工业区高级工程师。

陈宗生 后龙镇坑仔底村人，1942 年出生，泉港后龙中学高级教师。

陈友纯 南埔镇沙格村人，1942 年出生，福州榕港铝业有限公司高级工程师。

陈文泉 山腰街道海滨村人，1942 年出生，厦门开发投资总公司高级工程师。

陈荣明 后龙镇后龙村人，1943 年出生，泉港五中高级教师。

陈泉法 南埔镇凤翔村人，1944 年出生，泉港二中高级教师。

陈国荣 南埔镇沙格村人，1944 年出生，航空工业部 012 基地高级工程师。

陈金春 后龙镇后龙村人，1944 年出生，泉港五中高级教师。

陈仁泉 南埔镇先锋村人，1944 年出生，泉港后龙中学高级教师。

陈玉泉 前黄镇古县村人，1945 年出生，泉港坝头中学高级教师。

陈荣山 界山镇鸠林村人，1945 年出生，福州大学副教授。

陈锦文 南埔镇天竺村人，1945 年出生，泉州市后渚港务公司高级工程师。

陈锦枝 山腰街道陈庄村人，1945 年出生，泉港华侨医院副主任医师。

陈开文　界山镇下朱村人，1945 年出生，厦门机械厂高级工程师。
陈金水　界山镇东凉村人，1946 年出生，惠华中学高级教师。
陈财明　后龙镇田里村人，1946 年出生，泉港三川中学高级教师。
陈聪龙　峰尾镇前亭村人，1947 年出生，福州大学副教授。
陈荣顺　界山镇东凉村人，1947 年出生，海南省专家库专家，高级工程师。
陈信金　山腰街道陈庄村人，1947 年出生，泉港二中高级教师。
陈兴茂　后龙镇割山村人，1947 年出生，中国第二汽车制造厂高级工程师。
陈团平　后龙镇割山村人，1947 年出生，泉港五中高级教师。
陈水元　前黄镇古县村人，1947 年出生，泉港六中高级教师。
陈其荣　界山镇大前村人，1948 年出生，泉港施厝中学高级教师。
陈金法　后龙镇后龙村人，1948 年出生，泉港五中高级教师。
陈　潮　界山镇玉湖村人，1948 年出生，福建农林大学医院主任医师。
陈辉麟　后龙镇后龙村人，1949 年出生，泉港峰尾镇政府高级经济师。
陈兴泉　后龙镇田里村人，1949 年出生，泉港区医院主任医师。
陈宗元　南埔镇天竺村人，1950 年出生，泉州市外商投资服务公司高级经济师。
陈炳辉　后龙镇坑仔底村人，1951 年出生，惠安一中高级教师。
陈秀莺　界山镇鸠林村人，女，1951 年出生，福建农林大学高级教师。
陈玉宝　后龙镇后龙村人，1952 年出生，福建省光电公司高级工程师。
陈安辉　涂岭镇樟脚村人，1952 年出生，泉州师范学院中文系副教授。
陈锦洪　界山镇鸠林村人，1953 年出生，海军东海舰队高级工程师。
陈土成　涂岭镇世上村人，1954 年出生，泉港天竺中学高级教师。
陈细辉　南埔镇凤翔村人，1954 年出生，泉港坝头中学高级教师。
陈其凤　涂岭镇世上村人，1955 年出生，泉州市农业局高级农艺师。
陈志明　南埔镇施厝村人，1955 年出生，泉港惠华中学高级教师。
陈金容　界山镇大前村人，1956 年出生，泉港南埔中学高级教师。
陈义川　南埔镇凤翔村人，1957 年出生，福建省水电厅财务处高级会计师。
陈荣玉　界山镇岭头村人，1957 年出生，泉港南埔中学高级教师。
陈惠琴　前黄镇古县村人，女，1957 年出生，北京师范大学教授，博士。
陈亚敏　界山镇大前村人，1957 年出生，泉港惠华中学高级教师。
陈庆忠　界山镇鹅头村人，1958 年出生，泉港惠华中学高级教师。
陈荣才　界山镇东凉村人，1958 年出生，厦门纵横集团高级工程师。
陈宗明　后龙镇割山村人，1958 年出生，海南中明工程有限公司高级工程师。
陈惠民　前黄镇三朱村人，1958 年出生，泉港三朱中学高级教师。
陈国法　界山镇东凉村人，1959 年出生，龙岩市工程勘察院院长，高级工程师。

陈宗德 界山镇鸠林村人，1959年出生，泉港鸠林中学高级教师。

陈永锋 界山镇鸠林村人，1960年出生，广州军区某部高级工程师。

陈金元 后龙镇上西村人，1960年出生，泉港五中高级教师。

陈恒彬 后龙镇田里村人，1960年出生，厦门植物园总工程师，高级农艺师。

陈秀金 涂岭镇涂型村人，1960年出生，惠安工农中学高级教师。

陈维龄 后龙镇后龙村人，1960年出生，泉港一中高级教师。

陈　涌 界山镇鸠林村人，1961年出生，国防科技大学自控系教授。

陈龙标 涂岭镇涂岭村人，1961年出生，泉港六中高级教师。

陈龙玉 南埔镇天竺村人，1962年出生，泉港鸠林中学高级教师。

陈春法 涂岭镇驿坂村人，1962年出生，泉港区教师进修学校中学高级教师。

陈国钦 涂岭镇路口村人，1962年出生，泉港六中高级教师。

陈震军 后龙镇割山村人，1962年出生，惠安县卫生局副主任医师。

陈忠夏 南埔镇天竺村人，1963年出生，泉州市粮油储运中心高级会计师。

陈国勋 涂岭镇溪西村人，1963年出生，惠安高级中学高级教师。

陈华章 后龙镇上西村人，1963年出生，厦门中铁建设公司高级工程师。

陈建煌 南埔镇凤翔村人，1963年出生，惠安县社保公司高级经济师。

陈适美 涂岭镇驿坂村人，女，1963年出生，泉港涂岭学区中学高级教师。

陈景雄 涂岭镇涂岭村人，1963年出生，泉港六中高级教师。

陈玉聪 南埔镇凤翔村人，1963年出生，泉州市财政局高级会计师。

陈细霖 后龙镇后龙村人，1963年出生，泉港一中高级教师。

陈国宗 南埔镇凤翔村人，1963年出生，泉港涂岭镇高级农艺师。

陈　晖 后龙镇割山村人，1963年出生，惠安高级职校高级教师。

陈居良 界山镇玉湖村人，1963年出生，泉港一中高级教师。

陈庆鸿 界山镇鹅头村人，1963年出生，泉港鸠林中学高级教师。

陈永绸 后龙镇坑仔底村人，1963年出生，惠安县疾控中心副主任医师。

陈亚贤 涂岭镇路口村人，1963年出生，福建省电建建设工程有限公司董事长，高级工程师。

陈伙顺 涂岭镇驿坂村人，1963年出生，泉州市农业局高级农艺师。

陈建平 界山镇鸠林村人，1963年出生，福建师范大学远程培训中心主任，中学高级教师。

陈　红 界山镇鸠林村人，女，1964年出生，福建省立医院副主任医师。

陈　星 界山镇鸠林村人，女，1964年出生，福州四中高级教师。

陈开顺 后龙镇割山村人，1964年出生，厦门市垦鑫拆迁公司高级工程师。

陈良贵 南埔镇天竺村人，1964年出生，泉州市医保中心高级会计师、高级经济师。

陈子卿 峰尾镇前亭村人，1964 年出生，惠安县医院主任医师。

陈燕乐 涂岭镇涂岭村人，1964 年出生，泉港三朱中学高级教师。

陈景松 涂岭镇涂岭村人，1964 年出生，泉港区教师进修学校中学高级教师。

陈敬雄 后龙镇割山村人，1964 年出生，泉港圭峰中学高级教师。

陈仙黔 涂岭镇世上村人，女，1964 年出生，莆田市第一医院副院长，主任医师。

陈荣荣 峰尾镇奎璧村人，女，1965 年出生，泉港区财政局高级会计师。

陈龙辉 峰尾镇联岩村人，1965 年出生，泉港二中高级教师。

陈更新 后龙镇坑仔底村人，1965 年出生，惠安高级中学高级教师。

陈清莺 界山镇玉湖村人，女，1965 年出生，泉港区妇幼保健院副主任护师。

陈绍文 后龙镇后龙村人，1965 年出生，福建第二建筑工程公司高级会计师。

陈联明 涂岭镇黄田村人，1965 年出生，泉港六中高级教师。

陈水标 涂岭镇驿坂村人，1965 年出生，惠安一中高级教师。

陈庆德 界山镇东凉村人，1965 年出生，泉港天竺中学高级教师。

陈瑞英 涂岭镇小坝村人，1966 年出生，泉港六中高级教师。

陈民雄 后龙镇后龙村人，1966 年出生，泉港后龙中心小学中学高级教师。

陈登龙 后龙镇割山村人，1966 年出生，福建师范大学泉港石化研究院常务副院长，博士、高级工程师。

陈玉河 后龙镇后垅村人，1966 年出生，泉港五中高级教师。

陈颖峰 峰尾镇前亭村人，1966 年出生，福建炼油厂高级工程师。

陈庆斌 南埔镇天竺村人，1966 年出生，泉港施厝中学高级教师。

陈谦逊 涂岭镇松园村人，1966 年出生，惠安屿光中学高级教师。

陈南辉 南埔镇天湖村人，1966 年出生，泉港天竺中学高级教师。

陈志山 后龙镇割山村人，1966 年出生，泉港纳川管业公司高级工程师。

陈惠平 前黄镇三朱村人，1966 年出生，泉港山腰中学高级教师。

陈华庆 后龙镇上西村人，1967 年出生，厦门帝标房地产公司高级经济师。

陈和好 界山镇东张村人，1967 年出生，惠安一中高级教师。

陈凤法 后龙镇许厝村人，1967 年出生，泉港三川中学高级教师。

陈志勇 后龙镇田里村人，1967 年出生，泉港五中高级教师。

陈辉元 南埔镇凤翔村人，1967 年出生，中远集团广州分公司高级工程师。

陈志江 后龙镇割山村人，1968 年出生，泉港纳川管业公司高级工程师。

陈成林 后龙镇后龙村人，1968 年出生，厦门佳好国际有限公司高级工程师。

陈惠珍 后龙镇割山村人，女，1968 年出生，泉港一中高级教师。

陈庆洪 界山镇东凉村人，1968 年出生，泉港五中高级教师。

陈文强 涂岭镇世上村人，1968 年出生，泉港美发中学高级教师。

陈荣标 后龙镇田里村人，1968年出生，泉港区教育督导室中学高级教师。
陈美元 界山镇鸠林村人，女，1968年出生，泉港界山玉湖中心小学中学高级教师。
陈清飞 南埔镇天竺村人，1969年出生，泉港六中高级教师。
陈兴海 后龙镇上西村人，1969年出生，福建省第五建筑工程公司高级工程师。
陈　云 峰尾镇前亭村人，女，1969年出生，福建警察学院副教授。
陈华兵 界山镇鸠林村人，1969年出生，泉港鸠林中学高级教师。
陈华宗 后龙镇坑仔底村人，1969年出生，泉港圭峰中学高级教师。
陈志文 涂岭镇路口村人，1969年出生，泉港六中高级教师。
陈道远 南埔镇凤翔村人，1969年出生，福建师范大学副教授，博士。
陈东升 山腰街道陈庄村人，1969年出生，泉港一中高级教师。
陈春华 峰尾镇前亭村人，女，1969年出生，泉港五中高级教师。
陈东斌 南埔镇凤翔村人，1969年出生，惠安一中高级教师。
陈志华 界山镇鸠林村人，1969年出生，泉港惠华中学高级教师。
陈子谋 峰尾镇前亭村人，1969年出生，泉港美发中学高级教师。
陈玉文 界山镇东凉村人，1969年出生，泉港鸠林中学高级教师。
陈怀针 界山镇鸠林村人，1969年出生，泉港惠华中学高级教师。
陈　晓 山腰街道陈庄村人，1970年出生，泉港二中高级教师。
陈建春 峰尾镇前亭村人，1970年出生，泉港三川中学高级教师。
陈开登 后龙镇割山村人，1970年出生，泉港三川中学高级教师。
陈清义 界山镇玉湖村人，1970年出生，泉港惠华中学高级教师。
陈燕才 南埔镇凤翔村人，1970年出生，泉港鸠林中学高级教师。
陈怀钊 界山镇鸠林村人，1970年出生，泉港惠华中学高级教师。
陈剑萍 界山镇鸠林村人，1970年出生，福建医科大学附属一院闽南分院副主任医师。
陈梅卿 峰尾镇前亭村人，女，1970年出生，厦门市第一医院副主任医师。
陈长涌 后龙镇许厝村人，1970年出生，福建师范大学副教授。
陈学武 后龙镇坑仔底村人，1970年出生，泉港三川中学高级教师。
陈金辉 南埔镇天竺村人，1970年出生，泉州怡康化工贸易有限公司高级经济师。
陈荣秀 南埔镇天竺村人，1970年出生，泉港山腰中学高级教师。
陈建山 后龙镇割山村人，1970年出生，福建轮船公司高级工程师。
陈学平 峰尾镇前亭村人，1970年出生，泉港三川中学高级教师。
陈菊祥 后龙镇坑仔底村人，1970年出生，泉州市农业局高级经济师。
陈维平 界山镇东凉村人，1970年出生，泉州市住建局工程监理所高级工程师。
陈财勇 南埔镇凤翔村人，1971年出生，福建省荔源活性炭实业有限公司高级工程师。
陈宇华 后龙镇割山村人，女，1971年出生，哈佛大学中国教育研究中心主任，加州大学工商博士课程客座教授。

陈惠山 南埔镇凤翔村人，1971 年出生，泉港施厝中学高级教师。

陈庆泉 界山镇鹅头村人，1971 年出生，南京军区福州总医院主任医师，博士。

陈宗瑛 界山镇鸠林村人，1971 年出生，泉港一中高级教师。

陈雪平 涂岭镇涂岭村人，1971 年出生，泉港六中高级教师。

陈东兴 山腰街道锦塔村人，1971 年出生，惠安县医院副主任医师。

陈扬清 南埔镇沙格村人，1971 年出生，泉港三川中学高级教师。

陈春明 峰尾镇前亭村人，1971 年出生，泉州自来水有限公司高级工程师。

陈秋霞 界山镇东张村人，女，1972 年出生，泉港五中高级教师。

陈亚琴 后龙镇田里村人，女，1972 年出生，泉港区教师进修学校中学高级教师。

陈金宝 界山镇东凉村人，1972 年出生，泉州市农业局高级农艺师。

陈德忠 界山镇鸠林村人， 1972 年出生，泉港惠华中学高级教师。

陈耿斌 峰尾镇郭厝村人， 1972 年出生，泉港五中高级教师。

陈忠胜 南埔镇天竺村人，1972 年出生，兴业银行泉州分行高级经济师。

陈惠峰 界山镇东张村人， 1972 年出生，泉港鸠林中学高级教师。

陈琼香 南埔镇沙格村人，女，1972 年出生，泉港山腰中学高级教师。

陈志清 涂岭镇涂岭村人，1973 年出生，泉港六中高级教师。

陈　鹏 后龙镇后龙村人，1973 年出生，福建医科大学附属第一医院副主任医师，副教授，博士。

陈小鸣 峰尾镇奎璧村人，1973 年出生，泉港三川中学高级教师。

陈超彬 涂岭镇涂岭村人，1973 年出生，泉港六中高级教师。

陈顺金 界山镇玉山村人，1973 年出生，泉港区界山玉湖中山小学中学高级教师。

陈碧河 涂岭镇溪西村人，1974 年出生，泉港惠华中学高级教师。

陈淑平 界山镇鸠林村人，女，1974 年出生，泉港天竺中学高级教师。

陈辉庭 峰尾镇峥嵘村人，1974 年出生，福建省委党校副教授、博士。

陈细辉 南埔镇凤翔村人，1974 年出生，泉港天竺中学高级教师。

陈贤春 峰尾镇前亭村人，1974 年出生，泉港坝头中学高级教师。

陈志阳 涂岭镇前欧村人，1974 年出生，华侨大学高级工程师。

陈振华 界山镇大前村人，1974 年出生，泉港惠华中学高级教师。

陈龙彬 涂岭镇前欧村人，1974 年出生，泉港六中高级教师。

陈惠清 界山镇大前村人，1974 年出生，泉港二中高级教师。

陈美兰 后龙镇后龙村人，女，1974 年出生，泉港五中高级教师。

陈辉金 龙镇后龙村人，1974 年出生，泉港五中高级教师。

陈明华 后龙镇割山村人，女，1974 年出生，泉港五中高级教师。

陈其全　界山镇东张村人，1974 年出生，泉港天竺中学高级教师。
陈东松　山腰街道陈庄村人，1974 年出生，泉港区国有资产管理处高级经济师。
陈华莲　后龙镇田里村人，女，1974 年出生，泉港五中高级教师。
陈焦阳　涂岭镇前欧村人，1975 年出生，泉港六中高级教师。
陈惠蓉　峰尾镇前亭村人，女，1975 年出生，泉港山腰中学高级教师。
陈碧辉　后龙镇割山村人，1975 年出生，泉港顺南中学高级教师。
陈炳聪　涂岭镇涂型村人，1975 年出生，泉港六中高级教师。
陈国森　后龙镇后龙村人，1975 年出生，泉港山腰中学高级教师。
陈玲玲　南埔镇沙格村人，女，1975 年出生，泉港区财政局高级会计师。
陈金栋　后龙镇后龙村人，1975 年出生，泉港五中高级教师。
陈玉斌　南埔镇凤翔村人，1975 年出生，泉港五中高级教师。
陈朝阳　山腰街道陈庄村人，1975 年出生，泉港二中高级教师。
陈文平　界山镇东凉村人，1975 年出生，泉港鸠林中学高级教师。
陈学强　南埔镇凤翔村人，1975 年出生，泉港山腰中学高级教师。
陈亚良　后龙镇后龙村人，1975 年出生，泉港一中高级教师。
陈秋贵　界山镇东凉村人，1976 年出生，泉港三朱中学高级教师。
陈志鹏　后龙镇割山村人，1976 年出生，合肥市经济技术开发区高级工程师。
陈明海　界山镇下朱村人，1976 年出生，泉港鸠林中学高级教师。
陈承忠　后龙镇后龙村人，1976 年出生，泉港区教师进修学校高级教师。
陈惠民　峰尾镇前亭村人，1976 年出生，泉港圭峰中学高级教师。
陈献辉　后龙镇坑仔底村人，1976 年出生，泉港三朱中学高级教师。
陈建玫　后龙镇坑仔底村人，女，1976 年出生，泉港五中高级教师。
陈志刚　涂岭镇世上村人，1977 年出生，泉港山腰中学高级教师。
陈白云　后龙镇割山村人，女，1977 年出生，泉港五中高级教师。
陈理敏　后龙镇田里村人，女，1977 年出生，泉港圭峰中学高级教师。
陈文水　峰尾镇前亭村人，1977 年出生，泉港区招生办中学高级教师。
陈淑芬　涂岭镇路口村人，女，1978 年出生，泉港区财政局高级会计师。
陈群山　涂岭镇涂岭村人，1979 年出生，泉港区环境卫生管理站高级工程师。
陈志成　后龙镇田里村人，1979 年出生，浙江衢州人民医院副主任医师。
陈长平　界山镇东凉村人，1980 年出生，厦门大学生命科学学院副教授、博士。
陈昌荣　界山镇大前村人，1986 年出生，宁波诺丁汉大学机械系副教授。
李秀琼　界山镇东凉村人，女，1942 年出生，中国科学院研究员。
张珍阿　山腰街道锦塔村人，女，1947 年出生，石狮市人民医院主任医师。
姚以明　后龙镇割山村人，女，1950 年出生，集美大学教授。

吴春荷　山腰街道锦塔村人，女，1951 年出生，惠安县医院主任医师。

庄丽华　后龙镇坑仔底村人，女，1958 年出生，惠安科山中学高级教师。

肖荔人　南埔镇天竺村人，女，1966 年出生，福建师范大学材料科学与工程学院教授级高级工程师。

庄美华　后龙镇田里村人，女，1966 年出生，福建省农业厅高级农经师。

曾晓明　界山镇东张村人，女，1969 年出生，惠安三中高级教师。

杨永梅　后龙镇上西村人，女，1971 年出生，泉州市建设工程造价站高级工程师。

吴　雯　界山镇玉湖村人，女，1971 年出生，福建外贸职业学院副教授。

郭丹燕　界山镇玉湖村人，女，1972 年出生，泉港惠华中学高级教师。

俞水清　界山镇玉湖村人，女，1972 年出生，福建省技术质量监督局高级编辑。

刘小燕　南埔镇凤翔村人，女，1973 年出生，惠安县实验小学中学高级教师。

张莉娟　后龙镇后龙村人，女，1978 年出生，福建医科大学附属协和医院副主任医师，博士后。

（五）博士

陈永年　涂岭镇涂岭村人，1953 年出生，杭州军医院医学博士。

陈文彬　峰尾镇上楼村人，1962 年出生，留美博士。

陈惠娟　南埔镇凤翔村人，女，1963 年出生，美国德州大学博士。

陈晓青　后龙镇割山村人，1967 年出生，博士。

陈惠龙　后龙镇坑仔底村人，1968 年出生，深圳浩源光电技术有限公司总经理，博士。

陈弘雄　界山镇鸠林村人，1972 年出生，美国博士后。

陈振川　后龙镇割山村人，1972 年出生，美国芝加哥大学博士。

陈　靖　后龙镇后龙村人，1973 年出生，英国剑桥大学博士。

陈志民　后龙镇后龙村人，1973 年出生，哥伦比亚大学博士。

陈裕清　后龙镇后龙村人，1975 年出生，华侨大学博士。

陈锡华　后龙镇割山村人，1975 年出生，美国纽约大学博士。

陈贺菁　界山镇玉湖村人，1975 年出生，厦门大学副教授、博士。

陈　懋　后龙镇后龙村人，1976 年出生，英国牛津大学博士。

陈志德　后龙镇后龙村人，1976 年出生，上海复旦大学博士。

陈展辉　后龙镇田里村人，1977 年出生，清华大学博士，美国德克萨斯大学博士。

陈维霞　后龙镇后龙村人，女，1977 年出生，美国哈佛大学博士、博士后，华盛顿大学终身教授。

陈文奋　界山镇玉湖村人，1979 年出生，德国法兰克福大学博士。

陈龙环　后龙镇后龙村人，1980 年出生，西南政法大学博士，任职于福建省高级人民法院。

陈晓宏　涂岭镇溪西村人，1980年出生，香港大学博士。

陈琼忠　涂岭镇溪西村人，1980年出生，上海交通大学博士。

陈志煌　后龙镇后龙村人，1981年出生，福州大学博士。

陈　达　界山镇鸠林村人，1983年出生，厦门大学会计学博士。

陈金喜　界山镇玉湖村人，1983年出生，石家庄军械工程博士，任职于总装备部轻武器所。

陈爱城　峰尾镇前亭村人，1984年出生，北京石油大学化工系博士。

陈平平　峰尾镇前亭村人，1986年出生，厦门大学计算机学院博士。

陈　增　峰尾镇前亭村人，1987年出生，厦门大学博士，任职于福建省委宣传部。

陈新海　峰尾镇前亭村人，1987年出生，广州中山大学生命科学院博士。

陈嘉嘉　界山镇鸠林村人，1987年出生，厦门大学博士，英国格拉斯哥大学博士后。

陈远翔　后龙镇后龙村人，1988年出生，福建医科大学博士，任职于福建省立医院。

陈双双　前黄镇古县村人，女，1990年出生，上海交通大学博士。

陈　峰　后龙镇割山村人，留美博士。

（六）港澳台胞及海外侨胞知名人士

陈重基　祖籍南埔镇凤翔村，1878年出生，侨居马来亚，捐资创建凤翔小学。

陈隆辉（永九）　祖籍南埔镇凤翔村田头，1905年出生，侨居马来亚，多次捐助家乡公益事业建设。

陈必水　祖籍南埔镇凤翔村田头，1907年出生，侨居马来亚，惠安公会主席，多次捐助家乡公益事业建设。

陈必清　祖籍南埔镇凤翔村田头，1909年出生，侨居马来亚，隆雪陈氏宗亲会董事、雪兰莪惠安公会监察委员，多次捐助家乡公益事业。

陈必秀　祖籍南埔镇凤翔村田头，1911年出生，侨居马来亚，多次捐助家乡公益事业建设。

陈友来　祖籍界山镇鸠林村南庄，1914年出生，侨居马来亚，马来西亚雪兰莪惠安公会名誉理事，受吉隆坡最高元首封为拿督太平局绅勋衔。其子捐助家乡南庄基础设施建设。

陈春跃（子和）　祖籍界山镇鸠林村南庄，1916年出生，侨居马来亚，吉隆坡陈氏书院宗亲会荣誉会长，雪兰莪公会荣誉主席，受封为马来西亚拿督，多次捐助家乡公益事业。

陈捷麟　祖籍界山镇东张村，1917年出生，侨居马来亚，旅马侨领，捐建枫亭六中、枫亭医院和玉湖小学校舍以及家乡基础设施。

陈锦廷　祖籍南埔镇凤翔村田头，1918年出生，居台湾，台中市警察局局长。

陈志勤　祖籍南埔镇凤翔村，1919年出生于马来亚吉隆坡。吉隆坡中央医院院长，马来西亚医学会中央分会主席。1980年获马来西亚最高元首赐予丹斯里勋章。

陈金宝　祖籍界山镇东凉村，1921年出生，侨居马来亚，槟城福建会馆会长、槟城陈氏宗义社会长等，被授予拿督太平局绅，曾捐助家乡公益事业。

陈荣春 祖籍南埔镇仑头村，1923年出生，居台湾，台北市警察局警员。

陈永喜 祖籍南埔镇沙格村，1924年出生，居台湾，台湾世界陈氏宗亲会理事长，闽南同乡会理事，主捐重修灵慈宫、捐建沙格中学部分教学楼、宿舍楼。

陈双凤 祖籍南埔镇仑头村，1927年出生，居台湾，台北市警察局巡官。

陈苑林 祖籍涂岭镇樟脚村，1928年出生，居台湾花莲，高级工程师。

陈友仁 祖籍南埔镇沙格村，1929年出生，居台湾，在高雄任教、经商，捐建沙格中学和沙格小学部分教学楼。设立陈友仁教育基金会。

陈殿生 祖籍涂岭镇黄田村，1930年出生，侨居马来亚，大学教授。

陈玉瑞 祖籍界山镇东张村，1932年出生，侨居马来亚，捐建惠华中学、宫庙寺堂及基础设施等。

陈荣基 祖籍界山镇玉湖村东亭，1934年出生，侨居马来亚吉隆坡，致力商务，雪兰莪惠安公会主席、马来西亚社团联合会副主席等职，捐助家乡公益事业。

陈友明 祖籍界山镇鸠林村南庄，1934年出生，侨居马来亚吉隆坡，吉隆坡中南区迴龙宫财政。

陈荣忠 祖籍界山镇鸠林村，1938年出生，侨居马来亚，吉隆坡陈氏书院宗亲会荣誉会长，吉隆坡南庄迴龙宫荣誉会长，捐助家乡公益事业。

陈金敦 祖籍界山镇东张村，1940年出生于马来亚吉隆坡，吉隆坡美国友邦保险有限公司高级经理，雪兰莪惠安公会执行理事。

陈寿奇 祖籍界山镇玉湖村东亭，1940年出生，侨居马来亚，吉隆坡嵩山少林武术协会主席，捐助家乡公益事业。

陈顺成 祖籍南埔镇沙格村，1941年出生。侨居马来亚，在巴生港创业，捐助家乡公益事业。

陈龙水 祖籍南埔镇仑头村，1941年出生，居台湾，大企业家，台北市惠安同乡会理事长，多次捐助家乡公益事业。

陈玉进 祖籍南埔镇凤翔村田头，1942年出生于马来亚吉隆坡，多次捐助家乡公益事业。

陈秋标 祖籍南埔镇凤翔村田头，1947年出生，侨居马来亚，酒店业大亨，受封马来西亚拿督勋衔，曾随马来西亚经济考察团访问祖国，多次捐助家乡公益事业。

陈纪光 祖籍南埔镇凤翔村，1947年出生，侨居马来亚，马来西亚国会议员。

陈新春 祖籍界山镇东张村，1950年出生，侨居马来亚，吉隆坡暨雪兰莪惠安泉港公会第一副主席，捐助家乡公益事业。

陈玉成 祖籍界山镇东凉村，1951年出生，居香港，香港宝隆集团公司董事长。

陈惠秉 祖籍后龙镇割山村，1952年出生，居台湾，律师。

陈玉添 祖籍界山镇东凉村，1954年出生，侨居马来亚，马来西亚槟城惠北泉港同乡会主席。

陈明辉 祖籍界山镇东张村，1955年出生，侨居马来亚，马来西亚社团联合会共青团书记，捐助家乡公益事业。

陈惠雄 祖籍南埔镇仑头村，1955年出生，居台湾，台北空军总司令部处长室主任。

陈玉荣 祖籍界山镇东凉村，1957年出生，侨居马来亚，马来西亚皇家评估师。

陈春福 祖籍界山镇鹅头村，1958年出生，侨居马来亚，捐资修建家乡寺庙、祠堂等。

陈加山 祖籍界山镇东张村，1961年出生，侨居加拿大，北美华商联合总会、加拿大泉州同乡会副会长。

陈惠明 祖籍界山镇东凉村，1973年出生，居香港，广西河池市香港同乡会会长。

陈永馨 祖籍界山镇玉湖村，女，1993年出生，侨居马来西亚吉隆坡，知名歌手。

三、英烈名录

陈平山（1904—1931年） 涂岭镇樟脚村人，黄埔军校第五期学员，任中共泉州特委军委书记，惠安红军总指挥、红军独立师一团团长兼政委。民国20年（1931年）1月8日遇害。

陈平山烈士纪念碑

陈财元（1918—1951年） 后龙镇割山村人，民国37年（1948年）入伍，志愿军26军77师231团战士，在朝鲜上甘岭战役中牺牲。

陈顺基（1921—1951年） 南埔镇天竺村人，1949年入伍，志愿军19兵团20军179团战士，在朝鲜第五次战役中牺牲。

陈晏法（1924—1951年） 涂岭镇前欧村人，1949年入伍，原惠安县公安队战士，在古县亭头遇害。

陈永泉（1938—1960年） 后龙镇后龙村人，1959年入伍，解放军莆田9075部队01分队卫生员，执勤中因车祸牺牲。

陈玉财（1944—1968年） 界山镇玉湖村人，1964年入伍，解放军6695部队给养员，出差东山县西埔时因车祸牺牲。

陈金华（1946—1969年） 界山镇玉湖村人，解放军8739部队67团3营9连战士，在河北涞源县灭火时牺牲。

陈永才（1947—1971年） 峰尾镇奎璧村人，1968年入伍，解放军山西8740部队16小队副班长，在国防建设施工中牺牲。

第六节　记　事

清康熙五十年（1711 年），田头（今南埔镇凤翔村田头）第 10 世陈氏创建宗祠。

清乾隆年间，陈文辉（今惠安县辋川镇人）捐资修建涂岭古道。

清嘉庆三年（1798 年），陈良元、林以澄、黄雅质等人（今峰尾镇诚平村人）主持重建圭峰塔。

嘉庆四年（1799 年），樟脚村陆氏修建“瑞峰楼”。

嘉庆年间，崇福（今山腰街道海滨村崇福一带）围垦，埭长 2 里，面积 300 余顷。

清同治三年（1864 年），涂岭樟脚（即东坑）陈、许、周、蔡等姓信徒捐建“双忠庙”。

民国 2 年（1913 年），蓝田陈氏家庙创办颍川小学。自 1923 年后分别更名为三川小学、后龙中心小学（兼办附中）、田里小学。

民国 19 年 6 月，陈兴桂在路口村（今属涂岭镇）成立党支部，建立青年俱乐部、办农民夜校、组织妇女会、少先队等。

民国 21 年（1932 年），涂岭樟脚（东坑）陈、许、周、蔡等姓信徒捐建“振东宫”。

民国 23 年，大前村（今属界山镇）创办国民小学。

民国 24 年，涂岭路口创办高山小学（今涂岭镇路口小学前身）。

民国 29 年，鹳山陈氏重修重兴宫。

民国 32 年，天竺村（今属南埔镇）埭头陈氏历经 3 年围垦海埭造良田 12 亩。

民国 34 年，“三一教”传入后龙村坑头（今属后龙镇）。

1950 年春，三川乡人民政府成立，乡政府设于田里村，辖区包括鹳山、田里、后龙、坑仔底 4 个行政村和麦厝、林里 2 个自然村。

1955 年 8 月，全省第 1 个水库——后吴水库动工，至 1956 年 2 月竣工。9 月 19 日被洪水冲毁，无再修复。

同年，天竺村陈氏族人联合林柄村民共同集资 105 股，围海造田约 100 亩。

1961 年，天竺村陈氏族人参与扩大围海规模，改海滩为良田 300 多亩。

1964 年，创办涂岭黄田小学。

1970 年，创办涂岭涂型小学、路口小学、世上小学。

1971 年，黄田村陈氏参加建设朝阳公路。

1981 年，台胞陈礼回故乡海滨村崇福，捐资建“崇福社”1 座。

1983 年 8 月 12 日，福建省人民政府确认路口村为革命老区据点村。

1986 年，世上村被泉州市定为革命老区据点村。同年，惠安县人民政府为陈平山烈士树碑立传，泉港区人民政府于 2004 年重建纪念碑。

1988 年，福建炼油厂生活区选址后龙，田里村被征用土地 620 亩。

1989 年，福建炼油厂建设需要，上西村后张陈氏土地、海域被征用。是年，华侨捐资创办惠华中学。

1990 年，惠安县人民政府批准埭头溪（今南埔镇天竺村）两边 80 亩良田为旱涝保丰收挂牌基地。

1991 年 3 月，南埔仑头籍台胞陈添辉捐建仑头小学。南埔侨胞捐资创办大前中学。是年，田里市场（位于福炼生活区）建成并投入使用。

1992 年，东张陈氏集资兴建玉湖陈氏家庙。坑仔底村岭脚陈氏于原址重建“新兴宫”。

1994 年，天竺村埭上台胞陈进富捐资兴建天竺中学。

1995 年，天湖村陈文城等 14 位旅马侨亲捐资建宫、祖厝。

1996 年，鹳山陈氏重建宗祠，并举行晋祖庆典。

1997 年，陈氏公会在菲律宾召开，前亭村派代表参加。是年，前欧村中尼坑段高速公路开工建设，村民迁居本村后洋、新村、蔡尾居住。

1998 年 10 月，蓝田陈氏家庙（位于田里村）落成。是年，南埔镇凤翔村田头陈氏重修宗祠和族谱。岭脚陈氏重建乌土窑观音殿（即善德堂）。

1999 年，蓝田裔孙陈清辉、陈秀良在奎璧村后引建造“盼祖国统一”书画园。

2000 年，涂岭镇樟脚村重建瑞峰楼。是年，台胞陈礼倡议翻建崇福公馆（位于山腰街道海滨村），奉祀保生大帝。

2001 年 3 月，南埔镇仑头台胞陈龙水捐资铺设 2.6 公里水泥村路。

2004 年，界山镇东张玉湖陈氏集资兴修东张宫。山腰街道海滨村崇福被泉港区政府列为革命老区据点村。

2005 年，界山镇玉湖东亭陈俊元祖祠重建落成庆典并开光晋主。该祠始建于清康熙四十七年（1708 年）。

2006 年，涂岭镇芦朴村后铺陈氏重建陈氏祠堂，并举行晋祖庆典。后龙镇鹳山村被泉港区确定为革命老区基点村。黄田村创办“笔架岩”矿泉水企业。是年，山腰街道海滨村重建崇福寺，聘崇武静霞姑为住持。

2010 年，鸠林村南庄颍水陈氏祖祠动土重建。该祠始建于清乾隆年间。

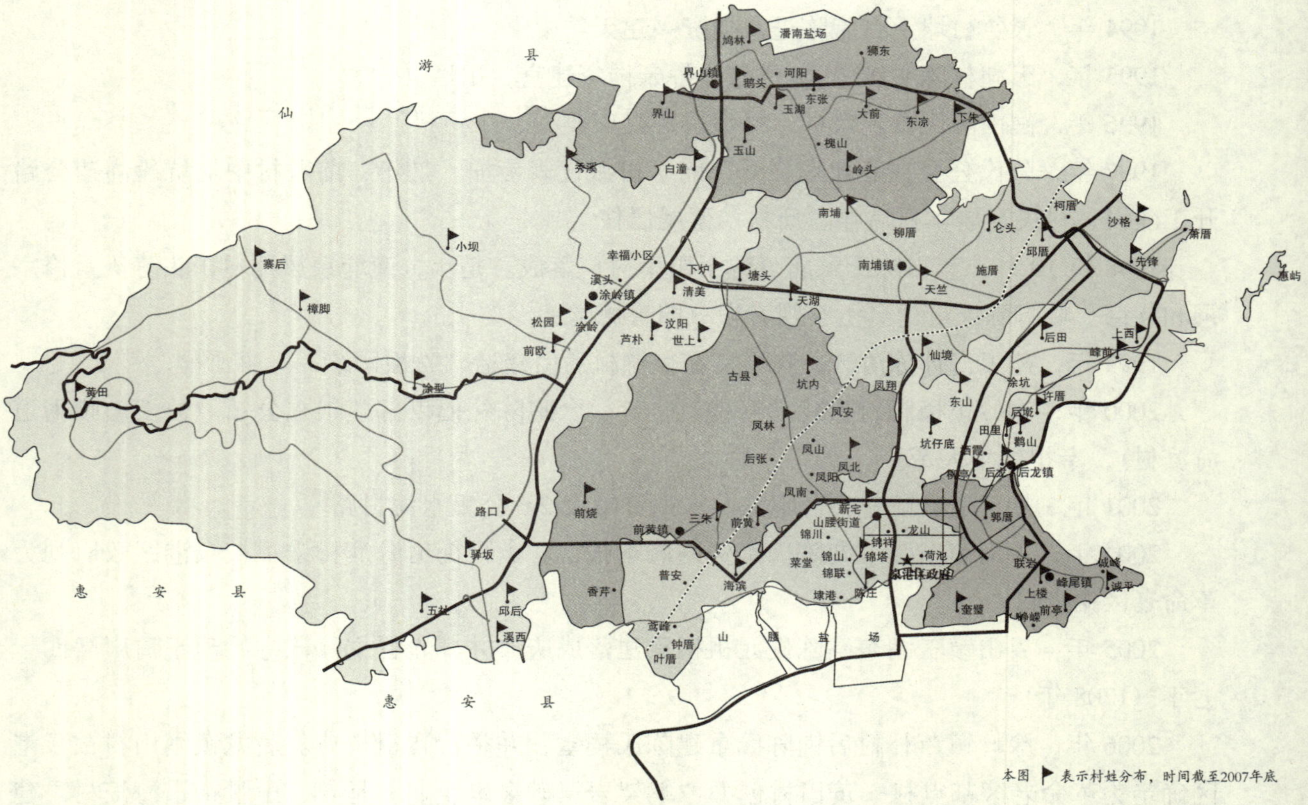

本图 ▶ 表示村姓分布，时间截至2007年底

泉港区陈姓分布图

第二章 林

第一节 溯 源

一、起源

出自子姓，为黄帝高辛之后，其始祖为比干。比干是商纣王的叔父，任商朝少师职，以忠正敢言知名，因此获罪，被剖心而死。其夫人陈氏怀孕在身，携婢女逃难，于长林（今河南淇县西南）石室产一男。周武王灭商后，旌表比干忠烈，召其夫人及遗孤。因生于长林石室，故赐姓林名坚，拜为大夫，食采西河。林姓尊为受姓始祖。林坚居于河南淇水，地处古黄河之西，世称西河（即今安阳），故林氏以西河为郡望。至春秋时，林放居鲁，问礼于孔子。西晋时，林放后裔林礼由山东济南徙居下邳（今江苏睢宁县）。

出自姬姓。东周时，周平王姬宜臼的庶子名开，字林，其后子孙以祖父字为姓，称林氏。

出自少数民族改姓。南北朝时，北魏孝文帝把国都从平城（今山西大同）迁至河南洛阳。之后实行汉化，命鲜卑人改用汉姓，其中有复姓丘林姓改单姓林姓，为河南洛阳林氏。

历史上林姓的主要郡望有：西河郡、济南郡、晋安郡、下邳郡等。灯号有：西河衍派、问礼家声、九龙派、济南衍派、下邳派、九牧传芳、露乌孝瑞、梅鹤风标、忠孝传家等。

二、入闽

西晋末年，中原林姓开始进入福建。林坚裔孙林礼居下邳，生林颖。林颖生二子：长

晋安郡王墓陵

林懋任下邳太守；次林禄（字世荫），于东晋太宁三年（325年）任晋安郡太守，卒后追封晋安郡王，墓葬温陵九龙岗（今泉州市泉港区涂岭镇境内）。林禄为开闽林氏始祖，世称闽林始祖。

隋开皇三年（583年），林禄第10世裔林茂（字汝盛）迁入莆田尊贤里北螺村，为莆田林氏开基祖。传至第16世，有林韬、林披、林昌3兄弟。林韬后裔称阙下林氏，其第11世裔于宋建炎四年（1130年）迁居莆田阳城，其第12世裔林光朝初居莆田长城，传四世至林自诚，于宋度宗年间入惠安肇基南浦（今南埔镇南埔村）。林披于唐天宝三年（744年）自莆田北螺移居莆田澄渚，筑灵岩精庐于今莆田兴教里福平山下，生有9子：苇、藻、著、荐、晔、蕴、蒙、迈、蔇，兄弟先后登科，同为民牧，后裔称九牧林氏。林昌后裔称游洋林氏。

唐总章二年（669年），"浦南"林氏族人随陈政入漳州开基。

唐光启年间（885—888年），随王绪、王潮、王审知等南迁入闽的林姓族人，称"固始派"，计有7支，分别是"濂江林""控鹤林""陶江林""福全后安林""上街六桥林""阳泰林""元祯林"等。其中控鹤林氏入闽始祖林延皓肇基闽侯；陶江林氏入闽始祖林穆于唐末自河南固始肇基闽县枕峰，后徙永庆里（今闽侯尚干）。

三、入泉港

宋绍兴元年（1131年），九牧长房派下林梁彩自莆田阳城北螺村迁土坑东坑尾后转迁今后龙镇田里村上坑开基。

南宋淳熙年间（1174—1189年），九牧长房林苇派下第14世林奕龙（入闽第31世）自莆田迁居林内（今惠安县张坂镇莲内村），继迁水锦（今惠安县城关镇锦水村），三迁至惠北银峰（今峰尾诚平村打银）定居，为银峰林氏始祖。另据峰尾镇前亭村龙厝林氏资料称，闽林第 25 世林国华自莆田迁居惠北银峰。

南宋庆元年间（1195—1200 年），闽林第 25 世林瑞自莆田到惠安县待贤里十一都花厝堡（今界山镇槐山村）定居开族，为槐山林氏一世祖。

南宋咸淳年间（1265—1274 年），阙下第 16 世林自诚自广东增城县尉调任惠安，卸任后定居惠北南埔（旧作南浦，今南埔镇南埔村），为莲峰南埔林氏一世祖。

约南宋末年，林穆第 13 世林同观长子林天驷自闽侯尚干开基上楼（今峰尾镇上楼村）。

元元贞元年（1295 年），九牧六房林蕴后裔林鸣鹗长子林礽祚（字锡极），携妻小自莆田东林村迁居蔡宅（今南埔镇施厝村蔡宅），为东林外厝林氏始祖。至宣德五年（1430 年），东林第 3 世林仁子林视（字兆瞻），自施厝蔡宅迁出后另建村落桦厝，后称外厝，已传 25 代。今外厝村蔡坑尾另有林氏，支系源流不明，于清末民初归入外厝林氏。

明洪武初年（一说为元至正年间），九牧二房林藻派下、莆田池头埔上林霖龙长子林长青迁居惠北龙田乡（今前黄镇古县村），为龙田林氏始祖。次子林长黄移居泉北长岭土名菴林乡（今泉州市洛江区马甲暗林）。三子林长白在莆祠四房居住。

洪武年间（1368—1398 年），阙下第 20 世林启生自莆田阳城迁居今界山镇玉湖村青枫林。

明永乐初年，九牧派下、泉郡花巷（今属鲤城区）井亭林孟修娶惠安坑边郑氏之女，后入籍惠北七都古楼铺（今前黄镇凤安村安兜），建居繁衍，为凤安井亭林氏开基祖。

约明嘉靖十五年（1536 年），莆田前埭林坤派下第 4 代林书寿，其长子林均贤居惠安水锦村，次子林均斌，自惠安东郊林家村（一说为惠安水锦村）徙迁峰尾后山村，为后山林氏之祖；三子均实，由陈林卜居霞珠（今界山镇下朱村）；四子均宝徙迁晋江开族。另有一说：林书寿次子名林均贤，生 5 子：长子林茂清移居惠安县张坂镇林内，派衍城关水锦；二子林茂华；三子四子移居晋江；五子林茂实析居惠北下朱（今界山镇下朱村）。《下朱林氏族谱序》称支系为锦水第 2 世林均实派下，明永乐十九年（1421 年）由陈林卜居下朱。（均，一作筠）。

明洪武二年（1369 年），闽林第 35 世裔林泰自莆田贤良港迁入惠北海边梨山北麓竹坑（今属界山镇岭头村）开基繁衍，九代单传，至第 10 代林朝寀自莆田东埔度下岭头入赘，传 4 子。为纪念故里，改村名为岭头。林朝寀为岭头林氏一世祖。

明末，林奕龙派下、梧洋（今属莆田市仙游县园庄镇）三房（一说为长房）林清老之孙迁居今涂岭镇寨后村后窟，至今已传 9 代。

清康熙四十八年（1709 年）前后，漳州乌石林氏派下、惠安峰崎屿头林氏 4 兄弟迁入，分别居于今涂岭镇驿坂村街尾草埔、后吴幕庵和酒店上村林等角落。

清道光年间（1821—1850 年），惠安水锦村林氏族人迁居今涂岭镇涂岭村顶打珠。

清末，有惠安林氏族人迁居今涂岭村中顶街。

民国初年，有湄州林氏族人迁入圭峰，居今峰尾镇诚平村，后再迁至诚峰村居住。

民国 7 年（1918 年），有仙游县枫亭林氏族人迁居今界山镇界山村苍厝（一记为仓厝）。

约 1955 年，莆田灵川硎头林氏族人迁居今涂岭镇白潼村白水岭。

第二节　繁衍

一、区内分播

（一）前黄镇

龙田林氏

明永乐二年（1404 年），九牧二房林藻派下、广东按察司佥事林宗奇，生 3 子：林从（讳庆一）、林德（讳庆二）、林徵（讳庆三）。林宗奇之孙、景泰元年（1450 年）岁进士林敏（讳欲治）任浙江嘉兴县县丞，徙居前埔山（今南埔镇先锋村）。林庆三次子林瑄（字博识）入赘本都郑庄，后居朴素（今南埔镇天湖村打厝）开族，四子林忠仁仍嗣龙田。

明天启五年（1625 年），龙田林氏举族迁往朴素（南埔镇天湖村打厝）并建宗祠于其地。另有后裔迁居今南埔镇沙格村和涂岭镇清美村。

凤安井亭林氏

清末，凤安井亭林氏第 15 世部分族人迁居今南埔镇天湖村清厝。

民国时期，清厝部分族人析居塘头（今南埔镇塘头村）。

前黄土楼下寮林氏

约清代中期，土楼下寮第 4 世林贵融迁居邻乡今山腰街道海滨村埕边田墘，衍传 2 房。

（二）涂岭镇

樟脚小山林氏

民国 25 年（1936 年），林氏迁居今涂岭镇小坝村上新。

松园赤土埔林氏

清朝中叶，林迪吉迁居今涂岭镇松园赤土埔街经商，已传 10 代。

（三）界山镇

槐山林氏

元末，林瑞第 6 世孙林以著迁居今南埔镇先锋村西龙。

清末民初，槐山林氏有族人自先锋前埔山迁入沙格、萧厝定居，后裔再迁鸠林村南庄林厝里，已传 7 代。另有族人迁居今涂岭镇白潼村。

玉湖青枫林林氏

第 15 世裔迁往今界山镇玉山村羊角山居住。

玉山林氏

玉山羊角山阙下林氏析为四房系、五房系、六房系。其中四房第 12 世林钦德次子林公珏自羊角山迁居今前黄镇前黄村土楼下寮开基，已传 16 代。

岭头林氏

岭头林氏分析为4个房系，形成18个聚居村落，分别是岭头、海头、垅边、桥头、后社、浮洋、前炉、洋面、下窑、下厝、下地、下凉、双槎、坂尾、窑厝、黄宅、郑厝、大门头。

约清道光十年（1830年），岭头林氏有族人迁居古十三都樟市铺后铺（今涂岭镇芦朴村后铺）。岭头四房林来贵等人迁居蚵厝寨仔（今南埔镇柯厝村）。另有林良成迁往南埔镇天湖坂尾。

1945年，界山镇岭头村三房（前炉）林亚六迁居今南埔镇仑头村。

（四）南埔镇

莲峰南埔林氏

莲峰第2世林百四遵母柳氏命入赘柳家承嗣香火，为今柳厝村大柳房开基祖。

明初，南埔长房第5世林键长子林文清开基后溱（今峰尾镇联岩村后曾）。

万历年间（1573—1619年），莲峰林氏有支系迁居今前黄镇古县村下龙尾。

清嘉庆年间（1796—1820年），南埔二房总兵府林氏部分迁居今南埔镇塘头村寮仔。

另有第18世林益文迁居天湖村白井后张尾。

竹脚房林氏迁入今涂岭镇世上村大埔，已传9代。

第18世菜堂房、第19世七祖房、第22世田墘房族人陆续迁居今塘头村厝斗京尾。

先锋前埔山林氏

约清末民初，因惠北“黑白旗”械斗，前埔山林氏族人散居于周边村落，如沙格、林头等地。有林家遗孀萧氏携子侄及其夫兄弟迁入萧厝居住。

天湖打厝林氏

明嘉靖年间（1522—1566年），林博识长子忠义、次子忠直迁居前埔山（今属南埔镇先锋村）。

另有族人迁居今涂岭镇下炉村水窟（也作水曲）、清美村和后龙镇峰前村。

外厝林氏

明成化年间（1465—1487年），长房二世祖广科公迁往台湾鹿仔坑；

明嘉靖年间（1522—1566年），二房环公迁往先锋后坑村；

明万历年间（1576—1619年），五房四世祖文博公迁居先锋林头村；

明末（1690年左右），三房三世祖履德公迁居枫亭街；

清乾隆年间（1736—1795年），八世祖骠公迁居先锋林头村，育任公迁往莆田砾屿村

清代（1700—1911年间），四房两个支系分别移居先锋林头村和涂岭秀溪村；

另有族人也于不同年代迁往沙格、枫厝、枫亭、洛阳、温州等地居住，有的往我国香港、台湾地区及东南亚谋生并定居。

2003—2005 年，由于福建炼油厂建设，外厝林氏举村搬迁，分别安置于后龙镇栖霞社区和涂岭镇龙头岭幸福社区。

（五）后龙镇

后龙坑头林氏

民国 36 年（1947 年），有族人迁居今后龙镇后墘村林里。

（六）峰尾镇

诚平林氏

林苇派下林奕龙长子林筠茂居打银（今诚平村）；次子林筠贤择居圭峰林内临茨房（今诚平村后山），生子林坞，字谦益；三子林筠实居林内；四子林筠宝居仙游慈孝里；五子林筠盈居龙厝（今前亭村龙厝）。

《龙厝林芳法家谱》记载：林岳良为龙厝林氏一世祖，至今已传 17 代。

《后山林木森家谱》记载：林南陵为龙厝（今属峰尾镇前亭村）始祖；下坑房（今联岩村西华）以林伯爰为始祖；上楼房以林天驷为始祖；大圭房以林弘才为始祖。

临茨房第 5 代林仲长子析居今奎璧村和西宅。

清光绪三十四年（1908 年），打银林氏族人迁居今后龙镇后墘村竹头和峰尾镇联岩村西华坑西。

奎璧林氏

约明景泰元年（1450 年），九牧长房林奕龙派下、林筠贤长子林坞第 5 世裔林印观支系析居前涂（今山腰街道新宅村）。林尚观长子林钦择居龟鳌头（今峰尾镇奎璧村），为奎璧林氏一世祖。

林钦长子林德（字存道）居西宅村。

次子林敏（字存学），居庄厝，后迁仙游郊尾东湖村传至 12 世又返回祖地居住。

三子林崇（字存高），居奎璧村。

《西宅林氏族谱》记载：林筠贤次子的嫡子林崇仕返回锦水（今属惠安县），庶子林惟贤、林耀琛（钦）约于明景泰元年（1450 年）开基峰尾后山、龟鳌头。

另有族人迁往今后龙镇柳亭村后亭居住。

峥嵘林氏

清康熙十二年（1673 年），族人迁往前黄镇古县村东庄居住，至今已传 16 代。

上楼林氏

唐末，河南固始林穆入闽建功受封左朝奉大夫，士居闽县枕峰，后徙永庆里（今闽候尚干），第 13 世林同观长子林天驷开基惠北上楼（今峰尾镇上楼村）。

清末，尾房支系迁居联岩村西华坑东，已传 8 代。

另有族人迁居今前黄镇古县村下龙尾。

二、人口分布

泉港区林姓有 48241 人，列泉港世居姓第 2 位，主要聚居于 7 个镇（街道），依次是：南埔镇 13281 人，界山镇 12918 人，峰尾镇 12428 人，后龙镇 4920 人，涂岭镇 2977 人，前黄镇 1413 人，山腰街道 304 人。具体分布如下：

街道、镇	村落人口	合计
山腰街道	陈庄村 3 人；海滨村埕边 141 人；普安村下莲 160 人。	304
前黄镇	古县村 471 人，东庄 136 人，林厝 300 人；前黄村下寮 208 人；香芹村 165 人；凤安村井亭 98 人；凤阳村 18 人；前烧村峰张 17 人。	1413
涂岭镇	幸福社区 1200 人；下炉村 20 人；黄田村奄前 45 人；邱后村墩园 192 人；秀溪村园头 12 人；樟脚村 146 人；世上村大埔 120 人；驿坂村酒店 156 人，后吴幕庵 60 人，街尾草埔 100 人；小坝村上新 20 人；清美村 100 人；白潼村白水岭 25 人；寨后村 53 人；松园村赤埔 90 人；涂岭村顶打珠 224 人，中顶街 72 人，长箱 220 人，后坪 50 人，新村 16 人，寨内 3 人，亭铺 2 人；芦朴村后铺 51 人。	2977
界山镇	岭头村 7566 人；槐山村 3010 人；下朱村 1180 人；玉山村 923 人；鸠林村南庄林厝里 223 人；界山村苍厝 16 人。	12918
南埔镇	南埔村 7000 人；先锋村 3470 人；天湖村打厝 1600 人，后张尾 280 人，埔尾、坂尾 244 人；塘头村寮仔 196 人，厝斗 148 人，京尾 44 人，塘头 23 人；沙格村 120 人；柯厝村 72 人；萧厝村 47 人；邱厝村 22 人；柳厝村 10 人；仑头村 5 人。	13281
后龙镇	栖霞社区 3250 人；田里村上坑 1180 人；后龙村坑头 288 人；坑仔底村 100 人；后墘村竹头 59 人，林里 11 人；柳亭村后亭 20 人；峰前村 12 人。	4920
峰尾镇	奎璧村 7168 人；诚平村打银 1300 人，后山 1200 人；上楼村 1000 人；前亭村龙厝 830 人；联岩村后曾 491 人，西华 410 人；诚峰村 20 人；郭厝村 9 人。	12428

三、外迁主要支系

（一）山腰街道

海滨林氏

下寮第 16 世、埕边田墘林惠斌迁居新加坡，现有 141 人。

（二）前黄镇

龙田林氏

明末，有族人迁往仙游枫亭埔头居住；有迁往今福清市龙田镇并以原村名聚族而居。

前黄土楼下寮林氏

第 11 世林宝尧兄弟迁居厦门溪头下（今厦门市思明区溪头下社区）开族。

凤安井亭林氏

清初迁界时，井亭林氏第 8 世被迫离散，复界后仅林道敬支系返回故乡衍传。

清末，井亭林氏第 14 世、第 15 世先后有二三十户族人迁往福清等地。

（三）界山镇

槐山林氏

明洪武十四年（1381 年），第 6 世林以禄调云南通海前千户所军，举家迁往云南定居。

另有族人迁往今仙游县枫亭镇学士村、秀峰村定居，现有 200 多人；迁往今马来西亚、新加坡及我国台湾等地谋生，现有 2000 多人。

岭头林氏

清道光年间（1821—1850 年），二房族裔迁居今台湾新竹地区，已传 25 代，现有 7000 多人。二房林侯慎迁居仙游赖店新周，现有 300 多人。长房顶厅林德淮支系迁居莆田笏石旧街。窑厝南头林善兴支系迁居莆田。

下朱林氏

民国初年，“标”“奇”字辈两代部分族人迁居我国台湾地区及马来西亚。

民国 35 至 37 年（1946—1948 年）间，部分族裔徙居台湾台北谋生，现有 400 多人。

（四）南埔镇

南埔林氏

明正德年间（1506—1521 年），莲峰 6 世林昱子林德郎因逃户役，举家迁居晋江县吴洋西陇，至第 5 世林有龙随母由晋江吴洋迁居仙游涂坑内。第 12 世林占迁居仙游县香田里下寨，林福迁居仙游县乌石岭。第 18 世林清和迁居仙游县枫亭锦田里长坝桥。

清末民初，南埔林氏约有 86 人移居南洋谋生，大部分居住在今马来西亚，繁衍 1000 多人。有 71 人移居台湾，繁衍近 500 人。

明清时期因海寇为患，迁居外地而无从稽考者有：第 42 世林三戒全家移居琼州（今海南）；第 45 世林元、第 47 世林朝、第 49 世林族等先后移居福宁府；林云梯随弟林云路入籍琼州临皋县，林云路其时任琼州临皋县巡检。

天湖打厝林氏

清顺治年间（1644—1661 年），部分族裔自前埔山迁入仙游枫亭、永春朴德（一作蓬壶）。

约清乾隆十七年（1752 年），林庆二派下部分裔孙徙居台湾台中尖山仔。

1949 年，有 10 多户林氏族人迁往台湾。

外厝林氏

明成化年间（1465—1487 年），长房第 2 世林广科迁往台湾鹿仔坑。

族人迁居莆田秀屿、仙游枫亭、惠安洛阳和我国台湾台北、香港等地区以及今马来西亚。

（五）后龙镇

后龙坑头林氏

清末，长房俊字辈林德文迁往枫亭树兜，现有约 80 人。

四房俊字辈林德来迁至今山腰土庄（一作涂庄）前涂，于民国 36 年（1947 年）举家徙居缅甸仰光。

（六）峰尾镇

奎璧林氏

20 世纪 30 年代，族人漂洋过海到东南亚一带谋生，居于今新加坡、马来西亚、印尼等地，现有 818 人。20 世纪 40 年代，族人旅居美洲、澳洲及我国香港、澳门、台湾等地区，现有约 360 人。迁居厦门、福州等地繁衍，现有约 980 人。

前亭林氏

清末，龙厝后厝房“用”字辈林红红迁居三沙。另有大厅房族裔迁居连江沙埕。

联岩下后曾林氏

清末，有“长”字辈族人迁居浙江。

民国年间，族人林玉成、林瑚瑛迁居马来西亚。

1950 年左右，族人林金贵迁居浙江沈家门，林松高迁居厦门。

第三节　谱牒

《莲峰阙下林氏族谱》

系南埔镇南埔村林氏族谱。元至正二十一年（1361 年），其时“群凶竞起，兴泉遭兵”，莲峰（南埔）祖屋毁于劫火，家谱化为灰烬。明洪熙元年（1425 年），第 5 世林键重立族谱，第 7 世林文潜制定字辈。明嘉靖十三年（1534 年），第 8 世林明昭聘莆儒郑文卿续修。明万历十三年（1585 年），第 10 世林实续修。清康熙七年（1668 年），第 12 世祖林济第 4 次续修。清乾隆五十四年（1789 年），第 17 世林萦第 5 次续修。民国 21 年（1932 年），林景清第

6次续修。“文化大革命”期间旧谱遭焚毁。

1989年仲秋，旅台族人林根纺等倡议修立。1990年春，第24世林敬兴主持修谱。内容包括原序、族派源流、史志、文献、图献、墓考、阙考、家训、世系图考、附录等，共597页，约70多万字，辈分自第7世起32字，依次为：

乔大以若，其子尔毓，世序侯伯，邦国永长，贤良登进，鸿猷允升，天朝旌表，百代和平。

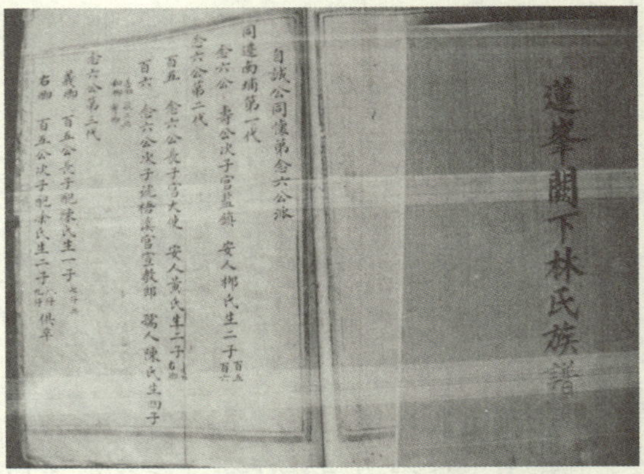

《莲峰阙下林氏族谱》

《井亭林氏族谱》

系前黄镇凤安村安兜林氏族谱。旧谱修于明代，清初“迁界”时被毁。第8世林徽重修并作序。2007年第17世裔林成良等人修编，内容有林氏衍派世系谱图、林氏入闽衍世系谱图、井亭林氏衍世系谱图等。

《奎壁林氏族谱》

系峰尾镇奎壁村林氏族谱。清乾隆四十四年（1779年），第17世前涂裔孙林瑞炬撰写《圭峰谱序》。2007年由中学教师林华金主编，后由莆田市人大常委会副主任林良源续编并作序。其中上卷含林氏族谱简序、圭峰谱序、临茨世系、奎壁世系，下卷含海村有感、林氏家训、奎壁概况、村名考略、过番记实、晋主祭文、人物等，共152页。昭穆共40字，依次为：

孔存邦宽礼、卿雅兴仲季，永国纯熙奕，叶能成贤孙。

文章为德本，忠孝以人（仁）传，材因朝廷选，世上（东宜）俊士荣。

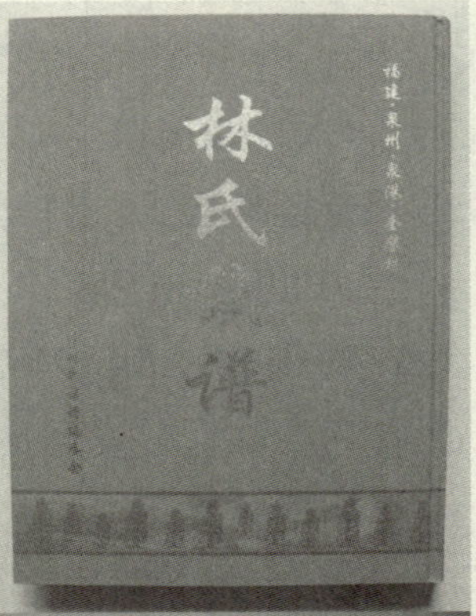

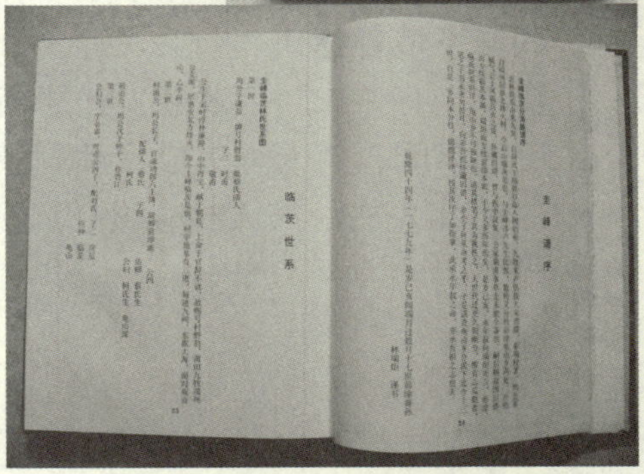

《奎壁林氏族谱》

《银峰朴银房族谱》

系峰尾镇诚平村林氏族谱。清嘉庆四年（1799年），端州第29世裔国子监太学生林锡荣和秀才林葵之同撰并作序。清宣统二年（1910年），端州第32世裔按察司知事林桐撰书“林氏世系图序”。因旧谱牒残缺不全，2002年重修。派下有打银、后山等支系，各定昭穆。

打银林氏字辈为：

奕筠孟万，廷秉子洪，明仲伯侯，世德作求，永言配命，自成多福，鸿图庆喜，长发其祥，学业丰富，治燕崇隆，猷为远大，济美殷商，克绳祖武，佑启元良。

后山林氏字辈为：

文善于庆殿宇光，振起盛隆兴世宗，亿万斯年恢大地，昌符祖德耀传芳，仁慈恭敬全家乐，信义顺和知慧聪。

《外厝林氏族谱》

《林氏至宝》系南埔镇外厝村林氏族谱，始修于清雍正年代，第一次续修于清乾隆期间；第二重修于清同治十三年（1874 年）；第三次于清光绪三十二年（1906 年）再修。此后陆续修有《葵山林氏二房鼎公族谱》《葵山林氏三房族谱》《葵山林氏五房族谱》《外厝林氏四房族谱》《葵山林氏长房（部分）族谱》《闽林外厝二房屋后沟族谱》等各房系谱牒。

自第六世祖开辈，昭穆为：

前 16 个字：从谦应文　伯仲叔季　君子建基　奕世永戴，

后 16 个字：孔作春秋　曾传忠恕　礼义相承　彝伦济美。

《打厝林氏谱》

系南埔镇天湖村打厝林氏族谱。自第 35 世分为 4 支系，各有分谱。《挺前公顶馆通房族谱》，民国 22 年（1933 年），第 30 世林永泉、第 31 世林承周重抄，现存残本。2004 年续修，由第 31 世林秀峰主笔，集体审定，全册共 256 页，约 15 万字。《中脚候萱公祖宗族谱》，旧谱系第 30 世林泉水手抄，1997 年林仁发主笔重修，全册共 243 页。《祠堂边挺觉公通房族谱》，林顺金主编，手抄本，共 46 页。《祠堂边挺奏公通房族谱》，手抄本。郡望“西河”“九牧”。自第 14 世起，昭穆为：

宗庆瑄博，忠端东止，挺孚侯士，世伯长治，永承加封，温良恭俭，让以得志。

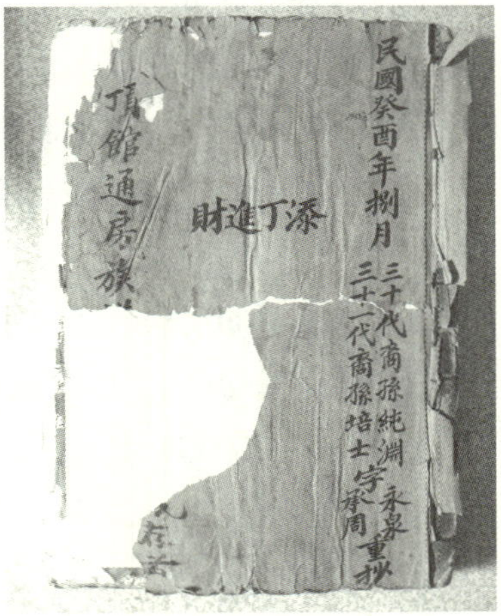

《打厝林氏谱》

《下朱林氏族谱》

系界山镇下朱村林氏族谱。1990 年由台胞林元才、林福泉、林嘉新重整族谱，各支系自续世系。下朱林氏资料系林其顺、林金水编写。昭穆依次为：

允梅起毓，颜标奇将，昌瑞兆殿，延宣庆志，合唯希龙，碑修源均。

《槐山九牧林氏族谱》

系界山镇槐山村林氏族谱。1993 年修谱，惠安外贸局局长林高祥作序。内容包括重修槐山九牧林氏族谱序，原序题赞，林氏简史、图像、墓文、附铜盘铭，郡王墓记、祠考、家训、槐山村九牧林氏家训、世系图考等。自第16世始，昭穆依次为：

淑尧曰，公侯伯子男，兴周泽长春，闽州尊地望，奕世序天伦。

《前黄土楼下寮林氏族谱》

系前黄镇前黄村土楼林氏族谱。旧谱系第10世林妈成保存并续编，1965年被毁。1998—2003年，林宝添重修。字辈依次为：

公元光成，修根振裕，世德其昌。

《九牧狮山林氏族谱》

系涂岭镇寨后村林氏族谱。2001年，仙游县园庄镇九牧狮山林氏成立修谱协会，组织修编。计269页。自第8世始，昭穆为：

公侯伯子男，信仁道德，礼义文章。

顺天睦民，爱亲敬上，言正行端，长守富贵。

《青枫林羊角山林氏四祖长房家谱》

系界山镇玉山村羊角山林氏族谱。1965年被烧毁。2004年由林天畴口述，林雄执笔整理。其昭穆为羊角山林氏通用，依次为：

启振，坤进宝岗，才全侯伯，子钦公廷，万有千岁，大中至正，恭敬端庄。

《岭头林氏族谱》

系界山镇岭头村林氏族谱。2004年重修，共45个章节，林开榜主编。郡望“西河”“九牧”，其昭穆依次为：

余鼎良斯德，公侯伯子男，仁义礼智信，忠孝传家宝，文章晋国华。

《上坑北头尾林氏族谱》

系后龙镇田里村上坑林氏族谱。2005年由林永恭编撰，上海卫星工程研究所研究员林玉坤作序。内容有先祖考证、房派世系、祖厅重修记、捐款芳名录等。共50页，32开本。昭穆为：

扬祖德，振家声；万章华国，诗礼传家；

世承忠孝，德绍贤仁，积善余庆，福禄同求。

《上坑北头尾林氏族谱》

《西宅林氏族谱》

系峰尾镇奎壁村西宅林氏族谱。2008 年，泉州军分区政委林泉顺主编并作序。内容包括颂祖志、源流志、世系志、村况志、人物志等。共 126 页。

《西宅林氏族谱》

后龙镇坑头林氏

字辈依次为：

忠君扶主，俊杰在位，安邦定国，博陵晋禄，繁群衍州，经文纬武，魁元星仕，忠孝仁义，映华厦，敦宗睦族，桂枝同源，绵长。

峰尾镇上楼林氏

字辈依次为：用守是道，长发其祥，善继人志，绍衣闻言。

孝友为本，奕叶攸敦，明哲作范，垂裕后昆。增进民权，政治大同，

仁义礼智，合信则常。修文振武，邦家之光。

峰尾镇前亭龙厝林氏

字辈依次为：岳学奇盛华起缵，文章世用永传芳，大业克成荣厚德，安祥振拔庆长光。

第四节 史 迹

一、祠宇

南埔林氏宗祠

位于南埔镇南埔村。始建于明永乐年间（1403—1424 年），赣州同知林原会与林键倡建。成化年间（1465—1487 年）林文渊重修。明正德年间（1506—1521 年）林景隆复扩建前座。清顺治十八年（1661 年）冬，祠堂被烧毁。清康熙年间林章芳受父总戎林汇严嘱，克俭俸余而重建。清乾隆二十四年（1759 年），林侯充、林侯倚会同族贤再建前座。“文化

南埔林氏宗祠

大革命”中遭破坏，后侨居海外族亲林瑞苻等募款再修。坐北朝南，堂内由16柱承梁构成3进，5门6扉2天井。外墙为块石砌筑，庭前2座旗杆夹，总建筑面积为270平方米。大堂挂“乌露祯祥”“荣禄大夫”“鲁泮重游”“州司马”“恩元”和4块“选魁”匾。楹联有：

三仁遗裔十德之门九龙衍泽，
乌露传家红泉名世莲峰开宗。
左孝海摄天根门第高轩容立雪，
右天山探月窟乾坤参破任响雷。
祖德难忘基业远遗恩泽大，
孝思不匮苹藻时荐水泉香。

槐山林氏宗祠

位于界山镇槐山村。明宣德八年（1433年），林良哲筹建。清乾隆二十五年（1760年）、同治十二年（1873年）、民国26年（1937年）先后重修。“文化大革命”期间祠宇荒废。1993年再次重修，16柱相承，三进，正中悬挂“九牧流芳”匾，堂后建神主龛，面积268平方米。楹联有：

忠孝有声天地老，
古今无数子孙贤。
族肇三仁闽海八州称甲族，
宗开九牧槐山一脉继大宗。

槐山林氏宗祠

岭头林氏宗祠

位于界山镇岭头村。始建于明末，1983年海内外族裔捐资重修。二厅二进，内有“邵州刺史”匾，面积222平方米。堂号“九牧”，楹联有：

祖宗忠厚遗传由来远矣，
岁时蒸尝祭享可不敬乎。
祖有德宗有功渊源一脉，
修其庙陈其器俎豆千秋。

林汇总兵府

系清代总兵林汇府第，位于南埔镇南埔村。始建于康熙年间。院落共有7进，建筑面积1000多平方米。墙体为出砖入石式，

总兵府

大门顶悬挂“荣禄大夫”匾额，门前有两青石石鼓，砖埕前有照墙，埕中有旗杆碣。

打厝林氏宗祠

位于南埔镇打厝村。系龙田、打厝、先锋 3 乡林氏共有。清康熙年间（1662—1722 年），第 22 世挺字辈族贤建造。清道光六年（1826 年）、1997 年两次重修。厅堂上敬奉家族历代先祖前贤神位，正中上方悬挂“豸宪留光”匾。建造面积 162 平方米，占地 255 平方米。楹联有：

远宗帝世司徒派下，
近祖商家子姓传来。
九牧容洲派衍芳流远，
十德朴素支分世泽绵。
谏主愿刳心商室少师兴族望，
居官能执宪皇朝佥事振家声。

打厝林氏宗祠

奎壁林氏家庙

位于峰尾镇奎壁村。清乾隆三年（1738 年）始建。光绪年间（1875—1908 年）重建。1984 年重建，翌年落成并晋主。坐北朝南，石木结构，五开间上下厅左右廊一天井，面积 400 多平方米。内堂悬挂“林氏家庙”“端州刺史”“明经进士”“按察知事”等匾。楹联有：

尊祖敬宗最贵心齐明且躬节俭，
光前裕后自当家礼乐而户诗书。
奎山韫玉聚天地灵秀德昭九牧，
壁海怀珠集日月光华才溢三村。

奎壁林氏家庙

晋安郡王祠

位于涂岭镇境内龙头岭晋安郡王墓北边。始建于清乾隆二十四年（1759 年），时惠安教谕林清标重修郡王陵时建造。清嘉庆八年（1803 年）进士林启运、道光十六年（1836 年）状元林鸿年、宣统三年（1911 年）台湾名贤林尔嘉、民国 16 年（1927 年）新加坡侨领林露等先后多次修葺，毁于“文化大革命”期间。1996 年闽林始祖文物重修董事会筹资建造。二进，16 柱承梁，木石结构，两边有 2 层楼护甲，总建筑面积达 1008 平方米。主殿内有宋仁宗御书“忠孝”字碑，御制诗 2 首。中龛殿正中奉祀晋安郡王林禄暨贵人孔氏神位，两侧奉祀敕封天上圣母林默娘，三一教主林龙江等。厅堂两侧悬挂“状元”“翰林学士”

等牌匾18块。有御赐联及林氏裔孙名人林则徐、林鸿年等题联：

天地有声忠孝老，
古今无数子孙贤。
知先人之在此堂勿忘手泽，
愿后嗣克承厥训善种心田。
祖德三仁光万世，
宗风一派甲诸闽。

晋安郡王祠

打银林氏宗祠

谱称“肃在堂”，位于峰尾镇诚平村打银。始建于清嘉庆年间（1796—1820年）。清光绪二十五年（1899年）重修。中堂正中悬挂“忠孝世家”匾。左侧悬挂有总镇林仲弘“荣禄大夫”匾、都督林正春“澎台荡寇”匾、副将林佳柱“洞庭砥柱”匾、明经进士林三捷“肇庆守府”匾、林世节“武魁世仪”匾；右侧悬挂恭将林伯馥“太湖纪绩”匾、都督林候“儒将风流”匾、游击林有德“桐山巨镇”匾、林泰会“石马守备”匾、林桐“按察知事”匾。惜大多毁于晚清至民国初期。泉州状元吴鲁撰书中堂对联为：

继祖宗一脉真传克勤克俭，
教子孙两行正路惟读惟耕。

外厝祖祠

位于南埔镇外厝村中心，五开间三进双天井，燕尾翘脊屋顶，建筑面积500多平方米。祠内奉祀外厝林氏列代祖宗灵位。面前建有面积近2万平方米的红砖大埕（民间素称外厝埕，与沙格宫、峰尾岳、崇武城齐名），系外厝族人举办节日庆典、迎神赛会及开展文体娱乐活动的重要场所。后因炼油厂征地拆迁，移址涂岭镇龙头岭幸福社区重建。

外厝祖祠

前黄下寮林氏祖厝

位于前黄镇前黄村土楼南面。1997年重修。坐东向西，占地面积1182.8平方米。

先锋前埔山林氏祖祠

位于南埔镇沙格村西。1998年建成。坐东朝西，重檐歇山式，二进三开间，前有石埕、护厝，占地约 500 平方米。

松园赤埔林氏祖厝

位于涂岭镇松园村赤埔。2007 年重建，坐东南向西北，三开间，建筑面积 168 多平方米。

二、宫庙

圣善寺

圣善寺

位于南埔镇南埔村西。区级文物保护单位。始建时间不详。清道光年间（1821—1850 年），蓓明禅师主持重建，依山而筑。“文化大革命”中遭破坏，1988 年于遗址处重建。坐北朝南，石木结构，面阔五间，进深三间，上下厅中一天井，寺门前有石埕。建筑面积约 500 平方米。寺东有清光绪二十三年（1897 年）“圣善寺太白峰捐献田地图序”石碑 1 方。

中兴宫

中兴宫

初称瓷窑姑妈宫，又称中段宫，位于界山镇槐山村。始建于宋开禧年间（1205—1207 年），迁建于明永乐十二年（1414 年）。2000 年槐山海内外宗亲筹资重建，定名“中兴宫”。主体 5 门 18 柱，三开间二进三厅。楹联有：

中外同钦和平女神威灵显赫，
兴旺并进忠孝裔孙如意吉祥。

普光寺

位于界山镇岭头村境内。始建于明洪武四年（1371 年），清康熙五十六年（1717 年）修缮。后因社会动荡，寺院被毁。1992 年岭头村海内外宗亲捐资重建。面阔三间，二进深，双护厝龙虎楼建筑。总面积 674 平方米。楹联有：

佛光普照乃类均霑德泽，
法雨宏施世间皆赖丛生。
普种福田间占白云千亩地，
光增刹宇近依红日九重天。
经传贝叶禅参普光布慈云，
露润杨枝泽被梨山沐法雨。

普光寺

龙田宫

位于前黄镇古县村龙田。始建于五代闽国时期。明万历四十一年（1613 年）重建。1980 年、2006 年先后两次重修。坐北朝南，土石木结构，硬山式屋顶，三开间二进一天井，占地 324 平方米。

龙田宫

外厝洞灵宫

位于南埔镇外厝村西南部，始建于明朝初年（1370 年），原名东林宫，后改今名，宫殿式结构，三开间两进，敬奉妈祖娘娘，外厝林氏称姑妈。

外厝洞灵宫

重光寺

位于南埔镇重光山。始建于明泰昌年间（1620 年）。清光绪三年（1877 年）重建。1991 年新加坡释性悟上人重建。大殿面阔三间，进深三间。区佛教协会会长释文福监院。寺内存一方“清曹洞正宗四十八代重兴果修禅师莲座”青石观音牌，山有巨石、古榕、天然泉眼、池塘。有“石屏古寺”“问渠”“知足常乐”以及“鉴影”等摩崖石刻。1997 年被列为肖厝管委会第一批文物保护单位。楹联有：

历千劫而不古，
偕万物以同春。
重彩已应中天运，
光辉不如大道尊。

性法果证直超九重天，
悟佛知见顿入三摩地。
心香普熏众生安乐，
时雨润物百卉滋荣。
证入难思真法性，
普见无量诸如来。

长灵宫

原称长庚社，位于南埔镇打厝村。打厝林氏第19世“端”字辈建造。清道光年间（1821—1850年）扩建。建筑面积112平方米。

乌石宫

也称青龙宫，位于峰尾镇奎璧村南面。始建于清光绪十二年（1886年）。2001年奎璧林氏族人捐资重建，移址于旧宫东边。坐东北看西南，木石结构，建筑面积近500平方米（含宫前埕）。楹联有：

寰中慈母女中圣，
海上福星天上神。

乌石宫

青龙府

位于后龙镇后龙村坑头。始建时间无考。清光绪年间（1875—1908年），林德文、林德顺主持重修。2002年重建。坐东南看西北。堂上悬挂有“感而遂通”匾。占地36平方米。

青云堂

旧称太白峰寺，位于太白峰圣善寺后。始建年月不详。民国27年（1938年），仙游贤法法师住持，有副寺宗道法师、监院达如、妙和法师，僧徒众多。民国32年（1943年）福建省资政院议员、书法家李慕韩题写“太白峰”匾额并撰联“太一峰中开梵宇，白云天半护禅林”。1949—1968年，清空法师住持，改称“青云堂”并扩建，先后兴建法事厅、禅房楼、骨灰塔等。“文化大革命”期间，寺宇寺产收归太白峰农业中学统一管理。1973年归属南埔中学农场。1986年山门重开，1997—2007年在堂后兴建夏午堂，共二层，坐子向午兼癸丁，楼顶两间圆房，面积计有902.2平方米。

三、墓葬

林禄墓

位于涂岭镇龙头岭晋安郡王祠右侧。坐乾向巽，穴名“龙马毓奇”。墓庭前树“闽林始祖”石牌坊，坊柱左匾镌“东晋名藩”，右匾镌“开闽世胄”。1992年被列为惠安县文物保护单位。晋安郡王林禄系林氏入闽始祖。

林禄墓

林自诚墓

位于南埔镇南埔村黄宅。前有三埕，二石鼓，东鼓石底平，西鼓石底园。林自诚系南埔林氏开基祖。

林宗奇墓

位于南埔镇先锋村前埔山南坪。坐东北向西南，墓龟为整块石制造，墓沿有龙头雕塑，墓埕二级，有文笔。林宗奇系明洪武年间广东按察司佥事，龙田林氏二世祖。

林宗奇墓

林朝宷墓

位于界山镇岭头村下凉后郑猪母石下。明墓。坐东南向西北，墓碑上刻有“例赠武德将军”字样。第9代裔孙军功五品林捷荣重修，并于清光绪四年（1878年）十一月立碑，内容是“林祖墓山所东至山尾，西至园仔，南至古坟外山脊北至坑沟”。林朝宷系岭头村林氏开基祖。

林汇墓

位于仙游县香田里埔头。林汇，谥忠毅，南埔人，清初因平定台湾澎湖有功升任黄州府协镇。

四、其他遗迹

槐山古窑址

位于界山镇槐山村。1976年发现，1982年复查，古窑址5处，分别定名为

槐山古窑址

林厝尾一窑、二窑和山仔头一窑、三窑。林厝尾一号窑遗址保存较好，直径范围近500米，厚2—3米。各窑址相距10—200米。总面积约20000平方米，局部文化层厚0.2—0.5米。采集有青瓷罐、壶、钵、洗残片及器盖、支座垫托等窑具，青彩四系罐最多，现保存于泉州海外交通史博物馆。该遗址为区文物保护单位。

打厝后坑塔

后坑塔

位于南埔镇天湖村打厝“塔仔山”山坳。肇建时间无考，全由石块垒造，造型古朴，占地面积约20平方米，高4米。

第五节　人 物

一、历代科第仕宦名录

林宗奇　十都龙田人，明洪武年间（1368—1398年）以人材辟荐，应贤良方正科，授广东按察司佥事。

林原会　十一都南峰人，明洪武年间以人材辟荐，授江西赣州府同知。

林　敏　龙田人，明景泰元年（1450年）岁进士，任浙江嘉兴县丞。

林　丽　十一都瓷窑人，明弘治元年（1488年）贡生，任广西太平州吏目。

林　森　龙田人，林宗奇曾孙。明弘治贡生，任浙江临江府尹。

林　汇　字毓全，南埔人，清康熙年间（1662—1722年）以平定台、澎之功升任黄州府协镇，荣禄大夫，加左都督，湖广总兵，加二级，卒谥“忠毅”。

林　皋　字伯宏，南埔人，清康熙年间，平定台湾有功，授南澳左都督总兵。

林伯馨　字德侯，八都打银人，清康熙年间，授左都督，管两广督标水师参将，升河北直隶永平镇总兵。

林正春　八都打银人，清康熙年间，授左都督。

林佳柱　八都打银人，林正春子，荫左都督，署衡州总兵，墓葬蔡林铺庄厝山。

二、已知当代人物名录

(一) 现当代知名人士

林安邦 峰尾镇奎壁村人，清光绪二十八年（1902年）出生，惠安县城关教练团团长。

清空法师 林姓，俗名元坤，界山镇岭头村人，1927年出生，民间医生，深研佛经医理，多次主持集资修建禅寺、中小学校舍和公共设施。

林大年 界山镇岭头村人，民国时期曾在厦门市警察局任要职，后定居新加坡。

(二) 副处（团）级及以上人士

林 鹤 界山镇槐山村人，1920年出生，解放军新疆建设兵团八师参谋长。

林秋玉 南埔镇外厝村人，1923年出生，中共地下党员，泉州市农业局处级离休干部。

林秀良 南埔镇外厝村人，1924年出生，中共地下党员，惠安县农业银行行长，处级离休干部。

林庆成 界山镇鸠林村人，1926年出生，中共惠安县委常委，县政协副主席。

林友玉 涂岭镇涂岭村人，1927年出生，惠安县农机局处级离休干部。

林陆顺 南埔镇外厝村人，1929年出生，霞浦县革委会副主任。

林春辉 南埔镇先锋村人，1930年出生，惠安县人民法院院长。

林金荣 南埔镇外厝村人，1930年出生，南平市重工业局局长，市纺织工业总公司党委书记。

林国柱 峰尾镇奎壁村人，1930年出生，陕西省物价局涉外处处长。

林福贵 界山镇岭头村人，1933年出生，中共永安市委常委、组织部部长。

林良标 后龙镇田里村人，1934年出生，漳州市供销社副主任。

林明春 峰尾镇奎壁村人，1935年出生，江西省九江市海外交流协会秘书长。

林锦春 涂岭镇松园村人，1935年出生，福州军区司令部动员部部长、福州军分区司令、大校。

林兴德 南埔镇外厝村人，1937年出生，武汉军区工程科研设计所副所长，广州军区科研所高级工程师。

林能玉 峰尾镇奎壁村人，女，1938年出生，中共莆田市委统战部部长，市政协副主席、党组副书记。

林金辉 南埔镇南埔村人，1938年出生，云南省瑞丽市中级人民法院院长，瑞丽市人大常委会主任。

林秀权 南埔镇天湖村人，1938年出生，解放军总装备部国防工业出版社编审，教授(师局级)。

林福清 界山镇岭头村人，1938年出生，永安市公安局局长。

林玉荣 峰尾镇诚平村人，1938年出生，惠安县人民政府副县长，县人大常委会副主任。

林建水 峰尾镇奎璧村人，1938 年出生，厦门市医学学会副会长。

林成明 峰尾镇奎璧村人，1939 年出生，解放军装甲兵坦克技术学院正团职英语教官。

林文和 界山镇槐山村人，1939 年出生，福建省公安厅科技处副处长，正处级侦察员。

林宝添 前黄镇前黄村人，1939 年出生，解放军总参谋部第二测绘局团级干部，转业任福建省测绘大队队长。

林明贵 南埔镇南埔村人，1940 年出生，厦门边防检查站站长，福建省边防武警总队政治委员、总队长，大校。

林顺枝 峰尾镇奎璧村人，1940 年出生，厦门市建委综合处处长，高级工程师。

林坤金 南埔镇外厝村人，1940 年出生，山东农业机械学校党委书记。

林银法 涂岭镇驿坂村人，1941 年出生，厦门市鹭江区人武部调研员。

林良源 峰尾镇奎璧村人，1941 年出生，三明市外经委主任，莆田市人大常委会副主任。

林荣顺 峰尾镇奎璧村人，1941 年出生，南平市政府经贸委党委书记。

林朱清 峰尾镇奎璧村人，1941 年出生，厦门市公安局水上公安分局政治处助理调研员。

林国泉 南埔镇天湖村人，1942 年出生，泉州市公安局纪委书记。

林永新 后龙镇田里村人，1942 年出生，集美水产学院办公室主任，副研究员。

林顺佳 界山镇岭头村人，1942 年出生，福建林业学校党委书记、校长，高级讲师。

林泉顺 峰尾镇奎璧村人，1943 年出生，历任南京军区守备十三师副政委，宁德军分区政委、泉州军分区党委书记、政委，大校。

林惠杰 峰尾镇奎璧村人，1943 年出生，天湖山矿务局党委书记。

林文生 界山镇岭头村人，1944 年出生，三明地质大队党组书记、大队长，高级工程师。

林来今 峰尾镇奎璧村人，1944 年出生，三明军分区副司令员，大校，转业任泉州市质量技术监督局局长。

林良卿 峰尾镇奎璧村人，1947 年出生，华侨大学机关党总支书记。

林秀炎 南埔镇外厝村人，1948 年出生，厦门鼓浪屿海军疗养院政委，转业任清濛开发区党委副书记，鲤城区人大常委会主任。

林兴德 南埔镇先锋村人，1949 年出生，泉州市审计局调研员。

林秋贵 南埔镇塘头村人，1950 年出生，海军福建基地 37503 部队司令部训练处处长，转业任泉州市计生委副主任。

林全洪 界山镇岭头村人，1950 年出生，兰州军区空军后勤部航材处处长，大校（副师职）。

林全松 界山镇岭头村人，1951 年出生，兰州军区空军后勤部副部长，大校（正师职）。

林　昕 界山镇下朱村人，1951 年出生，厦门海关处长。

林泉成 界山镇槐山村人，1951 年出生，兰州军区空军后勤部副参谋长，转业任陕西省建设厅城乡建设开发总公司总经理。

林庆棋 界山镇岭头村人，1952年出生，福建省国土资源厅196地质大队党委书记。

林聪顺 后龙镇田里村人，1953年出生，泉州市卫生局副局长，调研员。

林文宗 南埔镇塘头村人，1954年出生，江西省上饶市陆军综合仓库政治处主任。

林常茵 南埔镇南埔村人，女，1954年出生，福建省高级人民法院高级法官。

林招辉 南埔镇南埔村人，1954年出生，某部副团职干部，转业任职于泉港公安分局。

林金辉 南埔镇先锋村人，1954年出生，解放军322811部队团政委，转业任泉州市水产局党委副书记。

林清芳 界山镇岭头村人，1955年出生，兰州军区空军场站政委，上校，转业任福建省高级人民法院副巡视员兼监察室主任。

林锦清 南埔镇外厝村人，1955年出生，江西省军区后勤部综合仓库主任，转业任泉州市司法局副局长，调研员。

林配成 峰尾镇奎璧村人，1955年出生，泉州市检察院技术处副处长（主持工作），院党委机关专职副书记。

林荣金 南埔镇南埔村人，1955年出生，海军福建基地副团职干部，转业任农业银行福建省分行营业部办公室主任，调研员。

林顺贵 界山镇下朱村人，1956年出生，福建省煤炭研究所书记，高级经济师。

林明富 峰尾镇奎璧村人，1957年出生，海军上海基地东油621船教练总船长，转业任上海市文化市场行政执法总队稽查处处长。

林志成 峰尾镇诚平村人，1957年出生，泉港区人大常委会副主任。

林长川 南埔镇外厝村人，1958年出生，集美大学航海学院副院长，教授，博士，博士生导师。

林锦聪 南埔镇外厝村人，1958年出生，泉港区人大常委会副主任。

林　琳 南埔镇外厝村人，女，1958年出生，南平市卫生与计划生育局党委副书记兼纪检组组长，调研员。

林清良 南埔镇先锋村人，1958年出生，宁德海军3750部队列前艇副大队长，转业任职于泉港区环保局。

林珍法 峰尾镇奎璧村人，1959年出生，中共福建省委宣传部文明办创建处处长。

林配成 峰尾镇诚平村人，1959年出生，厦门武警支队政委，转业任泉州市公安局副调研员。

林元顺 界山镇下朱村人，1959年出生，宁德海军团职干部，转业任职于泉港区南埔镇。

林金来 界山镇岭头村人，1960年出生，三明市梅列区政协副主席（正处级）。

林秋聪 界山镇岭头村人，1960年出生，海军福建基地副团职干部，转业任职于泉港区安监局。

林宗富 界山镇岭头村人，1960年出生，海军舰艇第22支队管理科科长，转业任职于泉港区后龙镇。

林南周 界山镇槐山村人，1961 年出生，泉州边防武警支队副支队长。

林　森 南埔镇外厝村人，1961 年出生，泉港区政协副主席，泉州市工商联副主席。

林坤辉 峰尾镇诚平村人，1961 年出生，厦门大学软件学院院长、教授。

林元富 界山镇槐山村人，1962 年出生，福建师范大学外国语学院副院长、教授、博士。

林万明 峰尾镇诚平村人，1962 年出生，历任中共惠安县委书记、丰泽区委书记，泉州市人民政府副市长，中共泉州市委常委、市委统战部部长。

林明春 峰尾镇诚平村人，1962 年出生，海上公安（厦门）三支队队长。

林明惠 峰尾镇诚平村人，1962 年出生，厦门市工商局副处长。

林顺清 界山镇槐山村人，1962 年出生，泉州军分区团职干部，转业任职于泉州市鲤城区人民政府。

林锦明 南埔镇外厝村人，1962 年出生，历任中共南安市委副书记、中共永春县委书记，中共泉州市委常委、政法委书记。

林琼源 峰尾镇上楼村人，1962 年出生，福厦铁路建设指挥站副总指挥长，高级工程师。

林细龙 峰尾镇诚平村人，1963 年出生，福建省测绘局厦门办事处处长。

林秋元 涂岭镇涂岭村人，1963 年出生，国家统计局泉州调查队副队长。

林荣忠 界山镇岭头村人，1964 年出生，历任中共南安市纪委书记、市委副书记，南安市人民政府市长。

林和平 南埔镇外厝村人，1964 年出生，历任福建农林大学党委副书记，龙岩学院党委书记，中共福建省委委员，福建师范大学党委书记，教授。

林友霖 界山镇玉山村人，1964 年出生，福建省财政厅非税收入征管处处长。

林志宏 峰尾镇奎璧村人，1964 年出生，厦门市政府办应急处处长，市长办公室主任。

林宗清 南埔镇外厝村人，1964 年出生，泉州市供销社党组成员、副主任。

林金霞 南埔镇天湖村人，1965 年出生，部队正团职干部。

林燕诚 南埔镇外厝村人，1965 年出生，厦门市卫生局党组成员、人事处长。

林聪辉 南埔镇外厝村人，1966 年出生，深圳海关布控中心主任。

林必升 界山镇下朱村人，1966 年出生，厦门水警区政治部副主任，上校。

林文平 南埔镇南埔村人，1966 年出生，泉州市信访局副局长。

林　峰 南埔镇南埔村人，1966 年出生，解放军总医院（301 医院）骨科主任医师，解放军军医进修学院、解放军骨科研究所副教授。

林荣清 南埔镇先锋村人，1966 年出生，中共泉州市委台湾工作办公室、市人民政府台湾事务办公室副调研员。

林丽华 南埔镇外厝村人，1966 年出生，致公党泉州市委会专职副主委。

林丁富 南埔镇南埔村人，1966 年出生，泉州中泉集团副总经理。

林素川 涂岭镇涂岭村人，1966 年出生，福建省教育厅高教处调研员，研究员。

林文庆　南埔镇塘头村人，1967 年出生，海军福建基地 37503 部队油库政治处主任。

林　刚　南埔镇外厝村人，1967 年出生，厦门市老年委办公室主任。

林建开　南埔镇外厝村人，1967 年出生，闽东南地质大队副大队长。

林忠宁　涂岭镇驿坂村人，1968 年出生，厦门大学公共卫生学院副院长，留美博士。

林明容　南埔镇外厝村人，1968 年出生，石狮市人民法院院长、四级高级法官。

林　航　南埔镇天湖村人，女，1968 年出生，北京市海淀区园林局副局长，高级园林工程师。

林忠华　前黄镇凤安村人，1970 年出生，广东省警卫局处长。

林志强　峰尾镇奎璧村人，1972 年出生，厦门市政府办公厅副处长，博士。

林　颖　峰尾镇奎璧村人，1972 年出生，莆田市秀屿区政协副主席。

林　波　峰尾镇奎璧村人，1973 年出生，深圳地铁传媒有限公司副总经理（副处级）。

林洪忠　界山镇鸠林村人，1977 年出生，武警泉州市丰泽区公安边防大队大队长。

林竞君　后龙镇田里村人，1978 年出生，上海市委办公厅市区工作处副处长，博士。

林子琰　界山镇岭头村人，1978 年出生，兰州军区空军后勤部勤务队九局干事。

林贾文　界山镇岭头村人，1978 年出生，兰州军区空军后勤部财务处科长。

林振宇　南埔镇外厝村人，1980 年出生，武警海南边防总队管理处处长。

林　玲　界山镇岭头村人，女，1980 年出生，兰州军区空军后勤部干休所助理。

林勇新　南埔镇外厝村人，1986 年出生，中国南海研究院海上丝绸之路研究所副所长，博士。

林金明　界山镇岭头村人，解放军某部团长。

苏小燕　界山镇下朱村人，女，1951 年出生，厦门市人民政府处级干部。

李益萌　南埔镇外厝村人，女，1960 年出生，泉州市农业局纪检组组长，调研员。

庄碧蓉　南埔镇外厝村人，女，1971 年出生，泉州黎明大学科研处处长。

罗　莉　南埔镇外厝村人，女，1971 年出生，厦门市人才资源和社会保障局调研员。

王兆宇　南埔镇外厝村人，女，1981 年出生，北京市顺义区外事办副主任。

（三）副处级及以上国有企业人士

林金法　界山镇下朱村人，1931 年出生，龙岩市糖烟酒公司总经理。

林叶顺　峰尾镇奎璧村人，1938 年出生，福建省光电厂副厂长，光学公司纪委书记、总经理。

林元枝　界山镇下朱村人，1952 年出生，中铁第十七工程局第五工程处副处长、总经济师。

林荣宗　峰尾镇诚平村人，1954 年出生，中铁十七局工贸部部长，工会主席。

林　硕　峰尾镇奎璧村人，女，1958 年出生，中国人寿财险莆田市中心支公司总经理。

林惠宗 涂岭镇清美村人，1958年出生，福建省第五建筑工程公司经理，一级建造师、高级工程师。

林蔚斌 南埔镇南埔村人，1964年出生，中海国际船舶管理有限公司广州公司机关党总支书记，总经理办公室主任。

林　波 峰尾镇奎壁村人，1973年出生，深圳地铁传媒有限公司副总经理。

郭继梅 南埔镇外厝村人，女，1970年出生，中石化销售公司广州分公司党群工作部部长。

（四）高级专业技术职务者

林来金 界山镇岭头村人，1926年出生，华侨大学副教授。

林银松 南埔镇南埔村人，1929年出生，龙海一中高级教师。

林顺明 南埔镇外厝村人，1931年出生，惠安县医院主任医师。

林玉清 峰尾镇奎壁村人，1932年出生，泉港五中高级教师。

林惠良 峰尾镇奎壁村人，1933年出生，北京机械工艺室高级工程师。

林能桂 峰尾镇奎壁村人，1934年出生，山东青岛海洋学院高级工程师。

林成水 峰尾镇奎壁村人，1934年出生，福建省卫生防疫站主任医师。

林永先 界山镇岭头村人，1934年出生，上海同济大学高级工程师。

林尚耕 界山镇下朱村人，1934年出生，泉州市水利工程局高级会计师。

林国富 南埔镇天湖村人，1935年出生，新疆维吾尔自治区昌吉市立医院主任医师。

林明法 峰尾镇奎壁村人，1936年出生，泉港五中高级教师。

林顺清 南埔镇外厝村人，1937年出生，三明市医院主任医师。

林炳水 涂岭镇樟脚村人，1937年出生，天津医学院肿瘤科研究所教授。

林富金 界山镇岭头村人，1937年出生，国家建材局地勘中心江西总队高级工程师。

林宗谦 峰尾镇奎壁村人，1937年出生，泉港二中高级教师。

林长玉 南埔镇外厝村人，1937年出生，仙游县委党校高级讲师。

林宗南 峰尾镇奎壁村人，1937年出生，泉港二中高级教师。

林榜金 峰尾镇上楼村人，1938年出生，福建省水利水电工程局高级工程师。

林美法 涂岭镇涂岭村人，1939年出生，泉港六中高级教师。

林良法 峰尾镇前亭村人，1939年出生，湖北745厂高级工程师。

林金财 界山镇岭头村人，1939年出生，尤溪五中高级教师。

林玉坤 后龙镇田里村人，1939年出生，上海卫星工程研究所研究员。

林福才 南埔镇南埔村人，1940年出生，机电部华北计算机技术研究所高级工程师。

林国春 峰尾镇奎壁村人，1940年出生，泉港二中高级教师。

林开能 峰尾镇奎壁村人，1941年出生，晋江市供水公司高级工程师。

林顺兴 峰尾镇奎壁村人，1941年出生，泉港山腰学区中学高级教师。

林秀聪　南埔镇天湖村人，1943 年出生，惠安县检察院高级检察官。

林立智　峰尾镇奎璧村人，1943 年出生，惠安一中高级教师。

林长彬　南埔镇天湖村人，1944 年出生，江西省设备安装公司高级工程师。

林成国　峰尾镇奎璧村人，1946 年出生，泉港二中高级教师。

林金星　南埔镇南埔村人，1949 年出生，晋江兴龙医院副主任医师。

林国卿　峰尾镇奎璧村人，1950 年出生，福州国际语言职业中学高级教师。

林青盛　界山镇岭头村人，1950 年出生，泉港惠华中学高级教师。

林顺兴　南埔镇先锋村人，1950 年出生，泉港区医院副主任医师。

林必清　南埔镇南埔村人，1950 年出生，泉港惠华中学高级教师。

林长金　南埔镇南埔村人，1951 年出生，泉港职专高级教师。

林文祥　界山镇槐山村人，1951 年出生，泉港鸠林中学高级教师。

林财辉　南埔镇南埔村人，1952 年出生，泉港凤翔中学高级教师。

林明辉　南埔镇先锋村人，1954 年出生，泉港天竺中学高级教师。

林德文　南埔镇先锋村人，1955 年出生，泉港五中高级教师。

林光明　南埔镇外厝村人，1956 年出生，泉州洛江区林业局高级工程师。

林锡明　南埔镇外厝村人，1957 年出生，泉港华侨医院副主任医师。

林荣宝　南埔镇先锋村人，1958 年出生，泉港区教师进修学校中学高级教师。

林贤平　峰尾镇奎璧村人，1958 年出生，泉港山腰学区小学中学高级教师，小学特级教师。

林文狮　南埔镇外厝村人，1959 年出生，泉港后龙学区中学高级教师。

林　列　峰尾镇奎璧村人，1959 年出生，厦门信达电子有限公司高级会计师。

林珠良　南埔镇外厝村人，1959 年出生，泉港圭峰中学高级教师。

林国伟　山腰街道海滨村人，1960 年出生，三明第一医院主任医师。

林素瑜　峰尾镇奎璧村人，女，1960 年出生，泉港教育局中学高级教师。

林肇甫　界山镇岭头村人，1961 年出生，龙海一中高级教师。

林伟平　涂岭镇人，1962 年出生，惠安一中高级教师。

林宗宝　南埔镇外厝村人，1962 年出生，惠安高级中学高级教师。

林常颖　南埔镇南埔村人，1962 年出生，泉州市委党校校务委员、党史党建教研室主任，教授。

林秀贤　峰尾镇奎璧村人，1962 年出生，泉州七中高级教师。

林福贵　后龙镇后墘村人，1962 年出生，中国建筑第二工程局集团高级工程师、总工程师。

林锦文　涂岭镇芦朴村人，1962 年出生，泉港坝头中学高级教师。

林明伟　南埔镇槐山村人，1962 年出生，海南林达集团高级经济师。

林桂兰　前黄镇海滨村人，女，1963 年出生，泉州市第三医院副主任护师。

林顺明 界山镇岭头村人，1963年出生，福建省地震局高级工程师。

林锡雄 南埔镇南埔村人，1963年出生，惠安县螺城中学高级教师。

林宗华 南埔镇外厝村人，1964年出生，泉港惠华中学高级教师。

林贤湖 界山镇岭头村人，1964年出生，尤溪中学高级教师。

林泉桂 南埔镇南埔村人，1964年出生，泉港二中高级教师。

林玉顺 界山镇下朱村人，1964年出生，泉港鸠林中学高级教师。

林惠芳 峰尾镇奎璧村人，女，1964年出生，泉港峰尾学区中学高级教师。

林晓恩 南埔镇南埔村人，1965年出生，泉港六中高级教师。

林永贵 南埔镇外厝村人，1965年出生，浙江温州职业技术学院副教授。

林辉明 南埔镇天湖村人，1965年出生，泉港天竺中学高级教师。

林清良 峰尾镇联岩村人，1965年出生，泉港圭峰中学高级教师。

林振春 峰尾镇峥嵘村人，1965年出生，泉港美发中学高级教师。

林小燕 后龙镇田里村人，女，1965年出生，福建医科大学附属协和医院主任医师、教授、博士。

林金德 南埔镇南埔村人，1965年出生，泉港惠华中学高级教师。

林秀才 界山镇岭头村人，1966年出生，中国城建六局集团高级工程师。

林锦津 涂岭镇寨后村人，1966年出生，泉港六中高级教师。

林　颖 南埔镇南埔村人，1966年出生，泉港山腰中学高级教师。

林金兴 峰尾镇奎璧村人，1966年出生，泉港圭峰中学高级教师。

林进佳 南埔镇南埔村人，1966年出生，泉港天竺中学高级教师。

林秋宝 峰尾镇上楼村人，1967年出生，集美大学教授，博士。

林志鹏 山腰街道埭港村人，1968年出生，惠安一中高级教师。

林秀梅 界山镇岭头村人，女，1968年出生，泉港一中高级教师。

林明莺 界山镇岭头村人，女，1968年出生，惠安三中高级教师。

林钦辉 峰尾镇奎璧村人，1968年出生，泉港区计生服务站副主任医师。

林建森 峰尾镇奎璧村人，1968年出生，惠安一中高级教师。

林　波 南埔镇天湖村人，女，1969年出生，北京华泰会计师事务所注册会计师、高级会计师。

林　环 峰尾镇奎璧村人，1969年出生，泉港五中高级教师。

林惠群 峰尾镇奎璧村人，1969年出生，泉港圭峰中学高级教师。

林雪涛 峰尾镇奎璧村人，1969年出生，泉港圭峰中学高级教师。

林兴顺 峰尾镇奎璧村人，1969年出生，泉港五中高级教师。

林景阳 前黄镇古县村人，1969年出生，惠安岩峰中学高级教师。

林文龙 南埔镇外厝村人，1969年出生，泉港天竺中学高级教师。

林美莲　界山镇岭头村人，女，1969 年出生，泉港山腰中学高级教师。
林庆明　南埔镇南埔村人，1969 年出生，泉港顺南中学高级教师。
林秀安　峰尾镇奎璧村人，1969 年出生，福建省肿瘤医院副主任医师。
林辉才　后龙镇田里村人，1969 年出生，泉州市农业机械管理总站高级农经师。
林文鹏　峰尾镇上楼村人，1969 年出生，泉州南供有限公司高级工程师。
林潮辉　涂岭镇驿坂村人，1970 年出生，泉港二中高级教师。
林祥财　界山镇岭头村人，1970 年出生，泉港一中高级教师。
林月琴　涂岭镇世上村人，女，1970 年出生，泉港六中高级教师。
林荣凯　峰尾镇上楼村人，1971 年出生，泉港圭峰中学高级教师。
林文雄　峰尾镇上楼村人，1971 年出生，泉州市儿童医院副主任医师。
林友通　峰尾镇奎璧村人，1971 年出生，泉港山腰中学高级教师。
林永源　南埔镇天湖村人，1971 年出生，泉州市林业局高级工程师。
林银秀　南埔镇塘头村人，1971 年出生，泉港三川中学高级教师。
林玉振　界山镇岭头村人，1971 年出生，泉港天竺中学高级教师。
林悦庆　界山镇岭头村人，1971 年出生，泉港区涂岭中心小学中学高级教师。
林琴山　界山镇岭头村人，1971 年出生，泉港区前黄坝头中心小学中学高级教师。
林成荣　峰尾镇奎璧村人，1972 年出生，泉港一中高级教师。
林清泉　峰尾镇奎璧村人，1972 年出生，泉港二中高级教师。
林志峰　界山镇鸠林村人，1972 年出生，泉港一中高级教师。
林玉峰　峰尾镇奎璧村人，1972 年出生，惠安嘉惠中学高级教师。
林宇华　峰尾镇奎璧村人，女，1972 年出生，厦门禹洲集团公司高级经济师。
林朝斌　界山镇岭头村人，1972 年出生，泉州第一医院副主任医师。
林素霞　界山镇岭头村人，女，1972 年出生，泉州市妇幼保健院主任医师。
林煜鑫　界山镇岭头村人，1973 年出生，泉港三朱中学高级教师。
林淑珍　南埔镇外厝村人，女，1973 年出生，泉港民族中学高级教师。
林志蓉　南埔镇外厝村人，女，1973 年出生，泉港施厝中学高级教师。
林奕辉　峰尾镇联岩村人，1973 年出生，泉港美发中学高级教师。
林建桦　南埔镇天湖村人，女，1973 年出生，惠安一中高级教师。
林文冬　界山镇岭头村人，1973 年出生，泉港南埔学区中学高级教师。
林素霞　峰尾镇奎璧村人，女，1973 年出生，泉港峰尾联岩小学中学高级教师。
林宝辉　界山镇岭头村人，1974 年出生，福建省建工集团高级工程师。
林志明　界山镇岭头村人，1974 年出生，泉港鸠林中学高级教师。
林志云　界山镇大前村人，女，1974 年出生，泉港圭峰中学高级教师。
林江波　前黄镇古县村人，1974 年出生，福建医科大学附属协和医院副主任医师，副教授、医学博士。

林　毅　峰尾镇前亭村人，1974年出生，武警福州总医院副主任医师，博士。

林朱森　峰尾镇诚平村人，1974年出生，海军总医院副主任医师。

林志梅　南埔镇外厝村人，女，1975年出生，泉港美发中学高级教师。

林玉荣　峰尾镇上楼村人，1975年出生，泉港五中高级教师。

林惠忠　南埔镇南埔村人，1975年出生，泉港天竺中学高级教师。

林杰凤　南埔镇外厝村人，女，1975年出生，泉港三川中学高级教师。

林文财　峰尾镇奎璧村人，1975年出生，泉港五中高级教师。

林宗森　界山镇岭头村人，1976年出生，泉港惠华中学高级教师。

林舜锦　界山镇岭头村人，1976年出生，泉港一中高级教师。

林友发　界山镇玉山村人，1976年出生，泉港美发中学高级教师。

林峰财　界山镇下朱村人，1976年出生，泉港六中高级教师。

林尾龙　峰尾镇诚平村人，1976年出生，泉港五中高级教师。

林丽珠　南埔镇沙格村人，女，1977年出生，泉港天竺中学高级教师。

林碧华　南埔镇南埔村人，女，1977年出生，泉港天竺中学高级教师。

林家庆　界山镇岭头村人，1978年出生，泉港港口管理服务中心高级工程师。

林春虹　后龙镇柳亭村人，女，1980年出生，福建商业高等专科学校副教授、博士。

林立宏　南埔镇外厝村人，1982年出生，中国管理软件学院高级工程师。

林宗明　界山镇岭头村人，1982年出生，福建移动总公司高级工程师。

林立伟　南埔镇外厝村人，1984年出生，中国管理软件学院高级工程师。

林　斌　南埔镇外厝村人，1988年出生，国家级运动健将，全国帆船锦标赛冠军获得者。

傅清歌　南埔镇外厝村人，女，1940年出生，仙游中学高级教师。

吴明凤　南埔镇南埔村人，女，1964年出生，惠安一中高级教师。

陈淑琴　峰尾镇奎璧村人，女，1967年出生，泉港区妇幼保健院副主任医师。

张珊华　南埔镇外厝村人，女，1972年出生，泉州市第三医院副主任医师，博士。

吴珍梅　界山镇岭头村人，女，1973年出生，泉港庄重文实验小学中学高级教师。

王鸿燕　峰尾镇诚平村人，女，1975年出生，海军总医院副主任医师。

程碧碧　南埔镇外厝村人，女，1981年出生，中国管理软件学院高级讲师。

王海滨　界山镇岭头村人，女，1983年出生，福建标准化研究院研究员。

（五）博士

林秀明　南埔镇天湖村人，1925年出生，台北大学博士。

林青煌　南埔镇南埔村人，1940年出生，博士，在美国公司任职。

林　雄　界山镇岭头村人，1951年出生，医学博士。

林明通 界山镇岭头村人，1966年出生，上海中国科学院博士后。

林庆明 南埔镇天湖村人，1976年出生，福建医学院博士。

林　敏 南埔镇先锋村人，1982年出生，清华大学经济管理学院博士。

林　萍 南埔镇先锋村人，女，1982年出生，浙江大学自动化专业博士。

林伟斌 南埔镇南埔村人，1983年出生，中山大学博士，广州易方达基金高级经理。

林文广 南埔镇天湖村人，1985年出生，厦门大学机械制造与理论专业博士。

林宏阳 峰尾镇奎璧村人，1987年出生，留美博士。

林剑洪 峰尾镇奎璧村人，留美博士。

林志勇 峰尾镇奎璧村人，留美博士。

林秀美 峰尾镇奎璧村人，女，留美博士。

（六）港澳台胞及海外侨胞知名人士

高参上人 俗名林亚鸿，祖籍界山镇岭头村海头，1886年出生。清光绪二十九年（1903年）剃度，法号宽性，字高参。光绪三十三年（1907年）侨居印度尼西亚，住持某寺21年。后移居新加坡，创办少华山国术健身社、槟榔屿少林健身社，南洋少林国术总会。住持莲山双林寺，重建槟城双庆寺。

林九财 祖籍界山镇岭头村，1905年出生，侨居马来亚，荣膺马来西亚拿督勋衔。

林永材 祖籍界山镇岭头村浮洋，1911年出生，居台湾，高雄县县长。

林凤翔 祖籍峰尾镇奎璧村，1913年出生，居台湾，台湾当局防务主管部门少将，金门县驻军司令。

林秋园（秋九） 祖籍峰尾镇奎璧村，1913年出生，居香港，香港实盛贸易公司董事长，捐建奎璧小学办公楼等。

林德藩 祖籍界山镇岭头村，1918年出生，居台湾，在台湾警界任职，中校，热心社会公益事业，在家乡岭头村小学和施厝村小学设立奖学奖教基金，连续颁奖多届。

林根幼 祖籍南埔镇南埔村，1924年出生，居台湾，高雄市警察局副局长，警政一级。

林崇惠 祖籍南埔镇南埔村，1924年出生，居高雄，高雄县桥头乡五林国小总务主任。

林自东 祖籍南埔镇南埔村，1925年出生，居台湾，台中市刑事组长，台湾省刑警总队组长，台中市惠安同乡会理事。

林　钟（基金） 祖籍峰尾镇奎璧村，1925年出生，居台湾，台北警察局科长。

林根纺 祖籍南埔镇南埔村，1926年出生，居台湾，南投县警察分局局长。

林文良 祖籍界山镇槐山村，1926年出生，侨居马来亚，马来西亚雪兰莪惠安公会主席，多次捐助家乡公益事业。

林金枝 祖籍界山镇岭头村，1928年出生，居台湾，高雄市民政局局长。

林双荣 祖籍界山镇下朱村，1928年出生，居台湾，国民党军医，转业后在台北市办

“大云小儿诊所”。捐资倡建下朱小学教学楼。

林玉唐 祖籍界山镇岭头村大门头，1943年出生于马来亚，居吉隆坡，博士，获马来西亚丹斯里拿督斯里爵位，任惠安社团联合会副主席、全马福建社团联合总会会长、槟城中华总商会董事、嵩山少林武术会永远名誉会长，多次捐助家乡公益事业。

林明杰 祖籍界山镇槐山村，1946年出生于马来亚吉隆坡，雪兰莪惠安公会名誉理事，捐助家乡公益事业。

林荣元 祖籍南埔镇南埔村，1946年出生，居香港，任第50届侨港中医师公会会立中医学院院长、教授，港九中华药业商会会长。

林格力 祖籍南埔镇外厝村，1948年出生，居香港，香港华人华侨总商会副会长。

林崇一 祖籍南埔镇外厝村，1949年出生，居台湾，台北市副市长。

林耀仁 祖籍南埔镇南埔村草潭，1949年出生于马来亚吉隆坡。马来西亚篮球协会副会长，1985年任马来西亚赴中国经济考察团副团长。捐助南埔公益事业建设。

林国良 祖籍界山镇岭头村，1952年出生于马来亚吉隆坡，马来西亚吉隆坡暨雪兰莪惠安泉港公会署理主席，捐资家乡公益事业建设。

林龙安 祖籍峰尾镇奎壁村，1964年出生，居香港，香港禹洲投资有限公司董事长，香港厦门雅谊总会名誉会长，捐建厦门双十中学、集美大学校舍及家乡公共设施。

林建军 祖籍南埔镇天湖村，1976年出生，居台湾，金威房地产公司经理，多次捐助家乡公益事业建设。

林材添 祖籍南埔镇外厝村，居台湾，台湾公路警察局分驻所所长。

林金梅 祖籍界山镇岭头村大门头，侨居马来亚，连任五届雪兰莪吉隆坡惠安公会主席，多次捐助家乡各项公益事业，资助乡邻亲友。

三、英烈名录

林　蚶（1909—1943年）　南埔镇先锋村人，中共地下工作者，1943年遭敌通缉后被诱捕，活埋于莆田华亭。

林清水（1925—1953年）　前黄镇古县村人，志愿军24军70师208团2营副班长，在朝鲜275高地战斗中牺牲。

林辉赞（1926—1950年）　南埔镇外厝村人，志愿军39军117师351团战士，在朝鲜第三次战役中牺牲。

林钦顺（1932—1955年）　南埔镇外厝村人，鹰厦铁路民工，奉命乘舟渡江送工友去医院抢救途中遇山洪突发，溺水牺牲。

林荣吉（1944—1969年）　峰尾镇奎壁村人，解放军6710部队83分队副班长，在漳州军训中溺水牺牲。

林晓强（1971—1991年）　峰尾镇奎壁村人，湖南省溆浦空军86360部队上士，代理排长，执勤时被歹徒伤害致死。

林立彬（1976—1996 年）　峰尾镇奎璧村人，在西沙群岛部队服役，出海抢救战友时牺牲。

第六节　记 事

清末，奎璧林氏族人相继到新加坡、马来亚等地谋生，并在当地设立“估俚间”，在株巴亚设“惠北栈”，在今新加坡设“璧山栈”以便相互照应。

民国初期，林国才任督学，自筹资金开办外厝初小私塾班。

民国 36 年（1947 年），惠安地区瘟疫流行，外厝村林氏被夺去 30 余条生命。

1952 年，外厝村自筹资金、义务捐工，兴办初小学校。

1955 年，今南埔镇天湖村打厝建造天湖岩大坝，以解决农耕用水问题。

1957 年，槐山林氏旅马华侨捐资建槐山小学。

1959 年，上楼村由原华亭乡分析为独立行政村（今属峰尾镇）。

1961 年，外厝林氏开垦练马埔荒地，大搞农业生产。

1969 年，外厝林氏平整大埔墓园，扩大耕地面积。

1983 年，台胞捐资兴建岭头小学海峡大厦。是年，“闽林始祖重建理事会”成立。

1986 年，世上村被泉州市定为革命老区据点村。

1988 年，因福建炼油厂征迁安置，外厝村东新建林氏新村。

1989 年，下朱村旅台后裔，捐资重修顶埕祠宇。

1992 年，槐山林氏海外华侨集资设立奖教奖学基金。玉山村林春盛（即道量法师）主持集资兴建“群华桥”。

1993 年，槐山林氏重修祠堂并晋主。同年，创建玉山小学。

1998 年，因福建炼油厂专用铁路征迁，黄厝后村南新建外厝林氏安置居住点。

2000 年，福建德和集团有限公司董事长林森捐资成立“德和奖学助学基金会”。联岩村后曾菜堂重建。

2001 年，后龙村坑头林永贵等主持重修林氏宗祠并晋主。

2003 年，因福炼一体化项目征迁，外厝村林氏安置在涂岭九龙岗南幸福小区 450 多户，后龙柳亭街北栖霞社区 900 多户。

2005 年 3 月 27 日，槐山村举行中兴宫建宫 590 年庆典暨“槐山古窑址”文物保护揭碑仪式。

2006 年，栖霞社区居委会、幸福小区居委会成立。栖霞社区配套建设泉港区第三实验小学、后龙镇中心幼儿园、社区老龄协会和农贸市场。

是年，南埔镇天湖村打厝召开第一届恳亲会，邀请海外人士、国内宗亲共商发展大计。

是年，因铁路建设需要，涂岭村重新规划“顶打珠安置地”，40余户林氏迁居。

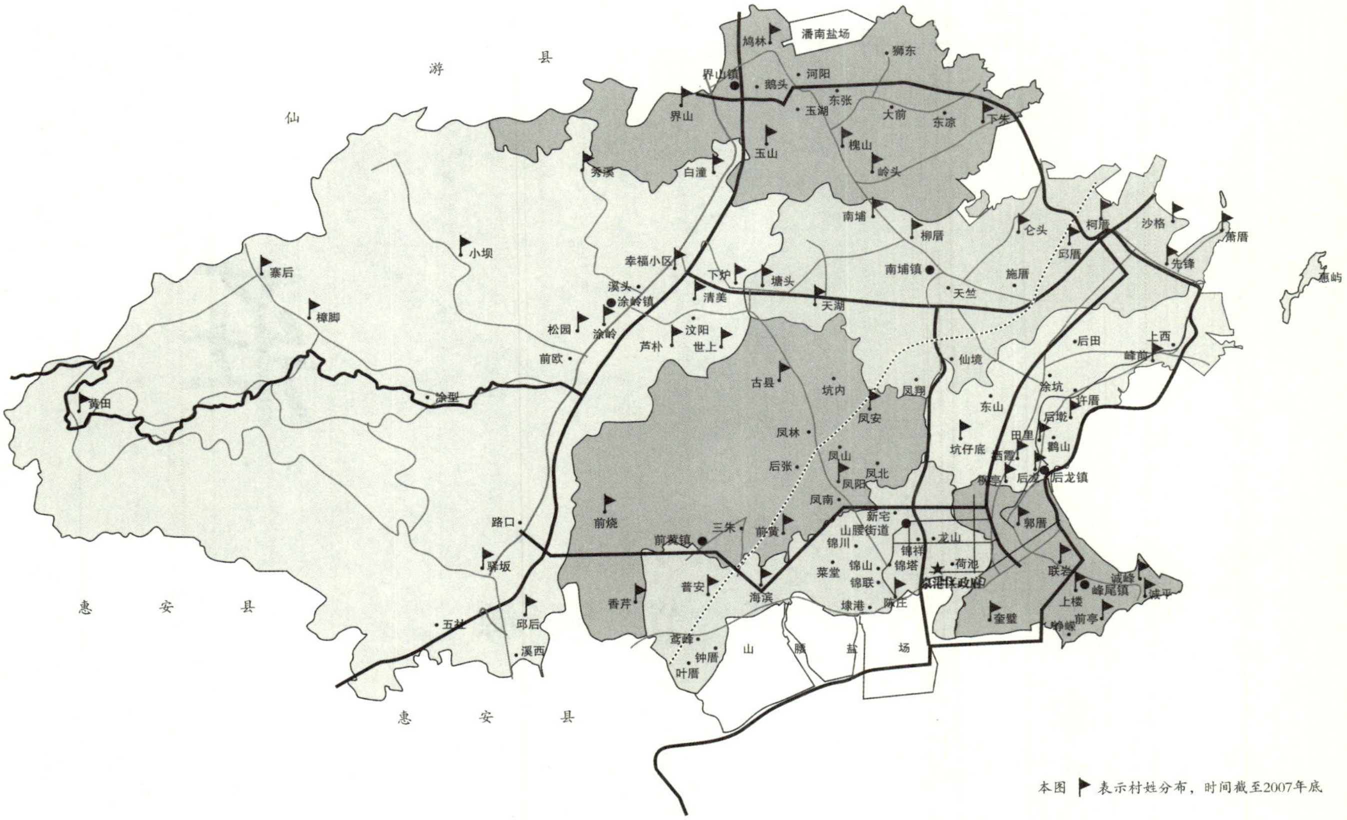

泉港区林姓分布图

第三章 莊

第一节 溯 源

一、起源

出自芈姓，是春秋时期楚国王族之后，楚国君王芈旅去世后，谥号为“庄”，即历史上的楚庄王。楚庄王的支庶子孙，以祖上谥号为姓，成为庄氏。

出自子姓，春秋时宋国国君宋戴公名武庄，其后人即以其字为姓，成为庄姓一支。

庄姓形成以后，曾于汉代出现过一次易姓。汉明帝姓刘讳庄，为避其讳，庄姓改为严姓。至魏晋南北朝时，部分族人恢复为庄姓。故历史上有“庄严一家”之说。

历史上，庄姓形成天水、会稽、东海等郡望，“南华”“武强”“锦绣”等堂号。

二、入闽

唐光启年间（885—888 年），庄森（字文盛）自河南光州固始随王潮、王审知入闽，择居永春桃源里。庄森为庄氏入闽始祖，生 4 子：长子庄韦，守祖桃源（今泉州市永春县）；次子庄章于唐末徙居惠安古县龙田乡；三子庄中于唐末迁居晋江洛阳（今惠安县洛阳）；四子庄申，居桃源。

庄森第 4 子庄申派下第 9 世裔、庄夏于南宋嘉定十二年（1219 年）封永春县开国男，食邑 300 户。宋宁宗赐建府第于郡城泉州（今泉州市区庄府巷）。因宋光宗亲笔改其祖坟“鬼岫山”为“锦绣山”，故泉州庄氏以“锦绣”为灯号。庄夏为桃源锦绣庄氏入泉州始祖。

庄夏次子庄梦周，生3子：长庄弥坚，次庄弥进，三庄弥介。庄弥坚次子庄耒（又名均麟，字原奇）于元至正十七年（1357年），因府第被流寇焚毁，迁居泉州洛阳桥南琯头村。

三、入泉港

唐末，庄森次子庄章迁居惠安古县龙田乡（今属前黄镇古县村）。庄章为惠安龙田庄氏开基祖。

明永乐初年（约1403—1406年），庄森第4子庄申派下，庄耒第3子庄留孙（字维铭）自琯头村迁居惠北七都前蔡（旧称钱蔡，今称山腰）。山腰庄氏尊庄耒为一世祖，庄留孙为二世祖。

锦绣山腰庄氏宗祠

第二节　繁衍

一、区内分播

山腰街道锦绣庄氏

庄留孙（赶鸭公）生2子：庄翼生，庄轸生，故称“三世开两榜”。

庄翼生传3房：长子庄谦齐（宅内房祖）支系居宅内、顶下宅（锦山村辖）二田、三田

（锦川村辖）；次子庄夔公（大岩房祖）支系居祠堂左巷；三子庄乐翁（北头房祖）支系居祠堂右、北、北头沟（锦山村辖）。庄轸生传4房：长房庄垂直（细房祖）支系居祠堂口、赤土园、尾埔脚（锦山村辖）、屈尺厝、官路（锦川村辖）；次子庄垂裕支系居后沟、灰窑脚（锦山村辖）［（庄垂裕长子庄丕显支系迁居下乡圣公宫（埭港村辖），一支迁居莆田忠门九头村、枫亭古下、涂岭樟脚）］；三子庄逸斋传西蔡春花一族（新宅村辖）。四子庶斋衍传失考。故称“四世传七房”。

约明弘治三年（1490年），四世庄垂裕（后沟祖）长子庄丕显迁下乡圣公宫边居住，传2子：长在典（小房祖），次子在籍（大房祖）。庄丕显为下乡庄氏祖，

庄在典（小房祖）传4房：长房支系衍居洪厝、田墘、楼仔、石埕、顶厝、尾厝（埭港村辖）、顶埭（菜堂村辖）、海沙（陈庄村辖）。二房支系衍居前埕、南埕、中厝、虎甲、社塘、井脚、厝头、陈庄顶科、海沙（锦塔村及陈庄村辖），土庄、新宅（新宅村辖）、顶埭（菜堂村辖）。三房支系衍居下乡度口街、四房角、大路窟（锦联村辖）、前涂埭、土岩头（锦川村辖）、菜堂后港（菜堂村辖）。四房支系衍居菜堂顶埭后港。至20世纪50年代，小房部分裔孙迁前郭、山前、新宅、土庄、西蔡、顶埭。宅内派下陆续迁二田、细房、北头迁屈尺厝、官路、前涂埭。

庄在籍（大房）第8世庄见州生4子：长子庄伯弥；次子庄伯潘传散脚派下居陈庄下科（陈庄村辖）；三子庄伯超传上厝房派下居洪公馆北面上厝（锦联村、埭港村辖）、菜堂竹脚（上厝）。四子名讳失考，衍传不详；五子庄伯坚传翰林房派下居陈庄下科（陈庄村辖）、面前山（埭港村辖）。其中，庄伯弥第11世裔庄会咨生6子：钦吉、钦扶、钦采、钦祁、钦璧、钦朴。后裔形成6房，依次称为大长、大二、大三、大四、大五、大六。其中大长庄钦吉原居洪厝公馆前，传5子：庄宪佐（小长）、庄宪吓（小二）、庄宪备（小三）、庄宪捷（小四）、庄宪伍（小五）。庄宪佐派下居石桥（埭港村辖）。庄宪吓（小二）派下居菜堂、溪南、溪北、枪楼（菜堂村辖）。庄宪备（小三）派下居石桥、下底厝、中厝、后楼（埭港村辖）。庄宪捷（小四）居石桥、白石、菜堂、埭尾（菜堂村辖）。庄宪伍（小五）居面前山（埭港村辖）。大二派下居洪公馆以东四主（锦联村辖）。大三派下居三落、三落新村（埭港村辖）。大四、大五、大六3个房系派下居陈庄下科、海沙（陈庄村辖）。

庄氏第16世后沟房裔播迁涂岭镇樟脚竹脚。

约民国9年（1920年），山腰北头庄姓族人前往今南埔镇柳厝街经商并置业定居。

民国25年，海沙庄姓有族人迁往今后龙镇涂坑村居住，已传3代。

前黄镇古县龙田庄氏

龙田周围姓氏族谱婚姻记载显示，龙田在明代有庄氏聚居。今其地无庄姓世居，迁播情况不详。

涂岭镇樟脚庄氏

樟脚庄氏繁衍析为 4 房，已传 9 世。

峰尾镇奎壁庄厝庄氏

庄厝庄氏迁入时间不详。已知最迟在清康熙十二年（1673 年），龟壁头（即奎壁）已有庄姓聚居。庄厝庄氏从第 17 世起，衍传有以下支系：五脚长房二房六主、护甲尾、西头二、大厝三落、尾厝。

二、人口分布

泉港区庄姓有 36715 人，列泉港世居姓第 3 位。主要聚居于 5 个镇（街道），依次是：山腰街道 35624人，峰尾镇 932 人，涂岭镇 112 人，南埔镇 31 人，后龙镇 16 人。具体分布如下：

街道、镇	村　落　人　口	合计
山腰街道	锦塔村 2650 人;锦山村宅内 2132 人,北头 666 人,细房 1741 人,后沟 694 人;锦联村大路窟 358 人,四房角 226 人,石桥 423 人,官边脚 565 人;锦川村二田 1654 人,官路 1692 人,埭片 1268 人;菜堂村顶埭 200 人,竹脚 750 人,溪南、溪北、枪楼 1900 人,埭尾 1100 人,白石 1100 人;陈庄村陈庄 2086 人、前埕 1174 人、海沙 1197 人、前郭、瓦厝 174 人;新宅社区山前 688 人,新宅 122 人,土庄 180 人,西蔡 195 人;海滨村埕边 6 人;埭港村 10683 人。	35624
涂岭镇	樟脚村 100 人;涂岭村亭铺 6 人;五社村八担 6 人。	112
南埔镇	柳厝村 18 人;先锋村 13 人。	31
后龙镇	涂坑村 16 人。	16
峰尾镇	奎璧村庄厝 932 人。	932

三、外迁主要支系

19 世纪中期，山腰庄氏族裔漂洋过海，旅居东南亚各地以及马来西亚、印尼、菲律宾、美国、英国、加拿大等地华侨上万人。

锦山村

约明成化至弘治年间（1465—1505 年），庄垂裕三子迁台湾埔仔繁衍。郑成功收复台湾以来，山腰庄氏族人相继赴台开拓繁衍。

约清嘉庆五年（1800 年），后沟房有族裔徙居莆田忠门九头村，今分成 7 房，已传 11 世，约有 600 多人。另有族人迁居平潭流水松南新楼村，分成 3 房，已传 12 世。

锦联村

族裔徙美国 50 多人，居我国台湾地区 10 多人，香港地区 20 多人，上海 10 多人，福州 40 多人，厦门 10 多人，1966 年，庄绍河、庄金水、庄秋法、庄万贵、庄丽琴等携家人移民浦城县仙阳公社殿基大队定居，现共有 130 多人，其中庄绍河一家有 30 余人。

锦川村

族裔徙居新加坡 313 人，马来西亚 41 人，及我国香港地区 23 人，台湾地区 17 人，澳门地区 5 人。

埭港村

族裔徙居新加坡、马来西亚、印尼、菲律宾、美国等国及我国台湾、澳门、香港等地区，现共有 1000 多人。

陈庄村

族裔徙居新加坡、马来西亚、菲律宾等东南亚地区，现约有 500 人。居港澳台约有 500 人。1966 年，前埕庄荣金携全家移民浦城县仙阳公社仙阳大队定居；盐场庄顺枝、庄来生携家人移民浦城县仙阳公社下洋大队定居。60 年代支援漳浦盐场建设后定居漳浦现约有 100 人。

菜堂村

民国 25 年（1936 年），白石庄荣泉、庄金桂、庄忠成、庄坎吓、庄木来等先后前往马来亚谋生定居。民国 36 年埭尾小四第 19 世庄兴德徙居台湾新竹。第 20 世庄承宗徙居新加坡。1956 年庄金娘、庄洋珠等徙居马来西亚。2003 年小房二房顶埭庄兴德全家、庄秀法、庄志宝徙居新加坡。另有第 20 世庄振亮、庄振明，小房三房庄来宝迁居新加坡。

第三节　谱牒

《桃源·锦绣·山腰庄氏族谱》

系山腰街道庄氏宗谱。2004 年由泉州锦绣庄文物修复保护委员会山腰分会主持，山腰庄氏族谱编委会组织修谱。中学高级教师庄德祖主编，旅居新加坡百岁寿星庄右铭作序。内容以世系图谱为主体，记载山腰庄氏历史、政治、经济、文化等重要史实。全谱共五卷，依序为：支兴前蔡、宗族人士、家庙祖茔、文史选辑、珍照集粹。共两册，计 1080 页，50 多万字。其郡望“天水”，堂号“锦绣”，昭穆自第 7 世起，依次为：

公侯伯，道会钦宪，光大化日，友志绍学，赞耀馨

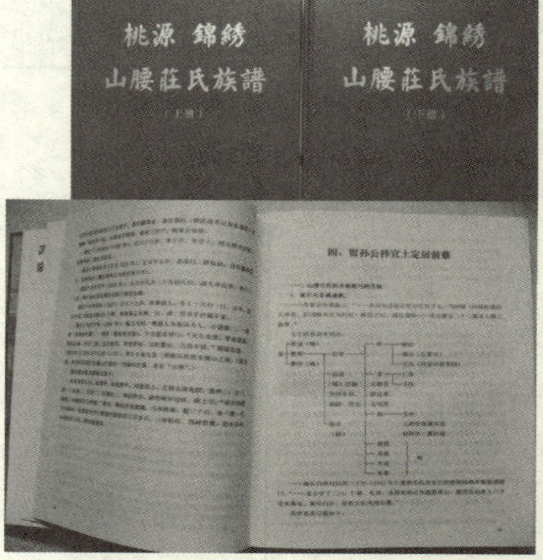

《桃源·锦绣·山腰庄氏族谱》

荣，端仁崇信，克己文明。

其中锦山宅内第 14 世至第 21 世字辈另编为：建国成家，锦绣其祥。

《山腰庄氏家谱大四房卷》

系山腰庄氏大四房支谱。大四房支系聚居于陈庄、埭港三落。该卷于 1997 年由庄福仁、庄福星搜集编写。内容以庄氏第 12 代大四房庄钦祁派下至第 21 代世系图谱为主体，计 41 页，16 开油印本。

《锦绣庄氏山腰后楼房族谱》

系山腰庄氏第 14 世庄光岩四子庄大苏支系谱。主要内容有第 14 至 22 世系图谱。庄锡仲编撰，计 88 页，16 开油印本。

《峰尾镇奎壁庄氏族谱》

字辈有：公侯伯子男，华国文章友。

第四节　史 迹

一、祠宇

宅内五柱祖厝

位于山腰街道锦山村宅内。始建于明嘉靖三十四年（1555 年）。1985 年修葺。2007 年于原址修建，五开间，三门直。楹联有：

支祠皇制乃嘉靖钦赐，

堰堤安澜得姑祖恩泽。

携来千载祥瑞当日红布袋不俗，

征得万顷滩赋谁言粗壳粟无奇。

小三房古大厝群

位于山腰街道埭港村石桥。始建于清乾隆元年（1736 年）。前面两座东西并列，仿皇宫式，三座古大厝，均为面阔五间，三进三厅，占地面积 6700 平方米。砖木石抬梁式构造，硬山式屋顶，飞檐双翘脊，双层瓦盖。

小三房古大厝群

大门两侧墙壁用立体木雕，门廊侧壁平面砖雕。

锦绣庄氏宗祠

位于山腰街道锦山村。区级文物保护单位。肇建于清嘉庆年间（1796—1820年），清光绪六年（1880年）修葺。因年久失修，日渐倾圮，1989年在旅台族亲倡议、海内外族裔慷慨捐资下动工重建，至1991年修竣。基址因循原制，坐东朝西，三开间三进，占地1185平方米。顶厅堂中央神龛供列神主牌位。堂内悬有“钦赐翰林”“解元”“会元”“会魁”“明经”“重游泮水”“功在家国”等匾。大门两旁竖立雕有“双龙戏珠”“二虎逞威”“双凤朝阳”石鼓，双侧墙垛嵌入“双凤朝牡丹”“麒麟奔走”浮石雕四幅，门厅两厢一对石螭虎窗棂透雕等。楹联有：

真传独颁五千言经著南华学开诸子，
食邑旧封三百户支分前蔡庆衍后昆。
瑁山拥翠锦水萦回千顷田畴安居乐业，
鲤屿兴波银涛澎湃万亩盐坎富国裕民。
功建江东桥食邑桃源世代传佳话，
嗣开白石水奠基海畔春秋播玉音。
塔山耸峙连接天湖隆祭扫，
锦水长流回归瀛海泛波澜。
思桃源佳境宜拓业惠群光先辈，
望锦绣前程应培才辅国启后昆。

锦绣庄氏宗祠（一）

锦绣庄氏宗祠（二）

望海楼

位于山腰街道埭港村后楼。区级文物保护单位。清嘉庆元年（1796年）庄捷轩（号光岩）始建，民国13年（1924年）被“杨团”匪兵烧毁楼前二进，2005年修复。民国37年冬，中共福州城市工作部（简称城工部）被迫转移至后楼，庄晚芳、林文学等随即开办“正风补习学校”，进行地下革命活动。面

望海楼

阔五间，四进六厅，双倚楼，9 天井 38 房 99 门，石砖木结构，硬山式屋顶，飞檐双翘脊。第四进建有“望海楼”、文馆、武馆、演武埕。外墙厚 80 厘米，楼板屋顶密椽密桷；祖厅左侧，建有护厝双排，水井。整座建筑外墙四周连壁，仅有前门边门出入，内筑回廊过道，纵横交错。屋前辟建大埕面积约 600 平方米。占地约 2200 平方米。

翰林祖厝

系清道光进士庄人瑞故居。位于山腰街道埭港村长房。面阔三间，三进二厅一天井一大埕。内有“翰林”匾毁于“文化大革命”期间，旗杆夹尚存 1 块。

二、宫庙

离相寺

位于山腰街道塔山东麓，清代属惠安县德音里七都安埕铺。唐末金紫光禄大夫郑济时于天祐六年（909 年）建为“荐福”寺。北宋治平年间（1064—1067 年）改额“离相”。宋末遭兵燹焚毁。元至正十七年（1357 年），里人卢勤重建。明洪武六年（1373 年）、二十四年（1391 年），朝廷先后诏令各府州只存寺观一所，因之遭废。明万历初年（约 1573 年），名列惠安八所宏寺之一。清顺治十八年（1661 年）迁界时沦为废墟。民国 19 年（1930 年）重建，昭明法师等先后住持。1950 年“土改”后由埭港村民看管。1966 年“文化大革命”初期被拆毁。1983 年至 1997 年，旅居新加坡乡贤林荣妹、唐添贵、唐友春等筹款重建。2001 年被列为区级文物保护单位。2003 年因西邻工程施工震损，殿宇成危房。2005 年，普集法师受聘住持后，筹资重建。山门、钟鼓楼、大雄宝殿、观音殿、卧佛阁、藏经阁、综合楼等建筑以及金炉、花圃、种柱苑、放生池、院路、围墙等配套设施共占地面积 3188 平方米，总建筑面积 4000 多平方米。楹联有：

离一切凡尘灾劫，
相十方色界虚空。
离远尘缘清静地，
相去超高法性身。
离相即如相深观般若，
性空原不空偏照光明。
离两边不落中间应无所住，
相万法缘起性空而生其心。
离却凡尘广沐恩波离苦海，
相来吉地咸沾渥泽相华严。
离俗绝尘极目泉山岚气氤氲弥梵宇，
相君归隐骋怀闽海波光潋滟联书斋。

离相寺

东钟西鼓钟鼓齐鸣天地人共固始，
南宫北塔宫塔叠映真善美正济时。

华林寺

俗称狮腰寺、西腰寺。位于山腰街道塔山西麓。始建于唐代，会昌年间（841—846年）唐武宗废佛时例废。天复三年（903年），里人胡罕重建。几经兴废，至明天顺三年（1459年）再次修建。明万历初年名列惠安八所宏寺之一。清初迁界时沦为废墟。复界后有尼姑建庵，称“安福堂”。2002年始，山腰庄氏倡议重建。2003年泉州市文物局组织有关专家实地勘探，有六角塔、塔堂等遗址，出土刻有“盐仓大王”字样的陶筒等一批文物。

华林寺

锦山宫

锦山宫

俗称“旧宫”，位于山腰街道锦塔村前埕。原属社宫，系周边钱、蔡、陈、程、周、洪、庄等姓共同祀奉。约始建于唐末。“文化大革命”期间毁弃。1992年，海外侨胞及乡人捐资重建。坐东北朝西南，五开间三落，石木结构，重檐歇山式建筑，占地约717平方米，建筑面积359平方米。

龙见宫

俗称“新宫”。区级文物保护单位。位于山腰街道菜堂村白石。系明末庄见州始建，“文化大革命”期间被毁，1991年重建。坐东朝西，由龙见宫、锦龙府、金亭、山门、戏台、宫埕组成。正宫面阔三间，二进二厅一天井，重檐歇山式，建筑面积700平方米，占地2488平方米。内存石鼓1对、清道光元年“聪明正直”匾1方。楹联有：

锦拥天下祥龙显朱见，
绣缀圣母慈航护玉宫。

敕封英烈彪炳百代，
昭赐天妃永垂千秋。
锦绣桃源紫气遍天下，
龙见宝殿祥云飘寰球。
圣德配天慈航普济，
母仪称后位育群生。
玉枕金钟灵秀独擅，
名臣理学汉宋流芳。
坐己亥庙宇钟福泽，
兼丙壬神灵庇善家。

龙见宫

保安宫

又称圣公宫，位于山腰街道埭港村。1982 年重修。二进二厅，屋顶飞檐双翘脊，雕塑八仙和双龙朝塔。大门三通、宫前砖柱雕有狮座，底檐垂雕、镂花相拼，建筑面积 200 平方米，占地 550 平方米。楹联有：

广泽泽泽广，
尊王王王尊。
广泽无私参造化，
尊王有赫佑万民。

保安宫

凤山府

位于山腰街道锦塔。始建时间不详。清同治八年（1869 年）重建。清光绪三十年（1904 年）修建。民国 37 年（1948 年）重修。1994 年，庄志文、刘宝珠、庄荣琴等发动海内外宗亲捐款重建。坐乙向辛兼辰戌，占地面积 2544 平方米，建筑面积 1077 平方米。楹联有：

声赫濯灵彭城钟福，
安民唤众颍水延成。
正直为神视民有赫，
平安赐福惠我无疆。
芝兰绕砌座凝香，
富贵花开书锦堂。
灵光司火呈瑞色，
正气烟浮达天庭。

三、墓葬

庄家坟

即庄均麟墓，位于前涂（今属山腰街道）螺碗穴，坐寅向申，1987 年整修。庄均麟，山腰庄氏一世祖。

庄家坟

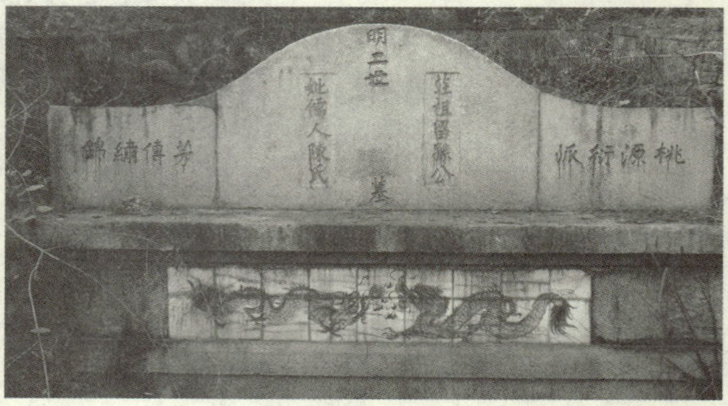

庄留孙墓

庄留孙墓

位于南埔镇天湖村天湖山。穴坐乾向巽兼已亥。1987 年重修。庄留孙（1371—1420 年）系山腰庄氏始迁祖。

庄应祯墓

位于涂岭镇下炉村东。区级文物保护单位。墓碑刻“赤雉大方伯石坡暨夫人陵墓”。庄应祯，字希周，初号赤雉，号石坡，惠安洛阳下曾人。明嘉靖二十六年（1547 年）李春芳榜进士，初授（江西）袁州府推官，历任刑部主事、广西参议、湖广按察司参政、广东右布政。兵部尚书吴容撰铭。

庄应祯墓

第五节　人 物

一、历代科第仕宦名录

庄大勋　山腰人，清嘉庆十二年（1807 年）吕兴国榜武举人。

庄大珪　山腰人，清道光元年（1821 年）恩科王聘三榜武举人。

庄人瑞 山腰人，清道光六年（1826年）朱昌颐恩科进士，恩赐国子监学正，授翰林院检讨。

二、已知当代人物名录

（一）现当代知名人士

庄昭宗 祖籍山腰街道埭港村长房，1901年出生，民国时期惠安县参议员，第五区区长，1926年由萧楚女、恽代英介绍入党，系惠安县早期的8位共产党员之一。曾在香港"南国贸易公司"任职，又移居台湾经商，任闽南同乡会副会长、庄氏公会会长。后回大陆定居，受聘为泉州市政协委员，热心家乡公益事业。

（二）副处（团）级及以上人士

庄晚芳 原名友礼，山腰街道埭港村人，1908年出生，中共地下党员，浙江农业大学教授，中国茶叶学会副理事长，获国务院颁发特殊贡献证书，正厅级离休干部。

庄清桂 山腰街道埭港村人，1919年出生，农工党泉州市委会主委，政协泉州市第六届委员会副主席。

庄绍林 山腰街道埭港村人，1921年出生，参与解放惠安县城和赴朝参战，辽宁省朝阳市侨联副主席、市政协副主席，离休干部。

庄成金 山腰街道锦山村人，1924出生，惠安二中副处级干部。

庄全贵 山腰街道新宅社区人，1925年出生，惠安县农业局处级离休干部。

庄文玉 山腰街道锦塔村人，1927年出生，惠安县人大常委会副主任。

庄锡亮 山腰街道锦山村人，1928年出生，卫生部生物研究所、中国医学科学院抗菌素研究所主任，教授。

庄集礼 山腰街道埭港村人，1928年出生，惠安县卫生局处级离休干部。

庄清兴 山腰街道锦山村人，1928年出生，某部副团职干部。

庄明岩 山腰街道埭港村人，1929年出生，中共泉州市委政策研究室主任。

庄德利 山腰街道陈庄村人，1929年出生，福建省水利水电工程局办公室主任。

庄锡均 山腰街道锦山村人，1929年出生，南靖县供销总社处级离休干部。

庄金辉 山腰街道锦塔村人，1931年出生，解放军28军团长。

庄国森 山腰街道锦山村人，1933年出生，某部副团职干部，转业任职于建宁县计生局。

庄宗杰 山腰街道锦川村人，1933年出生，贵阳医学院党委副书记、副院长，教授，党的十三大代表。

庄玉辉 峰尾镇奎璧村人，1935年10月出生，解放军309医院结核病研究室主任，研究员，博士生导师。专业技术二级。

庄法宝 山腰街道锦联村人，1936年出生，航空兵独立十二团政治处主任。

庄兴发 山腰街道锦塔村人，1936年出生，惠安县人民政府副县长。

庄学良 山腰街道埭港村人，1936年出生，福建省农业厅纪委办公室副主任。

庄锡铭 山腰街道菜堂村人，1937年出生，空军5602部队党委副书记。

庄庆顺 山腰街道锦山村人，1937年出生，某部副团职干部，转业任职于泉州第二轻工学校。

庄全贵 山腰街道埭港村人，1939年出生，历任福州军区高等医学专科学校教授，总参谋部防化科学研究院研究员，专业技术五级。

庄财兴 山腰街道菜堂村人，1939年出生，某部副团职干部，转业任职于惠安县公安局。

庄晏桂 山腰街道菜堂村人，1939年出生，北京国防办师职干部。

庄继祖 山腰街道锦联村人，1939年出生，防化兵工程学院院务部军需处处长，总参干休所副师职干部。

庄荣辉 山腰街道埭港村人，1939年出生，总参第32测绘大队团职干部。

庄志明 山腰街道陈庄村人，1939年出生，重庆市南桐区政协副主席，教授级高级工程师。

庄其元 山腰街道埭港村人，1940年出生，惠安县人民政府副县长。

庄万宝 山腰街道锦山村人，1940年出生，总参工程兵技术装备研究所正师职干部，高级工程师。

庄培山 山腰街道菜堂村人，1941年出生，福州市园林局处长，高级农艺师。

庄荣昭 山腰街道埭港村人，1941年出生，江西省水利厅水土保持处副主任、高级工程师。

庄玉良 山腰街道锦川村人，1942年出生，某部副团职干部，转业任职于惠安县劳动局。

庄森玉 山腰街道陈庄村人，1943年出生，陆军29军政治部干部处处长，转业任泉州市民政局副局长，调研员。

庄明华 山腰街道锦山村人，1943年出生，莆田市科协主席。

庄友松 祖籍山腰街道，1943年出生，福建省财政厅党组书记、厅长，福建华闽集团公司董事长，高级会计师。

庄财金 山腰街道锦山村人，1943年出生，中共福州市台江区委常委、政法委书记。

庄泉宝 山腰街道锦山村人，1944年出生，中共泉州市丰泽区委副书记、区人大常委会主任。

庄顺法 山腰街道锦塔村人，1944年出生，南京军区第31军厦门警备区正团职干部，转业任厦门火电厂党委书记。

庄绍钦 山腰街道锦川村人，1945年出生，泉州市政协常委、经科委主任。

庄顺能 山腰街道锦山村人，1946年出生，石家庄步兵学校共同兵种教研室主任（副师职），转业任泉州市文化局局长，中共泉州市委宣传部常务副部长、党委书记。

庄志雄 山腰街道埭港村人，1946年出生，广州中山大学公共学院教授、博士生导师，中国病毒理学会理事长。

庄锡毅 山腰街道莱堂村人，1949年出生，空军部队海山医院院长。

庄文斌 山腰街道埭港村人，1949年出生，泉州市文化局副局长，泉州市政府驻北京联络处主任。

庄保宗 山腰街道锦塔村人，1949年出生，空军领航学院司令部科长（副团职），转业任职于惠安县委台工部。

庄瑞龙 山腰街道锦山村人，1950年出生，中国轻工业部设计院办公室主任，高级工程师。

庄奇碧 山腰街道锦川村人，1951年出生，中共惠安县委常委、组织部部长。

庄宗明 山腰街道锦山村人，1951年出生，厦门大学校长助理，经济学院副院长，教授。

庄秋福 山腰街道锦川村人，1953年出生，中国航空兵第45师副团职干部，转业任职于惠安县建委。

庄如顺 山腰街道锦塔村人，1955年出生，福建省公安厅副厅长。

庄荣辉 山腰街道锦塔村人，1955年出生，泉州市地税局调研员。

庄学山 山腰街道锦塔村人，1955年出生，中共邵武市委副书记。

庄瑞文 山腰街道陈庄村人，1956年出生，某师炮兵主任，转业任职泉港区政协。

庄学辉 山腰街道陈庄村人，1956年出生，漳州市文明办主任。

庄惠山 山腰街道陈庄村人，1956年出生，解放军86师团职干部，转业任职于福医大学附属一院。

庄庆仁 山腰街道锦联村人，1957年出生，武警福建省总队医院院长、主任医师，专业技术四级，大校。

庄绍祖 山腰街道埭港村人，1957年出生，莆田市人社局调研员。

庄辉凤 山腰街道锦山村人，1958年出生，南京军区第13飞行学员通信处处长。

庄学良 山腰街道锦塔村人，1960年出生，某部副团职干部，转业任职于泉港区国土分局。

庄　穆 山腰街道锦山村人，1960年出生，福州大学马克思主义学院院长、教授。

庄景忠 山腰街道陈庄村人，1960年出生，厦门市公安局治保处副处长。

庄凤鹏 山腰街道锦联村人，1960年出生，解放军73868部队政治委员、上校，转业任泉州市水利局副调研员。

庄金山 山腰街道埭港村人，1960年出生，泉州市公安局党委委员，市公安局交通警察支队支队长。

庄荣文 山腰街道锦塔村人，1961年出生，历任福建省科技厅厅长，国务院侨务办公室党组成员、副主任，中央网络安全和信息化领导小组办公室副主任，国家互联网信息办公室副主任，博士，高级工程师。

庄锦华 峰尾镇奎璧村人，1961年出生，珠海市科技工贸和信息化局副局长。

庄震岗　山腰街道埭港村人，1962 年出生，解放军 180 医院副团职干部。

庄建宝　山腰街道埭港村人，1962 年出生，泉州市委机关编制委员会副调研员。

庄来龙　山腰街道菜堂村人，1962 年出生，泉州市边防支队政委。

庄文斌　山腰街道陈庄村人，1962 年出生，南安市公安局局长，泉州市公安局副局长。

庄尧森　山腰街道锦川村人，1962 年出生，泉州市财政局副局长。

庄敏琦　山腰街道菜堂村人，1962 年出生，集美轻工学校副校长，高级讲师。

庄德义　山腰街道锦山村人，1962 年出生，厦门市儿童医院执行副院长，教授，博士。

庄荣木　山腰街道锦山村人，1962 年出生，福建省供销社办公室主任。

庄元元　山腰街道埭港村人，1963 年出生，外交部驻美国纽约领事馆领事。

庄稼汉　山腰街道陈庄村人，1963 年出生，历任福建省发改委副主任，省委副秘书长（正厅级），省物价局局长，省环保厅厅长，中共南平市委书记，中共厦门市委副书记、厦门市人民政府市长。

庄瑞斌　山腰街道陈庄村人，1963 年出生，某部团职干部，转业任职于泉港医院。

庄培章　山腰街道埭港村人，1963 年出生，华侨大学继续教育学院院长、教授。

庄劲波　山腰街道锦联村人，1964 年出生，福建省商务厅副处长。

庄绍东　山腰街道埭港村人，1964 年出生，福建省农业厅执法总队总队长。

庄灿阳　山腰街道菜堂村人，1965 年出生，福建省盐业局副局长。

庄玉龙　山腰街道菜堂村人，1965 年出生，泉州市委、市政府接待处副主任。

庄平勇　山腰街道陈庄村人，1965 年出生，厦门市委党史研究室主任。

庄洪程　山腰街道锦塔村人，1966 年出生，泉州海事局副局长。

庄清平　山腰街道埭港村人，1967 年出生，空军韶关航材仓库副主任，转业任职于泉港区老干局。

庄少进　山腰街道埭港村人，1967 年出生，南京市政府第三办公室主任，大校。

庄灿霞　山腰街道菜堂村人，女，1968 年出生，泉州市文化广播新闻出版局党组副书记、系统党委书记，泉州市妇联主席。

庄聪文　山腰街道锦山村人，1968 年出生，南京军区福州总医院主任医师，医学博士，专业技术七级。

庄毅强　山腰街道埭港村人，1968 年出生，武警广东省总队清远支队副政委，转业任职清远县国土局。

庄绍恭　山腰街道埭港村人，1968 年出生，肖厝海关关长，泉州海关办公室主任。

庄凤镲　山腰街道埭港村人，1969 年出生，77311 部队正团职干部，上校。

庄一鸣　山腰街道锦山村人，1970 年出生，泉港区政协副主席。

庄学东　山腰街道陈庄村海沙人，1971 年出生，漳州市平和县人民政府副县长。

庄奕龙　山腰街道菜堂村人，1971 年出生，汕头消防支队政治处主任。

庄建顺 山腰街道锦山村人，1971年出生，福建省国家税务局副处长。

庄　禾 山腰街道埭港村人，1971年出生，海军正团职干部，转业任福州舰船装备技术保障大队大队长，泉州市直机关工委委员。

庄伟斌 山腰街道陈庄村人，1972年出生，福建省预备役高炮团第四团上校。

庄稼祥 山腰街道陈庄村人，1972年出生，中共洛江区委常委、纪委书记。

庄荣良 山腰街道锦塔村人，1973年出生，中共厦门市委办公室副主任。

庄雪斌 山腰街道菜堂村人，1974年出生，广东省边防总队南海边防检查站处长。

庄赞良 山腰街道锦联村人，1974年出生，福建武警直属支队副支队长。

庄江波 山腰街道锦山村人，1975年出生，上海证券交易所上市部副总监。

庄新明 山腰街道埭港村人，1976年出生，福建武警消防总队莆田支队涵江大队教导员。

庄亚界 山腰街道陈庄村人，1977年出生，永春县人民政府副县长。

庄清彬 山腰街道菜堂村人，1977年出生，莆田消防支队参谋长。

庄少扬 山腰街道菜堂村人，1978年出生，广东省消防总队汕尾消防支队政治处主任。

庄伟滨 山腰街道锦塔村人，1978年出生，海军91991部队副团职干部。

庄媛萍 山腰街道锦山村人，女，1982年出生，清华大学科技控股中心高级经理。

庄　莉 山腰街道埭港村人，女，1987年出生，文化部非遗办中心办公室主任。

庄静竹 山腰街道埭港村人，女，厦门理工学院处长。

陈秀莲 山腰街道锦川村人，女，1941年出生，中共惠安县委常委、纪委书记。

杨海玲 山腰街道锦山村人，女，1945年出生，历任莆田市人民政府副市长，中共莆田市委常委、组织部部长。

何小红 山腰街道锦山村人，女，1968年出生，福州大学计财处副处长，研究员，教授级高级会计师。

任劭喆 山腰街道埭港村人，女，1980年出生，福建省民政厅救灾物资储备中心副主任，博士。

（三）副处级及以上国有企业人士

庄朝顺 山腰街道新宅社区人，1933年出生，泉州电镀厂厂长。

庄晏金 山腰街道锦联村人，1935年出生，中国银行泉州分行副行长，高级经济师。

庄安林 山腰街道陈庄村人，1942年出生，三明市贮木厂厂长、书记。

庄剑云 山腰街道埭港村人，1943年出生于印尼，中国菌物协会常务理事，国际菌物学会亚洲委员会委员，中国科学院微生物研究所研究员、教授、博士生导师。

庄碧良 南埔镇天湖村人，1960年出生，泉州市工商银行纪委书记。

庄毅勇 山腰街道埭港村人，1965年出生，加拿大中国银行总部企划部高级主任。

庄秀清 山腰街道锦塔村人，1966年出生，中国农业银行泉州分行副行长，高级经济师。

庄国华　山腰街道陈庄村人，1970 年出生，晋江市工商银行行长。

庄燕坤　山腰街道菜堂村人，1977 年出生，福建肖厝港物流有限责任公司副总经理。

庄鹏冲　山腰街道锦塔村人，1981 年出生，中国农业银行正处级专家，管理学博士。

庄阳滨　山腰街道埭港村人，1984 年出生，中国农业银行总行高级专员。

庄良昭　山腰街道人，三明化工总厂机械厂纪委书记。

林美珠　祖籍山腰街道，女，1944 年出生，中国福建国际经济技术合作（集团）公司计财处副处长。

（四）高级专业技术职务者

庄贻信　山腰街道锦川村人，1914 年出生，华西医科大学教授。

庄志金　山腰街道陈庄村人，1925 年出生，北京外运公司高级工程师。

庄玉生　山腰街道陈庄村人，1925 年出生，湖北省十堰市建材局高级会计师。

庄奇顺　山腰街道锦川村人，1927 年出生，泉州师专副教授。

庄德祖　山腰街道锦山村人，1929 年出生，泉港二中高级教师。

庄云娥　山腰街道锦川村人，女，1931 年出生，广州市第二人民医院主任医师。

庄泉金　峰尾镇奎璧村人，1932 年出生，上海东华大学教授。

庄敬才　山腰街道陈庄村人，1932 年出生，惠安县教师进修学校中学高级教师。

庄锡彩　山腰街道锦川村人，1934 年出生，厦门同文中学高级教师。

庄惠民　峰尾镇奎璧村人，1934 年出生，邵武市立医院院长、主任医师。

庄万清　山腰街道菜堂村人，1934 年出生，泉州市林业局高级工程师。

庄荣宝　山腰街道锦山村人，1935 年出生，唐山钢铁公司高级工程师。

庄显祖　山腰街道锦山村人，1935 年出生，中国建材广州砌块公司高级工程师。

庄笑顺　山腰街道锦川村人，1935 年出生，中铁 18 局总工程师。

庄宗灿　山腰街道锦川村人，1936 年出生，漳州建筑工程设计院高级工程师。

庄明水　山腰街道锦山村人，1936 年出生，福建师范大学教学科研所教授。

庄志泉　山腰街道陈庄村人，1936 年出生，泉港二中高级教师。

庄春枝　山腰街道埭港村人，1936 年出生，中建六局海南公司高级工程师。

庄碧如　山腰街道菜堂村人，1936 年出生，新疆大学教授。

庄纯元　山腰街道锦山村人，1936 年出生，福建师范大学附中高级教师。

庄其廉　山腰街道锦川村人，1937 年出生，湖北江门市江汉油田高级工程师。

庄宗彪　山腰街道锦川村人，1937 年出生，泉港二中高级教师。

庄锡铭　山腰街道菜堂村人，1937 年出生，厦门市劳动局高级工程师。

庄国权　山腰街道锦川村人，1937 年出生，惠安县进修学校中学高级教师。

庄惠元　山腰街道锦山村人，1937 年出生，惠东华侨医院主任医师。

庄万金 山腰街道菜堂村人，1939年出生，国家海洋局厦门管区高级工程师。

庄志海 山腰街道陈庄村人，1939年出生，泉州市二轻局高级工程师。

庄顺德 山腰街道锦山村人，1939年出生，厦门海关高级工程师。

庄水成 山腰街道埭港村人，1939年出生，湖南长沙水泵厂高级工程师。

庄志聪 山腰街道埭港村人，1939年出生，福建省工业厅高级工程师。

庄金玉 山腰街道埭港村人，女，1939年出生，机电部华北计算技术研究所高级工程师。

庄荫祖 山腰街道锦山村人，1940年出生，上海树脂厂高级工程师。

庄金龙 山腰街道菜堂村人，1940年出生，泉港二中高级教师。

庄才水 山腰街道锦联村人，1940年出生，福州外国语学校高级教师。

庄泉春 峰尾镇奎璧村人，1940年出生，中国工程物理研究院研究员。

庄振聪 山腰街道菜堂村人，1941年出生，福建省化工研究所高级工程师。

庄友祥 山腰街道锦山村人，1941年出生，中国原子能科学研究院教授。

庄庆兴 山腰街道陈庄村人，1941年出生，青海省地质研究院高级工程师。

庄绍辉 山腰街道埭港村人，1941年出生，泉港二中高级教师。

庄作信 山腰街道锦山村人，1941年出生，泉港二中高级教师。

庄宗超 山腰街道锦川村人，1942年出生，浦城电力公司高级工程师。

庄志荣 山腰街道锦塔村人，1942年出生，北京联合大学文法学院副教授。

庄金华 山腰街道锦塔村人，1942年出生，泉港二中高级教师。

庄开今 山腰街道埭港村人，1942年出生，泉港二中高级教师。

庄志加 山腰街道埭港村人，1942年出生，厦门大学财经系教授。

庄良田 山腰街道埭港村人，1942年出生，中国第十三化学建设公司高级工程师。

庄其舜 山腰街道埭港村人，1943年出生，泉港二中高级教师。

庄绍镐 山腰街道锦山村人，1944年出生，将乐四中高级教师。

庄友顺 山腰街道锦山村人，1944年出生，泉港二中高级教师。

庄福荣 山腰街道锦联村人，1944年出生，泉港美发中学高级教师。

庄胜益 山腰街道陈庄村人，1944年出生，泉港峰尾学区中学高级教师。

庄进来 山腰街道菜堂村人，1945年出生，泉港美发中学高级教师。

庄兴顺 山腰街道锦山村人，1945年出生，泉港美发中学高级教师。

庄万法 山腰街道埭港村人，1945年出生，电子工业部23所光传输系统研究室主任，高级工程师。

庄顺枝 山腰街道锦塔村人，1945年出生，泉港二中高级教师。

庄温纯 山腰街道人，女，1945年出生，南平铝厂子弟学校中学高级教师。

庄绍山 山腰街道埭港村人，1946年出生，泉港埭港学区中学高级教师。

庄志兴 山腰街道菜堂村人，1947年出生，《中学生英语报》社长兼总编辑，泉州市教师进修学院教授。

庄其维 山腰街道锦川村人，1947 年出生，泉港二中高级教师。

庄学祖 山腰街道锦塔村人，1948 年出生，泉港二中高级教师。

庄宗成 山腰街道莱堂村人，1948 年出生，泉州五中高级教师。

庄绍其 山腰街道埭港村人，1949 年出生，泉港美发中学高级教师。

庄俊明 山腰街道莱堂村人，1949 年出生，福建省电力第一建设公司高级工程师。

庄秀法 山腰街道锦联村人，1950 年出生，惠安县公路局高级工程师。

庄惠明 山腰街道锦山村人，1950 年出生，泉港华侨医院副主任医师。

庄良德 峰尾镇奎璧村人，1950 年出生，泉港民族中学高级教师。

庄娓珠 山腰街道锦塔村人，女，1951 年出生，泉港二中高级教师。

庄呈祥 山腰街道锦川村人，1953 年出生，惠安技校副校长、高级讲师。

庄景辉 山腰街道陈庄村人，1953 年出生，厦门大学人文学院历史系教授。

庄学清 山腰街道埭港村人，1953 年出生，泉港二中高级教师。

庄清良 山腰街道锦川村人，1954 年出生，泉港凤翔中学高级教师。

庄一雄 山腰街道锦山村人，1955 年出生，泉州建设银行高级经济师。

庄绍凤 山腰街道埭港村人，1955 年出生，厦门浴丰冷冻公司高级工程师。

庄绍平 山腰街道埭港村人，1955 年出生，泉港坝头中学高级教师。

庄祥顺 山腰街道锦山村人，1955 年出生，惠安三中高级教师。

庄绍华 山腰街道埭港村人，1956 年出生，泉港二中高级教师。

庄　威 山腰街道锦山村人，1956 年出生，安徽大学教授。

庄　岩 山腰街道锦山村人，1956 年出生，厦门一中高级教师、特级教师。

庄绍金 山腰街道锦塔村人，1956 年出生，国家地震局综合队高级工程师。

庄绍鹏 山腰街道陈庄村人，1956 年出生，泉港二中高级教师。

庄剑波 山腰街道锦川村人，1956 年出生，泉州市农科所高级农艺师。

庄学远 山腰街道莱堂村人，1957 年出生，泉港美发中学高级教师。

庄龙辉 山腰街道陈庄村人，1957 年出生，泉港美发中学高级教师。

庄绍冰 山腰街道锦塔村人，1957 年出生，泉州第一医院副主任药师。

庄绍文 山腰街道埭港村人，1957 年出生，泉港二中高级教师。

庄学添 山腰街道莱堂村人，1957 年出生，海南盛达集团高级工程师。

庄耀明 山腰街道锦川村人，1958 年出生，福建医科大学闽南分院主任医师。

庄绍凯 山腰街道陈庄村人，1958 年出生，泉港美发中学高级教师。

庄加宝 山腰街道莱堂村人，1958 年出生，泉港二中高级教师。

庄伟建 山腰街道埭港村人，1958 年出生，福建农林大学教授、博士生导师。

庄小英 山腰街道锦山村人，女，1959 年出生，厦门市儿童医院主任护师。

庄瑞兴 山腰街道锦山村人，1959年出生，泉港二中高级教师。
庄心怡 山腰街道锦山村人，1959年出生，北京科技大学高级工程师。
庄盛良 山腰街道菜堂村人，1960年出生，泉港坝头中学高级教师。
庄淑平 山腰街道菜堂村人，1961年出生，泉港美发中学高级教师。
庄秀建 山腰街道陈庄村人，1962年出生，泉港美发中学高级教师。
庄顺清 山腰街道菜堂村人，1962年出生，泉港山腰第二中心小学中学高级教师。
庄龙平 山腰街道埭港村人，1962年出生，泉港美发中学高级教师。
庄远边 山腰街道埭港村人，1962年出生，泉港山腰中学高级教师。
庄学钦 山腰街道埭港村人，1962年出生，泉港惠华中学高级教师。
庄碧雄 山腰街道锦山村人，1962年出生，泉港三川中学高级教师。
庄学远 山腰街道埭港村人，1962年出生，泉州洛江区财政局高级会计师。
庄水宝 山腰街道陈庄村人，1962年出生，泉港第二实验小学中学高级教师。
庄学领 山腰街道陈庄村人，1962年出生，三明市第五医院主任医师。
庄景昌 山腰街道埭港村人，1963年出生，泉港美发中学高级教师。
庄汉宗 山腰街道锦山村人，1963年出生，泉港圭峰中学高级教师。
庄文章 山腰街道锦山村人，1963年出生，泉港山腰中学高级教师。
庄国斌 山腰街道菜堂村人，1963年出生，泉港职专中学高级教师。
庄国贤 山腰街道陈庄村人，1963年出生，泉州集韵物流集团船务部经理，高级轮机长。
庄瑞斌 山腰街道陈庄村人，1963年出生，泉港医院副主任医师。
庄少彬 山腰街道锦山村人，1964年出生，美国波士顿大学讲师，博士。
庄锦煌 山腰街道陈庄村人，1964年出生，华侨大学教授级高级工程师，博士。
庄学银 山腰街道锦塔村人，1964年出生，泉州一中高级教师。
庄丹红 山腰街道新宅社区人，女，1964年出生，泉州中医院副主任医师。
庄劲松 山腰街道陈庄村人，1964年出生，泉州市水利局高级工程师。
庄毛平 山腰街道锦山村人，1965年出生，泉港山腰街道社区卫生服务中心主任医师。
庄月红 山腰街道锦山村人，女，1965年出生，惠安工农中学高级教师。
庄学芳 山腰街道埭港村人，1965年出生，泉港美发中学高级教师。
庄景新 山腰街道埭港村人，1965年出生，泉州市财政局高级会计师。
庄爱国 山腰街道埭港村人，1965年出生，泉港二中高级教师。
庄毅伟 山腰街道菜堂村人，1965年出生，厦门质量安全监督站高级工程师。
庄建辉 山腰街道锦联村人，1965年出生，泉州市建田漆业有限公司高级工程师。
庄秉宏 山腰街道菜堂村人，1965年出生，泉港民族中学高级教师。
庄建波 山腰街道陈庄村人，1965年出生，泉州市公安局劳教所主任医师。
庄华民 山腰街道新宅社区人，1965年出生，泉州市审计局高级审计师。

庄赞清 山腰街道锦联村人，1965年出生，惠东华侨医院副主任医师。
庄余平 山腰街道埭港村人，1965年出生，泉港二中高级教师。
庄志洪 山腰街道锦川村人，1965年出生，福建炼油化工有限公司高级工程师。
庄清珠 山腰街道陈庄村人，女，1965年出生，泉州师范学院副教授。
庄学先 山腰街道陈庄村人，晋江市第三建筑公司高级工程师。
庄瑞娥 山腰街道陈庄村人，女，1966年出生，泉港区妇幼保健院副主任护师。
庄清洪 山腰街道埭港村人，1966年出生，泉港区山腰盐场高级会计师。
庄俊春 山腰街道菜堂村人，1966年出生，泉港三朱中学高级教师。
庄学真 山腰街道埭港村人，1966年出生，厦门英才学校中学高级教师。
庄维彬 山腰街道埭港村人，1967年出生，泉港区医院副主任医师。
庄阿郎 山腰街道埭港村人，1967年出生，惠安荷山中学高级教师。
庄德森 山腰街道锦塔村人，1967年出生，福州天宇电气开关厂高级工程师。
庄赞华 山腰街道锦联村人，1967年出生，泉港山腰中学高级教师。
庄少煌 山腰街道锦山村人，1967年出生，泉港山腰中学高级教师。
庄惠龙 山腰街道锦联村人，1967年出生，集美大学副教授。
庄陆祥 山腰街道锦川村人，1967年出生，泉港山腰中学高级教师。
庄春龙 山腰街道锦川村人，1967年出生，泉港区财政局高级经济师。
庄文华 山腰街道陈庄村人，1967年出生，泉港美发中学高级教师。
庄秀兰 山腰街道埭港村人，女，1968年出生，泉港二中高级教师。
庄杰周 山腰街道菜堂村人，1968年出生，泉港二中高级教师。
庄清海 山腰街道锦塔村人，1968年出生，泉港山腰中学高级教师。
庄晓平 山腰街道锦川村人，1968年出生，泉港山腰中学高级教师。
庄慧琼 山腰街道锦川村人，女，1968年出生，泉港区教师进修学校中学高级教师。
庄汉民 山腰街道埭港村人，1968年出生，泉港一中高级教师。
庄乙勇 山腰街道锦祥社区人，1968年出生，泉港三川中学高级教师。
庄雪梅 山腰街道锦联村人，女，1968年出生，福州第二医院主任医师。
庄学彬 山腰街道锦联村人，1969年出生，福建省冠亚集团开发建设有限公司高级工程师。
庄国平 山腰街道埭港村人，1969年出生，泉港六中高级教师。
庄庆彬 山腰街道埭港村人，1969年出生，泉州师范学院副教授。
庄灿明 山腰街道菜堂村人，1969年出生，广东香江集团高级经济师。
庄玉兰 山腰街道埭港村人，女，1969年出生，泉港五中高级教师。
庄惠君 山腰街道锦川村人，女，1969年出生，桂阳医科大学主任医师。
庄梅红 山腰街道埭港村人，女，1970年出生，泉港峰尾学区中学高级教师。
庄伟明 山腰街道埭港村人，1970年出生，泉港二中高级教师。

庄怡萍 山腰街道锦山村人，1970 年出生，晋江英林中学高级教师。

庄秀琴 山腰街道埭港村人，女，1971 年出生，泉港美发中学高级教师。

庄玉平 山腰街道菜堂村人，1971 年出生，惠安辋川中学高级教师。

庄鹏鸿 山腰街道菜堂村人，1971 年出生，泉港美发中学高级教师。

庄惠波 山腰街道锦山村人，1971 年出生，泉港山腰中学高级教师。

庄清梅 山腰街道埭港村人，女，1971 年出生，泉港美发中学高级教师。

庄聪琼 山腰街道锦塔村人，女，1971 年出生，广东清远市人民医院副主任护师。

庄绍勇 山腰街道埭港村人，1971 年出生，泉港美发中学高级教师。

庄伊春 山腰街道新宅社区人，1971 年出生，泉港一中高级教师。

庄亚蓉 山腰街道埭港村人，女，1971 年出生，泉港山腰中学高级教师。

庄一平 山腰街道锦山村人，1972 年出生，泉港二中高级教师。

庄世辉 山腰街道锦山村人，1972 年出生，泉港二中高级教师。

庄淑娥 山腰街道埭港村人，女，1972 年出生，泉港美发中学高级教师。

庄学安 山腰街道埭港村人，1972 年出生，泉港区教师进修学校中学高级教师。

庄海丽 山腰街道埭港村人，女，1972 年出生，泉港庄重文实验小学中学高级教师。

庄学斌 山腰街道埭港村人，1972 年出生，福清市供电公司副总会计师、高级会计师。

庄惠龙 山腰街道锦山村人，1972 年出生，泉港美发中学高级教师。

庄学民 山腰街道埭港村人，1972 年出生，泉港山腰中学高级教师。

庄碧娥 山腰街道菜堂村人，女，1972 年出生，泉港区建设工程质量监督站高级工程师。

庄　劼 山腰街道锦山村人，1972 年出生，上海明华电力技术工程有限公司高级工程师。

庄竹君 山腰街道锦川村人，女，1972 年出生，广州市移动公司高级会计师。

庄琼霞 山腰街道陈庄村人，女，1972 年出生，泉港一中高级教师。

庄学泳 山腰街道陈庄村人，1972 年出生，泉州港务集团公司高级会计师，博士。

庄文锦 峰尾镇奎璧村人，1972 年出生，福建省立医院副主任医师。

庄美萍 山腰街道锦山村人，女，1973 年出生，惠安一中高级教师。

庄亚平 山腰街道陈庄村人，1973 年出生，泉港山腰中学高级教师。

庄清雄 山腰街道陈庄村人，1973 年出生，泉港民族中学高级教师。

庄惠榕 山腰街道埭港村人，女，1973 年出生，泉港二中高级教师。

庄昆平 山腰街道锦山村人，1973 年出生，中建七局三公司高级工程师。

庄文清 山腰街道菜堂村人，1973 年出生，泉港坝头中学高级教师。

庄香香 山腰街道菜堂村人，女，1973 年出生，泉港三川中学高级教师。

庄美珍 山腰街道埭港村人，女，1973 年出生，泉港山腰中学高级教师。

庄能扬 山腰街道锦山村人，1973 年出生，泉港美发中学高级教师。

庄育楚 山腰街道陈庄村人，1973年出生，泉港坝头中学高级教师。
庄进平 山腰街道锦山村人，1973年出生，惠安高级中学高级教师。
庄云清 山腰街道人，1973年出生，泉州市湄洲湾南岸供水有限公司高级工程师。
庄琼霞 山腰街道埭港村人，女，1974年出生，泉港美发中学高级教师。
庄明娥 山腰街道埭港村人，女，1974年出生，泉港山腰中学高级教师。
庄溯波 山腰街道陈庄村人，1974年出生，泉港五中高级教师。
庄鹏煌 山腰街道埭港村人，1974年出生，泉港二中高级教师。
庄伟平 山腰街道埭港村人，1974年出生，泉港二中高级教师。
庄伟东 山腰街道锦塔村人，1974年出生，泉港民族中学高级教师。
庄学景 山腰街道埭港村人，1974年出生，泉港美发中学高级教师。
庄学培 山腰街道埭港村人，1974年出生，泉港一中高级教师，福建省特级教师。
庄学彬 山腰街道埭港村人，1974年出生，泉港坝头中学高级教师。
庄鸿海 山腰街道锦川村人，1974年出生，泉港坝头中学高级教师。
庄景娥 山腰街道陈庄村人，女，1974年出生，泉港二中高级教师。
庄尾萍 山腰街道埭港村人，女，1975年出生，泉港美发中学高级教师。
庄蓉霞 山腰街道菜堂村人，女，1975年出生，泉港美发中学高级教师。
庄鹏广 南埔镇先锋村人，1975年出生，泉港天竺中学高级教师。
庄志忠 山腰街道锦山村人，1975年出生，泉港三川中学高级教师。
庄进平 山腰街道埭港村人，1975年出生，泉港山腰中学高级教师。
庄涵虚 山腰街道陈庄村人，女，1975年出生，漳州市医院副主任医师。
庄静霞 山腰街道菜堂村人，女，1976年出生，泉港美发中学高级教师。
庄建鹏 山腰街道锦川村人，1976年出生，泉州市政工程管理处高级工程师。
庄学鹏 山腰街道埭港村人，1976年出生，泉港山腰中学高级教师。
庄学斌 山腰街道锦联村人，1976年出生，浦城县仙阳中学高级教师。
庄伟民 山腰街道锦川村人，1976年出生，泉港二中高级教师。
庄永兴 山腰街道陈庄村人，1977年出生，泉港坝头中学高级教师。
庄丽瑜 山腰街道菜堂村人，女，1977年出生，泉港山腰中学高级教师。
庄少君 山腰街道陈庄村人，1977年出生，泉港坝头中学高级教师。
庄黎虹 山腰街道陈庄村人，女，1977年出生，泉州晚报社主任编辑。
庄淑金 山腰街道新宅社区人，1977年出生，泉港民族中学高级教师。
庄清霞 山腰街道埭港村人，女，1977年出生，泉港美发中学高级教师。
庄华强 山腰街道陈庄村人，1978年出生，泉港二中高级教师。
庄黎琼 山腰街道陈庄村人，女，1978年出生，泉州市金融工作局高级经济师。
庄金民 山腰街道埭港村人，1979年出生，泉港区财政局国库支付中心高级会计师。

庄惠明 山腰街道埭港村人，1979 年出生，北京师范大学副教授，博士后。

庄杰文 山腰街道陈庄村人，1980 年出生，中国汽车工业工程有限公司高级工程师。

庄月娥 山腰街道埭港村人，女，1980 年出生，泉港六中高级教师。

庄青松 山腰街道锦联村人，1980 年出生，广州军区副研究员，专业技术九级。

庄君清 山腰街道锦祥社区人，1981 年出生，泉港区政府数字办高级工程师。

庄丽芬 山腰街道锦川村人，女，1981 年出生，泉州南音乐团国家一级演员。

庄吓海 山腰街道陈庄村人，1982 年出生，上海市中科院副教授。

庄三红 山腰街道埭港村人，女，1985 年出生，厦门大学副教授。

庄金兴 山腰街道人，广东江门二中高级教师。

庄建安 山腰街道埭港村人，惠安荷山中学高级教师。

庄维特 山腰街道人，福建省立医院主任医师。

薛秀卿 山腰街道锦山村人，女，1929 年出生，国家卫生部生物制品研究所研究员。

孙浩泉 山腰街道锦川村人，女，1935 年出生，漳州建筑工程设计院高级工程师。

李时光 山腰街道锦川村人，女，1940 年出生，桂阳医科大学主任医师。

周雅丽 山腰街道锦川村人，女，1962 年出生，泉州黎明大学副教授。

陈小梅 山腰街道陈庄村人，女，1962 年出生，福建省妇幼保健院主任医师。

刘　洁 山腰街道锦塔村人，女，1962 年出生，福州大学空间信息研究中心高级工程师。

许亚红 山腰街道锦塔村人，女，1964 年出生，泉州六中高级教师。

郑　莉 山腰街道锦塔村人，女，1966 年出生，浦城县农业局教授级高级农艺师。

吕心阳 山腰街道锦联村人，女，1968 年出生，福建省立医院副主任医师。

戴海霞 山腰街道锦塔村人，女，1968 年出生，浦城县中医院副院长、主任医师。

翁向群 山腰街道锦山村人，女，1969 年出生，南京军区福州总医院主任医师。

区海燕 山腰街道陈庄村人，女，1978 年出生，香港南方李锦记高级营养师。

高爱芳 山腰街道埭港村人，女，惠安荷山中学高级教师。

（五）博士

庄学箕 山腰街道锦山村人，1938 年出生，新加坡大学博士。

庄神亮 山腰街道锦山村人，1944 年出生，新加坡大学博士。

庄建苏 山腰街道埭港村人，女，1950 年出生，美国田纳西州立大学博士。

庄建兰 山腰街道埭港村人，女，1953 年出生，美国明尼苏州立大学数统博士，美国医药学会副会长，系有史以来首位女副会长，兼任四家医药杂志主编。

庄敏蕙 祖籍山腰街道埭港村，女，1953 年出生，侨居新加坡，伦敦经济学院博士。

庄本蕙 祖籍山腰街道埭港村，女，1954 年出生，侨居新加坡，英国伦敦大学帝国学院博士。

庄建华 山腰街道埭港村人，女，1959年出生，美国伊利诺州立大学大气科学博士。

庄锦华 峰尾镇奎璧村人，1961年出生，华中科技大学管理专业博士。

庄金凤 山腰街道埭港村人，女，1962年出生，留美博士。

庄学锦 山腰街道埭港村人，1963年出生，留美博士。

庄锦煌 山腰街道陈庄村人，1964年出生，博士。

庄伟芬 山腰街道陈庄村人，女，1972年出生，厦门大学博士。

庄文娟 山腰街道锦塔村人，女，1972年出生，留美博士。

庄海波 山腰街道锦山村人，1972年出生，厦门银行天津分行行长，博士。

庄赵敏 山腰街道锦塔村人，女，1974年出生，留美博士。

庄渝霞 山腰街道埭港村人，女，1975年出生，厦门大学经济学博士，上海社会科学院任职。

庄晓明 山腰街道锦塔村人，1975年出生，留美博士。

庄晓峰 山腰街道锦山村人，1977年出生，北京医学院博士。

庄学彬 山腰街道锦塔村人，1983年出生，中国运载火箭技术研究院博士。

庄荣强 峰尾镇奎璧村人，1984年出生，厦门大学博士。

陈晓梅 山腰街道锦山村人，女，1965年出生，美国波士顿医学博士。

（六）港澳台胞及海外侨胞知名人士

庄复初 祖籍山腰街道陈庄村，字廷钟，1885年出生，侨居菲律宾，主办《公理报》，抨击日寇暴行，解救崇武、峰尾船工。1936年回国任锦山小学（今山腰中心小学）校长，后任惠安县山腰联保处主任。

庄奎章 祖籍山腰街道锦山村，1894年出生，先后任厦门大同中学校长，同安县、莆田县教育局局长，后侨居印度尼西亚和新加坡，任印尼井里中学校长、南侨师范学校校长，新加坡书业工会会长。

庄竹林 祖籍山腰街道菜堂村，1900年出生，美国米西干大学政治学博士，受聘为广州中山大学法学院教授，后侨居新加坡，任新加坡中正中学首任校长、南洋大学副校长。

庄兴德 祖籍山腰街道菜堂村，1907年出生，山腰乡联保主任、锦山小学校长。后迁居台湾新竹，1985年倡议庄氏台湾宗亲捐资修建山腰庄氏祠堂。

庄右铭 原名玉法，祖籍山腰街道埭港村面前山，1908年出生，侨居星马，注册成立新加坡儒商学会并任会长，在星马拥有多家企业，声誉卓著。参与筹建新加坡中正中学、南洋大学。热心教育，捐建泉港一中“和熹堂”、泉港二中教学楼、山腰中心小学校舍和山腰盐场中心小学“萃照教学楼”，受福建省人民政府表彰。

庄文英 又名玉才，祖籍山腰街道埭港村后楼，1909年出生，侨居新加坡，新加坡马华公会分会会长，星华党主席，联合阵线主席，国会议员，提名新加坡总理候选人。抗战期间，以牧师身份为掩护，参与当地抗日活动。

庄子卿 原名金法，祖籍山腰街道锦塔村前埕，1910 年出生，居台湾，黄埔军校第 11 期毕业，国民党炮兵团上校团长，金门驻军情报处少将处长，抗日名将。

庄重文 原名碧荣，祖籍山腰街道埭港村后楼，1912 年出生，居香港，香港南国贸易公司和“庄士集团”创始人，拥有三家香港上市公司。连任三届香港中华厂商联合会会长。美国圣三一大学荣誉法学博士、圣公会大学人文文学博士，英国圣安德烈研究院院士。爱国重教，设立“庄采芳奖学金”“庄重文优秀校长奖”“庄重文文学奖”，捐建泉港二中“旅星乡贤楼”等，福建省政府授予“乐育英才”荣誉称号，多次受到李鹏总理、万里委员长、叶飞副委员长、李岚清副总理等党和国家领导人的会见。

庄奇发 祖籍山腰街道锦川村宅内顶宅，1916 年出生，侨居新加坡，捐建华侨医院、山腰侨联办公楼及锦川村公共设施。

庄绍华 祖籍山腰街道锦山村细房，1919 年出生于印尼仙丹埠，留学英国，后居台湾，任台湾大学副教授，生物博士。

庄金法 祖籍山腰街道埭港村后楼，1924 年出生，居台湾花莲，先后在花师、花中、花岗国中等校任教，后任玉里省立高中等学校校长、花莲县党部常委、评议委员，屡获嘉奖。

庄丁筱和 祖籍山腰街道埭港村后楼，女，1926 年出生，居台湾花莲，花莲女子中学训导处主任。

庄奇德 祖籍山腰街道锦川村宅内长房，1926 年出生，侨居新加坡，荣获彭亨苏丹封赐拿督 DKS 勋衔，捐建锦川小学教学楼。

庄金秀 祖籍山腰街道锦山村宅内二房，1929 年出生，侨居星马，巴生知名画家，担任世界美术文化交流协会（马来西亚）、马来西亚艺术学院、雪州皇城艺术家协会、大马华人文化协会、东方艺术研究中心会长、副会长或顾问，为慈善教育筹款百万元，荣膺雪州苏丹殿下封赐 PJK 勋衔和马来西亚文化表扬奖，曾作为马来西亚民间艺术家访华团团长两次率团访问祖国。

庄志英 祖籍山腰街道，1929 年出生，居台湾，历任台北等市多位市长的主任秘书或秘书长。

庄添文 祖籍山腰街道锦山村宅内三房，1930 年出生于马来西亚，捐建山腰中学何妮妸教学楼、庄添文综合楼、行政楼、教师楼、学生楼等。并策励旅外乡贤捐建泉港二中旅马实验楼和山腰中心小学、锦塔小学、锦川小学、古县小学、新宅小学校舍。

庄添桂 祖籍山腰街道锦川村宅内三房，1933 年出生，侨居新加坡，创办家私店、罐头厂等，捐建山腰侨联办公楼、锦川小学教室及锦川村基础设施。

庄日昆 祖籍山腰街道锦山村后沟，1934 年出生，侨居新加坡，新加坡社会发展部高级部长、中峇鲁国会议员，新加坡奥林匹克会会长、龙舟会主席。

庄德枝 祖籍山腰街道埭港长房，1936 年出生，侨居马来亚，马来西亚巴生惠安公会副主席，远达土木工程（马）有限公司创始人。多次捐建泉港二中和山腰中心、锦川、新宅、古县等小学校舍，协助创办和捐建泉港区实验幼儿园，并在枫亭、沙格、峰尾、山腰等地捐建教堂。

庄秀霞 祖籍山腰街道埭港村后楼，女，1936 年出生，香港庄士集团中国地产有限公司董事长、顾问，香港中国投资有限公司董事，香港惠安同乡总会副主席，泉州市泉港区侨联顾问，泉港区政协委员。

庄绍生 祖籍山腰街道埭港村长房，1938 年出生，居台湾，热心家乡公益事业，捐资建设泉港二中玉法科技大楼，设立泉港二中“庄鸣盛奖学奖教基金会”，惠安一中“庄绍生奖学金”，在宁夏、陕西设立“庄绍生助学基金”，资助数百贫困学子入学。

庄绍荣 祖籍山腰街道埭港村，1939 年出生于新加坡，侨居马来亚，《星洲日报》中文电脑俱乐部主席、马来西亚庄严宗亲总会会长，雪隆庄严同宗会会长，巴生马华区主席，第四届庄严宗亲恳亲大会筹委会主席。

庄　宝 原名崇宝，祖籍山腰街道埭港村面前山，1939 年出生于马来亚，香港明辉发展有限公司首席执行官、盛权集团有限公司总裁，捐资兴建山腰盐场中学，福建省人民政府授予“乐育英才”证书和金质奖章。

庄绍川 祖籍山腰街道埭港村，1947 年出生，侨居新加坡，英国伦敦大学博士。

庄绍梁 祖籍山腰街道埭港村后楼，1948 年出生于香港，博士，庄氏集团有限公司顾问、彩鸾实业有限公司及汇力运输公司董事长，香港特别行政区基本法咨询委员会委员、审判顾问。

庄赵慕莲 祖籍山腰街道埭港村，女，1949 年出生，侨居美国，美国春田大学教育学博士、乔治大学博士。

庄绍绥 祖籍山腰街道埭港村，1951 年出生，居香港，香港庄士集团主席、庄士机构国际有限公司主席，任香港特别行政区推选委员会委员，香港惠安同乡会会长，受聘为港澳新华社港事顾问。福建省政协委员、厦门市政协常委。捐资 400 万元兴建厦门集美大学“重文楼”，捐资 500 万元创办“泉港庄重文实验小学”。

庄绍平 祖籍山腰街道埭港村，1952 年出生，侨居新加坡，新加坡建筑商公会会长，中华总商会常务董事，惠安公会和庄氏公会顾问，新加坡国会官委议员，淡滨尼区公民咨询委员会主席，荣膺总统封赐公共服务奖章勋衔，协同其父庄右铭捐建家乡多所中小学教学楼等。

庄建国 祖籍山腰街道埭港村，1956 年出生，居台湾，台湾兵工学校少校教官，后留美获美国罗徹斯特理工学院电脑硕士学位。

庄绍震 祖籍山腰街道埭港村，1963 年出生，侨居新加坡，剑桥大学英王学院博士。

庄学忠 祖籍山腰街道埭港村，1963 年出生于马来西亚，马来西亚全国歌唱冠军，荣获六届马来西亚“十大歌王”称号，被誉为“冠军歌王”。

庄毅勇 祖籍山腰街道埭港村，1965 年出生，侨居加拿大，加拿大中国银行总部企划部高级主任。

庄荣毅 祖籍山腰街道宅内四房，1966年出生，侨居英国，英国剑桥大学博士。

庄熊田贞子 祖籍山腰街道埭港村，女，1967年出生，侨居英国，英国剑桥大学社会人类学博士。

庄洲珩 祖籍山腰街道埭港村，1990年出生，侨居美国，旧金山ORACLE甲骨文公司项目负责人，高级工程师。

三、英烈名录

庄银盛（1926—1954年） 山腰街道埭港村人，解放军28军82师244团1营3连战士，在莆田执勤时牺牲。

庄文富（1927—1951年） 山腰街道锦联村人，志愿军27军教导团2连2排副班长，入朝作战，失踪。

庄火水（1948—1969年） 山腰街道锦山村人，解放军8739部队67团3营战士，在河北涞源县灭火中牺牲。

庄盛春（1951—1984年） 山腰街道锦川村人，援藏工程指挥部惠安石料公司物资科长，为抢救落水藏胞牺牲。

庄瑞明（1954—1979年） 山腰街道埭港村人，解放军53051部队82分队班长，在对越自卫反击战中牺牲。

庄绍辉（1955—1977年） 山腰街道锦山村人，解放军32266部队90分队副班长，在顺昌县执勤中牺牲。

庄俏东（1970—2001年） 山腰街道陈庄村人，惠安县公安局警察，2001年12月执行任务时为掩护战友遭遇车祸牺牲。泉州市委、市政府授予“泉州卫士”，福建省公安厅给予追记一等功，福建省人民政府批准为“革命烈士”，民政部发给“革命烈士”证书。

庄景峰（1974—2001年） 山腰街道埭港村人，惠安县公安局警察，2001年在重庆追捕罪犯中牺牲。惠安县、泉州市、福建省等各级党委追认为“优秀共产党员”、“泉州卫士”、“革命烈士”；公安部授予“一等功”奖章，公安部、民政部联合授予“公安英烈”和“革命烈士”。

第六节 记 事

清康熙二年（1663），庄姓聚居地山腰之名始在志书上出现，与前蔡、前郭等24乡并列。

清乾隆六十年（1795年）八月十五日台风，冲毁山腰、前蔡、前黄、普安、钟厝、叶厝

6乡田地1875.14亩。

清嘉庆元年（1796年），山腰庄氏及周边乡里建盐田，生产日晒盐。山腰兴建庄氏家庙。

清嘉庆二年（1797年），庄捷轩兴建望海楼和文武馆等（位于今山腰街道埭港村后楼）。

清同治八年（1869年），基督教会传入山腰。

清光绪六年（1880年），山腰庄氏家庙修葺。

清光绪十八年（1892年），山腰盐场设厘卡。

清光绪二十一年（1895年），山腰灰窑脚创建基督教堂，教会创办义学（也称蒙学堂）。

民国3年（1914年）山腰基督教会创办普化小学。

民国4年（1915年）9月12日，惠安驻军李玉生带兵进驻山腰，建盐馆，拘捕名士庄舜龙，引发兵民冲突，山腰村民10多人被杀，五开间大厝2座被烧。

民国5年，锦山小学（今山腰中心小学）创办，校址在山腰庄氏祠堂。清朝法部主事庄俊英系首任校长。

民国13年，燕京大学法律系学生庄竹秋（山腰人）和刘雪本（土坑人）、柳克明等受李大钊指派回乡后，领导惠北村民打“杨团”。

民国16年5月，省盐政处在山腰设立盐税局。

民国19年4月，成立山腰盐场公署，内设8个股。

民国21年3月，中共惠安县委李文端书记、委员唐言福（化名陈鹏）等成立“惠北抗捐大同盟”，领导发动抗击陈国辉、抗缴鸦片捐的大规模武装斗争。

民国25年，国民党中央军驻福建第九师李延年派遣雷镇波营进驻柳厝区（五区），拘捕区长庄昭宗等人，并进驻坝头、山腰两地，大肆搜刮扰民，酿成“跑雷营事件”。

民国28年，山腰锦山小学郭端修、郭迪修、周海宇等师生30多人成立抗日话剧团，后改名为“惠安抗敌第六巡回宣传队”，后归入惠安抗敌后援会。

民国29年，山腰归侨庄水生等捐资2万元购买飞机支持抗日，时任福建省负责人的陈肇英特赠“功在家国”“壮心未已”匾以表彰。

民国33年11月，国民党惠安县当局派兵到山腰抓壮丁，遭盐民、农民反对和痛殴。

民国35年，锦塔陈庄顶科庄神生创办南音弦馆，同时前埕也组建了北管弦管间和南音弦管间。

民国36年，惠安县分保区划分，山腰的“四锦”、坝头的“五凤”和前黄组建锦凤乡，乡公所设在山腰前埕旧宫（今锦山宫）。

民国37年冬，中共福州城市工作部转移到山腰后楼，庄晚芳、林文学等随即开办“正风补习学校”，吸收进步青年学习，开展革命活动。

民国 38 年 1 月，中共福州城工部山腰支部成立，庄晚芳为书记。8 月 18 日，经山腰后楼庄晚芳、庄祖荣、庄绍林和锦凤乡乡长连远策反，中共惠安县工作委员会派张海天、朱联法等 10 人在后楼接管国民党山腰盐署和盐警大队。庄晚芳代表县工委签字，宣布山腰解放。23 日，起义部队配合“闽中游击队”解放惠安。

1951 年，中共晋江地委任命惠安县长王振海兼任山腰盐场场长。

1952 年，惠安二中在山腰创办。

1955 年，山腰盐场在埭港设立气象站。

1956 年，莱堂小学正式开办。山腰盐场在埭港创办托儿所、幼儿园。

1958 年，超先公社在山腰创办农业机械厂。

1959 年，山腰盐场转为地方国营企业，作为乡镇一级建制。同年，国营惠安化工厂创办，厂址在山腰。

1960 年，侨联主任庄祖荣向华侨集资创办“惠北华侨医院”。

1961 年，成立山腰人民公社。是年，兴建山腰戏院，至 1978 年改名为“山腰影剧院”。

1969 年 10 月 1 日，埭港盐业工人庄顺法，晋京上天安门参加国庆观礼。

1972 年，惠安盐化机械厂在山腰建成投产。

1979 年，山腰盐场内部试行盐业职工退休。成立埭港芗剧团。

1981 年，山腰成立实验芗剧团。山腰北管乐队代表晋江地区赴省参加“武夷之春”会演，获最高奖。

1984 年，山腰公社改为山腰乡人民政府。是年，华侨庄长辉、黄宽妹夫妇捐资铺设山腰街道石砖路。

1986 年，原创于山腰的民间舞蹈《七星灯》由前黄黄珍德编导，参加全国民间音乐舞蹈比赛荣获创作、演出、组织一等奖。同年，创办山腰盐场中学。

1987 年，山腰盐场推行企业劳动制度改革，全面定编定员，纳入国家劳动管理，实行员工退休制度，并率先参加全省退休保险统筹。

1988 年，侨胞集资在山腰兴建侨联大厦。

1989 年，台胞庄昭宗、庄兴德倡议旅台宗亲捐资重建庄氏家庙。

1994 年，山腰文化站被省文化厅授予“百强文化站”称号。

1996 年，成立山腰镇、埭港镇。是年，创办山腰中学。

1998 年 3 月，山腰庄氏家庙被列为区级文物保护单位。7 月，由台胞庄绍生投资建设的金山商业街在西蔡岭马路头埔奠基。

2000 年，山腰南音社成立。

2001 年，埭港村望海楼被列为区级文物保护单位。

2002 年，埭港村龙见宫被列为区级文物保护单位。华侨庄德枝资助创办泉港区实验幼儿园。莱堂村群众集资 40 多万元，兴修水利及治理内沟河。

2003 年，山腰镇改制为山腰街道。

2004 年，泉州锦绣庄文物保护委员会山腰分会成立。2 月，锦联村被泉州市评为“宽裕型文明村”。7 月 1 日，山腰埭港村后楼被定为“后楼革命基点村”，并立碑。

2006 年，前埕北管乐队参加首届“快乐泉州才艺大比拼”文艺演出比赛，荣获全市社区组第一名。

2007 年，《桃源·锦绣·山腰庄氏族谱》出版。菜堂村被泉州市评为民主法治村。全区校园推广传唱《为了你我的宏愿》一歌，词作者系埭港村庄福星。

2008 年 11 月，山腰街道被国家文化部命名为“中国民间文化艺术（闽南戏曲）之乡”。

2012 年，山腰庄龙宗被国家文化部授予“国家级泉州北管传承人”。

2012 年 4 月，山腰街道埭港村获评“福建省农村文化建设示范点”。

2014 年，山腰街道被泉州市人民政府规划为“闽南文化生态保护区重点区域”。

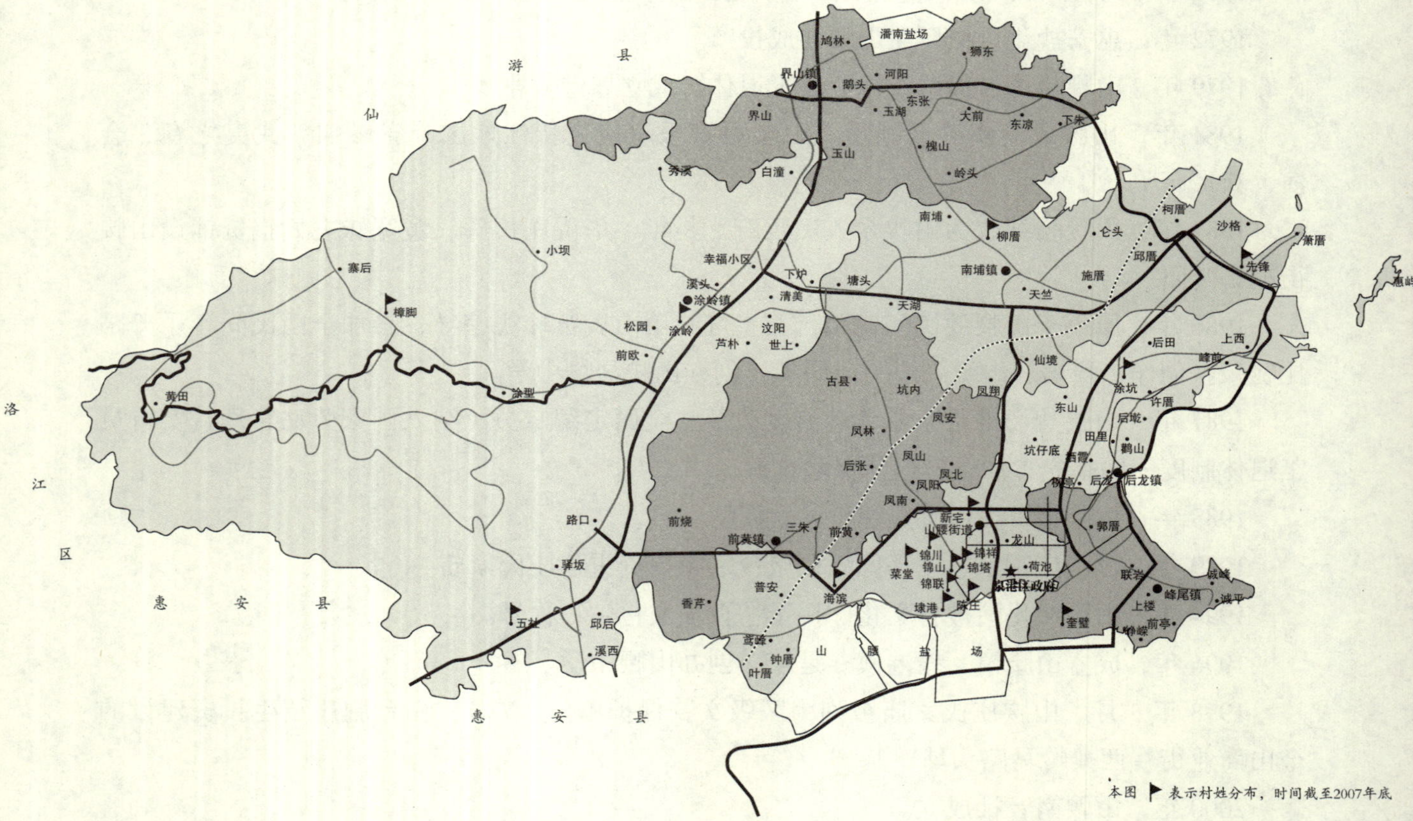

泉港区庄姓分布图

第四章 劉

第一节　溯 源

一、起源

出自祁姓，为炎帝尧陶唐氏之后。祁姓是黄帝之子所分12姓之一，祁氏被封于刘国（今定州唐县），其子孙以国为姓，相传姓刘。夏代帝尧陶唐氏后裔刘累，精通训练和饲养蛟龙，奉夏王孔甲之命驯龙，因龙病死怕被治罪，携眷逃至鲁县（今河南鲁山县）。春秋战国时期，刘累裔孙杜伯之孙士会在晋国任士师，晋襄公死后，士会去秦国接公子雍回国继位，因晋国国内有变故而留在秦国，后再回晋国任职。士会留居秦国的子孙取其“留”之意，或稽远祖刘累之故，称刘氏。

出自姬姓。西周时，周成王继位，封王季的儿子于刘邑（今河南偃师县西南），其后裔以邑为氏，姓刘。

出自他姓，为他族、他姓改姓或赐姓刘。史书记载有三种：一是汉高祖刘邦实行和亲政策，以皇室宗女嫁于单于为妻。单于的子孙从母姓刘。二是刘邦曾赐刘姓给功臣，娄敬、项伯等得姓后，以刘为姓。三是北魏孝文帝迁都洛阳后，将鲜卑族复姓独孤氏改为刘姓。

历史上，刘氏形成了彭城、沛郡、弘农、河间、南阳等郡望，其中以彭城郡影响最大。

二、入闽

唐总章二年（669年），河南光州固始人陈政、陈元光父子率府兵入闽平乱，时有校尉刘举随同。

唐天宝八年（749年），南阳郡始祖刘发派下刘韶自河南光州固始入闽，任泉南别驾。刘韶为刘氏入闽始祖。殁后，其子刘友扶柩至莆阳涵江，因兵乱受阻遂择地安葬于涵江沙坂兴教里梧伦碗窑（今属莆田市涵江）。刘友留居沙坂，繁衍生息，为入闽（涵江）刘氏二世祖。其派下第14代析为高廊、北廊、西廊、楼下支系。楼下第5世支分漳浦、秀屿。

唐光启年间（885—888年），河南光州固始人随王潮、王审知入闽，其中有刘姓。

南宋绍熙四年（1193年），楼下支系有刘环（字世佩）、刘琛（字世贡）、刘瑁（字世宝）3兄弟。其中刘琛任揭阳教谕而移家金遂，刘环与刘瑁迁居鳌城（今莆田秀屿与前云）。刘环随子迁居惠安下江（今属惠安县辋川镇）。刘瑁派下第5世有刘宗范、刘宗忠、刘宗孔3兄弟。

南宋初年，刘氏族人随宋室南迁，其后裔迁播于泉郡惠安。

三、入泉港

北宋末年，北方金兵入侵，宋室南迁，有河南刘姓举族入闽，有支系肇居惠北东头埔（今属泉港区前黄镇三朱村）开族。

明洪武三十一年（1398年），涵江楼下刘环（字世佩）第4世孙刘士贤为避募军之役，携子刘元哲、刘予岳、刘本初，举家迁居烽火村（即今峰尾），衍传今峰尾镇诚峰村、诚平村刘氏。刘士贤为峰尾圭峰刘氏开基祖。

明永乐二年（1404年），涵江派下刘瑁第5世裔刘宗范徙居惠安，刘宗忠自莆邑秀屿迁居今南埔镇凤翔村文坂，为文坂刘氏开基祖。刘宗孔携眷自鳌城迁居涂山（也作涂坑，今后龙镇土坑村），为土坑刘氏开基祖。

明崇祯五年（1632年），惠安洛阳白沙刘氏迁居今前黄镇古县村社仔，已传17代。

第二节　繁　衍

一、区内分播

（一）前黄镇

东头埔刘氏

南宋淳熙年间（1174—1189年），东头埔刘氏裔孙刘镜从学于理学家朱熹，称为“高弟”。

明弘治年间（1488—1505年），刘镜裔孙刘楷任赣州府瑞金教谕，后支系入居惠安邑内。

万历年间（1573—1620年），刘录之子刘会、刘春先后进士及第。刘录、刘会父子以

“父子侍御”之荣，建“侍御总宪”府第于惠安县城北门（俗称“驷马拖车”）。留居东头埔族裔分散居于今前黄镇三朱村田厝、今山腰街道海滨村埕边等村落。

（二）南埔镇

凤翔文坂刘氏

明中期，部分族人迁居今南埔镇塘头村厝斗京尾。

明末，有族人刘起朝迁居今涂岭镇白潼村白水。

清末，族人刘加令迁居今后龙镇峰前。

（三）后龙镇

土坑（涂山）刘氏

涂山刘氏繁衍发展，形成了以土坑为母村的18个聚居村落，称为“涂山十八乡”，包括土坑、后田（含铁坑）、后墘、刘厝、东山、白石安、蔡岭、蔡坑头、蔡坑尾、面前山、窑吓、竹头、梅林、打厝、顶前村、黄山郑、下厝仔、顶厝仔，现已繁衍近2万人。

清顺治初年，第12世“端”字辈刘端心长子刘建答迁居东山四房，刘端杰开基蔡岭，刘端贤子刘建待迁居蔡岭繁衍，已传11代。

顺治末年，刘端庄、刘端钦兄弟开基白石安，已传12代，后有族人移居蔡岭。

清乾隆初年，刘端侯、刘端爵兄弟开基东山南头，至今已传21代。第11世刘万佑派下布店二有族人迁往田里打厝开基，另有第15世刘式传与长房蔡坑头刊族人相继移居东山南头。

清乾隆年间（1736—1795年），南头二房因宗祠风水之故迁往今南埔镇先锋村刘厝开基。第14世二房刘懋芹、刘懋美、刘懋直、刘懋配、刘懋宅等族人相继迁往居住。刘懋芹、刘懋美后裔为顶大厝房支，刘懋直生5子为五主房支，刘懋配、刘懋宅为下二房支。

清嘉庆年间（1796—1820年），有第13世“建”字辈族裔析居竹头（今属后龙镇）。

清道光年间（1821—1850年），第10世刘启琛自土坑东宅尾迁往后墘处开基。四房五第10世后墘刘启悦，长子刘万襄子孙形成顶后田和下后田，次子刘万益从后墘迁入后田，衍传五三主、四八主等角落。

约清光绪十六年（1890年），南头长房南脉埕厝刘孟唯派下刘勇吓兄弟数人开基今南埔镇先锋村丁龙。

清末，土坑四房支系迁居顶厝仔，德源支系迁居下厝仔。南头五主五、蔡岭支系、下房刘家内、地北顶五厝等族裔陆续迁居后田窑里。

清代，下房第7世刘元隆第五子刘淑存开基黄山郑（今属涂岭镇下炉村）。

民国期间，土坑第18代刘砚仔、刘草头等族人迁居今涂岭镇秀溪村。

另有族人先后迁居今南埔镇柳厝村柳厝街、南埔街道、涂岭镇小溪村桥头、涂岭村旧街、白潼村后望、界山镇岭头村海头、前黄镇凤安村。

（四）峰尾镇

圭峰刘氏

明嘉靖四十一年（1562 年），峰尾巡检司城拓建，刘氏居于城里。长房刘元哲支系居东北，次房刘予岳支系居西北，三房刘本初支系居西南。一说长房居于东，称“店里”，次房居于后，称“对门”，三房居于对门之前，称“前厝”，也称“楼下”。

明末，圭峰刘氏明德堂（前厝祠堂）第 6 世刘国张迁居七都后张。

清咸丰年间（1851—1861 年），刘氏族裔迁居今涂岭镇白潼村后望。

民国 29 年（1940 年），刘氏族人自今诚平村后山迁入邻村上楼定居，已传 5 代。有族人因婚姻而移居今后龙镇后龙村礁头。

20 世纪 30 年代，诚峰刘氏两户迁居山腰锦山细房、后沟头。

1949 年，诚平村刘氏 2 户迁居峥嵘。

1950 年，诚平村刘美良迁居今后龙镇上西。

二、人口分布

泉港区刘姓有 30745 人，列泉港世居姓第 4 位。主要聚居于 7 个镇（街道），依次是：峰尾镇 15257 人，后龙镇 10541 人，南埔镇 3042 人，涂岭镇 1454 人，前黄镇 284 人，山腰街道 147 人，界山镇 20 人。具体分布如下：

街道、镇	村落人口	合计
山腰街道	海滨村埕边 110 人；锦山村 37 人。	147
前黄镇	古县村社仔 150 人；三朱村樟林 20 人，田厝 40 人；后张村北坑 10 人；凤安村 28 人；凤阳村 6 人。	284
涂岭镇	下炉村黄山郑 900 人，下炉 26 人；白潼村白水 262 人，后望 39 人；幸福小区蔡坑尾 150 人；涂岭村下街组 42 人；秀溪村桥头 35 人。	1454
界山镇	岭头村海头 17 人；鸠林村南庄草埔顶 3 人。	20
南埔镇	凤翔村文坂 1530 人；先锋村 1000 人；仙境村蔡坑头 256 人，仙境 26 人；南埔村 120 人；塘头村厝斗京尾 64 人；沙格村 28 人；柳厝村 18 人。	3042
后龙镇	涂坑村 4000 人；后墘村后墘 1025 人，梅林 600 人，竹头 586 人；后田村后田 1900 人，窑里 200 人，顶厝仔 80 人，下厝仔 29 人；东山村 1000 人；田里村打厝 399 人；栖霞社区 259 人，柳山安置区 200 人；峰前村 180 人；后龙村 36 人；上西村 30 人；鹳山村 14 人；坑仔底村 3 人。	10541
峰尾镇	诚峰村 10800 人；诚平村 4055 人；上楼村 100 人；峥嵘村 40 人；前亭村 158 人；奎璧村 70 人；郭厝村 34 人。	15257

三、外迁主要支系

（一）前黄镇

东头埔刘氏

明代，刘氏已知有弘治贡生刘楷、万历进士刘会等支系先后迁居惠邑北门铺前。

明末，有支系析居惠安崇武、洛阳等地繁衍。

（二）涂岭镇

下炉村刘氏

民国 15 年（1926 年），下炉村（今涂岭镇下炉村）刘银兴、刘春兴等 10 余户迁往马来亚（旧名）定居，现有 186 人。

白潼村白水刘氏

清末民初，白水刘葱炳迁居今马来亚吉隆坡，现有 100 多人。

另有刘章迁居浙江平阳。

（三）南埔镇

先锋村刘氏

民国 34 年（1945 年），刘厝刘必贵、刘必良兄弟迁居台湾台北。刘明祥、刘玉水移居台湾台中。

凤翔文坂刘氏

清末，顶厝房刘乌吓携 17 户族人迁居台湾。另有族人迁居枫亭。

（四）后龙镇

土坑刘氏

涂山刘氏支系迁居仙游、广东、云南等地。其中肇基祖刘宗孔次子刘淳明徙居云南，三子刘淳显徙居广东，村名也称“土坑”，现有上万人。长房顺裕刊第 12 世刘建连择居仙游郊尾前埔，其子刘懋俨又析居埕边。长二房刘厝刊第 11 世刘万康、刘万在两兄弟迁徙仙游坂头店（今仙游县榜头），后裔刘保村析出开族横汾，已传 13 代，现有 800 多人。

明万历年间（1573—1620 年），三房刘万蔚第五子“端”字辈移居今台湾新竹市，已传 11 代，现有 200 多人。

清末，族人远徙东南亚，现聚居于新加坡、马来西亚及我国台湾等地区。

民国 14 年（1925 年），峰前顶前刘文瑞徙往马来亚谋生，已传 4 代，现有 60 多人。

1964 年，族人移民崇安、浦城计 25 户。其中南头布店二第 19 世迁往崇安县仙店公社，现有 30 多人。1967 年，打厝（今属后龙镇田里村）族人迁居浦城县莲塘乡 3 户，现有 36 人。

后墘刘氏

民国 33 年（1944 年），竹头刘福顺迁居今马来西亚，现有 30 多人。

民国 36 年，后墘刘必桂、刘顺法、刘良生等迁居台北、基隆，现有 20 人。另有同村梅林刘裕德、刘振金、刘德明迁居台中云霖、台北、台南，现有 40 多人。

（五）峰尾镇

诚峰刘氏

清初迁界，部分族人滞居仙游境内欧厝（今仙游县郊尾镇胡宅村），现有近 4000 人。另有部分族人移居惠安东岭。

清末民初，部分族人迁往浙江温州、洞头、坎门等地经商，定居开族。

民国 9 年（1920 年），对门四房 7 户族人移居莆田秀屿，现约有 800 人。

传经堂三房诛霄派下有族人迁居仙游枫亭等地。

明德堂（前厝祠堂）外迁主要支系有：第 4 世程字辈族人于明成化二十三年（1487 年）迁居仙游石马上刘。第 9 世刘宪敦迁居四川建昌，刘宪栋迁居今北京，刘宪文择居仙游。第 10 世刘昭重迁居涵江石马山。第 11 世刘乾郎迁居霞浦下浒，已传 11 代，现约有 100 人；刘兴随母迁往泉州东门，地名峰尾埔。第 15 世刘国羽、刘双喜迁居台湾淡水。

诚平刘氏

清光绪年间（1875—1908 年），四主刊刘宗才兄弟迁居浙江甲场，现约有 70 人。

清光绪末年，正德堂刘士猿、刘华芳、刘鸠吓、刘锡吕等迁居浙江洞头，现有 30 多人。

清末民初，刘华久、刘华坎、刘细唇、刘搭架、刘恢友、刘宗竹等迁居台湾。

民国初期，四主刊刘壳菜、刘接生迁居莆田秀屿。

民国 20 年（1931 年），四主刊刘菜包、刘宗贵、刘宗祥，正德堂刘敲吓、刘阿九、刘阿来、刘阿保、刘宗玉、刘宗火、刘华栋、刘三备、刘玉林等人漂洋过海，侨居新加坡，现有 100 多人。

1949 年前后，刘华芳、刘华来、刘总德迁往浙江沈家门居住。

峰尾澳

第三节　谱牒

《圭峰刘氏族谱》

系峰尾镇圭峰刘氏族谱。清初迁界时，祠堂遭毁，旧谱被焚。后三宗各建宗祠，各修支谱。清康熙三十九年（1700年），明德堂8世刘子命重修明德堂支谱。清乾隆三十四年（1769年），传经堂第14世裔刘淮琼重修传经堂二房部分支谱，晋安孟超然（诰授通奉大夫、吏部考功司郎、钦命提督四川全省学政、前翰林院庶吉士）作序。清道光四年（1824年），钟德堂派下仙游胡宅刘必成以胡宅刘氏为主体重修支谱。

长房传经堂行序歌：

元生四子乾智伯，下递雁行是曰克。惟瑞并肩淳世同，舜洪均在兄弟摘。

汉淇汶洙洙亦标，懋汝淮淑传永锡。华宗荣祖子孙贤，道学文章光帝国。

二房钟德堂行序歌：

予孟成弘，乾庆复树，邦君建侯。

伯仲联芳恢大第，孙曾继美作纯臣。

心怀佐帝忠贞著，志在仁民惠泽均。

三房明德堂行序歌：

吾祖莆涵派，本初卜居峰，本初生两子，明道明弼公。

明弼官别驾，皇赠文林郎，三世源字号，以下再推宗。

旧谱因遗失，行序有代忘，疑处应须解，详说又何妨。

希程一行叫，元字与旦同，尧舜椿国共，应扬廷瑞通。

子德行兄弟，宪昭万朝宗，奕世联芳继，文章诗礼中。

《彭城·南阳·涂山刘氏族谱》

系后龙镇土坑刘氏族谱。第7世淑字辈始立族谱。第2次修谱聚刘璋一家三代之力：清乾隆十二年（1747年）秋，刘璋之父修撰房谱未竟，刘璋刘万静兄弟续修并作序，至清光绪五年（1879年）刘璋子刘端刚重抄补录。1993年三修。2008年重新编修，刘捷祥、刘锦聪主编，离休干部刘荣喜作序。郡望“彭城”“南阳”，堂号“德承堂”，昭穆共40字，依次为：

宗淳厚秉孟，元淑国俊启，

万端建懋式，义礼传经世，

德望振群英，恩荣喜永继，

贤能绳祖武，源远泽流长。

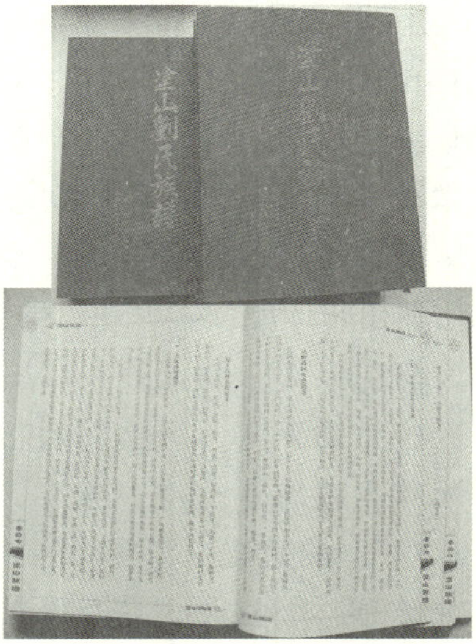

《彭城·南阳·涂山刘氏族谱》

南埔镇凤翔文坂刘氏

字辈共40字，其中自第17代“礼”始与涂山刘氏相同。依次为：

宗宏百友伯，子男和孟仲，淑贵元亨利，贞礼传经世，德望振群英，恩荣喜永继，贤能绳祖武，源远泽流长。

《涂山族谱·长二房派下刘厝篇》

系南埔镇先锋村刘厝刘氏族史资料。1959年南埔镇先锋村刘厝刘生贵、庄顺美、后龙镇土坑刘捷才等主持编修，“文化大革命”时被毁。1993年土坑刘捷祥、刘厝刘开明续修至第20世。

涂岭镇白潼村白水刘氏

堂号“高廊”，字辈共37字，依次为：

朝，文章华国，诗礼传家，元亨启泰，福寿康宁，

满堂吉庆，金玉祺诚，存仁怀德，祖泽贻芳，世代昌隆。

第四节　史 迹

一、祠宇

涂山刘氏家庙

位于后龙镇土坑村。肇建于明正德年间（1506—1521年）。清乾隆十六年（1751年），二房12世刘瑾郎主持重建。民国8年（1919年），刘文达、刘懿堂主持修建。1992年，台胞刘志芳发起重新扩建。朝向乾巽亥巳，占地380平方米，条石墙体出步体型，有埕地、围墙，大门前立2个状元柱，以三元五桂布局天井，屋顶用六翘脊配双龙戏珠。堂正中悬挂“德承堂”，侧面挂有“进士”“两世三忠”等匾额，另有历次修建碑记。楹联有：

涂山刘氏家庙（一）

派衍彭城百世本支不易，
源分秀屿千秋俎豆常新。
别驾传宗支水源木本开莆邑，
杨忠承派衍追远慎重启土坑。
德昭高廊亿万代作裘世德，
承来禄阁千百年厥志丕承。
自三元辅而都宪邦伯文宗历世光勋昭日月，
从四尚书及国学忠臣孝子累朝伟望壮山河。

涂山刘氏家庙（二）

传经堂

又称东头祠堂。系圭峰刘氏长房所建，始建于明代。为硬山墙，四翘脊，府衙式建筑，大门缩进数武，耳门相向而开，建筑面积227平方米。清康熙四十一年（1702年）重建。清乾隆四十六年（1781年）重修。民国26年（1937年）大修。2006年重新修建。匾额有“解元”“瑞应重熙”“进士”“叔侄同榜”“金陵议正”“冰雪双贞”“贞节”等。楹联有：

传十八叶弓冶箕裘继起高廊称世第，
经三百年生聚教训复兴汉胤大吾宗。
盛德溯彭城丰沛英雄大风威武，
开宗来峰海洛闽理学百代馨香。
传自光固汉胄入闽吾宗祧别驾，
经由莆涵高廊衍派奕世敞峰城。
瑞应重熙可喜同堂封五代，
名扬彤管堪嘉婆媳敕双贞。

传经堂

钟德堂

俗称西头祠堂。圭峰刘氏次房所建，始建于明代。硬山墙，双屋脊，土木结构古宫式建筑，前门左、中、右三开并列，主建筑面积212平方米，埕地458平方米。清乾隆四十八年（1783年）重修，民国27年（1938年）拓建大修，1990年再修。匾额有“功在社祚”。楹联有：

午门振佩尽名臣精忠报国蜚声八宇，
甲第建镳开巨族诗礼传家载誉九州。
钟鸣鼎食济济儿昆有口皆碑昭烈志，
德业盛功元元较野无人不羡涵江刘。
绍先贤远溯紫阳炬范，
启后秀发扬圭甲文明。

明德堂

系原前厝祠堂。系圭峰刘氏三房所建。清康熙二十一年（1682 年）春至次年秋在原明经堂旧址重建，总面积 1063 平方米。匾额有明成化宪宗御赐三代“文林郎”并金牌一面。楹联有：

明卿学士尽高廊，玉佩珊珊称世第；

德祖功宗皆别驾，金牌赫赫耀家门。

明卿学士满汴梁，宗室高廊称世第；

德致仁声遍闽粤，涵江峰汾衍芳徽。

海滨刘氏祖祠

位于山腰街道海滨村。始建于明万历年间（1573—1620 年），历经数次修葺，1984 年复修。石砖木结构，三开间二进双护厝，含大埕占地面积近 1000 平方米。存有清代刘氏先祖妣等画像 4 幅。

海滨刘氏祖祠

土坑刘端弘故居

位于后龙镇土坑村。肇建于清乾隆年间（1736—1795 年）。坐西北朝东南，五开间三进外加双护厝，石木砖瓦建筑，穿斗式结构，硬山式屋顶，共有 100 个门、99 个窗、11 个天井，前有砖埕和围墙，占地约 1750 平方米。刘端弘系清乾隆年间著名实业家，与刘端瑜携手兴办教育，倡建文武馆，南称“选青斋”，北称“凌云斋”。

土坑刘端弘故居

刘开泰故居

俗称提督府。位于后龙镇土坑村。坐北朝南，三开间三进大厝，砖、石、木结构，三合土灰壁墙，大门上端左右是石雕两柱粒“门当”红砖浮雕肚，正面两肚是石雕脚架，架上大片石，翘脊屋顶，门前大埕，埕前仓库膳厅，左边马厩，埕中旗杆夹，石刻皇清“神道碑”。刘开泰系清道光十五年武进士、江西南赣总兵。

刘开泰故居（提督府）

刘厝顶大厝祖厅

位于南埔镇先锋村刘厝。清光绪十二年（1886年）刘厝2世刘式耀肇建。2007年重修。坐向坤艮申寅，五间张双护甲，面积400多平方米。

闰德堂

闰德堂

位于后龙镇后垅村竹头。2004年，后垅村竹头刘氏第8世刘其明建造，坐北朝南，砖木结构，二进双层祖祠，建筑面积288平方米，占地480平方米。楹联有：

建勋传孝友彰显殿上先祖土山拓泰开元德披故里，

美举承世泽循诲座下后嗣德堂致知格物情系桑梓。

二、宫庙

东岳庙

位于峰尾镇诚峰村。省级文物保护单位。肇建于南宋嘉定十三年（1220年）。清初迁界时被毁，复界后重建。清乾隆四十七年（1782年）至光绪十四年（1888年）多次重修。“文化大革命”期间遭到破坏。20世纪80年代再次大修。坐北朝南，占地668平方米，硬山式结构，由山门、戏台、两廊、大殿组成。大殿面阔五间，进深五重，殿廊两侧加筑重檐歇山式屋顶，殿廊两边各竖一根辉绿岩透雕大蟠龙柱，柱上雕有八仙驾云龙冲天起舞图案。下厅中间筑有楼阁及木结构戏台，台面面积22平方米，顶端筑有八角藻井，斗拱层叠，形如“蜘蛛结网”。殿廊阶下石埕前筑有龙坛。天井中间有铁铸大金炉，三层叠构，每层约重千斤。

东岳庙

大圣寺

位于后龙镇土坑村北面岩山。地名“睡狗穴”。始建时间不详。清咸丰三年（1853年），土坑进士刘逢泰及其侄刘必迪等出资重建，咸丰十一年（1861年）立碑以纪。民国5年（1916年）重修，民国7年戊午立碑以纪。“文化大革命”时倾颓废弃。1995年始，退休干部刘能海组织筹资修葺大雄宝殿、禅房等，前有砖埕，占地面积1000多平方米。

大圣寺

义烈庙

俗称“姑妈宫”。位于峰尾镇诚峰村。区级文物保护单位。始建于明嘉靖年间（1522—1566年），明天启元年（1621年）刘邦元会同族中长老士绅主持扩建，并塑姑妈金身奉祀，赞其“素明大义，秉性真烈”，因之取名。清初迁界时庙被烧毁。清嘉庆十九年（1814年）扩建。坐北朝南，占地面积170平方米，硬山式屋顶，飞檐翘脊，殿前有辉绿岩凤柱。正殿悬挂有明隆庆年间郡人大学士史继阶题赠“一德寿民”、万历年间大学士张瑞图题赠“一德孚民”、天启年间都御史郭必昌题赠“婆心济世”等匾额。

义烈庙

永全社

永全社

永全社又名社亭。位于峰尾镇诚峰村。系区级文物保护单位。明隆庆六年（1572 年），由原址旧城顶迁移至东门内重新扩建。清康熙三十五年（1696 年）重修，光绪二十六年（1900 年）大修。坐东北向西南，占地面积 220 平方米。硬山墙，双屋脊土木结构，古宫式建筑，由山门、礼堂、宝殿组成。中门上方屋顶前部，筑一阁楼碑亭，有“最上乘”匾。

山头寺

又称南云寺。位于涂岭镇下炉村黄山郑后莲石山。系区级文物保护单位。据称始建于宋景炎三年（1278 年），后毁于战乱。清乾隆三十三年（1768 年）重建，咸丰元年（1851 年）由陆俶法师住持重建。寺宇由天地殿、大雄宝殿、观音殿、藏经阁、钟鼓楼等组成，依山而筑，占地面积 6000 多平方米。

白石宫

白石宫

位于后龙镇土坑村。区级文物保护单位。明万历年间（1573—1620 年），三房刘淑迟倡建。后遭迁界毁弃，至清乾隆二十四年（1759 年）重建。宫中六根石柱，高 2.25 米，圆径 0.40 米，浮雕九条龙由下而上环绕于柱。宫前大门两边有一对倒座石狮口含石珠，前壁有九龙青石浮雕，宫前明月池，右侧白石。

应庸庙

位于后龙镇东山村白石安，坐北向南，始建于清顺治初年，原为土木结构，面积约 25 平方米，历经多次修缮，现为石木结构，燕尾屋脊。

峰香堂

位于峰尾镇诚平村。建于清嘉庆年间（1796—1820年），内有晚清泉州状元吴鲁书写匾额和颂文石刻。2006年重建，为三一教祠。

有灵府

有灵府

位于后龙镇后墘村竹头。始建于清代中叶，2002年重建，坐东朝西，木石结构，建筑面积160平方米，占地面积约330平方米。楹联有：

有灵献瑞合境护荫桑梓，

神光普照环宇庇佑黎民。

麟凤宫

麟凤宫

位于后龙镇后田村。清光绪十年（1884年）肇建。2004年被焚毁。2005年筹资重建。坐北朝南，土木瓦石结构。

玉溪宫

位于涂岭镇白潼村白水。始建于清代，坐东北朝西南，二进，石木结构，建筑面积约180平方米，占地面积约350平方米。原属周边7个村落（俗称七社）共祀，后各村落均分香另建，宫名相同。

三、墓葬

义勇合葬坟

位于后龙镇岩山。山上建有烽火台。明嘉靖年间，沿海百姓合力抗击倭寇时遇难者合葬处。

刘士贤墓

位于惠安县辋川镇下江山。坐西北向东南，面积200平方米。刘士贤系刘氏入峰一世祖。其长子传经堂开堂祖刘元哲随葬。

刘予岳墓

位于峰尾东垵。占地面积约300平方米。刘予岳系峰尾钟德堂开堂祖。

刘本初墓

原位于峰尾镇东赤埕，坐坤向艮。2007年迁往涂岭松园陵园，面积28平方米，坐午向子兼丁癸。刘本初系峰尾明德堂开堂祖。

刘春墓

位于前黄镇后张山，清《嘉庆县志》记为“鳌塘铺后张”。已废。刘春，东头埔刘氏派下，明万历年间进士，居于惠安县城北门。

刘赓墓

位于前黄镇三朱中学旁边。明代墓葬。1955年平整土地时遭毁，1995年裔孙刘逊斌、进文等主持重修。墓碑宽1.72米，厚30厘米，三级墓埕，东南两侧各竖望柱，高5米，直径0.3米。占地近1000平方米。刘赓系明代进士刘会第三子，以“孝友笃行”见载于府县志书。

刘赓墓

刘淑存墓

位于涂岭镇下炉村黄山郑北面山坡（俗称“火龙贡”）。坐东北向西南，占地100多平方米。刘淑存系黄山郑刘氏一世祖，

刘懋芹墓

位于南埔镇先锋村刘厝鸡尾樽。穴坐巽向乾兼亥巳。刘懋芹系先锋刘厝刘氏开基祖。

刘上楼墓

位于涂岭镇白潼村白水、天马山东南山麓。穴名“七星落地”。坐西北向东南，占地面积600多平方米。刘上楼系白水刘氏开基祖。

刘元结墓

位于南埔镇凤翔村院前山顶。明代墓葬。坐丑向未兼艮坤。占地面积150多平方米。刘元结，系东山刘氏开基祖。

刘元结墓

第五节 人 物

一、历代科第仕宦名录

刘明弼 号介奄，八都峰尾人，明成化二年（1466年）贡生，广西梧州府郁林州判官。

刘 会 字逢甲，号望海，祖籍东头埔（今属前黄镇），明万历十一年（1583年）进士，官至贵州按察使。

刘 春 字逢阳，号望奎，祖籍东头埔（今属前黄镇），明万历三十五年（1607年）进士，官至江西按察副使。

刘大用 峰尾人，清乾隆五十一年（1786年）刘大用榜武举人，解元。

刘梦魁 号淑芝，峰尾人，清乾隆五十四年（1789年）恩科陈世英榜武举人，漕卫府。

刘思渊 字传瑗，诚峰村人，清乾隆六十年（1795年）林培荣榜武举人。

刘肇元 号秋圃，涂坑人，清嘉庆六年（1801年）姚大宁榜武进士，浙江衢州都司。

刘梦超 土坑人，清嘉庆十年（1805年）张联元榜武进士。

刘长清 土坑人，清嘉庆十二年（1807年）武举人。

刘大峰 号秀圃，涂坑人，清嘉庆十三年（1808年）武进士，水师左营守备。

刘经邦 土坑人，清嘉庆二十一年（1816年）康荔芳榜武举人。

刘肇旗 土坑人，清道光二年（1822年）李经邦榜武举人。

刘云华 土坑人，清道光八年（1828年）何联上榜武举人。

刘 鋘 土坑人，清道光八年（1828年）何联上榜武举人。

刘以上 字希颜，涂坑人，道光十五年（1835年）恩科何上先榜武举人。

刘开泰 土坑人，清道光十五年（1835年）波启善榜武进士。诰授建威将军，任江西南赣总兵，阵亡，赐祭葬，墓在前埔山（今南埔镇先锋村一带）。

刘逢泰 号竹岩，涂坑人，清道光十九年（1839年）黄康榜武举人，诰授武义都尉，后授兴化左营都尉。

刘瑞凤 峰尾人，清咸丰三年（1853年）武举人。

刘章天 仙游县湖宅村后留人，祖籍峰尾，清咸丰九年（1859年）举人，同治二年（1863年）进士，礼部精膳司主事。

二、已知当代人物名录

（一）现当代知名人士

刘说本 后龙镇后田村人，1897年出生，国民党区分部书记，惠安县参议员。

刘锡荣 字松苍，峰尾镇诚平村人，1898年出生。国民党惠安党部秘书长、监委常委，惠安县参议议长，中华民国国民代表大会代表。

（二）副处（团）级及以上人士

刘玉麟　后龙镇土坑人，1919年出生，中共地下党员，惠安县劳动局处级离休干部。

刘锦元　后龙镇土坑村人，1920年出生，中共地下党员，惠安县委党校处级离休干部。

刘玉燕　后龙镇土坑村人，1921年出生，中共地下党员，中共北海区工委首任书记，安溪县统计局处级离休干部。

刘其福　后龙镇土坑村人，1923年出生，中共地下党员，永春县工业局局长，处级离休干部。

刘荣喜　后龙镇土坑村人，1924年出生，中共地下党员，中共北海区工委委员，福建省交通厅办公室主任，副厅级离休干部。

刘良荣　南埔镇仙境村人，1924年出生，中共地下党员，漳州市教育局党组副书记，离休干部。

刘宗雅　峰尾镇诚平村人，1924年出生。罗源县人民政府副县长。

刘炳章　后龙镇涂坑村人，1925年出生，中共惠安县直党委委员，处级离休干部。

刘荣成　后龙镇土坑村人，1928年出生，中共地下党员，山腰盐场处级离休干部。

刘维德　峰尾镇诚平村人，1928年出生，福建省教育厅机关党委专职副书记。

刘宗和　峰尾镇诚平村人，1929年出生，中国民航总局保卫部副部长。

刘锦周　后龙镇土坑村人，1930年出生，惠安县公安局处级离休干部。

刘明川　后龙镇土坑村人，1931年出生，泉州市体改委副主任，处级离休干部。

刘玉生　峰尾镇诚峰村人，1933年出生，南京海军指挥学院教授，大校。

刘勇民　后龙镇土坑村人，1933年出生，北京社科院联合学会党组成员、副秘书长，教授。

刘锦嘉　后龙镇土坑村人，1934年出生，泉州市肖厝开发办副主任。

刘瑞堂　山腰街道海滨村人，1934年出生，厦门大学党委副书记、副校长，教授。

刘捷章　后龙镇土坑村人，1935年出生，福建省高级人民法院刑一庭正处级审判员。

刘玉俊　后龙镇后田村人，1935年出生，福建省公路局疗养所书记。

刘锦标　后龙镇后田村人，1935年出生，福建省水产厅办公室主任。

刘宗仁　峰尾镇诚峰村人，1935年出生，中国兵器工业情报研究所副所长，高级工程师。

刘荣明　峰尾镇诚峰村人，1936年出生，建阳地区人民法院副院长。

刘丽珍　峰尾镇诚峰村人，女，1937年出生，上海体育学院副院长。

刘宗德　峰尾镇诚平村人，1937年出生，福州铁路局公安局公安处处长、书记。

刘钦鉴　后龙镇土坑人，1938年出生，福建省机构编制委员会办公室主任。

刘荣玉　峰尾镇诚峰村人，1939年出生，莆田市教育局局长。

刘志元　后龙镇后墘村人，1941年出生，中共建阳县委纪委书记。

刘宗森　后龙镇土坑村人，1942年出生，泉州市体委副主任。

刘大根 峰尾镇诚峰村人，1943年出生，福建省测绘局人事处处长。

刘廷鑫 后龙镇土坑村人，1948年出生，泉州市国家安全局政治处主任。

刘荣富 峰尾镇诚平村人，1948年出生，泉港区人大常委会副主任。

刘荣忠 峰尾镇诚峰村人，1949年出生，厦门市劳动就业管理中心主任，中国就业促进会常务理事。

刘荣强 峰尾镇诚峰村人，1952年出生，厦门市房产交易权籍登记中心书记。

刘振坤 后龙镇土坑村人，1953年出生，历任兰州军区独立团政委，兰州军区空军政治部副师职干部，大校。

刘锡明 后龙镇峰前村人，1953年出生，泉州市交通局局长，市政府副秘书长。

刘章明 南埔镇凤翔村人，1953年出生，部队副团级干部，转业任职于建设银行九江支行。

刘文光 峰尾镇诚峰村人，1953年出生，兰州军区空军后勤部交通运输处处长（副师职）、大校。

刘辉煌 后龙镇土坑村人，1954年出生，泉州市台商投资区副调研员。

刘荣如 峰尾镇诚峰村人，1955年出生，兰州军区空军某部副团职干部，转业任职于泉港公安分局。

刘赐贵 后龙镇土坑村人，1955年出生，历任中共龙岩市委书记，厦门市人民政府市长，国家海洋局局长，十八大中央纪委委员，海南省人民政府省长，中共海南省委书记。

刘忠民 峰尾镇诚峰村人，1955年出生，惠安县人大常委会副主任，正处级干部。

刘亚农 峰尾镇诚平村人，1956年出生，陕西军区副参谋长兼陕西预备役高炮师师长，大校。

刘峥林 峰尾镇诚峰村人，1957年出生，泉州市司法局副调研员。

刘芳英 峰尾镇诚峰村人，女，1957年出生，厦门海军后勤部副师职干部，专业技术七级。

刘健民 峰尾镇诚峰村人，1957年出生，海军92910部队司令部处长，上校，转业任泉州市港口管理局副局长，正处级干部。

刘　波 峰尾镇诚峰村人，1957年出生，福建省农科院院长，研究员，博士后。

刘玉兴 峰尾镇联岩村人，1957年出生，31军副团职军医，转业任职于厦门市司法局。

刘秋明 涂岭镇下炉村人，1958年出生，福建省水利水电勘察设计院党组书记。

刘志坚 峰尾镇诚峰村人，1959年出生，历任福建省委宣传部干部处处长，省互联网信息办公室副厅级专职副主任，省委宣传部副部长、省委文明办主任。

刘海峰 峰尾镇诚峰村人，1959年出生，厦门大学高等教育研究院院长，教授，博士生导师。

刘厚顺 峰尾镇诚平村人，1959年出生，广州空军襄樊油库副主任，转业任职于泉港区人大常委会办公室。

刘荣成　峰尾镇诚平村人，1960年出生，泉州市科协副调研员，博士。

刘华宝　峰尾镇诚平村人，1961年出生，泉州市国税局副调研员。

刘鹏南　后龙镇土坑村人，1961年出生，泉州市公共事业局纪检组组长。

刘文川　峰尾镇诚峰村人，1963年出生，福建教育厅普教研究室主任。

刘锡杰　后龙镇峰前村人，1963年出生，泉州市人民检察院党组成员、院检察委员会委员，主任法医师。

刘　斌　后龙镇土坑村人，1963年出生，华侨大学副校长，教授。

刘惠民　峰尾镇诚峰村人，1963年出生，福建医科大学附属二院党委副书记、纪委书记。

刘兴才　峰尾镇诚平村人，1963年出生，三明军分区综合办主任。

刘海祥　峰尾镇诚峰村人，1965年出生，泉州清源山风景区管委会党委书记。

刘宗斌　峰尾镇诚平村人，1965年出生，惠安县政协副主席。

刘大进　峰尾镇诚峰村人，1965年出生，集美海外学院副院长、副教授。

刘惠彬　后龙镇后垅村人，1966年出生，厦门市思明区人民法院办公室主任。

刘景山　峰尾镇诚平村人，1966年出生，福建省城镇工业联社资产财务处副处长。

刘宝怀　后龙镇土坑村人，1966年出生，中共福建省委组织部干部举报中心主任兼干部监督室副主任，组织员办主任。

刘　滨　峰尾镇诚峰村人，1966年出生，空军漳州指挥所装备部部长，转业任职于泉州市交通委。

刘地松　峰尾镇诚平村人，1967年出生，福建闽江学院爱恩学院、海峡学院、交通学院联合党总支书记。

刘炳华　峰尾镇诚峰村人，1967年出生，泉州市人力资源和社会保障局副局长。

刘锡山　后龙镇峰前村人，1968年出生，共青团泉州市委纪检组组长。

刘祖熙　峰尾镇诚峰村人，1968年出生，空军上校团长，转业任广州市政府侨务办公室调研员。

刘良辉　峰尾镇诚峰村人，1969年出生，福建省政府侨务办公室党组成员、副主任。

刘惠煌　后龙镇东山村人，1969年出生，德化县人民政府副县长，中共德化县委常委。

刘　刚　后龙镇涂坑村人，1969年出生，泉州市人大常委会人事代表委副主任，中共泉港区委常委。

刘炳祥　峰尾镇诚峰村人，1969年出生，中共惠安县委常委、纪委书记。

刘光宇　南埔镇凤翔村人，1969年出生，泉州市鲤城区公安分局政委。

刘志伟　后龙镇后垅村人，1970年出生，厦门解放军92674部队装备部副团长。

刘锡晖　涂岭镇下炉村人，1972年出生，广州军区善后办副师职干部，大校。

刘地春　峰尾镇诚峰村人，1972年出生，31集团军91师272团副团长，转业任职于泉港区民政局。

刘东升 峰尾镇诚峰村人，1972年出生，惠安县人民政府副县长。

刘文波 峰尾镇诚平村人，1973年出生，泉州师范学院政治与社会发展学院副院长，博士。

刘维安 峰尾镇诚平村人，1973年出生，北京市对台办处级干部。

刘辉雄 峰尾镇诚峰村人，1974年出生，福建省教育厅办公室副主任、副研究员。

刘勇平 南埔镇先锋村人，1977年出生，福建省商业高等专科学校新区办主任。

刘地养 峰尾镇诚峰村人，1979年出生，《人民日报》“人民网福建频道”总监，《人民论坛》泉州站站长。

刘　俊 后龙镇土坑村人，1982年出生，国家质检总局副处长。

刘剑云 峰尾镇诚峰村人，解放军第325师975团团长。

刘少华 峰尾镇诚峰村人，海军某部团职干部。

余熙鸣 后龙镇土坑村人，女，厦门市科协副主席。

林晓枫 峰尾镇诚平村人，女，1969年出生，福州第三中学党委书记，教授级高级教师、博士。

张立红 后龙镇后墘村人，女，1979年出生，河北省摔拳跆运动管理中心副主任。

（三）副处级及以上国有企业人士

刘维惠 峰尾镇诚平村人，1940年出生，福建省人民银行国库处处长。

刘锦和 后龙镇土坑人，1942年出生，厦门建设银行法律事务处处长。

刘荣江 峰尾镇诚平村人，1945年出生，中国水利第十六工程局工会主席，高级政工师，(副厅级)。

刘其伟 后龙镇土坑村人，1953年出生，中国水利第十六工程局泉州分公司党委书记。

刘大祥 峰尾镇诚平村人，1960年出生，福建省第五建筑工程公司工会主席兼人力资源部主任。

刘柏坚 峰尾镇诚平村人，1961年出生，云南正邦科技有限公司副总经理。

刘美海 南埔镇凤翔村人，1962年出生，中国商业总集团总裁助理，战略投资发展部总经理。

刘志刚 后龙镇土坑村人，1962年出生，中国福建国际经济技术合作公司处长。

刘耕声 后龙镇土坑村人，1965年出生，福建省农行泉州支行副行长。

刘雄安 峰尾镇诚峰村人，1966年出生，福建省农行宁德分行行长、高级会计师。

刘喜文 峰尾镇前亭村人，1970年出生，农业银行总行总务部副总经理（副厅级）。

刘海堂 峰尾镇诚峰村人，1971年出生，厦门建设银行处长，高级经济师。

刘福州 峰尾镇诚峰村人，1971年出生，福建省农业银行财务会计部经理，高级经济师。

刘二斌 峰尾镇诚平村人，1971年出生，中国银监会厦门监管局政策性银行和邮政储蓄银行监管处副处长，高级经济师。

刘华强 峰尾镇诚平村人，1973 年出生，中国建设银行福建省总审计室副处长。

刘柏青 峰尾镇诚平村人，福建省人寿保险公司培训部总经理。

（四）高级专业技术职务者

刘锡三 后龙镇土坑村人，1912 年出生，香港中文大学副教授。

刘锡彬 后龙镇土坑村人，1922 年出生，农业（昆虫学）专家，巴西国家农业顾问。

刘凌冰 峰尾镇诚峰村人，1923 年出生，福建医学院生物系教授。

刘凌雪 峰尾镇诚峰村人，1927 年出生，福建省粮食会计学会副会长，副教授。

刘　潜 后龙镇后田村人，1929 年出生，河北农业大学教授。

刘万庆 南埔镇凤翔村人，1929 年出生，漳平一中高级教师。

刘金联 峰尾镇诚峰村人，1930 年出生，泉港二中高级教师。

刘良泉 后龙镇后田村人，1930 年出生，中科院声学研究所研究员。

刘荣庆 峰尾镇诚峰村人，1933 年出生，闽东南地质大队高级工程师。

刘宗廉 峰尾镇诚峰村人，1935 年出生，福州大学计算机系教授。

刘培良 峰尾镇诚峰村人，1935 年出生，仙游县教师进修学校中学高级教师。

刘宗涛 峰尾镇诚峰村人，1935 年出生，龙岩师范学院副教授。

刘荣国 峰尾镇诚峰村人，1936 年出生，泉港后龙卫生院副主任医师。

刘华信 峰尾镇诚平村人，1936 年出生，华侨大学教授，博士生导师。

刘德辉 后龙镇人，1936 年出生，福建省卫生防疫站主任医师。

刘毓顺 后龙镇土坑村人，1937 年出生，福州市第二医院主任医师、教授。

刘宗光 峰尾镇诚峰村人，1937 年出生，航空航天部电源专业技术中心研究所高级工程师。

刘大锦 峰尾镇诚峰村人，1938 年出生，惠安县医院主任医师。

刘凌风 峰尾镇诚峰村人，1939 年出生，大田县农机管理站高级工程师。

刘　葵 峰尾镇诚峰村人，1940 年出生，核工业部第三研究设计院研究员，高级工程师。

刘宗昇 峰尾镇诚峰村人，1940 年出生，昆明电机厂副总工程师，高级工程师。

刘石玉 后龙镇峰前村人，1940 年出生，国家海洋局海监六支队高级工程师。

刘宗必 峰尾镇诚峰村人，1940 年出生，惠安县水电局高级工程师。

刘其明 南埔镇凤翔村人，1942 年出生，惠安三中高级教师。

刘腾达 后龙镇土坑村人，1942 年出生，国家电力公司华东电力设计院总工程师。

刘宗实 峰尾镇诚峰村人，1943 年出生，泉港圭峰中学高级教师。

刘兴国 后龙镇土坑村人，1944 年出生，福建炼化有限公司高级工程师。

刘玉泉 后龙镇后田村人，1945 年出生，漳平一中高级教师。

刘宗坚 峰尾镇诚平村人，1945 年出生，福建中国青年旅行社高级会计师。

刘荣和　峰尾镇诚峰村人，1946年出生，泉港山腰学区中学高级教师。

刘金宝　涂岭镇下炉村人，1947年出生，福建省农业厅高级农艺师。

刘世仁　后龙镇土坑村人，1949年出生，福建省篮球协会常务理事，柬埔寨国家女子篮球队主教练。

刘清珠　峰尾镇诚峰村人，女，1949年出生，惠安县医院主任医师。

刘　俊　峰尾镇诚平村人，1953年出生，闽江学院附属中学高级教师。

刘世德　后龙镇涂坑村人，1955年出生，泉州市凌霄中学高级教师。

刘荣清　峰尾镇诚平村人，1955年出生，泉港南埔镇政府高级兽医师。

刘亚平　南埔镇凤翔村人，1956年出生，永安市中医院主任医师。

刘东波　后龙镇土坑村人，1956年出生，中国国际航空公司飞机机长，一级飞行员。

刘明新　峰尾镇诚平村人，1957年出生，泉港圭峰中学高级教师。

刘宗财　峰尾镇诚平村人，1957年出生，泉港一中高级教师。

刘汉光　后龙镇后田村人，1957年出生，惠安中医院主任医师。

刘良聪　后龙镇土坑村人，1957年出生，泉港后龙卫生院副主任医师。

刘明伟　峰尾镇诚峰村人，1957年出生，泉港五中高级教师。

刘荣通　峰尾镇诚平村人，1958年出生，泉港峰尾学区中学高级教师。

刘聪荣　峰尾镇诚峰村人，1958年出生，泉港六中高级教师。

刘其明　后龙镇后埯村人，1958年出生，海南铭豪实业集团公司高级工程师。

刘来文　后龙镇后埯村人，1959年出生，海南益豪装潢工程有限公司高级工程师。

刘爱民　峰尾镇诚峰村人，1959年出生，泉港职专中学高级教师。

刘爱霖　峰尾镇诚峰村人，1962年出生，惠安县医院主任医师。

刘荣福　峰尾镇诚平村人，1962年出生，泉港圭峰中学高级教师。

刘地生　峰尾镇诚平村人，1962年出生，泉港五中高级教师。

刘荣章　峰尾镇诚平村人，1963年出生，泉港三川中学高级教师。

刘清珠　后龙镇后田村人，女，1963年出生，泉州市第一医院主任护师。

刘海翔　峰尾镇诚峰村人，1963年出生，北京新华社高级记者。

刘峥明　峰尾镇诚峰村人，1963年出生，泉港区医院副主任医师。

刘泉城　峰尾镇诚平村人，1963年出生，泉港二中高级教师。

刘文金　涂岭镇白潼村人，1963年出生，惠安一中高级教师。

刘复武　后龙镇后埯村人，1963年出生，永安技术学校高级工程师。

刘锦瑶　峰尾镇诚峰村人，女，1963年出生，厦门市第二医院副主任护师。

刘美泉　后龙镇后埯村人，1964年出生，福建炼化有限公司高级工程师。

刘秀香　后龙镇后田村人，女，1965年出生，泉港五中高级教师。

刘祖辉　峰尾镇诚平村人，1966年出生，泉港坝头中学高级教师。

刘芬安 峰尾镇诚平村人，1966 年出生，惠安建发建设工程有限公司高级工程师。

刘宗华 南埔镇先锋村人，1966 年出生，福建省经贸学校高级讲师。

刘志霞 峰尾镇诚峰村人，女，1966 年出生，泉州中医院副主任护师。

刘琼华 峰尾镇诚峰村人，女，1966 年出生，泉州师范学院副教授。

刘义斌 后龙镇土坑村人，1966 年出生，安溪华侨职校中学高级教师。

刘盛良 后龙镇田里村人，1967 年出生，泉港圭峰中学高级教师。

刘淑英 后龙镇峰前村人，女，1967 年出生，泉港美发中学高级教师。

刘荣森 峰尾镇诚平村人，1967 年出生，泉港坝头中学高级教师。

刘玉林 后龙镇后墘村人，1967 年出生，福建纳川管材科技有限公司高级工程师。

刘美章 后龙镇后墘村人，1967 年出生，泉港二中高级教师。

刘汉腾 后龙镇后田村人，1967 年出生，泉港五中高级教师。

刘一月 后龙镇土坑村人，女，1967 年出生，泉港五中高级教师。

刘义勇 后龙镇土坑村人，1968 年出生，泉港美发中学高级教师。

刘继江 峰尾镇诚峰村人，1968 年出生，泉港顺南中学高级教师。

刘梅英 后龙镇后田村人，女，1968 年出生，惠安一中高级教师。

刘顺如 峰尾镇诚平村人，1968 年出生，泉港圭峰中学高级教师。

刘荣安 峰尾镇诚峰村人，1969 年出生，泉港圭峰中学高级教师。

刘祖泉 峰尾镇诚平村人，1969 年出生，泉港区教师进修学校中学高级教师。

刘清才 南埔镇先锋村人，1969 年出生，福建第五建筑工程公司副总工程师。

刘复安 后龙镇后墘村人，1969 年出生，厦门市第一医院主任医师，博士。

刘荣升 峰尾镇诚平村人，1969 年出生，泉港职专高级教师。

刘素开 峰尾镇诚平村人，1969 年出生，泉港一中高级教师。

刘祖滨 峰尾镇诚平村人，1970 年出生，泉港一中高级教师。

刘志山 后龙镇土坑村人，1970 年出生，泉港区教师进修学校中学高级教师。

刘荣海 峰尾镇诚平村人，1970 年出生，泉港山腰中学高级教师。

刘地林 峰尾镇诚峰村人，1970 年出生，惠安职专高级讲师。

刘华军 峰尾镇诚平村人，1970 年出生，泉港圭峰中学高级教师。

刘宗斌 峰尾镇诚峰村人，1970 年出生，泉港圭峰中学高级教师。

刘伟泉 峰尾镇诚平村人，1970 年出生，深圳市臻泉环保科技有限公司高级工程师。

刘志强 峰尾镇诚平村人，1970 年出生，泉港二中高级教师。

刘志杰 峰尾镇诚峰村人，1971 年出生，泉港圭峰中学高级教师。

刘锡才 后龙镇峰前村人，1971 年出生，海南禾成实业有限公司高级工程师。

刘漳辉 后龙镇土坑村人，1971 年出生，福州大学数字与计算机科学学院研究员、教授，高级工程师。

刘碧新 山腰街道海滨村人，1971 年出生，泉港区教师进修学校中学高级教师。

刘启渊 南埔镇仙境村人，1971 年出生，美国国家卫生研究院研究员，佛罗里达莫菲特肿瘤研究中心博士后。

刘昭晖 峰尾镇诚峰村人，1971 年出生，厦门市第一医院主任医师。

刘钦辉 峰尾镇诚平村人，1971 年出生，博纳影业集团高级会计师、高级经济师。

刘江华 峰尾镇诚峰村人，1971 年出生，泉港五中高级教师。

刘地煌 峰尾镇诚峰村人，1971 年出生，泉港二中高级教师。

刘延春 峰尾镇诚峰村人，1971 年出生，泉港圭峰中学高级教师。

刘国付 涂岭镇下炉村人，1971 年出生，泉港二中高级教师。

刘荣福 峰尾镇诚峰村人，1972 年出生，泉港圭峰中学高级教师。

刘大益 峰尾镇诚平村人，1972 年出生，泉港民族中学高级教师。

刘顺玉 峰尾镇诚平村人，1972 年出生，泉州实验中学高级教师。

刘志雄 涂岭镇下炉村人，1972 年出生，惠安高级中学高级教师。

刘小辉 峰尾镇诚平村人，1972 年出生，集美大学理学院副教授。

刘秀祥 后龙镇东山村人，1972 年出生，泉港鸠林中学高级教师。

刘建闽 峰尾镇诚峰村人，1972 年出生，集美航海学院副教授，博士。

刘学文 峰尾镇诚峰村人，1973 年出生，泉港圭峰中学高级教师。

刘子鸣 后龙镇后墘村人，1973 年出生，泉港天竺中学高级教师。

刘志坚 南埔镇凤翔村人，1973 年出生，泉港惠华中学高级教师。

刘俊斌 后龙镇涂坑村人，1973 年出生，惠安东桥中学高级教师。

刘荣霖 峰尾镇诚平村人，1973 年出生，泉港圭峰中学高级教师。

刘宝珍 后龙镇东山村人，女，1973 年出生，泉港三川中学高级教师。

刘峥国 峰尾镇诚峰村人，1974 年出生，泉港五中高级教师。

刘宗安 峰尾镇诚平村人，1974 年出生，泉港天竺中学高级教师。

刘江平 峰尾镇诚峰村人，1974 年出生，泉港五中高级教师。

刘晓君 南埔镇凤翔村人，1974 年出生，泉州幼师副教授。

刘惠信 后龙镇后龙村人，1974 年出生，泉港美发中学高级教师。

刘景龙 峰尾镇诚峰村人，1974 年出生，泉港山腰中学高级教师。

刘景森 峰尾镇诚平村人，1974 年出生，泉港一中高级教师。

刘宗勇 峰尾镇诚峰村人，1974 年出生，泉港区教师进修学校中学高级教师。

刘小平 峰尾镇诚峰村人，1974 年出生，北京西门子公司高级工程师。

刘宗富 峰尾镇诚峰村人，1975 年出生，泉港一中高级教师。

刘宗民 峰尾镇诚平村人，1975 年出生，泉港圭峰中学高级教师。

刘仕华 后龙镇土坑村人，1975 年出生，泉港一中高级教师。

刘丽华 后龙镇后垅村人，女，1975年出生，泉港三川中学高级教师。
刘文硕 后龙镇后田村人，1975年出生，泉港圭峰中学高级教师。
刘丽琼 峰尾镇诚平村人，女，1976年出生，泉港疾病预防控制中心高级会计师。
刘志强 峰尾镇诚平村人，1976年出生，泉州正骨医院副主任医师。
刘良宗 后龙镇后垅村人，1976年出生，跆拳道国家级教练员。
刘华香 峰尾镇诚峰村人，1976年出生，泉港圭峰中学高级教师。
刘谷海 峰尾镇诚平村人，1976年出生，泉港三川中学高级教师。
刘子武 峰尾镇诚平村人，1976年出生，泉港五中高级教师。
刘海龙 峰尾镇诚峰村人，1977年出生，泉港二中高级教师。
刘继如 峰尾镇诚峰村人，1977年出生，泉港山腰中学高级教师。
刘龙峰 峰尾镇诚峰村人，1977年出生，泉港坝头中学高级教师。
刘爱华 峰尾镇诚峰村人，女，1977年出生，泉港峰尾学区中学高级教师。
刘碧生 峰尾镇联岩村人，1977年出生，泉港圭峰中学高级教师。
刘祖思 峰尾镇诚平村人，1981年出生，泉州市医疗废物处置中心高级工程师。
刘惠滨 后龙镇后田村人，中国建设银行注册总造价师。
刘宗义 峰尾镇诚平村人，国家原子能专家。
刘德添 后龙镇涂坑村人，四川省泸州市火炬化工厂常务副厂长，总工程师。
钱聚英 峰尾镇诚峰村人，女，1936年出生，中国兵器工业情报研究所高级工程师。
陈碧玉 后龙镇土坑村人，女，1942年出生，福建省武警总医院主任医师。
黄秀珍 峰尾镇诚峰村人，女，1955年出生，泉州中医院副主任护师。
何紫云 后龙镇后田村人，女，1961年出生，惠安螺城中学高级教师。
孙向英 后龙镇土坑村人，女，1965年出生，华侨大学教授，博士生导师。
涂秀虹 峰尾镇诚峰村人，女，1969年出生，福建师范大学中文系教授。
连杨慧 后龙镇后田村人，女，1970年出生，漳平一中高级教师。
马欲晓 峰尾镇诚峰村人，女，1971年出生，厦门市第一医院主任医师。
王丹红 峰尾镇诚平村人，女，1971年出生，厦门大学海外教育学院副教授。
庄素芸 南埔镇先锋村人，女，1971年出生，惠安高级中学高级教师。
陈美华 峰尾镇诚平村人，女，1973年出生，泉港庄重文实验小学中学高级教师。
庄亚华 后龙镇后垅村人，女，1974年出生，泉港天竺中学高级教师。
施萍梅 后龙镇土坑村人，女，1975年出生，泉港天竺中学高级教师。
许　蓉 涂岭镇下炉村人，女，1975年出生，惠安高级中学高级教师。

（五）博士

刘荣添 峰尾镇诚峰村人，1976年出生，华侨大学数量经济学博士。

刘志华　后龙镇土坑村人，1978 年出生，中山大学医学博士。

刘少扬　后龙镇土坑村人，1984 年出生，英国伦敦格林威治大学博士。

刘　轩　后龙镇峰前村人，1984 年出生，香港科技大学博士。

刘淑华　后龙镇土坑村人，女，1984 年出生，武汉大学媒体博士。

刘婷娜　后龙镇土坑村人，女，1984 年出生，复旦大学环境学博士。

刘超兰　峰尾镇诚峰村人，女，1985 年出生，四川大学发酵工程博士。

刘云鸿　后龙镇后垅村人，1986 年出生，广东佛山研究院工科材料学博士。

刘紫云　峰尾镇诚峰村人，女，1987 年出生，北京大学中文系博士，任教于北京工商大学。

刘玉琴　后龙镇土坑村人，女，1989 年出生，中国科学院遥感与数字地球研究所博士。

刘　章　涂岭镇下炉村人，厦门大学法律系博士。

陆棠英　南埔镇仙境村人，女，1971 年出生，美国南佛罗里达大学医学哲学博士。

彭新艳　后龙镇后垅村人，女，1986 年出生，广州理科高分子化学博士。

（六）港澳台胞及海外侨胞知名人士

刘魁发　祖籍峰尾，1917 年出生，侨居新加坡，任新加坡惠安公会主席、名誉会长，曾捐款修筑家乡海堤。

刘金顺　祖籍后龙镇东山村，1920 年出生，侨居新加坡，新加坡惠安公会主席，捐建后龙中学校舍。

刘经文　祖籍后龙镇后田村，1937 年出生，侨居马来亚，永隆文具公司董事长，吉隆坡暨雪兰莪惠安泉港公会会长，在家乡设立“涂坑刘成和奖学奖教基金”，捐资上百万元建设泉港五中运动场及家乡基础设施。

刘文才　祖籍峰尾，1946 年生于新加坡，博士，美国加罗拉道国立大气研究中心高空视察站科学家。多次受邀到北京大学、中国科技大学讲学。

刘美玉　法号严慈法师，祖籍南埔镇凤翔村文坂，1953 年出生于新加坡，佛学博士。新加坡万佛林寺住持。

三、英烈名录

刘有才（1904—1932 年）　前黄镇后张村人，1932 年在惠北武装抗捐斗争中被害。

刘宗良（1944—1965 年）　峰尾镇诚峰村人，解放军步兵 252 团 3 营机炮连战士，在连江县官坂军事演习中牺牲。

刘其顺（1948—1970 年）　涂岭镇下炉村人，解放军 873 部队副班长，在京广铁路施工中牺牲。

刘顺金（1950—1970 年）　峰尾镇诚峰村人，解放军 8740 部队 4 中队 18 小队副班长，在山西国防施工中牺牲。

刘荣兰（1987—1999 年）　峰尾镇诚峰村人，女，1999 年 11 月 12 日因救落水同学不幸溺水身亡。

第六节　记 事

明洪武二十年（1387 年），惠安筑城 5 座，其中 1 座是峰尾城。

明隆庆六年（1572 年），峰尾城扩建，设东、西、南、北四大城门，浚沟护城，并立永胜台于城隍。

清康熙至雍正年间，峰尾前厝房丁壮渔民 58 人在乌龟渔场罹难。

民国 17 年（1928 年），中共厦门特委派穆国海（广东人）到土坑刘氏聚居村（今属后龙镇）建立革命基点。

民国 26 年，峰尾改称圭峰乡。

民国 29 年 7 月 12 日中午，日机轰炸峰尾澳，炸毁船只 10 多艘，炸死 4 人。

1949 年，土坑建立中共地下北海区工委，管辖今界山，南埔，后龙、峰尾等镇。

1958 年，峰前村刘能海着手收藏石制器具，后创办石具收藏园。

1965 年，土坑选青斋被拆除，改建小学。

1972 年，开办后田小学。

1984 年，东头埔（含三朱村田厝、海滨村埕边）刘氏宗亲成立复修领导小组，埕边旅居新加坡刘银水及台胞刘来娘捐资支持，各宗亲集资及捐款计 5 万余元，复修明代刘赓墓。

1985 年 6 月，土坑乡析为土坑、后田、后垅、东山四个行政村。

1992 年，二化氯碱厂（国企）投建，征用凤翔村文坂刘氏土地 70 多亩，村中山头宫、清雄寺迁往院前狮山重建。

1995 年，峰前村刘氏重建岩山大圣寺。

1998 年 5 月 17 日，成立圭峰文化研究会。

1999 年农历十一月十七日，峰尾义烈庙举行“姑妈诞生五百周年”庆典。

2000 年，因行政区域调整，原土坑小学扩建为后龙中心小学。

2002 年 8 月，南埔镇凤翔村文坂重建龙山宫，建筑面积 150 平方米。据称该宫始建于清乾隆年间。

2003 年，土坑村被评为“福建省历史文化名村”。

2003 年 6 月，福炼一体化征用东山、新厝自然村土地 311.8 亩，拆迁民房 85 栋，被安置在栖霞社区250多人。

2004年1月，福炼一体化配套项目“西海路”征地白石安、新厝土地55亩，拆迁民房41栋，被拆迁群众择本村安置小区建房居住，辖区人口不变。

2004年7月1日，南埔镇先锋村刘厝、后田村、东山村被区政府确定为“革命老区基点村”。

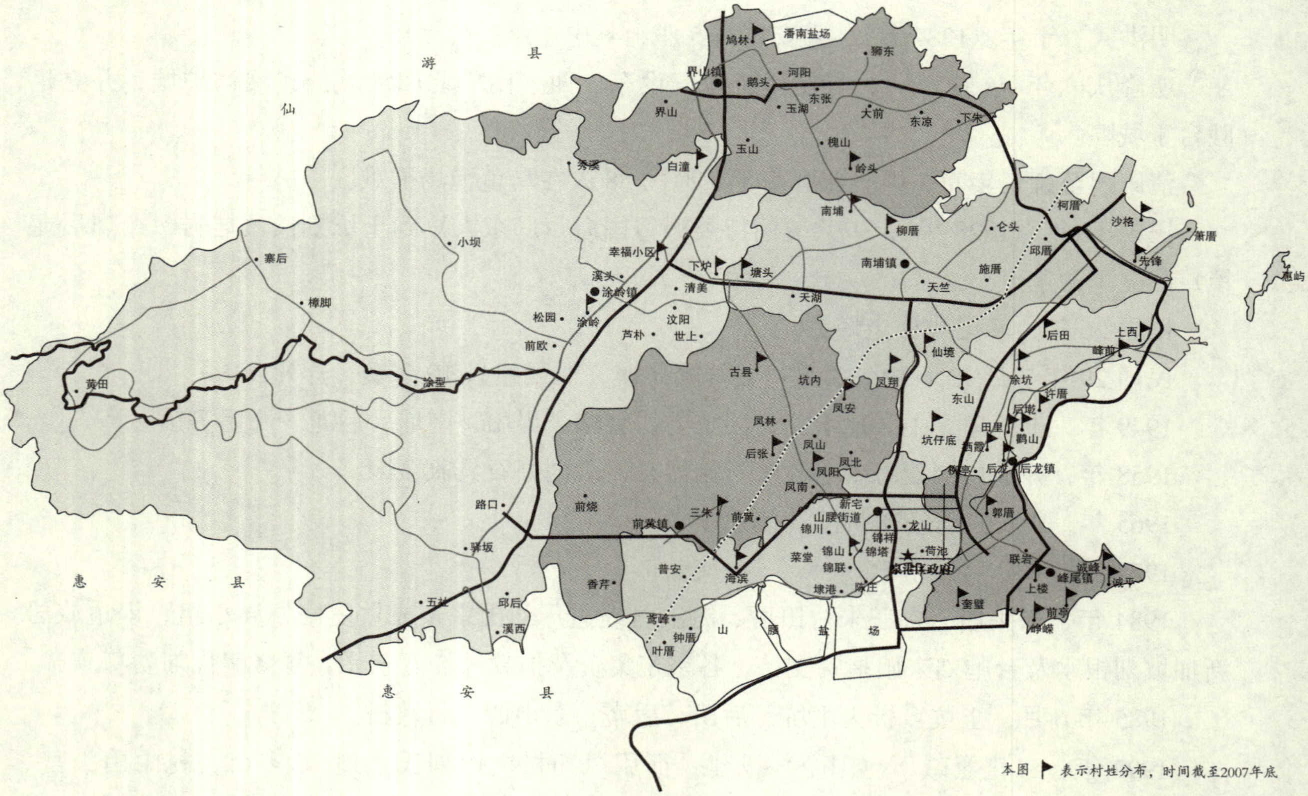

本图 ▶ 表示村姓分布，时间截至2007年底

泉港区刘姓分布图

第五章

第一节　溯 源

一、起源

出自远古颛顼高辛氏。颛顼曾孙陆终第 3 子名惠连，后代以其字为姓，称连氏。

出自春秋时期的芈姓。楚国公族有连敖、连尹等职官，后裔以官职为姓，姓连。

出自姜姓。春秋时齐国大夫连称，本姓姜，系鲁周公直裔，因有功于齐，得姬庄王赐姓连，据载其于“葵丘（今山东省淄博市临淄）著迹，上党（今山西省长治市）开宗”，后代以祖上名字为姓，称为连姓。

连姓历史上形成上党（今山西长治）、冯翊等郡望。

二、入闽

唐中和年间（881—884 年），因黄巢起义，北方动荡，上党连氏第 57 世、叶州通议大夫连恺弃官避乱，奉双亲自河南光州固始南迁入闽，居于福州府闽县，逝后与夫人郭氏合葬于侯官龙亭左畔。其后裔迁播于福州闽县、广东省大埔县、漳州长泰县等地。

宋孝宗年间（1163—1189 年），连恺第 9 世裔连治因佞臣变乱朝纲，遂退隐迁居兴化仙游云顶山北，村名连坂。

三、入泉港

宋嘉泰年间（1201—1204年），连治之孙连钊（字兆钦）自仙游唐安连坂择居惠北七都曾店尾（今属前黄镇凤阳村）。灯号“凤阿”。

第二节 繁衍

一、区内分播

连氏第3世连致爽自曾店尾移居凤山（今前黄镇凤山村），繁衍至今32代，后裔主要分布于今前黄镇凤山村的下墩、大厅、楼上、后山、中洋、后洋、北洋；凤阳村的后厝；凤南村的西吴、埭中、蔡头桥；凤北村的外坑、后宅；凤林村的田墩、湖边、鹳林、留山、顶坂；凤安村的安兜、前埔、社塘、凤安新村；坑内村的下坑内、朝林；古县村的溪古等24个村落。

明洪武年间（1385年左右），坝头连宗敏五房派下、第7代连淑分居霞梁（今属界山镇），至明天顺年间（1457—1464年），其子连枢自霞梁分居上蔡（即今南埔镇柳厝村岭口），为上蔡一世祖。

据谱载，明洪武十七年（1384年）、二十年（1387年），因遭大狱株连，坝头连氏第6、7、8世遭难，有的整房被抄提，有的四散逃命，以至第9世坝头连氏男丁不足60人。

坝头连氏大宗第4世二房连应发子孙大多居住在楼上祖祠周边。

大宗第4世三房连应麟派下连宗敏长子连洲迁往后厝开基并衍居后厝、后宅、外坑、埭中等村落；次子连演迁往安兜开基并衍居安兜、社塘、前埔等村落，部分住在凤山楼上二房祠堂周边；三子连源迁往下坑内开基并衍居下坑内角落；四子连涣迁往田墩后又回迁一支居下墩，后裔大部分居于凤山以及散居田墩顶头、下头、朝林、后洋、顶坂、留山、湖边、鹳林、西吴、北洋等角落。

清康熙初年，坝头连氏三房等支系族裔相继迁入下坑内（今前黄镇坑内村），衍居文坂、厝后、圳墘和下埕等4个角落。

康熙二十九年（1690年），连氏二房支系第11世裔，坝头楼上连廷龙迁居安兜（今属前黄镇凤安村）。

乾隆末年，田墩顶头角落四房连氏后裔析居朝林（今属前黄镇坑内村）。民国35年

(1946年)，朝林1户迁居今山腰锦川村二田。

嘉庆五年（1800年），第21世连氏族人自后厝上房迁居蔡头桥。西吴、蔡头桥今属前黄镇凤南村。

同治十年（1871年），留山连氏族人析居古县溪古（今属前黄镇古县村），已传6代。

光绪二十六年（1900年），后厝连氏族人析居埭中。

清代，第19世下墩连振美、连振泽及第21世、第22世部分族人相继迁居西吴。

民国10年前后，后厝连忠春迁居今南埔镇柯厝村，已传5代。

民国36年，有后厝连氏族人移居今南埔镇柳厝村柳街。

另有楼上支系族裔迁居今界山镇鹅头村，已传8代。

二、人口分布

泉港区连姓有18247人，列泉港世居姓第5位。主要聚居于3个镇，依次是：前黄镇17536人，南埔镇640人，界山镇61人，山腰街道10人。具体分布如下：

街道、镇	村落人口	合计
山腰街道	锦川村二田10人。	10
前黄镇	凤山村4400人;凤阳村2463人;凤安村2273人;凤林村3510人;凤北村外坑1100人;凤南村西吴1087人,埭中483人,蔡头桥712人;坑内村下坑内750人,朝林700人;古县村溪古58人。	17536
界山镇	鹅头村61人。	61
南埔镇	柳厝村岭口610人,柳街10人;柯厝村20人。	640

三、外迁主要支系

前黄镇

凤山连氏

明万历四年（1576年），第14世上房连士贞尚德派连天开迁居南安官桥许林。

明万历十五年（1587年），第14世上房连士贞尚德派连承恩迁居邑西田船宝珠石（今属惠安县紫山镇）。

清康熙七年（1668年），第16世上房连士贞尚德派连朗迁居邑西田船上溪乡（今属惠安县黄塘镇）。

清代，六舍连宗敏五房派连及迁居莆田梧塘。

已知迁居台湾的族裔有：溪墘连凤良徙居今云林县；山楼顶连世坤徙居今南投县；大厅连凤生徙居今屏东县，连力行徙居今台中市，连力仁徙居今台北市，连锡畴徙居今台北市；石埕连文泽徙居今高雄市；溪墘连锡雄徙居今屏东市；田墩连金春徙居今中坜市。

已知迁居新加坡的族裔有：大厅连德春、连复德、连河泉，后山连玉昆，石埕连重城，中洋连通选、连顺益等。

凤安连氏

20世纪30年代，有10多户外迁今新加坡、马来西亚及我国台湾等地区居住，其中连大故、连细故、连金龙、连黄霜、连糕九、连红毛、连态吓等迁居今新加坡，连双、连土岭、连盘菜、连车九、连成宝、连和春等迁居今马来亚吉隆坡。

1949年，连耀轩迁居今台湾台北。

1960年，连国良、连晏水、连元泉、连万枝等迁居本省沙县国营林场。

1965年，连泉兴、连顺法、连无毛、连油法等移民崇安县五夫镇、兴田镇。

1966年，连炳章、连舜章、连凤顺、连厚枝等移民至浦城县仙届镇。

1965—1966年，有两批计20户族人分别移民于崇安县五夫镇和浦城县仙阳镇。

坑内连氏

20世纪40年代，连明党、连再成徙居马来亚。

1958年，连加财、连红毛、连友祥3户移民定居崇安县（今武夷山市）。

1965年，连瑞元、连永福、连伟、连友美、连良金等户移民定居浦城县仙阳镇。

南埔镇

柳厝岭口连氏

明崇祯年间（1628—1644年），连氏第14世连昌国、昌开、昌善三兄弟移居今莆田梧塘镇江南村南埔，现有59户285人。

清末，第20世连友成迁居今福清县渔溪石竹山，定居镜洋，现有80多人。

民国6年（1917年），第22世连秋源徙居新加坡。

民国19年，第21世连庵客徙居马来亚（旧名）。

第三节　谱牒

《凤阿坝头连氏族谱》

系凤阿坝头连氏族谱。首修于元延祐年间（1314—1320年），连氏第4世连应麟作序。

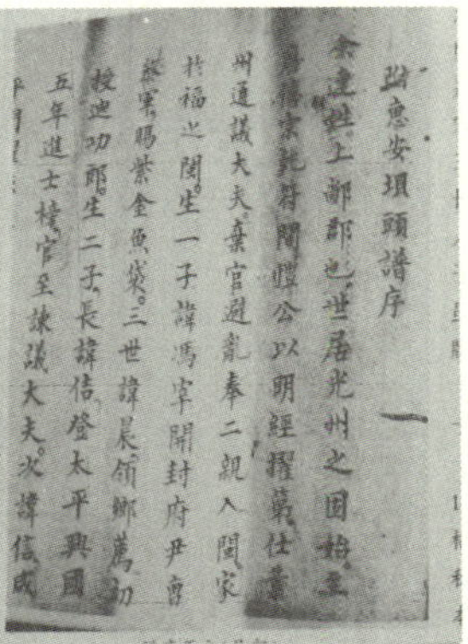

二修于明永乐四年（1406 年），林絅（号斋父，赐进士及第状元翰林院学士）序言。三修于明隆庆元年（1567 年），第 11 世孙庠生连若鲁主修。四修于明天启元年（1621 年），第 12 世孙庠生连裯主修。五修于清顺治十三年（1656 年），第 13 世孙广东水师参将天爵主修。六修于清康熙二十四年（1685 年），第 14 世孙连濬甫主修。七修于清乾隆三年（1738 年），第 13 世孙恩贡连敬敷主修。旧谱全称《高阳上党衍派凤阿连氏坝头族谱》，手抄本 4 卷 1 套。

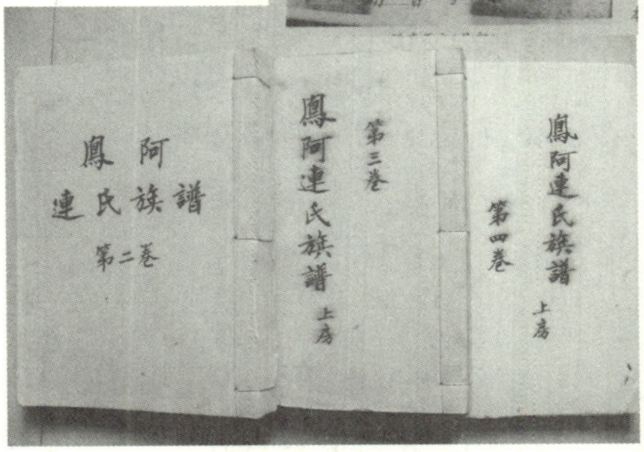

自第 12 代始，其昭穆依次为：

德日伯震，孟仲侯尔，克己由复礼，存心本以仁。

续订字辈为：承先启后创伟业，继往开来振家声。

《南埔柳厝岭口五房谱》

系南埔镇柳厝村连氏五房岭口支谱。1995 年，连氏第 24 世裔连福成主修并作序。

界山镇鹅头连氏

昭穆依次为：伯仲扬芳，孙曾继起，万世云礽，各成利美。

第四节　史 迹

一、祠宇

坝头连氏家庙

俗称坝头祠堂，位于前黄镇凤山村大厅自然村。区级文物保护单位。肇建于元末，自明清以来，多次修缮。民国 9 年（1920 年）作小学之用，1992 年海内外族裔捐资重建。2003 年增建部分附属设施。背靠阿山，面对坝水，坐东看西，依山而筑，堂前有 13 级石阶。抬梁式木构架，二落三开间进深六间，由下厅、天井、回廊、顶厅、堂屏、后厅等组成，建筑面积 320 多平方米。下厅为单檐歇山式屋顶，顶厅为单檐硬山式屋顶。后厅龛上悬挂“流芳百世”匾，内祀坝头连氏历代祖先名人灵位。门首悬挂“连氏家庙”匾额，两边镂有“出将”“入相”图案。门外两侧分置御赐的“禄马雕鞍”石鼓。楹联有：

坝水澄清思源敬业家家乐，

阿山耸翠衍派安居代代春。

古老门闾久待后人加粉藻，

郁森兰桂早为先世播馨香。

屹屹壮轩昂天外云峰当户列，

雍雍环磐折庭前兰桂倚墙生。

八百年衣冠国族攸萃悠哉祚之远实地之灵，

十二叶云礽庙貌重开远矣孙之谋由祖之庆。

庙貌重新乎圮坏美哉轮美哉奂宗公英灵百代俨美墙如见，

家声顿起乎式微率而祖率而亲子姓联睦千载伉阆阆尔昌。

坝头连氏家庙

四房（小宗）祖祠

位于前黄镇凤林村田墩。坝头第7世连世隆约建于明宣德年间（1426—1435年），1989年重修。五开间二进一天井，建筑面积320平方米。

中厅祖厝

位于前黄镇凤山村下墩大池东边。坝头第9世六舍连宗敏四房派连纯夫于明成化年间（1465—1487年）建造。坐东朝西，五开间三进二天井，建筑面积489平方米，前有砖埕152平方米。

岭口祖厝匾

岭口祖厝

位于南埔镇柳厝村岭口。明成化年间（1465—1487年），坝头第8世五房连孟忠肇建。坐北朝南，五开间二进一天井，出砖入石式外墙体，硬山式屋顶，抬梁式木构架，厅中悬挂“明经进士”和“姑媳同贞”匾额。建筑面积355平方米，厝前红砖埕面积158平方米。

坑内连龙黼故居

坑内连龙黼故居

即圳墘祖厝，位于前黄镇坑内村下坑内。系清康熙年间（1662—1722年），第15世三房总兵连龙黼府第。1980年和1998年曾两次重修。坐东北向西南，五开间三进二天井兼后花园，硬山式屋顶，飞檐翘脊。正面外墙红砖砌面，两侧墙体“出砖入石”结构。主建筑面积555平方米，总占地约800平方米。

大厝顶祖厝

位于前黄镇凤安村安兜。清乾隆年间（1736—1795年），三房连霍建造。坐北朝南，五开间二进一天井，建筑面积300多平方米，占地500多平方米。

外坑祖厝

位于前黄镇凤北村外坑。清乾隆年间（1736—1795年），第16世连弼建造。坐乾向巽兼亥巳，五开间二进一天井，建筑面积347平方米。门口大埕面积约180平方米。

栖梧祖厝

位于前黄镇凤南村西吴。清嘉庆年间（1796—1820年），西吴连振美、连振泽建造。五开间二进一天井，建筑面积588平方米。

下田祖厝

位于前黄镇凤阳村后厝。坝头第16世、下田始祖建于清代，后曾5次修葺。坐北向南，五开间五进四天井，内挂“明经进士”匾，旁有“秀才巷”。建筑面积720平方米，埕地面积530平方米。

鹅头连氏祖厝

鹅头连氏祖厝

位于界山镇鹅头村下寨。清光绪年间，鹅头连氏二世祖始建。三开间二进一天井，建筑面积230平方米。

天湖岩寺

二、宫庙

天湖岩寺

位于南埔镇天湖村境内，明代属七都鼓楼铺。系区级文物保护单位。始建于唐光启年间

（885—888 年）。历经兴废，多次修葺。明洪武十二年（1379 年），在峰巅建烽火台。清康熙年间（1662—1722 年）重建。坐东朝西，由前殿、后殿、放生池、亭榭楼阁等组成，依山而筑。前殿为大雄宝殿，三间二进，飞檐翘脊；后殿是观音阁。寺前放生池，尚存明嘉靖年间所立“天湖放生”残碑一方。题联有：

梵宇筝洲中一水迎来台岛浪，

法延启天末好风伴送海潮音。

青狮洞

俗称“仙公洞”，位于前黄镇坑内村仙公山。区级文物保护单位。因山巅巨石伏如雄狮，石下有洞而得名。始建时间不详，清康熙年间（1662—1722 年）复界后重塑仙公（何氏九仙）供人敬奉。洞内面积约 10 多平方米，古榕掩映，洞边依岩而建“存德堂”“答恩堂”“德元堂”，分上下二进中一天井，面积 100 多平方米。有“狮卧青石上，洞内居真人”“仙迹留芳”等 10 多处摩崖石刻，题联有：

青狮洞

高瞻锦海千重浪，

屹立凤山第一峰。

新兴宫

位于前黄镇坑内村朝林。原名“董柳宫”，系宋代当地董、柳两姓所建，位于狮山。清光绪十三年（1887 年）于旧址重建，易名为“新兴宫”。1980 年迁建于现址，坐西北向东南。建筑面积 38 平方米，占地 115 平方米。

新兴宫

西吴妈祖宫

位于凤南村西吴。始建于北宋宣和年间（1119—1125 年），原名岙头宫，位于古时添崎坝头港船只进出的必经之地。清乾隆元年（1736 年），当地吴、柳两姓居民修建，后更名为“下亭社”。1981 年大修，1990 年再修。坐北向南，建筑面积 52 平方米，总建筑面积 119 平方米。

兴凤宫

原称上蔡兴贤社，位于南埔镇柳厝村岭口东边上蔡。始建于明成化年间（1465—1487 年），“文化大革命”期间被毁，2000 年迁建并改今名。坐北向南，三开间两进一天井，主体建筑面积为 125 平方米，占地 330 多平方米。

兴凤宫

山尾寺

俗称“菜堂”，又名“明善堂”，位于凤林村鹳林。建于明正德年间（1506—1521 年）。1990 年、1997 年两次重修。坐东向西，建筑面积 163 平方米，占地面积 1000 平方米。

坝头龙凤宫

也称“下墩宫”，位于前黄镇凤山村下墩。区级文物保护单位。清康熙年间（1662—1722 年），庠生连凤梧主持择地兴建。1956 年、1980 年、1998 年、2001 年等先后重修。坐东向西，二进，由山门、顶厅、下厅、石埕、放生池、六角凉亭等组成。主殿顶厅长 8.8 米，阔 8 米；下厅（含天井）长 9.7 米，阔 9 米。两厅高低相差 1.15 米，中造斜坡平面阶，两边各有 5 级石阶。顶厅正殿面阔三间，进深三间，硬山式屋顶，抬梁式木构架。外墙体为出砖入石结构。主建筑面积约 220 平方米。2005 年至 2007 年于宫后半山腰按原规模样式仿建新宫。楹联有：

明德政略威震闽疆留青史，
英灵显耀弘扬湄岛馨古今。
龙游坝水神灵耀，
凤舞阿山圣德高。
圣德英灵历朝加封千古誉，
母仪显赫今昔频传万世尊。
太阿三尺功昭日月生灵福，
保闽八郡德泽黎民仁义华。
跃剑为王声威克壮风云会，
从军带母忠孝直争日月光。
孝威灵泉八郡河山归掌握，
灵昭海隅万国衣冠拜冕旒。
政绩著闽疆古今颂德，
英灵镇湄岛中外来朝。

坝头龙凤宫

万安宫

位于前黄镇凤安村社塘南面。始建时间不详。坐东朝西，建筑面积约 35 平方米，埕地面积 60 平方米。宫外有尊石像，形貌古怪，头额顶有个“王”字，双目圆睁，龇牙咧嘴，口衔短剑，左手握蛇右手托珠。

观音宫

位于前黄镇凤南村蔡头桥南。清乾隆年间（1736—1795 年），前黄乡绅倡建。后多次重修。坐东朝西，北有厢房，建筑面积 30 平方米，占地面积 200 多平方米。西北面竖一方清光绪年间“纠风碑”，为赑屃负碑状。

基督教堂

旧称“福音堂”，位于前黄镇凤林村田墩。清同治六年（1867 年），坝头周边乡里基督教信徒在田墩租用民房作为礼拜堂。民国 27 年（1938 年），奠基建设教堂。1992 年，台胞连金春捐资重建。坐北朝南，为三层楼砖混结构，占地面积约 500 平方米。

三、墓葬

连钊墓

位于前黄镇凤林村鹳林山。2003 年 7 月重新修缮。坐西向东，占地面积 192 平方米。现存宋代石狮柱。连钊系坝头连氏开基祖。

连廷龙墓

位于前黄镇凤安村安兜。坐午向子兼丁癸，清乾隆三十八年（1773 年）葬。连廷龙系凤安村安兜连氏开基祖。

连涣墓

位于前黄镇凤林村鹳林。坐西北向东南，占地面积 238 平方米。原墓保存完好，2005 年重修成大墓。连涣，朝林等四房派连氏一世祖。

连源墓

位于南埔镇天湖岩寺前。坐西向东，占地面积 63 平方米。连源系下坑内和北洋等三房派连氏一世祖。

连柄墓

位于前黄镇凤林村鹳林山。穴坐东北向西南，2005 年重修，占地面积 89 平方米。连柄系三房派下坑内连氏一世祖。

连龙黼墓

位于涂岭镇涂型村。穴坐乾向巽。连龙黼（字尚钦）系下坑内圳墘连氏一世祖。

连弼墓

位于涂岭镇松园村前山虎岩口。坐甲庚卯酉，2004 年重修。连弼（字辅候）系凤北外坑连氏开基祖。

第五节　人 物

一、历代科第仕宦名录

连　熠　七都坝头人，明弘治年间（1488—1505 年）贡生，广东石城教谕。

连　忻　坝头人，明正德年间（1506—1521 年）贡生，广东清远教谕。

连大猷　坝头人，明嘉靖年间（1522—1566 年）贡生，江苏徐州丰县教谕。

连起文　字瑞赤，坝头人，清顺治八年（1651 年）陈圣泰榜举人，授广西崇善知县。

连殿邦　坝头人，清乾隆元年（1736 年）恩科林光继榜举人。

连光辉　字希夫，坝头人，清乾隆二十八年（1763 年）贡生，授政和县令。

连　河　坝头人，清嘉庆十五年（1810 年）张春辉榜武举人。

连凤楼　坝头人，清嘉庆十八年（1813 年）郑步衡榜武举人。

连捷登　坝头人，清道光元年（1821 年）恩科王聘三榜武举人。

连兴祖　坝头人，清同治元年（1862 年）武举人。

二、已知当代人物名录

（一）副处（团）级及以上人士

连　贯　又名庆忠，前黄镇凤安村人，1923 年出生，参加浙赣游击队，华东野战军谍报参谋，任职于中央军委参谋部、福建省公安厅，上校。

连玉成　前黄镇凤南村人，1924 年出生，中共中央宣传部中教司司长。

连远辉　前黄镇凤山村人，1927 年出生，泉州市第三医院党委书记，正处级离休干部。

连森土　前黄镇凤安村人，1928 年出生，中共地下党员，福建省电力学校校长，离休干部。

连柳泉　前黄镇凤阳村人，1930 年出生，某部副团职干部。

连顺清　前黄镇凤南村人，1934 年出生，解放军某部团参谋长，转业任永安 101 厂党委书记。

连好法 前黄镇凤山村人，1935年出生，福建省机械工业厅人事处副处长。

连俩进 前黄镇凤阳村人，1937年出生，厦门市建委工程处副处长。

连好宝 前黄镇凤山村人，1942年出生，福建社科院经济研究所副所长，研究员。

连士泉 前黄镇凤安村人，1943年出生，第92师政治委员、党委书记，大校，中共泉州市委常委，泉州军分区司令员。

连瑜华 前黄镇凤山村人，1943年出生，福建省团校党委书记、常务副校长，副教授。

连庆云 前黄镇凤阳村人，1951年出生，空军第16飞行学院门诊部主任，专业技术八级，转业任泉州晋江机场急救中心主任军医。

连育华 前黄镇凤南村人，1953年出生，空军上校，转业任职于泉港区政法委。

连文山 前黄镇凤南村人，1953年出生，福建省物价局副巡视员。

连如碧 前黄镇凤阳村人，1953年出生，沈阳军区空军政治部秘书，转业任泉州市住房和城乡建设局调研员。

连建平 前黄镇凤安村人，1955年出生，福建省人民政府二办副处长。

连伟良 前黄镇凤安村人，1955年出生，福建省水利厅建设处处长，水电设计院党委书记，省水利厅副巡视员。

连伟如 前黄镇凤安村人，1956年出生，福建省农办农村经济发展中心副主任，高级工程师。

连启明 前黄镇凤山村人，1957年出生，历任泉港区人民政府副区长，中共泉港区委常委、政法委书记，区政协主席。

连凤宝 前黄镇凤林村人，1957年出生，集美大学纪检副书记，纪检监察审计处处长。

连建华 前黄镇凤安村人，1958年出生，福州市发改委副主任。

连平华 前黄镇凤山村人，1959年出生，空军高炮六团团长，转业任广州市天河区综合执法局党委书记。

连　绵 前黄镇坑内村人，1959年出生，厦门市体育局工会主席。

连泉玉 前黄镇凤南村人，1960年出生，广州空军司令部办公室副主任，转业任广州动物园副园长。

连泉富 前黄镇凤南村人，1960年出生，中共晋江市委常委、人武部政委，转业任晋江市人大常委会副主任。

连清忠 前黄镇凤南村人，1960年出生，某部副团级干部，转业任职于泉港区山腰街道人大工委。

连艳华 前黄镇凤阳村人，女，1960年出生，某部副团职干部，转业任职于福州市政府机关事务管理局。

连贯文 前黄镇凤林村人，1960年出生，广州某部副团职干部。

连晏宝 前黄镇坑内村人，1960年出生，广州白云山管理局摩星岭管理处处长。

连金玉 前黄镇凤北村人，1960年出生，海军92904部队政委，转业任泉州市海洋与渔业执法局支队长，副调研员。

连友国 前黄镇凤阳村人，1963年出生，中华人民共和国东渡出入境检验检疫局副局长。

连志崧 南埔镇柳厝村人，1964年出生，集美大学诚毅学院党委副书记。

连　恒 前黄镇凤南村人，1964年出生，海军后勤部财务部部长（正师职）。

连长华 前黄镇凤南村人，1964年出生，福建省公安消防总队防火监督部部长，高级工程师，总工程师，专业技术六级，大校。

连文钦 前黄镇凤林村人，1964年出生，福建省出入境检验检疫局科技处处长。

连民琦 前黄镇凤阳村人，1969年出生，厦门市海关缉私局查私处处长。

连奕新 前黄镇凤山村人，1971年出生，厦门大学国家化学化工重点实验室教授、高级工程师。

连　任 前黄镇凤山村人，1973年出生，厦门市政府对外事务办公室亚非处处长，博士。

连加民 前黄镇凤南村人，1976年出生，龙岩市公安消防支队副团职干部。

连黎斌 前黄镇坑内村人，1976年出生，中共广东省委宣传部理论处副处长。

王素娥 前黄镇凤南村人，女，1926年出生，河南郑州工农学院党委组织部部长。

钟进军 前黄镇凤安村人，女，1945年出生，陆军93师医院主任医师，专业技术六级，大校。

曾丹红 前黄镇凤阳村人，女，1949年出生，中共厦门市委宣传部调研员。

蔡小兰 前黄镇凤林村人，女，1976年出生，武警福建总队直属支队副团职军官。

（二）副处级及以上国有企业人士

连　斌 前黄镇坑内村人，1934年出生，上海无线电一厂工会主席。

连玉树 前黄镇凤南村人，1940年出生，厦门市医药采购供应站副总经理。

连元民 前黄镇凤山村人，1945年出生，漳州市保险公司总经理。

连育青 前黄镇凤安村人，1959年出生，福建省建设银行资深风险经理，高级经济师。

连向阳 前黄镇凤安村人，1960年出生，福建联合石化有限公司技术处经理，高级工程师。

连国英 前黄镇凤阳村人，1963年出生，湖北葛洲坝集团公司设计院院长。

连怀宇 前黄镇坑内村人，1970年出生，中石化森美泉州分公司副总经理。

连晓明 前黄镇凤南村人，1973年出生，中铁港航局集团有限公司办公室副主任。

（三）高级专业技术职称者

连家瑶 前黄镇凤山村人，1902年出生，惠安一中著名数学教师，1964年晋江地区唯一的中学一级教师，福建省第三届人民代表。

连如奎 前黄镇凤山村人，1928年出生，安徽省水电厅屯溪市水文站高级工程师。

连鸿仁 前黄镇凤山村人，1928年出生，厦门市第一中学高级教师。

连万能 前黄镇坑内村人，1929年出生，江苏泰县姜堰中学高级教师，中学特级教师。

连晋辉 前黄镇凤阳村人，1931年出生，惠安县教师进修学校中学高级教师。

连丁辉 前黄镇凤南村人，1932年出生，惠安县审计局高级注册师。

连逊谋 前黄镇凤南村人，1933年出生，泉港二中高级教师。

连能辉 前黄镇凤阳村人，1934年出生，福建省政府高级统计师。

连良枝 前黄镇凤安村人，1934年出生，泉港山腰盐场职工医院副主任医师。

连玉金 前黄镇凤北村人，1935年出生，福州大学计算机系副教授。

连诚谦 前黄镇凤林村人，1935年出生，厦门市广播电视大学副教授。

连兆兴 前黄镇坑内村人，1936年出生，平和县医院副主任医师。

连才源 前黄镇凤南村人，1936年出生，漳州水利水电勘测设计院高级工程师。

连文富 前黄镇凤南村人，1936年出生，福建省煤炭局总工程师。

连席珍 前黄镇凤山村人，1936年出生，泉港华侨医院副主任医师。

连顺才 前黄镇凤南村人，1937年出生，泉州电子仪器厂高级工程师。

连瑞平 前黄镇凤山村人，1937年出生，泉港二中高级教师。

连世阳 前黄镇凤山村人，1938年出生，厦门大学物理系教授。

连国鑫 前黄镇凤山村人，1940年出生，大田县烟草专卖局高级农艺师。

连锡宏 前黄镇凤山村人，1940年出生，泉港二中高级教师。

连万德 前黄镇凤山村人，1941年出生，四川省泸州市长江起重机厂高级工程师。

连良兴 前黄镇凤山村人，1941年出生，泉港二中高级教师。

连炳廉 前黄镇凤山村人，1941年出生，泉港坝头中学高级教师。

连世忠 前黄镇凤阳村人，1941年出生，福建化工学校高级讲师。

连万辉 前黄镇坑内村人，1942年出生，泉州电子工业总公司抽线厂高级工程师。

连泉明 前黄镇凤林村人，1944年出生，泉州供销学校高级讲师。

连庆山 前黄镇凤阳村人，1946年出生，泉港坝头中学高级教师。

连荣财 前黄镇凤山村人，1948年出生，福建医科大学附属第一医院高级会计师。

连琨谋 前黄镇坑内村人，1948年出生，泉港二中高级教师。

连学全 前黄镇凤安村人，1954年出生，惠安县医院主任医师。

连希文 前黄镇凤安村人，1954年出生，惠安县教师进修学校中学高级教师。

连伟萍 前黄镇凤安村人，女，1954年出生，福建省电力培训中心高级讲师。

连朝阳 前黄镇凤南村人，1955年出生，泉港五中高级教师。

连秋良 前黄镇凤北村人，1955年出生，福建省工程监理公司高级工程师。

连水成 前黄镇坑内村人，1957年出生，集美中学高级教师。

连　中 前黄镇凤阳村人，1961年出生，福建国家海事局高级工程师。

连立安 前黄镇凤山村人，1961 年出生，泉港施厝中学高级教师。

连　琏 前黄镇坑内村人，1962 年出生，上海交通大学水下工程学院教授。

连育恩 前黄镇凤阳村人，1962 年出生，泉州财贸干校校长，副教授。

连尔平 前黄镇凤山村人，1963 年出生，泉港美发中学高级教师。

连小强 前黄镇凤阳村人，1963 年出生，厦门富森特木制品有限公司高级经济师。

连婉蓉 前黄镇凤安村人，女，1963 年出生，石狮石光中学高级教师。

连　丰 前黄镇凤阳村人，1963 年出生，武警福建总队医院机关门诊部副主任医师，大校。

连炯斌 前黄镇凤林村人，1963 年出生，三明市第二医院主任医师。

杨梅芬 前黄镇凤林村人，女，1963 年出生，三明市第二医院主任医师。

连清水 前黄镇凤林村人，1965 年出生，泉港二中高级教师。

连青龙 前黄镇凤林村人，1966 年出生，大田县卫生防疫站副主任医师。

连建华 前黄镇凤山村人，1966 年出生，泉港一中高级教师。

连志春 前黄镇凤山村人，1966 年出生，泉港美发中学高级教师。

连晨清 前黄镇坑内村人，1967 年出生，泉州北渠管理处高级工程师。

连海蓉 前黄镇凤安村人，女，1967 年出生，泉港区妇幼保健院副主任医师。

连　莲 前黄镇凤北村人，女，1968 年出生，福建师范大学副教授，博士。

连爱华 前黄镇凤阳村人，女，1968 年出生，泉港二中高级教师。

连明霞 前黄镇凤南村人，女，1968 年出生，惠安县高级中学高级教师。

连国平 前黄镇凤山村人，1968 年出生，泉港民族中学高级教师。

连青阳 前黄镇凤林村人，1968 年出生，大田一中高级教师。

连云宗 前黄镇凤山村人，1968 年出生，泉州市第一医院主任检验师。

连银明 前黄镇凤北村人，1968 年出生，泉港山腰中学高级教师。

连　莲 前黄镇凤北村人，女，1969 年出生，泉港一中高级教师。

连云阳 前黄镇凤山村人，1969 年出生，福建省微生物研究所副所长，副研究员，博士。

连　谦 前黄镇坑内村人，1969 年出生，集美乐安区中学高级教师。

连定安 前黄镇凤林村人，1969 年出生，泉港二中高级教师。

连建辉 前黄镇凤山村人，1970 年出生，招商银行总行高级经济师。

连亦雄 前黄镇凤山村人，1970 年出生，泉港圭峰中学高级教师。

连伟清 前黄镇凤山村人，1970 年出生，泉港六中高级教师。

连黎华 前黄镇凤北村人，女，1970 年出生，泉港坝头中学高级教师。

连玉琴 前黄镇凤山村人，女，1970 年出生，泉港二中高级教师。

连育兰 前黄镇凤山村人，女，1970 年出生，泉港美发中学高级教师。

连景东 前黄镇凤山村人，1971 年出生，泉港坝头中学高级教师。

连永明 前黄镇凤山村人，1971 年出生，泉港三朱中学高级教师。

连晓莲 前黄镇凤阳村人，女，1971年出生，泉港二中高级教师。

连志斌 前黄镇凤林村人，1972年出生，泉港坝头中学高级教师。

连庆平 前黄镇凤山村人，1972年出生，泉港六中高级教师。

连培勇 前黄镇凤山村人，1973年出生，泉港一中高级教师。

连清阳 前黄镇凤南村人，1973年出生，泉港二中高级教师。

连阿忠 前黄镇凤北村人，1973年出生，泉港坝头中学高级教师。

连惠婷 前黄镇坑内村人，女，1973年出生，华侨大学材料科学与工程学院副教授。

连晓明 前黄镇凤阳村人，1973年出生，泉港山腰中学高级教师。

连学辉 前黄镇凤山村人，1973年出生，福建医科大学附属第一医院副主任医师，博士。

连淑琼 前黄镇凤安村人，女，1974年出生，泉港美发中学高级教师。

连秀祥 前黄镇凤林村人，1974年出生，泉港五中高级教师。

连清月 前黄镇坑内村人，1974年出生，泉港坝头中学高级教师。

连志高 前黄镇凤山村人，1974年出生，泉港山腰中学高级教师。

连勇刚 前黄镇凤阳村人，1974年出生，泉港民族中学高级教师。

连育卿 前黄镇凤阳村人，女，1975年出生，泉港五中高级教师。

连如安 前黄镇凤北村人，1975年出生，泉港五中高级教师。

连航鹏 前黄镇凤南村人，1975年出生，泉港二中高级教师。

连　萍 前黄镇凤林村人，女，1975年出生，泉港山腰中学高级教师。

连　键 前黄镇凤山村人，1975年出生，泉港坝头中学高级教师。

连建平 前黄镇凤北村人，1975年出生，中铁建22局集团第三工程有限公司高级工程师。

连冬勇 前黄镇凤山村人，1977年出生，泉港坝头中学高级教师。

连丽琼 前黄镇凤林村人，女，1979年出生，泉港三朱中学高级教师。

连蕙珊 前黄镇凤南村人，女，1987年出生，联合国官员派驻北京世界银行高管，高级分析师。

陈爱琴 前黄镇凤山村人，女，1928年出生，厦门双十中学高级教师。

苏招治 前黄镇凤山村人，女，1939年出生，厦门中医院副主任医师。

朱秀兰 前黄镇凤山村人，女，1953年出生，福建医科大学附属第一医院主任护师。

李惠琼 前黄镇凤阳村人，女，1959年出生，惠安县公共事业及建设管理局高级工程师。

铁晓明 前黄镇凤林村人，女，1965年出生，福建农林大学副教授。

李　萍 前黄镇凤南村人，女，1966年出生，厦门海军水境区医院主任军医，上校。

王　玫 前黄镇凤山村人，女，1969年出生，福建省环境监测中心站高级工程师。

（四）博士

连　豹 前黄镇坑内村人，1960年出生，博士，任职于加拿大多伦多税务部。

连　鹏　前黄镇坑内村人，1963 年出生，博士，定居美国。

连奕新　前黄镇凤山村人，1971 年出生，厦门大学化学化工学院催化剂博士。

连小峰　前黄镇凤南村人，1976 年出生，上海长海军医院医学博士后。

连尉安　前黄镇凤北村人，1977 年出生，哈尔滨大学工学博士，任职于中国建筑上海设计研究院。

连马立　前黄镇凤北村人，女，1977 年出生，哈尔滨大学工学博士，任职于上海大学。

连志龙　前黄镇凤北村人，1977 年出生，中国科技大学博士后，任职于中国石油研究院。

连尉平　前黄镇凤北村人，1978 年出生，北京大学博士，任职于中国科学院。

连朝毅　前黄镇凤山村人，1978 年出生，苏州大学政治与公共管理学院法学博士。

连惠波　前黄镇凤安村人，1978 年出生，南京大学医学系博士，南京市鼓楼医院主任医师。

连毅力　前黄镇凤阳村人，1983 年出生，美国纽约市立大学博士。

连蕙茹　前黄镇凤南村人，女，1993 年出生，英国剑桥大学考古学博士。

周东雁　前黄镇坑内村人，女，1962 年出生，博士，定居美国。

樊忻昕　前黄镇凤阳村人，女，1982 年出生，北京大学经济学院博士。

（五）港澳台胞及海外侨胞知名人士

连良仁　祖籍前黄镇坑内村朝林，1895 年出生，居台湾，国民党校级军官。

连耀轩　又名济民，祖籍前黄镇凤安村，1906 年出生，国民党军统局厦门市调查处上校处长，后去台湾任少将咨询委员。

连　谋　原名良顺，又名一方，祖籍前黄镇坑内村朝林，1907 年出生。国民党财政部缉私总署督察处处长、川康省缉私处处长，军委会水陆交通统一检查处督察长，少将军衔。曾亲自主持坝头溪水利工程及坝头小学新校舍的修建。台湾光复后任高雄市长，并参选国会立法委员。1950 年移居泰国曼谷，担任联合国驻东南亚中将特派员。

连春城　又名明辉，祖籍前黄镇坑内村朝林，1919 年出生，居台湾，屏东警察局督察长、台中经济课长。

连标水　祖籍前黄镇凤阳村，1919 年出生，侨居马来亚，多次捐助家乡公益事业。

连　琦　原名连金春，祖籍前黄镇凤林村，1922 年出生，居台湾，后移居新西兰经营牧场，创办“坝头台湾连氏宗亲联谊会”，捐资、筹资兴建坝头中学、凤林小学校舍，以及坝头连氏家庙、田墩基督教堂和家乡基础设施，创立“坝头连茹教育基金会”。1991 年泉州市人民政府授予“捐资办学乐育英才”奖匾。

连德春　祖籍前黄镇凤山村，1926 年出生，侨居新加坡，任星洲惠华国术研究社副交际主任、新加坡惠安公会执委等职，捐资兴建坝头小学校舍和山腰侨联办公楼。

连龙辉　又名送英，祖籍前黄镇坑内村朝林，1928 年出生，居台湾，任台湾当局经济主管部门主任秘书、财政主管部门常务次长。

连荣华 祖籍前黄镇凤阳村，1964年出生，侨居新加坡，新加坡国会议员。

连哲如 字行知，祖籍前黄镇坝头，居台湾，台湾当局安全主管部门中将。

三、英烈名录

连成玉（1927—1953年） 前黄镇凤林村人，志愿军201团副班长，在朝鲜战场牺牲。

连良水（1928—1953年） 前黄镇凤山村人，解放军244团1营2连战士，在东山岛战斗中牺牲。

连惠山（1958—1981年） 前黄镇坑内村人，晋江县公安局祥芝派出所民警，在执行任务中牺牲。

第六节 记 事

北宋靖康元年（1126年），坝头连大德建仁寿桥，又名丰乐桥，俗称“漈头桥”。

元泰定年间（1324—1328年），里人连应玄于虎岩寺刻石记叙宋代道养驯虎事迹。

清康熙十八年（1679年），连龙翩（字尚钦）“以敬公剳投诚，效用行伍，征平四岛，功加左都督”。

清道光二十三年（1843年），西吴连捷云创建油坊。

清光绪十四年（1888年），惠安知县在蔡头桥观音宫西北侧树“纠风石碑”。

民国9年（1920年）8月，由坝头连茹倡议，驻坝头军阀曹万顺支持，募捐开办坝头学堂。聘请郭栋（字品岚）为首任校长，成为惠北最早开办多学科的小学。民国28年更名为“锦凤中心小学”。民国32年更名为三山中心小学。1949年更名为惠安县县立坝头小学。1952年更名为坝头中心小学。1969年秋开设初中班（俗称附中），更名为坝头学校。1991年，创办坝头中学后更名为坝头小学。1999年10月起更名为前黄坝头中心小学。

民国33年，时任国民党财政部缉私署督察长、陆军少将连谋倡修坝头溪。

1959年8月，时任惠安县超先公社前黄管区负责人连兴率全社社员分段包干，肩挑手提，日夜奋战，裁弯取直，加宽加深坝头溪，至1961年春，全线竣工。

1960年，凤阳大队港墘、后宅、红库、外坑等4个自然村析出另立凤北大队；西吴、埭中、蔡头桥等三个自然村析出另立凤南大队。

1963年，下坑内生产队被省政府授予“水土保持”先进单位。

1965年4月，惠安全县开展以学大寨、音西、下坑内为目标的“比学赶帮”运动。下坑内即今前黄镇坑内村下坑内。

1967 年，凤南小学在凤南村埭中创办。

1970 年，创办凤北小学，位于今前黄镇凤北村，1996 年集资重建。

1978 年 2 月，凤山村连家瑶作为特邀代表出席福建省教育战线群英大会。

1979 年，新加坡华侨庄水枝在凤南蔡头桥“观音宫”南侧兴建“凌云殿”。

1982 年，顶坑内、下坑内和朝林等三个自然村从凤安大队析出，成立坑内大队。

1984 年，新加坡连氏侨胞慷慨解囊，捐建坝头小学教学楼和宿舍楼。

1987 年，台北市凌风先生率《八千里路云和月》摄制组到坝头寻访连氏族史，引起海峡两岸连氏宗裔关注。

1988 年，海内外连氏族裔筹资，全面修缮坝头连氏家庙。

1991 年，旅台连金春等人捐资创办坝头中学，首任校长曾金伙。

1993—1996 年，连金春先后捐建坝头中学尊师楼、实践楼。

1994 年，连氏联谊会筹备组在坝头成立，向全国连氏发函，商讨召开台湾历史学家连横 65 周年纪念会以及编修《连氏族谱》等事宜。

1997 年，湄洲湾氯碱有限公司（福二化）建厂，凤安村 100 多户迁居邻近的前埔岭另建新村。

2006 年，凤阳村被评为“福建省文明村镇”，村支书连伙法被评为“泉州市劳动模范”“福建省优秀党务工作者”。

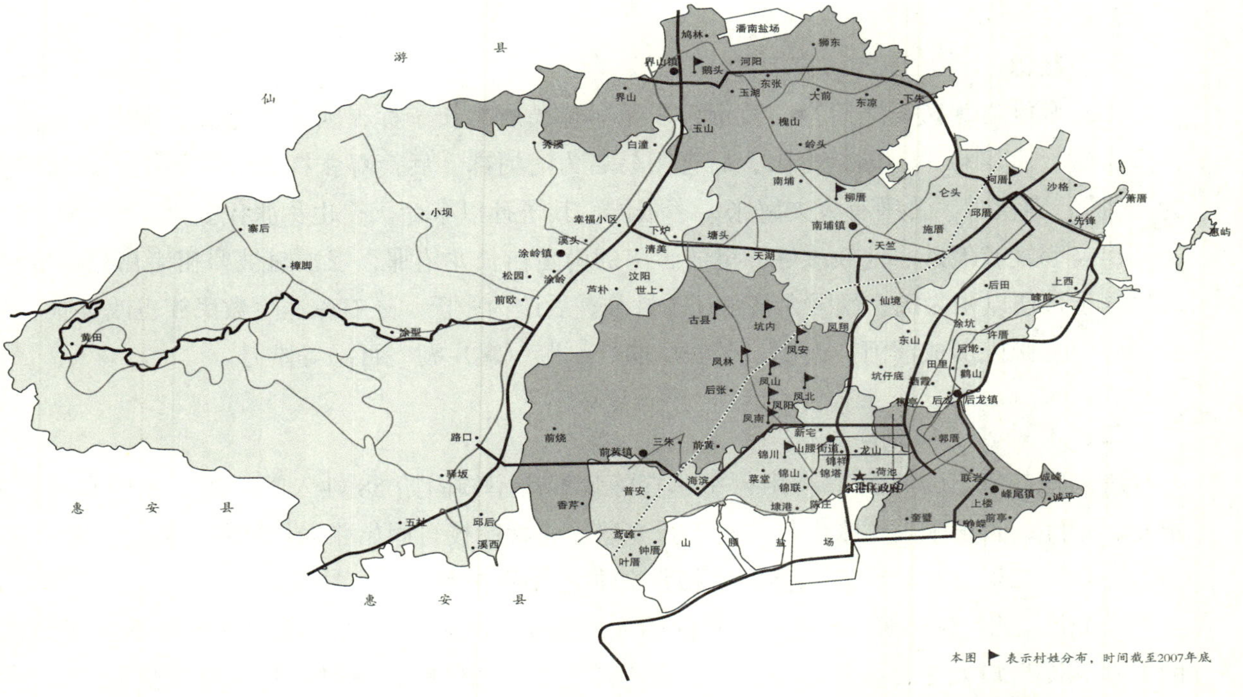

泉港区连姓分布图

第六章

第一节 溯 源

一、起源

出自姬姓，为黄帝之后裔。黄帝第 3 妃彤鱼氏所生长子挥，因发明弓矢，助黄帝灭蚩尤而登帝位，官居弓正，国封青阳，后青阳易名为清河郡。后裔尊张挥为清河始祖，以官赐氏为“张”。春秋时，晋国有大夫解张，字张侯，其子孙以字命氏，也称张氏。

出自赐姓或他姓、他族改姓。世居云南的南蛮酋长龙佑那，三国时被蜀相诸葛亮赐姓张，以后其子孙便以张为氏。魏国大将张辽本姓聂，后改为张氏。还有一些少数民族也改姓张。

历史上张姓形成清河、南阳、弘农、曲江、鉴（鑑）湖、百忍等堂号。

二、入闽

唐总章二年（669 年），岭南行军总管陈政奉命率领固始 58 姓入闽平乱，其中有分营将张龙、张虎、队正张采、张本仪、医士张光达等张姓军校自固始张老埠随军入闽。

唐开元二年（714 年），唐高宗宰相张文瓘之曾孙入闽。

唐光启二年（886 年），河南光州固始人张延鲁（讳叶，初居浙江绍兴后经商迁居泉州）助王潮驱逐泉州太守廖彦若。至王潮、王审邽、王审知经略福建时，张延鲁深受礼遇，官拜司农卿，于晋江南岸屯垦，为闽南鑑湖张氏开基祖。

光启年间（885—888 年），张九皋第 7 世裔张睦自河南固始随王潮兄弟南下，从江西入闽，后任王府领榷货务，封梁国公，肇居侯官县孝悌村惠化里（今福州旗江口）。

唐末，张君政派下、曲江张氏第 10 世孙张九皋（唐名相张九龄之弟）裔孙张崇纪，仕唐任宣州军事推官，因避乱退隐后举家南迁，徙居惠东美女山下（今惠安县锦田后边）。王审知经略闽地时，其第 3 子张澜（号清溪）任漳州刺史，致仕后衣锦还乡，故其山田称锦田，溪为锦溪。张崇纪为锦田张氏入闽始祖。

景福年间（892—893 年），张睦之孙张赓、张膺迁居永福县西二十九都（今永泰县嵩口镇月洲村），为月洲张氏开基祖。张膺居前为前张，张赓居后为后张。后张第 4 世张实（讳录望）移居莆田黄石横堂沙堤。

北宋初期，张载之子张端徙居福建宁化石壁。

南宋末期，张载第 14 世孙张日中（兴化军通判）随丞相文天祥募兵勤王，由江西入闽。

明洪武三年（1370 年），清河三房派下自河南省光州府固始县分派江南省（今安徽）庐州府六安县居住。传至张英（号文永），宣德间官授文华殿大学士。其孙张姚先（号肇基）于正统四年（1439 年）官授湖广参政，封户部侍郎，因遭奸臣诬告，弃职避难入闽，投奔外祖。

三、入泉港

元末，曲江派下、月洲第 16 世张良石次子张茂夫，因避匪乱自永福县二十九都（今属永泰嵩口镇）逃到莆田江口，继徙至惠北后张（今前黄镇后张村），生子二：长孟智，次原周。张茂夫为后张张氏一世祖。

元末明初，惠安张坑张氏支系初迁今仙游县园庄东坪前张，继迁惠北大安（今称大安埔，属峰尾镇郭厝村）繁衍生息。

明洪武三年（1370 年），曲江派下、张九皋后裔张伯侨迁居惠北丁宁（也作丁龙、登龙，今属南埔镇先锋村）。

洪武十五年（1382 年），清河派下、莆田横塘张希贤长子张复颜徙居惠安县九都梅峰铺下洪（今后龙镇上西村）。

《清河（先锋）张氏谱》载：明景泰元年（1450 年）八月，张姚先为避祸而携家眷共 25 人投奔外父（即岳父）经历司冉永洪，入居泉州府惠北东林铺林头乡（今南埔镇先锋村林头），改名存姓。

明嘉靖五年（1526 年），曲江派下，莆田横塘族裔张朴斋自兴化府莆中武盛里塘下赤岐迁入，初居崇福（今属山腰街道海滨村），后移居六都福山铺（今山腰街道普安村）。

约万历二十八年（1600 年），泉州陈三坝张尚迁居今涂岭镇下炉村水曲。

明末，惠安张坑张氏有两兄弟到菱溪守护进士张峰之墓，居于过宅，继迁山尾。

明代，鉴湖派下、惠安东岭东湖张氏长房支系族裔迁居今涂岭镇松园村东湖、赤土埔，看护祖墓，已传 12 代。

明代，张崇纪派下张在惠自惠安县城东门街迁居今峰尾镇郭厝村后埭仔。

约清道光二十年（1840年），曲江张氏族人自广东迁居惠安涂寨，再迁入今涂岭镇涂岭村洋尾等地居住。

约道光三十年（1850年），惠安东岭后曾张氏族人迁居香芹村。

民国年间（1912—1948年），惠安东岭东湖村张氏迁居至清美村，东岭张坑西湖村张绩禄迁今峰尾镇前亭村龙厝定居，有东园镇秀涂张氏入赘今前黄镇古县村东庄。

涂岭陈田张氏分别由“清河”“曲江”不同支系迁入。其中清河张氏自南安埔仔村（现属南安市梅山镇）析居陈田，以祖籍地为名，旧称惠安县涂岭区双田乡陈田埔仔（今属泉港）。曲江张氏开基祖张进惠从南安坑仔（一说坑仔在永春）迁入，居处旧称惠安县涂岭区双田乡陈田坑仔（今属泉港），垦田造屋繁衍子孙。另一说是涂岭陈田张氏系南安县坑仔张氏第2世裔张南携妻蔡氏与其子张降玉夫妇迁居。

另有曲江张氏自永福县二十九都（今属永泰县嵩口镇）迁居今界山镇东凉村后帝。莆田县忠门张氏迁居浮洋（今属界山镇岭头村）。

第二节　繁衍

一、区内分播

山腰街道

普安张氏

张朴斋生2子，长张质轩开族上4房，为上普安；次张振轩开族下4房，为下普安。

下普安2世长子张平甫析居店仔（今属普安村）。

另有后裔移居今前黄镇前烧村下后郭，已传7代。

前黄镇

坑内张氏

清末，坑内张氏族人迁往今山腰街道普安村山尾、下莲和涂岭镇松园村新桥和涂岭村洋尾。

民国17年（1928年），张氏族裔移居今前黄镇凤安村安兜，已传4代。

另有今涂岭镇溪西村西尾池张氏据称是从坝头迁往。是否系坑内张氏信息不详。

后张张氏

后张张氏族人迁往今前黄镇香芹、下后郭、下后张，南埔镇后张尾，峰尾镇东坑，后龙镇后埭仔，界山镇东凉村后帝、鸠林村草埔等。

清乾隆年间（1736—1795 年），后张村第 4 世二房张瑞玉之子张仁自后张村隔壁析居今峰尾镇联岩村东坑。

另有族人迁居涂岭菱溪，后因水库建设，移民至今涂岭镇路口村林角居住。

涂岭镇

菱溪张氏

1955 年冬，因菱溪水库建设需要，菱溪张氏 22 户迁往今涂型村后厝坑、驿坂村街头、街尾、后田角、北门头、虎穴等村落居住。

陈田张氏

1970 年 10 月，因陈田水库建设需要，陈田张氏迁居今涂型村、邱后村、五社村、溪西村、小坝村、前欧村和岭角等村落。另有张氏自樟脚竹湖、半山尾迁居小坝村南型。

下炉水曲张氏

清代，族人析居涂岭山外村。

1966 年，因建设山外水库需要，部分族人迁往今秀溪村桥头居住。

界山镇

东凉后帝张氏

据称有支系迁往峰尾一带居住，村名“后帝仔”。

南埔镇

先锋张氏

先锋张氏有丁龙“曲江”和林头“清河”之分。丁龙曲江张氏播迁区内主要有 3 支系：一是迁居本村林头角落，部分后裔再迁今后龙镇许厝村顶庄村和下庄村居住。二是析居今界山镇东凉村后帝，后又析居峰尾，村名“后帝仔”。三是迁居今南埔镇南埔村、天湖村清厝，清厝后裔再迁涂岭镇世上村大埔居住，已传 11 代。

明末清初，先锋村林头清河张氏张振兰二房（顶埕）裔孙移居今界山镇界山村东丘。

1954 年，有族裔张秀玉迁居今后龙镇上西村。

后龙镇

许厝张氏

民国 8 年，下庄张氏族人迁居南埔镇南埔街，已传 5 代。

峰尾镇

郭厝大安张氏

明嘉靖年间（1522—1566 年），大安张其仁、张周莱父子迁往涂岭昆仑山下（今前欧村中尼坑前面山脚新桥园）定居。张周菜次子张瑞鸾后又移居莘桥（今松园村新桥），已传21代。

二、人口分布

泉港区张姓有16154人，列泉港世居姓第6位。主要聚居于7个镇（街道），依次是：涂岭镇3131人，后龙镇3123人，前黄镇3035人，山腰街道2845人，峰尾镇1613人，界山镇1212人，南埔镇1195人。具体分布如下：

街道、镇	村落人口	合计
山腰街道	普安村2598人，山尾220人；陈庄村海沙27人。	2845
前黄镇	后张村2610人；前烧村下后郭166人；香芹村110人；坑内村下坑内53人，顶坑内16人；凤安村32人；凤阳村32人；古县村东庄16人。	3035
涂岭镇	松园村新桥1000人，东湖430人，赤土埔166人；前欧村西尾池126人，新店头25人；涂型村258人；驿坂村36人；路口村34人；清美村20人；小坝村小坝19人，上新5人，南型29人；下炉村水曲118人；涂岭村洋尾132人，寨内10人，下街13人，亭脚15人，刘厝7人；溪西村28人；樟脚村竹脚5人；世上村大埔110人； 秀溪村桥头9人；五社村170人；邱后村366人。	3131
界山镇	东凉村后帝1016人；界山村仓厝98人；岭头村浮洋53人，海头41人；鸠林村草埔4人。	1212
南埔镇	先锋村林头900人，登龙100人；天湖村清厝160人；南埔村20人；邱厝村15人。	1195
后龙镇	上西村2300人；峰前村118人；许厝村上庄492人，下庄213人。	3123
峰尾镇	联岩村东坑682人；前亭村龙厝100人；郭厝村后埭仔754人，大安埔29人，后曾48人。	1613

三、外迁主要支系

山腰街道

普安张氏

普安第2世长房迁居永春湖洋。顶厝第13世张聘带其子妹仔、张石甘迁居晋江涵口。顶厝第14世张梅桂迁居菲律宾，第16世张来金、张连金迁居新加坡。

民国36年（1947年），顶厝第16世张安星父子，张良生、张七生兄弟，田墘第14世张炳煌、张春福、张春金等人迁居台湾。尾厝第15世张银才迁居湖南会同县。

前黄镇

后张张氏

明永乐六年（1408 年），后张张姓族人迁居今惠安县净峰镇五群村，村名沿用祖籍地称后张，现有 929 人。

明代，后张张姓分支到东周半岛（今属惠安县净峰镇墩中村）肇基，取名港尾后张村，后改称张厝，也称张厝尾。

张氏族人陆续迁往惠安东吴、高（辜）厝、水边、后窟、西坑、田后、慕庵、前见、前型，永春城关、仙游美岐、福州连江后湾及台湾等地繁衍生息。

坑内张氏

1965 年，张荣贵移民定居今武夷山市城川镇。

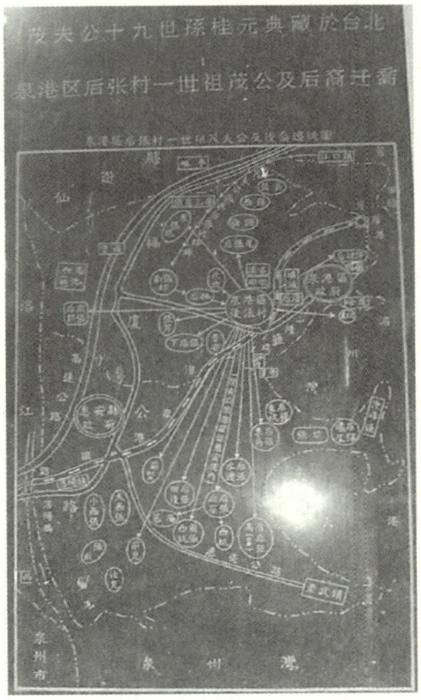

后张张氏迁播图（石刻）

涂岭镇

松园张氏

清代中叶，松园东湖张氏族人先后迁往台湾漳化和福建漳浦等地。

新桥张氏

清末民初，新桥张氏族人相继迁往台湾、福州、厦门、福清、惠安和南洋等地繁衍生息。

南埔镇

先锋张氏

民国 22 年，林头张氏族人为逃避抓壮丁，漂洋过海，现居于美国及东南亚各地。其中张振瑞三房第 17 世张善多次子张荣华徙居今马来西亚槟城。另有族人现居台湾新竹、台北，浙江省温州、莆田市仙游县。其中张振瑞三房第 16 世张为仲四子张春生与侄儿张三吓、张世尾迁居台湾基隆，张振兰二房张铭（又名泉顺）迁居台湾高雄。

登龙张氏外迁仙游县、枫亭粘市坪，仙游桥仔头（西门外），枫亭芹山，枫亭香田里，枫亭学士，仙游西门外三味寺，前郑庄及台湾等地繁衍。

后龙镇

许厝张氏

民国初年，上庄有 3 户迁居马来亚，3 户迁居台湾高雄，现有 120 多人；下庄有 3 户迁居马来亚。

1973 年，下庄张定坤夫妇携子女迁居香港，现有 12人。

峰尾镇

东坑张氏

三房部分族裔徙居浙江实浦东坑。第6世张菊花举家迁居厦门。

民国37年，第7世张荣法徙居金门，第8世张仰银旅居台湾。

第三节 谱牒

《林头清河曲江族谱》

系南埔镇先锋林头张氏族谱。明万历元年（1573年）立谱，次房第7世孙以牌位抄录。光绪十三年（1887年）重修并续立37个字辈。民国8年（1919年），沙格村忠孝小学校长林景清修撰。旧谱现存，灯号“清河”，字辈依次为：

文，良肇振元，太以舜国，士芸仲赞，
维有为善，庆昌永绍，祖德宗功，
奕世联芳，贤才继起，甲第光荣。

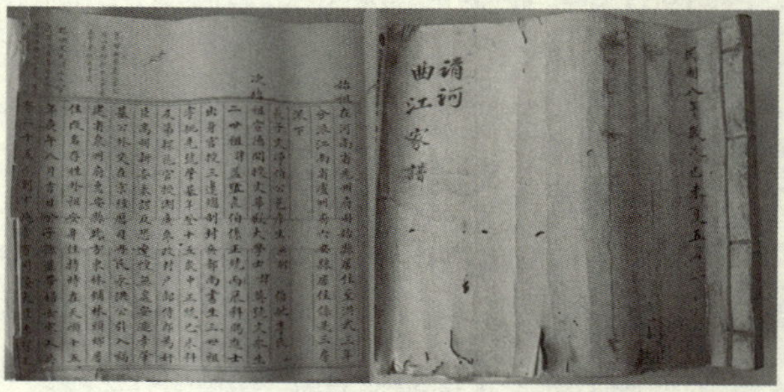

《林头清河曲江族谱》

《曲江普安张氏支谱》

系山腰街道普安村曲江张氏族谱资料。现存支谱有《顶厝新厅房谱》《中厝三房谱》《尾厝家谱》《田墘谱》及由台湾张荣宗整理的《三家房五房谱》等。

其中《尾厝家谱》于清初“迁界”时被毁；复界后第九世张暹“增修更定昭穆”，至清康熙四十八年（1709年），第10世张启续修并作序，更定昭穆；道光二十八年（1848年），第11世张温如、第13世张映重修并作序，现存有旧谱残本。1995年，普安张氏宗祠管理委员会组织，张平金搜集整理《普安张氏族况》，内容含旧谱序言、张氏源流考、世系概况、祠堂文物、晋主位列、祀祖礼仪、人口概况、芳名简介等，32开本，45页。字辈依次为：

斋轩甫圃自钦卿，侯伯斯如国其平，
祖德贻谋君宜念，文章甲第庆联登。

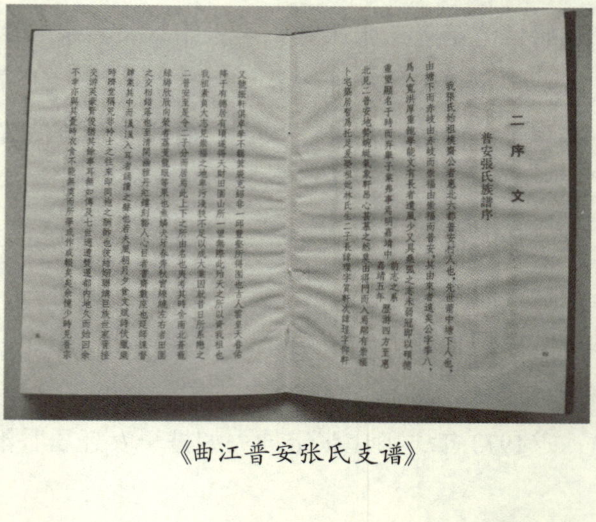

《曲江普安张氏支谱》

1992年又拟定28字：

宗传信义书家典，技艺修身养众生，

拓业开疆师睿哲，清河曲水脉长兴。

《清河陈田坑仔张氏族谱》

系涂岭镇陈田村坑仔张氏族谱。始修于清光绪三年（1877年），第8代裔张种玉修编；2000年第15代裔张永穆续编。昭穆自第6代起，依次为：

文行忠信，善良广德，仁义礼智，孝友传芳。

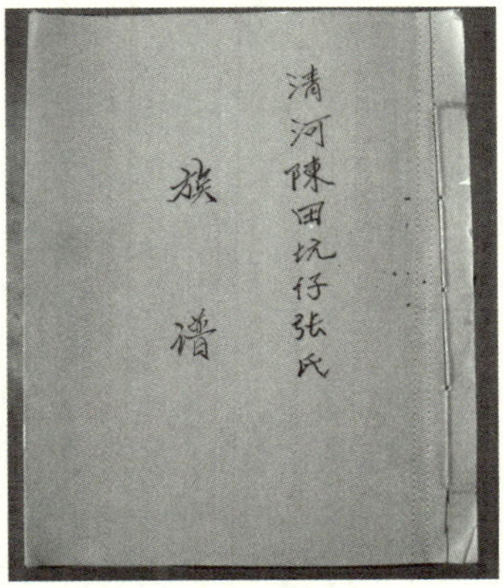

《清河陈田坑仔张氏族谱》

《曲江后埭仔谱》

系峰尾镇郭厝村后埭仔张氏族谱。清光绪十八年（1892年），第12世裔张渥修撰。1984年重修。灯号“曲江”，昭穆共18字，依次为：

在北仲道伯元得紫永克锡重振文明公帮国。

《联岩村东坑张氏谱》

系峰尾镇联岩村东坑张氏族谱。民国时期（1912—1948年），张德辉所修谱牒被毁。后各房自行撰修：1981年，第7世张谦益修长房谱，1992年第9世张华坤修二房谱，1993年第8世张金福修五房世系谱。堂号“清河”“曲江”，昭穆依次为：

公侯伯子男，文章荣华国，诗礼振家声，诚信绵世泽，德智启后昆，和善固春秋。

《上西张氏族谱》

系后龙镇上西张氏族谱。“文化大革命”时旧谱被毁。1997年重修，共365页。昭穆30字，依次为：

师履泰同大，有谦豫随临，观颐坎咸恒，

晋解益萃升，革鼎震良渐，丰巽兑涣节。

《前亭张氏简谱》

系峰尾镇前亭村张氏族史资料。1998年长房第3代张软脚、二房第3代张恭金倡修作序，张洪洪主编。堂号“曲江”，字辈为：

天增岁月人寿年丰，春满乾坤兴旺发达。

《曲江张氏族谱》

系南埔镇先锋曲江张氏族谱。三房第6世裔张志翔、张志载撰。灯号“曲江”，字辈依次为：

学时宏宗，德志懋盛，永耀隆日，贵尚文章。

通族公议续订字辈为：恭宽信敏惠，公侯伯子男。

界山镇东凉后帝张氏

字辈为：贵尚文章，恭宽信敏惠，公侯伯子男。

后龙镇许厝张氏

字辈为：

学时宏宗，德志懋盛，永耀隆日，

贵尚文章，恭宽信敏惠，公侯伯子男。

第四节　史迹

一、祠宇

后张张氏家庙

位于前黄镇后张村。明嘉靖六年（1527 年）始建。明万历二十四年（1596 年）修缮。2002 年，台胞张桂元等捐资重修。坐东向西，三开间二进，建筑面积 288 平方米，总面积 566 平方米。硬山式屋顶，白石红砖墙体，穿斗式木构架，前有三大石埕，两侧各有一座石旗杆夹。楹联有：

唐宋元明十八状元三宰相，

高曾祖考七十进士九公侯。

黄石家声远，

曲江世泽长。

后张张氏家庙

后埭仔张氏宗祠

位于于峰尾镇郭厝村后埭仔。始建于明代。清光绪十八年（1892 年）重修。1984 年，侨胞张福国、张文元、张金目捐资重建。坐北朝南，由一大厅两护甲双骑楼一天井组成，建筑面积为 254 平方米，总占地 883 平方米。楹联有：

曲水西流转东财源通四海，

江山南向拱北贸易达五洲。

上西张氏宗祠

上西张氏宗祠

位于后龙上西村。建于明万历年间（1573—1620 年），1994 年重修。坐北朝南，三开间两进。

普安张氏宗祠

位于山腰街道普安村顶角。毁于清初迁界。清乾隆六年（1741 年），张氏第 6、7、8 世族人献地捐资重建。清光绪八年（1882 年）修葺。民国 36 年（1947 年）重修。1986 年毁于火灾。1992 年，第 16 世裔台胞张良生捐资重建。坐北朝南，五开间二进一天井，砖石木结构，建筑面积约 600 平方米。大门旧匾文字系莆田张琴（清代进士、翰林院编修）所书。楹联有：

普安张氏宗祠

见其形思其德莫道祖宗距我远，

入则孝出则悌须知尧舜与人同。

运筹立国识安危帝师不愧，

治世亲民衡轻重名相堪当。

居福地获崇山形胜秀钟自昔名区昭惠北，

祖清河宗曲水渊源可接于今世泽衍闽南。

先锋林头清河张氏祖祠

位于南埔镇先锋村林头。始建于明嘉靖二十四年（1545 年）冬，系长房张振瑞所建。之后多次修缮。坐乾向巽兼亥巳，五开间二进中天井，进深三间，抬梁式砖石土木结构，单檐硬山式屋顶，建筑面积约 500 平方米。

先锋林头清河张氏祖祠

新桥曲江张氏宗祠

位于涂岭镇松园村新桥。建于清代，坐东朝西，面阔五间，两进一天井双护甲，硬山式屋顶，抬梁式木结构。柱联有：

堂势尊严昭奕代祖功宗德，
孙枝蕃衍承万年春祀秋尝。

新桥曲江张氏宗祠

许厝张氏祖祠

许厝张氏祖祠

位于许厝村上庄。坐东向西，1970年由台胞张锦辉、张泉金、张宗水捐资重建。

二、宫庙

济阳庙

旧名济阳四使庙（“四使”疑是“司使”）。在惠安县治十都吴山。始建于五代，坐丑向未，由前殿、过亭、两厢和大殿组成。旧庙前殿面宽5间，进深2间，单檐歇山式，过亭有天井。大殿面宽5间，进深3间，重檐歇山顶。元、明、清历代均有修缮。“文化大革命”时被拆毁。1982年重修。位于南埔镇沙格村西面。坐北朝南，二进式石木瓦结构，硬山式屋顶，约60平方米。明隆庆《惠安县志》载：“神讳镐，莆人，唐大中间家于此，后仕梁为兵马使。击贼有功，殁葬于大乡澳之西山。乡人祀之。庙旧址莲塘埔后，改建今所，在县治十都吴山。”庙中石柱对联：

钦命击贼有功封四使，
敬尊忠义明神保两社。

济阳庙

龙泉宫

位于后龙镇上西村。坐北朝南，内藏一方明天启三年（1623 年）“邑侯缪公全海功德碑记”，碑文记载明天启年间惠安知县缪伯昇（浙江山阴人）为上西、萧厝、后安等九都附海居民裁定海界之事。

龙兴宫

位于峰尾镇郭厝村后埭仔西面。清光绪十八年（1892 年）重修，1984 年海内外族亲捐资重建。坐西北朝东南，上下厅，建筑面积 67 平方米。

灵安王庙

位于南埔镇先锋村林头。坐丑向未兼癸丁，始建于清代，2007 年重修。二进抬梁式砖木结构，硬山式屋顶，面阔 5.10 米，深 10 米，庙前埕长 11.8 米，宽 8.7 米，庙前照墙有“青山祖庙”实景影雕和 2 方碑记。楹联有：

灵安德泽惠万民，

尊王神光照四境。

青史说英名，采石祥云频显圣；

山宫留胜境，莲塘福地更尊王。

灵安王庙

莲塘社

位于南埔镇先锋村。始建于宋。明嘉靖二十二年（1543 年）八月初五被倭寇烧毁。清代中期重建。清末因惠北“黑白旗”械斗再次被毁。1961 年秋移址重建。石砖木结构，单檐硬山式屋顶，建筑面积 20 多平方米。

联对有：

莲发龙潭钟圣地，

塘开荷花照镜台。

福安社

位于山腰街道普安村尾厝。始建年月无考。2001 年重建。坐东北朝西南，建筑面积约 180 平方米，占地约 650 平方米。

福安社

明龙庙

又名五帝爷庙，位于界山镇东凉村后帝。1957 年翻建。楹联有：

五星锁殿灵千古，皇云封岭庇万民。

正气重新昭梓里，极明元旧护群生。

三、墓葬

张茂夫墓

位于前黄镇坝头婿仔岭山王厝。葬于明宣德七年（1432 年）。坐东北朝西南。张茂夫，前黄镇后张村张氏一世祖。

张茂夫墓

张朴斋墓

位于山腰街道普安村后宝坛院处。地形如三角旗，故称旗穴，坐癸向丁兼丑未。张朴斋，普安张氏一世祖。

张姚先墓

俗称“探花公墓”，位于南埔蚵山头，原址位于和尚台，坐乾向巽，品字形墓碑，文笔两支，高丈二。后迁葬于涂岭松园陵园。张姚先，南埔镇先锋村林头清河张氏始祖。

张峰墓

位于涂岭镇菱溪（今菱溪水库中）。明代墓葬。张峰，字维直，惠安张坑人，明嘉靖二十九年（1550 年）唐汝楫榜进士。

张瑞鸾墓

位于界山镇狮东村东吴后山。张瑞鸾，涂岭新桥张氏一世祖。

张仁墓

位于峰尾镇联岩村东坑厝后。张仁，峰尾镇联岩村东坑张氏一世祖。

张在惠墓

位于峰尾镇郭厝村后埭仔。坐北朝南，张在惠，峰尾镇郭厝村后埭仔张氏一世祖。

张锡嘏墓

位于涂岭镇松园村东湖。坐东朝西。张锡嘏，系松园村赤土埔鉴湖张氏一世祖。

第五节　人 物

一、历代科第仕宦名录

张　经　字肇政，七都后张（今前黄镇后张村）人，明成化二十二年（1486 年）举人，江西德化教谕。

张观澜　普安（今山腰街道普安村）人，清光绪四年（1878 年）授武略骑尉。

二、已知当代人物名录

（一）副处（团）级及以上人士

张征夫　前黄镇后张村人，1926 年出生，中共龙溪地委统战部部长。

张三枝　前黄镇后张村人，1927 年出生，惠安县人民政府常务副县长，中共惠安县委副书记。

张永辉　前黄镇后张村人，1936 年出生，陕西省公安厅副厅长、省国家安全厅厅长、安全部咨询委员。

张荣标　山腰街道普安村人，1939 年出生，解放军某师军需科科长。

张顺元　峰尾镇郭厝村人，1939 年出生，莆田市海关关长。

张再恩　山腰街道普安村人，1941 年出生，解放军某师作训处处长，连城县人民武装部部长。

张益财　峰尾镇郭厝村人，1942 年出生，南平粮食学校校长。

张恒宗　后龙镇上西村人，1944 年出生，福建师范大学福清分校副校长，教授。

张金栋　界山镇界山村人，1949 年出生，福建师范大学党委书记，研究员，省政协常委、教科文卫体委副主任。

张章顺　南埔镇先锋村人，1950 年出生，空军临潼疗养院院务处处长，高级工程师。

张金美　后龙镇上西村人，1955 年出生，解放军 37624 部队司令部业务长，转业任职于泉港区人大。

张新民　涂岭镇松园村人，1957 年出生，福建省水利水电工程有限公司总经理，省水利水电研究院院长。

张细欣　山腰街道普安村人，1958 年出生，厦门林业局防火办主任。

张国宝　前黄镇后张村人，1959 年出生，海军福建基地后勤部劳动人事处处长，转业任泉州市人力资源和社会保障局调研员。

张兰玲　峰尾镇诚平村人，女，1961 年出生，空军工程大学教师，专业技术七级。

张锦川　山腰街道普安村人，1961 年出生，香港文汇报社副总经理。

张金福　前黄镇后张村人，1962 年出生，解放军 73146 部队军医，上校。

张云波 山腰街道普安村人，1962年出生，华侨大学校长助理，教授。

张荣宝 涂岭镇松园村人，1963年出生，中共泉州市委政策研究室主任，市委副秘书长。

张如梅 峰尾镇郭厝村人，女，1963年出生，福建省农业厅副调研员，高级会计师。

张谦莹 前黄镇后张村人，1965年出生，厦门市国税局海沧分局副局长。

张益和 前黄镇后张村人，1965年出生，泉州市委党校校委委员、总务处主任。

张玉武 后龙镇上西村人，1968年出生，泉州师范学院党委宣传部部长。

张　焰 前黄镇后张村人，1968年出生，西安海关缉查局机场分局副局长、情报处处长。

张兴祥 南埔镇先锋村人，1969年出生，厦门大学劳动经济研究中心副主任，博士。

张　榕 前黄镇后张村人，女，1971年出生，厦门市消防支队后勤处科长。

张章兴 南埔镇先锋村人，1972年出生，中石化二建公司人事处处长，二建储罐公司总经理。

张文洋 前黄镇后张村人，1975年出生，福建省发改委正处级干事。

张剑文 山腰街道普安村人，1977年出生，厦门大学数学科学学院党委副书记，教授。

张付明 南埔镇先锋村人，1981年出生，北京市地铁四公司财务部部长。

张建京 南埔镇先锋村人，女，1983年出生，国家安全生产监督管理总局机关服务中心办公室主任。

张春林 前黄镇后张村人，安徽省电视台台长。

郭　萍 前黄镇后张村人，女，1944年出生，陕西省消防总队副总队长，转业任西安市工商银行分理处副主任。

（二）副处级及以上国有企业人士

张良财 峰尾镇郭厝村人，1939年出生，江西电机厂党委副书记。

张庆宁 涂岭镇松园村人，1959年出生，泉州市物资总公司总经理，党组书记。

张顺明 峰尾镇联岩村人，1965年出生，泉州市农业银行副行长。

（三）高级专业技术职务者

张家瑜 前黄镇后张村人，1927年出生，泉州师范学院历史系教授。

张荣顺 峰尾镇联岩村人，1932年出生，北京航空材料研究院高级工程师。

张禹顺 前黄镇后张村人，1932年出生，上海市工商银行高级经济师。

张联顺 前黄镇后张村人，1934年出生，福建省农业科学院植保所研究员。

张庆山 山腰街道普安村人，1934年出生，新疆政治管理干部学院副教授。

张明成 前黄镇后张村人，1935年出生，三明市第一医院主任医师。

张成法 山腰街道普安村人，1938年出生，莆田市梧塘一中高级教师。

张文珍 峰尾镇郭厝村人，1939年出生，华侨大学教授。

张银明 后龙镇上西村人，1939 年出生，华侨大学教授。

张泉伙 山腰街道普安村人，1939 年出生，华侨大学教授。

张彦彬 涂岭镇涂岭村人，1940 年出生，泉港六中高级教师。

张金福 峰尾镇联岩村人，1940 年出生，泉港二中高级教师。

张贵金 山腰街道普安村人，1941 年出生，福建省机械厅农机鉴定推广站高级工程师。

张文富 峰尾镇郭厝村人，1942 年出生，厦门水产学院教授。

张顺贵 峰尾镇郭厝村人，1944 年出生，福建炼油厂医院高级制药师。

张国清 山腰街道普安村人，1946 年出生，泉港山腰中学高级教师。

张宗能 峰尾镇联岩村人，1952 年出生，泉港后龙卫生院副主任医师。

张秀萍 前黄镇后张村人，女，1954 年出生，厦门市第二医院主任医师。

张金枝 后龙镇上西村人，1955 年出生，泉港峰尾卫生院副主任医师。

张文彬 涂岭镇松园村人，1956 年出生，泉港涂岭学区中学高级教师。

张庆辉 涂岭镇松园村人，1956 年出生，泉港区教师进修学校小学中学高级教师，小学特级教师。

张少萍 峰尾镇联岩村人，1959 年出生，北京航空材料研究院高级工程师。

张珠海 后龙镇上西村人，1959 年出生，泉港三川中学高级教师。

张佳荣 南埔镇天湖村人，1961 年出生，泉港五中高级教师。

张丽辉 涂岭镇下炉村人，1961 年出生，惠安辋川镇高级农艺师。

张碧川 山腰街道普安村人，1962 年出生，泉港坝头中学高级教师。

张文卿 涂岭镇松园村人，1963 年出生，泉港峰尾学区中学高级教师。

张细彬 山腰街道普安村人，1964 年出生，泉港二中高级教师。

张培坤 前黄镇后张村人，1964 年出生，惠安一中高级教师。

张恒泉 后龙镇上西村人，1964 年出生，泉州技术监督局高级工程师。

张锦章 后龙镇上西村人，1964 年出生，泉港五中高级教师。

张明辉 涂岭镇松园村人，1966 年出生，惠安五中高级教师。

张法兴 山腰街道普安村人，1966 年出生，泉港五中高级教师。

张惠榕 涂岭镇松园村人，1966 年出生，泉港六中高级教师。

张江洪 峰尾镇前亭村人，1966 年出生，厦门动植物检验检疫局高级农艺师。

张少川 山腰街道普安村人，1967 年出生，惠安山霞中学高级教师。

张培辉 山腰街道普安村人，1969 年出生，泉州市财政局注册会计师。

张顺平 前黄镇后张村人，1969 年出生，泉港美发中学高级教师。

张秀平 峰尾镇前亭村人，1969 年出生，泉港五中高级教师。

张玉琴 前黄镇坑内村人，女，1969 年出生，惠安县螺城社区卫生服务中心副主任护师。

张爱国 山腰街道普安村人，1970 年出生，泉港五中高级教师。

张传忠　涂岭镇清美村人，1972 年出生，泉港二中高级教师。
张庆宗　界山镇岭头村人，1972 年出生，泉港一中高级教师。
张立峰　前黄镇后张村人，1972 年出生，泉港五中高级教师。
张建平　涂岭镇驿坂村人，1973 年出生，泉港山腰中学高级教师。
张嘉斌　后龙镇许厝村人，1973 年出生，泉州市湄洲湾南岸供水有限公司高级工程师。
张卓霞　山腰街道埭港村人，女，1973 年出生，泉港二中高级教师。
张志波　峰尾镇郭厝村人，1974 年出生，福建医科大学附属第一医院主任医师，博士。
张育新　前黄镇后张村人，1974 年出生，泉港山腰中学高级教师。
张琼燕　山腰街道普安村人，女，1974 年出生，泉港美发中学高级教师。
张小力　前黄镇后张村人，1976 年出生，泉港三朱中学高级教师。
张燕阳　山腰街道普安村人，1976 年出生，泉港五中高级教师。
张明良　界山镇东凉村人，1976 年出生，泉港二中高级教师。
张剑鹏　后龙镇上西村人，1976 年出生，泉港五中高级教师。
张景文　后龙镇上西村人，1977 年出生，泉港三川中学高级教师。
张惠春　后龙镇上西村人，1978 年出生，泉港圭峰中学高级教师。
林碧英　后龙镇上西村人，女，1945 年出生，福建师范大学福清分校教授。

（四）博士

张　树　后龙镇上西村人，1975 年出生，博士，定居美国。
张志彬　山腰街道普安村人，1978 年出生，瑞典皇家学院光学博士后。
张锦英　后龙镇上西村人，女，1978 年出生，英国牛津大学博士。
张　霖　后龙镇上西村人，1979 年出生，博士，定居美国。
张桂珍　界山镇界山村人，女，1982 年出生，福建师范大学博士。
张维伟　后龙镇上西村人，1982 年出生，北京邮电大学信息安全博士。
张静波　峰尾镇联岩村人，1982 年出生，留学新加坡，博士。
张兴才　南埔镇先锋村人，1984 年出生，美国路易思安娜理工大学博士。
张颖伦　前黄镇后张村人，1984 年出生，厦门大学管理学博士。
庄清华　南埔镇先锋村人，女，1973 年出生，厦门大学中文系博士。
李　玥　界山镇界山村人，女，1981 年出生，上海复旦大学博士。

（五）港澳台胞及海外侨胞知名人士

张良生　祖籍山腰街道普安村，1912 年出生，居台湾，高雄房地产开发公司总经理。

张福国　祖籍峰尾镇郭厝村后埭仔，1917 年出生，居澳门，星洲惠华国术研究所名誉社长，捐建后龙中学和后龙中心小学校舍。

张金木 祖籍峰尾镇郭厝村后埭仔，1920年出生，侨居马来亚，巴生惠安公会财政，星洲惠华国术研究社名誉社长，捐建后龙中学校舍、后龙侨联大厦及家乡道路、祠堂和灯光设施等。

张桂元 祖籍前黄镇后张村，1923年出生，居台湾，花莲警察局分驻所所长，编著《后张家谱》，编纂《张氏统宗世溯源》。

张阿仙 祖籍峰尾镇郭厝村后埭仔，1923年出生，侨居马来亚，捐建家乡学校、道路和祠堂等。

张进贵 又名宿威，祖籍后龙镇峰前村，1926年出生，居台湾，任警察局督察。

张锦煌 祖籍山腰街道普安村，1926年出生，居台湾，高雄市警察局局长。

张瑞元 祖籍涂岭镇松园村新桥，1927年出生，居台湾，台北市警察局副局长。

张春金 又名张雄，祖籍山腰街道普安村，1927年出生，居台湾，台北市轮船公司副经理、高级工程师。

张文元 祖籍峰尾镇郭厝村后埭仔，1931年出生，侨居新加坡，任新加坡惠安公会副主席、新加坡国立大学董事，捐建后龙中学和后龙中心小学校舍。

张文卿 祖籍峰尾镇郭厝村后埭仔，1948年出生，侨居美国，美国威斯康生大学博士，曾到复旦大学、福建物质结构研究所及厦门大学讲学。1982年以美国访华代表团团长、美方筹备委员会主席的身份参加上海“第二届中、日、美金属有机与无机化学会议。

张文真 祖籍峰尾镇郭厝村后埭仔，1955年出生，居澳门，澳门CMC国际贸易工程有限公司董事长，多次捐建家乡公共设施。

张锦彬 祖籍涂岭镇松园村，1967年出生，居香港，香港创志集团有限公司总裁，捐助家乡教育及慈善事业。

张斌颖 祖籍峰尾镇郭厝村后埭仔，女，侨居美国，医学博士。

张天玲 祖籍南埔镇先锋村林头，居台湾高雄，美国费城某校生物系博士、教授。

三、英烈名录

张开法（1933—1956年） 前黄镇后张村人，解放军9054部队3营8连副班长，在军训中溺水牺牲。

张兴金（1934—1979年） 后龙镇上西村人，解放军炮兵64师612团汽车连指导员，因车祸牺牲。

第六节 记 事

明嘉靖二十二年（1543年）八月初五日倭寇入侵，南埔先锋林头张氏祠堂房屋被烧毁，族人全部逃离，至十月十三日族人始返回。

明万历元年（1573年）1月1日，顶埕（今南埔镇先锋村林头）续修《林头清河族谱》。

清光绪十八年（1892年），后埭仔（今属峰尾镇郭厝村）张氏重修宗祠和龙兴宫。

光绪二十九年，普安村组建高甲戏剧团。

清宣统元年（1909年），惠北（今泉港）频繁发生封建械斗。

民国8年（1919年），先锋林头张氏重修族谱。

民国31年，普安顶厝新厅张金桂和张开兴创办“金桂珍”（肉饼）“合兴珍”（西边饼）饼铺。

民国32年，南埔先锋林头重修祖厝。

1953年，普安西姑庵遗址发现券顶砖室墓，考证系南北朝墓葬群。

1956年，涂岭菱溪曲江张氏因水库建设移民至涂型村。

1958年，后龙上西村创办海带厂，建造3艘大机帆船，发展数十只渔船。

1961年，营造后埭仔海边五里海沙造林防风。同年，莲塘社（位于南埔先锋村）移址重建。

1967年，先锋济阳庙被拆毁。

1970年，因水库建设，陈田清河张氏移居涂型村。同年上西小学创办。

1979年，联岩村东坑华侨捐资修建张氏祖厝。同年，普安村高甲戏世家张振富重新组建普安高甲戏剧团。

1982年，旅居新加坡张福国、张文元，马来西亚张金目等捐资为后埭仔安装高压、低压用电照明。

1986年，肖厝港务码头开建，先锋村大部分石窟被征。

1987年，上西村鲤鱼尾建成油码头，张氏海地被泰山石化公司征用以建设油库。

1989年，上西村率先实行教师校长聘任制，并以村财补贴校长教师。

1990年，普安村相继组建普安大众、实验、群众高甲戏剧团，演员近100人。

1992年，台胞张良生捐资25万元重建普安张氏宗祠。

1995年10月，旅居新加坡侨胞张文元、张福国获泉州市人民政府颁发“乐育英才”奖牌。

1997年，上西村创办奖学助学基金会。

1998年，通港路至海洋公司路段开建。

2000年，普安第16世张良生之妻黄锦霞捐资重建顶头三家房五房祖厝。

2001年，普安张碧扬捐款60万元兴建普安小学“宝泉教学楼”。

2002年，“新世纪植物油”企业在先锋村开建。

2003年，上西村被评为“省级卫生村”。

2006年春，一体化疏通路动工，先锋村部分房屋被征拆，耕地被征用。

2007年，坤泰集团董事长张细民捐资重建普安村店仔张氏祖厝。同年，先锋村“灵安王庙”重建，上西、后埭仔、顶庄、下庄、丁龙、涂岭新桥等张氏宗亲参加开光典礼。

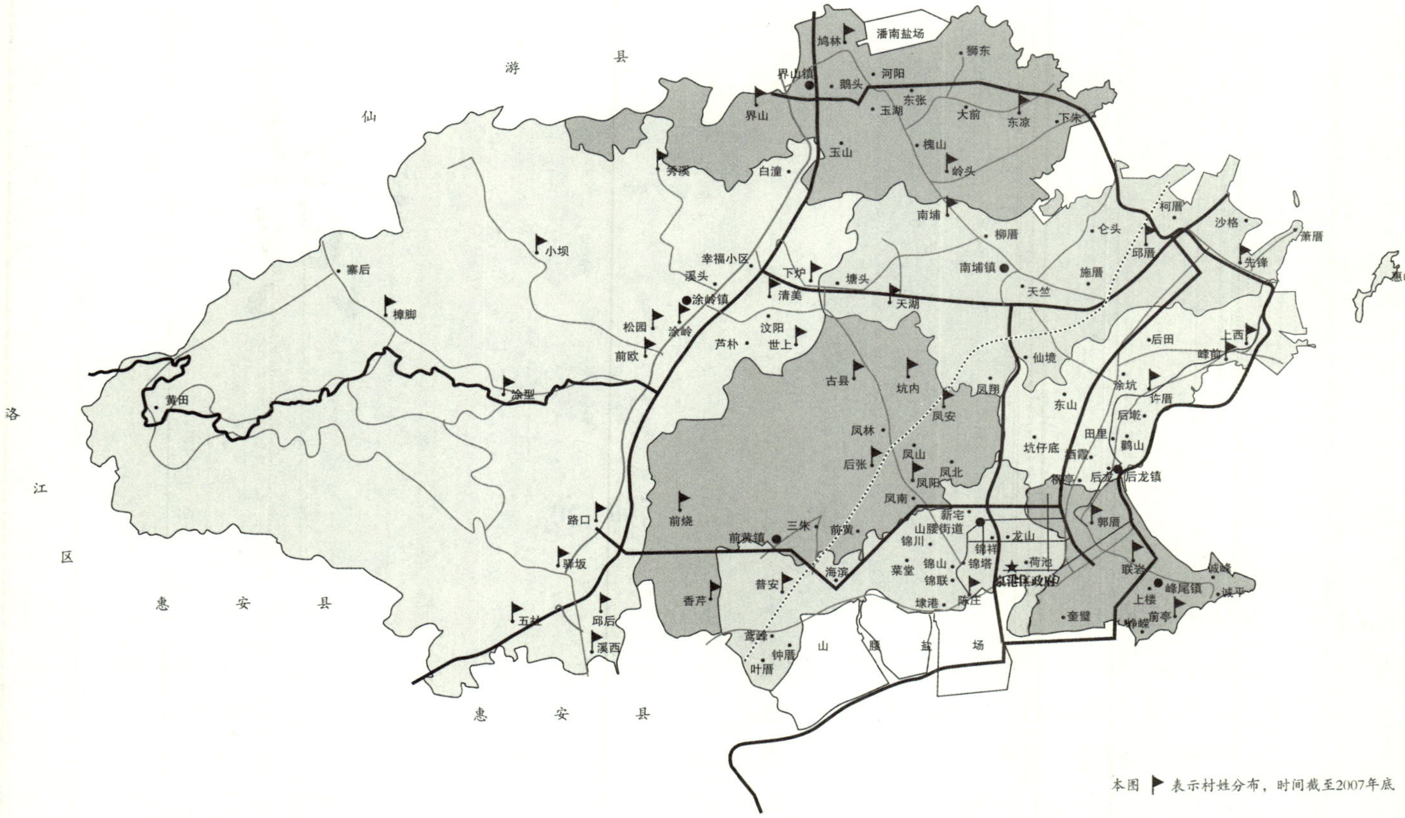

本图 ▶ 表示村姓分布，时间截至2007年底

泉港区张姓分布图

第七章 黄

第一节 溯 源

一、起源

出自嬴姓。帝舜时代，颛顼苗裔伯益是东夷部落首领，因佐大禹治水有功，被帝舜赐姓嬴氏。伯益后裔析为 14 支，即徐氏、郯氏、莒氏、终黎氏、运奄氏、菟裘氏、将梁氏、黄氏、江氏、修鱼氏、白冥氏、蜚廉氏、秦氏、赵氏，合称嬴姓 14 氏。黄氏为其中之一。

出自黄帝第 6 世孙陆终。周初，陆终的子孙封于黄国（今河南潢川县西）。至春秋时，黄国被楚国所灭，其后裔以国为姓。

出自少昊金天氏之后。金天氏苗裔台骀，世代为水官之长，颛顼帝封其于汾川。春秋时，台骀的后人曾建立沈、姒、蓐、黄诸国，后被晋国灭掉。子孙仍以国为姓，成为黄姓。

出自黄歇后裔。战国时期四君子之一的黄歇，官拜楚相，封春申君，初封黄国故地 12 县，后改封于吴（今江苏苏州一带）。其后裔发展传播，至战国后期，江夏（今湖北武汉一带）成为黄氏的繁衍中心。

历史上，黄姓形成江夏、安定、房陵、栎阳、上谷等郡望。

二、入闽

西周初期，黄姓传至第 65 世有支系迁居河南光州固始。

东汉末年，天下大乱，会稽太守黄道隆弃官入闽，初居大尖山、小尖山之阳，改迁桐城（即今泉州）西郊，后有子孙复归固始。

三国时，东吴孙权有将军黄兴入闽，定居惠安。嘉庆《惠安县志》有载："黄兴，吴孙权将也，与妻曹氏，弃官入闽，居邑南之凤山。"

西晋永嘉二年（308 年），中州板荡，衣冠八姓入闽，黄姓为其一。晋永嘉太守黄知运之子黄元方，官晋安司法参军，举家迁居侯官里乌石山（今福州市区黄巷）。黄元方为江夏黄氏入闽始祖。《圭峰黄氏族谱》记为东晋第 90 代黄元弘于建武元年（317 年）随晋元帝衣冠入闽，居侯官里乌石山。

唐贞观四年（630 年），入闽第 12 代黄岸官授桂州刺史，致仕后卜居莆阳延寿里（今莆田涵江黄霞），为黄氏入莆始祖。

唐大和四年（830 年），黄岸裔孙黄巘自涵江迁至巩溪。巩溪第 10 代黄府藏于南宋绍熙五年（1194 年）移居金墩，为金墩黄氏开基祖。黄府藏第 4 世孙黄松（字本茂）于南宋咸淳五年（1269 年）移居泉郡，第 6 世裔于元代至顺元年（1330 年）先后徙居各地。其中黄源寿（字昌年，行一）从军云南；黄源裕（字昌实，行二）与弟黄源嗣（字昌善，行四），迁居安海拱北坊与永安庄，传上金厝及下金厝支系；黄源修（字昌德，行三）迁居惠邑圭峰（今泉港峰尾）。

黄岸弟黄崖徙居泉郡，派下黄守恭居桐城（刺桐城，即泉州城）西郊，生有 5 子：经、纪、纲、纶、纬，后分居于南安、惠安、安溪、同安、诏安，世称"五安"。黄守恭为紫云黄氏始祖。

唐垂拱三年（687 年），紫云黄纪携眷迁居锦田（今惠安县张坂镇后边）。第 19 世黄良俞析居今惠安县洛阳镇曾安村，派下第 28 世黄华应分支今惠安县东园镇内厝村。

唐光启年间（885—888 年），黄霸与其子黄敦、黄鹰随王潮兄弟入闽。至光化元年（898 年），黄敦迁居闽清梅溪凤栖山，其 4 个儿子分别迁居永泰东洋、福州西门、闽清黄石、宁德涵源，再衍传析居闽台各地。

三、入泉港

北宋元祐六年（1091 年），黄岸第 10 世孙黄理携眷自莆田前黄徙居惠北德音里六都，村名"前黄"，以示不忘故里。郡望"江夏"，灯号"文峰"。

宋代，仙游街尾黄氏迁居今涂岭镇路口村路口。

南宋咸淳六年（1270 年），黄岸第 16 世裔黄卫卿自莆田黄巷析居东里，后迁居今涂岭镇清美村（旧称仓尾、青尾）。郡望"江夏"，灯号"东里黄"，系莆阳黄岸派下东里黄氏支系。

元至顺元年（1330 年），黄府藏第 6 世孙黄源修自惠安辋川迁居圭峰（今峰尾镇诚峰村）。黄源修为圭峰黄氏始祖。圭峰黄氏濒海而居，以造船为业，世代相传。

明代，紫云派下惠安锦田黄氏族人因避倭患寄居十都前蔡铺（旧谱所记有误，前蔡铺古属七都），继迁埭北前厝（今后龙镇许厝村前厝）开族繁衍。前黄黄氏资料称，前厝黄氏系前黄三房黄琳派下黄榜徙居。另圭峰黄氏称有支系迁居埭北上庄。

明嘉靖年间（1522—1566年），紫云二房派下、辋川峰崎黄妙徙居承天，其二房第15世、第16世迁入，建居于小山丘（狮头山）之后，村名邱后（今属涂岭镇）。邱后，一作丘后。

明万历年间（1573—1620年），惠安县东园内厝外庭房第4世黄明诚次子黄敬元迁居芦朴（也称路打，今属涂岭镇），至第4代分为顶房、下房、三房，现已衍传20代，400多户。灯号“紫云”。

明崇祯五年（1632年）之前，白石安（今属后龙镇）已有黄姓聚居。

明末，有紫云派下裔孙为看管墓园移居今涂岭镇驿坂村后田角。

明代，泉州黄氏族裔迁居今涂岭镇涂岭村亭铺，已传20代。另有惠安洛阳黄氏迁入涂岭村林角，浙江苍南黄氏迁入涂岭村新街居住。另有莆阳黄巷黄氏迁居朴银（今峰尾镇诚平村打银）。

约清顺治十八年（1661年），紫云派下惠安张坂锦田后边黄仰溪随父辈迁居涂岭菱溪，后举家再迁至陈田馆埕定居繁衍。

清康熙年间（1662—1722年），南安卢口黄登宪迁居今后龙镇坑仔底村虎石。

清乾隆二十二年（1757年），泉州紫云黄氏族人迁居今界山镇玉山村铁钉埕。

民国29年（1940年）前后，黄邦元（祖籍峰尾）自莆田仙游枫亭下桥返居天竺村（今属南埔镇）。一说另有莆田黄氏支系迁入天竺村。

1955年，黄氏自莆田迁入今界山镇鹅头村加口。

另有紫云派下惠安县张坂锦田后边黄氏迁居涂岭镇清美村中厝。

第二节　繁衍

一、区内分播

前黄镇

前黄黄氏

第15世分为3房，分布于前黄、土楼、西园以及古县等自然村，至今已传36代。至明嘉靖年间（1522—1566年），长房第16世黄凤部分后裔移居芹坑顶宝（今属前黄镇三朱村）。

明弘治五年（1492年），大房（一说系三房黄琳长孙）黄龙移居古县（今前黄镇古县村），为古县黄氏一世祖。

嘉靖五年（1526年），西园房（二房）族裔移居今峰尾镇诚平村后山，后析居诚平村下楼。下楼黄氏有支系迁居埭北上庄（今属后龙镇许厝村前厝）。

嘉靖年间（1522—1566年），陇州房族裔析居今后龙镇后龙村坑头。三房黄琳派下黄榜徙居今后龙镇许厝村前厝。

清康熙年间（1622—1722年），前黄长房第16代黄凤之弟黄凰派下部分子孙析居今涂岭镇下炉村水曲（也称水窟），已传12代。

另有族人移居今涂岭镇前欧村新厝、驿坂村后田角、南埔镇塘头村寮仔、前黄镇香芹村大林等村落。

涂岭镇

芦朴黄氏

清乾隆年间（1736—1795年），第12世黄日新析居本村上埕，后裔形成3个房系。顶房衍传上埕（下墩、大厝、土楼内）、药店、顶厝、后馆；下房衍传五脚、七脚（田墘、巷子路、大厅、下埕、油门）、寨内、番角；三房衍传三间张、后郑。

清咸丰初年，长房第13世黄殿卿自芦朴村上埕移居今汶阳村洋内相邻的凤尾墩，村名“下墩”。另有族人先后衍居今涂岭镇松园村西安、涂岭村亭铺、泗洲新村及界山镇玉山村铁钉埕。

清道光三十年（1850年），芦朴三房第12世黄疙福迁居今松园村西安。

民国3年（1914年），长房上埕角落土楼内刊第12世黄氏族人移居涂岭村新街，现有5户。

邱后黄氏

族裔分布在邱后顶、下角村落的三落“四房头”、隔壁头“五家”和新厅“三房”。至今已传18世。

清美黄氏

清代中期，有族人迁居今涂岭镇溪头村路尾开馆授学，后定居其地，现有50人。

下炉水曲黄氏

20世纪30年代，水曲黄氏后裔黄连水、黄世温迁居涂岭镇下炉村。

20世纪40年代，黄世杰迁居南埔镇沙格村。

界山镇

玉山村铁钉埕黄氏

清末，有族裔析居今涂岭镇白潼村白水岭。

峰尾镇

圭峰黄氏

圭峰黄氏今分布于峰尾镇诚峰后街路、车头、车头新村、诚平后山、打银大街、诚平下楼等处。

诚平黄氏

民国 34 年，大街黄阿猴举家迁居峥嵘。

二、人口分布

泉港区黄姓有 15862 人，列泉港世居姓第 7 位。主要聚居于 7 个镇（街道），依次是：涂岭镇 5760 人，前黄镇 5362 人，后龙镇 2450 人，峰尾镇 1928 人，界山镇 153 人，南埔镇 144 人，山腰街道 65 人。具体分布如下：

街道、镇	村　　落　　人　　口	合计
山腰街道	海滨村埕边 65 人。	65
前黄镇	前黄村 4100 人；古县村 552 人；三朱村顶宝 508 人；香芹村 200 人；前烧村 2 人。	5362
涂岭镇	驿坂村后田角 720 人，街尾 60 人，酒店 23 人；溪头村路尾 50 人；清美村 390 人；下炉村水曲 388 人；五社村上黄溪埔新村 206 人；松园村 90 人；前欧村 54 人；樟脚村陆厝 6 人；黄田村下洋 5 人；小坝村南型 20 人，上新 21 人，新村 24 人；涂岭村亭铺 253 人，新村 253 人，中顶街 15 人，新溪 35 人，刘厝 7 人，林角 14 人；芦朴村（含上埕、下墩）1760 人；邱后村 1280 人；路口村 79 人；白潼村白水岭 7 人。	5760
界山镇	玉山村铁钉埕 129 人；鹅头村加口 24 人。	153
南埔镇	塘头村 76 人；天竺村 68 人。	144
后龙镇	坑仔底村虎石 1050 人；许厝村前厝 1000 人；后龙村坑头 400 人。	2450
峰尾镇	诚平村 1608 人；诚峰村 200 人；奎璧村 65 人；峥嵘村 55 人。	1928

三、外迁主要支系

前黄镇

前黄黄氏

宋代，黄理之子黄黎迁居莆田城南小塘（今莆田市城南筱塘），繁衍社后、狮口、塔理、巷里等村落，现有 1000 多人。

明代，黄凰三子黄澄青迁居南安。

清道光五年（1825 年），舒城房黄文惠第 9 世孙黄鼎部分后裔徙居今惠安县螺阳镇盘龙村。

咸丰年间（1851—1861 年），黄琳第 5 世孙黄奇镒部分后裔迁居今福清县横路镇岭兜村。

另有黄氏族人迁居今惠安县东桥镇西园曲、福州、厦门、石狮、三明、永安、浦城、广东、浙江、北京、上海、台湾、香港以及马来西亚、菲律宾、新加坡、美国、日本等地。迁出时间不详。

三朱顶宝黄氏

明末，有族人徙居今江西省佘江县中童镇、黄庄乡等地繁衍生息。

涂岭镇

芦朴黄氏

第 3 世族裔迁往今福清县宏路镇溪前村和仙游县园庄镇塔兜村开族，后裔衍居顶狮、霞狮、下都寨、它口等村落。其中仙游园庄诸村现有 160 多户 960 多人。

第 5 世下房族裔黄立凤徙居台湾新竹，村名“芦朴”，现有 1000 多人。

20 世纪 30 年代，长房下墩族人移居厦门、香港等地，现有 30 多人。

邱后黄氏

清光绪三十四年（1908 年），黄炎成前往厦门谋生，居于鼓浪屿（三丘田），繁衍生息。

另有黄永全等人从小迁居厦门，近况不详。

清美黄氏

清代，有莆阳江夏和泉州紫云两支黄氏迁入居住。据称该村紫云先于莆田黄氏入居，后因战乱，紫云族裔大多外迁，已知有新加坡 4 户、我国台湾地区 3 户、厦门 2 户、泉州 1 户，南安、漳州、福清等地的户数不详。

松园西安黄氏

民国初年，有族人移居台湾，现有 20 多人。

下炉水曲黄氏

20 世纪 40 年代，水曲黄氏后裔黄世温及其长子黄天洋自下炉徙居台湾；黄世家迁居美国；黄世恭迁居新加坡；黄世亮、黄世白迁居台湾。

后龙镇

许厝前厝黄氏

族裔迁往仙游县香田里大枫村居住。另有族人漂洋过海徙居台湾、南洋等地谋生，现有 500 多人。

后龙坑头黄氏

清光绪年间（1875—1908 年），长房举族迁往浙江洞头县居住，现有 100 多人。

20 世纪 30 年代，“贻”字辈族人黄冬贵、“谋”字辈族人黄必叶、黄必水、黄顺义等迁往新加坡谋生，现有 100 多人。

峰尾镇

诚峰黄氏

圭峰黄氏以造船为业，大多选择滨海之地安居，已知的居住地有惠安辋川、黄崎、净峰、崇武等地。清康熙二十二年（1683 年）复界后，黄都返回圭峰开族。

清光绪三十二年（1906 年），黄巘派下黄邦成迁莆田梯吴吉寥村居住。黄兴亲、黄兴全兄弟迁居浙江温州东门外开办“顺兴”船坞。

诚平黄氏

清代，族裔移居外省较多，已知有打银大街西番黄氏徙居金门；后山黄氏徙居浙江教场。

第三节　谱牒

《圭峰黄氏族谱》

系圭峰后街路黄源修派下谱牒。2003 年由黄氏祠堂筹建族谱重修董事会组织修撰，入峰第 22 代裔黄永金（字初升）撰序。郡望“江夏”，堂号“衍泽堂”。旧谱记载：明洪武时，黄氏有御赐辈行“高瞻祈见佑，厚载翊常由，慈和怡伯仲，允静迪先猷”。至清康熙年间复界后，入峰第 12 世黄都重新确定辈行 7 字，后裔孙黄汉京又添续 21 字，依次为：

国振仲汉光武兴，邦基初唐开宝承，

传家奕世符昌运，亿万斯年纪永清。

《前厝黄氏族谱》

系后龙镇许厝前厝黄氏族谱。明嘉靖三十八年（1559 年）族谱因倭变被毁，余稿又于清初迁界时散失。清康熙四十年（1701 年）第 7 世黄沧珠修撰并作序，第 8 世孙邑庠生黄公远、黄盛音附志。清乾隆五十三年（1788 年）、嘉庆二年（1797 年）、道光年间（1821—1850 年）均有续修。后被焚毁，现存烧余残本，手抄本。郡望“江夏”。自第 4 世起编有字辈，依次为：

子道邦孟，文学侯元，兴泰懋叔，日振永昌。

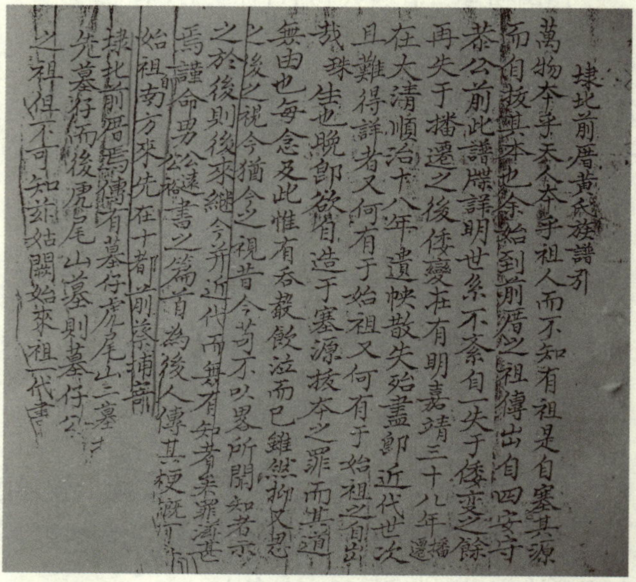

《前厝黄氏族谱》

《前黄黄氏族谱》

系前黄镇前黄黄氏支系房谱。清乾隆年间（约1736—1767年），前黄第23世黄瑞鳌编纂前24代世系，为手抄本2册。“文化大革命”期间被焚毁。民国33年（1944年），黄兆唐、黄明理修编《前黄舒城房族谱》，记录第15代至第29代世系，手抄本，1册，130多页。

《陈田馆埕紫云黄氏史略及繁衍世系图表》

系涂岭镇陈田黄氏族谱资料。民国27年（1938年）曾重修，民国37年再修，1989年，中学高级教师黄荣斌收集部分房谱，参照相关资料编写。郡望“江夏”，堂号“紫云”“五安”，其字辈为：

先人贻礼则，奕世种书田。文章昭国瑞，忠孝本家传。

行达明新字，修崇德性坚。安分跻人寿，谦光乐太平。

多福其自取，丕承乃俊贤。以斯善继述，振绳亿万年。

涂岭镇芦朴村黄氏

灯号“紫云”。字辈自第9世起，依次为：

日月光昭，荣耀宗邦，永寿山川，秀毓振扬，世得维新。

《古县黄氏族谱》

系前黄镇古县黄氏族谱。2006年族人重新整理，世系编至第33世。黄成春撰序。郡望“江夏”，灯号“文峰”。

后龙镇坑仔底村虎石黄氏

灯号“紫云”。字辈自第7世起，依次为：

昭兹来许，绳其祖武，于万斯年，受天之祜。

后龙镇后龙村坑头黄氏

郡望“江夏”，灯号“文峰”，字辈为：

祖德遗（贻）谋（茂）远，高升养（勇）庆长，立诚美积善，勤念本千年。

峰尾镇诚平黄氏

圭峰后山黄氏与下楼黄氏（不包括造船黄）析自惠北前黄。

后山黄氏字辈为：元亨利贞，富贵荣华，仁和善义，桂兰永昌。

圭峰大街黄氏同是黄巘派下，但入峰地点及时间不同，其辈字为：

□□□元尚国立，克良锡受天廷景，

学振荣华光世德，奕显宗朝庆封章。（“光世德”一作“富贵春”，“奕”一作“亦”。）

下楼造船黄氏系衍泽堂派下，字辈依次为：

国振仲汉光武兴，邦基初唐开宝承，

传家奕世符昌运，亿万斯年纪永清。

第四节 史迹

一、祠宇

前黄祠堂

位于前黄镇前黄村。明崇祯十二年（1639年），黄云蒸倡建，清光绪元年（1875年），黄正元续建。坐北朝南，二进，面阔3间，进深4间，由上下厅、天井、走廊组成，硬山式屋顶，上下厅穿斗式木构架，前宽后窄，状如“凸”字形，古称“魁星屈斗”，建筑面积260平方米，占地面积630平方米。堂上供奉前黄历代祖先名人等神主，悬挂“父子进士”“御前侍卫”“进士”“明经”“博学宏词”“五代同堂”等20多方匾额。其中“孝节声闻”匾系清乾隆五年（1740年）惠安县令为长房节妇陈氏而立。堂前亭式木结构牌楼，两侧置螺纹石鼓，20多座石砌旗杆座。楹联有：

前黄祠堂

文武联标七进士，

曾孙接踵两元魁。

文武元魁七进士，

御前侍卫五代同。

清美黄氏祖厝

清美黄氏祖厝

位于涂岭镇清美村。始建于明代，坐东朝西。占地1036平方米，建筑面积864平方米。三进，抬梁穿斗，土木结构。1997 年后多次重修，系本村莆阳黄氏与紫云黄氏共用。

松园黄氏祖厝

位于涂岭镇松园村。建于明代，坐西北向东南，三开间，建筑面积 140 平方米。

前厝黄氏祖厅

位于后龙镇许厝村前厝。始建于清康熙年间（1662—1722 年），坐东向西，三进厅屋，占地 730 平方米。楹联有：

叔重受评宗德衍家声，
善心必览祖功垂福泽。
教子孙两行正道惟读惟耕，
继祖先一脉真传厚德厚善。

前厝黄氏祖厅

虎石黄氏祖祠

位于后龙镇坑仔底村虎石。始建于清康熙年间（1662—1722 年）。坐西朝东，三进，土木石混合结构。建筑面积约 300 平方米。楹联有：

源出紫云箕裘晋步，
东来瑞气堂构鼎新。

虎石黄氏祖祠

水曲黄氏祖厝

位于涂岭镇下炉村牛角山。约于清康熙年间（1662—1722 年）建造，2000 年由黄茂金、黄平飞等倡议筹资重修。坐西南朝东北，砖石木结构，建筑面积约 320 平方米。灯号“文峰”。楹联有：

江山聚秀清都督，
夏族辈出千万丁。
水清石奇天马峰，
曲径通幽卧牛岗。

水曲黄氏祖厝

黄素定楼

原名“涂楼”，也称石楼。位于前黄镇前黄村土楼自然村。福建省文物保护单位。始建于清康熙年间（1622—1722年），约竣工于乾隆六年（1741年），主人黄守素，系太学生。坐东朝西，高9.4米，长宽各20.8米，为石构方形平顶四合式三层楼阁，共108间正辅房屋，其中内构房36间，楼外建72间环屋，系取象于“三十六天罡七十二地煞”之意，整个建筑占地面积约5500平方米。大楼墙壁厚度最宽1.4米，最窄0.73米。三层顶楼的四面墙角，各有一哨楼，长宽各2.8米，高3.6米。大楼全用方形条石砌成，上层涂抹糯米糖水灰混凝土。底楼仅西面有拱门，门上有清乾隆进士黄瑶观题写“式好攸宁”匾。

黄素定楼

邱后黄氏新厅祖厝

位于涂岭镇邱后村。为清朝中期（约1755-1762年）建造。祖厝历代均有修葺，清末年间进行过立面大修，1949年后多次修缮。两落五开间硬山式建筑，面宽21.3米，进深19.6米，前埕深7.7米，建筑面积302平方米，占地面积582平方米。

邱后黄氏新厅祖厝

诚峰黄氏祖厝

也称“衍泽堂”。位于峰尾镇诚峰村后街路。始建时间不详，重建于清嘉庆二十年（1815年）。坐东北朝西南。楹联有：

衍出莆阳昭代书香承长睿，
泽延江夏传家斧钺震班门。

侍卫府

位于前黄镇前黄村土楼。区级文物保护单位。建于清光绪四年（1878年），坐东朝西，硬山式屋顶，屋盖铺瓦筒，燕尾式屋脊，五

侍卫府（外）

开间二进双护厝，南接偏馆庭院，北护甲砖石楼系 1967 年翻建。占地面积 2643 平方米。厅堂上悬挂“进士”“选魁”“武翼都尉”等匾额，大门顶端的“侍卫府”匾系蓝底红字御玺印钤。系清光绪三年（1877 年）武进士、乾清宫御前侍卫黄正元所建。

芦朴黄氏祠堂

位于涂岭镇芦朴村。飞凤下田穴。朝向西南。“文化大革命”期间被毁，1992 年修葺。五开间三进，建筑面积 300 多平方米，现存“选魁”匾一方，系福建布政使司于清光绪元年（1875 年）为贡生黄明所立。上厅龛柱联为芦朴黄氏昭穆，自第 9 世起：

日月光昭荣耀宗邦永寿，

山川秀毓振扬世德维新。

驿坂后田角黄氏祖厝

位于涂岭镇驿坂村。祖厝建有四马拖车古建筑群，三进三厅，石刻对联为：

承先人勿忘积德，

嘱后裔切记紫云。

黄云蒸故居

位于前黄镇前黄村。系清顺治进士黄云蒸故居，2007 年由族裔黄文辉等倡议重修，三开间房，大埕，占地 300 平方米，厅堂悬挂“父子进士”“兄弟明经”“寿考维祺”匾。楹联有：

文献启螺阳清世羽仪吾祖甲科首冠，

声铭流陕右源远宗功诸孙德泽长绵。

黄云蒸故居

黄瑶观故居

位于前黄镇前黄村西园。系清代进士黄瑶观故居。2003 年由族裔黄志山、黄文灿、黄锡金等倡议重修。三开间房，前大埕，占地面积 300 多平方米，厅堂悬挂“进士”“会魁”“举人”匾，楹联有：

东观读新书群推天下无双士，

西园传旧德应育闽南第一人。

二、宫庙

龙济宫

也称圣母祖庙，位于涂岭镇芦朴村。区级文物保护单位。始建于明代，原属詹、涂、方等姓共有。清乾隆三十一年（1766 年）由黄、詹、谢、方、吴、朱等姓村民捐资移建，称“太后行宫”。2002 年修复。存有清乾隆三十一年（1766 年）所立“慈祥保赤”匾。楹联有：

龙济宫

龙井吸波涛御寇靖氛双神女，
济川作舟楫普陀湄岛一慈航。
垂彩络现红光神佑清宫赐福，
返飓风息骇浪英灵默湄呈祥。
符得井中井多受福。
神昭海表海不扬波。

新兴宫

又名七社宫，位于后龙镇许厝村大圣岩山下。始建于明永乐年间（1403—1424 年）。坐东朝西，占地面积约 400 平方米。

威武庙

位于涂岭镇涂岭村亭铺。始建于明代。“文化大革命”初期被拆毁，后重建，占地面积 400 余平方米。

前黄文峰宫

位于前黄镇前黄村东面。坐北朝南，硬山式屋顶，上下方为穿斗木结构。1942 年由黄祖训、黄田生重修，1986 年由黄宝法组织重修。占地面积 300 平方米。楹联有：

文迎辋海三千界，
峰环龙池一叠山。
文圣重修千秋在，
峰神复兴万古传。

古县宫

古县宫

位于前黄镇古县村。始建时间不详。坐北朝南。2003 年重建，三开间两进一天井，土木石结构，单脊硬山式瓦顶。建筑面积 180 平方米。

三、墓葬

黄理墓

黄理墓

位于前黄镇前黄村显佛山南麓。区级文物保护单位。坐北朝南，二级墓坪，占地面积 150 平方米，系条石砌成长方形墓。2001 年夏按原貌修复。黄理系前黄镇前黄黄氏开基祖。

黄云蒸墓

位于前黄镇前烧村峰张山南麓。坐东北朝西南，占地面积 320 平方米，二级墓坪，石砌。黄云蒸，清顺治进士，清御史王璋撰墓志铭。

黄瑶观墓

位于前黄镇前烧村北面，昆山南麓老子田处。坐西北向东南，石彻二级墓坪，占地面积 300 多平方米，2005 年重修。黄瑶观，清乾隆进士，山东安丘知县。

邱后黄氏祖墓

位于狮头山南山坡“壁巷”荔枝园。坐北朝南，呈“凤”字形，双圹，长方形，呈屋室，为糖水灰构筑，由墓围、墓堆、墓埕等组成，占地面积约 120 平方米。墓顶由糖水灰砌成，长方形，作螭虎脚装饰，两侧有云纹图案。

黄正元墓

原位于前黄镇三朱村东头埔，后改葬于前黄村土楼东北。坐西朝东，二级墓坪，为条石围砌的椭圆形墓，占地面积 150 多平方米。黄正元，清光绪武进士。

黄龙墓

位于涂岭前欧香坑山。明代墓葬。2007 年重建，占地面积 120 平方米。黄龙（字潜），生于明成化九年（1473 年），卒于嘉靖三十三年（1554 年），系古县黄氏一世祖。

黄登宪墓

水曲黄氏祖墓

位于涂岭镇乌石宫后狮山。坐西朝东，占地面积 120 平方米，2005 年重修。黄登宪，虎石黄氏始祖。

水曲黄氏祖墓

位于涂岭镇下炉村水曲竹子坑山。坐东南向西北，墓碑上书：“皇清荣禄大夫左都督黄公妣诰赠慈懿安人陈氏佳城继室张氏继室王氏”等字样。1992年，黄氏裔孙集资重新修建。

第五节 人物

一、历代科第仕宦名录

黄　理　六都前黄人，宋治平四年（1067年）许安世榜进士，秘书省校书郎，临安教授。

黄　铭　前黄人，明弘治八年（1495年）贡生。

黄　凤　前黄人，黄铭从侄，明正德年间（1506—1521年）贡生，江西吉水县知县。

黄文惠　字仲晋，前黄人，明万历四十年（1612年）高崇谷榜举人，四川合州知州。葬于樟林吴山顶，明进士王忠孝撰写墓志铭。

黄元亨　字幼嘉，号二易，前黄人，明天启七年（1627年）戴震雷榜举人，四川合州知州。

黄文箓　字彝司，前黄人，明崇祯十四年（1641年）岁贡，四川嘉定州同知。

黄云蒸　字太裔，号苑思，前黄人，明崇祯十五年（1642年）举人，清顺治九年（1652年）邹忠倚榜进士，陕西陇州知州，升员外郎，授奉直大夫。著作《陇州志》16卷、《诗骏选刻》。

黄亮采　字熙侯，白石安人，清顺治七年（1650年）岁贡。

黄谷汝　前黄人，清顺治贡生，建宁府政和县儒学司训。

黄谷似　前黄人，清顺治十四年（1657年）贡生，候补州司马。

黄重禧　前黄人，清顺治贡生。

黄瑞鳌　字玉山，号柱峰，前黄人，清康熙五十六年（1717年）黄焕彩榜举人，安徽六安舒城知县，著有《柱峰稿》。

黄开先　一作黄开元，前黄人，清雍正十年（1732年）武举人，解元。

黄瑶观　字宾于，号西园，前黄人，清雍正十三年（1735年）黄元宽榜举人，清乾隆元年（1736年）金德瑛榜进士，山东安邱知县。

黄　衍　前黄人，清乾隆六年（1741年）岁贡，连城训导。

黄　钟　字蕴中，号嶰谷，前黄人，清乾隆五十二年（1787年）岁贡，建宁训导。

黄之遇　前黄人，清嘉庆十八年（1813年）周滨海榜举人，候选县正堂。

黄廷贤　前黄人，清嘉庆二十年(1815年)贡生，永福训导，候选儒学正堂。

黄正元　字抡卿，号舜廷，前黄村人，清同治十二年（1873年）武举人，清光绪三年（1877年）余在棠榜武进士，诰授武略都尉。乾清宫蓝翎御前侍卫。

黄克明 一为黄明，涂岭芦朴村人，清光绪年间例贡生。

二、已知当代人物名录

（一）副处（团）级及以上人士

黄其华 前黄镇前黄村人，1902年出生，厦门双十中学校长、董事长，民革厦门市主委，福建省政协委员。

黄晏居 涂岭镇芦朴村人，1925年出生，惠安二中校长，处级离休干部。

黄世民 涂岭镇芦朴村人，1925年出生，惠安县百货站书记、经理，处级离休干部。

黄民瑞 涂岭镇芦朴村人，1927年出生，集美华侨补习学校副校长，处级调研员，离休干部。

黄世忠 涂岭镇芦朴村人，1927年出生，人民银行惠安县支行行长，处级离休干部。

黄木水 前黄镇前黄村人，1927年出生，惠安县民政局处级离休干部。

黄宗南 前黄镇三朱村人，1928年出生，中共惠安县委常委，副处级离休干部。

黄伙成 前黄镇前黄村人，1929年出生，中共惠安县委常委，副处级离休干部。

黄奕恩 涂岭镇芦朴村人，1930年出生，惠安县人民政府县长，泉州市物委主任，处级离休干部。

黄曾柑 涂岭镇芦朴村人，女，1932年出生，厦门市集美区计生委副主任。

黄厦生 涂岭镇邱后村人，1932年出生，共青团泉州市委书记。

黄华德 峰尾镇诚平村人，1936年出生，惠安县人民政府副县长。

黄炳忠 前黄镇前黄村人，1936年出生，泉州市计生协会常务副会长。

黄荣辉 前黄镇前黄村人，1942年出生，中国科学院院士，中国科学院大气物理研究所副所长，国家气候研究委员会常务副主任，全国政协委员。

黄宝明 前黄镇前黄村人，1942年出生，福建省测绘局机关党委专职副书记。

黄河清 前黄镇前黄村人，1943年出生，历任辽宁省大连市计委副主任，大连开发区国际投资信息咨询中心主任。

黄宗洪 前黄镇前黄村人，1947年出生，部队正团职干部，转业任中共厦门市委组织部部务会成员，厦门市老干局局长。

黄金辉 前黄镇前黄村人，1948年出生，中共惠安县委常委、人武部部长，转业任泉州市鲤城区政协主席。

黄炯辉 涂岭镇芦朴村人，1950年出生，历任惠安县人民政府副县长,泉州市人大常委会农经委主任。

黄英湖 前黄镇前黄村人，1954年出生，福建省社会科学院华商研究中心主任、研究员。

黄兴才 后龙镇许厝村人，1954年出生，兰州军区团职干部。

黄国明 涂岭镇邱后村人，1954年出生，武警莆田边防支队政委，转业任福建省信访局办公室副主任，惠安县委调研员。

黄镇辉 前黄镇前黄村人，1956年出生，厦门市宗教局副局长。

黄子曦 峰尾镇峥嵘村人，1957年出生，中共福建省委统战部部务成员、中华职教社党组书记。

黄兴顺 峰尾镇诚平村人，1962年出生，中共泉州市委台办副主任。

黄国顺 涂岭镇邱后村人，1962年出生，福建消防总队司令部管理处处长，转业任职于泉港区政协办公室。

黄明聪 前黄镇前黄村人，1962年出生，福建省水利厅农村水利处处长，副巡视员。

黄富元 峰尾镇诚平村人，1962年出生，泉州中泉集团公司副总经理，高级工程师。

黄子杰 峰尾镇峥嵘村人，1963年出生，泉州师范学院院长，福建中医药大学副校长（正厅级），教授，博士生导师。

黄建富 前黄镇前黄村人，1963年出生，武警福建省总队训练处处长，转业任莆田市委、市政府台办副主任。

黄永标 前黄镇前黄村人，1963年出生，武警福建省总队后勤部运输处副团职助理员。

黄少山 前黄镇前黄村人，1964年出生，洛江区副区长，惠安县人大常委副主任。

黄毅斌 峰尾镇诚平村人，1964年出生，福建省农科院农村生态研究所所长、研究员，博士。

黄炳顺 涂岭镇清美村人，1965年出生，空军漳州指挥所中校，专业技术九级。

黄国平 前黄镇古县村人，1966年出生，国家统计局泉州调查队副研究员，高级会计师。

黄昆明 前黄镇前黄村人，1966年出生，厦门市国土资源与房产管理局财务处处长，高级审计师。

黄振坤 后龙镇许厝村人，1967年出生，福建省出入境检验检疫局认证监管处副处长。

黄永辉 涂岭镇邱后村人，1968年出生，国家统计局莆田调查队纪检组组长，高级统计师。

黄　刚 前黄镇前黄村人，1971年出生，中国科学院大气物理研究所淮南研究院副院长，理学博士，博士生导师。

黄平南 前黄镇古县村人，1973年出生，厦门市湖里区人民政府副区长。

黄跃荣 前黄镇前黄村人，1975年出生，厦门市人民政府处长。

黄鑫阳 前黄镇前黄村人，1979年出生，解放军空军司令部信息化部副处长。

刘琼珊 峰尾镇峥嵘村人，女，1960年出生，福建省人口计生科研所副所长、研究员。

陈兰梅 后龙镇许厝村人，女，1972年出生，福建省人大机关党办副调研员。

王　雷 前黄镇前黄村人，女，1974年出生，国家宗教事务局业务一司佛教处处长。

（二）副处级及以上国有企业人士

黄华金 峰尾镇峥嵘村人，1930年出生，福州市制药厂厂长、党委书记。

黄进发 前黄镇三朱村人，1942年出生，南方航空公司贵州有限公司处长。
黄辉能 前黄镇前黄村人，1944年出生，安徽合肥国建房产开发公司总经理，高级工程师。
黄家耀 前黄镇前黄村人，1946年出生，龙岩市对外贸易公司经理。
黄金水 前黄镇前黄村人，1949年出生，铁道部第十八工程局物资处副处长。

（三）高级专业技术职务者

黄水元 涂岭镇邱后村人，1930年出生，四川医院高级医师。
黄春盛 前黄镇前黄村人，1933年出生，惠安县教师进修学校高级教师。
黄佳温 前黄镇前黄村人，1933年出生，上海市华山医院主任医师。
黄朝水 涂岭镇人，1933年出生，福建医学院附属第二医院副主任医师。
黄雪樵 前黄镇前黄村人，1936年出生，陕西西安阎良试飞学院高级工程师。
黄石桂 后龙镇坑仔底村人，1936年出生，华侨大学无机实验室主任、教授。
黄松春 前黄镇前黄村人，1937年出生，福建医学院附属第二医院主任医师。
黄宗平 前黄镇前黄村人，1937年出生，厦门大学生物系教授。
黄华开 峰尾镇诚平村人，1937年出生，福建师范大学地理系教研室主任。
黄龙飞 前黄镇前黄村人，1938年出生，泉州市人民医院主任医师。
黄世中 前黄镇前黄村人，1938年出生，温州师范学院人文学院教授。
黄加珍 涂岭镇邱后村人，1938年出生，福州大学教授。
黄秋金 涂岭镇邱后村人，1938年出生，福州市电力局高级工程师。
黄世凤 前黄镇前黄村人，1939年出生，湖南省常德县农机局高级工程师。
黄标兴 前黄镇前黄村人，1939年出生，泉港三朱中学高级教师。
黄荣斌 涂岭镇五社村人，1940年出生，泉港六中高级教师。
黄英凯 前黄镇前黄村人，1942年出生，厦门市国家海洋局第三海洋研究所副研究员。
黄纯能 前黄镇古县村人，1946年出生，泉港二中高级教师。
黄金宝 峰尾镇诚平村人，1952年出生，闽西工程职业中专学校高级教师。
黄施宁 前黄镇前黄村人，女，1955年出生，福州市第十八中学高级教师。
黄进忠 涂岭镇清美村人，1955年出生，惠安一中高级教师。
黄建民 前黄镇前黄村人，1957年出生，惠安嘉惠中学高级教师。
黄珠聪 后龙镇坑仔底村人，1958年出生，泉港华侨医院副主任医师。
黄　斌 南埔镇天竺村人，1958年出生，泉港职专高级教师。
黄玉宝 后龙镇坑仔底村人，1958年出生，泉港三川中学高级教师。
黄伟民 前黄镇前黄村人，1958年出生，广东邮电技术学院副教授。
黄延谦 前黄镇前黄村人，1962年出生，泉港三川中学高级教师。
黄新华 涂岭镇清美村人，1962年出生，惠安县农业局高级农艺师。

黄辉平 涂岭镇清美村人，1962年出生，泉港区建设工程质量安全监督站高级工程师。

黄卫东 涂岭镇芦朴村人，1962年出生，惠安职校高级讲师。

黄金森 峰尾镇诚平村人，1963年出生，泉港美发中学高级教师。

黄建聪 后龙镇坑仔底村人，1964年出生，泉港一中高级教师。

黄惠民 涂岭镇下炉村人，1964年出生，邵武市立医院主任医师。

黄唐锦 峰尾镇诚峰村人，1965年出生，泉港二中高级教师。

黄玉清 涂岭镇芦朴村人，1965年出生，惠安高级中学高级教师。

黄金顺 前黄镇前黄村人，1965年出生，惠安净峰中学高级教师。

黄秀忠 前黄镇前黄村人，1966年出生，泉港三朱中学高级教师。

黄淑兰 前黄镇前黄村人，女，1966年出生，泉州市第一医院副主任医师。

黄玮斌 前黄镇前黄村人，1966年出生，惠安职专高级教师。

黄晓钟 前黄镇前黄村人，1967年出生，武夷山市职业中学高级教师。

黄清章 后龙镇后龙村人，1967年出生，泉港二中高级教师。

黄庆堂 后龙镇许厝村人，1967年出生，泉港山腰学区中学高级教师。

黄才华 峰尾镇诚平村人，女，1967年出生，泉港五中高级教师。

黄惠彬 前黄镇三朱村人，1967年出生，福建医科大学附属第二医院副主任医师。

黄嘉辉 峰尾镇诚平村人，1968年出生，泉港区文化馆副研究馆员。

黄晓彬 前黄镇前黄村人，1968年出生，广东省恒旺投资公司教授级高级工程师。

黄卫平 涂岭镇芦朴村人，1968年出生，泉港职专高级教师。

黄振平 前黄镇前黄村人，1969年出生，泉港坝头中学高级教师。

黄育清 前黄镇前黄村人，1969年出生，泉港坝头中学高级教师。

黄添华 前黄镇前黄村人，1969年出生，泉港坝头中学高级教师。

黄青山 前黄镇前黄村人，1970年出生，泉港坝头中学高级教师。

黄永红 涂岭镇涂岭村人，女，1970年出生，泉港六中高级教师。

黄天健 南埔镇沙格村人，1971年出生，惠安县医院副主任医师。

黄惠阳 前黄镇前黄村人，1971年出生，泉港山腰中学高级教师。

黄国卿 前黄镇前黄村人，1971年出生，太龙（福建）商业照明股份有限公司高级会计师。

黄新喜 涂岭镇涂岭村人，1971年出生，泉港民族中学高级教师。

黄志阳 涂岭镇清美村人，1971年出生，泉港六中高级教师。

黄曙峰 前黄镇前黄村人，1972年出生，泉港前黄凤林小学中学高级教师。

黄秀瑜 前黄镇前黄村人，1972年出生，泉港山腰中学高级教师。

黄阳平 涂岭镇清美村人，1972年出生，集美大学经济系主任、教授，博士。

黄梅婷 涂岭镇芦朴村人，女，1972年出生，泉港三朱中学高级教师。

黄生辉 后龙镇后龙村人，1972年出生，海南信生实业有限公司高级工程师，一级建造师。

黄民山 峰尾镇奎壁村人，1972年出生，泉港职专高级教师。

黄奕忠 前黄镇古县村人，1972年出生，漳州供电公司高级工程师。

黄凤山 南埔镇塘头村人，1973年出生，泉港天竺中学高级教师。

黄景双 前黄镇前黄村人，1973年出生，泉港三朱中学高级教师。

黄来辉 前黄镇前黄村人，1973年出生，泉港五中高级教师。

黄芬兰 前黄镇前黄村人，女，1974年出生，泉港坝头中学高级教师。

黄志平 前黄镇前黄村人，1974年出生，泉港美发中学高级教师。

黄育山 前黄镇前黄村人，1974年出生，泉港三朱中学高级教师。

黄旭文 涂岭镇邱后村人，1975年出生，泉港一中高级教师。

黄志宏 后龙镇坑仔底村人，1977年出生，泉港山腰中学高级教师。

黄建泉 前黄镇前黄村人，泉州市闽侨实业公司高级会计师。

施宝珠 前黄镇前黄村人，女，1963年出生，武夷山中心小学中学高级教师。

宋铁英 峰尾镇诚平村人，女，1963年出生，福建省农科院生物技术研究所研究员，教授。

钟香兰 前黄镇前黄村人，女，1969年出生，惠安职专高级教师。

林秋芬 涂岭镇驿坂村人，女，1972年出生，惠安高级中学高级教师。

吴红霞 涂岭镇清美村人，女，集美大学理工学院副教授。

（四）博士

黄春庆 前黄镇前黄村人，1972年出生，石家庄解放军理工大学工学博士，上海解放军理工大学工学博士后。

黄　毅 前黄镇前黄村人，女，1974年出生，北京大学理学博士、美国约翰霍普金斯大学医学博士。

黄细河 前黄镇前黄村人，1974年出生，福州大学化学博士。

黄华山 前黄镇前黄村人，1978年出生，哈尔滨工业大学工学博士。

黄聿舟 南埔镇天竺村人，1984年出生，西安理工大学经济学博士。

黄惠彬 前黄镇三朱村人，福建医科大学博士。

（五）港澳台胞及海外侨胞知名人士

黄添成 祖籍涂岭镇涂岭村，1897年出生，民国时任厦门市长、后移居缅甸毛炎棉武单邦亚拉平，其女儿任缅甸森林局书记。

黄顺发 祖籍后龙镇许厝村，1918年出生，侨居马来亚，马来西亚巴生惠安公会名誉会长，1995年以来捐资上百万元兴建顺南中、小学校舍和前厝祖厅。

黄宽妹 祖籍前黄镇前黄村，女，1922年出生，侨居马来亚。与丈夫庄长辉捐建前黄小学、古县小学教学楼、山腰中心小学马星教学楼以及山腰、前黄的路、水、电等基础设施。

黄祖彝 祖籍前黄镇前黄村土楼，1924年出生，原居台湾，后移居美国，美国西太平洋大学音乐博士。历任中华国乐学会、礼乐学会、南乐学会理事，中华闽南音乐研究社社长。

黄世白 祖籍涂岭镇下炉村，1926年出生，居台湾，台湾基督教传导师。

黄石生 祖籍后龙镇坑仔底村虎石，1928年出生，居台湾，任台湾中央银行外汇部襄理。

黄德发 祖籍后龙镇许厝村，1935年出生，侨居马来亚，马来西亚巴生惠安公会执委，1995年以来数十万元兴建顺南中小学校舍。

黄顺明 祖籍后龙镇许厝村，1940年出生，侨居马来亚，捐资2万元翻建新兴宫。

黄玉枝 祖籍后龙镇许厝村前厝，1948年出生，侨居马来亚，马来西亚巴生惠安泉港公会会长，捐资数十万元兴建顺南中小学校舍和许厝新兴宫。

黄天福 祖籍后龙镇许厝村前厝，1952年出生于马来亚，马来西亚巴生惠安公会顾问，巴生马华区公会主席、雪洲联委会副主席，获太平局绅及拿督勋衔，1995年以来捐资60万元兴建顺南中小学校舍。

黄振兴 祖籍后龙镇许厝村，1953年出生，侨居马来亚，捐资兴建顺南小学校舍。

黄杏祥 祖籍后龙镇许厝村，1954年出生，侨居马来亚，马来西亚巴生惠安公会总务，捐资60万元兴建顺南中小学校舍。

黄福美 祖籍后龙镇许厝村，1954年出生，侨居马来亚，马来西亚巴生惠安公会主席，捐资10万元兴建顺南中小学校舍和新兴宫。

黄维明 祖籍前黄镇前黄村土楼，1960年出生，居台湾。小提琴演奏家，台湾联合弦乐团首席、弦乐四重奏乐团团长，台湾东吴大学、师范大学音乐系教授。

黄明财 祖籍后龙镇坑仔底村虎石，居台湾，台北市警察局警长。

黄进财 祖籍后龙镇许厝村，侨居马来亚，捐资创办顺南小学，多次率旅马族亲捐建顺南中学校舍，翻建许厝新兴宫。

黄万兴 祖籍后龙镇许厝村，侨居马来亚，捐资兴建顺南小学校舍。

三、英烈名录

黄红广（1903—1940年） 峰尾镇诚峰村人，1938年任中共闽中总队惠北片支队沿海游击队中队长，1940年6月因叛徒出卖被国民党抓捕，次月被枪杀于山腰旧宫。

黄扣来（1920—1951年） 前黄镇前黄村人，志愿军27军81师243团战士，1951年4月在朝鲜战场上牺牲。

黄天发（1922—1950年） 前黄镇前黄村人，志愿军42军124师371团战士，1950年入朝参战，失踪。

黄亚明（1923—1946 年） 涂岭镇邱后村人，1940 年参加厦门地下革命活动，1946 年 3 月在厦门虎头山被敌人逮捕，英勇牺牲。

黄木法（1928—1953 年） 前黄镇三朱顶宝人，解放军 244 团 2 连副班长，解放东山岛战斗中牺牲。

黄阿敬（1930—1949 年） 峰尾镇诚平村人，支前船工，在舟山桃花岛战斗中牺牲。

第六节 记 事

明弘治年间（1488—1505 年），忠恕乡德音里六都前黄兴办文峰社学。

明万历年间（1573—1620 年），惠安县十三都樟市铺登庸社有“文峰社学”。

清光绪十八年（1892 年），前黄村黄文生（乌猴师）组建惠安县第一个掌中木偶剧团。

民国 11 年（1922 年），前黄创办高级小学，办学至 1930 年。

民国 25 年，前黄兴办育英小学，办学至 1941 年。

民国 30 年，前黄兴办昆山中心小学，办学至 1949 年。

民国 37 年，漳州芗剧大师邵江海先生为避战乱，带领漳州芗剧团进驻前黄村，为前黄村培养芗剧艺人，并帮助前黄村组建全县第一个芗剧团。

1950 年，前黄村兴办前黄小学。

1955 年，今后龙镇许厝村侨胞黄进财创办顺南小学。

1957 年，今涂岭镇芦朴村建设后铺水库。

1964 年，今后龙镇前厝、坑头旅居马来西亚、新加坡黄氏宗亲集资兴建前黄小学校舍。

1967 年，涂岭邱后小学创办。

1969 年，山腰公社前黄大队农民黄炳炎培育“176”甘薯新品种，在全省 13 个县推广种植。

1971 年，因陈田水库建设，陈田村黄氏移民。

1978 年，许厝村黄进财独资兴建新兴宫。

1983 年，旅马华侨黄宽妹捐资 3 万元架设前黄村照明线路。

1991 年，台胞黄祖彝将黄正元和黄朝栋两墓改葬于前黄村土楼东北 20 米处。同年，旅马华侨黄宽妹捐资 28.2 万元兴建前黄小学校舍、围墙及铺设前黄旧街。

1995 年，驿坂中学在驿坂后田角创办。前黄旅马华侨黄宽妹捐资 55 万元建前黄小学教学楼。

1995 年，许厝村旅马侨胞黄顺发率族亲捐资兴建顺南中学。同年，前黄村土楼被列为省级文物保护单位。

1999年3月15日，涂岭“路打村”复名为“芦朴村”。前黄旅马华侨黄宽妹捐资10万元铺设隘门到显佛山水泥道路，同年又捐资15万元铺设前黄新街村部到客鸟崎下水泥道路。同年，前黄村祖祠被列为区级文物保护单位。

2000年，前黄村重修开基始祖黄理祖墓。

2001年，黄理墓被列为区级文物保护单位。

2004年，前黄村被列为革命老区基点村。

2005年，前黄村土楼列为省级文物保护单位。

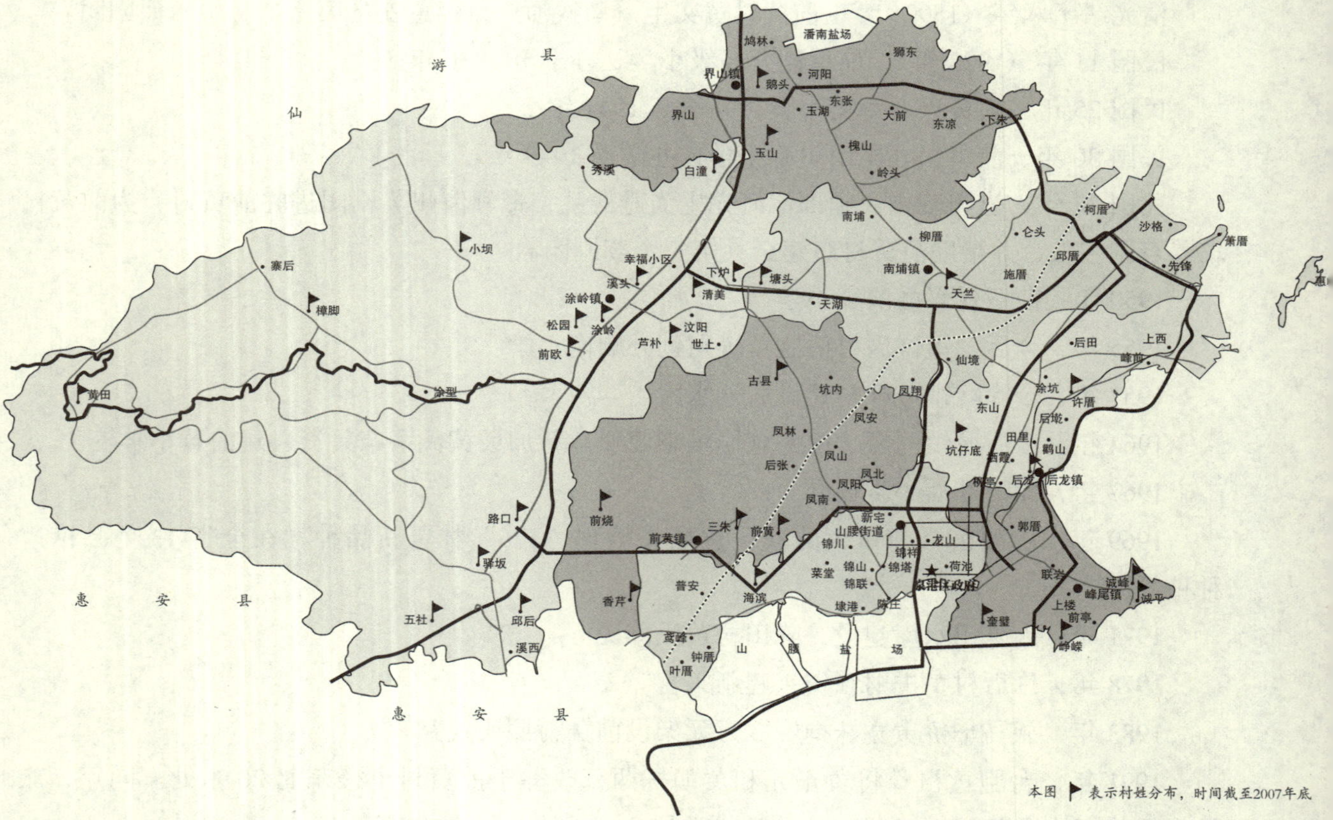

泉港区黄姓分布图

第八章

鄭

第一节　溯 源

一、起源

出自姬姓，是黄帝后裔。周宣王二十二年（前 806 年）封幼弟姬友于郑（今陕西华县一带），建立西周的最后一个诸侯国——郑国。至周幽王二十一年（前 771 年），西犬戎族入侵，姬友护驾战死于骊山下，谥号桓公，史称郑桓公。至周平王东迁洛阳建立东周时，郑桓公之子掘突因平难拥立有功，袭周司徒，受封建立新郑国（今河南新郑县），后裔以国为姓，以“荥阳”为郡望，尊郑桓公为始祖。

二、入闽

三国时，郑胄仕吴，任建安太守，留居侯官县。

西晋永嘉二年（308 年），中原战乱，士族大批南迁，史称“八姓入闽”。郑姓为其一。郑桓公第 39 世裔郑庠（字文序）携家渡江，由安徽寿春迁江苏丹阳赴任东安太守，居江苏秣陵县桑梓里，后裔衍居江、浙、闽、粤等地。郑庠为郑氏南渡始祖。其次子郑昭（字元质）随父南渡，居永泰，迁籍侯官（今福州），卒葬长乐，为郑氏入闽始祖。

唐总章二年（669 年），陈政、陈元光父子入闽平定漳泉“蛮獠啸乱”时，有郑氏将校与大臣郑时中随从迁入。

唐贞元元年（785年），时因朱泚、李希烈叛乱，郑昭第16世裔郑露、郑庄、郑淑三兄弟辞官归祖地侯官（今福州），相偕徙永泰，后迁莆田，卜居南湖山十二丘祖坟郑膺墓侧，构湖山书堂授学。莆人彰其德，尊称“南湖三先生”。郑庄、郑露、郑淑为南湖郑氏一世祖。

贞元十六年（800年），郑庄开族兴化浔阳（今象溪乡），郑露开族莆田西峰尾，郑淑开族仙游巩桥。

唐光启年间（885—888年），河南光州固始郑氏随王绪入闽，有后裔居今南安石井开基。

三、入泉港

唐光启年间（885—888年），金紫光禄大夫郑济时（字洪父）举家自河南光州固始避乱入闽，寓居莆阳，后经青屿，进入境内肇居开族。唐天祐六年（909年，即后梁开平三年），郑济时于塔山东麓建院。王审知经略闽国时，大倡佛教，郑济时舍院为寺（初名荐福，后改额为“离相寺”）。郑氏家学渊源，簪缨相继，科甲联芳，遂为望族。子孙在塔山周围形成许多聚居村落，其中坑边郑氏郑文昌裔孙三房郑文焕派下支系，至清乾隆年间已传至第25世。

宋代，郑壹里自仙游县里保（今莆田市仙游县园庄上坂）迁入今界山镇岭头村郑厝，开基繁衍。灯号“南湖”。

元末明初，郑鳌自南安鳌山洪山乡迁居惠安七都安埕铺洪诰（也作红库、洪库。今属前黄镇凤北村），为凤北村洪诰郑氏一世祖。灯号“南湖”。另说有瓦厝（一作何厝，今山腰街道荷池）郑氏四房迁居。

明洪武三年（1370年），郑露第20世裔郑谷弦自兴化府莆田吉蓼铺（今莆田秀屿区东埔与东吴一带）徙居惠北牛坑村（已废，旧址不详），继迁八都蔡林铺何厝村（即瓦厝，后改名荷池，今山腰街道荷池）居住，已传25世。郑谷弦为荷池郑氏一世祖。

明永乐年间（1403—1424年），郑露派下郑昶勤裔孙郑世荣自惠安洛阳白沙移居惠北仁荣里（今峰尾镇峥嵘村），为峥嵘村郑氏一世祖。

最迟在万历年间（1573—1620年），溪西（今属涂岭镇）已有郑姓居住。

明代，古县（今属前黄镇）有郑厝，系郑氏定居。据今社仔（今属古县）郑氏说法，该支系是郑庄后裔，自南安石井迁入。

清初，厦门同安籍郑氏兄弟俩（据称系郑成功部下）自台湾云林返居崇福（今山腰街道海滨村崇福）。另有郑氏自惠西黄塘屿尾迁居惠北潼关（今涂岭镇白潼村），该支系一说自惠安洛阳白沙迁入。

约康熙四十三年（1704年），有郑氏自今仙游县枫亭霞街回迁，居于今前黄镇古县村龙田。

19世纪初，郑氏自仙游郊尾迁入今峰尾镇诚峰村定居。

1949年，福鼎硖门乡柏洋村溪头里郑氏初居惠安东岭再迁今涂岭镇下炉村水窟。

1950年，有郑氏自莆田平海迁至涂岭涂型青芒岭脚（菱溪水库边），后择居于涂岭镇涂岭村（今名）。

有郑氏携2子自兴化府莆田吉蓼寨城迁居惠北仓头张俱（今南埔镇仓头村）。次子郑号九为仓头郑氏一世祖。

另有郑庄后裔自仙游园庄乡宫兜村井兜迁居今界山镇鹅头村窑郑。仙游园庄后埔山后埔城郑氏迁居今涂岭镇寨后村店仔，后析居后窟。

第二节　繁衍

一、区内分播

山腰街道

荷池郑氏

第5世二房有族人迁居今后龙镇峰前村顶后房郑厝，已传至20代。

第7世北头房族人迁居后龙镇坑仔底西张。

郑谷弦派下第4世郑德从开基何厝（今山腰街道荷池村）北头，其侄郑文斋（郑智从第五子）开基何厝南头。第7世郑应鲁生二子；其弟郑应箕、郑应河迁居留山（也作刘山，今属前黄镇凤林村）开族。

北头房郑文昭之子（何厝第6代）迁居今南埔镇西枫村。

北头顶四脚第二脚房族人郑明迁居今涂岭镇松园村西安。

另有第17世族人北头下五房郑鸭子、郑柳生迁往今涂岭镇涂岭白岩（今赤土埔）居住。

前黄镇

凤山坑边郑氏

坑边，旧记为卿宾乡。郑氏始祖郑文昌派下三房郑文焕支系，传至清雍乾年间已有25代。派下族裔大多迁播他乡，仅三房和四房族人留居衍传。

凤林留山郑氏

族人迁往今前黄镇坑内村朝林、山腰街道海滨村崇福后亭、涂岭镇松园村新桥等地居住。

凤北洪诰郑氏

1950年，郑春法迁居潘厝（今属界山镇河阳村）。

涂岭镇

下炉村水窟郑氏迁居今界山镇鸠林村南庄下陈。

南埔镇

西枫郑氏

郑氏自荷池析居后，初居于施厝蔡宅（今属南埔镇）。至清康熙年间（1662—1722 年），第 6 世郑国信率族人卜居牛舌坡肇基西枫（今属南埔镇）。2004 年，炼化一体化项目扩建征地，西枫郑氏分别安置于涂岭镇幸福小区和后龙镇栖霞社区。

仑头郑氏

有张俱郑氏族人移居今界山镇槐山村。

峰尾镇

峥嵘郑氏

郑世荣长子郑文帛传北头、四主、六脚大房、官仔头房、丁五房、上二房、仙仔刊房。次子郑文修早故，三子郑文德无传；四子郑文成传南刊房。另有莆田郑露派下相继迁入，分别传大厅房、厅地房、后宅仔房。

约清乾隆年间（1736—1795 年），第 11 世郑厚宇自峥嵘南刊析迁今峰尾镇联岩村西亭，形成三大房。民国 23 年（1934 年），官仔头房“能”字辈郑度口携子移居今后龙镇东山村白石安。

民国初年，有三落房“毓”字辈族人迁居庄厝（今属峰尾镇奎璧村），后来或外迁或改姓。另有郑福九妻携子迁居山腰。

二、人口分布

泉港区郑姓有 15087 人，列泉港世居姓第 8 位。主要聚居于个 7 镇（街道），依次是：峰尾镇 5140 人，山腰街道 4334 人，涂岭镇 2425 人，前黄镇 1176 人，后龙镇 1020 人，南埔镇 613 人，界山镇 379 人。具体分布如下：

街道、镇	村落人口	合计
山腰街道	荷池村 4200 人;陈庄村 31 人;锦山村 8 人;海滨村崇福 95 人。	4334
前黄镇	凤林村留山 400 人;凤山村坑边 300 人;凤北村洪诰 200 人;古县村龙田 109 人,社仔 138 人;坑内村朝林 29 人。	1176
涂岭镇	幸福小区西枫 1200 人;寨后村店仔 280 人,后窟 150 人;松园村西安 80 人,赤土埔 50 人;下炉村水窟 29 人;涂岭村寨内 8 人,下街 25 人;白潼村潼关 314 人,白水 64 人;溪头村 25 人;溪西村 200 人。	2425
界山镇	鹅头村窑郑 170 人;鸠林村南庄 80 人;岭头村郑厝 90 人;河阳村 24 人;槐山村 15 人。	379

街道、镇	村落人口	合计
南埔镇	仑头村张俱 600 人；沙格村 13 人。	613
后龙镇	峰前村 250 人；坑仔底村西张 150 人；东山村白石安 120 人。栖霞社区 500 人。	1020
峰尾镇	峥嵘村 4500 人；联岩村西亭 600 人；诚峰村 40 人。	5140

三、外迁主要支系

山腰街道

荷池郑氏

第 4 世荷池一房郑德从后裔部分迁居仙游榜头柑树、高地、娘仔墓。

迁播族裔已知有：

第 17 世北头顶四脚四房郑金富全家迁居新加坡。北头下五房郑扣发居新加坡，郑梅金迁居台湾省台北市。大散脚郑永再胞弟迁居南洋。

第 18 世北头顶四脚第一脚房郑石九、郑夏法、郑来金迁居新加坡。北头下四脚第一脚房郑玉生迁居今马来西亚吉隆坡巴生。小散脚郑细英迁居南洋，郑良生携子迁居南洋。北头下房郑龙金、郑耀民居台湾省台北市，郑才枝居台南市，郑木桂居台中市。北头顶四脚四房郑树春迁居台湾省宜兰县，郑顺才迁居台湾省台中市。北头房郑顺茂迁居新加坡芽笼。小散脚郑榴花携 7 个儿子迁居厦门中山路。顶四脚长房郑宗法（郑石狗之子）全家迁居南洋。北头顶四脚长房郑夏发、郑来金全家迁居新加坡。

第 19 世北头顶四脚四房郑进才迁居台湾省台东县，郑顺金、郑顺鹏迁居新加坡，郑宝水、郑宝龙、郑顺金迁居新加坡。大散脚郑才发迁居新加坡芽笼。南头房郑万顺、郑清泉迁居新加坡，郑篮阿迁居厦门。

第 20 世南头房郑木水迁居台湾台中县，郑亚龙迁居台湾，郑秋法、郑秋桂迁居厦门殿前村。

前黄镇

凤林留山郑氏

清末，族人徙居今台湾省新竹县，现有数百人。民国期间，族人迁居厦门鼓浪屿，现有 300 多人。留山曾遭废村，后仅有部分族人陆续返回，其它外迁，详情莫稽。

凤北洪诰郑氏

明代中期，下头房迁居台北，居于“洪诰街”。清初，族人迁仙游枫亭旧桥头。

1965 年，有族人移民浦城仙阳，现有 40 多人。

凤山坑边郑氏

清代，长房、二房支系迁往晋江安海、南安等地居住。

界山镇

岭头村郑厝郑氏

有族人迁居马来西亚，现有 31 人；迁居台湾高雄，现有 53 人。

南埔镇

仑头张俱郑氏

第 2 世长房迁居今仙游县枫亭霞街，已传约 300 人。另有族裔迁居南洋，已传约 100 人。

峰尾镇

峥嵘郑氏

清康熙年间（1662—1722 年），第 9 世郑瑞培长子迁居福宁（今霞浦县三沙镇烽火岛），次子迁居闽清。

清末，郑文东、郑银华、郑来成、郑淡吓、郑叶仔、郑三长、郑聪发、郑友顺、郑细汉等族人旅居东南亚各国，现有 1000 多人。

民国初年，后宅仔房“泽”字辈族裔数人迁往浙江石浦潭头，村名“前营”。

20 世纪 40 年代，郑秀宗、郑德才、郑德纯、郑能俊、郑三生、郑杰生、郑爱者等族人徙居台湾，现约有 500 人。

第三节　谱 牒

西枫郑氏族谱资料

系南埔镇西枫郑氏族谱资料。堂号“南湖”。清康熙年间（1662—1722 年），西枫第 6 世郑国信立谱。民国初年重修。“文化大革命”期间族谱被毁。字辈自第 6 世起，依次为：

国，孔孟仲叔季，公侯伯子男，忠孝仁义礼，信智勇和慈。

峥嵘郑氏族谱资料

系峰尾镇峥嵘郑氏族谱资料。清末，郑能耀编撰家谱，现残留抄本。2004 年，郑秀兴修撰《四主房房谱》。2005 年，台胞郑德纯捐资编修《南刊房郑氏族谱》。2008 年，郑荣辉整理撰写《峥嵘郑氏宗族史》，内容含地理位置、概况、沿革、源流考、世系房族、宗祠宫庙、乡贤俊达等。堂号“荥阳”“南湖”，字辈为：

世文积子仕，建道克瑞启，德厚泽长，钟能毓秀，忠贞清正，赞继开承。

山腰街道荷池郑氏

堂号“南湖”。自第12代起，原字辈12字，依次为：

孔垂□怀忠肃，共懿宣慈惠和。

续编12字为：

宏志博学，谦恭贤诚，德谐仁兴。

峰尾镇联岩西亭郑氏

堂号“南湖”，字辈为：泽长，钟灵毓秀，忠贞清正。

后龙镇峰前郑氏

堂号“荥阳”“南湖”，字辈为：

汉国文章仲，仁义礼智信，安邦惟俊杰，德厚流芳远。

界山镇鹅头窑郑郑氏

堂号“南湖”“浔阳”，字辈为：

崇天志士元为尊，上思周道承桓武，占祖兴孝合吉文，从师时常修中正，世本祯祥总是敦。

界山镇岭头郑厝郑氏

堂号“南湖”，字辈为：公侯伯子男，恭宽信敏惠，圣宗忠义贤。

第四节 史 迹

一、祠宇

荷池郑氏宗祠

位于山腰街道荷池社区。区级文物保护单位。区革命传统教育基地。始建于明天顺年间（1457—1464年）。四进五开间。土地革命时期，该祠为中共惠安县委所在地，中共惠安特别支部所在地。1990年筹资重修。2002年增建围墙等。坐西北朝东南，石木结构，硬山式屋顶，由三厅四廊三天井一拜亭组成，建筑面积1061平方米，占地1133平方米。大门额石刻“荥阳衍派”“郑氏宗祠”“南湖传芳”。厅正中悬挂“荥阳郑氏始祖”像，两侧悬挂“文魁”“进士”匾。楹联有：

宗祠享殊荣，三门并列监军第；

后贤绍箕裘，九村同昌进士家。

荷池郑氏宗祠

祖曰谷弦德昭三房源流远，
公称耀星光照九村世泽长。
宗祠护革命，抗捐为民，漫漫黑夜见曙色；
庠序传马列，培桃育李，悠悠岁月忆良师。
荥阳开宗效天行法奠基固本昭日月，
南湖传芳守经重训承祖启昆兴家邦。
西周宗功历朝光社稷，
南湖祖德奕世耀门庭。

留山郑耀星祠

留山郑耀星祠

位于前黄镇凤林村留山。建于明崇祯年间（1628—1644年），系举人郑耀星故居。清初废毁，后曾重修。2000年部分修缮，建筑面积60平方米。坐南朝北，土木结构。中堂悬挂“文魁”匾额。

松园郑氏祖厝

位于涂岭镇松园村西安。建于明代，坐西北朝东南，三开间，占地面积130平方米。

古县社仔郑氏祠堂

位于前黄镇古县村社仔。建于明代，堂号“荥阳”，堂联为：

宗祠享殊荣，三门并列监军第；

后贤绍箕裘，九村同昌进士家。

凤北洪诰郑氏宗祠

位于前黄镇凤北村洪诰。始建于明代，2002年，台胞郑佑贵捐资及宗亲捐款重修。坐丙壬兼子午，占地面积1600平方米，建筑面积200平方米，木土结构，厅堂有“乡贤”匾。祖祠两侧有公馆一所。

西枫郑氏西头祖厅

位于涂岭镇幸福小区。始建于清康熙年间（1662—1722年），原址南埔镇西枫村，木瓦结构，五开间，坐向丁癸兼未丑，称“牛舌穴”。2006年随村迁于小区内重建。其中西头祖厅坐向艮坤兼丑未，砖石木瓦结构，五开间上下座天井四厅，面积400平方米。井兜祖厅面积290平方米。中厅祖厅面积180平方米。

西枫郑氏西头祖厅

峥嵘郑氏宗祠

位于峰尾镇峥嵘村。肇建时间无考。清康熙年间（1662—1722年），南刊房郑启周与北头房郑启秩主持重修并扩建。清末再次重修，1984年重修。坐东朝西，占地面积400多平方米，三进式，正中悬挂“种德堂”匾，两边曾有“守备”“文魁”“贞节”“孝友可风”等牌匾，“文化大革命”期间被毁。楹联有：

簪缨承旧木本水源百世勿忘功德，

轮奂聿新秋霜春露四时永沁馨香。

里门绵通德紫诰金蝉衣冠辉联俎豆，

基绪肇仁荣芳兰玉树昭穆序接高曾。

峥嵘郑氏宗祠

南庄郑氏祖祠

位于界山镇鸠林村南庄。清咸丰十年（1860 年）始建。2006 年翻建。土木结构，建筑面积 80 平方米。

西亭郑氏祖祠

位于峰尾镇联岩村西亭。始建于 1987 年。1991 年集资重建，总面积约 150 平方米。楹联有：

重建宗祠荣宗耀祖，
发扬光大名垂青史。

窑郑郑氏祖祠

窑郑郑氏祖祠

位于界山镇鹅头村窑郑。2000 年新建，条石结构，三间张。

二、宫庙

天妃宫

又称妈祖宫、东宫，位于山腰街道荷池社区。建筑面积 225.8 平方米，宫系南宋何厝薛氏家族所建。20 世纪中期损毁殆尽。21 世纪初，旅外华侨、台湾同胞和荷池郑氏捐资修建。

天妃宫

洪诰宫

洪诰宫

位于前黄镇凤北村。元末郑氏开基祖郑鳌修建。明万历年间（1573—1620 年），由同村港墘李氏与洪诰郑氏合力重建。“文化大革命”期间遭毁。1978 年华侨捐资修复。2007 年李、郑两姓出资重建。坐向乾坤兼寅申，二进硬山式，石砖木结构。建筑面积 699 平方米，占地 1712 平方米。

忠显宫

位于峰尾镇峥嵘村北。建于明万历年间（1573—1620年）。坐东朝西，占地面积约200平方米。

忠显宫

清源庵

位于山腰街道荷池社区。始建于明崇祯三年（1630年），举人郑耀星捐银建造，占地面积133平方米。1999年，厦门南普陀、泉州少林寺及香港、澳门香客和荷池村群众资助，在北侧建造4层收养大楼1座，建筑面积183平方米。2007年底，住持释金禅、乡贤郑才元筹资45万元翻建，建筑面积扩大到210平方米。2008年秋续建附属设施3层楼1座，建筑面积98平方米。

洞灵宫

位于涂岭镇幸福小区。始建于清康熙年间（1662—1722年），原址在南埔镇西枫村，坐向丁癸午子，单座单脊，土瓦结构。清末至1993年先后扩建，为双脊加宫房。2004年随村迁建于小区，坐向艮坤兼丑未，上下座双脊天井两厅建筑、砖石木瓦结构，占地面积250平方米。柱联有：

洞灵宫

赤胆忠心司马功勋昭日月，
威灵显赫圣王恩泽佑枫村。
龙峰聚瑞气坤壬乙佳局殿地灵，
坎山旺财丁离纳壬箕穴乡居吉。

玉灵宫

位于南埔镇仑头村张俱。始建于清代，1980年重建。坐北朝南。宫前建有放生池。总占地面积约300多平方米。

玉灵宫

三、墓葬

郑谷弦墓

墓在尹厝面前（位于今峰尾镇岩山一带）。坐东北向西南，俗称“牛公穴”。郑谷弦系荷池郑氏开基祖。

郑国信墓

原位于南埔镇西枫村后山坡。穴名“状元抱印”，坐向午子兼丁癸。郑国信系西枫村郑氏开基祖。

郑孔禄墓

原葬于西枫村后山坡，称“卧狗穴”，坐向辰戌兼乙辛。郑孔禄，西枫郑氏西头祖厅始祖。

郑耀星墓

位于惠北鳌塘铺古县雪岭（今属前黄镇古县村）。坐东朝西，占地约700平方米，现存墓道碑。郑耀星，明崇祯三年（1630年）举人。

郑耀星墓道石

坑边郑氏祖墓

位于前黄镇凤山村荔枝埔西南。明代墓葬。墓碑刻有“明三房文焕郑公儒人陈氏”。附葬“显考二十三世孙希璠郑公”等。郑文焕系郑文昌后裔，坑边郑氏三房祖。

第五节 人 物

一、历代科第仕宦名录

郑文贤 七都人，明洪武年间贡生，广西梧州府郁林州同知。

郑 俊 七都人，明永乐年间贡生，济南临邑县丞。

郑耀星（1602—1680年） 字计甫，号北枢，古县（今前黄镇凤林村留山）人。明崇祯三年（1630年）张能恭榜举人。

郑钟薰 字君南（1819—1896年），号陟峰，前营（峥嵘）人，清同治六年（1867年）王赞元榜举人，候选知县，授文林郎。

二、已知当代人物名录

（一）现当代知名人士

郑玉桂 南埔镇沙格村人，1917年出生，中国基督教三自爱国委员会第五届、第六届副主席，中国基督教农村教会工作委员会主任，福建省基督教协会会长。

（二）副处（团）级及以上人士

郑子金　南埔镇西枫村人，1930 年出生，兰州部队独立团团长，转业任福建省计量科学技术研究所所长。

郑秀兴　峰尾镇峥嵘村人，1931 年出生，福建国防计量站站长，高级工程师。

郑意春　山腰街道荷池社区人，1931 年出生，南京市经委技术质量处调研员。

郑金才　南埔镇西枫村人，1937 年出生，海军驻桂林第 722 厂军事代表室军代表，大校，专业技术七级，高级工程师。

郑意金　山腰街道荷池社区人，1938 年出生，厦门市人民政府办公室副主任。

郑忠贤　峰尾镇峥嵘村人，1944 年出生，中共厦门市委台湾事务办公室处长。

郑益辉　山腰街道荷池社区人，1944 年出生，莆田市质量技术监督局副局长，调研员。

郑宗文　山腰街道荷池社区人，1945 年出生，江西省人民政府稽察特派员，省国防科技工业办公室副主任，巡视员。

郑文赋　山腰街道荷池社区人，1949 年出生，空军某场站副政委，转业任职于惠安县委党校。

郑育文　峰尾镇峥嵘村人，1951 年出生，中国人民解放军外国语学院政委，少将。

郑元明　山腰街道荷池社区人，1953 年出生，泉州边防检查站副站长，泉州市路政局副局长。

郑碧辉　山腰街道荷池社区人，1954 年出生，空军某部技术部特种设备主任，转业任职于泉港区政协办公室。

郑新雄　涂岭镇涂岭村人，1956 年出生，福建省外经贸厅调研员。

郑建清　南埔镇西枫村人，1961 年出生，中共泉州市委副秘书长。

郑碧钦　山腰街道荷池社区人，1961 年出生，武警莆田边防支队政委，转业任泉州市海洋与渔业局副局长。

郑玉鹏　泉港区人，1961 年出生，某部副团职干部，转业任职于泉州市司法局。

郑秀文　山腰街道荷池社区人，1963 年出生，厦门思明区人武部政委，南平军分区政治部主任，大校。

郑达清　后龙镇峰前村人，1963 年出生，泉州边防支队政治处主任，转业任职于泉州市公安局丰泽分局。

郑真江　峰尾镇联岩村人，1979 年出生，教育部法规司专题处处长。

黄志梅　峰尾镇峥嵘村人，女，1974 年出生，泉州理工学院党委副书记。

（三）副处级及以上国有企业人士

郑国海　山腰街道海滨村人，1939 年出生，中国工商银行福建省分行人事处处长，高级会计师。

郑东昉 山腰街道荷池社区人，1958年出生，漳平铁路供电段段长。

郑金彪 涂岭镇白潼村人，1964年出生，上海浦发银行福州分行办公室主任，高级经济师。

郑生辉 峰尾镇峥嵘村人，1972年出生，厦门中信银行杏林支行行长。

（四）高级专业技术职务者

郑清顺 前黄镇凤林村人，1923年出生，漳州市医院主任医师。

郑叩今 山腰街道荷池社区人，1927年出生，后龙中学高级教师。

郑清和 前黄镇凤林村人，1930年出生，厦门鼓浪屿市建高级工程师。

郑伟信 涂岭镇涂岭村人，1932年出生，福州延安中学高级教师。

郑意荣 山腰街道荷池社区人，1934年出生，泉港二中高级教师。

郑玉水 峰尾镇峥嵘村人，1936年出生，海洋生物研究院研究员，副教授。

郑顺元 峰尾镇峥嵘村人，1939年出生，柳州木材厂高级经济师。

郑辉才 山腰街道荷池社区人，1941年出生，惠安县中国银行行长，高级经济师。

郑国钦 山腰街道荷池社区人，1943年出生，中国远洋运输总公司上海分公司高级工程师。

郑意玉 山腰街道荷池社区人，1946年出生，泉港五中高级教师。

郑秀辉 峰尾镇峥嵘村人，1947年出生，南埔职专高级教师。

郑宗辉 后龙镇峰前村人，1951年出生，泉港二中高级教师。

郑秋华 山腰街道荷池社区人，1954年出生，泉港美发中学高级教师。

郑平宗 峰尾镇峥嵘村人，1955年出生，泉港妇幼保健院副主任医师。

郑俊峰 山腰街道菜堂村人，1959年出生，惠安县农林局高级农艺师。

郑良贤 峰尾镇峥嵘村人，1960年出生，上海建配龙企业集团高级经济师。

郑文华 前黄镇凤林村人，1960年出生，泉港庄重文实验小学中学高级教师。

郑玉荣 山腰街道荷池社区人，1962年出生，泉港三川中学高级教师。

郑聪盛 峰尾镇峥嵘村人，1964年出生，泉港美发中学高级教师。

郑延珍 峰尾镇峥嵘村人，女，1965年出生，福建伟立律师事务所主任律师。

郑天汉 山腰街道荷池社区人，1965年出生，福建省林业厅政策法规处高级工程师。

郑燕琴 峰尾镇峥嵘村人，女，1966年出生，泉港五中高级教师。

郑忠山 峰尾镇峥嵘村人，1967年出生，泉港天竺中学高级教师。

郑忠实 峰尾镇峥嵘村人，1967年出生，泉州市儿童医院主任医师。

郑忠聪 峰尾镇峥嵘村人，1968年出生，惠安一中高级教师。

郑淑兰 山腰街道荷池社区人，女，1969年出生，泉港区妇幼保健院副主任医师。

郑兴珍 峰尾镇峥嵘村人，女，1969年出生，惠安一中高级教师。

郑国辉 山腰街道荷池社区人，1970年出生，泉港五中高级教师。

郑庆平 峰尾镇峥嵘村人，1970年出生，泉港圭峰中学高级教师。

郑忠河 峰尾镇峥嵘村人，1971年出生，泉港惠华中学高级教师。

郑辉腾 涂岭镇白潼村人，1971年出生，泉港二中高级教师。

郑蓉兰 峰尾镇峥嵘村人，女，1972年出生，泉港五中高级教师。

郑荣河 峰尾镇峥嵘村人，1972年出生，泉港职专高级教师。

郑志刚 山腰街道荷池社区人，1972年出生，惠安高级中学高级教师。

郑素芬 前黄镇凤林村人，女，1972年出生，泉港一中高级教师。

郑文峰 峰尾镇峥嵘村人，1973年出生，惠安螺阳学区中学高级教师，特级教师。

郑福民 峰尾镇联岩村人，1973年出生，泉港鸠林中学高级教师。

郑宜辉 界山镇鹅头村人，1973年出生，泉港天竺中学高级教师。

郑银益 峰尾镇峥嵘村人，1973年出生，泉港圭峰中学高级教师。

郑文庭 峰尾镇峥嵘村人，1974年出生，浙江大学副教授，研究员，博士。

郑梅清 山腰街道荷池社区人，1974年出生，泉港五中高级教师。

郑学斌 峰尾镇峥嵘村人，1974年出生，泉港圭峰中学高级教师。

郑亚鸿 山腰街道荷池社区人，1975年出生，泉港五中高级教师。

郑健煌 峰尾镇峥嵘村人，1975年出生，泉港圭峰中学高级教师。

郑忠燕 峰尾镇联岩村人，1976年出生，泉港美发中学高级教师。

郑顺辉 峰尾镇峥嵘村人，1976年出生，泉州市城市管理中心高级工程师。

郑彩霞 山腰街道荷池社区人，女，1976年出生，泉港民族中学高级教师。

郑琼珍 前黄镇凤林村人，女，1976年出生，泉港五中高级教师。

郑志都 前黄镇古县村人，1977年出生，泉港六中高级教师。

郑碧霞 峰尾镇峥嵘村人，女，泉州一中高级教师。

黄竞芬 峰尾镇峥嵘村人，女，1972年出生，惠安高级中学高级教师。

王晓健 峰尾镇峥嵘村人，女，1974年出生，浙江大学医学院教授，博士后。

郭　晔 山腰街道荷池社区人，女，1977年出生，厦门大学副教授，博士后。

陈亚敏 峰尾镇峥嵘村人，女，1982年出生，泉州师范学院陈守仁工商信息学院副教授。

（五）博士

郑旭伟 山腰街道荷池社区人，1973年出生，博士，任职厦门市财政局预算处。

郑启凡 山腰街道荷池社区人，1987年出生，哈尔滨医科大学博士，任职厦门大学医学院基础医学部。

（六）港澳台胞及海外侨胞知名人士

郑聘廷 字席珍，祖籍前黄镇凤山村，1872年出生，侨居马来西亚、新加坡，受聘为中华基督教会首任华人牧师。创办星洲书报社、“振武善社”、新加坡中华女子学校、星洲幼稚园和浚源学校。任新加坡惠安公会第二届名誉会长。

郑银华 祖籍峰尾镇峥嵘村，1904年出生，侨居新加坡，捐建峥嵘小学第一座校舍，又捐建峥嵘附属中学教学大楼。

郑德才 祖籍峰尾镇峥嵘村，1923年出生，居台湾，台湾当局刑事警察局侦查队长，台北市警察局专门委员警监。多次捐建家乡校舍和基础设施。

郑佑贵 又名继樵，祖籍前黄镇凤北村洪诰，1927年出生，居台湾，任教60余年，获全台教师最高奖——师襄奖，与其妻双双荣获高雄市模范父亲、模范母亲称号。

郑重悟 又名德纯，祖籍峰尾镇峥嵘村，1929年出生，居台湾，在警界任职40多年，屡获嘉奖，参加国际红十字会和多种行善会，济弱助贫。曾捐建圭峰小学、峥嵘学校、美发中学、泉港一中和泉港二中等学校校舍。

郑秀福 祖籍峰尾镇峥嵘村，1940年出生，侨居新加坡，新加坡知名企业家，捐建峥嵘学校校舍，设立“郑银华奖学奖教基金”，并颁奖多届。

郑学海 祖籍峰尾镇峥嵘村，1943年出生，居台湾，台湾当局防务主管部门军法处少将处长。

郑尚洲 祖籍峰尾镇峥嵘村，1947年出生，居台湾，台湾航发中心上校工程师。

郑哲懿 祖籍前黄镇凤北村洪诰，1959年出生，居台湾，台湾防务部门陆军中校。

郑宝玉 祖籍峰尾镇峥嵘村，1963年出生，侨居美国，美国华盛顿大学博士。

郑圣敏 祖籍前黄镇凤北村洪诰，1964年出生，居台湾，博士，任教于台北师范大学。

郑金平 祖籍界山镇岭头村窑厝郑厝，侨居马来亚，博士，马来西亚设计学院设计工程师。

郑金成 祖籍界山镇岭头村窑厝郑厝，侨居马来亚，博士，香港律师。

郑金龙 祖籍界山镇岭头村窑厝郑厝，侨居马来亚，博士，中学校长。

三、英烈名录

郑如祥（1923—1952年） 山腰街道荷池社区人，华北军区60军新9师5大队战士，入朝作战，失踪。

郑连纪（1926—1950年） 涂岭镇松园村人，志愿军20军60师179团战士，朝鲜黄草岭战斗中牺牲。

郑成辉（1940—1973年） 山腰街道荷池社区人，南昌铁路局第一工程段副排长，在支援赞比亚铁路建设中牺牲。

第六节　记 事

明崇祯八年（1635 年），沙格进士王忠孝捐俸在峥嵘挖井一口。

清咸丰三年（1853 年），古县村郑姓 18 位青壮年前往南埔东吴港拾贝，被海潮淹死。

清光绪三十年（1904 年），台北洪诰街郑氏族裔捐资重修前黄镇凤北村洪诰郑氏祖祠。

民国 20 年（1931 年）4 月至民国 23 年 3 月，中共惠安县委（后改为特支）驻地均在瓦厝村（现为荷池社区）。县委书记先后由沈玉泉、李文端、唐言福、黄如海等担任，隶属厦门市委领导。当时全县设 6 个支部，即普安支部、前黄支部、山腰支部、郭厝支部、瓦厝支部和双龟牌支部。瓦厝支部书记由县委委员、团县委书记李昭秀担任。

民国 30 年，前营村改名峥嵘村。

1956 年 8 月，荷池村民郑兴盛、郑宗金等人共同发起创办“荷池芗剧团”。

1964 年，重建涂岭白潼小学。

1969 年，洪诰郑氏在旧村前边“南埔子”重建新村。

1978 年，荷池村古装戏剧团重新组建，排演芗剧《十五贯》《秦香莲》《英台三伯》等。导演由李祖仁、陈朝珠担任。艺人郑美兰、郑秀兰、郑意泉主演的芗剧片段和表演唱，赴县演出比赛荣获优秀表演奖。

1984 年，峥嵘村郑氏整修宗祠。

1994 年，荷池村创办教育基金会，创会会长郑叩今。

2006 年，西枫村郑氏因炼化一体化项目征迁而移居涂岭龙头岭幸福小区、后龙栖霞小区。是年，峥嵘村郑良贤、郑忠强等族人捐资 20 多万元重修三落房祖厝。

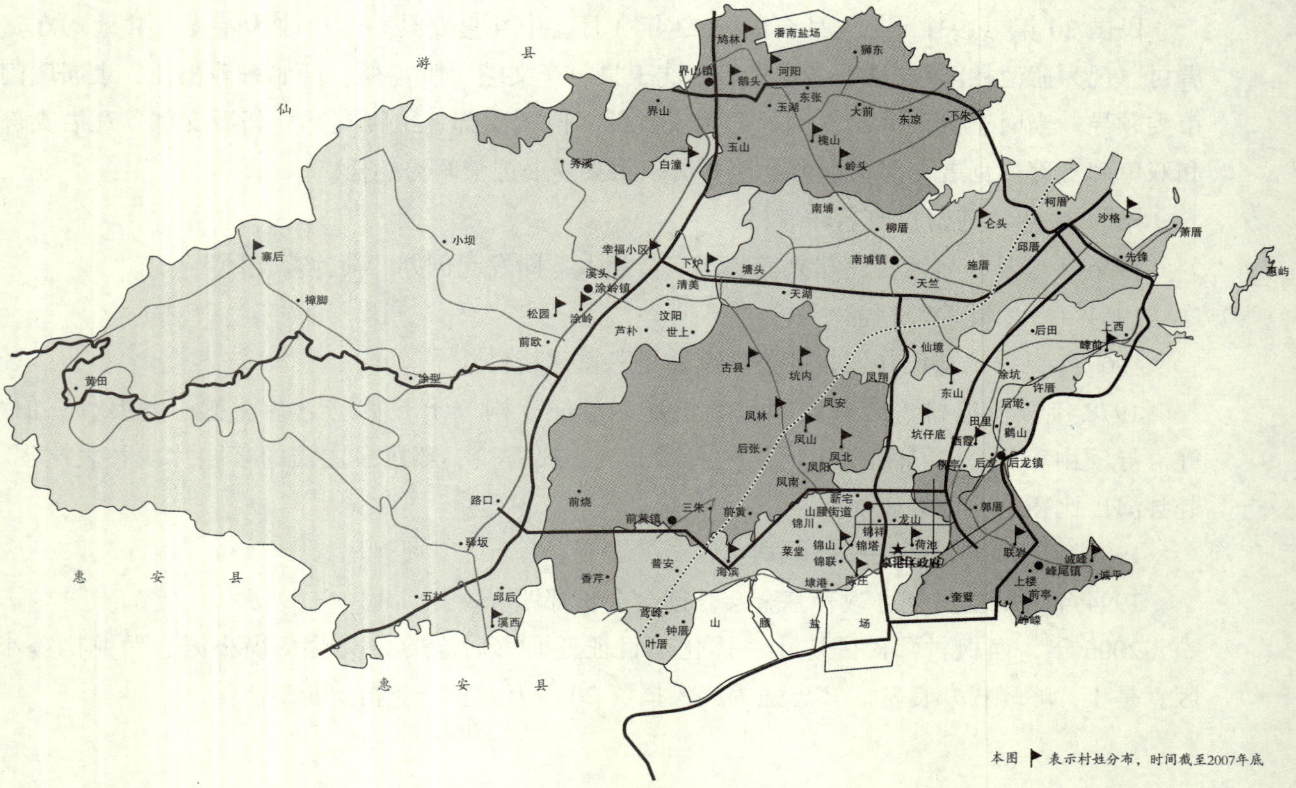
仙
游
县
洛
江
区
惠
安
县
惠
安
县
鸠林
潘南盐场
狮东
界山镇
鹅头
河阳
界山
东张
玉湖
大前
东埭
下朱
槐山
玉山
白潼
岭头
秀溪
南埔
柯厝
柳厝
仓头
沙格
湄厝
小坝
幸福小区
下炉
南埔镇
邱厝
先锋
寨后
溪头
塘头
施厝
惠屿
涂岭镇
清美
天竺
天湖
樟脚
松园
涂岭
汶阳
后田
上西
芦朴
世上
前欧
峰前
仙境
古县
坑内
凤翔
徐坑
黄田
涂型
东山
许厝
凤安
后坑
凤林
坑仔底
田里
凤山
鹤山
后张
凤北
后龙镇
凤阳
路口
前烧
凤南
新宅
郭厝
三朱
前黄
山腰街道
前黄镇
龙山
锦川
锦祥
驿坂
锦山
荷池
菜堂
锦塔
诚峰
锦联
联盟
普安
海滨
峰尾镇
上楼
城平
香芹
埭港
前亭
五社
邱后
奎璧
溪西
蔗峰
钟厝
山
腰
盐
场
叶厝
本图 ▶ 表示村姓分布，时间截至2007年底

泉港区郑姓分布图

第九章 郭

第一节 溯 源

一、起源

出自夏代的郭支和郭哀之后。“郭”本义指外城，以居住地为姓，源于夏禹的都城阳城（今河南登封东）。史载“禹乘二龙，郭支之御”“上古有郭侯，夏朝禹有驭手郭哀”。郭支与郭哀是史籍记载最早的郭姓人。

源自姬姓，是古虢国的后人。西周初年，周武王封文王季弟虢叔于东虢（今河南省荥阳市东北），虢仲于西虢（今陕西宝鸡东）。后两国分别为晋国、秦国所灭。其子孙遂以虢为姓。因“虢”与“郭”音同，演变为郭姓。虢叔裔孙虢序被周平王封于阳曲（今山西太原市北），发展壮大，故郭姓有“发祥于虢国，光大于太原”之说。虢叔为太原郭氏始祖。衍至唐中叶，陕西华阴郭子仪平定安史之乱，中兴唐室，封为汾阳郡王，其派下子孙以“汾阳”为郡望。

源自阿拉伯后裔。宋元时期，泉州港作为重要商埠，商业贸易繁荣，波斯等地的阿拉伯伊斯兰教信徒入居泉州，改为汉姓郭氏。

出自少数民族汉化。明、清时期，我国的回、蒙古、彝、满、壮、土家等民族有不少袭汉姓，以郭为姓。

二、入闽

西晋末年，闻喜（今属山西）郭璞避乱徙居建康（今江苏南京）。后裔转徙入闽。

唐总章二年（669年），光州固始郭氏族人随陈政、陈元光父子入闽开辟漳州，其中有郭淑翁、郭益，郭益后裔称“榴阳衍派”。

唐光启元年（885年），郭子仪长子郭曜（一说为第6子郭暧）裔孙郭嵩，自河南固始随王审知从弟王想入闽，择居新宁（今长乐芝山郭坑）。其第4世孙郭恂（字正道）于五代后梁开平四年（910年）迁居仙游北郊大蜚山下，生2子：长子郭赟（字尚文）移居泉州高桂坊，次子郭质（字尚同）移居仙游县碧溪里。郭嵩为郭厝郭氏入闽始祖。

光启年间（885—888年），郭子仪第4子郭晤裔孙郭德仪为避光启之乱，自光州固始（今属河南省）随王绪入闽。

元至大年间（1308—1311年），阿拉伯伊斯兰教信徒伊本·库斯·德广贡自浙江省杭州府富阳县“以宣差微禄，奉命来泉……遂纳室于泉而家焉”，后改汉姓为“郭”，称郭德广，占籍晋江法石，尊“汾阳”为郡望。子郭洪生3男：长和卿分支江西，次仲远开基白奇，三季渊居于法石。《华山四房郭氏家谱》记载，明洪武九年（1376年），郭仲远携妻子入居惠安，为惠安白奇郭氏开基祖。

三、入泉港

唐大顺元年（890年），汾阳派下郭德仪择居前郭（也称上郭，今山腰街道龙山社区前郭），开族繁衍，今传至第34代。

郭厝汾阳门

南宋景定五年（1264 年），莆阳仙游碧溪派下郭嵩第 18 世裔郭霖开族惠邑荻州（今峰尾镇郭厝村），至今已传 25 代。

清乾隆四十五年（1780 年），百崎郭氏第 12 世裔郭朝盖、朝康兄弟因家乡灾害肆虐，祖厝被毁，自百崎（即今惠安白奇）驾舟至峰尾澳贩售鱼货，后择居峰尾（今峰尾镇诚峰村）。

民国 7 年（1918 年），郭嵩第 32 世裔郭万香自仙游枫亭沧溪迁入港西（今属界山镇鸠林村）。

第二节　繁衍

一、区内分播

山腰街道

龙山前郭郭氏

明正统年间（1436—1449 年），汾阳派下前郭第 14 世裔郭总柔举家徙居寨后（明代属十三都樟市铺）。郭总柔为涂岭镇寨后郭氏一世祖。

明正德十二年（1517 年），前郭郭氏第 15 世郭纯仁开基下炉。

正德十五年（1520 年），因白石安有前郭第 4 世郭永源（讳泉）墓，前郭郭氏第 15 世郭乔美（讳尾仔）开基九都白石安（俗称“西吴”）。

明嘉靖三十二年（1553 年），前郭郭氏第 16 世郭大进开基东塘。

嘉靖三十六年（1557 年），前郭郭氏第 16 世郭仕从（讳容）开基刘厝。

清初迁界（1661—1683 年），第 19 世廷鸣（讳球）举家寓居涂岭内小溪。

明代，前郭郭氏部分族人迁居漈头桥（即蔡头桥，今属前黄镇凤南村）开基。

第 20 世席卿（讳珍）举家迁移寓居涂岭。蒸卿（讳缵）举家寓居樟柿铺涂岭。骖卿（讳雨）举家寓居竹溪铺坂石乡（今属涂岭镇汶阳村）。星卿（讳奎）举家寓居驿坂内兰溪。

约清康熙二十五年（1686 年），前郭郭氏第 21 世次房郭栋侯（讳樑）携三子自前郭析居刘厝头，长郭子朔（讳卯）、次郭子诚（讳存）、三郭子光（讳照）衍传今刘厝头顶科、下科、中科等聚居角落。

约 20 世纪 40 年代，前郭部分族人迁居坝头，后返回。有部分族人择居山前（今新宅社区山前）。

峰尾镇

郭厝郭氏

元初，荻州第 2 世郭与耕迁居龙山。荻州第 4 世郭英立生 5 子，始分 5 房。其中长房郭志宽支系，其裔孙居住于祠堂后、杨厝、南头、下乡、五里街等村落。

清康熙年间（1662—1722年），长房族裔析居今后龙镇坑仔底村虎石。

清乾隆十五年（1750年），长房族裔析居今后龙镇峰前村坂厝。

二房郭志宏支系，其裔孙居住在下乡、祠堂后、丁宫、地中、大安、下坑、后曾、北头、南头以及今后龙镇后柳、后亭、后吴等村落。1959年有族人移居今峰尾镇峥嵘村。

四房郭曰贤支系，其裔孙居住丁宫，部分后裔于清末迁居今南埔镇塘头厝斗。

五房郭曰果支系，其裔孙居住在今后龙镇柳亭村后柳。

另有族裔居奎璧村后引。

二、人口分布

泉港区郭姓有14622人，列泉港世居姓第9位。主要聚居于6个镇（街道），依次是：峰尾镇9288人，山腰街道2934人，后龙镇2164人，界山镇110人，南埔镇98人，涂岭镇28人。具体分布如下：

街道、镇	村落人口	合计
山腰街道	龙山社区前郭（含居新宅社区山前）1300人，刘厝头1600人；陈庄村34人。	2934
涂岭镇	寨后村28人。	28
界山镇	鸠林村港西下屋110人。	110
南埔镇	塘头村88人；仙境村10人。	98
后龙镇	柳亭村后柳698人，后亭811人，后吴414人；坑仔底村虎石120人；峰前村坂厝105人；涂坑村16人。	2164
峰尾镇	郭厝村下乡（含杨厝）2068人，北头1489人，南头1462人，下坑979人，后曾936人，大安689人，丁宫650人，祠堂后368人，五里街148人，地中337人；奎璧村后引81人；峥嵘村18人；诚峰村63人。	9288

三、外迁主要支系

山腰街道

龙山前郭郭氏

南宋末年，前郭遭元兵屠戮，族裔避难离散，析户分居。至元代初年，有小部分返回。

明初，郭洙派下第8世裔郭碧峰开基惠邑黄塘，村名“前郭”，山为“龙山”。

明嘉靖年间，第16世郭仕进为逃避户役，祖孙三代迁居仙游东乡（也作东庄）。仕万移居仙游慈孝里，土名“大埔”。第17世郭尔秀迁居仙游长岭（卒葬东乾山）。荣宝迁居仙游（卒葬大院头）。

明万历年间，第 18 世郭国华（讳彩，号荣山）迁居仙游慈孝里（卒葬内科山）。

清顺治十八年（1661 年）迁界时，龙山郭氏被迫抛弃家园，背井离乡。

第 19 世庠生郭志学（讳士谋，明嘉靖进士郭良之孙）迁居晋江东石。郭志道（讳士读）迁居惠安后坑溪上乡。郭顺中（讳高）与姊夫同往广西寻亲，入籍定居。郭廷魁迁居仙游后沈。郭志台（讳夏）迁居惠安黄塘。郭廷念迁居仙游县城南门。郭廷万（讳寿）迁居厦门。

前郭第 20 世郭治仔（讳治）于迁界前即游学于广东，娶妻潮州人氏，于潮州入籍定居。

第 20 世郭友卿（讳益）因时乱，姊夫何曾官任广东惠州府学教谕，携妻儿投奔并于惠州府天罡围居住入籍。郭藻卿（讳璘）、郭成卿（讳吉）移居惠安北门外后坑溪上乡。郭亨卿（讳二元）迁居仙游县慈孝里后蔡，郭嘉卿避居仙游县西乡溪头，郭御选（讳鹊）随其祖仕进迁居仙游东庄。郭元辉迁居仙游东乡柳尾。郭俨卿（讳憰）寓居洛阳乡庄坑，郭韬卿（讳理）时逢乱世，弃儒谋商于广东高州，入籍定居。

清康熙元年（1662 年），第 20 世郭嘉卿（讳孔）避居仙游县西乡溪头。郭辑卿（讳瑞）、郭道奎徙居延平尤溪县某都。郭道默迁移时，先寓居仙游县，隐名负贩糊口，后流徙上府。郭道发（讳奋）寓居仙游香田里卓珑乡。郭汲卿（讳癸）中年寻究理学，与族侄郭尚闇（讳炯）同受功过格及诸书于仙游唐自明，寻究理学。郭照卿（讳浚）游学于晋江濑溪黄家，殁于主人馆舍。郭肇宝（讳琦）寓居仙游长岭。郭聚卿（讳星）迁居仙游南门外乌墩乡。

郭道简（讳文）与子郭元美（讳訫）举家迁居泉州。郭会卿（讳珀，入学后改讳有璜），因次男郭孝侯（讳荐）在同安营伍中作幕客，偕季子郭次侯（讳困）投奔，于同安定居。郭元卿（讳丑）迁居惠安县城南门，子郭武侯（讳耀）流寓广东揭阳县 20 余年，至清康熙二十三年（1684 年）始回籍佐治族谱，后又寓居仙游县。郭樾侯（讳荫）因迁移游历江浙 20 余年，及展复始回籍。

第 21 世郭彦侯（讳海俊）迁居兴化莆田县吉蓼东坑。郭锡侯（讳任）寓居仙游县慈孝里下涂城。郭佑侯（讳启）寓居惠安北门外后坑。郭永侯（讳迟）迁移时，同母郑氏往惠安西关外仕尾乡居住。郭同侯（讳偕）迁移时父已殁，流落他乡，弱冠后仍回本县娶亲，嗣即挈眷入省，后又移徙他处。郭懿侯（讳绍）因迁移流落外郡（娶黄氏，沙格人）。郭重侯（讳叶）因迁移充泉州营伍中，娶妻晋江安海陈氏。

第 22 世郭子晋（讳魏）于康熙九年（1670 年）入武学，学名凤仪，子郭智乾举家移居惠安邑内连厝宅（今属惠安县螺城镇），开族衍传。子郭中（讳庆）寓居仙游，娶晋江安海王氏。

第 23 世郭际清、郭际明兄弟迁居广东海山。郭际润、郭际渊迁居洛阳庄坑。

第 24 世郭政晚、郭政红举家迁居台湾。

民国年间（1912—1948 年），龙山郭氏后裔远渡重洋，到海外谋生，并开族繁衍。其中第 28 世郭秋花移居马来西亚新山，郭洪吓、郭成贵择居马来西亚吉隆坡。郭探谟择居马来西亚巴生。第 29 世郭荣贵择居马来西亚巴生，郭炳英择居马来西亚，郭荣贵携长子郭亚才择居马来西亚，郭玉坤择居新加坡。第 30 世郭永顺择居新加坡，郭永钦择居香港，郭吉水迁居台湾，郭金泉迁居新加坡，郭金辉迁居新加坡直落布兰雅通道，郭俊华迁居台北。

中华人民共和国成立后，大量族裔外迁发展，已知的有迁往广东省广州、惠州、梅州、黄浦区，福建省福州、崇安、永安、浦城、沙县、邵武、厦门、泉州、石狮、惠安等地居住，还有迁往美国、加拿大、马来西亚等地定居。

峰尾镇

郭厝郭氏

明初，荻州第二世郭与立（惟立）长子郭肇基（字允贤）携眷徙居福邑玉融钱江地方光贤里大社（今福清市新厝镇新厝村岭边），已传23代，现有3000多人，后裔移居马来西亚，现有2000多人。郭肇基第4子郭信迁居今仙游县盖尾镇新窑村，现有2000多人。

明永乐年间（1403—1424年），郭厝第5世郭志刚衍居今惠安县涂寨下郭，现有1300多人。

清康熙末年，郭厝郭氏族人移居台湾彰化鹿港，村名“新厝村”。

清末至民国时期（约1900—1948年），移居台湾各地的郭厝郭氏族裔数百人，侨居新加坡、马来西亚、吕宋、槟榔屿、我国香港、澳门地区及东南亚各地族裔逾千人；旅居世界各地族裔百人以上。在国内各省市从政、从军、从教、从商、从艺族裔有数千人。

1965年，有族人因开发山区移居浦城县、崇安县。

第三节 谱牒

《郭厝郭氏族谱》

系峰尾镇郭厝郭氏族谱。明洪武三十一年（1398年），郭厝第四世郭英立始修。清康熙四十六年（1707年），第11世郭士清、郭士护、郭士职重修。1993年，郭厝宗祠重光理事会组织编修，2001年，郭氏宗祠文物保护小组成立郭厝郭氏族谱修订领导组组织修订，郭宗标为主编。内容含族史文献、世系、宗祠祖坟等，共160页。郡望“汾阳”，昭穆共35字，依次为：

霖与一惠志，文子洪明在，士启允元侯，

高瞻祈见佑，厚载翊常由，慈和怡伯仲，简靖迪先猷。

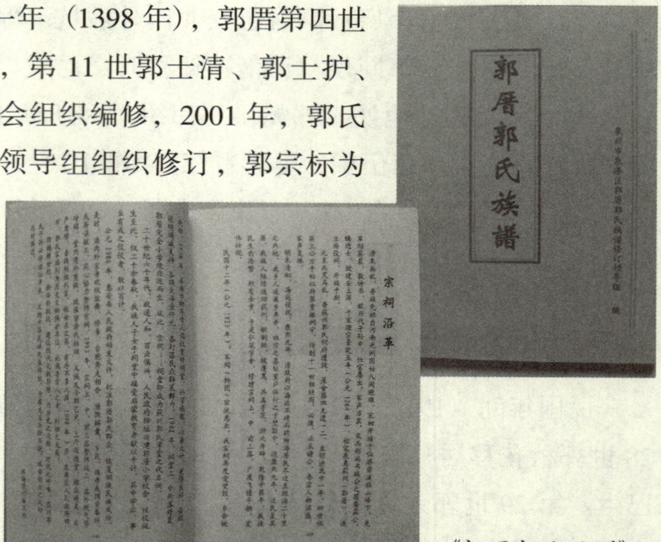

《郭厝郭氏族谱》

《汾阳龙山谱》

系山腰街道龙山郭氏族谱。明成化元年（1465年），龙山第13世郭孟殷草立。二修于明万历十五年（1587年），第17世嘉靖年间进士郭良主持修谱，由其门人张庆写序。三修于明天启元年（1621年），第18世郭潜轩续谱作序，按长、次、三房编列宗支总图。四修于明崇祯九年（1636年），第19世郭士训、郭士谐、郭士诰续修。五修于清康熙二十五年（1686年），第20世郭逄甲、郭佩孔、第21世郭光裕修谱作跋。旧谱系毛笔工楷手写体，共193页。

2006年启动群众性修谱工作，成立编委会，推选龙山第30世裔郭丁法为主编。全书本着“回顾历史，正视现实，开创未来”的宗旨，整理发掘《郭良家谱》《各房世系图》及明代墓志铭等史料文献，突出先进性、真实性、史料性、展拓性，全面反映汾阳龙山郭氏生存发展轨迹。共分9卷，依次为：开篇、世系图谱、牌主名录、人才辈出、郭良风范、修谱要事、人文寻踪、沧海桑田、附篇等。精装彩印，大16开本，共600页。灯号“汾阳”，祖传42字昭穆，依次为：

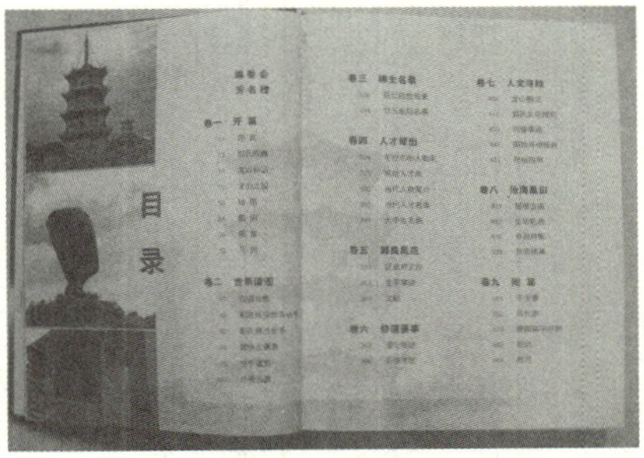

《汾阳龙山谱》

仪宏，安源纪元宜，文端德彦思，世守乔仕良，必廷卿侯子，

学政佾仁长，雍述伯罕谭，奇廉登峰颂，逊煌招礼贤。

后经第29世郭焕文提议，通族合议，采用明代福建布政使朱运昌于郭氏家庙题联联语为后续字辈，共24字，依次为：

报国际明时，万里声华看炳炜；

承家绵德后，一经步武接飞腾。

《鸠林港西郭氏族谱（续修）》

系界山镇鸠林村港西郭氏族谱。2000年，族人郭元宝主持编修。内容有：元代郭伯棋所撰《仙游碧溪郭氏族谱》序、明代郭思恭所撰《碧溪郭氏（种庆志）谱序》、清代郭定知《续修碧溪郭氏光裕实录小引》及世系谱图。郡望“汾阳”，堂号“崇寿堂”，字辈已知有：

世、传、士。

《圭峰郭氏家谱》

系峰尾镇诚峰村郭氏家谱。郭廷荣编撰。内容包括郭氏回民的源流、信仰、文物、生活等。郡望“太原”，堂号“汾阳”，字辈为：

仲仕谏怀，闻甫伯汝，瑞天定朝，清廉启国，家修廷献，

文明行笃，必有克成，用垂式穀，宜尔子孙，以介景福。

第四节　史 迹

一、祠宇

龙山郭氏家庙

位于山腰街道龙山社区前郭。区级文物保护单位。始建于北宋元祐七年（1092 年），毁于元代兵燹。明正统元年（1436 年），龙山第 13 世裔郭孟殷重建。明万历七年（1579 年），第 17 世裔、明嘉靖进士郭良修缮扩建。天启元年（1621 年）重修。清初“迁界”时遭焚毁。清康熙二十五年（1686 年）、光绪四年（1878 年）先后修缮。民国 3 年（1914 年）郭步程、郭景霖（清末贡生，仙游人，祖籍前郭）、郭长赖、郭长生等主持修建，后作学校之用，2001 年由郭荣玉、郭荣文、郭永顺、郭永钦等旅外族裔筹资重建。坐东朝西，三开间两天井，抬梁式木结构，硬山式屋顶，建筑面积 336 平方米，占地 660 平方米。厅堂正中敬奉中华人文鼻祖黄帝、得姓初祖虢叔、汾阳始祖郭子仪、龙山郭氏启祖郭晧、入闽始祖郭德仪画像及开族繁衍的历代先祖前贤牌位。楹联有：

佥事安邦忠贞昭日月，
宜人持家孝德动乾坤。
上郭风云拂去诗书继万代，
固始香火分来恩德垂千秋。
祖德问安犹点领兴我一族，
我裔承烈要留心读他几车。
山河气象果新奇到处堂号汾阳，
栋宇历史真悠久满眼裔盘龙山。
展鸿基威扬武烈千秋蒙沾福祉，
绍丕业昭彰文教万代恭承祠祧。

龙山郭氏家庙

郭厝郭氏宗祠

位于峰尾镇郭厝村下乡。区级文物保护单位。始建于宋。元末被毁。明代重建。清顺治“辛丑播迁”时又遭焚毁。乾隆六年（1741 年）重修宗祠。民国元年（1912 年）宗祠改为莲山学堂。民国 12 年遭焚毁。民国 31 年旅星华侨捐资兴修上中两落。1990 年台胞捐资重修，1993 年修竣。坐乾向巽，由石埕、三厅、两廊、两天井组成，门框上悬挂“郭氏宗祠”，大厅正中悬挂“郭氏正宗回族”匾。大厅为硬山式屋顶，中前两厅为悬山式屋顶，建筑面积为 1018 平方米，规模宏大。楹联有：

邹鲁遗风中西文化郁郁新郭厝，
固始衍脉回汉民俗融融古荻州。

百世树人本为子孙垂大计，
十年从政实施建教遂初衷。
播中州风尚荻水寻源光回裔，
兴东海物华莲山拓业礼汾阳。
系起汾阳世代源流由固始，
支分荻水故家文献壮莲山。
兵燹劫灰俎豆飘零伤楚炬，
丹楹垩壁箕裘齐美设周庠。

郭厝郭氏宗祠

郭良故居

位于山腰街道龙山社区前郭。区级文物保护单位。明嘉靖年间始建。民国3年（1914年）郭步程、郭景霖等主持重建。坐东朝西，主要建筑有家庙、府第、书馆、会客厅、马房等，占地约1000平方米。现保留完整的馆厅，面阔3间，进深5间，抬梁式木结构，硬山式屋顶，内有6对朱红漆木柱，正上方悬挂“乡贤”“名宦”“孝子”“贡元”等匾。明万历二十九年（1601年），其云南门生、钦差提督军务兼巡抚福建等地方都察院右副都御史朱运昌撰联：

报国际明时万里声华看炳炜，
承家绵德后一经步武接飞腾。

郭良故居（外）

刘厝头郭氏祖祠

位于山腰街道龙山社区刘厝头。清初“辛丑播迁”复界（1681年）后，龙山郭氏第21世郭栋侯自前郭析居后始建。后经数次修葺。坐东朝西，五开间二进一天井，石砖木结构，硬山式屋顶，前有大埕及放生池、公用厨房等，建筑面积380平方米，占地1000多平方米。楹联有：

栋宇常新汾阳延绵先贤积福德，
侯门济美簪缨继起后昆礼诗书。

刘厝头郭氏祖祠

二、宫庙

龙山宫

前郭龙山宫

位于山腰街道龙山社区前郭。始建于宋，清初“迁界”时遭焚毁，复界后重建，清光绪十二年（1886年）重修，1978年海外华侨捐资大修，1999年又修。坐东朝西，抬梁悬山式屋顶，石砖木结构，三开间两进，总占地面积1228平方米。清康熙年间龙山第21世郭栋侯支房分香至刘厝头另建，1990年迁址扩建，2004年翻建。坐东朝西，抬梁歇山式屋顶，石砖木结构，总占地600多平方米。楹联有：

刘厝头龙山宫

龙以清源长流乃及远，

山因固本直上而成高。

龙山福地福自德积发，

汾阳春天春随善行来。

讲千年老郭无非美德流芳传世，

第一等好事还是良心播惠利人。

祥云寺

旧名“祥岩寺”，原址位于郭厝岩山山顶石峰上。明永乐二年（1404年）惠安县八都蔡林铺28乡信众共议迁址在岩山西面中段重建，改称今名。清嘉庆十五年（1810年），郭厝郭高照发起整修。民国18年（1929年），郭厝郭焕章、郭彩仔、郭细黑主持整修。1985年，再次重修。1996年扩建。坐东朝西。2003年始，振莲师姑主持大规模翻建，占地1万多平方米，建筑面积2000多平方米。大悲殿高20米，三重檐歇山式屋顶。大雄宝殿为硬山式屋顶，砖石混合结构，面宽32米，进深18米，由三进厅、两落进、双护甲组成，建筑面积约600平方米。楹联有：

祥云寺

祥气遥腾山中景，
云烟远集世外天。
兰若无尘修佛法，
禅门有路达西天。
禅光甘露淋社稷，
钟鼓木鱼佑苍生。

莲山宫

位于峰尾镇郭厝村丁宫前。区级文物保护单位。始建于明永乐年间（1403—1424年），曾被毁损。坐巽向乾兼巳亥，石木混合构架，硬山式屋顶，由前厅、内廊、天井、主殿组成。建筑面积2222平方米，占地面积3996平方米。1962年按原貌整建。2001年重建。宫内保存有明清时代青瓷花瓶、细瓷香炉、陶制茶壶、灰质香炉和石雕鳄鱼。楹联有：

莲映岩阿千古秀，
山环获水万年青。
天与湄州崇圣迹，
神昭获水庆重光。

莲山宫

清明庵

位于峰尾镇郭厝村北头，清末，北头族裔郭马福之妻郑氏所创建。因年久失修，2002年信众筹集资金重新翻建。坐乾向巽兼戌辰，面宽18.25米，进深31.10米，两进双厅组成，庵里悬挂“节孝”和“妯娌双亲”匾。

三、墓葬

郭德仪墓

原址位于山腰塔山东面，华林寺南侧。石墓，坐乾向巽。郭德仪系山腰龙山前郭郭氏肇基祖。

郭霖墓

原址位于谢塘山山头宫东侧，坐丑向未兼艮坤。“文化大革命”期间被毁，1987年重修。1991年迁至郭厝莲花山姑仔石，坐巽向乾兼乙亥。前有“回族郭氏祖陵”石碑。郭霖系峰尾镇郭厝郭氏开基祖。

郭良墓

位于南埔镇柳厝村枫林山，坐申向寅。郭良，明嘉靖四十一年（1562年）进士，历任刑部员外郎、湖广按察司佥事、山东按察司佥事、广东布政司参议、云南按察司佥事。

郭栋侯墓

位于莲花山东南面郑家大舍墓边，坐西向东。郭栋侯系龙山刘厝头郭氏一世祖。

郭朝康墓

也称"百崎郭祖墓"，原在后龙镇坑仔底村彭厝。2004年清明节迁葬涂岭镇松园墓园。郭朝康系诚峰郭氏一世祖。

第五节 人 物

一、历代科第仕宦名录

郭 朏 字景初，前郭人，北宋元丰八年（1085年）焦蹈榜特奏名，一作进士。元祐三年（1088年）李常宁榜进士，官至秘书丞。著有《汾阳集》。

郭 郊 朏从弟，前郭人，宋崇宁二年（1103年）霍端友榜特奏名，一作进士。另记为北宋崇宁五年（1106年）蔡嶷榜进士，官司户。

郭 洙 朏孙，前郭人，宋淳熙十一年（1184年）卫泾榜特奏名，另记为绍熙元年庚戌（1190年）余复榜进士。（注：郭厝郭氏称其系郭洙后裔，但前郭可能是黄塘前郭。）

郭 霖（1239—1320年） 字若时，号淳休，郭厝人，南宋修职郎。著有《春秋释例》、《毛诗集义》《论孟集》等6卷。

郭 良（1516—1587年） 字复吾，号北洲，前郭人，明嘉靖四十一年（1562年）申时行榜进士，授刑部主事，升员外郎，后历任湖广按察司佥事、山东按察司佥事、广东布政司参议、云南按察司佥事。著有《北洲文集》《枫磐文集》。三明尤溪、惠安辋川百姓立庙奉祀。

二、已知当代人物名录

（一）副处（团）级及以上人士

郭荣元 峰尾镇郭厝村人，1926年出生，惠安县供销社处级离休干部。

郭清溪 峰尾镇郭厝村人，1926年出生，中共泉州市委宣传部办公室主任。

郭良兴 峰尾镇郭厝村人，1933 年出生，新疆 36359 部队团政委。

郭祖兴 山腰街道龙山社区人，1933 年出生，厦门市第二轻工局五金公司党总支书记。

郭开桂 山腰街道龙山社区人，1937 年出生，福州铁路分局教委主任，高级工程师。

郭佑宗 峰尾镇郭厝村人，1939 年出生，福州军区司令部兵员处处长。

郭玉鞅 后龙镇柳亭村人，1942 年出生，宁德军分区司令部侦察科科长，转业任泉州市公安局助理调研员。

郭顺才 峰尾镇郭厝村人，1943 年出生，福建省军区政治部党委委员，转业任福建省体育局纪检组组长，助理巡视员。

郭来春 峰尾镇郭厝村人，1944 年出生，中共泉州市委文明办副主任。

郭丁法 山腰街道龙山社区人，1945 年出生，历任永春县人大常委会主任，厦门海沧投资区党工委委员兼海沧投资总公司党委书记，厦门海沧投资区管委会助理巡视员。

郭厚金 峰尾镇郭厝村人，1945 年出生，泉州市城建局副调研员。

郭夏林 峰尾镇郭厝村人，1946 年出生，福建省财政厅农税处处长。

郭玉聪 峰尾镇诚峰村人，1951 年出生，厦门大学南洋研究院华侨研究所所长，厦门大学两岸和平发展协创中心教授。

郭聪顺 峰尾镇郭厝村人，1954 年出生，福建省人民政府机关服务中心副主任。

郭明辉 峰尾镇郭厝村人，1954 年出生，福建省地质测试研究中心纪检书记，高级工程师。

郭厚宝 峰尾镇郭厝村人，1955 年出生，泉港区政协副主席。

郭英英 峰尾镇郭厝村人，女，1955 年出生，福建省民宗厅调研员。

郭萍萍 峰尾镇郭厝村人，女，1958 年出生，中共惠安县委常委、统战部部长，泉州市政协民宗委主任。

郭伟杰 峰尾镇郭厝村人，1960 年出生，广东省建筑设计院人事处处长。

郭云荣 山腰街道龙山社区人，1963 年出生，南京军区空军医院上校。

郭荣华 后龙镇柳亭村人，1963 年出生，福建炼油厂技术管理处处长，泉港区人民政府副区长。

郭焦锋 峰尾镇郭厝村人，1963 年出生，国务院发展研究中心资源与环境研究所副主任，研究员，博士生导师。

郭成宗 峰尾镇郭厝村人，1963 年出生，中共鲤城区区委副书记，区政协主席。

郭文硕 峰尾镇郭厝村人，1963 年出生，福建省农林大学金山学院院长，教授，博士，博士生导师。

郭洪英 峰尾镇郭厝村人，1968 年出生，福建省电力研究院副院长，高级工程师。

郭江滨 峰尾镇郭厝村人，1975 年出生，莆田边防检查站后勤处处长。

郭素芬 界山镇鸠林村人，女，厦门市海沧区政协副主席。

唐虎梅 峰尾镇郭厝村人，女，1966 年出生，历任最高人民法院计划综合局副局长、司法行政装备管理局副局长。

（二）副处级及以上国有企业人士

郭秋荣 峰尾镇郭厝村人，1928年出生，江苏扬州发电厂厂长。

郭元宝 界山镇鸠林村人，1943年出生，闽发证券总经理，高级经济师。

郭伟华 峰尾镇柳亭村人，1965年出生，工商银行厦门市分行总经理。

郭文清 峰尾镇郭厝村人，1965年出生，黑龙江省鹤岗矿务局党政办公室主任。

郭家夫 峰尾镇郭厝村人，1977年出生，中国农业银行长乐市支行行长。

吴 琴 峰尾镇郭厝村人，女，1963年出生，黑龙江省鹤岗市石油公司党委书记、总经理。

（三）高级专业技术职务者

郭 稼 原名清礼，峰尾镇郭厝村人，1926年出生，福建日报社高级记者。

郭芳盛 峰尾镇郭厝村人，1926年出生，惠安二中高级教师。

郭金震 峰尾镇郭厝村人，1927年出生，厦门五中高级教师。

郭志今 峰尾镇郭厝村人，1932年出生，浙江省社会科学院文学研究所研究员。

郭顺龙 峰尾镇郭厝村人，1934年出生，惠安县党校高级讲师。

郭龙春 峰尾镇郭厝村人，1936年出生，北京市朝阳中学高级教师。

郭德贵 峰尾镇郭厝村人，1936年出生，惠安县教师进修学校高级教师。

郭森娘 山腰街道龙山社区人，女，1937年出生，泉州市第一医院副主任医师。

郭锦迎 峰尾镇郭厝村人，1937年出生，宁德市气象站高级工程师。

郭荣顺 峰尾镇郭厝村人，1938年出生，南平市邮电局高级工程师。

郭尚彬 涂岭镇寨后村人，1940年出生，仙游县农业局高级农艺师。

郭永泉 山腰街道龙山社区人，1940年出生，厦门六中高级教师。

郭钦宗 峰尾镇郭厝村人，1940年出生，惠安三中高级教师。

郭德清 峰尾镇郭厝村人，1940年出生，泉港五中高级教师。

郭玉堂 山腰街道龙山社区人，1941年出生，福建省建筑机械厂高级工程师。

郭文庆 峰尾镇郭厝村人，1944年出生，黑龙江鹤岗矿务局总医院主任医师。

郭祥才 峰尾镇郭厝村人，1944年出生，福建炼油厂医院副主任医师。

郭珠娘 峰尾镇郭厝村人，女，1944年出生，厦门鼓浪屿医院主任医师。

郭聪文 峰尾镇郭厝村人，1944年出生，福建炼油厂医院副主任医师。

郭宝仁 峰尾镇郭厝村人，1944年出生，惠安县医院副主任医师。

郭秋福 峰尾镇郭厝村人，1944年出生，A类一等轮机长，高级工程师。

郭焕坤 峰尾镇郭厝村人，1944年出生，永安市实验小学中学高级教师。

郭荣贵 峰尾镇郭厝村人，1944 年出生，福建南平电缆电线总厂高级工程师。
郭志兴 峰尾镇郭厝村人，1946 年出生，泉港顺南中学高级教师。
郭扣顺 峰尾镇郭厝村人，1946 年出生，泉港峰尾学区中学高级教师。
郭章南 峰尾镇郭厝村人，1947 年出生，泉港五中高级教师。
郭龙开 山腰街道龙山社区人，1950 年出生，国家一级注册建筑师、高级工程师。
郭其忠 峰尾镇郭厝村人，1950 年出生，泉港五中高级教师。
郭瑞宗 山腰街道埭港村人，1953 年出生，漳平教师进修学校高级教师。
郭荣贵 峰尾镇郭厝村人，1953 年出生，泉港三川中学高级教师。
郭明辉 峰尾镇郭厝村人，1954 年出生，福建省地质测试研究中心高级工程师。
郭瑞衍 山腰街道埭港村人，1954 年出生，泉港职专高级教师。
郭平南 山腰街道龙山社区人，1955 年出生，惠安房地产公司高级工程师。
郭景辉 峰尾镇郭厝村人，1956 年出生，惠安县防疫站副主任医师。
郭玉硕 峰尾镇郭厝村人，1957 年出生，福建农林大学南平林场高级工程师。
郭南南 峰尾镇郭厝村人，1957 年出生，惠安科山中学高级教师。
郭淑霞 峰尾镇郭厝村人，女，1958 年出生，福建医科大学附属第一医院主任护师。
郭建毅 峰尾镇郭厝村人，1959 年出生，厦门市第四建筑公司高级工程师。
郭飞跃 峰尾镇郭厝村人，1959 年出生，泉州市文学研究所研究员，泉州艺术馆馆长。
郭滨南 后龙镇柳亭村人，1960 年出生，泉港职专高级教师。
郭卫东 峰尾镇奎璧村人，1961 年出生，泉港区教师进修学校高级教师。
郭财民 山腰街道龙山社区人，1961 年出生，泉港二中高级教师。
郭哲章 峰尾镇奎璧村人，1962 年出生，泉港区教育督导室中学高级教师。
郭景松 峰尾镇郭厝村人，1962 年出生，广东中山市松德色装机械公司高级工程师。
郭　军 峰尾镇郭厝村人，1962 年出生，泉港五中高级教师。
郭惠玲 峰尾镇郭厝村人，女，1962 年出生，福建医科大学附属第二医院副主任护师。
郭奕林 峰尾镇郭厝村人，1963 年出生，泉港山腰中学高级教师。
郭永忠 峰尾镇郭厝村人，1963 年出生，厦门象屿资产管理运营有限公司高级会计师。
郭金宝 山腰街道龙山社区人，1964 年出生，厦门十中高级教师。
郭小鹰 山腰街道龙山社区人，1964 年出生，泉港六中高级教师。
郭宝辉 山腰街道龙山社区人，1965 年出生，福建省第五建筑工程公司高级工程师。
郭进付 山腰街道龙山社区人，1965 年出生，泉港区医院副主任医师。
郭锡斌 山腰街道龙山社区人，1965 年出生，福建永福工程顾问有限公司副总工程师。
郭进华 山腰街道龙山社区人，女，1966 年出生，泉州市第一医院副主任护师。
郭集林 山腰街道龙山社区人，1966 年出生，惠安开成职专高级教师。
郭惠东 峰尾镇郭厝村人，1966 年出生，泉州市洛江区环保局高级工程师。

郭汉波 峰尾镇郭厝村人，1967年出生，泉港六中高级教师。

郭荣东 峰尾镇郭厝村人，1967年出生，厦门大学高级经济师。

郭建辉 峰尾镇郭厝村人，1968年出生，泉州市山美水库管理处高级工程师。

郭小东 峰尾镇郭厝村人，1968年出生，厦门市律师事务所主任，高级律师。

郭惠仁 峰尾镇郭厝村人，1969年出生，泉港山腰中学高级教师。

郭永惠 峰尾镇郭厝村人，1969年出生，泉港美发中学高级教师。

郭玉兰 峰尾镇郭厝村人，女，1969年出生，泉港五中高级教师。

郭惠聪 峰尾镇郭厝村人，1970年出生，泉港五中高级教师。

郭小军 山腰街道龙山社区人，1970年出生，泉港特殊教育学校中学高级教师。

郭开荣 峰尾镇郭厝村人，1971年出生，泉港五中高级教师。

郭玉环 山腰街道龙山社区人，女，1971年出生，惠安职专高级讲师。

郭惠聪 峰尾镇郭厝村人，1972年出生，泉港一中高级教师。

郭惠龙 峰尾镇郭厝村人，1972年出生，泉港五中高级教师。

郭建军 后龙镇柳亭村人，1973年出生，泉港五中高级教师。

郭民富 山腰街道龙山社区人，1973年出生，泉港惠华中学高级教师。

郭宝龙 山腰街道龙山社区人，1973年出生，福建省第五建筑工程公司深圳分公司总工程师、高级工程师。

郭锡和 山腰街道龙山社区人，1973年出生，泉港五中高级教师。

郭惠琼 后龙镇柳亭村人，女，1975年出生，泉港五中高级教师。

郭玉富 后龙镇柳亭村人，1975年出生，泉港五中高级教师。

郭青文 峰尾镇郭厝村人，1975年出生，泉港圭峰中学高级教师。

郭文涛 峰尾镇郭厝村人，1976年出生，泉港五中高级教师。

郭锦兴 峰尾镇郭厝村人，1976年出生，泉港五中高级教师。

郭荣海 峰尾镇郭厝村人，1976年出生，泉港圭峰中学高级教师。

郭新何 山腰街道龙山社区人，1977年出生，泉港特殊学校中学高级教师。

郭文忠 界山镇鸠林村人，1979年出生，福州大学数字与计算机学院院长助理，教授、博士、博士生导师。

林婉瑜 山腰街道龙山社区人，女，1940年出生，厦门四中高级教师。

洪幼眇 山腰街道龙山社区人，女，1942年出生，福建省电视机厂副总工程师、高级工程师。

温秀萍 山腰街道龙山社区人，女，1968年出生，福建测绘院高级工程师。

沈　菁 峰尾镇郭厝村人，女，1973年出生，福建省立医院副主任医师。

黄丽君 界山镇鸠林村人，女，1977年出生，福建工程学院管理学院副教授。

（四）博士

郭晓刚 峰尾镇郭厝村人，1984年出生，北京阜外医院博士。

郭 毅 山腰街道龙山社区人，1984年出生，解放军信息工程大学网络安全专业博士，留校任教，高级讲师。

（五）港澳台胞及海外侨胞知名人士

郭永顺 祖籍山腰街道龙山社区，1916年出生，侨居新加坡，捐建家乡诸多基础设施和文教事业，获福建省人民政府“乐育英才”银质奖章。

郭永钦 祖籍山腰街道龙山社区，1921年出生，居香港，任香港庄士（集团）有限公司董事局副主席，捐资建设家乡诸多基础设施和文教事业，获福建省人民政府“乐育英才”银质奖章。

郭俊华 祖籍山腰街道龙山社区，1921年出生，居台湾，台湾陆军兵工学校教官，中校，捐资建设家乡公益事业。

郭清江 祖籍峰尾镇郭厝村，1921年出生，居台湾，台湾当局防务主管部门陆军少将。

郭金贵 祖籍峰尾镇郭厝村，1923年出生，居台湾，台湾当局警界高级警官。

郭子平 祖籍峰尾镇郭厝村，1925年出生，居台湾，台湾当局特勤警备卫队队长。

郭国南 祖籍峰尾镇郭厝村，1926年出生，居台湾，台湾大学教授，省财政厅专员。

郭逢春 祖籍峰尾镇郭厝村，1926年出生，侨居马来亚，东南亚著名武术教练，南洋少林高参门第一代传人。

郭兴贵 祖籍峰尾镇郭厝村，1927年出生，居台湾桃园，世界郭氏宗亲会监事，台湾桃园郭氏宗亲会常务理事。

郭荣玉 祖籍山腰街道龙山社区，1931年出生，侨居马来亚，任顺福五金工业（马来西亚）有限公司董事，捐资建设家乡诸多基础设施和文教事业，获福建省人民政府“乐育英才”银质奖章。

郭荣文 祖籍山腰街道龙山社区，1937年出生，侨居马来亚，任顺福五金工业（马来西亚）有限公司董事长兼总经理，捐资建设家乡诸多基础设施和文教事业，获福建省人民政府“乐育英才”银质奖章。

郭育志 祖籍山腰街道龙山社区，1952年出生，侨居美国，美国南加州大学电子工程博士。

郭国财 祖籍山腰街道龙山社区，1957年出生，侨居马来亚，从事餐饮服务业，多次捐资建设家乡公益事业。

郭育康 祖籍山腰街道龙山社区，1963年出生，侨居英国，英国牛津大学软件工程博士，自创软件公司并任董事长。

郭姿伶 祖籍峰尾镇郭厝村，女，1964年出生，居台湾台北，博士，高级会计师。

郭人豪 祖籍峰尾镇郭厝村，1968年出生，居台湾台北，台北机电高级设计师。

郭许月凤 祖籍峰尾镇郭厝村，女，1963年出生，侨居马来西亚，马来西亚霹雳州立法议会副议长。

郭子杰 祖籍峰尾镇郭厝村，居台湾台北，博士，日本东京机电高级工程师。

郭子山 祖籍峰尾镇郭厝村，居台湾，南投县警察局竹山分局局长。

三、英烈名录

郭洪山（1923—1951年） 峰尾镇郭厝村人，志愿军34师100团战士，入朝作战，失踪。

郭庆风（1924—1951年） 后龙镇柳亭村人，志愿军战士，在朝鲜战场牺牲。

郭来财（1929—1951年） 峰尾镇郭厝村人，郭厝乡副乡长，在与登陆峰尾五里海沙的国民党海匪战斗中牺牲。

郭宗华（1935—1958年） 峰尾镇郭厝村人，解放军9245部队2分队副班长，1958年在大嶝炮击金门战斗中牺牲。

郭进顺（1943—1968年） 峰尾镇郭厝村人，解放军昆字907部队1中队炮手，在中越边界执行任务时牺牲。

第六节 记 事

宋元祐三年（1088年），前郭郭朏进士及第。

宋崇宁五年（1106年），前郭郭郊进士及第。

南宋淳熙十一年（1184年），前郭郭泶进士及第。

南宋德祐元年（1275年），郭厝郭霖蒙丞相陈宜中识拔，以门荫补登仕郎，铨试中赐同进士出身，调仙游尉，因避亲不就，改调建安主簿。

元延祐六年（1319年），前郭第10世郭德贤、郭德厚兄弟承置产业，重新屋宇，传诗礼之风。

明洪武十四年（1381年），前郭郭氏第11世郭彦中、彦伦、彦立三兄弟，析为三房。时朝廷饬令设立社学，上郭社学设于前郭，郭陀（字彦立）授习诗书。

明正统十二年（1447年），前郭第13世郭宣（廪生）同新宅唐源进京岁贡。郭宣卒于京，唐源任职（江西）临江府照磨。

明正德三年（1508年），监军郭游（前郭人）与左相郑纪（仙游人）陪同正德皇帝游离相院。

明隆庆元年（1567年）三月初七，前郭郭良任职刑部，父郭珍以子贵赠承德郎、刑部山东清吏司主事，母庄氏封赠安人；其妻郑氏封赠安人。

隆庆二年（1568年）十二月廿七日，郭珍以子郭良贵赠奉直大夫、刑部湖广清吏司员外郎，庄氏和郑氏均封赠为宜人。

隆庆五年（1571年），前郭第17世郭浩授教读儒官。

隆庆六年（1572年）春，前郭第17世裔郭良（时任山东按察司佥事）到光州固始祭祖，并赋诗《初春游嵩山》。

明万历十五年（1587年）仲秋，前郭第17世郭良准备续修其家谱，门人张庆（大安人）为撰序言。十月，郭良病逝，修谱未竟。

万历十七年（1589年），前郭第17世郭浩（字旌吾，号中洲）任七都约正。

万历十九年（1591年），前郭第18世郭士谨（字廷可，号寰海）应例纳礼部儒士。

万历二十七年（1599年），惠安县学礼请郭浩为乡饮大宾，时年70岁。

万历二十九年（1601年），福建布政使、巡抚朱运昌亲至枫林坑（今南埔镇枫林山），祭扫恩师郭良之墓，为立墓表。

万历四十三年（1615年），惠安知县陈淙为前郭第18世郭可幹（字德宁，号潜轩）立“孝行”匾额。委任为七都约正。

明崇祯十一年（1638年）二月十五日，前郭第20世郭保在外赌荡被人害死，尸体连夜抬至小宗，命案未破。

清顺治十年（1653年），时局动乱，瘟疫流行，周边百姓死亡甚多，其中也有郭姓。

顺治十三年（1656年），前郭第20世郭晃（字晓卿）于峰尾设教授学，九月初七日，清兵到海边劫洗，不幸被杀害。

顺治十八年（1661年），朝廷强令迁界，百姓仓皇星散，沿海30里的村落全部沦为废墟，郭氏家园均在迁界之列。

清康熙元年（1662年），前郭第21世郭启（字佑侯）因子勒仔与外甥郑聘观被大兵抓去，摄其后伺机营救，至兴化、福州等处，寻之不见，万念俱灰，遂于省城开元寺削发为僧。

康熙二年（1663年）六月十五日，前郭第19世郭郎因迁移乘夜出界，死于虎。

康熙九年（1670年），前郭郭氏建土堡于竹溪铺坂石乡，聚族而居达十年之久。

清乾隆元年（1736年），郭彦侯以89岁高龄得到朝廷恩赏币白。

清道光年间（1821—1850年），郭厝郭氏族人协助仙游碧溪祖祠重修，并奉开基祖郭霖等35位先祖入祀祖祠崇寿堂。

清光绪十三年（1887年），郭厝郭辉山（字稳忠）中武举人，授武略骑尉。

民国元年（1912年），郭厝宗祠创办莲山学堂。

民国12年十二月初六，郭厝、龙山郭氏回民会同山腰、坝头、峰尾等百姓联合抗击“杨增福团”匪军，在郭厝和龙山交界处消灭“杨团”近一个连90多人，取得巨大胜利。初八，遭反扑，百姓大都往北避难，家园遭抢劫焚毁。以致经年无家可归。

民国27年，郭厝郭步卿等人倡议重修祠堂，祠校合一，兴学施教。

1949年10月，龙山（前郭、刘厝头）和郭厝、荷池、后柳、后亭划归第12区莲花乡管辖。

1961年10月，龙山划归山腰人民公社管辖。

1986年1月10日，惠安县人民政府批准郭厝村（含今柳亭村）、龙山村郭氏恢复回族成份。

1991年，因国家开发建设需要，郭厝始祖郭霖自谢塘山迁葬于郭厝莲花山西麓，立“回族郭氏祖陵”碑。

1993年，郭厝宗祠重光理事会组织编修族谱，同年十二月宗祠重光庆典。

1997年，泉港驿峰路和中心工业区开发建设，征用龙山刘厝头郭氏500多亩田地。

1998年，郭厝家庙和莲山宫被列为区级文物保护单位。

1999年8月，原后龙乡析分为后龙、峰尾两镇。后吴、后亭、后柳自然村从郭厝村析出，成立柳亭村委会，划归后龙镇管辖，郭厝村划归峰尾镇管辖。

2001年12月，前郭郭良故居被列为区级文物保护单位。

2002年，龙山小学撤校，龙山列入泉港庄重文实验小学招生片区。

2003年6月2日，泉港区人民政府批复同意龙山、荷池、新宅、陈庄等村委会改制为社区居委会。其中龙山社区所管辖范围为：东至公园东路，西至泉五路，南至海南街，北至驿峰路。总户数850户，总人口约5800人。

2006年，郭厝举办泉港区“第二届少数民族文化节”。同年，龙山郭氏成立由海内外族裔代表组成的修谱编委会，正式启动第六次修谱。

2007年8月20日，龙山郭氏郭丁法、郭民富、郭财忠受族亲委派，前往河南省固始县寻根谒祖，在固始县史志办主任戴吉强的帮助下，成功对接。9月18日，龙山郭氏从邻村新宅唐姓村民处取回2方明代墓志铭，志铭系明代进士庄朝宾和许成楚所撰，为龙山郭氏族史提供确凿依据。同年，《汾阳龙山谱》修竣。《郭良》专辑刊发。

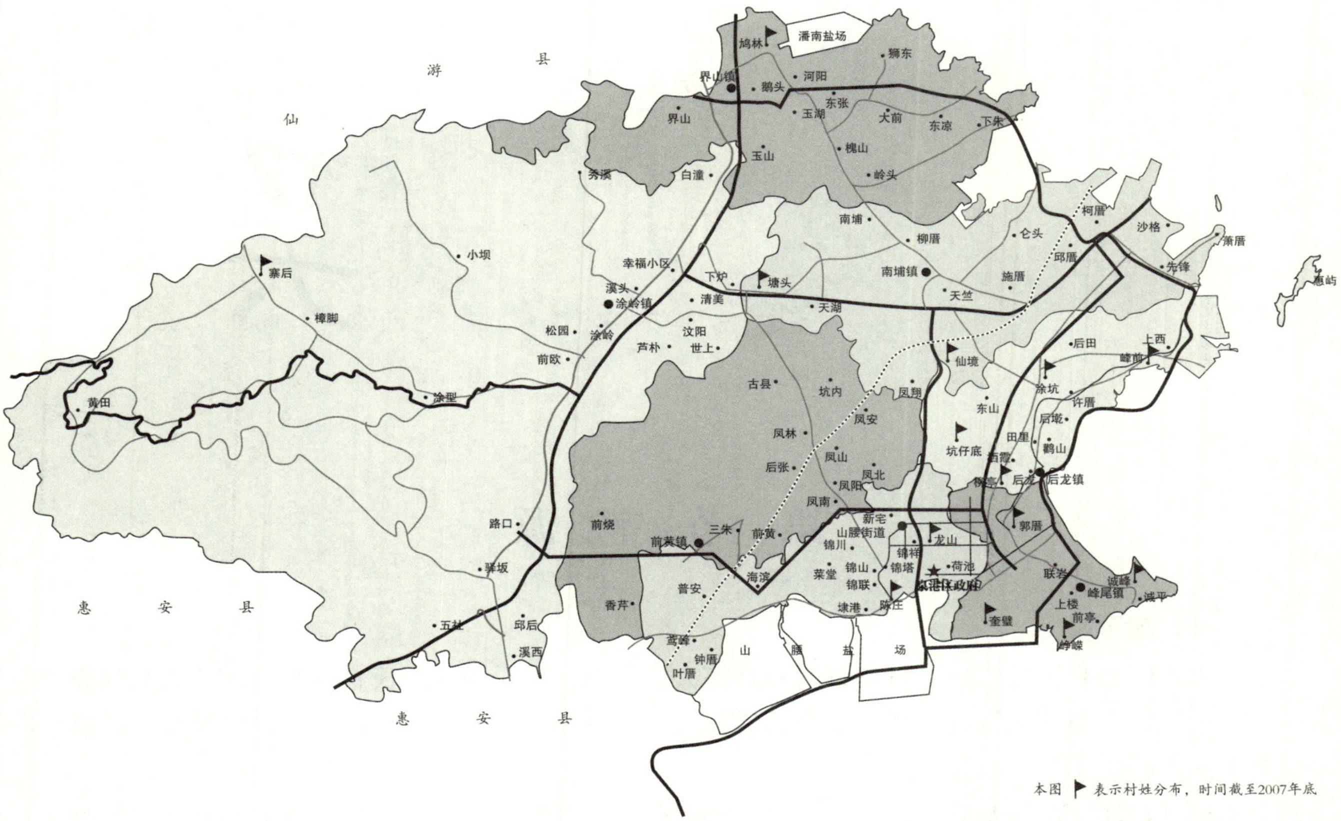
仙
游
县
惠
安
县
区
潘南盐场
鸠林
界山镇
鹏头
河阳
狮东
东张
玉湖
大前
东凉
下朱
界山
玉山
槐山
岭头
秀溪
白潼
南埔
柳厝
仑头
柯厝
沙格
萧厝
先锋
惠屿
邱厝
施厝
南埔镇
天竺
小坝
寨后
幸福小区
下炉
塘头
溪头
涂岭镇
清美
天湖
樟脚
松园
涂岭
前欧
芦朴
汾阳
世上
黄田
涂型
古县
坑内
凤翔
仙境
后田
上西
峰前
涂坑
许厝
东山
后垅
凤林
凤安
田里
鹤山
坑仔底
后张
凤山
凤北
后龙镇
凤南
凤阳
路口
前烧
三朱
前黄
新宅
山腰街道
龙山
郭厝
前黄镇
锦川
锦祥
驿坂
海滨
菜堂
锦山
锦塔
荷池
联岩
峰尾镇
诚峰
诚平
香芹
普安
锦联
泉港区政府
上楼
前亭
五社
邱后
埭港
院庄
奎璧
峰崃
溪西
嵩峰
钟厝
叶厝
山
腰
盐
场
本图 表示村姓分布，时间截至2007年底

泉港区郭姓分布图

第十章 吴

第一节 溯源

一、起源

上古时已有吴姓。一是颛顼帝时有辅佐大臣吴权，其后裔为吴氏；一是舜的后代封在虞地，因“虞”与“吴”音相近，故舜的后代有一支姓吴；一是少康帝时有神箭手吴贺，其后裔为吴姓。

出自姬姓，以国为氏，是黄帝轩辕氏的直系后裔。据载，周文王有伯父泰伯、仲雍，主动避让王位，先避居于陕西宝鸡吴山，后又远奔江南荆蛮之地，建都梅里，教民耕织，自号勾吴。泰伯死后由仲雍继位，仲雍子孙世代相传，尊泰伯为开姓始祖，尊仲雍为传代始祖，后裔以吴为姓。

周武王灭商后，封仲雍3世孙周章为诸侯，国号改称吴。至仲雍第19世孙寿梦称王，建都今江苏吴县。寿梦的第四子季札以贤德著称，他避而不受王位，就封于延陵（今江苏常州市），成为望族。周元王三年（前473年），吴国被越国所灭，其子孙四处逃难，以国为姓，称吴氏。

历史上，吴氏以渤海、延陵、汝南、吴兴等为郡望。

二、入闽

吴国灭亡后，太子吴鸿被流放到江西。此外，吴王夫差的后裔还繁衍于江浙、安徽、山东、河南等地方。西汉时闽北有吴免统万户，吴五统六十户，人口三万余众。南朝时吴惠觉出任建安太守，子孙居建宁、福州。

唐总章二年（669年），有吴姓将佐校尉吴贵、队正吴弼等人随陈政、陈元光父子入闽开辟漳州。

唐中和四年（884年），唐工部屯田员外郎、平章政事兼观察使吴祭（字孝先，号道成），自河南光州固始入闽，先居于龙岩澄洲。两年后其子吴缜移居莆田黄石水南沈浦（今名钱坡），有支系后居莆田澄塘，为莆田望族。随其入闽的有胞兄弟瑞、良、斌，从兄弟兴、发，于福州、莆田、泉州、漳州、汀州等地筑室安居，形成“六祖派”，下分18房支系初居福州、泉州，以后散布全省各地。

唐光启年间（885—888年），季札派下、唐开成三年进士吴仁禄为避战乱携眷自河南光州固始南迁入闽，定居惠安大吴（今属惠安县东桥镇）。其子吴谓登宋咸平三年（1000年）陈尧咨榜进士。吴氏科甲联芳，裔孙仅宋代就有“九世十三进士”之称，成为“名宦乡贤裔，忠臣孝子家”的闽南望族。

元末，江西崇仁县吴薪（字宗蓬）入闽为龙岩令，后任潮州通判，卒于任上。其妻潘氏携2子吴钊、吴钏居于漳州西门外下坡社，后裔析居漳州南靖。至明洪武十四年（1381年），其裔孙吴启衷自南靖迁入泉州府南安县二十七都古苍居住。

三、入泉港

宋乾道二年（1166年），吴缜后裔莆田澄塘第四世吴廷仁徙居泉郡惠安东吴乡（今界山镇狮东村），为狮东吴氏开基祖。

明永乐十八年（1420年），莆阳吴氏第19世裔吴宾敷、吴宾魁兄弟携眷自莆田东吴吉蓼渡海迁入惠北山仔（即今南埔镇仙境村），开基繁衍。吴宾魁子孙后重返莆田。吴宾敷为仙境吴氏一世祖。

明万历二十八年（1600年），吴廷昭、吴廷睦之先祖自莆田赤石迁入惠北峰尾建居打银大街（今属峰尾镇诚平村）。

万历年间（1573—1619年），惠安东岭大吴（今属东桥镇）吴氏后裔陆续迁入涂岭驿坂、五社八担、黄田、泗洲等村落。其中有大吴派下吴善德开基今涂岭镇寨后村。另有资料显示，至迟在明嘉靖年间，寨后已有吴氏居住。

明末，东吴张坑海拢三房吴氏兄弟迁入凤北后宅（今属前黄镇凤北村）居住。大吴吴氏族人自惠安盘龙（今属惠安螺阳镇）移居今前黄镇前烧村。

清顺治年间（1644—1661年），仙游县钟山镇三角埕吴氏3兄弟迁入今涂岭镇秀溪村半岭居住。

清道光十年（1830年），吴汪洋自惠安东岭大吴村到惠北龙田耕作，后入籍定居龙田（今前黄镇古县村白鸽林）。

清末民初，惠安南门尾吴氏到今南埔镇柳厝街谋生并定居。

1955 年，仙游县郊尾吴氏迁入今界山镇鹅头村加口定居。

1962 年，有吴姓自仙游县枫亭镇迁居今界山镇岭头长房。

另有仙游县园庄吴氏移居涂型村。漳州吴氏迁居今涂岭镇小坝村东洲、小坝、上新等村落，堂号“香山”。有晋江吴姓迁入涂岭泗洲村定居。

第二节 繁衍

一、区内分播

涂岭镇

寨后吴氏

开基祖吴善德生 6 子，其中长房、次房外迁，三房居新厝，四房居内厝，五房居石头仔，六房居田墘。

秀溪半岭吴氏

清嘉庆五年（1800 年），部分子孙迁往本村湖内自然村居住。另有部分族人迁入园头与胡氏同村居住。

泗洲吴氏

1958 年 10 月，因泗洲水库建设，泗洲村吴氏移居涂岭新村，另有部分移民长泰县定居。

汶阳吴氏

清顺治十八年（1661 年）迁界，吴廷昭和儿子吴国盛自峰尾迁居小溪（今属涂岭镇）。后移居芦朴寨内，复界后开基后宫（今属涂岭镇汶阳村）。吴廷睦派下吴汝积迁居汶阳村洋内，后裔分为 4 房，其中长房未传，次房居祖厝、新厝，三房居中厝、四房居下苏。

界山镇

狮东吴氏

清康熙二十五年（1686 年），部分族裔迁往今前黄镇古县村亭头定居。

20 世纪中叶，族裔陆续迁居今涂岭镇白潼村、界山镇鹅头村等地。

南埔镇

仙境吴氏

明天启年间（1621—1627 年），仙境吴氏二房四和二房五吴汉麒、吴汉暹、吴汉科 3 个兄弟迁居东山（今界山镇界山村东邱），称东山派。

清末，有吴氏族裔迁居鸠林村港西，至今已传5代。

民国期间，有吴氏族裔到今南埔镇柳厝村柳厝街谋生并定居。

另有迁居今后龙镇东山村，后因征地拆迁，移居后龙镇柳山安置区。

2003年，部分族人因征迁移居后龙镇栖霞社区和涂岭镇幸福小区。

峰尾镇

诚平打银吴氏

清顺治十八年（1661年）迁界，吴廷昭派下自圭峰吴曾池一带迁移寓居涂岭小溪唐顶。

二、人口分布

泉港区吴姓有14161人，列泉港世居姓第11位。主要聚居于5个镇，依次是：界山镇5168人，南埔镇4230人，涂岭镇3774人，前黄镇813人，后龙镇176人。具体分布如下：

街道、镇	村落人口	合计
前黄镇	前烧村466人;古县村白鸽林180人,亭头52人;凤北村后宅110人;三朱村田厝5人。	813
涂岭镇	汶阳村1530人;寨后村980人;五社村110人;涂型村26人;白潼村白水岭11人;小坝村东洲30人,小坝13人,上新14人;驿坂村50人;下炉村14人;樟脚村小山7人;秀溪村568人;黄田村大行奄前210人;涂岭村新村17人,林角101人,打珠5人,墩上13人,寨内中顶街34人;前欧村41人。	3774
界山镇	狮东村东吴4750人;界山村东邱327人;鸠林村南庄港西42人;鹅头村26人;槐山村14人;岭头村9人。	5168
南埔镇	仙境村仙境3316人,后坑326人,下楼尾405人;凤翔村院前110人;柳厝村63人;南埔村10人。	4230
后龙镇	栖霞社区170人;东山村6人。	176

三、外迁主要支系

涂岭镇

寨后吴氏

开基祖吴善德生6子，形成6房，其中一房，二房迁往大田，其余四房均留居本地。

约民国20年（1931年），族人因避抓壮丁漂洋过海，后定居今台湾、马来西亚，现约100人。

1966年，有族人移民崇安县、浦城县，现约100人。

汶阳吴氏

清初迁界，族众离散，吴廷昭有后裔迁居今惠安县西门街。

后宫第五世吴宗吓、吴朝吓迁居福清县。1661年吴廷昭族人迁居福州城门镇，现有数百人。1932年六房一户迁居涂岭新埔，现有数十人。

民国36年，有族人迁居台湾，现有30多人。

1965年，有族人4户移民崇安县和浦城县。

界山镇

狮东东吴吴氏

明景泰元年（1450年），第19世吴希珄迁往今福州市三坊四巷。

明弘治十三年（1500年），第21世吴道灿迁往今莆田市仙游县坂头溪城，现约4000人。

明万历二十八年（1600年），第25世吴国晟迁往莆田市仙游县钟山，现约500人。

民国21年，第33世吴德明迁往厦门黄厝，现约200人。

南埔镇

仙境吴氏

明嘉靖二十年（1541年），吴宾魁派下第5世裔吴汝男、吴汝实、吴汝高、吴汝明4兄弟迁居建宁府。

清顺治十八年（1661年），禁海迁界，族人逃亡，仙境吴氏第9世裔吴振禹迁仙游香田里华沟。至清康熙十九年（1680年）再迁至枫亭南市坪筑室屯田，为枫南始祖。枫南派下吴振凤后裔均迁居福州。

三房吴积芳支系迁往惠安城关、辋川一带，后裔散居各地。

另有族人迁往东南亚等地谋生。有台湾基隆、竹田等地的吴氏后裔仍以“仙境”为村名。

第三节　谱牒

《惠北东吴吴氏宗谱》

系界山镇狮东村吴氏族谱。清顺治七年（1650年），吴士孩修撰。清同治四年（1865年），吴占春再修。堂号“延陵”，昭穆依次为：

希爱正君朝，士国起孟元，仁义礼智信，文章光宇宙，忠孝振乾坤。

《仙境东山吴氏族谱》

系界山镇界山村东邱族谱。清乾隆二十四年（1759年），仙境第11世裔太学生吴廷璋、吴仲雨编纂，今存残本。

《延陵仙境吴氏家谱》

系南埔镇仙境村吴氏二房八主房谱。清光绪三十三年（1907年）秋，第16世裔国学生、佐治员吴哲谋、吴鸿猷修辑。昭穆28字，依次为：

学道奕隆，善贻家法，业绍书香，秋科春第，

禄职名扬，尔其有志，大显宗光。

《汶阳吴氏族谱》

系涂岭镇汶阳村手抄数页吴氏简谱。内容记叙吴氏入居汶阳史实及部分世系资料。昭穆分别为：

后宫：兴思良国奕世同欣，元寻梅里实考绪香。

洋内：道明邦国益兴震德，文恒忠信隆德传佳。

《寨后吴氏族谱》

系涂岭镇寨后村吴氏族谱。灯号“延陵”，昭穆依次为：

元应为国世泽，仁义礼智信，温良恭俭让，文章传家宝，富贵荣秀才。

涂岭镇秀溪吴氏

字辈共18字，依次为：

进朝天子伯仲友，恭臣至德孙曾孝，敬功名也。

第四节　史迹

一、祠宇

延陵仙境吴氏宗祠

位于南埔镇仙境村。始建于清乾隆初年。“文化大革命”期间被毁。1990年成立修祠董事会，集资动工兴修，1994

年竣工。坐南向北，堂正中及两侧悬挂“年高德劭”等匾额，正殿供奉吴氏历代先人神位。楹联有：

村名仙境家声远，
派衍延陵世泽长。
渤海祖宗虽远宜来祭，
延陵子孙如愚必读书。
绍祖先一本真传敬老爱亲冀绳祖武，
教子孙两行正路耕田读书期耀宗功。
士君子广孝推恩忾闻优见人伦树表，
大丈夫精忠报国勋力勤王让德奚惭。

延陵仙境吴氏宗祠

狮东吴氏宗祠

位于界山镇狮东村东吴。明景泰元年（1450年）始建。坐东朝西，面积350平方米。正堂悬挂“祖武扬光”“延陵流芳”匾，楹联有：

彰显祖德正气钟灵秀，
丕振宗勋雄风臻菁华。
簪缨工部高尚德操留典范，
登科进士勤箴法则著廉声。

狮东吴氏宗祠（内）

二、宫庙

云门寺

旧称“小溪云门庵”，位于泉港区涂岭镇秀溪村，旧属惠安县十一都添奇铺小溪乡。南宋绍兴五年（1135年），惠安进士、里人江常捐金募地兴建禅寺，并延请宗杲禅师住持。南宋末年，寺僧抗元，寺遭焚毁。明代，数次复建。清初迁界时，寺为清军驻防之地。清康熙二十年（1681年）春，住持如心率徒真程复建寺宇。之后住持明迳率徒真昂、真晓及徒孙通济等续建各殿堂。康熙五十五年（1716年），文渊阁大学士李光地题赠“云门禅寺”匾额，捐资购田地养僧。后寺田遭豪

狮东吴氏宗祠（外）

绅侵占，清乾隆四十九年（1784年），通济法师移殿旧处重建。至乾隆六十年（1795年），岁荒而寺业渐废。清嘉庆七年（1802年）冬，住持开纷倡导众乡绅捐田、捐款重建。次年，惠安举人陈焕世撰“云门寺碑记”。1950年前后，义凯法师住持，募资修建僧舍，题“文堰流风”匾。1953年，该寺被晋江地区行署授为重点宗教活动场所。后荒废。现寺属地产共60多亩，有佛殿、斋堂、客堂、功德堂、僧寮等石构房屋。柱联有：

云现吉祥遍三千世界，
门开解脱收六趣群生。
将此深心奉尘刹，
是则名为报佛恩。
妙法常施十方世界，
大悲不舍一切众生。

云门寺

晴霞亭

位于涂岭镇涂岭村亭铺。始建于唐末。时废时建，历代曾多次修葺。民国26年（1937年）重修，因福厦公路建设，1980年被拆除。1985年，村民筹资移址重建。楹联有：

座下莲花三月景，
瓶中杨柳一枝春。
晴放莲花香清九品，
霞堆锦绣春暖万家。

晴霞亭

涂岭龙济宫

位于涂岭镇涂岭村下街。始建于宋乾道六年（1170年）。历经多次修缮。2004年动工重修。现宫中尚保存宋代石狮一尊、青色石鼓一对、清嘉庆二十四年（1819年）所立“保惠长济”木匾以及香炉等文物。楹联有：

保生佑民封大帝，
护国救世号真人。

涂岭龙济宫

仙境宫、石塔

位于南埔镇仙境村。区级文物保护单位。始建于宋代。清代修建。坐西朝东，三开间二进加护甲，石木结构，前有放生池、凉亭等。宫周围有石塔3座，每座三层石结构，七八米高。东西两塔大部分被榕树根须包住。中塔现存比较完整，下面两层全用条石环砌，呈方形，第三层由较小的石块砌成椭圆形的神龛模样，里面各有一尊石雕貔貅（俗称“虎爷”）。

仙境宫

仙境宫树抱塔

汶阳龙济宫

位于涂岭镇汶阳村。清乾隆三十一年（1766年）自马宫亭祖庙分香设炉。因年久失修，1997年重建。2004年台胞及乡亲集资建鲤鱼池，中厅悬挂清乾隆庚寅年（1770年）颜王瞻所撰“赐福安澜”匾。楹联为：

汶侯七墩聚灵秀佑黎民，

阳溪金鲤跃龙门显神威。

汶阳龙济宫

寨后隆兴宫

位于涂岭镇寨后村，始建于清代。坐北向南，子午癸丁，面阔三间，二进，石木结构，建筑面积约180平方米，占地约650平方米。楹联有：

隆古乾坤春富贵，

兴仁家国岁平安。

寨后隆兴宫

吴埭宫

位于界山镇狮东村西面。坐寅向申兼艮坤，1983 年由旅居马来西亚侨胞捐资修建，正堂悬挂“威灵万古”匾。楹联有：

名宫称主历朝仰，

万世为王现代宗。

杀敌杀寇称司马，

为国为民号圣王。

新兴府

位于界山镇狮东村。坐戌向辰兼辛乙。始建于清道光十八年（1838 年）。1992 年，台胞吴志宝等捐资重建。正堂悬挂“惟德馨香”匾。楹联有：

神惠无私扬渤海，恩光普照庇狮山。

新法无偏分善恶，兴香不息旺家邦。

魁星楼

位于涂岭镇涂岭村中顶街西面。系区爱国主义教育基地。始建于清康熙年间（1662—1722 年）。同治、光绪年间设立樟市社学，后称鼎新小学、涂岭小学。楼阁供奉文昌和魁星塑像。20 世纪 20 至 30 年代，是中共惠安县特支、涂岭农民协会、惠安工农革命军所在地。1992 年 7 月因建教学楼而拆除。2006 年复建，占地面积 162 平方米，为涂岭老区革命史展览馆。福建省政协副主席许集美为该楼题字。

魁星楼

三、墓葬

寨后吴氏祖墓

位于涂岭镇寨后厝后山。建于明万历二十年（1592 年）。坐东向西。

吴宾敷墓

位于南埔镇仙境厝后北坪。1995 年重修，坐甲向庚。石墓。吴宾敷，南埔镇仙境吴氏始祖。

吴汪洋墓

位于前黄镇古县村大山脚山顶。坐东北看西南。吴汪洋，前黄镇古县村白鸽林吴氏一世祖。

吴汝积墓

位于涂岭蛇舌山乌礼山侧。吴汝积，涂岭镇汶阳村洋内开基祖。

吴国盛墓

位于涂岭芦朴村后郑埔。清代墓葬，面朝观音山。2004 年重修，占地面积约 100 平方米。吴国盛，涂岭镇汶阳村后宫吴氏开基祖。

前烧吴氏祖墓

位于前黄前烧村月亮湖旁边。清代墓葬，坐西朝东。墓主吴华山，前烧吴氏开基祖。

第五节　人 物

一、历代科第仕宦名录

吴　观　七都西吴人，明正统（1436—1449 年）贡生，山东济南府滨州知州。

吴　员　十都人，明正统（1436—1449 年）贡生，广州府检校。

二、已知当代人物名录

（一）副处（团）级及以上人士

吴瑞明　涂岭镇人，1930 年出生，福建省供销社科技工业处处长。

吴天津　涂岭镇秀溪村人，1932 年出生，惠安县委台办副主任，副处级离休干部。

吴秀峰　界山镇狮东村人，1935 年出生，厦门市体委副主任。

吴宗林　南埔镇仙境村人，1940 年出生，海军工程学院三系政委、党委书记，海军大校。

吴金容　界山镇狮东村人，1944 年出生，中共三明市委副书记，市委巡视员。

吴妹明　南埔镇萧厝村人，女，1945 年出生，历任中共福州市仓山区纪委书记，福建省纪委信访室主任兼举报中心主任、省委巡视组副组长。

吴金文　界山镇狮东村人，1948 年出生，泉州市司法局纪检组组长，调研员。

吴金龙　界山镇狮东村人，1948 年出生，厦门市湖里区农林水局局长。

吴锦坤 涂岭镇汶阳村人，1953 年出生，泉州市信访局副局长，调研员。

吴锡葵 界山镇狮东村人，1954 年出生，海军厦门水警区干部科科长，转业任厦门市司法局监察室主任。

吴昭斌 南埔镇仙境村人，1957 年出生，泉州市供销社副调研员。

吴少华 前黄镇前烧村人，1959 年出生，福建农林大学园艺学院院长。

吴天民 涂岭镇汶阳村人，1961 年出生，海军猎潜艇第 76 大队副大队长，转业任职于泉州市公安局交警大队。

吴燕平 南埔镇仙境村人，1962 年出生，福建省商务厅老干处副处长。

吴金华 界山镇狮东村人，1963 年出生，广东省财政厅监督检查局局长、农财处处长。

吴宗忠 界山镇狮东村人，1964 年出生，广州军区空军工程处正团职干部。

吴开富 界山镇狮东村人，1964 年出生，武汉部队训练团正团职干部。

吴友才 界山镇界山村人，1964 年出生，泉州市人民政府秘书长,市人大常委会副主任。

吴伟平 涂岭镇涂岭村人，1966 年出生，厦门市海沧区人民政府副区长、党组成员。

吴明斌 涂岭镇寨后村人，1972 年出生，福建省公务员局工资处副调研员。

吴维登 南埔镇仙境村人，1975 年出生，国家海洋局计算机中心主任，博士。

吴智明 界山镇狮东村人，厦门市湖里区经发局局长。

吴桂才 涂岭镇人，厦门市公安局政治部主任。

王琼珠 涂岭镇涂岭村人，女，1930 年出生，北京市西城区卫生局离休干部。

（二）副处级及以上国有企业人士

吴添福 涂岭镇汶阳村人，1928 年出生，福州铁路局党校教员，副处级离休干部。

吴伟华 界山镇狮东村人，1956 年出生，漳州市中国人民银行行长。

吴友宗 前黄镇古县村人，1956 年出生，福建省德化阳山铁矿纪委书记。

吴福成 界山镇狮东村人，1961 年出生，中国福建华源国际公司副总经理。

（三）高级专业技术职务者

吴碧真 峰尾镇上楼村人，1927 年出生，泉州五中高级教师。

吴文玉 涂岭镇涂岭村人，1928 年出生，漳州师范学院副教授。

吴法成 涂岭镇人，1928 年出生，中国汽车工业联合会高级经济师。

吴明来 南埔镇仙境村人，1931 年出生，厦门一中高级教师。

吴德斌 山腰街道人，1931 年出生，福建农学院教授。

吴明义 界山镇岭头村人，1936 年出生，泉港惠华中学高级教师。

吴秀泉 界山镇狮东村人，1936 年出生，张家口煤炭机械厂总工程师、高级工程师。

吴金坤 南埔镇仙境村人，1936 年出生，四川晨光总厂高级工程师。

吴良禧　界山镇狮东村人，1938 年出生，泉港南埔中学高级教师。
吴金伙　界山镇狮东村人，1939 年出生，贵阳市农业学校中学高级教师。
吴天富　涂岭镇秀溪村人，1939 年出生，仙游县枫亭中学高级教师。
吴祖阳　界山镇狮东村人，1943 年出生，泉港惠华中学高级教师。
吴宗坤　南埔镇仙境村人，1944 年出生，泉州电子配件厂高级工程师。
吴春泉　南埔镇凤翔村人，1944 年出生，泉港大前中学高级教师。
吴友明　南埔镇仙境村人，1946 年出生，泉港圭峰中学高级教师。
吴玉杯　涂岭镇汶阳村人，1953 年出生，泉港坝头中学高级教师。
吴添泉　南埔镇仙境村人，1954 年出生，煤炭部济南设计研究院研究员。
吴宗明　南埔镇仙境村人，1954 年出生，泉港天竺中学高级教师。
吴正跃　界山镇狮东村人，1955 年出生，集美大学教授。
吴阳平　涂岭镇涂岭村人，1964 年出生，泉港涂岭卫生院副主任医师。
吴永强　南埔镇凤翔村人，1965 年出生，永安八中高级教师。
吴龙辉　涂岭镇寨后村人，1966 年出生，泉港惠华中学高级教师。
吴惠山　涂岭镇汶阳村人，1966 年出生，泉港大前中学高级教师。
吴顺辉　涂岭镇汶阳村人，1967 年出生，泉港六中高级教师。
吴志清　南埔镇仙境村人，1968 年出生，泉港天竺中学高级教师。
吴琴珍　后龙镇后龙村人，女，1970 年出生，泉港圭峰中学高级教师。
吴才林　界山镇鸠林村人，1972 年出生，泉港二中高级教师。
吴维忠　南埔镇仙境村人，1972 年生，华侨大学副教授，博士。
吴细娥　涂岭镇寨后村人，女，1973 年出生，泉港六中高级教师。
吴月琴　南埔镇仙境村人，女，1973 年出生，泉港美发中学高级教师。
吴泉通　界山镇狮东村人，1974 年出生，泉港惠华中学高级教师。
吴玉坤　南埔镇仙境村人，1974 年出生，泉港五中高级教师。
吴振平　界山镇鸠林村人，1974 年出生，泉港鸠林中学高级教师。
吴加平　前黄镇古县村人，1974 年出生，泉港南埔中心小学中学高级教师。
吴志坤　南埔镇仙境村人，1975 年出生，泉港美发中学高级教师。
吴坤辉　南埔镇仙境村人，1977 年出生，泉港美发中学高级教师。
黄丽玉　南埔镇凤翔村人，女，1964 年出生，永安八中高级教师。

（四）博士

吴凯强　涂岭镇汶阳村人，1986 年出生，福州大学有机化学博士。
林彩霞　涂岭镇汶阳村人，女，1986 年出生，福州大学有机化学博士。

(五)港澳台胞及海外侨胞知名人士

吴来发 祖籍界山镇狮东村，1905年出生，侨居马来亚，雪兰莪惠安公会主席，吉隆坡狮东联谊会主席，捐资家乡公益事业。

吴冬法 祖籍涂岭镇汶阳村，1924年出生，居台湾，在台湾省警察系统中任要职。

吴顺贵 祖籍涂岭镇汶阳村，1924年出生，居台湾，花莲小学校长。

吴荣宗 祖籍涂岭镇汶阳村，1926年出生，居台湾，台北市交通警察局长。

吴玉法 祖籍涂岭镇汶阳村，1929年出生，居台湾，台湾航空警长。

吴志钦 祖籍界山镇狮东村，1943年出生，侨居马来亚，捐资建设家乡公益事业。

吴顺灵 祖籍界山镇狮东村，1946年出生，侨居加拿大，博士。

吴顺清 祖籍界山镇狮东村，1952年出生，侨居澳大利亚，经济学硕士。

吴顺良 祖籍界山镇狮东村，1970年出生，侨居加拿大，上海西文服饰有限公司总经理。

三、英烈名录

吴敦仁（1906—1930年） 涂岭镇涂岭村林角人。1926年加入中国共产党，惠安县早期的学运和农运领导人之一。中共惠安地下党涂岭区区委书记、惠安县委委员。参与领导“惠安暴动”，开辟惠仙游击根据地。1930年遭敌暗杀。1988年2月惠安县人民政府为其树碑立传。

吴天桂（1925—1951年） 涂岭镇寨后村人，志愿军12军36师106团机炮连战士，在战场失踪。

吴细木（1926—1951年） 涂岭镇五社村人，志愿军39军117师战士，朝鲜战场牺牲。

吴庆金（1955—1976年） 涂岭镇汶阳村人，解放军85师253团8连战士，出差途中牺牲。

第六节 记 事

清顺治十八年（1661年），禁海迁界时，院前（今属南埔镇凤翔村）吴氏670多人被清兵纵火烧死于寨内。

清光绪八年（1882年），仙境吴阿来、吴细郎等，创办“木莲北管”和“木莲挑度”戏班。

民国16年（1927年）8月14日，中共惠安县特别支部委员会（也称涂岭区委会）在涂岭顶街“魁星楼”成立，同时成立涂岭、林角、泗洲三个支部。建立涂岭农民协会和工农革命军，涂岭成为惠安县的革命中心。是年，泗洲溪中游动工兴建后宫新街石桥。

民国17年（1928年）1月11日夜，国民党林寿国海军陆战队林炳州补充团包围涂岭魁星楼，逮捕王德彰、林泽民、林树勋、廖立等4名中共惠安县地下党领导人。

1月16日，林寿国海军陆战队杨献秋营300多人经仙游从洪厝坑向涂岭包抄进犯涂岭，吴国珍、吴敦仁、陈冬水、王尚任等涂岭区委领导指挥工农革命军约600人与敌激战于泗洲溪谷，毙敌30多人，俘获70多人，缴获各种枪械200多件，史称“社茶岭战役”。

同年，南埔仙境吴氏宗祠创办小学。

民国19年（1930年）9月15日凌晨，陈平山、吴敦仁等率领福建红军惠安独立第一团三个营500多人枪的武装队伍在长箱西恒德寺秘密集结，于拂晓前分兵三路向惠枫车站及地霸老巢发起攻击，打响了威震八闽的“惠安暴动”第一枪。同年，12月16日夜，中共惠安县委委员，涂岭区委领导人吴敦仁在林角村家中遭匪徒枪杀。

吴敦仁烈士纪念碑

民国20年1月7日，中共地下党领导人陈平山于寨后苦鸟笼湾遭匪徒伏击牺牲。翌日，涂岭区委负责人吴国珍率王顺水、王尚任、出福元、陈俊臣等18勇士直闯匪巢陈谷寨，一举击毙三名凶手，夺回烈士生前使用的驳壳枪。

民国30年，仙境村吴贻谋、吴永顺等人组织成立两支北管队。

1951年，狮东村吴正才带领村民与前潘村（今属界山镇大前村）合作，围垦海地93亩，其中狮东村分得63亩。之后又围垦海地128亩。

1956年，前烧村吴氏参加建设前烧水库。

1964年，建立仙境林果场。

1965年，以狮东村吴正才为首，联合南庄、潘厝、东张大队社员，围垦潘南盐场海堤，时南埔公社组织民工支援，筑堤长2960米，围垦面积3300亩。其中狮东村分得530亩。

1984年，仙境村吴茂金组织莆仙戏班。

1982年春季，侨居马六甲乡亲捐资重建寨后隆兴宫。同年，仙境村青年率先组织西乐队。

1988年，中共惠安县委在涂岭村林角为吴敦仁烈士辟建陵园，树碑立传。

1990年8月，仙境吴氏筹资重修宗祠，历时四年竣工。

1991年，自普安林场至前烧村公路开通。

1995年11月，仙境吴氏重修始祖墓。

1997年，前烧村村委会和吴、陆、许等姓村民集资移址重建前烧小学。

2005年12月，寨后村修筑通往隆兴宫的平安大桥。

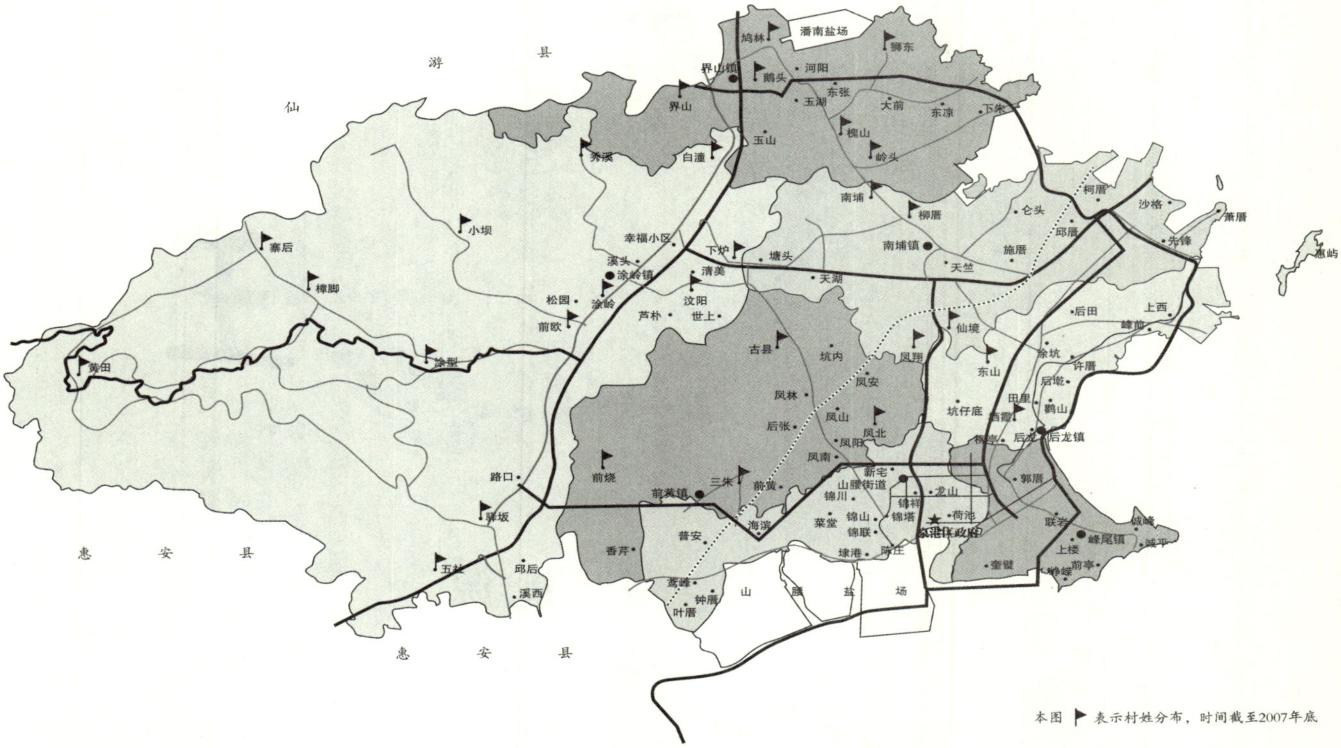

本图 ▶ 表示村姓分布，时间截至2007年底

泉港区吴姓分布图

第十一章

王

第一节　溯源

一、起源

出自姬姓，为周文王之后。后衍化为 3 支王姓族派。一是周文王第 15 子毕公高的后裔，因本是王族，故以王为姓。二是东周灵王太子姬晋，因直谏被废为庶人，居太原伊洛间。太子晋传二派，其一派至春秋王子成降服狄族，赐姓为“王氏”，仍居太原，王受姓从此开始。至第 21 世王元威避秦乱迁琅琊。至第 45 世王晔为固始令，民怀其德，后留居，为固始王氏始祖。后裔以王为姓。三是魏国信陵君无忌，魏被秦灭后，其子孙被称为“王家”，遂以王为姓。

出自妫姓，为齐王田力的后代。舜的后裔妫满被周武王封于陈，传至公子完，避难逃到齐国，改姓田，其裔孙田和成为齐国国君，史称“田氏代齐”，齐被灭后，其后人以王为姓。

出自子姓，为殷商王子比干之后。比干被杀后，葬于汲郡（今河南卫辉），后人久居该地守陵，为纪念出身王族，改姓为王。

由北方他姓改王姓。如鲜卑族可频氏、乌桓族回纥阿布思氏。

历史上，王姓形成太原、琅琊、北海、陈留、京兆、天水等郡望。

二、入闽

三国吴永安年间（258—264 年），王蕃任建安郡太守。

唐总章二年（669年），岭南行军总管陈政自河南光州固始率府兵入闽平乱。将士中有队正王华、王佑甫等人，后入闽定居。

唐光启年间（885—888年），太原王氏第49世王潮、王审邽、王审知三兄弟自光州固始随王绪入闽，攻克泉州，治理闽地。王审知被后梁太祖封为闽王，其四子王延政主政时，被南唐中主李璟掳归江南，族裔迁播散居泉州、莆田等地。王审知被尊为王氏入闽始祖。

宋初，开闽派下王延政第4世裔王保隆自江南入闽，为莆田令，入籍莆田壶公下坂居住。

北宋末年，中原百姓多次大规模南流，其中有王长卿迁居仙游鸡鸣山。传至第5世王文四再迁至今仙游园庄。

元末，庐州人潮州总管王翰任满道经晋江，寓居晋江沙堤，衍传3个房系，族裔迁居泉州各地。

三、入泉港

北宋宣和七年（1125年），开闽王氏第16世裔王埏（也称十六公）自莆田迁居沙堤（今南埔镇沙格村）开基，为沙格村王氏一世祖。另有一说是，宋末，王保隆裔孙王埏入赘惠北仙塘沙格（俗名蟹谷）蔡家，生6子：其长子王礼、次子王乐居沙格，另4子归返莆田居住在沙堤沟角。

明正统年间（1436—1449年），开闽王氏派下王天佑（乡饮宾）自仙游云庄（即园庄）迁居惠北安埕铺刘厝头乡（今山腰街道龙山村刘厝头），开基繁衍。清初迁界，王姓自刘厝头徙居樟市铺桃岭（今涂岭镇涂岭村），乡名“刘厝”。

明正德五年（1510年），莆田王子元裔孙王善立、王善继两兄弟迁居泉州石井，因避难逃居惠北大竹松担山，捕鱼为生，后定居峰前（今后龙镇峰前村），与刘、孙2姓为邻。

正德年间（1491—1521年），惠安县洛阳上曾王氏（仕字辈）族人迁入今涂岭镇溪头村南田繁衍居住。

清末，惠安洛阳王文岳因参加反清义军被杀，其子王奄包为避难隐入峰尾（今峰尾镇诚峰村）居住。

民国22年（1933年），王氏自今仙游县枫亭镇耕丰村垅底迁入今界山镇界山村仓厝定居。

1956年，今泉州市洛江区马甲镇炉田村王添、王克明父子入籍涂岭镇黄田村溪坪定居。堂号“太原”。

1965年，今泉州洛江马甲炉田村王能入籍今涂岭镇黄田村大行定居。

另有王氏自今惠安城关东门头迁居今后龙镇后龙村礁头，已传5代。

第二节　繁衍

一、区内分播

南埔镇

沙格王氏

王氏集居在沙格村下底楼、西头、山面三个角落。

明代中叶，长房第 7 世王德饶生 5 子。长子王秉玉、三子王秉政住蟹谷（即今沙格村）；次子王秉珪入赘后坑庄家，后移居驿坂山后园；四子王朝瑞入赘下江赖家；五子王朝举迁居于今南埔镇天竺村林柄，为林炳五房祖。王秉玉长子王居易迁居倒桥自然村，为林炳长房祖。

清康熙年间（1662—1722 年），王居易第 12 世王赐钦徙居今南埔镇柳厝村枫林坑。

清朝中期，沙格王氏有族人迁居涂岭寨内（今涂岭镇涂岭村长箱）。

另有族人迁居今峰尾镇联岩东坑、涂岭镇下炉村、界山镇鸠林村港西、南埔镇仑头村等村落。

涂岭镇

涂岭村刘厝王氏

王文福长子王祯衍厝后房，次子王祥衍七家房，三子王有衍三房。

清代，刘厝王氏有族人为看护祖墓迁往涂岭镇松园村西安居住。

溪头南田王氏

族人移居今涂岭镇下打朱、山外、棋盘、下田、寨后等村落。灯号“开闽”“锦田”“锦峰”。

后龙镇

峰前王氏

清光绪十九年（1893 年），王氏支系形成 5 房。其中三房族裔迁往南埔镇天竺村后郑，现有 500 多人。部分后裔再迁林柄，俗称“峰前仔”，现有 100 多人。

二、人口分布

泉港区王姓有 12438 人，列泉港世居姓第 10 位。主要聚居于 6 个镇，依次是：南埔镇 5738 人，涂岭镇 4294 人，后龙镇 1995 人，前黄镇 186 人，峰尾镇 138 人，界山镇 87 人。具体分布如下：

街道、镇	村　　落　　人　　口	合计
前黄镇	前黄村西园 186 人。	186
涂岭镇	下炉村 967 人；溪头村蓝田 500 人，溪头 100 人；五社村 600 人；寨后村芹坑 309 人；小坝村上新 14 人；涂岭村下打珠 478 人，刘厝 621 人，中顶街 478 人，寨内 11 人；秀溪村桥头 12 人，湖内 60 人，园头 60 人；松园村西安 65 人；黄田村溪坪 15 人，大行 4 人。	4294
界山镇	鸠林村港西 54 人；界山村仓厝 33 人。	87
南埔镇	沙格村 2310 人；天竺村林柄 2308 人；柳厝村枫林坑 1100 人；仑头村 15 人；塘头村 5 人。	5738
后龙镇	峰前村 1943 人；后龙村礁头 52 人。	1995
峰尾镇	联岩村西华坑东 108 人；诚峰村 20 人；诚平村 10 人。	138

三、外迁主要支系

涂岭镇

寨后王氏

芹坑第 2 代裔徙居福清（俗名“牛讲坑”），现有数千人。

民国 29 年（1940 年），有 20 多个族人迁往台湾。

下炉王氏

有族裔外迁仙游云霄村居住，已传 1000 多人。

南埔镇

沙格王氏

族人迁往莆田忠门王厝村，现有 2500 多人；迁往今惠安东桥镇型厝村，已传上万人；另有族人迁居仙游郊尾仙华、惠安北门等地。

天竺林柄王氏

长房数十人迁往台湾台北。

柳厝枫林坑王氏

民国35 年（1946 年），王泉山、王泉兴兄弟迁居台湾谋生，已传 30 多人。

后龙镇

峰前王氏

二房裔孙王子元迁居仙游赖店留仙村，现有 1000 多人。另有族裔外迁台湾地区、南洋等地谋生，已传 1000 人左右。

第三节 谱牒

《蟹谷沙堤王氏族谱》

系南埔镇沙格村王氏族谱。始修未考。元至正十七年（1357年）。沙格王氏裔孙王德重撰《王氏历朝宗派谱记》，第7世王松轩重新辑修。明正德七年（1512年），第11世王雪崖作序重修。明嘉靖年间（1522—1566年），王雪崖再次修辑。明永历十三年（1659年）重修，第14世王忠孝撰序。清康熙十二年（1673年），第15世裔王钟鸣主持续修并作序。共5本。灯号“槐庭”“开闽”，昭穆36字，依次为：

文章华国，孔甫元仲，卿公侯伯，格致诚正，修齐治平，慎勤明达，启智存真，惠群益世，循理怀仁。

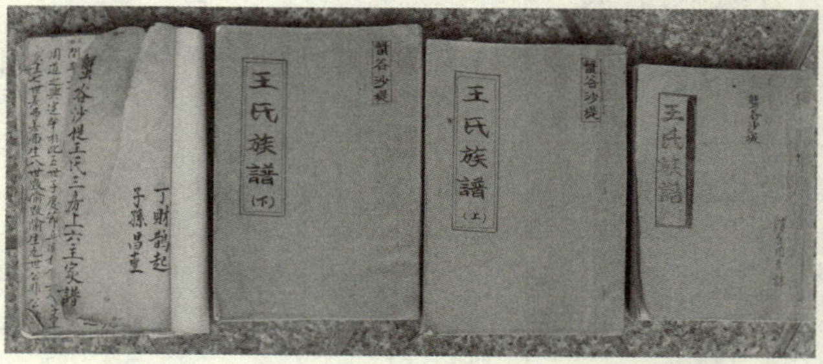

《蟹谷沙堤王氏族谱》

《涂岭刘厝王氏家谱·槐庭衍庆》

系涂岭镇涂岭村刘厝王氏家谱。民国22年（1933年），第11世王学辉修撰，第10世王砥六作序，共34页。灯号“槐庭”，昭穆为：

定笃谦诚美，猷谋盛世贤。

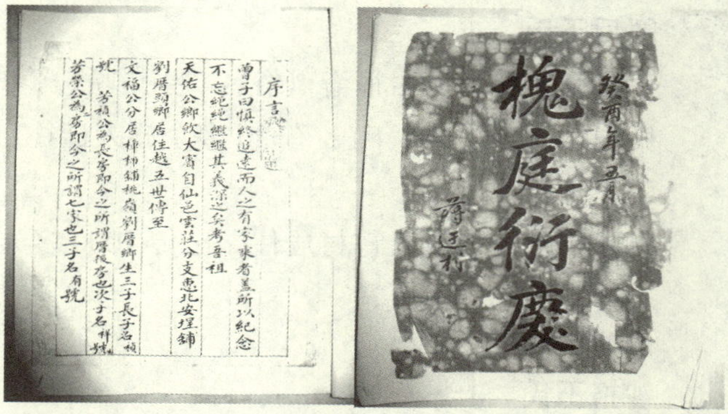

《涂岭刘厝王氏家谱·槐庭衍庆》

后龙峰前王氏

昭穆自第6世起，依次为：

文，仕圣世元建，恭宽信敏惠。

清光绪十九年（1893年）续为：

传家心德积，绳其在显扬，长发照光泽。

涂岭溪头王氏

昭穆40字，依次为：

伯允仲明宏，君希仕邦尔。世日克时庭，国朝维永美。

英豪瑞帝京，诗礼华孙子。有志文章成，其源从基起。

第四节　史 迹

一、祠宇

王忠孝故居

位于南埔镇沙格村。门楣上石刻“槐庭世胄”。王忠孝，明崇祯元年（1628 年）刘若宰榜进士，明末守节抗清，南明时官至兵部侍郎，后寓居台湾。

王忠孝故居

下炉王氏祖祠

位于涂岭镇下炉村。始建于清乾隆年间，曾作私塾用，2009 年重修。坐北朝南，建筑面积 400 多平方米，占地 1000 多平方米。

天竺王氏长房祖厝

位于南埔镇天竺村林柄。始建于清嘉庆年间（1796—1820 年）。后有两次修缮。内有穿斗叠式组合大木柱、木雕花只、大法堂神龛，外观屋顶瓦筒燕尾脊，前正面红砖青石墙，黑砂石浮雕，螭虎脚地牛，大门双凹肚，分一中门二轿门，门前大红砖埕加围墙，建筑面积 600 多平方米。

天竺王氏长房祖厝

二、宫庙

灵慈宫

也称妈祖庙，位于南埔镇沙格村东。始建于南宋咸淳六年（1270 年），初名“圣母庙”。明末清初，因王忠孝抗清，遭洗劫。清嘉庆十四年（1809 年）曾大规模修缮，添置数对石雕龙柱和木构藻井，形成完整格局并冠名“灵慈宫”。清光绪年间重修。1987 年侨胞集资大修。宫坐北朝南，由前殿、拜亭、两厢和大殿组成。前殿五间二进，单檐歇山式。拜亭是重檐歇山式结构，中嵌木构八角藻井。大殿五间三进，重檐歇山式结构，山门殿石柱等立于清嘉庆十五年（1810 年），过亭系木构八角藻井，挑斗拱承托上收，共用 1200 块木构件，全用卯榫穿楔。藻井下 40 根龙柱为 1987 年

灵慈宫

建构。大殿面阔五间，进深三间，重檐歇山式屋顶，抬梁式结构，如意斗拱，上方悬挂清乾隆四十七年（1782年）惠安知县建南胡启文所立“海天元后”匾额。宫中共有66根石柱和木柱，总建筑面积500多平方米。1996年被列为省级文物保护单位。楹联有：

湄岛渡慈航，四海安澜资侯德；

睢阳垂劲节，一方保障赖神功。

瑞云殿

原名福德祠，位于南埔镇沙格村石镜山。区级文物保护单位。始建于南宋咸淳六年（1270年）。坐西北朝东南，由大殿和东西厢房及右侧的莲花石、莲花洞、石镜和殿前的戏台等建筑组成，大殿面阔三间，进深四间，硬山式屋顶。殿旁有双护厝，护厝两侧为二层石楼。前有2株木棉树，树冠如盖。该殿占地总面积约10200平方米。楹联有：

瑞云殿（一）

瑞云殿（二）

瑞降沙堤考祥在德，
云笼石镜咫尺如天。
石镜开光无极殿，
瑞云彩映太虚宫。
瑞霭九重金云浩浩，
云呈一朵毋日高高。

峰前东岳庙

峰前东岳庙

位于后龙镇峰前村东。始建于明嘉靖三十年（1551年）。明崇祯年间（1628—1644年），南埔柯氏曾捐杉木修建。“文化大革命”期间被焚毁。1978年集资重建。1992年翻建。1998年重建。坐西北朝东南，占地约800平方米。

永兴宫

永兴宫

原名“永兴社”。位于南埔镇柳厝村枫林坑。始建于明末。清康熙年间（1662—1722年）重建，“文化大革命”期间毁坏，1997年捐资扩建。坐北朝南，主建筑面积204平方米，占地面积约500平方米。左边石构塔状敬文亭，系清光绪十年（1884年）建造，后有一株百年古榕。

震灵宫

震灵宫

位于南埔镇天竺村境内。始建时间无考。清同治年间（1862—1874年）重建。1987年再次修建。

狮峰社

狮峰社

位于涂岭镇五社村上黄。始建时间无考。2000年重建，坐北向南，石砖结构，三开间二进，占地面积700平方米。楹联有：

雄狮威镇真福地，
峻峰高屏护众生。
狮吼震雄风，英灵显赫居庙宇；
峰峦绕瑞气，善信祈求保康安。

三、古桥

无量桥

旧称港西桥、浮浪桥、芙蓉桥。位于涂岭镇溪头村溪上。区级文物保护单位。始建于宋代，为古时南北官道必经之处，原为木桥，历代均有修葺。至清雍正年间（1723—1735年）黄中桂重修。现存清光绪十九年（1893年）及民国5年（1916年）重修碑记各一方。1966年惠安县人民政府重修，桥长30多米，宽1.8米，4墩5孔，为石墩石梁桥。桥面每节原由5条石板并排铺成，现各剩4条，最长5.4米，最宽0.65米，厚0.25米。桥墩用长石条犬牙交错垒砌而成，桥墩两侧作舟状尖头以分水势减轻冲力。

无量桥

无量桥碑

四、墓葬

沙格王氏祖墓

位于南埔镇沙格村石镜山。

沙格王氏祖墓

王文福墓

位于界山镇九峰山下。坐子向午。王文福，涂岭刘厝王氏一世祖。

王赐钦墓

位于南埔镇柳厝村枫林坑面前虎山。坐子向午。王赐钦，柳厝枫林坑王氏开基祖。

第五节 人 物

一、历代科第仕宦名录

王忠孝（1593—1666 年） 字长孺，号愧两，沙格人。明崇祯元年（1628 年）刘若宰榜进士，历户部主事，绍兴知府，副都御史，后随郑成功入台湾为幕僚。著有《四居录》《孝经解》《易经测略》《四书语录》等。墓在梅峰铺前亭（今南埔镇先锋村）。

郑成功与王忠孝对弈图

王钟鸣（约 1621—1675 年） 字鼎庵，沙格人，南安籍，清顺治五年（1648 年）李惟华榜举人，任甘肃庄浪知县。著有首部《庄浪县志》。

王 璋（约 1662—1735 年） 字颙伯，沙格人，台湾府台南县凤山籍。清康熙三十二年（1693 年）郑基生榜举人，参与修纂《台湾府志》。历任云南宜良县知县、湖北房县知县、户部主事，清雍正元年（1723 年）擢升为贵州道监察御史，升工科给事中，封朝议大夫。墓在樟市铺砖仔埕山。

王兆清 字泽元，沙格人，清康熙二十九年（1690 年）举人，授武宁知县。

王际慧 字建伯，沙格人，台湾凤山籍，清康熙三十八年（1699 年）张远榜举人，授龙溪教谕。

王原威 字端伯，沙格人，清康熙五十二年（1713 年）恩科举人，浦城教谕。

二、已知当代人物名录

（一）副处（团）级及以上人士

王金才 后龙镇峰前村人，1923 年出生，中共上海市长宁区纪委书记兼长宁区人民法院党委书记。

王德顺 峰尾镇联岩村人，1927 年出生，中共龙岩市委宣传部副处级干部。

王玉潘 山腰街道锦塔村人，祖籍江苏，1928 年出生，泉港华侨医院院长，处级离休干部。

王振生 涂岭镇涂岭村人，1934 年出生，福建省科委副主任，教授。

王南发 南埔镇天竺村人，1938 年出生，宁波市政府管理处副处长。

王南友 南埔镇天竺村人，1941 年出生，福建省民政厅民政福利总公司副总经理，省残联康复处处长。

王宗宝 南埔镇沙格村人，1942 年出生，贵州省六盘水市司法局长、市人大常委会副主任。

王峰安 南埔镇天竺村人，1946年出生，泉州市外贸局副局长，市外贸公司副经理。

王亚书 涂岭镇溪头村人，1951年出生，泉州师范学院纪委副书记、监察室主任。

王素华 涂岭镇涂岭村人，女，1952年出生，中共泉州市委组织部副部长、老干局局长。

王子坚 涂岭镇涂岭村人，1953年出生，厦门大学生命科学学院办公室主任。

王惠龙 涂岭镇涂岭村人，1955年出生，福州军区某师师长。

王惠江 后龙镇峰前村人，1956年出生，海军37831部队雷达二团副团长，转业任职于泉港区民政局。

王家祥 涂岭镇寨后村人，1956年出生，莆田95师团职干部，转业任福州市交通局纪委书记。

王宝春 峰尾镇联岩村人，1958年出生，部队团职干部，转业任厦门港招银港务管理站站长。

王德金 南埔镇天竺村人，1960年出生，海军旅顺基地后勤部副团职干部，转业任职于泉港区物价局。

王秀春 涂岭镇下炉村人，1962年出生，上海崇明海军基地副团职干部，转业任职于泉港区安办。

王传成 后龙镇峰前村人，1963年出生，福建省公安厅港澳台工作办公室主任。

王琼文 南埔镇天竺村人，1965年出生，厦门市工商联专职副主席、市会展局局长，中国（厦门）国际投资促进中心主任，副教授。

王国明 南埔镇天竺村人，1966年出生，泉港区人大常委会副主任。

王秀勇 南埔镇沙格村人，1967年出生，华侨大学人事处处长。

王海明 涂岭镇五社村人，1968年出生，厦门水警区猎潜艇第83大队司令部水武业务长。

王顺添 南埔镇天竺村人，1968年出生，华侨大学招生处、保卫处副处长。

王宗荣 南埔镇天竺村人，1971年出生，广西空军95034部队政治部主任。

王锡章 南埔镇沙格村人，1972年出生，福建省公安厅法制总队总队长。

王荣祥 南埔镇沙格村人，1972年出生，福建省司法警察培训总队党委委员，副调研员。

王冠英 南埔镇天竺村人，女，1977年出生，泉州市体育局副调研员。

王华明 界山镇鸠林村人，厦门出入境检验检疫局处级干部。

杨秀敏 南埔镇天竺村人，女，1975年出生，黎明职业大学党务工作部部长。

（二）副处级及以上国有企业人士

王　谦 山腰街道人，1921年出生，龙岩市五交化公司处级离休干部。

王荣金 后龙镇峰前村人，1944年出生，闽江水电总局南平分局党委书记，高级政工师。

王顺金 峰尾镇联岩村人，1947年出生，晋江市人民银行行长，泉州市人民银行调研员。

王全祥 后龙镇峰前村人，1952年出生，福建炼油（乙烯项目）一体化党委书记。

王秀明 涂岭镇下炉村人，1968年出生，中国人保财险晋江市分公司总经理。

（三）高级专业技术职务者

王峰珍 南埔镇天竺村人，1934年出生，安徽华东冶金学院教授。

王添堃 南埔镇沙格村人，1936年出生，福州大学教授。

王明忠 南埔镇天竺村人，1936年出生，华侨大学副教授。

王青松 南埔镇沙格村人，1937年出生，福建省农科院研究员。

王诚水 南埔镇柳厝村人，1939年出生，福建省电力试验研究所高级工程师。

王振珪 南埔镇沙格村人，1939年出生，泉港南埔中学高级教师。

王振琅 南埔镇沙格村人，1941年出生，中国船舶工业总公司第七研究室第708研究所高级工程师。

王家达 后龙镇峰前村人，1941年出生，泉港五中高级教师。

王良柏 南埔镇沙格村人，1941年出生，泉港南埔中学高级教师。

王振辉 南埔镇沙格村人，1941年出生，吉林化学工业公司江城化工总厂高级经济师。

王 宪 山腰街道锦塔村人，祖籍江苏，1954年出生，厦门大学海洋与地理学院教授，博士生导师。

王建兴 涂岭镇涂岭村人，1955年出生，泉港六中高级教师。

王玉法 涂岭镇下炉村人，1955年出生，惠安县农林水局高级农艺师。

王宗清 南埔镇天竺村人，1956年出生，泉州启明星财务顾问有限公司高级会计师。

王景德 南埔镇沙格村人，1958年出生，山腰中学高级教师。

王旋才 南埔镇沙格村人，1959年出生，泉港南埔卫生院副主任医师。

王荣健 南埔镇天竺村人，1961年出生，泉港南埔中学高级教师。

王辉忠 涂岭镇涂岭村人，1962年出生，泉港六中高级教师。

王惠兰 南埔镇沙格村人，女，1962年出生，厦门市中山医院副主任护师。

王培明 南埔镇天竺村人，1964年出生，泉港天竺中学高级教师。

王少清 涂岭镇涂岭村人，1964年出生，泉港六中高级教师。

王进兴 南埔镇柳厝村人，1964年出生，泉州一中高级教师。

王传进 后龙镇峰前村人，1965年出生，泉港顺南中学高级教师。

王明辉 涂岭镇涂岭村人，1966年出生，泉港惠华中学高级教师。

王其扬 涂岭镇寨后村人，1966年出生，泉港六中高级教师。

王少军 涂岭镇涂岭村人，1966年出生，惠安高级中学高级教师。

王志龙 南埔镇天竺村人，1966年出生，惠安一中高级教师。

王鸿刚 涂岭镇五社村人，1967年出生，惠安一中高级教师。

王贤珠 南埔镇仑头村人，女，1968年出生，泉港三川中学高级教师。

王高雄　涂岭镇溪头村人，1968 年出生，福建医科大学附属第二医院主任医师。
王添荣　南埔镇柳厝村人，1968 年出生，泉港美发中学高级教师。
王清水　涂岭镇下炉村人，1968 年出生，惠安一中高级教师。
王　斌　南埔镇柳厝村人，1968 年出生，惠安高级中学高级教师。
王保全　后龙镇峰前村人，1969 年出生，泉港五中高级教师。
王家洪　涂岭镇溪头村人，1970 年出生，泉港三朱中学高级教师。
王剑锋　南埔镇沙格村人，1971 年出生，上海建筑设计院高级工程师。
王兴明　南埔镇柳厝村人，1971 年出生，泉港天竺中学高级教师。
王宙辉　后龙镇峰前村人，1973 年出生，泉港美发中学高级教师。
王剑峰　涂岭镇涂岭村人，1973 年出生，泉港驿坂中学高级教师。
王进贵　南埔镇沙格村人，1973 年出生，泉港惠华中学高级教师。
王顺宝　南埔镇沙格村人，1973 年出生，泉港五中高级教师。
王聪才　南埔镇沙格村人，1973 年出生，泉港二中高级教师。
王梅成　南埔镇沙格村人，1974 年出生，泉港惠华中学高级教师。
王宗平　涂岭镇下炉村人，1974 年出生，泉港美发中学高级教师。
王孙和　涂岭镇涂岭村人，1974 年出生，泉港三朱中学高级教师。
王一灵　涂岭镇涂岭村人，女，1974 年出生，泉港六中高级教师。
王秀泉　峰尾镇联岩村人，1974 年出生，福建省第五建筑工程公司高级工程师。
王茂勇　南埔镇沙格村人，1975 年出生，泉港山腰中学高级教师。
王淑珠　南埔镇沙格村人，女，1975 年出生，泉港二中高级教师。
王建华　南埔镇天竺村人，1975 年出生，泉港区农林水局高级会计师。
王晓芳　涂岭镇涂岭村人，1976 年出生，泉港六中高级教师。
王友竹　后龙镇峰前村人，1976 年出生，泉港美发中学高级教师。
王良洋　南埔镇沙格村人，1978 年出生，泉港天竺中学高级教师。
王雪香　南埔镇沙格村人，女，1978 年出生，泉港区财政局高级会计师。
陈萍萍　南埔镇天竺村人，女，1954 年出生，泉州市第一医院主任护师。
何　芳　南埔镇柳厝村人，女，1971 年出生，惠安一中高级教师。

（四）博士

王溢忠　涂岭镇下炉村人，1981 年出生，留美博士。
王黎敏　涂岭镇涂岭村人，女，1986 年出生，留法博士。

（五）港澳台胞及海外侨胞知名人士

王秋冬　又名王添馨，祖籍南埔镇沙格村，1918 年出生，侨居马来亚，马来西亚巴生惠安公会主席、巴生港口惠安同乡会主席，新加坡太原堂王氏公会名誉会长、雪兰莪王氏公会主席。创办“巴生港口青年学校”，并任董事长。捐建沙格小学和沙格中学教学楼。

王朝梅 祖籍涂岭镇涂岭村，1919年出生，居台湾，在台湾当局教育部门任要职，带头发动台胞捐建涂岭中心小学“文昌教学楼”及家乡其他公共设施。

王少雄 祖籍涂岭镇五社村，1958年出生，侨居澳大利亚，厦门泉州泉港商会会长，率先在家乡组织开展“海西春雨”助学扶贫等活动，捐资达500多万元。

王秀德 祖籍南埔镇沙格村，1975年出生，侨居日本，源青田集团董事长，旅日青年企业家，日本中华总商会干事，日本福建经济文化促进会副会长，经营蔬菜、生鲜等有机食品系列生意，在日本拥有三家公司和三家工厂，在中国拥有两家公司和一个检测中心。

三、英烈名录

王永居（1922—1952年） 涂岭镇溪头村人，志愿军23军67师202团战士，在朝鲜文川郡战斗中牺牲。

王进祥（1944—1964年） 后龙镇峰前村人，解放军厦门278团机炮连战士，在厦门军工生产中牺牲。

王其清（1950—1969年） 南埔镇沙格村人，解放军4277部队后渚供应站战士，执勤中因触电牺牲。

第六节 记 事

明嘉靖三十年（1551年），峰前（今属后龙镇）王氏主持兴建峰前东岳庙。

清顺治十三年（1656年），因王忠孝抗清，清兵进剿沙格，王氏乡民惨遭屠戮。

清宣统三年（1911年），峰山村改为峰前村，成立鲤峰保，辖峰前、上西、七社村。

民国24年（1935年），峰前王氏五房祖祠开办鲤峰初小。

1950年，惠安县土改试点设在峰前，峰前被评为模范村。

1955年，沙格族人对沙格河（河墘）进行疏浚清理。

1958年，地方国营惠安糖厂在下炉建成投产。

1965年，南京军区在下炉兴建军营，建立团指挥部。

沙格端午节龙舟赛

1968年，沙格村发展内外海生产：内海有蚵业、海带、紫菜、登柱网养殖业；外海捕鱼作业。

1970年始，峰前村连续三个冬季用人工填土筑成“岩山水库”。

1984年，交通部三航局六公司进驻沙格建设肖厝港沙格万吨杂货码头。

1985年，旅外侨胞捐资兴建沙格中学。

1986年，沙格村开工建设村中心大道（沙格小学至沙格边防所路段）。

1987年，沙格族人和旅外侨胞捐资近30万元重修沙格灵慈宫。

1990年，沙格村恢复举办端午节龙舟赛。

1991年，10万伏变电站在下炉村东面建成投产。

1995年12月，肖厝港（沙格码头）经国务院批准为国家一类口岸。

1996年9月，沙格灵慈宫被福建省人民政府列为省级文物保护单位。

1999年12月，沙格码头通过国家验收正式对外开放。

2000年3月，1200多米的沙格防风海堤开工建设。同年，王庆祥捐资修建涂岭镇溪头村路。

2001年，泉港区第一届端午节龙舟赛在沙格举行。

2002年，沙格村海墘被泉州市农体协指定为龙舟赛训练基地。

2003年，“炼化一体化”拆迁安置工程落户涂岭镇溪头村，征用500多亩土地及山地。

2007年1月23日，沙格端午节龙舟赛被列入区级非物质文化遗产名录。2月17日，沙格端午节龙舟赛被列入市级非物质文化遗产名录。是年，涂岭镇溪头村王明权捐资兴建老协活动中心。

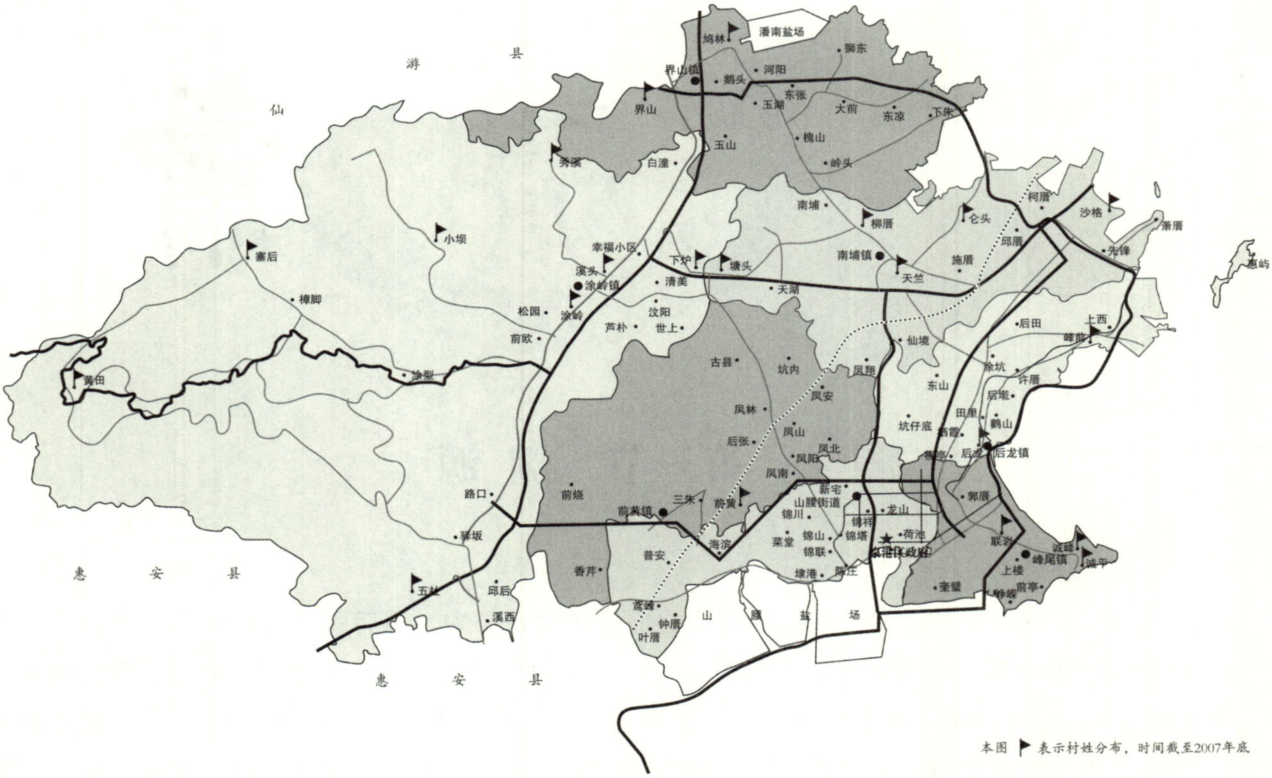

本图 表示村姓分布，时间截至2007年底

泉港区王姓分布图

第十二章 萧

第一节　溯源

一、起源

出自子姓。帝喾后裔、殷少师比干之侄微子启封于宋，卒后立其弟微子仲为宋公，其第11世裔大心为宋国萧邑大夫。春秋时，大心以曹师平南宫长万之乱有功，被封于萧邑（今江苏萧县），建立萧国，附于宋国，世人尊称为萧叔。周定王十年（前597年），萧国被楚国所灭，子孙以封地为姓，称萧姓。萧氏尊微子启为远祖，尊大心为得姓始祖。至秦朝末年，萧氏第23世萧何，辅佐刘邦兴汉，为一代名相，因此后世大多尊其为一世祖。

出自殷朝遗民。《左传》称殷民六氏：條氏、徐氏、萧氏、索氏、长勺氏、尾勺氏。萧氏为六氏之一。

古代嬴姓部落首领柏裔之后作士于萧，以“萧”为姓，其后裔沿袭姓萧。

历史上，萧姓形成兰陵、东海、河南等郡望。

二、入闽

据称，南朝时，萧氏已在温陵（泉州）成大族。萧何第27世孙梁始安王萧方略入闽，被尊为闽粤始祖。郡望“兰陵”。

萧厝渔家

唐总章二年（669年），随陈政、陈元光父子入闽平乱的河南籍将士中，有队正萧润。

唐中和元年（881年），萧何第38世孙、南朝梁武帝萧衍第6世孙、唐秘书省萧英之子刺史萧曦（字德卿），因避乱自江南携眷入闽，其子孙居于长乐县前清里大鳌坑（今长乐市漳港镇漳港村），堂号“凤翼”。传至第47世户部郎萧潢，于北宋宣和年间（约1120年）自长乐迁居莆田岱石。

后晋天福年间（936—944年），萧何第39世孙、安陵王萧崇兴（字仁府）弃官隐居入闽于仙游石壁潭，旋迁兴化（今属莆田），生3子：萧重、萧荣、萧遵。

三、入泉港

明洪武七年（1374年），萧何第56世孙萧雁自莆田岱石经乐屿岛跨海南渡，徙居惠北梅峰铺萧厝（今南埔镇萧厝村），生息繁衍。萧雁为梅峰萧氏开基祖。（注：“萧”也写作“肖”）

第二节　繁衍

一、区内分播

南埔镇

萧厝萧氏

明万历年间（1573—1620年），族人开基惠北十三都樟市铺东坑村（今涂岭镇樟脚村）。

明崇祯五年（1632年）仑头村已有萧姓定居。另有一说，民国11年（1922年），萧氏族人移居今南埔镇仑头村。

清朝中叶，萧二观派下“侯”字辈开基横屿（即惠屿）。

约清咸丰九年（1859年），有族人迁居今南埔镇塘头村，已传6代。

清光绪三十三年（1907年），萧双喜遗孀刘氏携子侄返居娘家峰尾，后裔居于今峰尾镇诚平村、前亭村。

清末民初，萧氏族人迁居今南埔镇沙格村。

约民国24年（1935年），萧氏族人迁居今南埔镇柳厝村。

民国37年，族人移居今山腰街道叶厝村。

惠屿萧氏

民国初年，有惠屿萧姓迁居今南埔镇天竺村。

二、人口分布

泉港区萧姓有11928人，列泉港世居姓第12位。主要聚居于5个镇（街道），依次是：南埔镇11553人，后龙镇148人，涂岭镇146人，峰尾镇36人，山腰街道23人，前黄镇22人。具体分布如下：

街道、镇	村落人口	合计
山腰街道	叶厝村15人;海滨村8人。	23
前黄镇	凤阳村22人。	22
涂岭镇	樟脚村126人;前欧村20人。	146
南埔镇	萧厝村10000人;惠屿村1200人;沙格村110人;邱厝村66人;南埔村56人;天竺村42人;塘头村23人;仑头村21人;柳厝村20人;先锋村15人。	11553
后龙镇	峰前村130人;上西村18人。	148
峰尾镇	前亭村10人;诚平村26人。	36

三、外迁主要支系

涂岭镇

樟脚萧氏

族人先后迁居福清、厦门及菲律宾等地生活。

南埔镇

萧厝萧氏

萧氏相继迁往仙游城关、盖尾、枫亭、宝树坡，莆田湄洲、东沙、张边、灵川、秀屿等地，现已繁衍上万人。旅居东南亚及我国台湾等地区族人，现有 1000 多人。

第 3 世萧元忠开基仙游新岑里，萧元诚开基惠安南门（今惠安县螺阳镇盘龙村），现有 1000 多人。

明末，第 11 世萧尚烈以参将职，变卖家业招兵 3000 人，自上海崇明岛沿海南下平乱直至厦门。后归耕于莆南新安里青枫（今属莆田市忠门镇岳秀）。后裔部分迁居涵江梧塘上阪萧甲村，部分移居长乐漳港。

萧氏兰陵堂

清顺治十八年（1661 年），朝廷颁布海禁令。萧氏家族迁往仙游、莆田城关、涵江、张边、华亭等地，复界后部分族人回迁。

萧厝大井尾萧氏曾迁莆田县乐屿，后于民国 30 年（1941 年）回迁居今南埔镇南埔村，已传 5 代。

萧氏五代同堂

明清至民国年间，外迁情况大体统计如下：新加坡 225 人；马来亚 136 人；台湾 220 户；浙江龙溪、渡龙、龙港、章家楼、金乡大渔、下关等共有 1250 户 8000 余人；平潭江仔口、大路顶 200 余人；莆田灵川、张边、东云 1200 人，城关泗华 1210 人，忠门岳秀 300 余人，乐屿 830 人，前云 163 人；仙游鲤城镇 100 余人，龙井 20 余人，城东镇下楼村 920 人、下楼村上楼 140 人，东门双桥 640 余人，龙华镇东方村 380 人，大济镇三会村阮里 120 人，榜头镇东宫 720 人、竹庄村布尾 130 人，盖尾镇盖南村 380 人、宝树村 100 余人，枫亭镇学士村 100 余人；惠安县黄塘镇杏尾村 230 人，连城镇墩中村西蔡 325 人。

第三节　谱 牒

《梅峰萧氏族谱》

系南埔镇萧厝萧氏族谱。明洪武十一年（1378 年），萧雁修撰；明嘉靖十年（1531 年），萧崇安及其子萧二观再次续修；明嘉靖四十一年（1562 年）因倭患，族谱被毁，萧四观及侄萧室一搜求遗帙并邀莆阳外戚潘应时修整；明崇祯二年（1629年）海寇李魁奇作难，旧谱被焚，萧作霖舍命藏谱。清顺治元年（1644年）萧尚望抄阅残存谱序片段，手书两部，后又被清将刘林和马得功抄去。清顺治十年（1653年）萧尚望重修；清雍正六年（1728年）萧怀炳继承父志续修，族裔惠南杏尾举人萧国琦作序；清乾隆三十七年（1772年）萧其镳续修；乾隆六十年（1795年）萧举元续修。

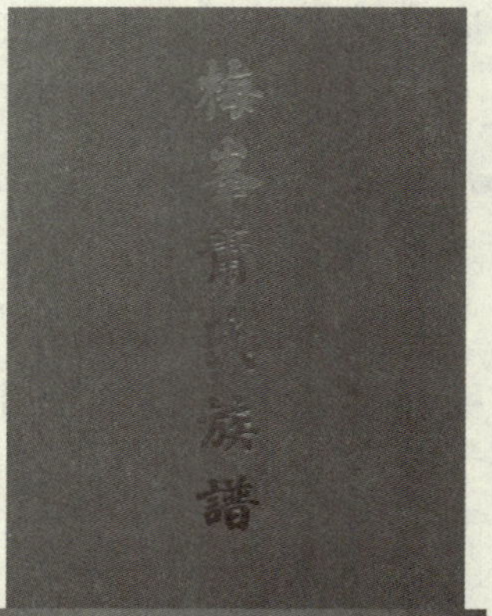

1995年海内外族裔捐资，成立重修《梅峰萧氏族谱》编委会，萧润卿为顾问，萧成仁为编委会主任，萧茂发、萧永玉为主编，萧湘波为监修。内容含原序辑录、列祖图像、衍派源流、沧桑变幻、风物揽萃、宗贤俊秀、烈女节孝、墓葬备考、寺观庙宇、家训10则、诗文集锦、修谱诤文、世系简图等，全1册，16开本铅印，共360页。郡望“兰陵”，灯号“凤翼”。自第8世起，昭穆依次为：

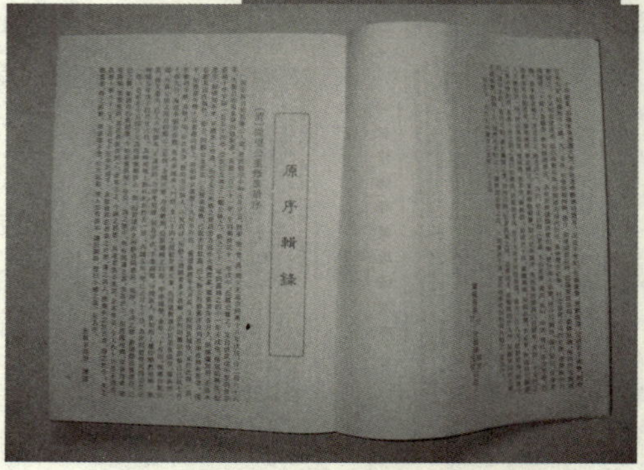

观作鸣尚，怀甫其元，建侯为卿，成德隆美，

咸和智祥，文章彩焕，功裕永昌，展望协同，

钦嘉善信，敬顺义理，恒存仁惠，欣保吉熙，

颂扬凯泰，国瑞邦宁，宏达俊博，道崇世平。

《梅峰萧氏族谱》

第四节　史迹

一、祠宇

萧氏宗祠

位于南埔镇萧厝村。始建于明洪武中叶，历经倭寇海匪焚毁，至1958年被改建为超先公社会场，1994年举族集资于原基址重建。坐向甲庚兼卯酉，木石结构，前有石埕、围墙。占地面积304平方米。宗祠大宗在上萧，小宗在下萧。对联有：

汉代功臣第，

唐朝宰相家。

八叶联芳高世第，

五侯衍派远源流。

继往开来三章六法善为本，

光前裕后四维八德孝当先。

海滨邹鲁有俊彦光甲第，

钟灵毓秀出贤达振家邦。

萧氏宗祠

千里烟波三岛星罗潮声迴鱼龙并起，
万朵彩霞十洲棋布帆影动鸥鹭争飞。

萧碧川故居

也称“碧霞洲”，位于南埔镇萧厝村北面海边。故居五开间双户甲楼，大门正对肖厝深水码头泊位，厝基填海建造，为碧霞洲岸墙式码头。萧碧川，民国国大代表，率先把天然良港湄洲湾用“碧霞洲”注册，并标识于世界航海图。

萧碧川故居

“成建行”旧址

俗称“洋楼”。位于萧厝村。建于清光绪三十一年（1905 年），是集仓库、办公、休闲为一体别具特色的建筑物，见证当时萧厝港口商业的发达。门联有：

建业市区万商云集，
成都天府百物山屯。
建□□家财通瀛海，
成天亭地利涉大川。

“成建行”旧址

二、宫庙

盛美宫

原址位于南埔镇萧厝村北头。坐子向午兼壬丙。始建于明万历三十二年（1604 年），萧作霖与弟侄构建。历经清康熙三十四年（1695 年）、清乾隆二十六年（1761 年）、清嘉庆十六年（1811 年）、民国 23 年（1934 年）多次修葺。1988 年海内外族亲筹资重修。占地面积 1200 平方米。楹联有：

灵钟湄岛济斯民海不扬波称盛美，
节著睢阳光弈世山无伏莽感忠贞。
睢阳昭义气灵神永护鄭侯家，
湄岛播坤恩厚德长垂盛美社。

盛美宫

富美宫

位于南埔镇萧厝轮渡码头渡口处。清嘉庆九年（1804年），第16世裔孙以飞符择“金蛇戏水”地奠基始建。清宣统二年（1910年）修葺。1991至1993年于原基重建。坐子向午兼壬丙，主殿占地面积120平方米，周围建有亭、阁、香坛、太傅楼等建筑物。内有清代木雕刻品。联对有：

功标麟阁诏封汉萧太傅，

名垂史册敕诰温李王爷。

富经术而事两朝道宗论语，

美政声以行三辅绩茂儒臣。

御史纯忠勋绍汉史，

温陵业绩灵庇兰陵。

富美宫

富美宫太傅亭

萧继光故居

位于南埔镇萧厝村南头大成海边。始建于清代。五开间双护甲楼，北护甲后是骑楼。大门西侧墙壁石雕花鸟、植物图案。骑楼有“静养”匾。内榫梁上有人物、山水、植物等浮雕。

萧继光故居

萧捷三故居

位于南埔镇萧厝村大井尾海边。始建于清代。五开间单护甲楼，门前大埕、围墙。御赐圣旨牌、“进士及第”匾等均毁于“文化大革命”期间。大门外两侧有旗杆碣1对。

怀恩寺

位于南埔镇萧厝萧山西麓。原名“天华堂”，清咸丰六年（1856年）萧大成建造，1971年被拆毁。1995年，其六世裔萧如建独资重建，并改为今名。依山而筑，坐东面西。内存有清代萧起甫妻“节孝”坊碑残件等。楹联有：

万朵天花散入梵堂宝座，

四围海岸同登净土波罗。

天女献花果证无边佛法，
华堂启瑞长瞻普照神功。
脉接象山槛外诸峰献瑞，
势临蟹谷门前万宝朝宗。
天竺灵钟自阿难伽叶以前开大法，
华严经演从苦海迷津之内度众生。

怀恩寺

清德庵

位于南埔镇萧厝村。山门联对为：
开不二门容无量众，
说上乘法接共和机。

福山书院

位于南埔镇萧厝村。系三一教祠，楹联有：
三才正气分为教，
一举名士入圣神。

清德庵

三、墓葬

萧仲仁墓

位于吴厝硎底（今属南埔镇萧厝）。坐乙辛兼辰戌，穴名“落水蛇”。

萧元明墓

位于火烧林（今属南埔镇萧厝）。坐壬丙兼子午，穴名“麒麟挂角”。

第五节　人　物

一、历代科第仕宦名录

萧　武　原名斌，字尚烈，号略基，九都萧厝人。明天启二年（1622）生。南明弘光元年（1645 年）尽散家财募兵近 3000 人，于当年五月舟至崇明勤王。因南都失守，遂率师入闽，拥戴唐王，任行在参军，诏守仙霞、大安等地。南明隆武二年（1646）年七月，清贝勒王大师入闽，仙霞关、大安等地失守，遂隐居莆田吉蓼新安里青枫近20年，后迁居兴教里松坂。康熙十三年（1674年），台湾郑经遣总制陈永华以尺帛召萧武，授水师镇守。任内与明宁靖王过往甚密，宁靖王亲书“台阁风声”以贺60寿庆。

萧尚瓒 名英，萧厝人，清康熙十年（1671年）率众归诚，授副将，驻师兴化郡，康熙十一年（1672年）奉旨移驻四川重庆府。

萧怀等 名延寿，萧厝人，清康熙二十年（1681年）同平阳镇朱天贵任水师军务，征讨台湾有功，封左都督佥事加纪录五次。

萧国琦 字公如，祖籍萧厝，惠安杏里店尾人。清雍正二年（1724年）俞荔榜举人，台湾教谕。

萧捷三 讳建光，萧厝人，清嘉庆二十三年（1818年）恩科宋琪榜举人，嘉庆二十五年（1820年）昌伊苏榜进士,钦点卫总府。

萧宗魁 讳伟天，萧厝人，清道光十二年（1832年）恩科董长藩榜武举人。

萧紫侯 讳功诏，萧厝人，清道光二十六年（1846年）丙午科武举人。

萧为邦 讳国华，萧厝人，清同治六年（1867年）丁卯科举人。

萧为敬 讳和麟，萧厝人，清代举人，赠武翼都尉。

二、已知当代人物名录

（一）现当代知名人士

萧秋云 字润卿，南埔镇萧厝村人，1902年出生，国民党惠安县梅东乡区分部书记，惠安县参议员。

（二）副处（团）级及以上人士

萧锡卿 又名刘夕青，祖籍南埔镇萧厝村，1914年出生，参加红军二万五千里长征，历任中央军委教导师卫生处处长，冀察热辽赵韩纵队卫生部部长，东北合江军区后勤部副部长兼卫生部长，东北铁路总局卫生部部长、铁道部卫生局局长（副部长级）。

萧　健 祖籍南埔镇萧厝村，1923年出生，历任福建省委员、经委主任，福建省第七届人大常委会副主任，党的十二大代表。

萧良民 南埔镇惠屿村人，1928年出生，新疆维吾尔自治区水利厅副厅长。

萧宗英 南埔镇萧厝村人，1935年出生，历任国家建委综合局副处长，国家计委农林局森工处处长，国家林业投资公司总经济师、总会计师，国家开发银行评审局局长。

萧伟民 南埔镇萧厝村人，1935年出生，上海师资培训中心副主任，副教授。

萧成栋 南埔镇萧厝村人，1937年出生，历任中共南平地委组织部部长、地委副书记、南平市政协主席。

萧英国 南埔镇萧厝村人，1937年出生，泉州市重工业局局长，市经委正处级调研员。

萧秀琼 南埔镇萧厝村人，女，1937年出生，第七届全国人大代表，泉州市水产局副局长。

萧柏青 南埔镇萧厝村人，1940年出生，福州大学化工系党总支书记。

萧绵如 南埔镇萧厝村人，1940年出生，厦门市政协秘书长。

萧德星 南埔镇萧厝村人，1942年出生，惠安县政协副主席、县人大常委会副主任。

萧庆川 南埔镇萧厝村人，1942年出生，铁道兵第7师33团副团长，转业任职于惠安县建委。

萧昭育 南埔镇萧厝村人，1943年出生，莆田市林业局局长，市人大常委会农经委主任。

萧奕如 南埔镇萧厝村人，1943年出生，厦门市出入境办事处副处长。

萧敬东 涂岭镇樟脚村人，1943年出生，福建省人民政府办公厅财税金融处处长。

萧双英 涂岭镇樟脚村人，1944年出生，福建省人民政府办公厅经贸处处长。

萧辉如 南埔镇萧厝村人，1952年出生，厦门市工商行政管理局办公室主任、工会主席。

萧庆聪 南埔镇萧厝村人，1959年出生，泉港区人武部部长，转业任中共泉港区委常委、区政法委书记。

萧培松 南埔镇萧厝村人，1961年出生，中共南平市纪委常委、秘书长。

萧惠亮 南埔镇萧厝村人，1961年出生，福建省农业厅纪检组组长，商务厅纪检组组长。

萧超山 南埔镇萧厝村人，女，1962年出生，莆田市城厢区政协副主席。

萧荣耀 南埔镇萧厝村人，1963年出生，厦门市公安局预审处处长、纪委办公室主任。

萧银辉 南埔镇萧厝村人，1963年出生，福州海警副团职干部。

萧仁辉 南埔镇萧厝村人，1963年出生，历任福建省司法厅社区矫正和安置帮教工作处处长，福建警察学院副院长，福建省监察厅副厅长。

萧惠梅 南埔镇萧厝村人，女，1963年出生，福建省水利厅调研员，高级工程师。

萧惠中 南埔镇萧厝村人，1963年出生，历任泉港区人大常委会副主任，区人民政府副区长，副主任医师。

萧德同 南埔镇萧厝村人，1964年出生，福建省边防总队海警二支队副支队长。

萧　兴 南埔镇萧厝村人，1965年出生，南京军区某部副团职干部，转业任福建省台办经济处副处长。

萧汉辉 南埔镇萧厝村人，1966年出生，历任中共洛江区委副书记，区人民政府区长，中共惠安县委书记，泉州市人民政府副市长。

萧立刚 南埔镇萧厝村人，1967年出生，中共光泽县委副书记，南平市人防办主任。

萧小凌 南埔镇萧厝村人，1973年出生，同济大学建筑设计研究院设计二所副所长。

萧惠文 南埔镇萧厝村人，1974年出生，福建省水利厅省农村饮水安全中心副主任，高级工程师。

萧群鹰 南埔镇萧厝村人，1975年出生，武警福建省总队政治部副团职干部，西安武警学院副教授。

符文渝　南埔镇萧厝村人，女，1939 年出生，国家商业部饲料局副处长，国家农业投资公司某处处长、部门主任，国家开发投资公司项目部副主任。

刘惠兰　南埔镇萧厝村人，女，1963 年出生，福建省司法厅法规与司法鉴定处副处长。

（三）副处级及以上国有企业人士

萧如钦　南埔镇萧厝村人，1946 年出生，福建南纺股份有限公司党委副书记、纪委书记。

萧小东　祖籍南埔镇萧厝村，1955 年出生，华闽集团党组成员、副总经理（副厅级）。

萧建平　南埔镇萧厝村人，1968 年出生，福建省农业发展银行信息技术处副处长，高级工程师。

（四）高级专业技术职务者

萧茂栋　南埔镇萧厝村人，1932 年出生，泉港二中高级教师。

萧清源　南埔镇萧厝村人，1934 年出生，泉港南埔中学高级教师。

萧宗杰　南埔镇萧厝村人，1935 年出生，福建省交通厅高级工程师、副总工程师。

萧惠元　南埔镇萧厝村人，1939 年出生，荷山中学高级教师。

萧茂金　南埔镇萧厝村人，1940 年出生，北京石油设计院高级工程师、副总工程师。

萧成坤　南埔镇萧厝村人，1941 年出生，泉港南埔中学高级教师。

萧宗杰　南埔镇萧厝村人，1941 年出生，泉港二中高级教师。

萧必泉　南埔镇萧厝村人，1942 年出生，厦门大学数学系教授。

萧文斌　南埔镇萧厝村人，1944 年出生，泉港南埔中学高级教师。

萧茂发　南埔镇萧厝村人，1945 年出生，泉港南埔中学高级教师。

萧德扬　南埔镇萧厝村人，1946 年出生，泉港二中高级教师。

萧宗苗　南埔镇萧厝村人，1952 年出生，泉州医学高等专科学校副教授。

萧　鸿　南埔镇萧厝村人，1952 年出生，北京科学技术出版社高级编辑。

萧建发　南埔镇沙格村人，1961 年出生，泉港区教育局中学高级教师。

萧建煌　南埔镇萧厝村人，1964 年出生，厦门兴海湾监理咨询有限公司高级工程师。

萧娓珠　南埔镇萧厝村人，女，1965 年出生，福建医科大学附属第二医院主任护师。

萧清云　南埔镇萧厝村人，1966 年出生，福建省第五建筑工程公司副总经理，高级工程师。

萧德武　南埔镇萧厝村人，1968 年出生，泉州市北渠管理处高级工程师。

萧如添　南埔镇萧厝村人，1968 年出生，泉港三川中学高级教师。

萧臻辉　南埔镇萧厝村人，1968 年出生，泉港三川中学高级教师。

萧美添　南埔镇惠屿村人，1968 年出生，华侨大学教授，博士，博士生导师。

萧清荣　南埔镇萧厝村人，1969 年出生，泉州市山美水库管理处高级工程师。

萧景华　南埔镇萧厝村人，女，1969 年出生，泉港天竺中学高级教师。

萧龙明 南埔镇邱厝村人，1969 年出生，泉港鸠林中学高级教师。

萧永鹤 南埔镇萧厝村人，1971 年出生，泉港天竺中学高级教师。

萧碧良 南埔镇萧厝村人，1973 年出生，泉港鸠林中学高级教师。

萧良霞 南埔镇萧厝村人，1973 年出生，泉港区后龙中心小学中学高级教师。

萧伟华 南埔镇萧厝村人，1974 年出生，泉州市水利水电局高级工程师。

萧良水 南埔镇沙格村人，1974 年出生，泉港三朱中学高级教师。

萧梅莲 南埔镇萧厝村人，女，1975 年出生，泉港二中高级教师。

萧顺辉 南埔镇萧厝村人，1976 年出生，泉港天竺中学高级教师。

萧立宝 南埔镇萧厝村人，1977 年出生，泉港二中高级教师。

陈金英 南埔镇萧厝村人，女，1966 年出生，泉港二中高级教师。

刘慧君 南埔镇萧厝村人，女，1975 年出生，西安交通大学管理学院副教授、博士、博士生导师。

（五）博士

萧惠扬 南埔镇萧厝村人，1970 年出生，德惠置业福建有限公司董事长，经济学博士后。

萧龙强 南埔镇萧厝村人，1988 年出生，武汉大学高分子化学与物理博士。

周　伟 南埔镇萧厝村人，女，1983 年出生，中国船舶研究设计中心博士。

（六）港澳台胞及海外侨胞知名人士

萧碧川 字为德，祖籍南埔镇萧厝村，1893 年出生，居台湾，中华民国国民代表大会候补代表，全国闻名的五大商埠商家。率先把湄洲湾萧厝港用“碧霞洲”名称注册，并标识于世界航海图。

普亮法师 俗姓萧，祖籍南埔镇萧厝村，1900 年出生，侨居新加坡，新加坡莲山双林寺住持，新加坡南洋中华佛教会会长。曾两度扩建修葺双林寺，号召华侨回国抗日。1942 年在双林寺被日军逮捕，并惨遭杀害。

成雄法师 俗姓萧，祖籍南埔镇萧厝村顶馆，1917 年出生，童年出家为僧，后移居新加坡、印度尼西亚等地，任寺观住持，多次回国建寺，捐资兴建萧厝小学“成雄楼”。

萧永堂 祖籍南埔镇萧厝村，1919 年出生，黄埔军校第十七期毕业，台湾防务部门陆军连长。

萧顺水 祖籍南埔镇萧厝村，1924 年出生，居台湾，台湾警官学校第 21 期毕业，曾任县、市法官检察官，最高检察署检察官。

萧志元 祖籍南埔镇萧厝村，1929 年出生，居台湾，台湾当局防务主管部门海军军法处上校军法官。

萧宗健 祖籍南埔镇萧厝村，1932 年出生，居台湾，台湾神州彩印事业有限公司董事长，对家乡公益事业及两岸交流颇有贡献。

萧良能 祖籍南埔镇萧厝村，1935 年出生，居台湾，中华闽惠旅台萧氏宗亲会理事长。

萧如建 祖籍南埔镇萧厝村，1942 年出生，居台湾，致力于推动海峡两岸公益慈善事业互助合作，捐建家乡寺庙、学校和道路等公共设施，发起成立“怀恩寺慈善福利协会”，成为福建省第一家私立慈善机构，从事扶危济困助学活动已达二十余年。

萧明辉 祖籍南埔镇萧厝村，1947 年出生，居台湾，台湾政界人士。

萧　磊 祖籍南埔镇萧厝村，女，1967 年出生，侨居加拿大，加拿大多伦多大学助教，某高级中学教师。

萧　晨 祖籍南埔镇萧厝村，女，1973 年出生，侨居美国华顿商学院硕士，23 岁入选美国科学家协会和优秀学者联谊会会员，美乎和高盛投资银行金融程序制作工程师。

萧敬腾 祖籍南埔镇萧厝村，1987 年出生，居台湾，台湾著名流行歌手，连续两届获台北市政府“善行奖”。

三、英烈名录

萧士贵（1927—1950 年） 南埔镇萧厝村人，志愿军 34 师 100 团战士，入朝作战牺牲。

萧美聪（1952—1970 年） 南埔镇惠屿村人，解放军 5757 部队 37 分队战士，在四川达县执勤中牺牲。

第六节　记 事

明崇祯十七年（1644 年），参将萧武率兵勤王。

明末清初，王海平、施文信占霞岛（今惠屿岛）为盗寨，利用海岛地利抢夺出入货运船只。

清顺治十八年（1661 年），萧氏族人因“迁界”而向兴化府内地移民。

清光绪二十年（1894 年），清诰授奉政大夫萧继光在施厝村建造“兰陵桥”。

清光绪二十一年（1895 年），萧金沙向后龙镇后墘村梅林基督教堂请设支会。

民国 10 年（1921 年）夏，发生乌艚事件。山东商船触探屿沉没。时任省长李厚基（山东人）派刘汝芬营长带兵入萧厝村，挨家挨户搜查，劫掠金银细软无数，滥捕乡民十余人，关押于沙格宫，又索赔二万块大洋方作罢。

民国 17 年，民国海军陆战队林寿国暗中参与贩私，派一营军队，先后二次剿乡。幸宗贤萧碧川设法营救，乡里转危为安。

1951 年，峰尾诚忠乡第一任乡长萧猴仆因公出海捕鱼作业，在湄州湾白礁附近遭海匪杀害。

1958年，萧厝柯港海堤动工建筑。

1958年，萧厝海带养殖业试验成功。萧厝基督教堂被拆建为渔业社综合厂。

1962年6月12日，萧厝横屿岛独立建置行政村——惠屿生产大队，为泉州市唯一海岛行政村。

1968年，萧厝发展海上机帆船作业，采用灯光捕鱼获得丰收。

1972年，萧厝试验养殖紫菜种苗培育，成功后全面推广。

1975年，国家、省领导人胡启立、万里、郝建秀、项南先后到萧厝考察肖厝港。

1979年，萧厝发展滩涂地养虾、养蟹业。

1981年，萧厝基督教会信徒恢复信教。

1983年，萧厝村实现照明通电。

1984年，萧厝萧氏开始发展海上网箱养鱼。

1988年，旅台宗亲萧如建集资重建盛美宫。

1989年，重建萧厝基督教堂，面积140平方米。

1992年5月，萧厝村级公路竣工通车。

1994年，农历正月初九日，萧氏宗祠奠基重建，同年落成。

1995年春，重修《梅峰萧氏族谱》，同年农历闰八月完成。

1997年6月，国家领导人邹家华到萧厝考察。

1998年，萧厝渔业码头经省政府批准为泉港区唯一台轮停泊点。

2000年7月，泉州市海洋聚苯乙烯树脂项目开工建设，于2002年正式投产。2008年由福建方兴化工有限公司（福建方通港口有限公司）收购。

2000年，萧厝村村委会大楼建成。

2001年，萧厝发展鲍鱼养殖业。

2001年，萧厝小学教学楼建成。

2004年春节，举行首届萧厝村“兰陵杯”春节篮球赛。

2004年，东港石化有限公司仓储基地及码头于萧厝施建。

2006年，萧厝进行大规模鲍鱼养殖。

2006年5月13日，萧厝代表萧成仁、德青、汝馨、必宛应邀出席马来西亚第五届环球萧氏宗亲恳亲大会。17日应邀前往新加坡，参加萧氏宗亲会成立50周年纪念庆典。

2006年8月，萧厝村老协会萧成仁、萧德青代表泉州地区萧氏宗亲上京反映，从教育部带回《中国语言文字规范手册》，作为纠“肖”复“萧”依据。

2010年2月，泉港兰陵文化研究会成立。

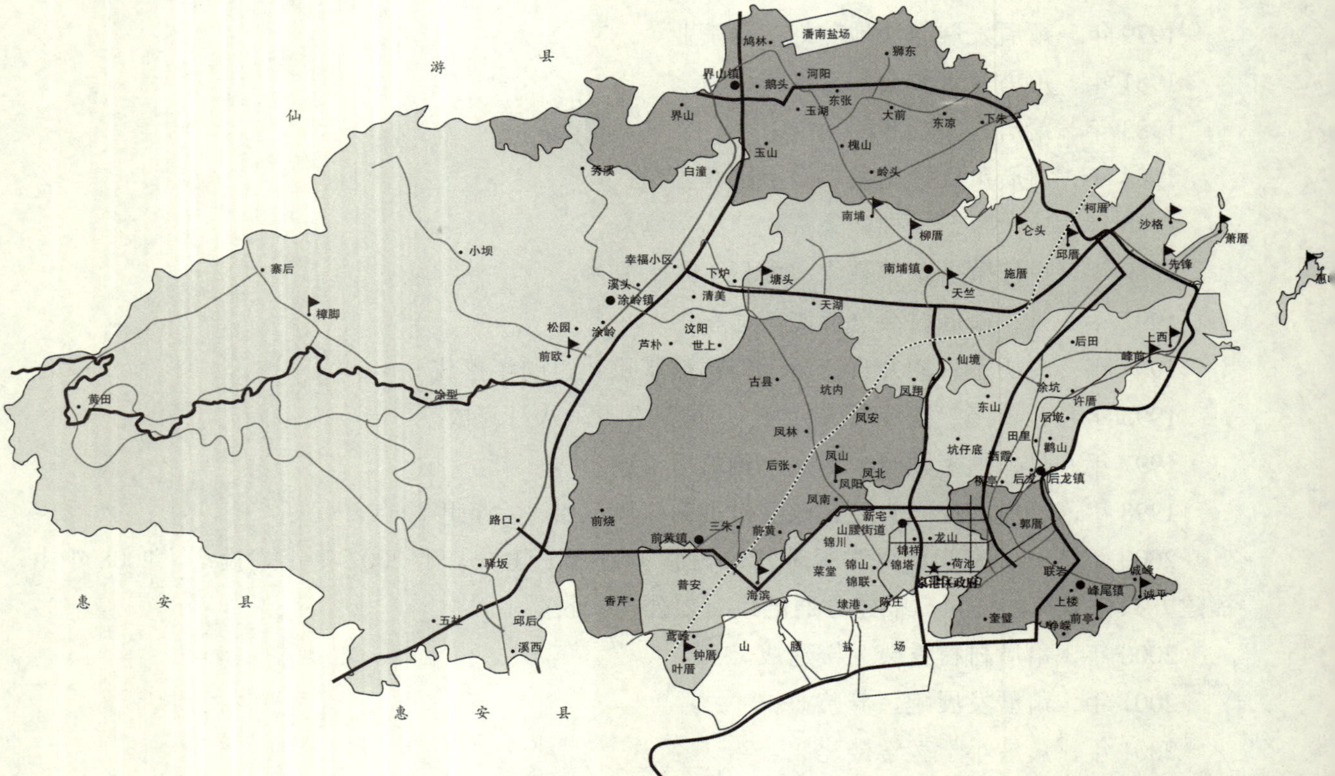

本图 表示村姓分布，时间截至2007年底

泉港区萧姓分布图

第十三章

柯

第一节 溯 源

一、起源

出自姬姓。古公亶父次子仲雍裔孙名柯卢，其后代以其名为姓，姓柯。仲雍是周文王之父季历仲兄，而蔡姓为季历后裔，故“柯蔡”同宗。

出自姜姓，是炎帝神农氏的后裔。春秋时，齐国开国国君姜子牙的嫡系子孙有一支系被分封到柯邑，其后裔以封地名“柯”为姓。

出自少数民族改姓。北魏鲜卑族柯拔氏改姓柯。

古代羌族也有柯姓，其后代子孙称柯氏。

历史上，柯姓形成济阳、钱塘、河南等郡望。

二、入闽

唐光启年间（885—888 年），柯亮（字延熙）随王潮、王审知南迁入闽，驻福州金斗桥。其裔孙柯庆文于北宋天圣二年（1024）登进士第，随父寄籍南安县城东门，至宋绍圣元年（1094 年）迁居泉州元妙观西的水沟下巷。柯庆文生有 4 子：述、逑、迪、廷，相继登科。

后晋天福元年（936 年），柯卢派下裔孙柯宝自晋江迁居莆田武盛里西山，为柯氏入莆一世祖。

南宋时期，有河南固始县兄弟三人相率入闽，派下分姓辛、柯、蔡，故有三姓同宗之说。

明永乐年间（1403—1424年），莆阳柯宝第15代孙柯学农迁仙游县连江里寺头开族繁衍。

三、入泉港

明永乐年间（1403—1424年），柯学农长子柯善正（讳庄），三子柯善友迁居泉州府惠安县十都东林铺阿厝乡（一说为十一都柯厝，即今南埔镇柯厝村）。柯善正生3子：柯重威、柯重振、柯恭厚。衍传为长房、二房、三房。

有资料显示，最迟在元代，今南埔镇先锋村岩山一带已有柯姓聚居，山下海滨有柯港地名。后裔播迁莫稽。

第二节 繁衍

一、区内分播

涂岭镇

秀溪柯氏

1950年，有2户柯氏自涂岭镇秀溪村棋盘迁往界山村居住，其中1户后又迁居本村桥头。

界山镇

界山柯氏

1950年，有族人析居涂岭镇白潼村。

南埔镇

柯厝柯氏

长房后裔分布于尾厝后、祠堂后、宫后、善后埕、山寨等角落；二房有一部分析居今界山镇介山蚵寨，另一部分仍留居本村，大致分布于后埔、大埕、井兜、新厝、黑大门、学校后等角落；三房后裔大致分布于厝后沟、大埕、井兜、树兜、三脚、六主、寨仔、大厅等角落。

柯厝柯氏

清康熙年间（1662—1722年），柯厝二房第 9 世裔柯朝煜、柯朝英兄弟迁居今界山镇界山村蚵寨，而后又有“朝”字辈 5 兄弟先后迁入，现有 500 多户。

1949 年，柯厝柯氏后裔析居南埔镇仑头村新厝房。

另有“亨”字辈裔孙析居南埔镇天湖村后张尾，至今已传 6 代，有 20 户。

二、人口分布

泉港区柯姓有 8380 人，列泉港世居姓第 13 位。主要聚居于 3 个镇，依次是：南埔镇 4130 人，界山镇 4047 人，涂岭镇 203 人。具体分布如下：

街道、镇	村落人口	合计
涂岭镇	秀溪村旗盘 150 人；白潼村白水岭 53 人。	203
界山镇	界山村仓厝 245 人，石鼻 403 人，顶府 727 人，北头尾 400 人，下管 740 人，七间张 400 人，五间张 414 人，交界 718 人。	4047
南埔镇	柯厝村 3912 人；仑头村新厝房 109 人；天湖村后张尾 71 人：先锋村 22 人：沙格村 16 人。	4130

三、外迁主要支系

界山镇

界山柯氏

族人先后迁居新加坡、吉隆坡及我国台湾地区、莆田忠门、今仙游县枫亭镇秀峰村、耕丰村、山头堡等地，约 1000 人。

清道光二十五年（1845 年），柯厝第 13 代柯芋尾随父母由柯厝大厅前迁居仙境后榄。

南埔镇

柯厝柯氏

明代，柯厝柯氏三房第 6 世柯东湖迁居今莆田市仙游榜头镇烘炉村，柯潭湖迁居霞浦县。

清顺治十八年（1661 年），第 9 世裔柯秋徙居湖北武昌城。

清乾隆年间（1736—1796 年），三房第 11 世裔柯起栋迁居霞浦县鹤鼻头。

清道光二十五年（1845 年），柯厝第 13 世柯芋尾随父母由柯厝大厅前迁居仙游后榄。因生计困难，柯芋尾于光绪四年（1878 年）自仙游后榄迁居今涂岭镇秀溪村旗盘，繁衍生息。

道光年间（1821—1851 年），第 13 世裔柯氏迁居浙江石浦。

民国时期（1912—1948 年），柯氏后裔多支迁居今台湾台北市。

第三节　谱牒

《济阳蚵厝家谱》

系南埔镇柯厝柯氏族谱。旧谱于“文化大革命”期间被毁。1999 年重修未竟。郡望“济阳”，堂号“瑞鹊”，昭穆自第 10 代起，依次为：

德起隆盛（朝）、元亨利贞、安富存荣、孝悌忠信。

涂岭镇秀溪柯氏

堂号“济阳”，昭穆为：

公侯伯子男，君卿士大夫。宗尔为淑永，世昭应承龙，文章怀华国，忠孝振族誉。

第四节　史迹

一、宗祠

柯氏宗祠

柯氏宗祠外景

位于南埔镇柯厝村。肇建年月无考。1999 年重建。坐北朝南，石砖木结构，建筑面积 380 平方米，大门口有石埕围墙，占地 500 多平方米。楹联有：

济阳传宗翰墨飘香毓俊彦，

柯园创业棠棣争辉耀门楣。

巡抚功高绩著山西纬武经文靖乾坤，

学士位尊身居龙阁雄才伟略匡帝业。

卢祖著姓孙枝俊发派衍九州源流远，

庄公肇基宗风丕振族开五房世泽长。

柯氏宗祠内景

二、宫庙

龙兴宫

位于南埔镇柯厝村。始建于明永乐年间（1403—1424 年）。1992 年台胞捐资重建。坐西北朝东南，内挂“泽被四海”匾，建筑面积约 200 平方米，宫左边建有“新兴府”。总占地近 600 平方米。宫联有：

龙门起浪驾圣祖，

兴安波涛赖慈航。

圣明德泽功盖宋史安社稷，

祖荫黎庶显庇济阳保康宁。

龙兴宫

新兴庙

俗称“土地庙”，位于南埔镇柯厝村三角地仔通厂路西侧。始建于 1977 年。2003 年因南埔火电厂建设用地需要，移址厂边孝石潭前。2007 年因通港路建设需要，由龙兴宫道教管委会和村老协会主持再次移址重建。

新兴庙

三、墓葬

柯庄墓

位于柯厝后山月上。坐向壬丙兼子午。因南埔火电厂建设用地需要，2003 年迁葬界山镇天马山上。柯庄系柯厝柯氏始祖。

第五节 人 物

一、已知当代人物名录

（一）副处（团）级及以上人士

柯荣贵 界山镇界山村人，1932年出生，某部团职干部，转业任永春县人大常委会副主任。

柯荣旗 界山镇界山村人，1954年出生，江西省鹰潭市预算外资金管理局局长。

柯富森 界山镇界山村人，1956年出生，武警福建边防总队海警二支队副政委。

柯明星 南埔镇柯厝村人，1956年出生，某部副团职干部。

柯太清 界山镇界山村人，1959年出生，广州空军正团职干部。

柯新聪 南埔镇柯厝村人，1963年出生，泉港边检大队政治处主任，转业任职于泉州市公安局丰泽分局。

柯秀丽 南埔镇柯厝村人，女，1964年出生，泉州市司法局副局长。

柯玉宗 南埔镇柯厝村人，1966年出生，中共厦门市同安区委常委、常务副区长。

柯加宾 南埔镇柯厝村人，1970年出生，福州铁路公安处治安支队政委。

（二）副处级及以上国有企业人士

柯家耀 界山镇界山村人，1954年出生，福建省外贸投资（控股）公司党委副书记，教授级高级工程师。

柯明通 南埔镇柯厝村人，1969年出生，兴业银行总行银行合作中心副总经理，高级经济师。

（三）高级专业技术职务者

柯德贵 南埔镇柯厝村人，1935年出生，漳平二中高级教师。

柯候金 南埔镇柯厝村人，1940年出生，泉港南埔中学高级教师。

柯永仁 南埔镇柯厝村人，1945年出生，厦门工程机械厂高级工程师。

柯明发 界山镇界山村人，1962年出生，泉港职专高级教师。

柯明贵 界山镇界山村人，1962年出生，泉港惠华中学高级教师。

柯加照 界山镇界山村人，1962年出生，泉港惠华中学高级教师。

柯宗明 界山镇界山村人，1967年出生，泉港鸠林中学高级教师。

柯华吉 南埔镇柯厝村人，1968年出生，福建岩土工程勘察研究院厦门分院高级工程师。

柯兴谋 南埔镇柯厝村人，1968年出生，泉港顺南中学高级教师。

柯炳春 界山镇界山村人，1972年出生，泉港区教师进修学校中学高级教师。

柯俊民 界山镇界山村人，1973 年出生，泉港庄重文实验小学中学高级教师。

柯惠强 界山镇界山村人，1975 年出生，泉港鸠林中学高级教师。

柯杰兰 南埔镇柯厝村人，女，1975 年出生，泉港一中高级教师。

柯明泉 界山镇界山村人，1975 年出生，泉港鸠林中学高级教师。

柯文祥 界山镇界山村人，1976 年出生，泉港鸠林中学高级教师。

柯文煜 界山镇界山村人，1976 年出生，泉港鸠林中学高级教师。

（四）博士

柯宜谋 祖籍南埔镇柯厝村，台湾清华大学博士。

（五）港澳台胞及海外侨胞知名人士

柯灿生 祖籍南埔镇柯厝村，1913 年出生，居台湾，台湾一东玩具业有限公司董事长，台北市玩具同业公会理事。

柯良鹏 祖籍南埔镇柯厝村，1923 年出生，居台湾，台中伟业企业公司董事长，连任六届台中市议员，台中市惠安同乡会第三届理事长，对同乡会贡献甚多。

柯灿煌 祖籍南埔镇柯厝村，1932 年出生，居台湾，台北市道教协会理事。

柯顺金 祖籍南埔镇柯厝村，1934 年出生，居台湾，组织台胞捐资重建祠堂，兴建家乡公共设施。

柯进富 祖籍南埔镇柯厝村，1935 年出生，居台湾，台湾胜峰织造、东盛兴业有限公司董事长。

柯阿宝 又名金宝，祖籍南埔镇柯厝村，1951 年出生，居台湾，台北市龙兴宫董事长，曾率团回家乡恳亲。

第六节 记 事

1992 年，柯厝柯氏重建龙兴宫和新兴府。

1992 年农历正月，台北市龙兴宫以柯阿宝为首，组团回南埔柯厝恳亲、联谊、会香。

1995 年，界山村柯氏兴建宗祠，建筑面积 250 平方米。

1997 年 11 月，柯厝柯氏重建祠堂并举行祭祖庆典。

2003 年，南埔镇柯厝村柯姓开基祖墓迁葬界山镇界山村（蚵寨村）山上。

2007 年，南埔柯厝小学重建。同年，柯厝村柯枫林、柯茂泉、柯细聪等前往金门参加“柯蔡宗亲会”。11 月，莆田市仙游县榜头镇溪尾村柯厝柯氏宗亲组团到南埔镇柯厝村参加祠堂重建 10 周年和认祖归宗庆典活动。

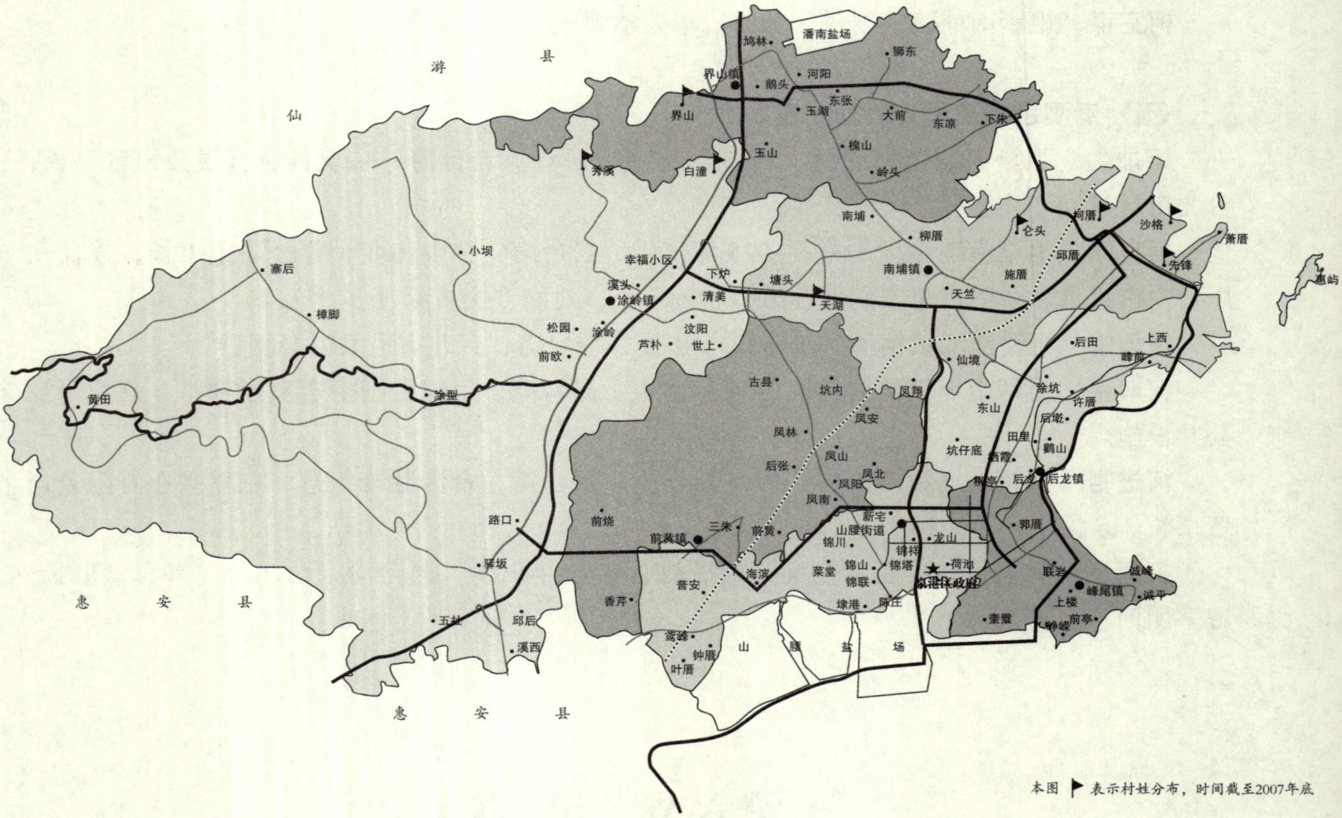

本图 表示村姓分布，时间截至2007年底

泉港区柯姓分布图

第十四章 朱

第一节 溯 源

一、起源

源自古帝颛顼之后。相传颛顼裔孙陆终第 5 子安，封地在曹（今山西东定陶县西南），称曹安。周武王灭商后封曹安裔孙曹侠在邾国（今山东曲阜东南南陬村），称邾子侠，附庸于鲁。春秋时，传 12 世至仪父，进为子爵之国，也称邾娄。战国时，邾国被楚国所灭，子孙以国名“邾”为氏，去邑为朱。至汉大司马长史朱诩，世居沛国相县，为朱氏始祖。

源自朱襄氏。远古时代在河南睢阳一带，有一支以蜘蛛为图腾的朱襄氏部落，后来沿袭姓朱。

出自宋国开国君主微子启。春秋时，诸侯灭宋，后裔逃至砀（今江苏砀山县），改宋氏为朱氏。

出自外族改姓。南北朝时，有鲜卑族复姓浊浑氏、朱可浑氏改为单姓朱氏。

历史上，朱姓形成钱塘、河南、凤阳、紫阳等郡望。

二、入闽

唐总章二年（669 年），河南光州固始陈政、陈元光父子率府兵入闽平乱，随军中有军谋祭酒朱秉英、队正朱参。

唐乾符元年（874年），朱诩第41世裔、广明年间进士朱玑自河南光州固始入闽，任防御团练使，升古田令。黄巢起义，时局动荡，朱玑卜居莆阳黄石水南琳井（今莆田市荔城区黄石镇井埔村），为黄石朱氏始祖。

后梁乾化年间（911—915年），为避战乱，安徽亳州永城朱澥率族众迁福建侯官，后再迁仙邑香山里党田乡（今仙游县赖店镇玉墩村古洋）繁衍。

宋宣和四年（1122年），江西婺源朱松入闽任尤溪县尉，其子朱熹寓居建阳。子孙衍居闽地。

宣和七年（1125年），朱玑第10代孙朱赏迁居仙游枫亭朱寨。郡望“钱江”。

三、入泉港

明永乐十九年（1421年），朱寨大三房派下朱俑隋（讳季郎）之子入赘惠安涂岭岭内，遂自仙游县枫亭朱寨迁居今涂岭镇芦朴村西仁，为西仁朱氏开基祖。

永乐二十二年（1424年），琳井派下、朱寨大四房派下朱俑仪之子朱禄（字铭爵），随养父姓郑，自兴化府仙游县连江里迁居惠安县六都，入籍后林（今前黄镇三朱村后林）。至万历年间（1573—1620年）获准复姓，改郑为朱。朱氏繁衍迁播周边村落，形成许多聚居点，今统称“三朱”。郡望“钱江”。

朱澥第14世裔朱秋老第3子朱虎自仙游县赖店玉墩村古洋入赘惠邑十都沙格（今南埔镇沙格）陈八泰家。后陈八泰有嫡子出生，朱虎恢复本姓，于明万历年间（1573—1620年）开基赤屿仔（今属界山镇东凉村），为赤屿仔朱氏一世祖。郡望“钱江”。

清康熙十年（1671年），有泉州东岳朱氏族人迁居今前黄镇古县村土仁。

清嘉庆二十一年（1816年），有琳井朱氏生6子，其中朱茂一、朱茂六留居故里，而朱茂二嗣港西，朱茂三嗣白水，朱茂森（行四）开基白水岭（今属涂岭镇白潼村），朱茂发（一作茂林，行五）开基铁钉埕（今界山镇玉山村）。

第二节　繁衍

一、区内分播

前黄镇

后林朱氏

第5世朱侃开基后山。第6世朱邦枢开基完内，其子朱奇略从完内迁往芹坑下宝石湖开基。第6世朱邦栋开基都巡。都巡三房有部分族人又迁居后樟林；二房与部分三房迁居后宅；

都巡尾厝部分迁居前樟林。都巡、完内、后林均有族裔散居于后宅、下宝。

清顺治十二年（1655 年），后林第 8 世朱光国携子朱祚自后山迁居惠安八都蔡林铺港头（今峰尾镇联岩村港头后角）。港头后角第 6 世分支仙境（今属联岩村），已传至第 12 代。

清初，后林朱氏有族人析居今涂岭镇涂岭村洋尾，分为顶洋尾和下洋尾。

后林朱氏家庙

涂岭镇

涂岭岭内朱氏

岭内朱氏析居顶打朱、下打珠。下打朱又分支于西垄（也称西仁），分为顶西垄和下西垄。

清乾隆五年（1740 年），下洋尾朱氏族裔迁居今前黄镇古县村亭头，已传 12 代。

清代，下洋尾朱氏兄弟析居于今涂岭镇松园村，其中下虎岩为长房，梧坑为二房。

二、人口分布

泉港区朱姓有 8196 人，列泉港世居姓第 14 位。主要聚居于 4 个镇，依次是：前黄镇 4542 人，涂岭镇 1508 人，界山镇 1089 人，峰尾镇 1057 人。具体分布如下：

街道、镇	村落人口	合计
前黄镇	三朱村后林 618 人，后山 305 人，都巡 860 人，完内 572 人，溪墘 497 人，下宝 410 人，后宅 217 人，前樟林 301 人，后樟林 220 人；古县村土仁 309 人，亭头 233 人。	4542
涂岭镇	芦朴村西仁 700 人；松园村梧坑虎岩 158 人；涂型村 44 人；白潼村白水岭 32 人；清美村 30 人；涂岭村下打珠 225 人，顶打珠 8 人，洋尾组 238 人，亭铺组 68 人；五社村八担 5 人。	1508
界山镇	东凉村赤屿仔 1041 人；玉山村铁钉埕 48 人。	1089
峰尾镇	联岩村港头 208 人，仙境 849 人。	1057

三、外迁主要支系

前黄镇

后林朱氏

后林第 4 世朱宽敬迁居仙游枫亭。其孙朱宝（第 6 世）迁福清。

第 8 世朱光世（一作朱光辅）自后林迁惠安县黄塘象坑湖，现有 2500 多人。

清乾隆十六年（1751 年），第 9 世朱士傅迁居麟山（今属惠安县辋川镇），已传 11 代，现有 300 人。

第 16 世下宝石湖朱福水从芹坑石湖房徙居新加坡，现有 300 多人。芹坑朱清街、朱清秀迁居厦门，现有近 150 人。

后林朱氏播迁的还有：

伟房派下：第 16 世朱福全、福来兄弟迁居新加坡。朱水来有 5 个儿子居新加坡。第 19 世朱桂金、桂德兄弟迁居新加坡。第 18 世朱吉生、马生迁居新加坡。

下厝脚派下：第 18 世朱瑞德迁居新加坡。第 16 世朱灶生长子居南安洪濑蔡都。

后林祖分居南头派下：第 16 世朱木春迁居厦门；朱乞成迁居新加坡。

朱贲支系：第 16 世朱玉水、玉波兄弟，朱水金及六子，朱细兴父子居新加坡；朱佑来、佑枝居新加坡；朱泉清生七子居厦门；朱火土居台湾。第 17 世朱亚礼、朱法成居新加坡；朱在生、朱锦成居厦门。

石湖下宝朱奇略支系：第 16 世朱清秀居厦门。第 17 世朱元全居厦门。

都巡旅房支系：第 16 世朱汉膺子孙、第 18 世朱联法子孙分别定居厦门、泉州等地。第 17 世朱福仁、乌龙、福木、福建兄弟居新加坡。

后山支系：第 16 世朱细清第 3 子迁往南洋。

涂岭镇

涂岭村朱氏

民国 37 年（1948 年），涂岭村下打珠有族人迁居台湾。

20 世纪 30 年代，涂岭村洋尾有族人迁居厦门鼓浪屿。90 年代，有朱姓族人迁居香港，现有 8 人。

第三节 谱牒

《后林朱氏族谱》

系前黄镇三朱朱氏族谱。明万历年间（1573—1620 年），朱氏第 4 世、进士郑一龙上《复姓疏》奏请复姓。天子准奏复姓后，其子朱秩修谱、祭祖。至第 8 世朱梦岛重新抄续。1949 年，第 15 世朱芬重抄。1990 年第 17 世朱细义、朱丁元等 7 人重新编修。内容含上卷《后林朱氏族谱》、中卷《后林朱氏纪序》、下卷《后林朱氏名著》，铅印，32 开本，96 页。灯号“琳井”。

《仙惠朱氏族谱》

系仙游、惠安、泉港3地朱氏联合修编，历时5年，2001年出版，记述以党田朱氏为主，收入相关文件、仙惠朱氏分布图、题词、前言、凡例、概况、祖辈像赞、序言荟萃、源流考略、世系表析、先贤家训、文物古迹、古今人物、出迁情况等。16开本，700页，铅印，无彩页，圆背锁线精装。

《芦朴西仁朱氏族谱》

系涂岭镇芦朴西仁朱氏族谱。“文化大革命”期间旧谱被焚。2005年冬，朱冬玉、朱顺玉、朱银法等重新编撰。

涂岭镇白潼朱氏

字辈为：茂亚必文庆耀国。

涂岭镇涂岭村朱氏

堂号“钱江”“琳井”，字辈为：金、永。

界山镇东凉赤屿仔朱氏

堂号“钱江”，字辈依次为：

赏，仁子积宗祖，文玄原大纯，百千万兆画乾坤，富贵福泽天保宁，

诗书礼乐永绵长，仙示福禄兆吉祥，公侯伯子男，仁义礼智信。

第四节　史迹

一、祠宇

后林朱氏家庙

俗称后林祠堂，位于前黄镇三朱村后林。建于明嘉靖三十二年（1553年）。坐东朝西，五开间，中间三门直出，庙前三级埕，占地面积约800平方米。上厅悬挂有“三代两参政”“五世八诗人”“祖孙明经”“父子明经”“兄弟明经”“兄弟举人”等匾。楹联有：

一门双进士，

七世八伦恩。

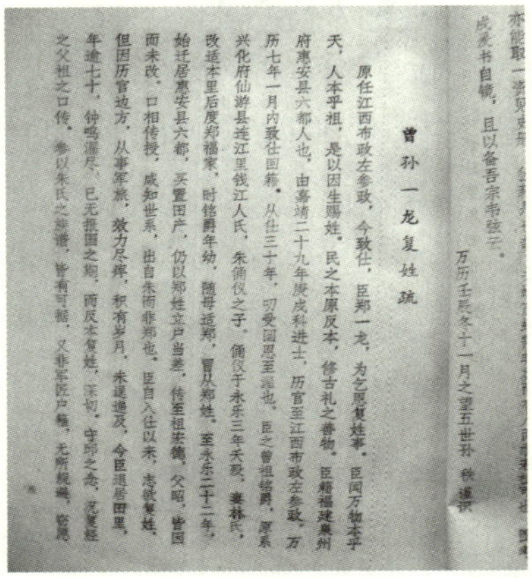
成亦书自镜，且以备吾宗寺兹云。
万历壬辰冬十一月之望五世孙 [illegible] 谨识

曾孙一龙复姓疏

原任江西布政左参政，今致仕，臣郑一龙，为乞恩复姓事。臣闻万物本乎天，人本乎祖，是以因生赐姓，民之本原反本，修古礼之善物。臣籍福建泉州府惠安县六都人也，由嘉靖二十九年庚戌科进士，历官至江西布政左参政，万历七年一月内致仕回籍，从仕三十年，叨受国恩至渥也。臣之曾祖铭爵，原系兴化府仙游县连江里钱江人氏，朱俌仪之子。俌仪于永乐三年夭殁，妻林氏，改适本里后度郑福家，时铭爵年幼，随母适郑，冒从郑姓。至永乐二十二年，始迁居惠安县六都，买置田产，仍以郑姓立户当差，传至祖宗德，父昭，皆因而未改，口相传授，咸知世系，出自朱而非郑也。臣自入仕以来，志欲复姓，但因历官边方，从事军旅，效力尽瘁，积有岁月，未遑递及，今臣退居田里，年逾七十，钟鸣漏尽，已无报国之期，而反本复姓，深切守丘之念，况复经之父祖之口传，参以朱氏之族谱，皆有可据，又非军匠户籍，无所规避，官民

朱一龙《复姓疏》

后林朱氏家庙

赤屿仔朱氏宗祠

位于界山镇东凉村赤屿仔东北面。始建于民国15年（1926年），郡望“钱江”，对联有：

根从钱江世泽长，
叶在赤屿耀家声。
天相朱门百代簪缨来继往，
地名赤屿一方气脉屈还伸。

港头朱氏祖祠

位于峰尾镇联岩村港头村北端。坐东朝西，2004年重修落成，占地面积450多平方米。对联有：

祖祠源远泽延朱寨，
昭穆并然派衍港头。
婺源望族童麟趾，
理学家声振凤毛。

港头朱氏祖祠

仙境朱氏祖居

位于峰尾镇联岩村仙境。坐西朝东，占地面积250平方米，埕地面积450平方米。前有砖埕、水池，中厅挂“钱江流芳”匾。

仙显钱江圣水源流远，
境凌岩山祖德世泽长。
紫阳先贤拓祖族，
钱江后裔振家徵。

仙境朱氏祖居

芦朴朱氏祖祠

位于涂岭镇芦朴村西仁。坐东北向西南，地势呈“飞凤下田”状。大门前有两对旗杆夹。

芦朴朱氏祖祠

士仁朱氏祖祠

位于前黄镇古县村亭头。堂号“紫阳”，堂联：

鹅湖世泽，鹿洞家声。

朱汉膺故居

位于前黄镇三朱村后宅。系中共闽中地下交通站。民国38年（1949年）7月3日，国民党军警500余人围剿后宅，其住宅及其他民房数座遭焚毁。中华人民共和国成立后，经修缮，恢复旧貌。

朱汉膺故居

二、宫庙

妈祖庙

位于涂岭镇芦朴村西仁。始建于明代，总宫原址位于芦朴透山（一作塔山）边马宫亭处，清乾隆三十一年（1766年）移址分香重建，名为“龙济宫”。因年久失修致倒塌，1999年旅台族裔朱桂金倡议筹资重建。石砖混结构，建筑面积150平方米。

妈祖庙

龟山宫

位于前黄镇三朱村溪墘自然村。始建时间不详，相传明代朱姓迁入前已经存在。1952 年遭拆毁，1981 年朱氏华侨捐资重建。坐东朝西，建筑面积 100 平方米，二进硬山式屋脊，土砖木结构。宫前有一大埕，对面是戏台。龟山宫联对有：

龟山英灵是非现，
桥水长流善恶分。
龟龄延年积德厚，
山英秀丽善心多。
龟山浩荡甄因果，
桥水汪洋涤世情。
桥水长流运不息，
龟山古地寿无疆。

龟山宫

三、墓葬

朱一龙墓

位于涂岭镇驿坂村酒店坑头山。辛乙向。朱一龙，后林人，明嘉靖二十九年（1550 年）进士，官至陕西苑马寺卿、辽东参政、广东参政。

朱又焕墓

位于涂岭镇菱溪，后因建设水库被淹没。朱又焕，后林人，明天启二年（1622 年）进士，历任户科给事中、浙江布政司左参议。

朱汉膺墓

位于前黄镇三朱村后宅。1983 年修建。朱汉膺，中共惠安地下革命主要领导人之一。

朱汉膺墓

第五节　人　物

一、历代科第仕宦名录

朱一龙（1515—1590 年）　字于田，号昆东，六都后林人。明嘉靖十九年（1540 年）中举，二十九年（1550 年）唐汝楫榜进士。任应天府溧阳县令、南京刑部主事升员外郎中、广西按察司佥事、广东参政、按察司副使、陕西苑马寺卿、辽东参政改任广东参政。著有《一统舆图广略》《剔历余稿》《游海梦谈》《诗余类编》等16卷。

朱又焕（1587—1644年）　字予文，号北泰，六都后林人。明天启二年（1622年）文震孟榜进士，授浙江金华府推官，擢升户科给事中、浙江布政司左参议。著有《户垣谏草》4卷。墓在县北菱溪（今属涂岭镇）。

朱瑞骏（1601—1657年）　字廷俞，号怀赤，六都后林人。明崇祯六年（1633年）武举人。

朱奇略（1606—1647年）　字廷猷，号飚五，六都后林人。明崇祯十五年（1642年）武举人。

朱兆纲（1616—1693年）　原名瑞参，字长鲁，号人庵，六都后林人。清顺治十一年（1654年）举人，山西马邑知县，后侨居江宁（属南京）。著有《云中吟》6卷，《冀北吟》6卷，《睡足堂集》。曾修纂《惠安县志》稿，未刊印。

二、已知当代人物名录

（一）副处（团）级及以上人士

朱汉膺　前黄镇三朱村后宅人，1908年出生，中共惠安地下革命斗争主要领导人之一。解放前任惠安县工委书记、闽浙赣游击总队闽中支队惠安人民游击大队大队长兼政委。新中国成立后历任惠安县人民政府县长，中共晋江地委委员、副秘书长，晋江专署农委副书记、农工部副部长。

朱联法　前黄镇三朱村人，1924年出生，解放前任中共三朱区工委书记。新中国成立后历任中共惠安县委委员、农工部部长，晋江地区农业学校校长。

朱扶成　前黄镇三朱村人，1924年出生，中共地下党员，华侨大学人事处处长，福建省华福技术贸易公司经理，正厅级离休干部。

朱成才　前黄镇三朱村人，1925年出生，惠安县人民政府县长，北京语言学院党委副书记，国务院侨办企业司副司长，正厅级离休干部。

朱瓦水　前黄镇三朱村人，1927年出生，三明市检察院检察长、三明市政协副主席，厅级离休干部。

朱德金　前黄镇三朱村人，1927年出生，中共地下党员，泉州市环保局局长，处级离休干部。

朱水英　前黄镇三朱村人，1927年出生，武夷山高干疗养院师职干部。

朱碧英　前黄镇三朱村人，女，1928年出生，中共地下党员，中侨委副司级离休干部。

朱菁华　前黄镇三朱村人，女，1928年出生，中共地下党员，惠安县人民政府副县长，处级离休干部。

朱兴宗　前黄镇三朱村人，1930年出生，中共地下党员，惠安县人民法院院长，县政协主席，正处级离休干部。

朱春水 涂岭镇芦朴村人，1932年出生，华侨大学处长，惠安县人民法院院长。

朱宗举 峰尾镇联岩村人，1938年出生，厦门市公安局外事办主任。

朱贻恭 前黄镇三朱村人，1940年出生，漳州市商业局副局长。

朱木水 界山镇东凉村人，1941年出生，海军422医院院长，主任医师。

朱文金 前黄镇三朱村人，1943年出生，中共福清县委常委，福清市侨联主席。

朱亚衍 前黄镇三朱村人，1944年出生，历任厦门市人民政府市长、福建省人民政府副省长，中共福建省委常委、省委秘书长，省人大常委会副主任。

朱合兴 前黄镇三朱村人，1953年出生，泉港区人大常委会副主任，正处级干部。

朱定波 前黄镇三朱村人，1954年出生，历任中共泉州市委政研室副主任，泉州晚报副总编辑，中国闽台缘博物馆副馆长，研究馆员、主任编辑、高级经济师。

朱跃明 涂岭镇涂岭村人，1954年出生，福建省环保厅辐射环境监督站站长。

朱秀泉 前黄镇三朱村人，1955年出生，福建省消防总队副参谋长。

朱亚菁 前黄镇三朱村人，1955年出生，厦门市质量技术监督局计量处、质量管理处处长，高级工程师。

朱周能 前黄镇三朱村人，1957年出生，泉州市丰泽区人民政府副区长。

朱德宏 前黄镇三朱村人，1957年出生，泉州市公安局劳教办主任。

朱团能 前黄镇古县村人，1960年出生，历任泉州市洛江区人民政府区长，安溪县人民政府县长、中共安溪县委书记，泉州市人大常委会副主任。

朱育平 前黄镇三朱村人，1961年出生，福清市人大常委会副主任。

朱跃斌 前黄镇三朱村人，1962年出生，泉州市食品药品监督管理局副局长。

朱双春 前黄镇三朱村人，1962年出生，泉州市公安局交警支队纪委书记。

朱逊军 前黄镇三朱村人，1963年出生，广东珠海市拱北边防检查站政委。

朱文毅 前黄镇三朱村人，1963年出生，历任福建省委办公厅综合处副处长，省电源监管办稽查综合处处长，国家能源局福建省电源监管办副专员。

朱奕硼 前黄镇三朱村人，1964年出生，厦门市工商局信息分局局长。

朱伟东 前黄镇三朱村人，1966年出生，中国外交部驻泰国大使馆参赞、总领事。

朱建兴 峰尾镇联岩村人，1968年出生，广西南宁航空兵42师侦察科科长，转业任职于泉港区农林水局。

朱艳群 前黄镇三朱村人，女，1972年出生，泉州180医院副团职干部，转业任职于泉州中级人民法院。

朱清峰 峰尾镇联岩村人，1977年出生，泉州市洛江区消防大队教导员。

王少瑜 前黄镇三朱村人，女，1962年出生，历任厦门市城乡规划局监察室主任，厦门鼓浪屿管委会纪委书记（副厅级）。

黄丽红 前黄镇三朱村人，女，1963年出生，泉州市政协文史和学宣委副主任。

杨卓羽 前黄镇三朱村人，女，1964年出生，福建省物价局价格研究所副所长，高级经济师。

许哲文 前黄镇三朱村人，女，1970年出生，中国外交部驻泰国大使馆二等秘书兼领事。

（二）副处级及以上国有企业人士

朱赞特 涂岭镇涂岭村人，1942年出生，龙岩矿务局党委书记。

朱　昭 前黄镇三朱村人，1973年出生，厦门国际航空港股份有限公司副总经理兼上市公司董事会秘书，高级经济师。

（三）高级专业技术职务者

朱丕兴 前黄镇三朱村人，1927年出生，福州中西医结合医院主任医师，福建医科大学教授。

朱来文 界山镇东凉村人，1928年出生，安徽合肥科学院教授。

朱辉煌 前黄镇古县村人，1933年出生，惠安三中高级教师。

朱国清 前黄镇三朱村人，1934年出生，华侨大学化学系教授。

朱保佑 前黄镇三朱村人，1934年出生，华南理工大学教授。

朱静川 前黄镇三朱村人，1935年出生，泉港二中高级教师。

朱咸佑 前黄镇三朱村人，1936年出生，山东机电设备成套局高级工程师。

朱伙英 前黄镇三朱村人，1938年出生，福建永安机械厂高级工程师。

朱星火 前黄镇三朱村人，1942年出生，泉州市歌剧团团长，导演。

朱泉伙 前黄镇三朱村人，1945年出生，泉港华侨医院副主任医师。

朱黎川 前黄镇三朱村人，1945年出生，泉港区教育局中学高级教师。

朱添桂 前黄镇三朱村人，1946年出生，泉港二中高级教师。

朱秀德 涂岭镇芦朴村人，1947年出生，泉港清美中学高级教师。

朱秋贵 前黄镇三朱村人，1951年出生，泉港三朱中学高级教师。

朱益民 前黄镇三朱村人，1953年出生，漳州内燃机厂高级工程师。

朱雪蓉 前黄镇三朱村人，女，1954年出生，泉港二中高级教师。

朱瓦明 前黄镇三朱村人，1956年出生，泉港后龙学区中学高级教师。

朱煜煊 前黄镇三朱村人，1959年出生，福建圣元环保公司董事长，高级经济师。

朱龙坤 峰尾镇联岩村人，1959年出生，福建医科大学教授，博士。

朱定中 前黄镇三朱村人，1961年出生，惠安妇幼保健院副主任医师。

朱影慧 前黄镇三朱村人，1961年出生，泉州培元中学高级教师。

朱育鸣 前黄镇三朱村人，1962年出生，福清市建筑设计院高级工程师。

朱毅群 前黄镇三朱村人，1962年出生，福建省体工大队篮球教练员。

朱文辉 前黄镇三朱村人，1965年出生，泉港山腰中学高级教师。

朱惠元 峰尾镇郭厝村人，1966年出生，泉港天竺中学高级教师。

朱文生 界山镇东凉村人，1966年出生，泉港区教师进修学校中学高级教师。

朱荣章 峰尾镇联岩村人，1967年出生，泉港一中高级教师。

朱建清 峰尾镇联岩村人，1968年出生，泉港一中高级教师。

朱妙珍 前黄镇三朱村人，女，1968年出生，惠安县妇幼保健院主任医师。

朱逊强 前黄镇三朱村人，1968年出生，晋江鹏山师范学校高级讲师。

朱进忠 涂岭镇芦朴村人，1970年出生，泉港六中高级教师。

朱惠明 涂岭镇涂岭村人，1971年出生，泉港惠华中学高级教师。

朱　鹏 前黄镇三朱村人，1971年出生，惠安高级中学高级教师。

朱惠南 涂岭镇芦朴村人，1972年出生，泉港坝头中学高级教师。

朱进宏 前黄镇三朱村人，1972年出生，福建省电力一建高级工程师、总工程师。

朱福平 涂岭镇芦朴村人，1973年出生，泉港六中高级教师。

朱平山 前黄镇三朱村人，1976年出生，泉港天竺中学高级教师。

朱达锋 前黄镇三朱村人，1976年出生，漳州市交通局质检站高级工程师。

朱凌芳 前黄镇三朱村人，女，1979年出生，美国亚利桑那大学研究员。

陈丽静 前黄镇三朱村人，女，1964年出生，福清元洪师范学校高级讲师。

柯金珠 峰尾镇联岩村人，女，1968年出生，泉港一中高级教师。

张丽瑞 前黄镇三朱村人，女，1969年出生，晋江鹏山师范学校高级讲师。

马庆玲 前黄镇三朱村人，女，1978年出生，中央民族大学教授。

（四）博士

朱　峰 前黄镇三朱村人，1989年出生，中国科技大学有机化学博士。

朱萍萍 前黄镇三朱村人，女，留美博士，高级工程师。

（五）港澳台胞及海外侨胞知名人士

朱桂金 祖籍涂岭镇芦朴村西仁，1925年出生，居台湾，退休教师，多次回大陆探亲，并捐建家乡公共设施。

朱景辉 祖籍涂岭镇涂岭村，1960年出生，居香港，深圳闽泰集团董事长，全国政协委员，多次捐建涂岭中心小学校舍和家乡公共设施。

朱育清 祖籍前黄镇三朱村都巡，1964年出生，居香港，高级工程师。

三、英烈名录

朱成吉（1898—1930年） 前黄镇三朱后林人，组织十八乡群众在菱溪社庄岭抗击汪柴水匪军中牺牲。

朱偷梨（1914—1949年） 又名朱玉明，峰尾镇联岩村人，中共地下工作者，在漳州石峰山剿匪时被误杀。

朱连丁（1922—1953年） 前黄镇三朱村下宝人，志愿军201团副班长，朝鲜战场中牺牲。

第六节 记 事

明万历十八年（1590年），后林进士郑一龙上疏复姓。

万历十九年（1591年），后林朱氏复姓，朱一龙之子朱秩主持修纂《后林朱氏族谱》，祭祖晋主。

民国15年（1926年），后林第16世裔朱汉膺参加农民协会和农民自卫军，进步思想传入三朱。

民国19年，在中国共产党的领导下，三朱等“十八乡”群众痛击汪柴水匪军，开展抗捐拒匪斗争，拉开惠安暴动的序幕。7月，朱汉膺由蓝飞凤、陈平山介绍加入中国共产党。不久，三朱地下党支部成立。三朱地下交通站建立。

三朱革命斗争纪念碑

民国21年，“惠北抗捐大同盟”在三朱昆山寺成立，并举行誓师大会。

民国27年，后林更名为三朱，含后林、后山、完内、都巡、溪漧、下宝、后宅、前樟林、后樟林等11个自然村。

民国38年8月23日，朱汉膺率领人民游击队从三朱出发，参与解放惠安县城。

1990年10月，惠安县人民政府树立三朱革命斗争纪念碑。

1997年初，反映三朱人民革命斗争历史的《昆山风云》刊发。该书由中共惠安县委党史研究室和泉州市肖厝工作委员会党工部联合编撰。

1997年7月，三朱革命斗争纪念碑被列为泉州市第二批爱国主义教育基地。

2001年，《朱汉膺纪念文集》出版。

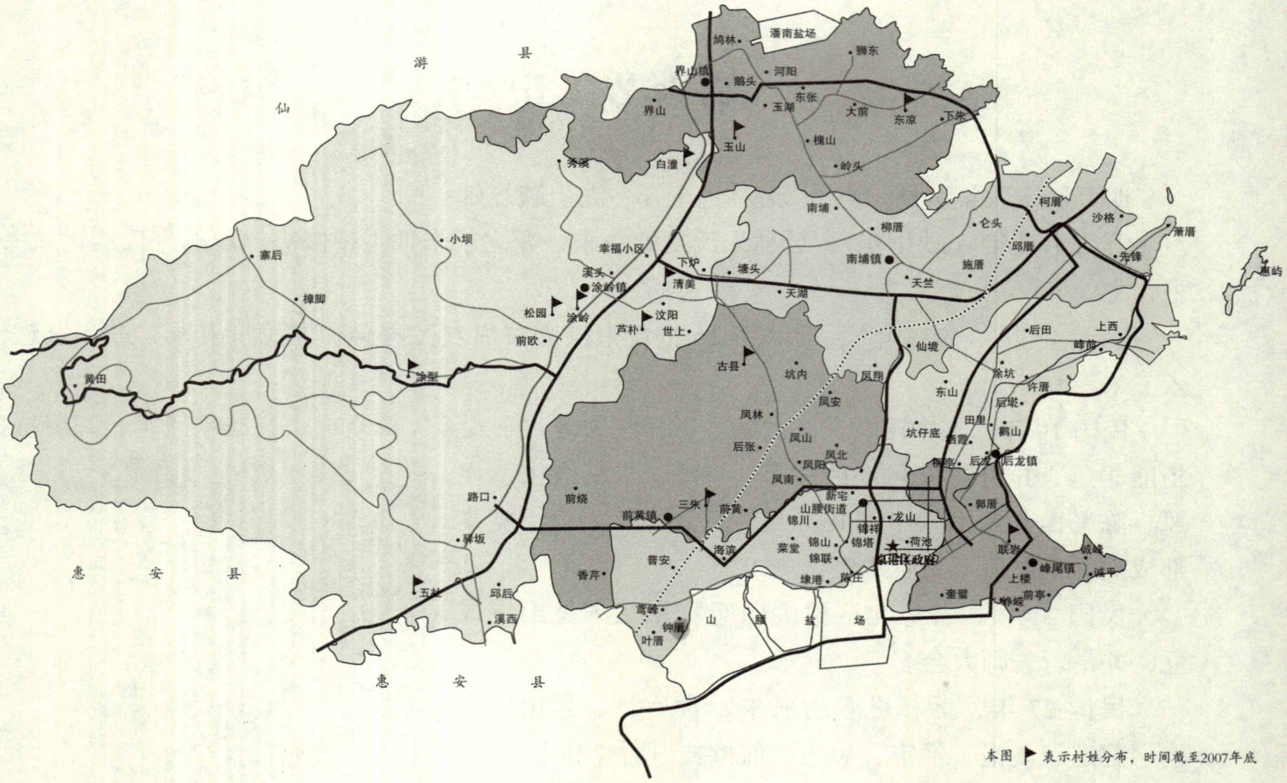

本图 表示村姓分布，时间截至2007年底

泉港区朱姓分布图

第十五章

鍾

第一节　溯 源

一、起源

出自子姓，为商汤的后代，以邑为氏。周武王灭商后，封微子启于宋（今河南商丘南），建宋国。周赧王二十九年（前286年），宋国被齐、魏、秦三国瓜分，其裔奔河南，定居颍川郡，后裔分支发脉于江南江西、福建汀州府，分派各地。另有一说，宋桓公曾孙伯宗为晋国大夫，因勇于直言遭人嫉恨而被害，其子州犁逃到楚国，任楚太宰，食采钟离（今安徽凤阳东北），其后人或以地名为氏，或单称钟氏。其裔孙钟离昧为秦末楚军名将，项羽失败后被刘邦逼杀，子钟离接逃难迁居颍川长社（今河南长葛），改姓钟，史称钟接。颍川长社自汉代始人才辈出，成为钟氏的发展繁衍中心，大多数钟氏尊奉钟接为始祖。

出自嬴姓，为钟离氏改钟氏。周代伯益的后人封钟离国，春秋时被楚国吞并，国人称钟离氏，后以“钟”为姓。

据传上古时蚩尤与黄帝战于涿鹿，失败后其部落遗民在江南一带形成苗、瑶、畲等少数民族的一部分。蚩尤的部落首领盘瓠因抗击犬戎族侵略有功，帝喾赐与三公主成婚。其子孙姓钟，为畲族。

二、入闽

东晋末年，颍川派下钟接第32世裔钟朝（号伯宁）入闽居汀州。

后梁中大通二年（530 年），钟荣自河南颍川入闽，任晋安王记室，居三山（今福州）。后裔衍居龙岩、漳州等地。

唐总章二年（669 年），河南光州固始人陈政任岭南道行军总管，奉命率府兵入闽平乱。随从有将佐钟德兴，后在福建安家。

宋隆兴元年（1163 年），江西吉安府永丰县乐仁里钟安（字伯宁）以进士授兴化府同知。五传至钟准（字道器）以乡举任漳州府教授，卜居圭海冠山。钟准生 6 子：仙秀、仁峰、燕贻、福寿、隐逸、化成，各传支系。其中第 6 子钟化成（讳耿坊）之子钟伴儒迁往厦门钟宅居住。

明永乐二十一年（1423 年），钟宅钟颜德迁居安溪盐坛（今安溪县善坛），为安溪善坛钟氏一世祖。

三、入泉港

明嘉靖六年（1527 年），善坛（今属安溪县）第五世钟可仰（讳进响）迁居惠安海头（今山腰街道钟厝村）繁衍，为钟氏开基祖。灯号“颖川”。

第二节　繁衍

一、区内分播

山腰街道

钟厝钟氏

钟氏分布于山腰街道钟厝村、鸢峰村。开基祖生 3 子，各有衍传。长子钟逊能衍传长房、墓屿房、上长房。次子钟逊德衍传中房支系。三子钟东卿衍传钟厝顶科和下科支系，其中顶科祖生 2 子，长子传 7 家，次子传 8 家；下科祖生 2 子，长传田墘、细肖二房，次子传顶和鳅、下和鳅 2 房。居钟厝钟氏为盐户，现有 1225 户；居鸢峰钟氏为农户，现有 365 户。

二、人口分布

泉港区钟姓有 7007 人，列泉港世居姓第 15 位，主要聚居于山腰街道。具体分布如下：

街道、镇	村　落　人　口	合计
山腰街道	钟厝村 5807 人；鸢峰村 1200 人。	7007

三、外迁主要支系

约民国 9 年（1920 年），钟厝田墘房顶五家钟妈亮、钟细亮和顶科钟鸡母因家穷外出谋生，定居福建省平潭县中楼韩厝村开族。

民国 19 年，钟晚元迁居新加坡，生 2 子。

民国 24 年，钟房法迁居新加坡，后转居印尼，生 4 子。

民国 25 年，田墘钟银叶携妻到今新加坡一带谋生，定居大坡北马律。

民国 34 年，鸢峰村钟德馨携长子钟政融、次子钟政勋定居台湾桃园县。

民国 36 年，钟卢生迁居台湾，后定居美国；钟荣贵、钟港法迁新加坡，家眷也先后迁居。

1950 年，钟助法迁居新加坡，生 7 子。钟金来旅居台湾高雄市。钟永英子钟鸣定居台湾省台中市。钟同钦居于台湾，生 4 子。钟理才子钟家隆居台北市。钟儒珍生 3 子，住台湾彰化市。钟国才之子居台湾高雄。钟永玉生 4 子，居台湾省高雄市鼓山区。

1958 年，钟荣吓迁居马来西亚。

第三节 谱 牒

《钟厝村史》

系山腰街道钟厝钟氏谱史。1991 年，钟厝、鸢峰畲族村史编修组编撰，钟振益主编。内容含钟氏谱牒、畲族渊源及山川人文等，16 开本，共 168 页。郡望“颍川”，字辈依次为：

尔健思隐，文明重振，家兴昌盛。

忠孝智仁昌，诗书德义杨，俊贤绵世泽，龙凤腾翔长。

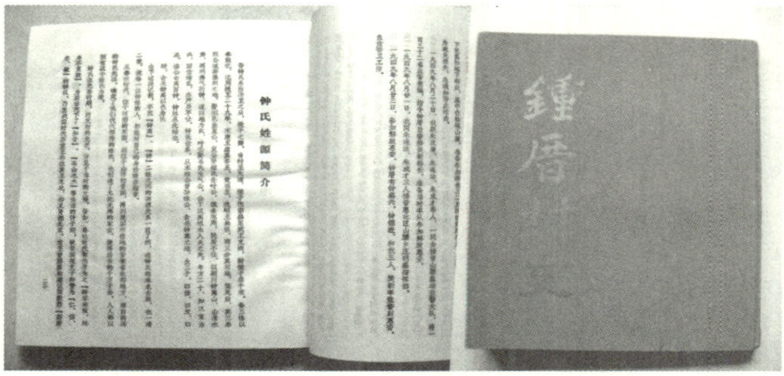

钟厝村史

第四节 史 迹

一、祠宇

钟氏宗祠

位于山腰街道钟厝村。始建时间不详。1998 年重修。坐东朝西，占地面积 185 平方米。

厅堂正上方悬挂“文魁”“颍川衍派”匾。对联有：

功建前朝，帝喾高辛亲教授；

名垂后裔，皇子王孙免差徭。

正蕴藻流芳革繁存异彩，

喜宗支藩衍灵爽有凭依。

由清溪以来惠善坛分支自是英灵不爽，

从嘉靖而至今颍川衍派一向财帛无逊。

钟氏宗祠

二、宫庙

德音社

位于山腰钟厝村。坐东朝西。1980 年重修，建筑面积 318 平方米。宋代惠北忠恕乡德音里，下辖五都、六都、七都、八都。钟厝属德音里。

德音社（一）

德音社（二）

石德山宫

位于山腰街道钟厝村。始建于民国 28 年（1939 年）。1982 年重修。2000 年 11 月扩建。建筑面积 92.4 平方米。

龙山宫

也称太师宫，位于山腰街道钟厝村。始建时间不详。1982 年重建。坐西北向东南，石木结构，建筑面积 150 平方米。

潮音宫

位于山腰街道钟厝村。始建时间不详。1994 年重修。2008 年扩建。坐西北向东南，砖木仿古建筑，建筑面积334 平方米。

第五节　人 物

一、历代科第仕宦名录

钟尔慥　钟厝人，清雍正元年（1723 年）恩科举人。

二、已知当代人物名录

（一）副处（团）级及以上人士

钟盛兴　山腰街道钟厝村人，1928 年出生，惠安县人民政府副县长，泉州市水电局副局长。

钟德进　山腰街道钟厝村人，1930 年出生，龙岩地区轻工局局长，福建省盐业局局长，副厅级离休干部。

钟明华　山腰街道钟厝村人，1933 年出生，总后勤部军械部 507 部副师级干部。

钟耀炳　山腰街道钟厝村人，1935 年出生，福建省武警总队医院院长，大校。

钟茂馨　山腰街道鸾峰村人，1935 年出生，厦门大学物理系党委书记，副教授。

钟宝堂　山腰街道鸾峰村人，1938 年出生，交通部一航局科研所所长。

钟国山　山腰街道鸾峰村人，1945 年出生，安徽省马鞍山市发改委主任、市人大财经委主任（副厅级）。

钟细晖　山腰街道钟厝村人，1955 年出生，三明市消防支队支队长，转业任泉州市人大常委会法制委主任、内司委主任。

钟振义　山腰街道钟厝村人，1956 年出生，历任福州市边防支队支队长，福建边防武警总队副总队长，大校。

钟文藤　祖籍山腰街道钟厝村，1964 年出生，国家航天二院副院长，高级工程师。

钟海平　山腰街道钟厝村人，1965 年出生，泉港区人民政府副区长。

钟少伟　山腰街道鸾峰村人，1965 年出生，厦门市纪委监察二处主任。

钟曙辉　山腰街道钟厝村人，1967 年出生，重庆市沙坪坝区人大常委、城建工委主任。

钟唯聪　山腰街道钟厝村人，1972 年出生，江西武警总队第 1 支队副支队长。

（二）副处级及以上国有企业人士

钟小平　山腰街道钟厝村人，1956 年出生，福建省电力通信息分公司总经理。

（三）高级专业技术职务者

钟世晖　山腰街道鸾峰村人，1930 年出生，惠安一中高级教师。

钟永明　山腰街道钟厝村人，1934 年出生，厦门大学历史系教授。

钟荣木　山腰街道钟厝村人，1937 年出生，中德轮船公司（汉堡）高级经济师。

钟庆凤 山腰街道钟厝村人，1938 年出生，惠安一中高级教师。

钟秀枝 山腰街道钟厝村人，1940 年出生，泉港二中高级教师。

钟玉麟 山腰街道钟厝村人，1942 年出生，山东省青岛广播电视大学高级教师。

钟锦玉 山腰街道钟厝村人，1957 年出生，泉港五中高级教师。

钟少雄 山腰街道钟厝村人，1958 年出生，泉州农业学校高级讲师。

钟玉祥 山腰街道鸢峰村人，1959 年出生，泉港民族中学高级教师。

钟国忠 山腰街道钟厝村人，1962 年出生，莆田涵江 73306 部队高级工程师，专业技术七级。

钟荣南 山腰街道鸢峰村人，1962 年出生，惠安一中高级教师。

钟严冰 山腰街道钟厝村人，1965 年出生，福建工程学院教授，博士。

钟锦雄 山腰街道钟厝村人，1966 年出生，泉港二中高级教师。

钟世聪 山腰街道钟厝村人，1966 年出生，泉港二中高级教师。

钟泽鑫 山腰街道鸢峰村人，1967 年出生，惠安县医院主任医师。

钟惠波 山腰街道钟厝村人，1971 年出生，北京理工大学经济系主任，教授，博士后。

钟少华 山腰街道钟厝村人，1971 年出生，泉港山腰中学高级教师。

钟泽洲 山腰街道钟厝村人，1971 年出生，泉州幼儿师范高等专科学校副教授。

钟青建 山腰街道钟厝村人，1972 年出生，泉港美发中学高级教师。

钟锦阳 山腰街道钟厝村人，1972 年出生，泉港民族中学高级教师。

钟永宗 山腰街道鸢峰村人，1974 年出生，泉港二中高级教师。

钟跃林 山腰街道钟厝村人，1974 年出生，泉港二中高级教师。

钟三宇 山腰街道钟厝村人，1976 年出生，福建中医药大学副教授。

钟凤林 山腰街道钟厝村人，1977 年出生，福建农林大学园林学院副教授，博士。

钟亚祥 山腰街道钟厝村人，1978 年出生，泉港民族中学高级教师。

陆惠兰 山腰街道鸢峰村人，女，1967 年出生，惠安一中高级教师。

庄宝华 山腰街道钟厝村人，女，1973 年出生，泉港山腰中心小学中学高级教师。

（四）港澳台胞及海外侨胞知名人士

钟露昇 祖籍山腰街道钟厝村，1928 年出生，侨居美国，美国华盛顿大学语言文学及教育学博士，西雅图大学中文系教授，西雅图市中华文化中心负责人。

钟金福 祖籍山腰街道钟厝村，1938 年出生，居香港，香港威豪集团董事长。

钟保家 祖籍山腰街道鸢峰村，1957 年出生于马来西亚，居澳门，海南通澳经济开发投资有限公司总裁，香港新马泰归侨华人联合会永远名誉会长，香港缅华互助会名誉会长，在家乡创立泉港钟厝畲族保家教育基金会。

钟荣信 祖籍山腰街道钟厝村，1964 年出生，居香港，香港威豪集团董事，创办泉港仁爱医院和泉港博文中学。

钟永英 祖籍山腰街道钟厝村，居台湾，台中市义兴实业有限公司董事长，台湾“财政部”国有财产局中区办事处副处长，台中市闽南同乡会理事长，多年来一直服务于教育界、金融界和同乡会。

三、英烈名录

钟顺来（1921—1952 年） 山腰街道钟厝村人，志愿军战士，在朝鲜战斗中牺牲。

第六节 记 事

清乾隆六十年（1795 年），山腰等乡因暴雨崩塌田地 1875.14 亩，改筑为盐滩 1595.29 亩。山腰地区自此开始产盐，其中包括钟厝。

清宣统年间（1909—1911 年），有庞姓（坝头后厝人）在钟厝下八家房三落大厝内设教，启蒙学子。

民国初年，有钟清良在细肖房顶七主东厅设堂执教，启蒙学子。

民国 12 年（1923 年），私塾馆改为惠安县私立鸾山小学。

民国 25 年，山腰成立盐务公署，钟厝设立钟厝盐务所，编制主任 1 人，书爷 1 人，所警 3 人，管盐务。是时，食盐开始秤称，收购归大坨。私有制改为地方公有制。

1952 年，钟细永、钟明宗 2 人组织盐业互助组 2 组。翌年，组织盐业生产初级合作社，社名称“五一”社。

1956 年，钟厝“五一”初级盐业社组织高级社。同年，山腰盐场着手开办钟厝托儿所、幼儿园。

1959 年 3 月，山腰盐场转为地方国营，钟厝工区盐业职工享受国家职工同等待遇。

1982 年，钟厝村、鸾峰村、钟厝工区联合创办钟厝文化俱乐部。

1985 年，钟厝工区创办原盐加碘厂。同年九月廿四日，惠安县人民政府批准山腰乡钟厝、鸾峰两村钟姓 1003 户 5642 人恢复为畲族。

1994 年，泉港（钟厝）民族中学正式招生。

2005 年，钟厝村举办泉港区首届少数民族文化节。

2007 年，钟厝老人活动中心落成。

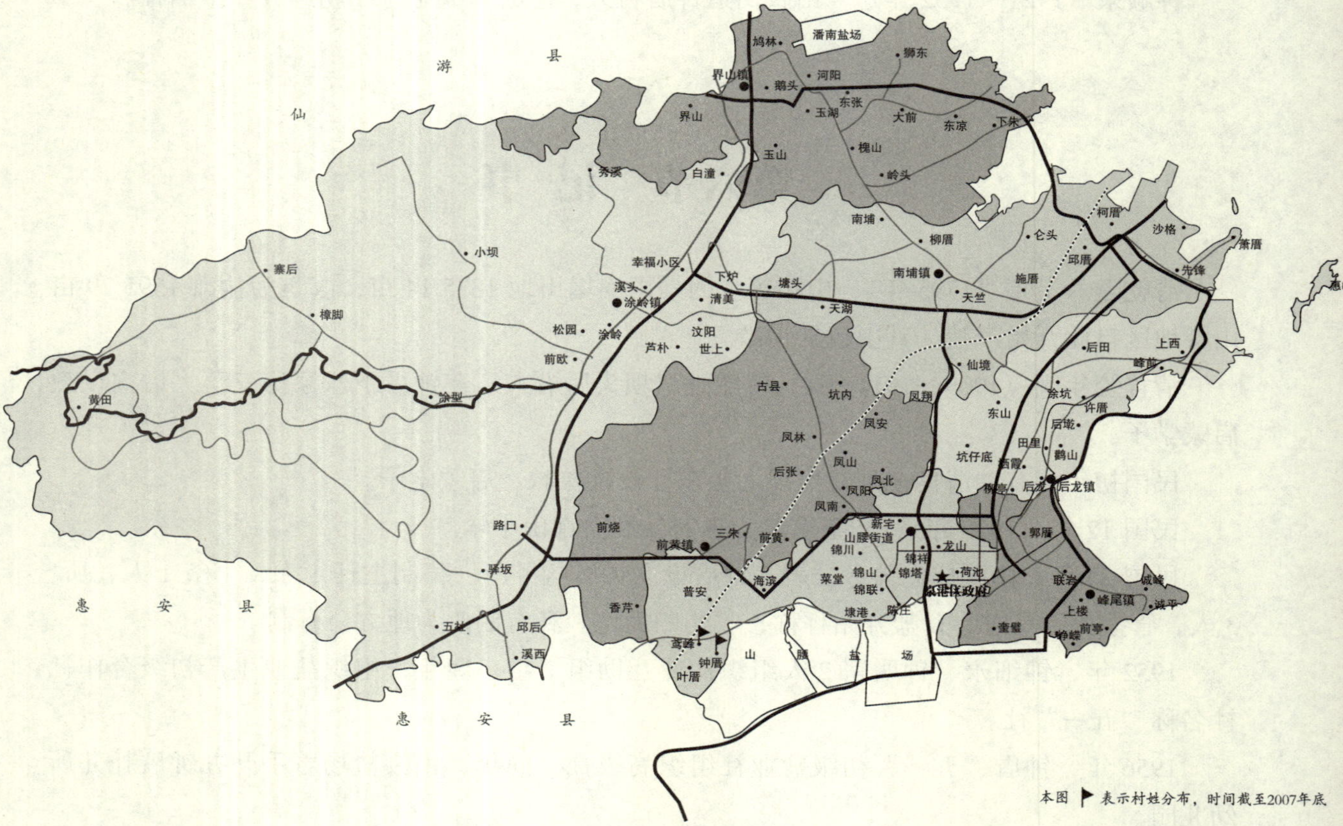
仙
游
县
洛
江
区
惠
安
县
惠
安
县
界山镇
涂岭镇
南埔镇
后龙镇
峰尾镇
前黄镇
山腰街道
泉港区政府
潘南盐场
山
腰
盐
场
本图 表示村姓分布，时间截至2007年底

泉港区钟姓分布图

第十六章 潘

第一节 溯 源

一、起源

出自姬姓，以邑为姓。周文王第 15 子毕公高，封其四子季孙食邑于潘，附庸于毕国，后裔以封地“潘”为姓。燕王时，子孙居上谷（今河北保定一带），汉末潘乾任溧阳（今江苏溧阳市）令，迁荥阳为中牟令，后定居繁衍，派下以“荥阳”为郡望。

出自芈姓，以字为氏。春秋时楚国有潘氏，始祖为楚穆王太师潘崇。其子潘尪、孙子潘党均任楚国大夫，支系以“豫章”为郡望。

出自少数民族改姓。北魏孝文帝迁都洛阳后，代北鲜卑族的破多罗氏改为单姓潘氏，支系以“河南”为郡望。

二、入闽

唐仪凤二年（677 年），东齐太守潘源自河南光州固始随岭南道行军总管陈政将军入闽平乱，开漳建治闽疆。于唐景龙三年（709 年）逝葬泉州西郊潘山皇厝山南麓。潘源为潘氏入闽始祖。灯号“荥阳”。

入闽二世、潘源之侄、潘孟阳之子潘殷（荥阳第 21 世）任潮洲别驾，摄莆田县事，迁南安再迁莆田常太里定居。潘殷为潘氏入莆始祖。

潘殷之孙潘序自南安迁居兴化，生3子：崇胤、崇力、崇钧。潘崇力之子潘承佑生3子：潘慎修（学士房）、潘慎淑（应判房）、潘慎原（孝廉房），衍传3房。

三、入泉港

元代，潘慎原派下、第21世潘应满（字德甫）自仙游县仙溪底迁居港西（今界山镇鸠林村港西自然村），繁衍开族于今界山镇河阳村、鹅头村，统称厚壮潘氏。

其他潘氏支系迁入情况不详。

第二节　繁衍

一、区内分播

涂岭镇

明末，碰头（今属涂岭镇小坝村）潘氏族人迁居今涂岭村后再析居迁往清美村。

清光绪二十五年（1899年），有部分族人迁于涂岭的山外自然村，1966年因建设水库需要，又移居今秀溪村。

清末，潘氏族人自清美村（旧称仓尾）析居溪头村，现有56户。

界山镇

河阳潘厝潘氏族人迁居今涂岭镇路口村。时间不详。

二、人口分布

泉港区潘姓有6209人，列泉港世居姓第16位。主要聚居于2个镇，其中界山镇4990人，涂岭镇1219人。具体分布如下：

街道、镇	村落人口	合计
涂岭镇	清美村清美800人，尾厝100人；溪头村溪头124人，路尾29人，砖仔埕93人；溪西村21人；秀溪村桥头15人，湖内13人；路口村21人；涂岭村3人。	1219
界山镇	河阳村潘厝2990人；鹅头村2000人。	4990

三、外迁主要支系

涂岭镇

清美潘氏

民国 35 年（1946 年），清美潘氏族人潘义和、潘顶宗、潘善宗等徙迁台湾定居。

溪头潘氏

民国 35 年，潘荣成举家徙居台湾。

界山镇

河阳潘氏

第 2 世潘彦震仕广东东莞县。

第 3 世潘乾元仕凉州卫。

第 15 世潘文宽迁居惠安北门，潘宗福移居晋江，潘必安移居湖襄；第 19 世潘伸元以人才征辟赴北京任职；

第 21 世潘守移居同安，潘用移居北京，潘中秋迁居仙游县龙华上余，潘岳任布〔政司〕司椽因屯军居福州。

第三节 谱 牒

《莆阳潘氏族谱》

系界山镇潘氏的莆田宗谱。旧谱系续《景维潘氏族谱》修撰，手抄本。内容有北宋熙宁五年（1072 年）赐进士及第寿溪徐铎科撰序，南宋淳熙四年（1177 年）新安朱熹撰序，元至正二年（1342 年）第 19 世潘伦、第 20 世潘鉴志撰序，明成化十年（1474 年）二十四代孙潘伟撰序，明隆庆元年（1567 年）裔孙潘继美、别驾第 28 世潘堪撰序，清雍正四年（1726 年）别驾第 29 世孙潘弘源撰序。自第 1 至 35 世，历代分房分科整理记载。1984 年旅马华侨捐资铅印，201 页。

《厚壮潘氏族谱》

系今界山镇河阳村、鹅头村荥阳厚壮潘氏族谱。由旅马华侨倡修，记载潘氏入泉港各房各支系繁衍顺序。自第 36 世起，各支系族裔自行整修。1991 年铅印成谱。郡望“荥阳”，堂号“仁宗”“义宗”。

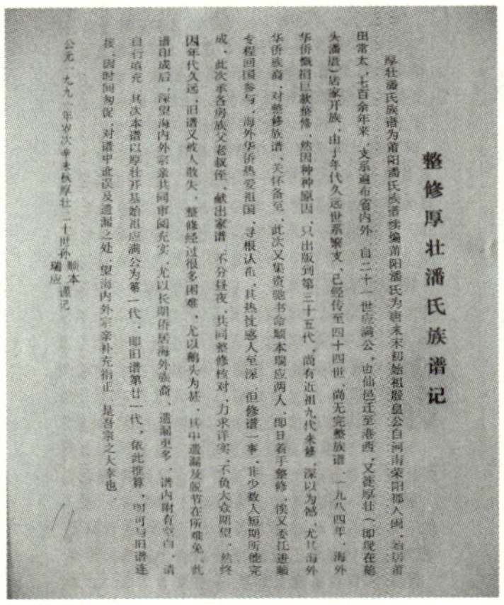

整修厚壮潘氏族谱记

厚壮潘氏族谱为莆阳潘氏族谱续编莆阳潘氏为唐末宋初始祖殷皇公自河南荥阳郡入闽，始居莆田常太，七百余年来，支系遍布省内外。自二十一世应满公，由仙邑迁至港西，又徙厚壮（即现在鹅头潘厝）居家开族，由于年代久远世系繁支，已经传至四十四世，尚无完整族谱。一九八四年，海外华侨慨捐巨款整修，然因种种原因，只出版到第三十五代，尚有近祖九代未修，深以为憾。尤其海外华侨族裔，对整修族谱，关怀备至，此次又集资驰书命毓本瑞应两人，即日着手整修，候又委托进毓专程回国参与，海外华侨热爱祖国，寻根认祖，其热忱感人至深，但修谱一事，非少数人短期所能完成，此次承各房族父老叔侄，献出家谱，不分昼夜，共同整修核对，力求详实，不负大众期望，然终因年代久远，旧谱又被人散失，整修经过很多困难，尤以鹅头为甚，其中遗漏及脱节在所难免，此谱印成后，深望海内外宗亲共同审阅充实，尤以长期侨居海外族裔，遗漏更多，谱内附有空白，请自行填充。其次本谱以厚壮开基始祖应满公为第一代，即旧谱第廿一代，依此推算，则可与旧谱连接，因时间匆促，对谱中讹误及遗漏之处，望海内外宗亲补充指正，是吾宗之大幸也。

公元一九九一年岁次辛未秋厚壮二十世孙 毓本 瑞应 谨记

《厚壮潘氏族谱记》

仁宗支系字辈共27字，其中同代有不同字，依次为：

1.德，2.若，3.彦，4.宗，5.孟，6.景，7.载，8.国，

9.德，10.体、其、廷，11.纯、茂、肇，12.司、伯、圣，

13.子、君，14.弘、侯，15.和、秧，16.元，17.亨，18.利，19.贞，20.安，21.富，22.尊，23.荣，24.孝，25.悌，

26.忠，27.信。

义宗支系字辈共27字，依次为：

德若，伯仲孟永乐，爵巨会邦，翰淑毓仕，兴发盛才，安富尊荣，孝悌忠信。

《清美荥阳潘氏族谱》

系涂岭镇清美村潘姓族史。旧谱损毁。昭穆共21字，依次为：

开宗明义章第一，孝友著千秋事业，诗书振百世家声。

第四节 史迹

一、祠宇

荥阳厚壮潘氏家庙

位于界山镇河阳村潘厝。始建于元末明初。清同治元年（1862年）义宗潘魁、仁宗潘居尊组织翻建。1983年旅马侨亲捐资，潘庆阳主持重修。2007年潘尚发主持翻修扩建。坐南向北，三开间，上下厅中天井，土木石结构，“孩儿结肚”式外墙。东面建有二层办公楼，对面会议室。义宗、仁宗分建祖祠。楹联有：

厚壮钟灵立功勋报国，

鳌峰毓秀以诗礼传家。

荥阳厚壮潘氏家庙

鹅头潘氏祖庙

位于界山镇鹅头村。始建于元末明初，民国38年（1949年）重建，冠名“潘氏小宗”。1998年初，扩建为鹅头潘氏祖庙。楹联有：

三星照荥阳以和为贵，
五福赐鳌峰繁荣昌盛。
厚泽绵延书香传万代，
壮怀激烈功业显千秋。

鹅头潘氏祖庙

清美潘氏宗祠

位于涂岭镇清美村。始建于清乾隆年间（1736—1795年）。坐东朝西，三进两厅二天井，面阔五间，石木结构。内有清乾隆二十四年（1759年）立“举人”匾及“乡饮大宾”匾。砖埕有两对旗杆夹，一块义勇石。占地面积约500平方米。楹联有：

荥阳衍派播福德，
清美世胄迎吉祥。
孝友著千秋事业，
诗书振百世家声。

清美潘氏宗祠

二、宫庙

龙峰宫

位于界山镇河阳村。始建于清末，民国35年（1946年）翻建，2004年春重修。坐北朝南，三开间，三落深井，土木石结构，外墙为孩儿结肚式，占地面积约400平方米。

普正书院

位于界山镇河阳村，系三一教祠。楹联有：

普光照天衢灵昭花县，
正气通地宇泽庇河阳。

普正书院

九峰禅寺

位于界山镇鹅头村九峰山上。始建于明末清初，清顺治初年（约1647年）扩建为“静胤寺”。同治四年（1865年）定名“九峰禅寺”。殿宇依山而建，中轴线上自南向北三进，依次为天王殿、大雄宝殿、大悲殿。大雄宝殿两边建有两层20间僧舍，大悲殿左侧是供奉道教神祇的九云殿。20世纪90年代，区佛教协会名誉会长道量法师住持并募捐兴建。

九峰禅寺

三、墓葬

潘朴墓

位于涂岭镇清美山。明朝墓葬，出土砖雕有“明惠安县十一都厚壮境潘公朴”等字样。

潘氏祖墓

位于界山镇鹅头。原址位于惠安科山小学围墙边，系元代潘氏二世祖墓。

第五节 人 物

一、历代科第仕宦名录

潘联芳 涂岭人，清乾隆二十一年（1756年）傅传名榜武举人。

潘仝时 涂岭人，清乾隆二十四年（1759年）唐达先榜武举人。

二、已知当代人物名录

（一）副处（团）级及以上人士

潘一修 界山镇鹅头村人，1929年出生，中国外运外贸集团福建中心集团处长，中外运集团福建储运公司总经理。

潘金富 界山镇鹅头村人，1935年出生，福清华侨农场党委书记。

潘庆洪 界山镇河阳潘厝人，1944年出生，中共广东省珠海市委副秘书长。

潘启水 界山镇河阳潘厝人，1947年出生，中共惠安县委副书记，泉港区人大常委会主任。

潘　峰 界山镇河阳潘厝人，1956年出生，三明市沙县政协主席。

潘志杰 界山镇河阳潘厝人，1959年出生，海军江西九江后勤部部长，转业任泉州市交通委副调研员。

潘腾强 界山镇鹅头村人，1962年出生，厦门市翔安区公安局政治处主任。

潘贵泉 界山镇鹅头村人，1964年出生，厦门市劳动和社会保障局人教处处长，厦门市总工会机械化工能源工会工委主任。

潘伟明 界山镇鹅头村人，1968年出生，中共珠海市委副秘书长、信访局局长，博士。

潘高成 界山镇鹅头村人，1971年出生，海军92054部队业务长。

徐彩霞 界山镇鹅头村人，女，1958年出生，福建省环保厅调研员。

（二）副处级及以上国有企业人士

潘顺清 界山镇鹅头村人，1963年出生，福建省物资责任有限公司总经理助理。

潘俊平 涂岭镇清美村人，1967年出生，福建发展高速公路股份有限公司南平交通综合执法支队支队长。

（三）高级专业技术职务者

潘来富 界山镇河阳村人，1934年出生，黑龙江省林业设计主任工程师。

潘天仕 涂岭镇清美村人，1947年出生，泉港清美中学高级教师。

潘金棋 界山镇河阳村人，1948年出生，泉港六中高级教师。

潘永顺 界山镇河阳村人，1948年出生，泉港惠华中学高级教师。

潘蓉英 界山镇河阳村人，女，1950年出生，福建农林大学副教授。

潘万妹 界山镇河阳村人，女，1950年出生，福州市房地产交易中心档案馆副研究馆员。

潘金龙 界山镇鹅头村人，1954年出生，福建众和企业集团执行总裁，高级会计师。

潘栋平 界山镇河阳村人，1966年出生，解放军180医院主任医师，专业技术七级。

潘永泰 界山镇河阳村人，1967年出生，厦门174部队医院副主任医师。

潘宗泽 界山镇河阳村人，1967年出生，泉港惠华中学高级教师。

潘朝明 涂岭镇清美村人，1972年出生，泉港六中高级教师。

潘伟玲 界山镇鹅头村人，女，1972年出生，泉港二中高级教师。

潘华琼 界山镇鹅头村人，女，1977年出生，泉港二中高级教师。

潘晓华 界山镇河阳村人，女，1979年出生，福建省中医药研究院副研究员。

潘平彬 涂岭镇溪头村人，1979年出生，厦门蓝斯通信有限公司高级工程师。

潘国英 界山镇河阳村人，女，泉州中医院副主任护师。

（四）博士

潘珍英 界山镇河阳村人，女，1982年出生，新加坡科学院研究员，博士。

潘珺珺 界山镇河阳村人，女，1984年出生，厦门大学数学科学学院博士。

第六节 记事

清嘉庆年间（1796—1820年），鹅头村兴建“青龙庙”。该庙位于今界山镇鹅头村北。

清光绪十三年（1887年）元月，惠北七都鼓楼铺虎石村黄绍基偕子黄具佳、黄隆成建造“乐善桥”。该桥位于今界山镇鹅头村。

光绪二十七年（1901年），福建总督部堂许和布政使司周为故儒士潘亨京妻徐氏立“节孝”匾。

河阳节孝匾

民国29年（1940年），潘厝潘添水（今属界山镇）在惠安北门科山小学操场围墙处发现有“大元二世”和“鹅头”字样的墓碑，宗亲潘子昭、潘长坤、潘进杰、潘明经等前往交涉，于墓穴处重新立碑。

1983年，荥阳潘氏家庙重修竣工，海内外宗亲近1000人参加晋主祭祖仪式。

2004年，河阳龙峰宫重修庆典。

2007年，潘氏家庙翻修竣工，福建潘氏姓氏研究会及海内外宗亲参加庆典。11月，鳌头村潘瑞应、潘德良、潘元珍、潘再兴、潘淑琴等到惠安科山小学修葺元代二世祖墓。

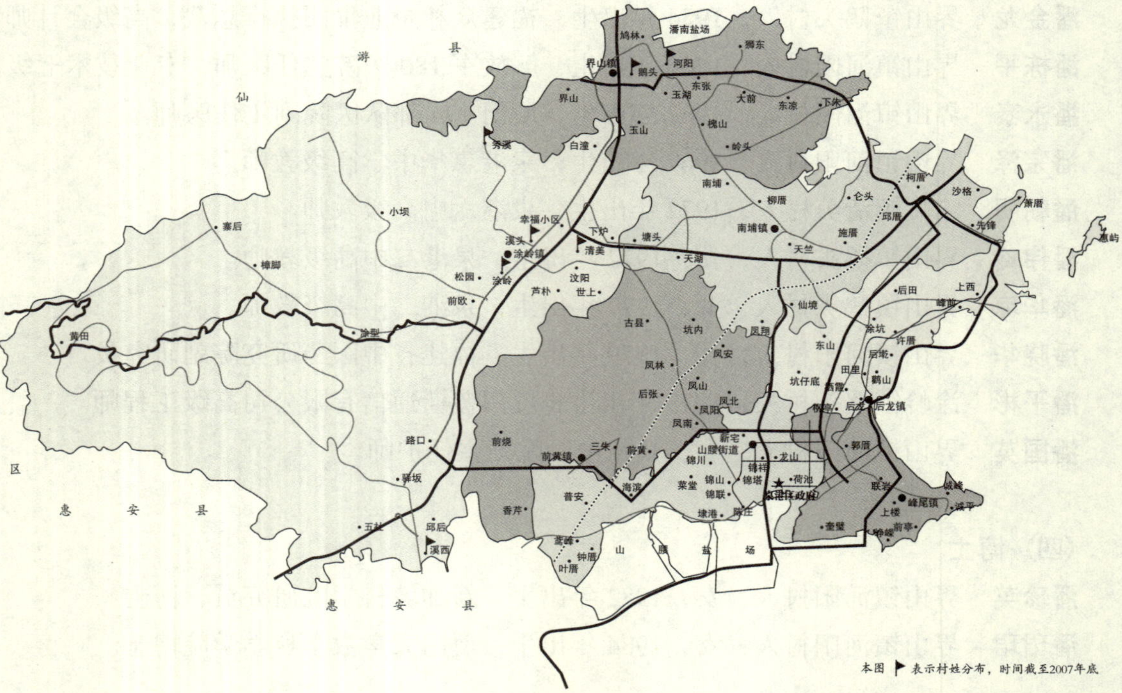

泉港区潘姓分布图

第十七章 邱

第一节 溯源

一、起源

出自姜姓，为姜太公的后裔。西周初年，姜太公（名尚，字子牙）因辅佐武王灭商有功，被封于齐，建齐国，都营丘（今山东淄博市东北旧临淄）。其子孙以地“丘”为氏，其中太公三子丘穆为丘氏开姓始祖。

出自姒姓。夏帝少康时，封其小儿子曲烈于鄫（今河南省柘城县北），至周灵王五年（前567年）时被莒国所灭，其子孙为曾氏，其分支中就有以丘为氏。故有曾、丘联宗之说。

出自妫姓，以地为氏。春秋时，陈国有宛丘，邾国有弱丘，居者都以“丘”为氏。

出自他族改姓。南北朝时，有鲜卑族复姓丘林氏、丘敦氏改为汉字单姓丘氏。

邱姓即丘姓。清雍正二年（1724年），为避孔子（名丘）讳，改“丘”为“邱”字。

二、入闽

西晋永嘉二年（308年），姜太公第7世孙邱安派下第30世裔邱藤（晋散骑常侍）次子邱夷（字伯高，号肇初），仕晋官参军给事中，自河南光州固始携眷入闽，为闽南邱氏开基祖。邱夷生5子，长子邱永之居大安，传崇安派；次子邱困之居建安，传建阳派；三子邱全之居延平（今南平），为延平派；四子邱成之为福州派；五子邱元之居温陵清源，为泉、兴、汀、漳、潮等地的邱氏肇基祖。

唐总章二年（669 年），有中原丘氏随陈政、陈元光父子入闽平乱。

五代，石敬瑭建立后晋，邱氏第 51 世邱贞弃官归隐，自晋江清源迁居仙游上邱，为上邱始祖。北宋年间，清源上邱邱氏后裔析居莆田黄石。

元代，驸马武略大将军邱顺卿肇基潘山（今属泉州市丰泽区），合五邑邱氏族人在潘山建邱氏大宗祠。

三、入泉港

最迟在宋代，境内古县一带已有邱氏聚居。

南宋末年，黄石邱氏有支系迁入今南埔镇邱厝村繁衍开族。另有一说，元初，清源邱氏分支自泉州迁入邱厝定居。

元大德十年（1306 年），泉州清源刺桐里邱德阳长子邱观成迁居惠北西园村（今属界山镇鸠林村），次子邱观宝、三子邱观庆先后迁居惠北港据村（今属界山镇鸠林村港西）。三年后，长子再迁至港据村与弟同居一乡，取原村名首字改“港据”为“港西”。

最迟在明嘉靖年间，沙格（今属南埔镇）有邱姓聚居。

清代，邱球自泉州潘山迁入今前黄镇古县村溪古居住，至今已传 17 代。

清代，峰尾城外前亭有邱姓人家。详情莫稽。

第二节　繁衍

一、区内分播

前黄镇

古县溪古邱氏

清顺治辛丑播迁时，族人迁居泗洲（今属涂岭镇）。

涂岭镇

泗洲邱氏

1958 年，因泗洲水库建设需要，泗洲邱氏被迁移，插户散居于今涂岭镇松园村、小坝村东洲、涂岭村泗洲新村等地。

界山镇

清康熙年间（1662—1722 年），鸠林港西邱氏有一户迁居今涂岭镇白潼村白水岭，另一户迁居今界山镇东张村。

南埔镇

邱厝邱氏分布于邱厝村后邱、前邱、港口等角落。

清道光二十年（1840年），邱厝有族人因与林氏婚配，迁居今峰尾镇上楼村，已传4代。另有三房支系迁居今界山镇东张村青枫林。

二、人口分布

泉港区邱姓有5223人，列泉港世居姓第17位。主要聚居于5个镇，依次是：南埔镇2767人，界山镇2122人，前黄镇231人，涂岭镇83人，峰尾镇20人。具体分布如下：

街道、镇	村落人口	合计
前黄镇	古县村溪古231人。	231
涂岭镇	小坝村东洲27人;白潼村白水岭25人;涂岭村泗洲新村19人;松园村12人。	83
界山镇	鸠林村港西2100人;东张村青枫林22人。	2122
南埔镇	邱厝村后邱708人,前邱1468人,港口591人。	2767
峰尾镇	上楼村20人。	20

三、外迁主要支系

前黄镇

古县溪古邱氏

民国30年左右，溪古邱采标迁居厦门鼓浪屿。

界山镇

东张青枫林邱氏

民国年间（约1912—1948年），有族裔迁往今仙游枫亭锦湖古下定居，现有40多人。邱诚通迁往马来亚定居，现有80多人。

鸠林港西邱氏

清初迁界时，有港西邱氏族人迁往仙游县郊尾塘边村后井居住，现有180多人；有迁往仙游县郊尾镇安厝尾居住，现有70多人；有迁往枫亭镇秀丰村居住，现有170多人；有迁往今仙游枫亭镇耕丰村高岭居住，现有100多人。

南埔镇

清光绪年间（1875—1908年），邱厝村后邱坑内房头迁往莆田市笏石镇居住，现有100多人。前邱二房六、后邱、港口均有族人迁往台湾苗栗、台北、台中等地区，繁衍生息。

清代，邱厝港口后房族人返回祖地泉州，定居西门，名为“港口街”。

第三节　谱牒

《古县溪古邱氏族谱》

系前黄镇古县溪谷邱氏族谱。2001年由邱采标主持修谱，邱景中撰序。灯号“吴兴”“敦睦”。

邱厝邱氏族谱

系南埔镇邱厝邱氏族谱。旧谱失传。郡望“河南”“忠实”。

字辈为：元亨利贞，仁义礼智。

根据中国丘（邱）氏祖源研究联谊会筹委会编排通用字辈共30字，依次为：

香江庆新纪，华夏逢佳期，昔谋开正路，

今朝沐春晖，伏恩铭祖德，承志振国威。

界山镇鸠林村港西邱氏

郡望“河南”，“忠实”。字辈依次为：

炳、文、君、公、侯、伯、子、男，均、仁、义、礼、智、信。

界山镇东张村青枫林邱氏

字辈为：奕世文明，丕振家声。

第四节　史迹

一、祠宇

邱厝邱氏祠堂

位于南埔镇邱厝村。始建于约明成化十二年（1476年），民国19年（1930年）重修。坐北朝南，三开间二进厅，土木结构，建筑面积约210平方米。内存海界碑1方、旗杆夹2对。

港西邱氏祠堂

港西邱氏祠堂

位于界山镇鸠林村港西。始建于清同治七年（1868年），坐东北朝西南，三开间二进，土木石结构，建筑面积200多平方米。1988年重修，1989年9月9日晋主。

二、宫庙

兴福寺

兴福寺

俗名“西庵”。位于南埔镇邱厝村境内。区文物保护单位。始建时间不详。明正德二年（1507年）二月主缘僧清讚重建开山宝殿，改名为“兴福寺”。明嘉靖十三年（1534年）清讚和尚勒石记事，今存“皇帝万岁”碑一方。明末清初，沙格王忠孝曾寓居寺内，调度粮草支援郑成功，事后寺遭焚毁。清道光二十一年（1841年）、民国17年（1928年）均有修葺。1983年成雄法师自印尼募捐重修。坐北向南，石木结构，由主殿、前殿、厢房及两侧护阁楼组成。占地为4500平方米。楹联有：

高峰月色伽蓝圣地修佛法，

碧野朝晖兰若静域萃名僧。

龙瑞宫

龙瑞宫

位于南埔镇邱厝村境内。始建于明弘治十七年（1504年）。清道光四年（1824年）再修。民国28年（1939年）重修。2006年四修。坐北向南，三开间二进厅，土木结构，建筑面积约180平方米。

文慈府

位于南埔镇邱厝村境内。始建于明弘治十七年（1504年），原为文龙府和锦峰社。1994年扩建时府、社合并，改称为“文慈府”。坐东向西，三开间二进厅，土木结构，建筑面积约160平方米。

文慈府

青龙洞

位于南埔镇邱厝村境内。区文物保护单位。始建于明代。清光绪二十六年（1900年）重修。天然石洞最高点2.4米，宽4.8米，进深10.8米，占地52平方米。依山而筑，由仙公洞、观音宫、青芯堂、拜坛等组成，廊亭相连，建筑面积约800平方米。存有清代泉郡两榜进士林翀鹤所撰书联语：

万境空中恭立命，
一生地上自安身。
秋花锦石谁能数，
高栋层轩己自凉。
苍藤翠壁初无路，
水清石瘦自能奇。
龙喉成洞洞梦前知，
青气是天天机先觉。

青龙洞

义烈祠

位于界山镇东张村。祠祀清康熙年间（1662—1722年）东张村处士陈玉瑛妻邱氏。邱氏系港西（今界山镇鸠林村）人，清嘉庆年间（1796—1820年）旌表“孝义烈女”，立坊于今白水往福厦旧公路内。邱氏抱贞守节65年，与夫合葬于九峰山山腰处。清同治初年，钦命建义烈祠并赐“贞枝长荫”匾。民国21年（1932年）夏重建，2006年重修。楹联有：

旌表立祠千秋永在，
圣典竖坊万古长流。
诰坊懿行褒其德，
涉世立身罕万钦。
义孝善慈浩然正气，
烈女淑德光昭人寰。

灵扬祠

位于南埔镇邱厝村。始建于民国34年（1945年）。1995年筹资重建。2000年再次扩建。坐西北向东南，为三开间上下厅一天井。硬山式屋顶宫殿式建筑。配套设施有戏台、戏房、砖埕、养生池等，总面积2000多平方米。楹联有：

自静养性有若光风霁月，
能修私心犹如腾龙达天。
谈先生一脉经传克己善心，
教世人两行正路惟学奉行。
问此江山龙蟠虎卧几经书，
有留天地月白风清一祠堂。

灵扬祠

港西宫

位于界山镇鸠林村港西。始建于明末。清嘉庆十五年（1810年）重建。2001年重修。坐北朝南，建筑面积120平方米。

二、墓葬

邱球墓

位于涂岭镇世上村香坑山上。邱球系古县溪古邱氏先祖。

和尚墓

俗称和尚状元墓，位于邱厝村兴福寺后。坐东南向西北。明嘉靖住持清讚和尚之墓。

和尚墓

第五节　人　物

一、历代科第仕宦名录

丘如山　沙格人，明万历年间任广东潮州府通判。

二、已知当代人物名录

（一）副处（团）级及以上人士

邱来源　南埔镇邱厝村人，1939 年出生，中国电信数据技术研究所技术处处长，高级工程师。

邱合金　南埔镇邱厝村人，1943 年出生，福建省海洋渔业厅渔政处处长，副巡视员。

邱一平　前黄镇古县村人，1952 年出生，海军某部艇长，转业任职于泉州师范学院保卫处。

邱良发　界山镇鸠林村人，1953 年出生，福建省交警总队宣传处处长。

邱金福　南埔镇邱厝村人，1954 年出生，南京军区装备部驻九江爱民兵工厂副师级军代表，大校。

邱雄东　界山镇鸠林村人，1955 年出生，南京军医学院副师级主任。

邱金谋　南埔镇邱厝村人，1966 年出生，泉港区政协副主席。

邱志兴　南埔镇邱厝村人，1977 年出生，深圳市宝安边防大队大队长，中校。

杨冰冰　界山镇鸠林村人，女，1955 年出生，福建省工商行政管理局市场处处长、商标广告分局局长。

（二）副处级及以上国有企业人士

邱惠仁　前黄镇古县村人，1946 年出生，中共福州贮木场党委常委，纪检组组长。

（三）高级专业技术职务者

邱澄鸿　南埔镇邱厝村人，1934 年出生，安徽省农学院植保系主任，教授。

邱瑞春　界山镇鸠林村人，1934 年出生，厦门海洋研究所高级工程师。

邱作忠　前黄镇古县村人，1939 年出生，武汉理工大学教授。

邱义东　界山镇鸠林村人，1958 年出生，石狮石光华侨中学高级教师。

邱益良　南埔镇邱厝村人，1962 年出生，泉港区农林水局高级农艺师。

邱少斌　前黄镇古县村人，1966 年出生，恒安建筑公司高级工程师。

邱宝顺　南埔镇邱厝村人，1967 年出生，惠安职专高级讲师。

邱金珠　南埔镇邱厝村人，女，1968 年出生，泉港一中高级教师。

邱龙明 南埔镇邱厝村人，1969 年出生，泉港鸠林中学高级教师。

邱宝辉 南埔镇邱厝村人，1970 年出生，泉港区南埔中心小学中学高级教师。

邱建才 南埔镇邱厝村人，1972 年出生，泉港天竺中学高级教师。

邱永添 南埔镇邱厝村人，1973 年出生，福建地铁总公司桥梁工程高级工程师。

邱剑彬 界山镇鸠林村人，1982 年出生，哈尔滨工业大学航天学院空间控制与惯性技术研究中心副教授，博士，硕士生导师。

许步云 南埔镇邱厝村人，女，1935 年出生，安徽农学院教授。

张瑞芳 界山镇鸠林村人，女，1956 年出生，南京军医学院教授。

（四）博士

邱开阳 南埔镇邱厝村人，1985 年出生，公派德国留学博士。

（五）港澳台胞及海外侨胞知名人士

邱财加 祖籍界山镇东张村青枫林，1950 年出生，侨居马来西亚，马来西亚著名企业家、慈善家，马来西亚福建联合会总会长，吉隆坡暨雪兰莪惠安泉港公会主席，捐建惠华中学实验楼。

三、英烈名录

邱二娘 原籍晋北河市梧宅乡（今洛江区河市梧宅），后迁惠安前亭村（今泉港区峰尾镇前亭村)。清道光十三年（1833 年）出生，与林杯在笔架山高明王宫树起义旗，领导贫苦农民抗捐抗税，袭击地主武装，惩办贪官污吏。咸丰五年（1855 年）五六月间，由于叛徒出卖，被清兵逮捕。同年六月十四日，在泉州南校场被凌迟处死，时年仅 22 岁。

邱来华（1955—1977 年） 南埔镇邱厝村人，解放军 32110 部队 72 小队战士，在将乐县高唐野战训练中因车祸牺牲。

第六节 记 事

清道光四年（1824 年），邱厝邱氏与施、林、吴、王、麦（俗称为“五班”）因海荡发生纠纷，经惠安县府判决，邱氏收回被占海域。判决碑文石刻嵌于邱氏宗祠墙壁。

清咸丰十年（1860 年），邱厝村发展蔗糖制造产业。

民国 19 年（1930 年），邱厝村开拓发展榨油产业。

民国 37 年，邱厝村发展米粉制造业。

1955年，华侨邱柚柑等人联合捐款，兴办邱厝小学。

1963年，邱厝村（鸟山）地界与外厝村争夺山林地，发生封建械斗。

1968年，邱厝村发展深水海带养殖，养殖面积近200亩。

1975年，邱厝生产大队组织建筑工程队前往海南承包楼房、桥梁建设，建筑工人、石头加工人员等200多人到海南支持海岛建设。

1987年，邱厝村东南面兴建炼化一体化工程。

1990年，邱厝村港口山开采AG98花岗岩石，发展八家石材制造厂，销往日本、东南亚各国和欧洲等国。

1991年，邱厝村成立老年人协会。同年，鸠林村举行邱氏宗祠祭祖活动。

2001年，古县溪古邱采标主持修纂族谱。

2003年，大型国电发电厂落址邱厝村与柯厝村交界处的山海之间。

2007年，旅马华侨，马来西亚惠安泉港同乡联谊会会长邱财加（祖籍界山镇东张村）捐资350万元人民币建设惠华中学实验楼。

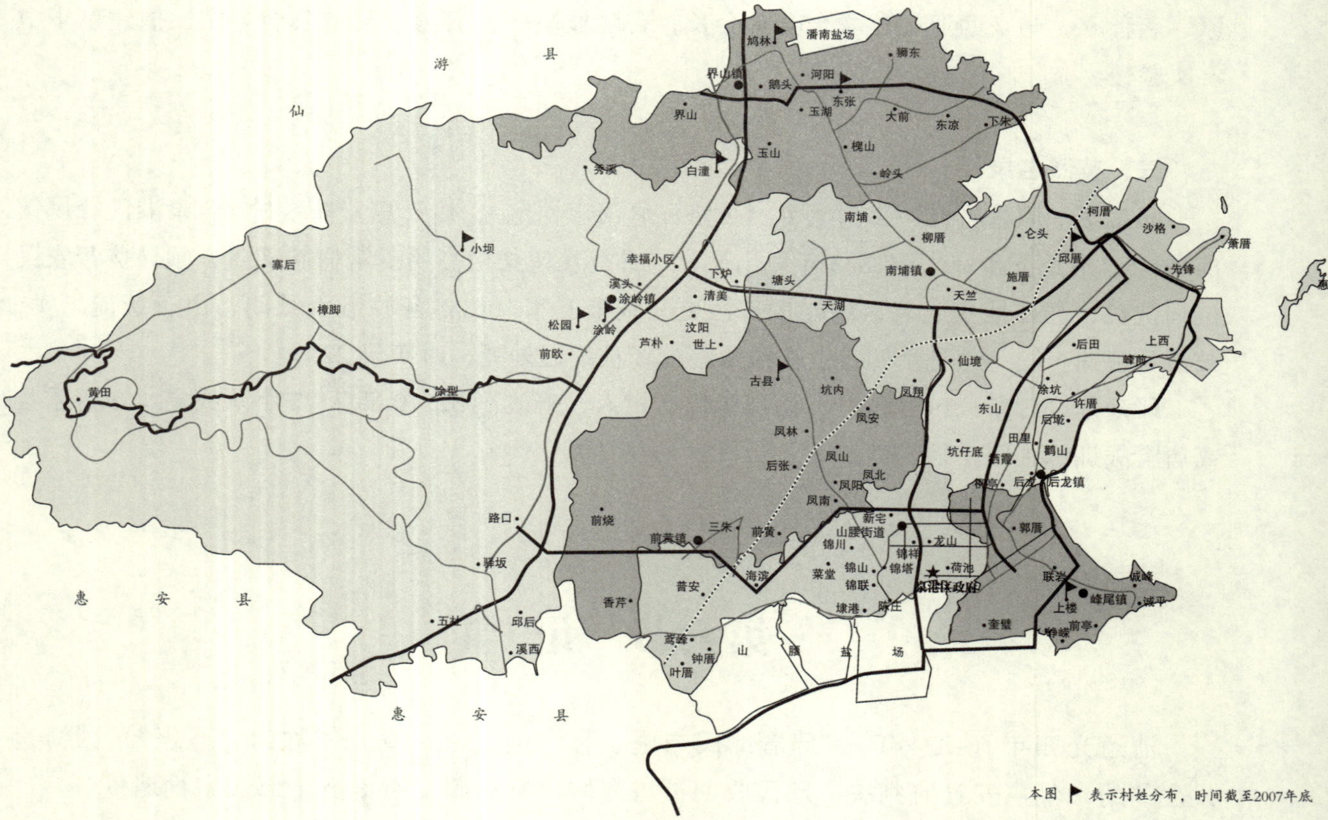

泉港区邱姓分布图

第十八章 蔡

第一节 溯源

一、起源

出自姞姓，为黄帝支裔。据《国语》载，黄帝25子，得姓者14人，为姬、酉、祁、己、滕、任、荀、葴、僖、姞、儇、依12姓，其中姞氏封于燕（今河北北部），分支阚氏、严氏、蔡氏、光氏、鲁氏、雍氏、断氏、须密氏。

出自姬姓，为古公亶父之孙周文王后裔。周武王十五年（前1027年），东征灭商，后封文王第5子叔度于蔡（今河南上蔡西南），建立诸侯国蔡（“祭”）国，叔度改姓为蔡，为蔡氏始祖。后被周公旦放逐，成王改封蔡叔度的儿子胡于蔡，称蔡仲。春秋时，因受楚的逼迫，多次迁移。周敬王二十八年（前492年），蔡国徙迁至下蔡县（今河南固始县）。周敬王四十三年（前477年），蔡国被楚国所灭，后裔以国为姓。传至蔡炉，仕唐为济阳府尹，族人聚居于济阳郡（今河南兰考县北固镇），遂成望族。

二、入闽

唐垂拱二年（686年），蔡叔度后裔、银青光禄大夫蔡忠（讳允恭），因奸党陷害，自河南入闽任职，其长子、次子留居光州固始上蔡（今河南上蔡县），三子、四子随迁并建家于闽。

唐光启年间（885—888年），蔡忠二房第9世裔，南唐司空蔡用元（讳长）与弟蔡用明跟从王潮兄弟自光州固始县（一说从浙江钱塘江迁入）入闽。初居泉州，后迁居仙邑慈孝里（一说连江里）九龙山下赤湖蕉溪（今仙游县枫亭镇东沙）。蔡用元为莆阳蔡氏始祖。蔡用明自莆阳迁居晋江青阳石鼓山肇基，为青阳蔡氏始祖。

三、入泉港

约唐大中十二年（858年），河南固始人蔡镐自莆阳移居惠邑十都吴山（今属南埔镇），出仕后梁，任兵马使，驻守海疆，为已知境内最早蔡姓入居始祖。因海滨不靖，后裔散居各地。

宋崇宁年间（1102—1106年），蔡襄后裔自赤岭（今仙游县枫亭镇）徙居惠北香芹（今前黄镇香芹村），堂号"万安"。据1953年香芹蔡氏宗祠发掘的石碑所记推测，蔡隐斌为香芹蔡氏开基祖。

明永乐年间（1403—1424年），蔡襄后裔蔡崇六自莆田东沙迁居今南埔镇塘头村，为塘头蔡氏开基祖。

明朝中叶，东沙蔡氏三房陆续迁入惠北，散居于今前黄镇古县村西坝、南埔镇南埔村、涂岭镇芦朴村上埕、涂岭村寨内、埔上、亭铺、林角等村落。

明天启三年（1623年），东沙第13世二房族裔徙居惠邑十一都添奇铺小溪吟兜（今涂岭镇秀溪村吟兜）。

明万历初年，蔡氏兄弟自泉州（今鲤城区花巷）迁往今前黄镇三朱村田厝授学教馆，后入籍定居。

清顺治十年（1653年），蔡氏自晋江移居今前黄镇古县村东庄蔡厝。

民国14年（1925年），莆田东沙蔡氏移居今界山镇鸠林村南庄草埔。

民国28年，东沙二房蔡氏迁居今涂岭镇下炉村埔尾，第34世裔三房迁居今涂岭镇秀溪村棋盘。

另有蔡氏迁入谢塘（今前黄镇凤安村社塘）居住，灯号"万安"。莆阳东沙第18代蔡宗十返回祖地，定居于港墘（今南埔镇先锋村港墘），灯号"江陵"。

此外，自唐宋以降，至20世纪50年代，塔山（今属山腰街道）周围有蔡姓聚居，如钱蔡、前蔡、西蔡等村落，后或外迁或改姓。

第二节　繁衍

一、区内分播

前黄镇

香芹蔡氏

香芹蔡氏有支系析居今前黄镇前烧村下后郭。

明弘治年间（1488—1505年），香芹蔡氏第4代蔡孔昭移居今涂岭镇樟脚（旧称东坑），为樟脚蔡氏一世祖。

明天启至嘉庆年间，后裔陆续析居面前、三间张、路顶、后崎弄、宫尾、湖仔、境美和小坝村（今均属涂岭镇）。

另有支系迁居惠安螺阳蔡厝开族繁衍。

涂岭镇

秀溪吟兜蔡氏

有族裔析居今涂岭镇秀溪村桥头。

南埔镇

先锋港墘蔡氏

有族人析居今涂岭镇白潼村白水。另有一说白潼蔡氏系自莆田东沙迁入。

二、人口分布

泉港区蔡姓有4991人，列泉港世居姓第18位。主要聚居于4个镇，依次是：南埔镇2117人，前黄镇1546人，涂岭镇1289人，界山镇39人。具体分布如下：

街道、镇	村落人口	合计
前黄镇	古县村东庄70人，西坝186人；前烧村64人；三朱村田厝250人；凤安村78人；香芹村898人。	1546
涂岭镇	白潼村白水158人；樟脚村467人；涂岭村林角125人，寨内88人，埔上48人，亭埔90人；小坝村24人；下炉村埔尾17人；芦朴村110人；秀溪村吟兜162人。	1289
界山镇	鸠林村南庄草埔15人；狮东村24人。	39
南埔镇	先锋村1000人；塘头村1107人；南埔村10人。	2117

三、外迁主要支系

前黄镇

香芹蔡氏

明洪武初年，蔡隐和自香芹村析居今惠安县螺阳镇蔡厝，为蔡厝（今属惠安县螺阳）始祖。蔡隐和生4子：真济、真福、真禄、真美。长子真济居东坑（今涂岭镇樟脚村），后裔部分迁往金门和厦门。次子真福居蔡厝。三子真禄为上坂（也称象坂、象峰）开基祖。四子真美迁居杨宅，后裔衍传有10个自然村。蔡真禄长孙蔡文烈生3子：凤仪、灼仪、象仪，分别衍传港边、东乡、上坂南头、上坂北头。

另有支系自前炉蔡氏迁居今惠安辋川前洋，村名“前炉”，现有700多人。

龙田蔡氏

古县村西坝部分蔡氏迁往福清渔溪。

涂岭镇

樟脚（东坑）蔡氏

部分后裔迁往金门、厦门居住。

第三节 谱牒

《先锋港墘蔡氏族谱》

系南埔镇先锋蔡氏族谱。清乾隆年间（1736—1795年），诏安县蔡盛认祖时抄赠《济阳锦南锦麟族谱》。1998年再修，共4卷。堂号“江陵”，已传37代，昭穆为：

仕元国世，公侯伯子，孟仲叔季，

峻伟英豪，贤良开泰，科甲联芳。

《樟脚蔡氏族谱》

系涂岭镇樟脚蔡氏族谱。第14世蔡德岳修编。“文化大革命”期间毁失。1994年成立蔡氏族谱编委会。1996年重新编纂成册。内容含樟脚蔡氏渊源初探、家族辈分冠头32字补附说明和寄望、蔡氏宗族现代人名录，世系图等，共128页。昭穆共32字。依次是：

仁以立心，义能明志，积善方庆，维德永隆，世泽留赠，鸿规敬守，家传诗礼，桂茂兰馨。

《塘头蔡氏族谱资料》

系南埔镇塘头蔡氏族谱资料。编入《蔡氏金河宫家谱》，内容含源流，信仰文物，生活等。昭穆共32字。

元宗大崇，建名立福，康裕光隆，显昭荣穆。

谟烈尊亲，孝恭庆笃，世德文章，鸿基宠禄。

另顶头祖厝字辈为：公侯伯子男，仁义礼智信。

第四节　史 迹

一、祠宇

香芹蔡氏宗祠

位于前黄镇香芹村。始建于宋代，2008年重建。坐西向东，面阔三间深四间，二进，砖石结构。占地面积约700平方米。南侧有东南井，后有“信杯石”。香芹蔡氏后裔视为认祖标志。楹联有：

却因父子三登贡，
且喜兄弟共出绅。
给谏家风台谏草，
济阳宗谱洛阳碑。
济阳家声大，
忠惠世泽长。

香芹蔡氏宗祠

樟脚蔡氏祖祠

位于涂岭镇樟脚村。始建于明弘治年间（1488—1505年）。1989年9月整修。2007年族亲筹资扩建。另有境美分祠，系境美蔡氏第10世祖蔡积玉所建，坐西北看东南，为石木结构，朱瓦盖顶，屋脊雕龙画凤，大门横匾为“万安世胄”。

港墘蔡氏宗祠

位于南埔镇先锋村港墘。尚存旗杆石。

三朱蔡氏祖厝

位于前黄镇三朱村。坐东北向西南，五开间两座，中堂悬挂“父子明经”匾。

寨内蔡氏祖厝

位于涂岭镇涂岭村古驿道边旧街。中堂悬挂2方清同治年间（1862—1874年）匾额。占地面积500多平方米。

二、宫庙

社公宫

又称“德馨吉地”，位于前黄镇香芹村。始建时间不详。2002年重建。坐西北朝东南，石砖结构单间式瓦房，前有修竹、古榕、池塘。

社公宫

三、墓葬

蔡镐墓

原址位于南埔镇先锋村大乡澳西尖峰山。旧墓坐北向南。2003年南埔火电厂征用土地后迁往涂岭陵园。所发掘墓志铭等文物收藏于泉州市博物馆。蔡镐，唐大中年间入居境内十都，为泉港蔡氏先祖。

蔡氏祖墓

位于惠安辋川镇梧山村下屯北边花林山坡。墓坐北向南，占地面积100多平方米。蔡氏祖墓是前黄镇香芹及其支系蔡厝、上坂、港边、涂岭镇樟脚及惠安辋川前洋村前炉蔡氏的共祖。

第五节　人　物

一、历代科第仕宦名录

蔡　镐　十都吴山人，唐大中年间自莆阳迁入，出仕后梁任兵马使，击贼有功。

蔡义可　西蔡人，南宋绍兴十二年（1142年）特奏名进士。

蔡　恭　字孟敬，七都西蔡人，明永乐十五年（1417年）举人，十六年李骐榜进士，山东兖州府同知。

蔡观慧　字允元，十都东林里人。

蔡清文　以子清贵，封史部稽勋司主事，与乡里耆旧为“逸乐会”。

蔡　清　（1453—1508年），字介夫，号需斋，溢文庄，十都东林里人，明成化二十年（1484年）进士，累官至南京文选郎中，江西提学副使，著名理学家。

蔡　亨　山腰西蔡人，清乾隆二十五年（1760年）岁贡。

二、已知当代人物名录

（一）副处（团）级及以上人士

蔡全盛 前黄镇三朱村人，1928年出生，中共地下党员，安溪县革委会副主任，中共安溪县委常委，正处级离休干部。

蔡炳文 前黄镇香芹村人，1932年出生，厦门市安全局局长。

蔡锦庭 前黄镇香芹村人，1962年出生，泉州军分区司令部政治协理员。

蔡永义 前黄镇三朱村人，1964年出生，泉港区公安分局局长，泉州市公安局调研员、国保支队支队长。

李丽玲 前黄镇三朱村人，女，1965年出生，泉州市林业局副局长。

（二）副处级及以上国有企业人士

蔡跃文 前黄镇香芹村人，1950年出生，福建炼油厂消防大队大队长。

蔡国忠 南埔镇塘头村人，1966年出生，中国人民保险公司福建分公司人力资源部副总经理。

（三）高级专业技术职务者

蔡明堂 前黄镇香芹村人，1933年出生，惠安一中高级教师。

蔡灿庭 前黄镇前烧村人，1934年出生，集美高中高级教师、特级教师。

蔡镇辉 涂岭镇樟脚村人，1935年出生，惠安一中高级教师。

蔡绿恩 前黄镇香芹村人，1938年出生，天津拖拉机设计院高级工程师。

蔡碧川 南埔镇先锋村人，1940年出生，厦门大学经济系副教授。

蔡进平 涂岭镇小坝村人，1965年出生，泉港三朱中学高级教师。

蔡福基 南埔镇塘头村人，1966年出生，泉港职专高级教师。

蔡昭平 涂岭镇樟脚村人，1966年出生，泉港六中高级教师。

蔡良平 南埔镇塘头村人，1966年出生，泉港圭峰中学高级教师。

蔡良永 南埔镇塘头村人，1967年出生，泉港惠华中学高级教师。

蔡华龙 前黄镇凤安村人，1968年出生，泉港一中高级教师。

蔡平阳 前黄镇三朱村人，1968年出生，泉港二中高级教师。

蔡庆辉 南埔镇塘头村人，1970年出生，泉港益海实验小学中学高级教师。

蔡洪彬 前黄镇三朱村人，1972年出生，泉港三朱中学高级教师。

蔡阳平 前黄镇香芹村人，1974年出生，泉港二中高级教师。

蔡晓阳 泉港区人，1974年出生，惠安一中高级教师。

蔡阿忠 南埔镇塘头村人，1975年出生，泉港惠华中学高级教师。

蔡东龙 前黄镇香芹村人，1976 年出生，泉港二中高级教师。

蔡月英 山腰街道锦山村人，女，1976 年出生，泉港圭峰中学高级教师。

蔡永安 涂岭镇樟脚村人，漳平化肥厂高级工程师。

蔡水财 泉港区人，福州缝纫机厂高级工程师。

林平珠 南埔镇塘头村人，女，1969 年出生，泉州市教育科学研究所中学高级教师。

（四）博士

蔡主超 前黄镇香芹村人，1963 年出生，上海交通大学博士。

蔡安虹 前黄镇三朱村人，女，1989 年出生，美国伊利诺依大学法学博士。

（五）港澳台胞及海外侨胞知名人士

蔡永庭 祖籍涂岭镇樟脚村，1928 年出生，曾在仙游、惠安任教，后移居台湾，在中学任教，退休后又学医习道。捐建樟脚小学"景崧教学楼"、"良岛育才楼"。福建省人民政府特授予"乐育英才"金质奖章。

蔡航朔 祖籍涂岭镇樟脚村，1929 年出生，居台湾，博士，台湾务峰高级农工职业学校教师，热爱家乡教育事业，捐资修建樟脚小学校舍。

蔡良乡 祖籍涂岭镇樟脚村，1957 年出生，居台湾，大学教师，捐建樟脚小学校舍。

三、英烈名录

蔡玉河（1930—1949 年） 涂岭镇人，解放军 379 团 2 营 2 连战士，在广东佛岗作战中牺牲。

蔡福平（1977—1999 年） 南埔镇塘头村人，1996 年入伍，南昌消防支队 1 中队班长，在执行灭火任务中，为保护战友而牺牲。

第六节 记 事

1976 年，香芹村小学重建。

1981 年，秀溪村吟兜蔡氏廖氏重建吟兜宫。

1989 年 9 月，樟脚村整修蔡氏宗祠。

1993 年，秀溪村吟兜蔡氏修建祖厝。

2000 年，香芹小学移址重建，建筑面积 980 平方米，投资 94 万元。

2004 年，建设香芹村许厝斗至惠山公路（大林村），全长 600 米。

2005年冬，铺设驿峰路口到香芹村前炉的水泥路，全长2.8公里，投资62万多元。

2007年初春，铺设香芹小学至许厝斗自然村水泥路，全长430米，投资15万多元。同年樟脚蔡氏宗祠扩建竣工。

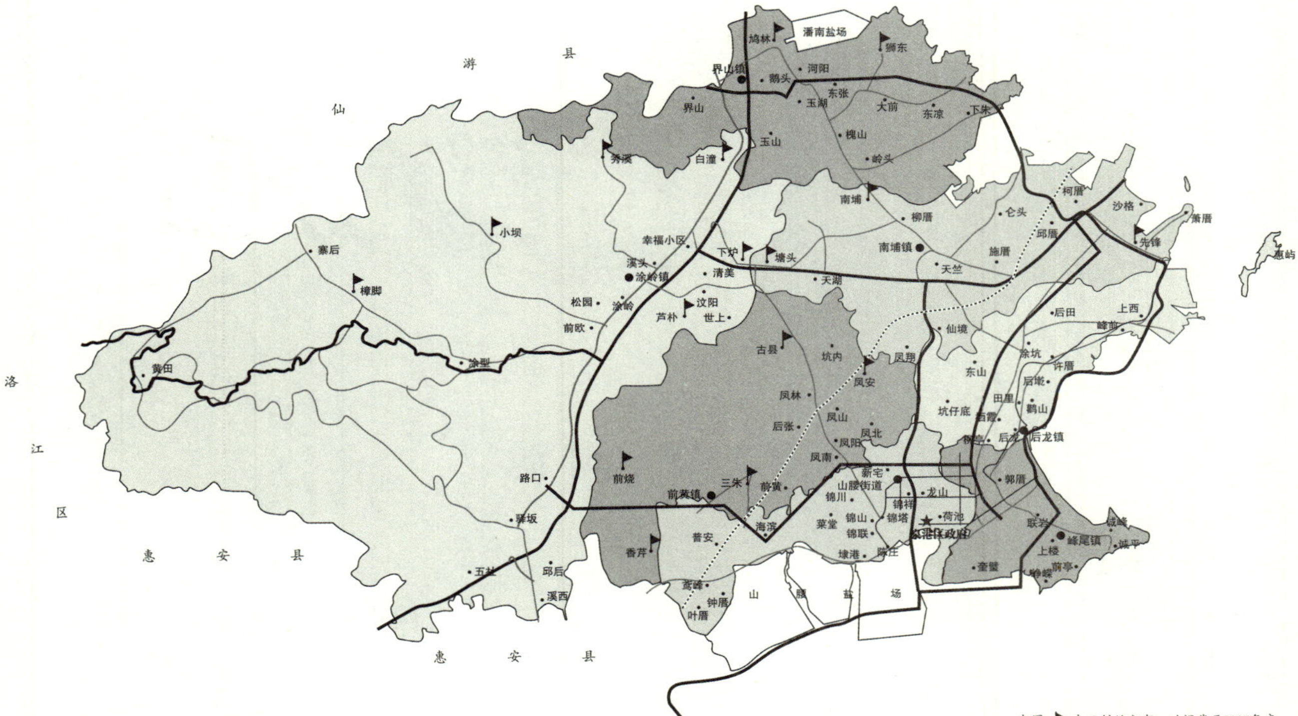

本图 ▶ 表示村姓分布，时间截至2007年底

泉港区蔡姓分布图

第十九章 施

第一节　溯源

一、起源

出自施国。上古夏朝有诸侯国施国（在今湖北恩施县境），国亡后，公族子孙就以国名为姓。

出自姬姓。东周列国鲁惠公第3子恒，贤德而有才华，食采于鲍，奉为施国，号施父。其后代以施为姓，尊施恒为得姓始祖。

二、入闽

唐光启年间（885—888年），施惠张自河南光州固始县入闽居建安东溪乡。第2世施惠移居建安麻沙界首。第8世施宗泽迁居福清高楼，其孙施炳（字廷耀）系宋绍兴进士、大理寺评事。施炳次子施英迁居晋江县南浔（今晋江龙湖镇衙口村），为晋江施氏浔海派始祖。

唐天复四年（904年），唐秘书丞施典偕妻许氏自河南固始县南迁入闽，择居晋江牙水之右钱江乡（今晋江县龙湖镇前港村），为晋江施氏钱江派始祖。

元初，有施家3兄弟迁居入闽，其中长施伯阳居福清，次施伯清择居施厝，三施伯莺移居衙口。

三、入泉港

明洪武三年（1370 年），施典第 13 世裔施应奄之子施九思、施菊齐迁居惠北施厝（今南埔镇施厝村）。至洪武九年（1376 年），施菊齐返回晋江西岑，入赘李家。施九思入籍施厝开基。

清初，有浔江施氏举族迁入今涂岭镇樟脚村，后又陆续迁走，现存 3 户。

约清康熙三十五年（1696 年），有晋江施氏族人迁居南庄（今属界山镇鸠林村）。

康熙年间（1662—1722 年），惠安洛阳白沙施氏迁居今涂岭镇白潼村。

第二节 繁衍

一、区内分播与人口

泉港区施姓有 4965 人，列泉港世居姓第 19 位。主要聚居于 3 个镇，依次是：南埔镇 4410 人，界山镇 500 人，涂岭镇 55 人。具体分布如下：

街道、镇	村落人口	合计
涂岭镇	白潼村白水岭 42 人；樟脚村 13 人。	55
界山镇	鸠林村南庄 500 人。	500
南埔镇	施厝村 4400 人；仑头村 10 人。	4410

二、外迁主要支系

南埔镇

施厝施氏

第 3 世施兆祥移居浙江温州，现有 1000 多人。

第 9 世移居莆田湄洲，现有 525 人。

第 11 世移居仙游郊尾，现有 200 多人。

第 12 世移居莆田笏石，现有 510 人。

1965 年，有族裔移民崇安，现有 300 多人。

施氏后裔移居我国台湾，现有 208 人。移居马来亚，现有 300 多人。移居印尼，现有 28 人。迁往时间不详。

此外，清初，细房施耀仁裔孙施本性参与反清复明斗争，族人受株连，部分渡海迁居台湾。

第三节 谱牒

《临濮施厝施氏族谱》

系南埔镇施厝施氏族谱。1949年，编写《施氏家谱（横龙北平）》5本，每本约114页。2003年，施聪法、施聪明、施荣贵编修《施厝施氏十六世孙（横龙）宗谋皮公之家谱》，120页。2004年，施华荣、施仁兴编修《施厝横龙房大脚施氏十二世孙赤公之家谱》，130页。1992年2月，施展民编写《惠安县南埔乡施厝村旅台宗亲族谱》，共26页。其昭穆共48字，依次为：

伯耀兆起，功乾于师，怀尚候子，元建序宗，文章华国，诗礼传家。

广博经书，弘扬科技，信义富贵，仁孝祥和，兴邦光祖，盛世荣基。

《临濮施厝施氏族谱》支谱

界山镇鸠林村施氏

字辈为：公侯伯子男，仁义礼智信。

第四节 史迹

一、祠宇

施厝施氏宗祠

建于南埔镇施厝村。始建于明代。后塌毁。民国25年（1936年），海外侨胞捐资重建未果。1994年，集资于原址重建。坐北朝南，占地面积近510平方米。堂号“临濮”，灯号“龙山”。楹联有：

临濮封侯不愧圣门弟子，
石渠讲易允推汉代师儒。
源出钱浔经历三朝廿三世，
肇基埭北于今七百数余年。

施厝施氏宗祠

横龙祖厅

横龙祖厅

位于南埔镇施厝村。清康熙年间（1662—1722 年），施伯清第 10 世裔孙施尚权建造。2005 年，第 17 世台胞施去嘴及族人捐资重建。建筑面积 330 平方米，占地面积 620 多平方米。

二、宫庙

洞灵宫

位于南埔镇施厝村。始建时间不详。1982 年重建。坐北朝南，建筑面积 135 平方米，占地面积 245 平方米。楹联有：

睢阳殉节封司马，

龙山留迹镇洞灵。

开山祠

位于南埔镇施厝村。建筑面积 348 平方米，配套建筑面积 62 平方米，占地面积 678 平方米。楹联有：

莆阳名教道传乾坤祀百代，

东山英灵惠及苍生颂千年。

开山祠（一）

开山祠（二）

三、墓葬

施伯清墓

位于南埔镇施厝村北。坐向东南，狮子穴，石墓占地面积 216 平方米。施伯清，施厝施氏开基祖。

施耀庆墓

位于施厝村蔡州地界。坐向西南，龙虾出港穴，石墓，占地面积378平方米。施耀庆系施厝施氏长房一世祖。

第五节 人 物

一、历代科第仕宦名录

施 仁 族谱记为耀仁，施厝人，明宣德三年（1428年）贡生，任钦州吏目。

二、已知当代人物名录

（一）副处（团）级及以上人士

施鸿辉 界山镇鸠林村人，1936年出生，福州军区后勤部基建营房部副部长，南京军区福州房地产管理分局局长，专业技术六级。

施美发 南埔镇施厝村人，1962年出生，湖南长沙87029部队副团职干部。

施明龙 南埔镇施厝村人，1963年出生，解放军9264部队司令部教研室主任。

施春来 南埔镇施厝村人，1964年出生，上海国资委学院正处级干部，教授。

施国宾 南埔镇施厝村人，1965年出生，泉州市物价局局长。

施建元 南埔镇施厝村人，1965年出生，福建省住建厅建筑业处处长。

施晓东 界山镇鸠林村人，1968年出生，南昌铁路局福州军事代表办事处主任。

施林云 南埔镇施厝村人，1976年出生，兰州军区空军后勤部装备部航材处中校。

（二）副处级及以上国有企业人士

施光永 南埔镇施厝村人，1946年出生，辽宁省冶金厂党委副书记、副厂长。

施荣泉 南埔镇施厝村人，1957年出生，福建炼油厂纪委副书记。

施金明 南埔镇施厝村人，1966年出生，中国医药集团总公司控股有限公司副总裁。

（三）高级专业技术职务者

施秀琴 南埔镇施厝村人，女，1951年出生，施厝中学高级教师。

施玉英 南埔镇施厝村人，女，1955年出生，泉港惠华中学高级教师。

施镇金 南埔镇施厝村人，1961年出生，泉港二中高级教师。

施玫瑛 南埔镇施厝村人，女，1961年出生，泉港区第二实验小学中学高级教师。

施航平 南埔镇施厝村人，1963年出生，惠安三中高级教师。

施龙文 南埔镇施厝村人，1963 年出生，泉港南埔中学高级教师。

施国金 南埔镇施厝村人，1964 年出生，海南崇明建筑工程公司高级工程师。

施荣清 南埔镇施厝村人，1964 年出生，泉港二中高级教师。

施平聪 南埔镇施厝村人，1965 年出生，泉港二中高级教师。

施惠清 南埔镇施厝村人，1965 年出生，泉港区前黄坝头中心小学中学高级教师。

施绍雄 南埔镇施厝村人，1968 年出生，海南第六建设工程有限公司高级工程师。

施锦联 南埔镇施厝村人，1968 年出生，泉港天竺中学高级教师。

施培成 南埔镇施厝村人，1969 年出生，泉港职专高级教师。

施荣琴 南埔镇施厝村人，女，1971 年出生，泉港三川中学高级教师。

施荣春 南埔镇施厝村人，1972 年出生，泉港一中高级教师。

施惠英 南埔镇施厝村人，女，1973 年出生，泉港二中高级教师。

施绍明 南埔镇施厝村人，1975 年出生，泉港天竺中学高级教师。

施惠龙 南埔镇施厝村人，1977 年出生，泉港天竺中学高级教师。

（四）博士

施锦珊 南埔镇施厝村人，1964 年出生，清华大学博士，鑫桥联合融资租赁有限公司执行董事兼首席执行官，福建省政协委员。

施晓明 南埔镇施厝村人，1966 年出生，美国密歇根州双博士后。

施陈凤 南埔镇施厝村人，女，1981 年出生，上海航天八院博士。

施淑萍 南埔镇施厝村人，女，1984 年出生，澳大利亚国立大学博士。

施湘锟 南埔镇施厝村人，1988 年出生，福建农林大学博士。

施雷玲 南埔镇施厝村人，女，1990 年出生，清华大学博士。

三、英烈名录

施志凤（1979—1999 年） 南埔镇施厝村人，武警福州支队福清中队战士，在执行任务中牺牲。

第六节 记 事

1966 年，施厝村小学从宗祠旧址迁出，重建新校舍。

1991 年，施厝附中扩办为初级中学，扩大招生片区。

1994 年，施氏宗祠落成竣工。

1995 年，施氏宗祠晋主庆典。

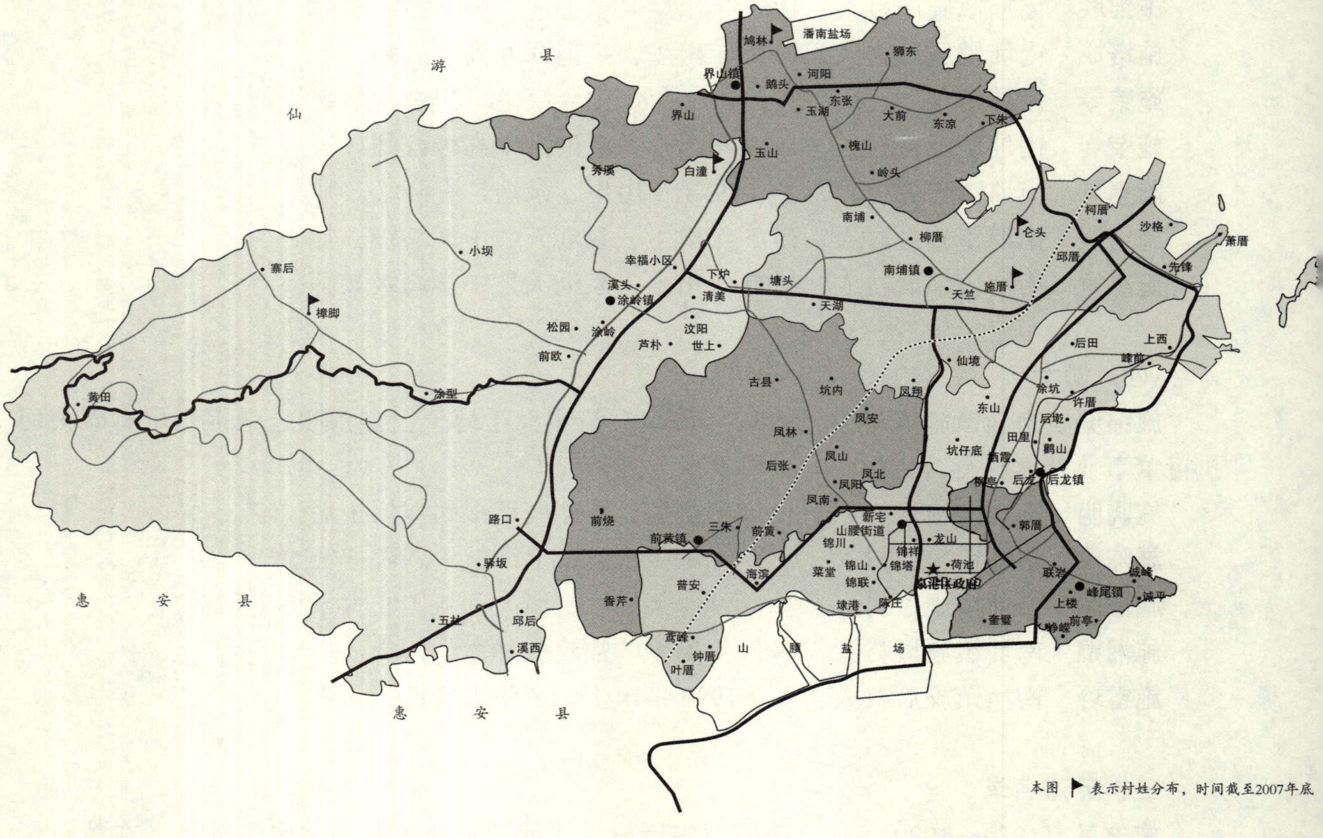

本图 ▶ 表示村姓分布，时间截至2007年底

泉港区施姓分布图

第二十章 許

第一节　溯 源

一、起源

出自许由。许由相传是尧舜时的高士贤人，为人清高，帝尧欲禅让给他，他避走不受，卧流洗耳，隐居箕山。殁后配食五岳。许氏子孙奉其为先祖。

出自姜姓，以国为氏，是炎帝神农氏的后裔。周武王封伯夷之后文淑于许国（今河南许昌东登封箕山）。战国初期被楚所灭。许国亡后，宗室子孙自容城迁出，初居冀州高阳北许都乡乐善里，后分居各处，主要有 6 支：高阳许氏、安陆许氏、汝南许氏、太原许氏、晋陵许氏、中山许氏。

二、入闽

汉建元六年（前 135 年），汉武帝派左翊将军许元亮入闽平乱，镇守同安。传 15 子，分镇各地。

唐总章二年（669 年），许陶之子许天正随陈政、陈元光入闽平乱。许天正奉命镇守泉、漳、诏等地，任泉漳团练使、宣威将军，定居漳诏。后有部分后裔返居河南。

唐中和年间（881—885 年），许天正第 11 世孙许爱自光州固始入闽，袭祖先之勋，仍出守漳诏一带。初居瑶林，后迁居晋江石龟。

唐光启元年（885年），衡州刺史许稷为避战乱自河南汴州入闽。

宋咸平六年（1003年），许稷第8世裔许显（字必达）自荔城梅崖迁居将军岩（今莆田县华亭镇西许厝村）。

北宋末年，许稷派下、莆阳第14代孙许宗岱自将军岩析居莆阳澄塘、东井一带。

元末明初，许爱裔孙许晋惠、许子惠兄弟迁居惠安，开基繁衍。

明永乐年间（1403—1424年），许文察开基惠东许山头东堡。

三、入泉港

明崇祯年间（1628—1644年），许稷第28世、莆田澄塘许永昌举家自莆田仙游（一说为许山头东堡村）沿海牧鸭，后定居许厝脚（今后龙镇许厝村）。灯号“高阳”。

清代，有以下支系迁入居住：

仙游县枫亭赤岭许氏族人迁入今涂岭镇樟脚村。

惠安县科山脚下许氏迁入今后龙镇柳亭村后柳居住。灯号“瑶林”。

惠安涂寨山尾岭许氏迁居今山腰街道新宅社区土庄。

惠安许氏许佛观支系析居今惠安紫山半岭，其中一支迁居今前黄镇古县村许厝，一支系迁居今涂岭镇黄田村南埔、厝斗，另一支迁居涂岭陈田后洋许厝。

高阳许氏许文察派下后裔迁入，其中有的居于今前黄镇前烧村，有的居于今前黄镇三朱村下宝，有的居于今涂岭镇涂岭村墩上等村落。

第二节　繁衍

一、区内分播

涂岭镇

陈田许厝许氏

清代，许氏兄弟因战乱避居大雾山脚陈田（今属涂岭镇）开垦安居，村名“许厝”。

1970年，兴建陈田水库时，许厝许姓族人分散插居于今涂岭镇前欧村新店头，白潼村西青场，驿坂村酒店，溪西村九婿巷、陈田新村，邱后村等村落，计有60多户。

后龙镇

许厝许氏

族裔许笔盛迁居今界山镇鸠林村南庄许厝，已传7代。

民国22年（1933年），许庆发择居南埔（今南埔镇南埔街）经商。

许玉来迁入灰窑脚（今属山腰街道锦山村）居住。

柳亭后柳许氏

后柳第 3 世二房有族人迁居今前黄镇古县村许厝。

二、人口分布

泉港区许姓有 4224 人，列泉港世居姓第 20 位。主要聚居于 6 个镇（街道），依次是：后龙镇 1700 人，涂岭镇 1071 人，前黄镇 955 人，界山镇 323 人，山腰街道 124 人，南埔镇 51 人。具体分布如下：

街道、镇	村落人口	合计
山腰街道	新宅社区土庄 103 人；锦山村灰窑脚 21 人。	124
前黄镇	前烧村 582 人；古县村许厝 200 人；三朱村下宝 110 人；香芹村 63 人。	955
涂岭镇	驿坂村 300 人；黄田村厝斗 150 人，南埔 90 人；樟脚村岭头 188 人；涂岭村墩上 185 人；邱后村 120 人；前欧村 12 人；溪西村陈田新村 16 人；五社村上黄 10 人。	1071
界山镇	鸠林村南庄 280 人；河阳村 43 人。	323
南埔镇	南埔村 51 人。	51
后龙镇	许厝村 1300 人；柳亭村后柳 400 人。	1700

三、外迁主要支系

前黄镇

古县许厝许氏

抗日战争期间（1937—1945 年），有族人迁居厦门，现有 200 多人。

涂岭镇

黄田许氏

有支系外迁仙游县花亭，现有近 2000 人。

后龙镇

许厝许氏

清顺治十八年（1661 年）迁界时，许厝许永昌长子登联、次子仲生举家迁往仙游县香田里后沈村居住。

清康熙二十二年（1683 年）复界，许登联与弟许仲生一家返回许厝，重建家园。而长子孔嘉、次子孔锡、三子孔波分别居于仙游县后沈、前埔、长岭。

柳亭许氏

后柳许氏有族人迁往仙游县河岭及台湾基隆等地居住。

第三节　谱牒

后龙镇许厝许氏

堂号“高阳”，字辈为：次公侯伯主南，仁义为作术，远德辉宗海，昭成（和）万芳河。

后龙镇柳亭许氏

堂号“高阳”。字辈为：宗传德居良，隆一世祯祥。

界山镇鸠林许氏

字辈为：文章华国，诗礼传家。

涂岭镇涂岭许氏

字辈为：金木水火土。

第四节　史迹

一、祠宇

邱后许氏祖厝

原址在涂岭陈田。肇建于清末。“文化大革命”期间被作为陈田供销社址。1970 年建水库时被拆迁。坐东向西，五开间大厝，石木结构，建筑面积有 200 多平方米。

许厝许氏祖厅

位于后龙镇许厝村五虎石山脚下。坐向艮坤丑末，五开间，本为土木结构，因年久失修部分坍塌，后经旅台宗亲倡议，许景生等人主持翻建，占地面积 500 多平方米。楹联有：

派衍高阳是本枝，
源分许厝乃同宗。
孝悌仁爱绵世泽，
诗书礼义振宗风。

二、墓葬

许笔盛墓

位于仙游县枫亭蔡坑。许笔盛，界山镇鸠林村许氏开基祖。

古县许厝许氏祖墓

位于前黄镇古县村许厝后山。

前烧许氏祖墓

位于前黄镇前烧村塔内山。

第五节　人　物

已知当代人物名录

（一）副处（团）级及以上人士

许曰兴　前黄镇三朱村人，1925 年出生，福建省疏浚工程党委书记，正处级离休干部。

许荣年　南埔镇南埔村人，1928 年出生，国家海洋第二研究所正处级离休干部。

许家鲲　涂岭镇樟脚村人，1929 年出生，海军驻广州虎门海军政治部主任，转业任职泉州黎明大学。

许开成　前黄镇古县村人，1941 年出生，泉州市政协提案委主任。

许兴辉　后龙镇许厝村人，1951 年出生，集美大学成人教育学院副院长、教授。

许其龙　山腰街道新宅社区人，1952 年出生，浙江温州海军基地正团职干部。

许耀明　涂岭镇涂岭村人，1957 年出生，泉州市残联主席，市政协提案委主任。

许文坤　界山镇鸠林村人，1960 年出生，福州海警副团职干部，转业任职福州市鼓楼区南街街道办事处。

许育林　前黄镇三朱村人，1962 年出生，海军某部副团职干部。

（二）高级专业技术职务者

许宝同 涂岭镇樟脚村人，1934 年出生，长乐师范学校高级讲师。

许镇玉 涂岭镇驿坂村人，1936 年出生，惠安县农业局高级农艺师。

许东福 后龙镇许厝村人，1938 年出生，江汉大学数学系教授。

许枝玉 后龙镇许厝村人，1939 年出生，泉港后龙卫生院副主任医师。

许荣法 南埔镇南埔村人，1939 年出生，北京木材总公司研究所高级工程师。

许祖仁 山腰街道人，1940 年出生，泉州教育学院教授。

许若建 前黄镇前烧村人，1956 年出生，中山大学城市区域研究所教授。

许建聪 涂岭镇涂岭村人，1967 年出生，同济大学副教授、博士。

许淑辉 涂岭镇驿坂村人，华侨大学副教授。

许振元 前黄镇前烧村人，集美水产学院高级工程师。

许冠冕 前黄镇前烧村人，1983 年出生，厦门 ABB 电器有限公司高级工程师。

第六节 记 事

清乾隆十五年（1750 年），前烧村高阳许氏兴建祖厝。

1990 年，涂岭镇邱后荔枝被省农学院研究所评为重点研究项目。

2007 年 4 月 6 日，福建省姓氏源流研究会惠安（泉港）许氏委员会及许氏奖学助学基金会成立。

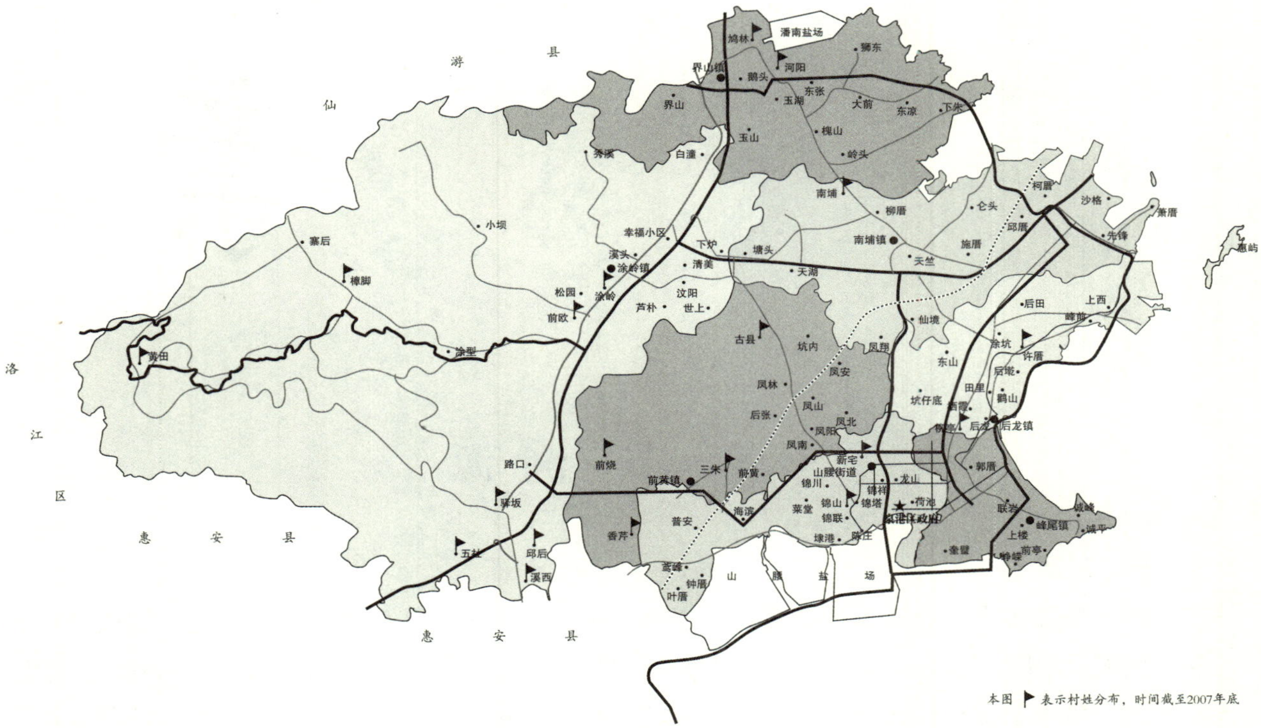

本图 ▶ 表示村姓分布，时间截至2007年底

泉港区许姓分布图

第二十一章 葉

第一节 溯 源

一、起源

出自芈姓沈氏，为帝颛顼的后代。据载，帝颛顼的后裔陆终第6子名季连，赐姓芈。后裔鬻熊很有学问，后成王追封，其曾孙熊绎于荆山（今湖北西部）一带建立荆国，国号为楚。春秋时，楚庄王曾孙戌任沈县（今安徽临泉县）尹，称沈尹戌，深得楚人敬重，后代以沈为姓。楚昭王十八年（前498年），楚吴战争，时任左司马的沈尹戌战死，昭王封其子沈诸梁于叶（今河南叶县南旧城，汉时置县名），称为叶公。后人便以邑地为姓氏，称叶氏，故河南沈、叶同宗。

据《姓氏考略》载，我国古代南方有以叶为姓的少数民族。

历史上，叶氏形成南阳、下邳等郡望。

二、入闽

叶姓始祖沈诸梁第55世裔叶琚任钱塘（今浙江杭州）令，在当地安家，后成为当地望族。其孙叶游，徙居建宁府建安县。

唐总章二年（669年），沈诸梁第55世裔叶清随岭南道行军总管陈政入闽，屯御梁山云霄镇。

垂拱二年（686年），陈元光请命于朝廷，在泉、潮之间建一州（即漳州），立行台于四境，四时巡逻。叶清以都尉之职卫戍于北境，封武德大夫，住仙游归德乡清泉里北岩山下。裔孙叶与于唐广明元年（880年）迁居仙游古濑林田。叶清为叶氏入闽始祖。

后唐年间，雍州叶谌第11世孙叶清入闽，任兴化府莆田县尉，娶翁家女为继配，居莆阳兴福里翁庄，后移居瀛头。叶清之子叶晔任仙游县主簿，迁居仙游林田。孙叶绵开基仙游县万善里古濑，为古濑叶氏始祖。叶绵裔孙叶庚迁居莆田，传五子：芳传、锐传、渥传、迴传、立功，兄弟先后登第进士。叶立功生叶闻诗（淳祐丁酉解元）、闻政（淳祐九年己酉科贡元）。叶闻诗子叶庆重开基德化郭坂，叶闻政子叶庆余（配苏岭陈氏）徙居莆阳壶山前行坂（一作杏坂）永兴社界。

南宋绍兴元年（1131年），进士叶贤于宋孝宗年间入朝为相。宋亡后，后裔叶经不愿为异族所用，遂遣散子孙，迁播各地。

三、入泉港

元代，叶氏第33世、叶庆余裔孙叶七七（叶氏后裔称为“七七公”）自杏坂卜居惠安芳山（今山腰街道叶厝村），入籍开基。叶七七为芳山叶氏一世祖。另有一说，古濑叶氏派下“叶五七观”迁入惠安居于埭头，生子叶六七，叶六七生叶七七。叶七七移居芳山开基。

第二节　繁衍

一、区内分播

芳山叶氏叶七七生子三：一太郎、二太郎、三太郎，衍传为三房。长房支系聚居角落称下管；二房支系聚居角落称二房、五房、虎穴、四主、五主、新厝头；三房支系聚居角落称三房。

清代，长房长叶荣春携眷迁往惠安县辋川许埭，再迁于今涂岭镇溪西村溪岸边居住，取“涵仔”为村名。后裔散居于周围村落。

二、人口分布

泉港区叶姓有3372人，列泉港世居姓第21位。主要聚居于2个镇（街道），依次是：山腰街道2968人，涂岭镇404人。具体分布如下：

街道、镇	村落人口	合计
山腰街道	叶厝村 1868 人；钟厝村 1100 人。	2968
涂岭镇	溪西村顶溪西 28 人，下溪西 10 人，涵仔 318 人；松园村虎岩 48 人。	404

三、外迁主要支系

山腰街道

叶厝芳山叶氏

清代，新厝头房叶向日、叶向春裔孙迁居枫亭。

三房三叶德齐迁居小岞（今属惠安县）。

叶世春裔孙迁居晋江青阳。

叶书命裔孙迁居顶埭（具体地点不详）。

另有族裔先后徙居印尼、新加坡、菲律宾、苏丹、我国台湾、香港地区以及惠安黄塘、涂寨等地。

第三节 谱牒

《芳山叶氏谱录》

系山腰街道叶厝叶氏支谱。也称叶厝叶氏家史。郡望“南阳”，堂号“芳山”。旧谱佚失。仅存“癸酉年元月立记”的手抄繁体钢笔书写本，小 16 开本，竖排，共 41 页。癸酉所指年科不详，疑是民国年间家谱资料转抄，1998 年祠堂晋主时整理。内容含民国 33 年（1944 年）祭文、远代始祖、本村历史资料、叶氏历史源流、外迁情况、先祖仕官名录、第 1—20 世部分世系资料。

第四节 史迹

一、祠宇

芳山叶厝宗祠

位于山腰街道叶厝村。始建于明末。历经多次修葺，1986 年重建，1998 年祠堂晋主。坐甲庚兼寅申，外水出丁未坤。石砖木结构，分五段落建筑：龛位、上大厅、天井、下厅、大门和围墙，天井两旁各有厢房，占地面积约500平方米。后殿设有神主龛，设置列祖神主牌位。房顶为椽桷瓦结构，上下厅花窗屋脊高挑，东面厅壁上有祭文。楹联有：

南阳衍派家声远，

古濑传芳世泽长。

惠邑惠声恒纪惠，

芳山芳业永留芳。

左辋海右湖水湖海江流长天一色，

先杏坂后芳山江山集美瓜瓞绵延。

正简高风丹心报国志匡宋室，

埙篪协韵敌忾同仇力挽狂澜。

芳山叶厝宗祠（一）

芳山叶厝宗祠（二）

二、宫庙

曾炉寺

一作曾垆寺，旧属惠安县北石江铺，位于山腰街道叶厝村东南方。约建于宋代，派出于紫云，为泉州开元寺别院。宋末元初曾遭兵毁，历次兴修重建。明万历年间，圆悟住持并重修。至清初迁界又遭毁坏。清康熙四十五年（1706年）主持僧方徹重修。至清光绪二十九年（1903年）曾再次重修。2005年释达芳尼师主持修建。砖石结构，两进三开间，寺前有约百平方米砖埕，外以条石砌栏。前厅硬山式屋顶，大厅为歇山式屋顶，四个倾斜屋面，四面滴水房檐，别具一格。寺内略显古旧简朴，但梁顶椽木斗拱花卉雕刻精致。寺距海数十米，古时舟楫可入大港，直达寺前。寺两边有二大池塘，一方一长。寺后曾有三块大石，形如鹅蛋。寺埕今存“叶侯疏法石埭后尾水利碑记”残碑，字迹漫漶难辨。清光绪里人叶联芳撰联：

炉火放开天眼碧，

山容掩映佛头青。

讲道深时背后点头看鹅石，

参禅静处耳边听法跃龙池。

曾炉寺（外景）

曾炉寺（内景）

文佛塔

位于山腰街道叶厝村境内。始建于明代。用条石砌成底座，上为同字形塔龛，坐西朝东，龛内为花岗岩石浮雕佛像。“文化大革命”期间被毁。1979年村民修葺。1993年退休干部叶水裕等发动捐资重建主塔、八角亭、围墙等，占地面积230多平方米。亭为八卦形基座，高6米，8根八角形石柱，亭角鸥吻飞檐。亭内主塔底座长宽各2米，高1.5米，基座上设龛，龛前有石桌香炉。亭上有匾上书“文佛塔”，面东。塔顶一葫芦形塔刹。柱联有：

日月高照泗洲塔光旋，
碧海云腾文佛神雄姿。
盛世春色永结丰满果，
安定开发长蒂富贵花。

文佛塔

三、墓葬

叶氏祖墓

位于山腰街道叶厝村海头山仔头。系芳山叶氏祖墓。

溪西叶氏墓

位于涂岭镇路口村长莲坑（一作中尼坑）山坡。清代墓葬。坐南向北。系溪西村叶氏祖墓。

第五节　人 物

一、历代科第仕宦名录

叶　荣　谱名时蓁，叶厝人，明代江西抚州府金溪县正堂。

叶　祯　叶厝人，明永乐十五年（1417 年）李骐榜举人，中举后迁居惠安县城北门内。任广东高州府训导，改泉州府训导，迁顺天府顺义教导。

叶万选　叶厝人，明嘉靖年间任广东海阳潘田司事，迁湖广岷府典簿。

叶向日　字近侯，海头（今叶厝）人，明崇祯六年（1633 年）拔贡，龙岩训导。

二、已知当代人物名录

（一）副处（团）级及以上人士

叶桂春　山腰街道叶厝村人，1927 年出生，乌鲁木齐市经贸厅副处级离休干部。

叶清河　山腰街道叶厝村人，1934 年出生，漳州市农业学校党委书记。

叶益泉　山腰街道叶厝村人，1934 年出生，三明市第一医院院长。

叶元南　山腰街道叶厝村人，1934 年出生，宁德市水电局副调研员。

叶集水　山腰街道叶厝村人，1940 年出生，福建省档案局办公室主任。

叶　军　山腰街道叶厝村人，1951 年出生，中国邮政集团公司机关事务部副总经理（副厅级）。

叶传勇　山腰街道叶厝村人，1957 年出生，泉州市鲤城区政协副主席，泉州市人民医院主任医师。

叶武文　山腰街道叶厝村人，1958 年出生，宁德市港务局局长。

叶朝阳　山腰街道叶厝村人，1963 年出生，泉州市人大常委会环城委副主任。

叶碧海　山腰街道叶厝村人，1966 年出生，福建省科技厅财务处处长。

叶文伟　山腰街道叶厝村人，1972 年出生，厦门市国税局副局长，博士。

叶松景　山腰街道叶厝村人，1977 年出生，福建省民政厅副处长。

（二）副处级及以上国有企业人士

叶毅聪　山腰街道叶厝村人，1950 年出生，铁道部第十七工程局厦门工程处副处长。

（三）高级专业技术职务者

叶宝聪　山腰街道叶厝村人，1929 年出生，集美大学教授。

叶再春　山腰街道叶厝村人，1936 年出生，福建林学院教授。

叶德富　山腰街道叶厝村人，1937 年出生，福建医科大学教授，附属第一医院主任医师。

叶碧辉 山腰街道叶厝村人，1938 年出生，惠安县兽医站高级兽医师。

叶传贤 山腰街道叶厝村人，1938 年出生，泉港二中高级教师。

叶元金 山腰街道叶厝村人，1940 年出生，泉港美发中学高级教师。

叶儒祥 山腰街道叶厝村人，1960 年出生，泉港坝头中学高级教师。

叶明海 山腰街道叶厝村人，1962 年出生，泉港三朱中学高级教师。

叶碧成 山腰街道叶厝村人，1962 年出生，泉港后龙学区中学高级教师。

叶剑煌 山腰街道叶厝村人，1962 年出生，厦门市中山医院主任医师、教授。

叶伟彬 山腰街道叶厝村人，1962 年出生，泉港山腰学区中学高级教师。

叶传振 山腰街道叶厝村人，1964 年出生，泉港美发中学高级教师。

叶荣川 山腰街道叶厝村人，1964 年出生，泉港圭峰中学高级教师。

叶伟林 山腰街道叶厝村人，1965 年出生，惠安洛阳卫生院副主任医师。

叶朝晃 山腰街道叶厝村人，1968 年出生，泉港五中高级教师。

叶伟祥 山腰街道叶厝村人，1969 年出生，泉州第一医院副主任医师。

叶国荣 山腰街道叶厝村人，1969 年出生，泉港坝头中学高级教师。

叶文彬 山腰街道叶厝村人，1970 年出生，厦门市市中医院副主任医师。

叶琼虹 山腰街道叶厝村人，女，1975 年出生，泉港民族中学高级教师。

叶传捷 山腰街道叶厝村人，1975 年出生，福建医大附属一院高级工程师。

林宏明 山腰街道叶厝村人，女，1934 年出生，三明市第一医院主任医师。

（四）博士

叶传忠 山腰街道叶厝村人，1972 年出生，侨居美国，博士。

（五）港澳台胞及海外侨胞知名人士

叶鸿恩 祖籍山腰街道叶厝村，1915 年出生，侨居马来西亚，法学博士，任雪州华校董事联合会主席、吉隆坡惠安公会名誉顾问。

第六节 记 事

宋元时代，叶厝东南为大港良澳，舟楫可至，曾炉寺周围为铸造船舶所需铁件之所。

明万历初年，时任惠安县令叶春及疏浚法石埭水利。

清乾隆年间，福建陆路提督马负书至曾炉寺，欣然题词“云影涛声”。时任住持圆钰刻字于寺后巨石。

清同治五年（1866年），叶厝乡人叶沛然、叶九农、叶文芳、叶老耆等人成立叶厝基督教会，叶沛然负责教会日常工作并传道。

民国15年（1926年），基督教徒叶谷虚创办芳山小学（位于叶厝），先后聘请陈式畴、叶振凡为校长兼传道之职。

民国26年（1937年），聘请教诲牧人郑玉桂担任教牧之职。之后在叶谷虚牧师和会友叶美良、叶金泉、郑玉桂等共同设计、督促施工下，叶厝礼拜堂竣工。礼堂面积100多平方米。

1990年，新加坡荣耀堂长老叶淑仁返乡，与胞兄叶鸿恩等人捐献自家祖厝重建礼拜堂。

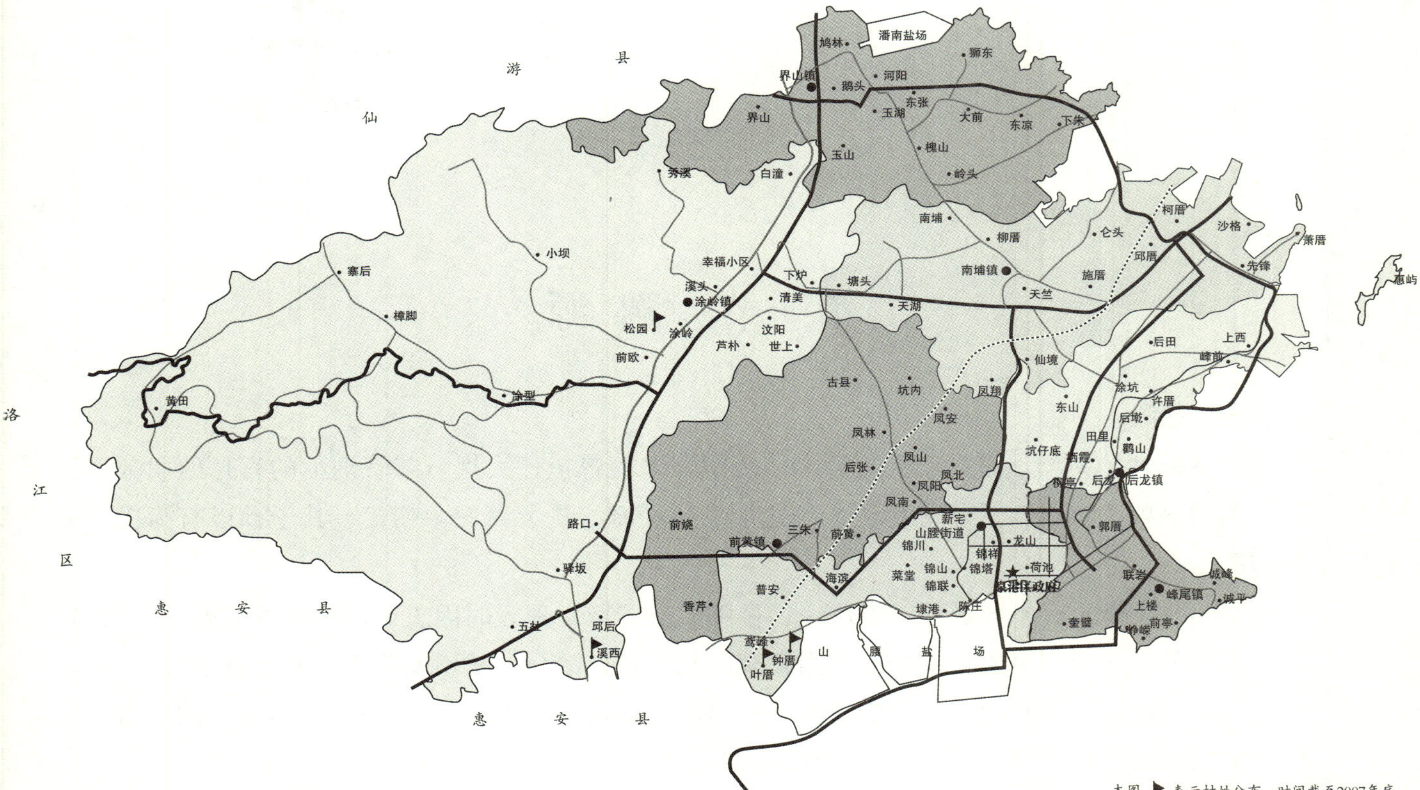

本图 ▶ 表示村姓分布，时间截至2007年底

泉港区叶姓分布图

第二十二章

李

第一节 溯源

一、起源

出自嬴姓，为颛顼帝高阳氏之后裔。尧时，皋陶曾担任大理（掌管刑狱的官）的职务，其子伯益被赐为嬴姓，后子孙世袭大理之职，历经虞、夏、商三个朝代，其子孙以官为氏，称理氏。

理氏改为李氏有不同说法。说法一：皋陶后裔理徵为理官时因直谏而被商纣王处死，其妻契和氏带着儿子利贞逃亡避难时，因食李子充饥得以活命，故不敢称理，便改姓李氏。说法二：据《姓氏考略》记载，周之前未见有李氏，自从有老子姓李（名耳），为利贞的后裔，因祖上世代为理官，理、李两字古音相通，便也以李为氏。

李利贞第 19 世孙李昙，生 4 子：崇、辨、昭、玑。其长子李崇任陇西守，后裔遂以“陇西”为郡望；四子李玑战国末期为秦国太傅，生子李牧，在赵国做官，定居赵郡。

出自他族改姓。三国时，诸葛亮平哀牢夷后，赐当地少数民族赵、张、杨、李等姓；北魏时鲜卑氏有复姓叱李氏改为汉字单姓李氏，为洛阳李氏。

出自他姓改李氏。据载，李唐开国元勋有徐氏、安氏、杜氏、郭氏、麻氏、鲜于氏等 16 氏，因立功赐予国姓，子孙姓李。

二、入闽

唐贞观十一年（637 年），唐高祖李渊的第 20 子李元祥被封为“闽越江王”，分派入闽。

唐光启年间（885—888 年），中原动乱，河南寿州参军李弘弼与王潮、王审知兄弟随王绪自河南固始入闽。李弘弼为入闽始祖。元末，裔孙李彦礼（字惟立）自漳州迁居于泉州通远里，开儒林李氏一派。

李彦礼生 3 子。长子李质庵派下称东房派。次子无传。三子李潜庵为西房派。灯号“儒林”。

李潜庵生子乾魁、乾明、乾容、乾德，依次称长房、二房、三房、四房。其中长房李乾魁派下于明嘉靖年间一支迁于粤，三支徙居南安谢庄里。四房李乾德之子李崇礼入赘惠安杨家，居惠安锦田驿，为锦田李氏。

南宋时，金兵入侵，宋室南渡，宋太师李邴举族随皇室徙居泉州，居住在熙春巷（今泉州东门内第三巷）。三朝元老李邴祖籍山东省济州府钜野县，宋高宗赞其隐居清逸，曾赐御书“仙景”。其后裔以“熙春”“仙景”为灯号。

明洪武十九年（1386 年），陇西衍派浙江临海花桥第 13 世、进士李德遂任惠安县丞，逝后葬于惠安北门外石境山南面（今属惠安县辋川镇试剑村）。

三、入泉港

明永乐年间（(1403—1424 年)，熙春派下李应祯移居惠北古县，甲第相传，成为惠安望族。数代后又移居惠西饮亭。

永乐年间，宋代参知政事李文会派下、钱山李氏第 14 世李性在小岞（今属惠安县）巡检司负责修造战船时殉职，其子随母陈氏移居惠北五都二甲曾炉（今属山腰街道），先姓章，后复姓李，子孙衍居山腰、前黄、涂岭一带。灯号“沙堤”。

明嘉靖年间（1522—1566 年），儒林李氏西房派下二房李乾明派下、第 6 世李尚泉次子李吾泉、四子李我志及孙李起云徙居惠北涂岭开族，为涂岭松园垄尾（也作陇尾）李氏。

明万历年间（1573—1620 年），李德遂后裔先后迁居东柳宫、辋坪、碗仔底等处（均在今泉港区境内）。第 8 世裔李纯厚择居于塔山北面添崎坝头港旁边，村名港墘（今前黄镇凤北村港墘）。

明崇祯年间（1628—1644 年），熙春派下、惠安进士李恺长子派下李蛟门偕子李一团迁居惠北介山（今界山镇界山村南山）。

1949 年，山东省益都县王坟公社李家庄（现青州市王坟镇李家庄）李顺吉排长随解放军大部队南下。8 月 23 日解放惠安后，择偶南埔（今南埔镇南埔村）林氏并入籍定居。

第二节 繁衍

一、区内分播

前黄镇

古县李氏

1958 年，古县李添举家徙居厦门鼓浪屿内厝沃。

另有支系移居惠安县城关，后裔迁往北京、福州、美国等地定居。

凤北港墘李氏

李氏衍传形成 6 房。

清嘉庆年间（1796—1820 年），三房迁居今前黄镇凤安村前埔。已传 12 代。

涂岭镇

松园垄尾李氏

族人衍居于洋林，部分移居赤埔、松园自然村。灯号“陇西”。

泗洲李氏

1958 年 10 月，因泗洲水库建设，泗洲李氏移居于今涂岭镇涂岭村泗洲新村、小坝村小坝及东洲。

陈田李氏

1970 年，因建设陈田水库，李氏移民入籍驿坂村酒店 5 户，迁入涂型村顶山居住 3 户。

二、人口分布

泉港区李姓有 3264 人，列泉港世居姓第 22 位。主要聚居于 5 个镇（街道），依次是：前黄镇 1265 人，涂岭镇 1440 人，界山镇 460 人，峰尾镇 94 人，山腰街道 5 人。具体分布如下：

街道、镇	村落人口	合计
山腰街道	锦川村 5 人。	5
前黄镇	凤北村 950 人;凤安村前埔 206 人;古县村 109 人。	1265
涂岭镇	邱后村墩园 239 人;松园村垄尾 330 人,赤埔 165 人,松园 280 人;清美村 121 人;涂岭村泗洲新村 110 人;驿坂村酒店 100 人;寨后村 12 人;涂型村顶山 14 人;小坝村小坝 10 人,东洲 45 人;五社村上黄 14 人。	1440
界山镇	界山村南山 397 人;槐山村上庄 63 人。	460
峰尾镇	诚平村 78 人;郭厝村 16 人。	94

三、外迁主要支系

前黄镇

凤北港墘李氏

清初，四房有族裔举家迁居台湾。

1940年左右，有族人远渡重洋。现居新加坡有200多人。

1966年，有族人为开发山区而移民浦城县。

古县李氏

1966年，古县李明一家移居浦城莲塘。

涂岭镇

邱后墩园李氏

民国34年（1945年），有族人举家前往南洋。今居新加坡。

泗洲李氏

1958年10月，因泗洲水库建设迁移，就近安插散居。

1966年，李氏部分移民于崇安县（今武夷山市）开发山区，后入籍定居。

界山镇

界山南山李氏

清初，熙春李氏族人大量迁居仙游枫亭下尊繁衍，现有数百人。

峰尾镇

诚平李氏

清末民初，峰尾大石顶李氏移居浙江环坎门；后山厝头部分族人迁厦门鼓浪屿李厝沃（一称内厝沃）。

第三节　谱牒

《台临花桥李氏宗谱》

浙江临海花桥李氏系凤北港墘李氏之本源。元至治年间（1321—1323年）始修，明崇祯十五年（1642年）由“赐进士出身知虞州府事前任南京刑部广东清吏郎宁海任大治”作序再修，三修于清康熙三十五年（1696年），四修于清乾隆四十六年（1781年），五修于清咸丰元年（1851年），六修于清光绪二十六年（1900年），七修于民国22年（1933年），八修于1995年。

内容含谱序、族谱宗源图传、世传家训、行第昭穆、诰封勅命、人物、山川地形等。郡望“陇西”“临海”。

其派下前黄镇凤北港墘李氏昭穆为：

德道惠安，雍绪元正，纯开谨勤，

克庭启耀，唯其祖基，奕世明昭。

《陇西儒林李氏族谱》

系涂岭镇松园垄尾李氏族谱。始修于清咸丰十年（1860年）。民国33年（1944年），第18世孙婿侯卿顶涵陈锡其编修。1991年第17世李安居续修世系至第21代。郡望“陇西”，灯号“儒林”。旧本为毛笔楷书竖写，大16开本，四本。内容有第1至9代世系、李氏总牌图、清康熙四十五年（1706年）志铭1篇。前8世字辈依次为：

彦信乾崇，世甫尔文。

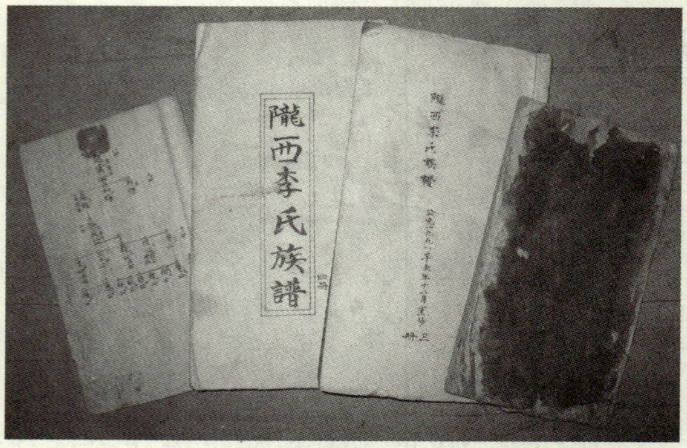

《陇西儒林李氏族谱》

《仙景熙春李氏天官长房分支南山乡族谱》

系界山镇界山村南山李氏族谱。清光绪九年（1883年）蒲月甲午日兴修，内容有序言、南山始祖李景杜支系第8至21代世系资料。灯号“熙春”。毛笔楷书竖写手抄本，32开本，共60页。

涂岭镇松园村赤土埔李氏

灯号“凰池”“陇西”。

涂岭镇寨后李氏

灯号“陇西”。

第四节　史迹

一、祠宇

港墘李氏宗祠

位于前黄镇凤北村。始建于明万历年间（1573—1620年）。因年久失修破败，2003年冬由海内外族人组织并成立重修理事会筹资修建，至 2005 年修竣。坐向子午兼壬丙，砖木石结构，五开间两进一天井，建筑面积 600 多平方米。祀厅敬奉入闽始祖及历代先人牌位。堂挂“进士”“临海传家”“浙闽同宗”等匾。柱联有：

派衍陇西源流远，

家传临海世泽长。

另有明正德进士、福建学政高赉亨撰联为：

名擅黉宫新俎豆，

家传临海旧簪缨。

柳笃东韬台谏草，

苗裔世仰斗山文。

港墘李氏宗祠（内）

港墘李氏宗祠（外）

二、宫庙

龙喋宫

位于涂岭镇松园村洋林。始建于明代。坐东北向西南。2004 年重修，占地面积 30 平方米。

聪明府

位于前黄镇凤北村港墘。始建于清初。坐卯酉兼乙辛，硬山式屋顶，土石木结构。建筑面积约 40 平方米，前面有金亭、大埕，占地面积约 200 平方米。

三、墓葬

李德遂墓

位于惠安辋川镇试剑村“试剑”石后。明代墓葬。2003 年修葺。坐西向东，占地面积约 50 平方米，前置有墓桌，分 3 埕。柱联为：

石镜鉴清浊，

凭史论沧桑。

陇西官誉远，
临海世泽长。

李纯厚墓

位于凤北村港墘后山脚下。清代墓葬，坐向壬丙兼子午，占地面积约30平方米，分2埕，墓前置有墓桌，两侧立有狮柱，墓埕围。李纯厚，港墘李氏开基祖。

李起云墓

位于涂岭镇白潼村白水。李起云，涂岭镇松园村李氏开基祖。

第五节　人物

一、历代科第仕宦名录

李　恺　明代惠安人，祖籍古县，嘉靖十一年（1532年）进士，官至湖广按察司副使。

李　慎　明代惠安人，祖籍古县，嘉靖二十九年（1550年）进士，官至粤西按察司副使。

李公门　南山（今属界山镇界山村）人，清顺治四年（1647年）岁贡。

李培柏　南山（今属界山镇界山村）人，乾隆五十年（1785年）岁贡。

二、已知当代人物名录

（一）副处（团）级及以上人士

李温和　前黄镇古县村人，1907年出生，北京化工四厂副厂长，总工程师。

李温平　前黄镇古县村人，1912年出生，国家建材总局总工程师，著名爆破专家，全国政协委员，美国密歇根大学研究院博士。

李温仁　前黄镇古县村人，1914年出生，福州协和医院院长，福建省省立医院院长，省心血管研究所所长，一级教授。全国人大代表，福建省人大常委会副主任，农工民主党中央常委、福建省主委。

李顺吉　南埔镇南埔村人，1916年出生，原籍山东，南下干部，惠安县食品厂厂长，副处级离休干部。

李新玉　前黄镇凤北村人，1938年出生，漳州市外贸局局长，高级经济师。

李元春　前黄镇古县村人，1960年出生，泉州市公安局油城分局政委，李恺之第十五世裔孙。

李溢明 前黄镇凤北村人，1977年出生，福建师范大学校办副主任。

李进阳 前黄镇凤北村人，1978年出生，福建省公安边防总队指挥中心主任。

李传枝 前黄镇古县村人，泉州市文化局局长，离休干部，李恺之第十四世裔孙。

（二）高级专业技术职务者

李璧霞 前黄镇古县村人，女，1909年出生，北京市骑河楼妇产科医院主任医师，医学博士。

李希汉 前黄镇古县村人，1939年出生，北京市仪器仪表工业总公司高级工程师。

李希洪 前黄镇古县村人，女，1940年出生，北京玻璃研究所高级工程师。

李燕初 前黄镇古县村人，1943年出生，厦门市国家海洋局第三海洋研究所高级工程师。

李其龙 前黄镇古县村人，1943年出生，泉港南埔中学高级教师。

李希江 前黄镇古县村人，1945年出生，农业部农业机械试验鉴定总站高级工程师。

李顺妹 界山镇界山村人，女，1967年出生，泉州市中医院副主任医师。

李黎平 涂岭镇清美村人，1968年出生，泉港后龙学区中学高级教师。

李丽山 涂岭镇清美村人，1970年出生，泉港六中高级教师。

李秀忠 前黄镇凤北村人，1970年出生，中国厦门国际经济技术合作公司高级工程师。

李宝玉 界山镇界山村人，1973年出生，泉港惠华中学高级教师。

李集彬 前黄镇古县村人，1973年出生，泉港民族中学高级教师。

李晓阳 涂岭镇松园村人，1974年出生，泉港六中高级教师。

（三）港澳台胞及海外侨胞知名人士

李添发 祖籍前黄镇凤北村，1929年出生，侨居新加坡，星洲惠华国术研究社正财政主任、新加坡惠安公会监察委员，曾捐助家乡公益事业建设。

李宣法 祖籍前黄镇凤北村港墘，1929年出生，侨居新加坡，新美发总经理，为家乡公益事业捐资数十万元。

李丽珍 祖籍前黄镇凤北村港墘，女，1956年出生，侨居新加坡，新加坡医学会会员，新加坡职业与环境卫生会会长，亚洲职业卫生会组织委员会主席。

李庆祥 祖籍前黄镇凤北村港墘，1957年出生，侨居新加坡，新加坡华侨银行职员，负责在中国设立离岸银行业务。

李庆福 祖籍前黄镇凤北村港墘，1961年出生，侨居新加坡，新加坡中央医院部门主任，高级主管，杜克—新加坡国大医学研究生院教授。

李庆裕 祖籍前黄镇凤北村港墘，1963年出生，居香港，新加坡商会（香港）理事，香港特别行政区信息技术立法会委员、顾问，龙门集团公司董事长。

第六节 记 事

明洪武十九年（1386 年），浙江临海进士李德遂遭贬任惠安县丞，去世后葬于试剑石后（今属惠安县辋川试剑），子孙辗转迁居惠北境内。

明万历年间（1573—1620 年） 李德遂派下、前黄镇凤北村港墘李氏始建祖厝。

清康熙年间（1662—1722 年） 港墘李氏三房析居前埔（今属前黄镇凤安村），四房析居台湾。

民国初年，港墘李氏部分族人陆续到新加坡等地谋生。

1958 年，港墘李氏华侨捐资创办港墘培英小学。

1970 年，港墘培英小学并入凤北小学。

2005 年 8 月，港墘李氏宗祠落成剪彩暨晋主庆典，海内外宗亲回乡祭祖。10 月，港墘李氏首次组织海内外宗亲代表 18 人前往浙江三门县花桥村拜祖。

2007 年夏，港墘李氏与红库郑氏合力重建洪诰宫。

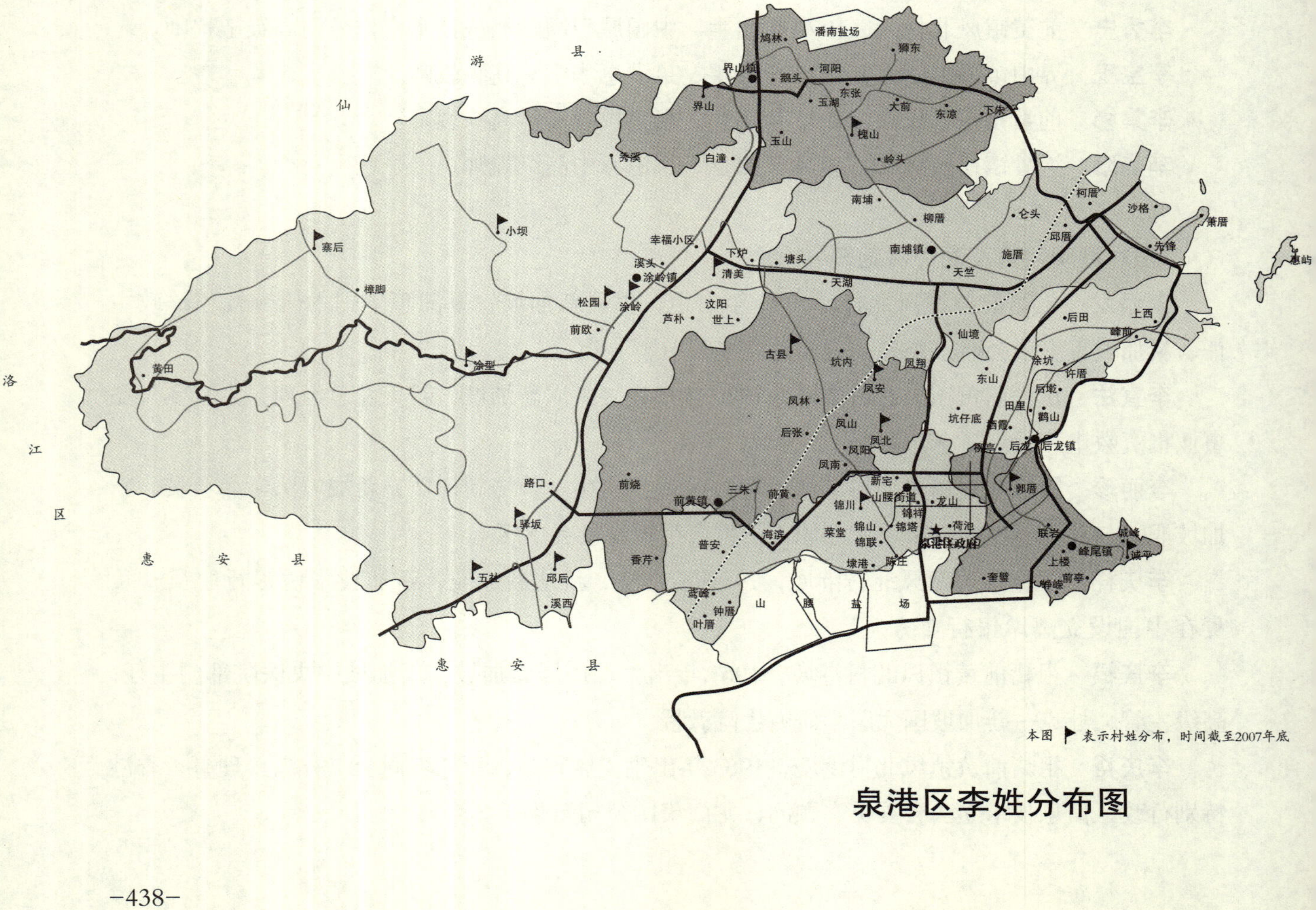

本图 ▶ 表示村姓分布，时间截至2007年底

泉港区李姓分布图

第二十三章 房

第一节　溯源

一、起源

出自陶唐氏，是尧的后代。尧有儿子封地于丹水，为丹朱。后来尧把帝位让给舜，舜把丹朱封到房（今河南遂平县），建立房国，为房侯。丹朱儿子陵，以父封地为姓，称房陵。子孙以房为姓。

房姓居清河（今河北清河县东），形成望族。

二、入闽

西晋永嘉二年（308年），中州板荡，晋人衣冠入闽，林、黄、陈、郑、詹、邱、何、胡等8姓之外，有房姓避乱入闽。

唐总章二年（669年）、光启年间（885—888年），有房姓先后迁居闽地。

三、入泉港

约明嘉靖三十九年（1560年），清河房氏后裔南迁入闽，居于今峰尾镇前亭村。

第二节 繁衍

一、区内分播

前亭房氏

自明代迁入泉港，聚居于今峰尾镇前亭村，繁衍后裔分为5支系。

二、人口分布

泉港区房姓有2530人，列泉港世居姓第23位。聚居于峰尾镇。具体分布如下：

街道、镇	村落人口	合计
峰尾镇	前亭村2500人,上楼村30人。	2530

三、外迁支系

约清乾隆年间（1736—1795年），前亭房氏第5世房南（字盛箕）外迁浙江温岭石塘镇凤尾山，已传30多户。

清光绪三年（1877年），第8世房宝来移居浙江石浦，第9世房梅吓徙居浙江石塘甲场，第11世房荣华等人迁居浙江沈家门。另有族人相继漂洋过海徙居东南亚一带。

民国33年（1944年），前亭房兴隆移居新加坡。

民国35年，前亭房聪良移居浙江省沈家门。

第三节 谱牒

《前亭房氏族谱》

系峰尾镇前亭房氏谱牒。旧谱于“文化大革命”期间被毁，仅存《厝南房氏家谱》手抄本1册，严重破损，字迹难辨。2004年重修，房世明主编。巷九祖堂今存石碑半方，系“泉州府惠安县为详明革除陋规事”的通告，碑文不详。另有官授捷报一张。郡望“清河”，字辈共20字，依次为：

积徽圣盛世，伯侯公子男，泰来昭绳武，孟仲叔季昌。

第四节　史 迹

一、祠宇

前亭房氏祖厝

位于峰尾镇前亭村。系各支系分建，共有厝南、后厅、东厝、巷九和北头 5 座。始建于清代，多次重修。各祖厝面阔 3 间，进深 4 间，2 进 1 天井，砖石木结构。堂号“清河”，楹联有：

清河家声远，
中书世泽长。
清河衍派承先德，
前亭开基启后昆。
紫气聚前亭人文挺秀，
旭阳临湄港兰桂腾芳。
厚道宣长风起蛟腾绳祖武，
书香自远云蒸霞蔚笃家风。

前亭房氏宗祠

二、墓葬

房氏祖墓

原位于峰尾镇峥嵘村后。坐辰向戌兼乙辛，后迁于前亭公路西侧 300 米处，坐丑向未兼艮坤，墓碑书“明房氏世祖坟”。

第五节　人 物

已知当代人物名录

（一）副处（团）级及以上人士

房太金　峰尾镇前亭村人，1935 年出生，福建林学院总务处副处长，副教授。

房顺金　峰尾镇前亭村人，1936 年出生，福州军区司令部通信兵部政委。

房才金　峰尾镇前亭村人，1938 年出生，昆明铁路局昆明电务段副处长。

房太伟　峰尾镇前亭村人，1969 年出生，厦门大学监察处副处长。

房三虎　峰尾镇前亭村人，1977 年出生，福建省消防总队火查处处长。

（二）副处级及以上国有企业人士

房一龙　峰尾镇前亭村人，1971 年出生，福建铝业有限公司总工部主任。

（三）高级专业技术职务者

房宗贵　峰尾镇前亭村人，1936 年出生，华侨大学生产设备处高级工程师。

房宗玉　峰尾镇前亭村人，1940 年出生，南平铝厂子弟中学高级教师。

房佩灿　峰尾镇前亭村人，1960 年出生，泉港圭峰中学高级教师。

房超青　峰尾镇前亭村人，1965 年出生，泉州市第三医院主任医师。

房太勇　峰尾镇前亭村人，1968 年出生，福建医科大学附属第二医院主任医师。

房超胜　峰尾镇前亭村人，1971 年出生，泉州电视台高级工程师。

房一建　峰尾镇前亭村人，1972 年出生，泉港三川中学高级教师。

（四）博士

房一安　峰尾镇前亭村人，1968 年出生，旅居美国，博士。

房词锋　峰尾镇前亭村人，1989 年出生，美国华盛顿大学生物材料与机械工程双专业博士。

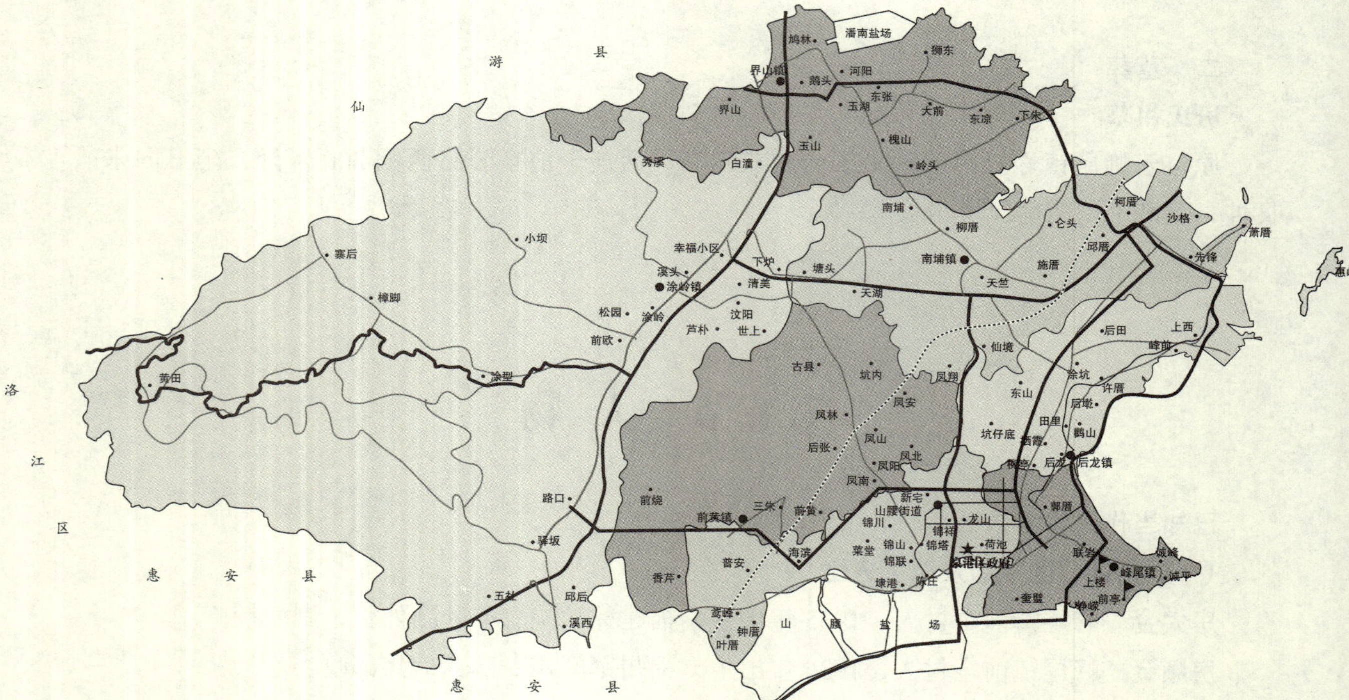

泉港区房姓分布图

第二十四章 出

第一节 溯源

一、起源

源于蒙古札剌亦儿部，出自元朝太尉、明朝海西侯纳哈出。元太祖义弟木华黎裔孙纳哈出于明洪武二十年（1387 年）被封为海西侯后，所部分隶云南、两广、福建，占籍屯田，充入卫军。

二、入闽

明洪武年间（1368—1398 年），元太尉纳哈出之后（族谱称“不归公”，配那氏）从北平入闽，屯田福建，以本等名色授指挥使，占籍福州中卫十三甲，屯田 32 亩。生男佛家奴，后裔以“出”为姓。

三、入泉港

约洪武二十六年（1393 年），佛家奴入籍惠北九都海滨象狮乡（今后龙镇上西村），生男通昭。出姓以纳哈出为始祖，“不归公”为开基祖。以“燕山”为灯号，以示不忘祖地。

第二节　繁衍

一、区内分播

约明永乐年间（1403—1424年），出通昭之子出舜宾（出氏第4世）自惠北象狮乡（今后龙镇上西村一带）迁居涂岭新厝乡（今属涂岭镇涂岭村），生男出光育。

第5世出光育由涂岭新厝，迁居照船山下洪厝坑（今涂岭镇小坝村洪厝坑）。出光育为小坝洪厝坑出氏开基祖。

第6世长房出智惠（出光育原配所生男）分派今涂岭镇樟脚村西坑，副妣所生4子出头叟、确齐、聪、明于洪厝坑繁衍。

第7世四房出应试生3子，长出从滔开基前欧（今涂岭镇前欧村），次出从澄、三出从智移居横溪（今属涂岭镇小坝村）建居。

民国21年（1932年），有出氏族人自涂岭洪厝坑移居今前黄镇前烧村光洋。

民国26年，有族人自小坝村甘蔗园迁至涂岭村下街居住。

二、人口分布

泉港区出姓属蒙古族，现有2445人，列泉港世居姓第24位。主要聚居于2个镇，其中涂岭镇2425人，前黄镇20人。具体分布如下：

街道、镇	村落人口	合计
前黄镇	前烧村光洋20人。	20
涂岭镇	小坝村1867人;前欧村360人;樟脚村西坑183人;涂岭村15人。	2425

三、外迁主要支系

清道光十三年（1833年），出试携眷与出良、出污两兄弟迁居台湾圭笼头（基隆）。

道光十四年（1834年），出高流迁台湾；出投、出稹、出羔、出寤和出香夫妇迁竹堑；出波举家迁居台湾圭笼山。

道光十六年（1836年），第15世出霓夫妇携子出福和族人出法迁居台湾竹堑谋生。

清光绪年间（1875—1908年），第17世出锥英迁居台湾。

民国22年（1933年），二房出溜兄弟传5子，迁居仙游县枫亭九社，现有180多人。

民国26年，出来法迁居今厦门河山普东村，现有7户30多人。

民国34年，出江发迁居仙游县园庄洋尾，现有13人。

另有第14世三房族人迁居今浙江温州平阳县水头镇。

第19世前欧出憨、出水土往马来亚马六甲定居谋生。西坑出正成迁居吉隆坡，改姓王。

第三节　谱牒

《出府族谱》

系涂岭出氏族谱。清康熙五十九年（1720 年），第 11 世出质候修纂。清乾隆年间（1736—1795 年），第 12 世出懋甫续修。清咸丰七年（1857 年），第 16 世出子抹续修。主要文献有康熙五十九年出质侯的《序始祖入闽抵惠暨五世祖迁居事略》，康熙年间出秉德所撰《谱略》和《姓字说》，乾隆三十二年（1767 年）第 12 世出懋甫的《修谱凡例》。世系起自始祖“不归公”下限至民国 22 年（1933 年）。1985 年重修。现存族谱为手抄本，竖写，共 178 页，前 15 页残损。灯号“燕山”，昭穆依次为：

甫仲夫伯，子孙丕振，箕求克绍，科甲呈祥。

另有续编字辈 48 字，依次为：

咸和智聪，文章彩焕，功裕永昌，展望协同，

钦嘉善倍，敬顺义理，恒存仁惠，欣保吉熙，

颂扬凯泰，国瑞邦宁，宏达俊博，道崇世平。

第四节　史迹

一、祠宇

出氏家庙

位于涂岭镇小坝村洪厝坑。区级文物保护单位。始建于清雍正元年（1723 年），为木石砖瓦结构。清乾隆初年，前欧举人出一騆扩建下厅。清乾隆四十二年（1777 年）翻建。民国 5 年（1916 年）再次修缮。民国 24 年创办为燕山小学。1958 年办成洪厝坑小学。1984 年出仲法主持维修。坐西北朝东南，2 进 1 天井，木石结构，占地面积 125 平方米。内挂“忠节”“进士”“解元”“文魁”等匾，大埕竖有旗杆夹，楹联有：

燕南无二族，

惠北自一宗。

出氏家庙

帝廷称奇姓，
闽海振科名。
燕许文章翰苑笔，
山河带砺制军符。
一案拱门楣预占遇试皆一，
三台壮屏翰早卜达尊有三。

翰林第

翰林第

位于涂岭镇小坝村洪厝坑。系清乾隆四年（1739年）联捷进士出科联的府第。坐西北朝东南，5开间2进1天井，木板墙，石木结构，穿斗式木屋架，硬山式屋顶。大门挂有“翰林第”牌匾，内挂“进士”“解元”“文魁”“选魁”等牌匾。1985年重修，占地面积300多平方米。

二、宫庙

兴隆宫

兴隆宫

位于洪厝坑村南。始建时间不详。明嘉靖初年、清康熙三十四年（1695年）、乾隆二十六年（1761年）均有修葺。“文化大革命”期间被拆毁。1985年，出慰庭、出其顺、出德金等主持于原址重建。2004年翻建，抬高地基1米多。坐西朝东。木石结构，2进3开间，硬山式屋顶，翘脊飞檐。民国35年（1946年）分香建宫于横溪。

燕山寺

俗称“仙洞”。位于洪厝坑东南烟桃山。由天然巨石堆垒而成。区级文物保护单位。坐北面南，明成化十九年（1483年），依山建寺。清光绪二十九年（1903年），泉州开元寺酿仙法师回寺住持。寺内由主殿、偏房及圆梦厅、洞组成。内厅上书“九真观”，大门上书“燕山寺”，佛道两教兼容。楹联有：

巨石洞天仙雅会，
燕山古地客清游。
高山美富洞山府，
寺水八开进水财。

燕山寺

三、墓葬

出光育墓

位于小坝村横溪蛇头山。坐西北向东南。出光育，小坝出氏开基祖。

出科联墓

位于洪厝坑燕山山麓，坐乙向辛兼卯酉，分金丁卯丁酉。出科联（1709—1753年），清乾隆四年（1739年）进士，翰林院检讨。

第五节 人物

一、历代科第仕宦名录

出一鶰 字汝宪，号北源。涂岭前欧人。清顺治十四年（1657年）吴孟榜举人，浙江温州府乐清县事，改调永嘉县事，例赠文林郎。葬于前欧对面石尖山之麓，负艮揖坤。

出希尧 字述甫，涂岭前欧人，清康熙五十二年（1713年）江日升榜举人，河南孟津知县改浙江海澄教谕，移宁德县。

出梦鲤 字见甫，涂岭洪厝坑人，清雍正十三年（1735年）黄元宽榜举人，授永春州德化教谕兼署古田学，四川保定府南部县知事。

出科联 字乾甫，号淑渠，涂岭洪厝坑人。清乾隆三年（1738年）乡试解元，次年联捷进士，翰林院检讨。著作有《淑渠诗文集》。

出调元 字达仲，涂岭洪厝坑人，清乾隆十五年（1750年）蓝彩琳榜举人。

二、已知当代人物名录

（一）副处（团）级及以上人士

出秋良 涂岭镇小坝村人，1930年出生，福建省水利水电厅驻泉州水利水电工程处处长。

出志远 涂岭镇小坝村人，1932年出生，惠安县人民法院副院长，处级离休干部。

出其顺 涂岭镇小坝村人，1934年出生，厦门市国家海洋局第三海洋研究所物资器材处处长。

出振宗 涂岭镇樟脚村人，1935年出生，莆田军分区副团职干部。

出宝阳 涂岭镇小坝村人，1966年出生，泉州市文化广电新闻出版局副局长。

出东阳 涂岭镇小坝村人，1972年出生，武警同安支队支队长，转业任职厦门银监局。

（二）高级专业技术职务者

出水聪 涂岭镇前欧村人，1940年出生，华侨大学高校教育管理系副研究员。

出志雄 涂岭镇小坝村人，1968年出生，泉港六中高级教师。

出志阳 涂岭镇小坝村人，1968年出生，泉港三川中学高级教师。

出彩标 涂岭镇小坝村人，1972年出生，泉港五中高级教师。

出润苍 涂岭镇小坝村人，1975年出生，泉港天竺中学高级教师。

出学阳 涂岭镇小坝村人，1976年出生，泉州农业银行高级经济师。

第六节 记 事

清康熙五十九年（1720年），第11世出质候撰写《出府族谱》。

清雍正元年（1723年），出氏家庙兴建。

民国24年（1935年），闽中地下党人曾炉、曾木生、出福元在出氏家庙创办“燕山小学”，作为中共地下交通站。

民国35年，出氏自洪厝坑分香，于横溪建兴隆宫，坐东朝西，木石结构。

1975年，修筑小坝溪、洪厝坑溪两座石拱桥，开通简易土公路。

1984年，惠安六中校长出仲法组织搜集族史资料，申请恢复为蒙古族。

1985年1月，惠安县人民政府（1985）第08号文批准涂岭乡出姓恢复为蒙古族。

1986年，出仲法组织成立“燕山木材包装公司”，引领村民脱贫致富。

1987年12月，小坝村全村通电照明。

1990 年，西坑出姓族人重修“易直公”祖墓。

1993 年 5 月 11 日，惠安县人民政府批准洪厝坑开办燕山蒙古族小学。

1997 年，前欧村出氏修建前欧出氏祖厝。

1999 年，开通小坝村部通福厦公路的 5 千米水泥公路。全村发动种植速生经济林木，山上成为“绿色银行”。

2000 年，旅菲侨亲蔡汉业、林振禄、姚文哲、郑金良、詹牧阳、潘用楫等捐资人民币 40 万元，建设小坝、洪厝坑 2 所希望小学。

2001 年，“出氏家庙”“翰林第”“燕山寺”被列为区级文物保护单位。

2001 年 10 月，施工设计高级工程师李木易捐资 5 万元建设小坝小学篮球场，同年 12 月捐资 12 万元铺设小坝自然村 1 千米长水泥路。

2005 年，建成小坝村部通出姓聚居村洪厝坑的 5 千米水泥公路。

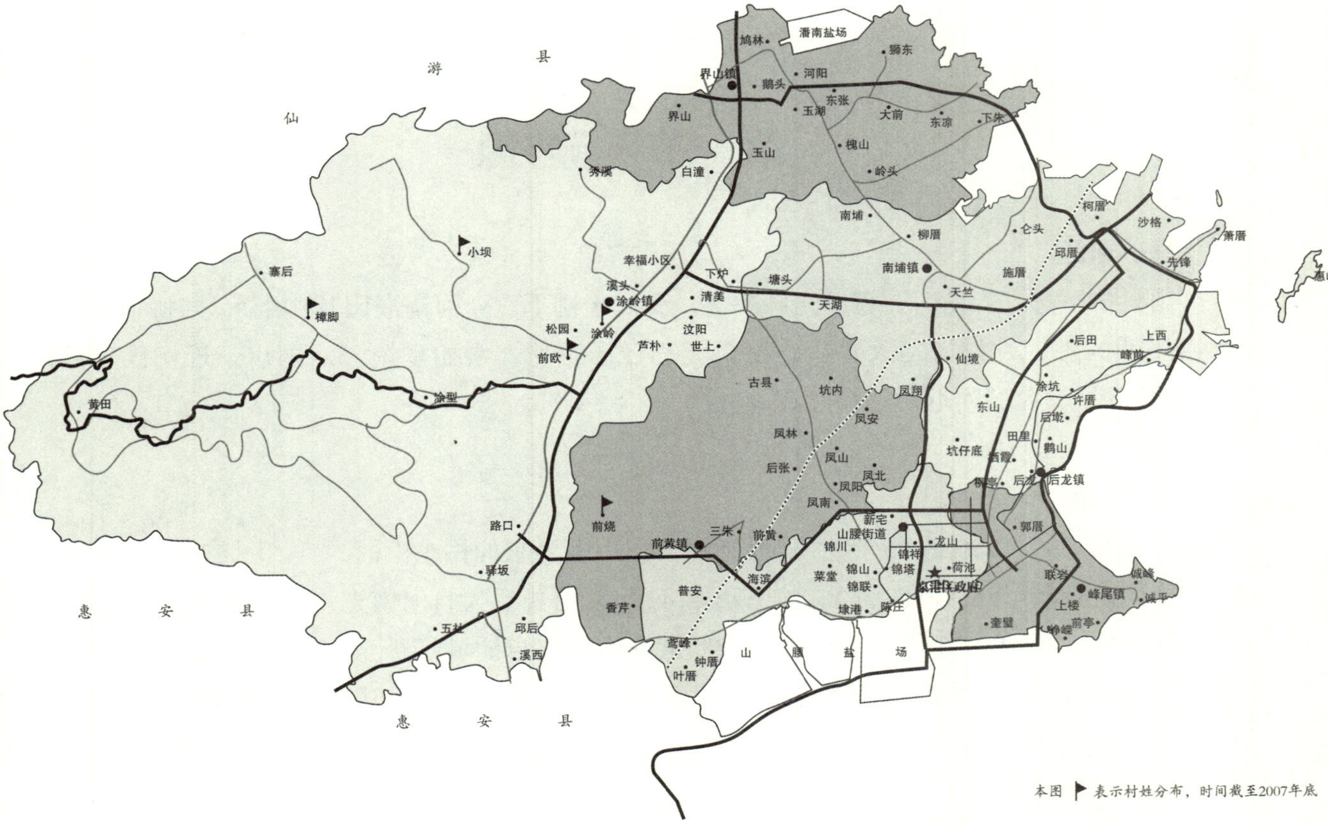

泉港区出姓分布图

第二十五章 柳

第一节 溯源

一、起源

出自柳下惠。春秋时，鲁国士师展禽，受封于柳下（今河南濮阳县柳屯），即柳下惠。子孙以封地为姓，姓柳。楚灭鲁后，柳氏子孙迁居楚地。秦始皇统一六国后，迁柳氏于河东（今山西运城、芮城附近），故称河东柳氏。

二、入闽

唐贞元年间（785—805 年），柳姓迁居莆田山亭乡东仙村东山柄。

唐光启年间（885—888 年），柳下惠第 42 世柳公绰后人自河南光州固始县随王绪入闽。

元泰定二年（1325 年），柳下惠第 50 世孙柳福一自浦城迁徙惠安辋川西山（五柳），后又迁东岭湖边村。另有一说柳下惠第 49 世孙柳崇二自浙江景宁英川村徙居福建浦城。

三、入泉港

北宋，坑内鸡母石社（今前黄镇坑内村）有柳姓聚居，与当地董姓合建“董柳宫”。

宋代，今南埔镇柳厝、林柄等处有柳氏居住繁衍。宋末元初，南埔莲峰林氏第 2 世林百四遵母柳氏之命，出赘柳厝，为大柳派（今柳厝下柳）开基祖。

明洪武初年，湖边（今属前黄镇凤林村）有柳姓聚居，后因陈同起义事株连而被清乡，族裔星散。

最迟在明万历初年，十一都上涂（今涂岭镇清美村前涂）已有柳姓居住。

第二节　繁衍

一、区内分播

涂岭镇

清美前涂柳氏

柳氏支分“顶柳”和“下柳”，传至第21代。

另有族裔析居涂岭村洋尾，至今已传6代。

南埔镇

柳厝柳氏

柳氏支分“顶厝”和“下厝”。

柳厝旧街

二、人口分布

泉港区柳姓有2172人，列泉港世居姓第25位。主要聚居于2个镇，依次是：南埔镇1861人，涂岭镇311人。具体分布如下：

街道、镇	村　落　人　口	合计
涂岭镇	清美村前涂300人;涂岭村洋尾11人。	311
南埔镇	柳厝村1153人,柳厝街708人。	1861

三、外迁主要支系

南埔镇

柳厝柳氏

明万历年间（1573—1620年），大柳派下第10代裔孙柳凤翔、柳朝等人迁仙游县东门折桂里后林居住。

第三节 谱牒

柳厝柳氏家谱

柳厝柳姓于宋末元初析分为两支系，为兄妹关系。其中顶厝为兄，已知先祖柳复善；下厝为妹，招赘南埔林百四所传后裔。郡望为“河东”。顶厝存有毛笔楷书竖写的旧谱，修于光绪戊申年，记载自柳复善之下的世系资料。下厝存有旧谱，纂修时间不详，记载自林百四之下 1—15 代世系资料，共 23 页。两支系各有昭穆。

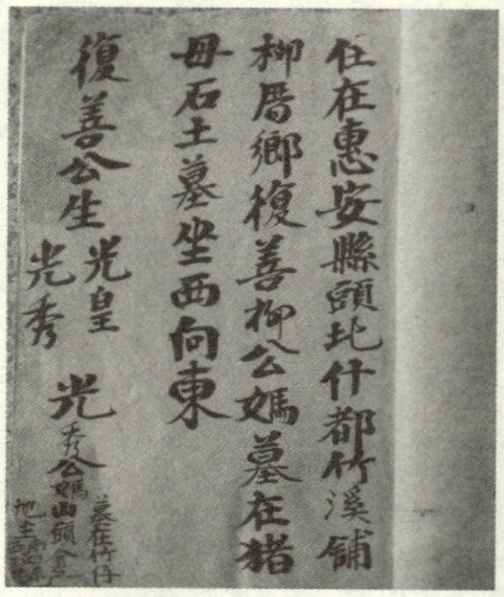

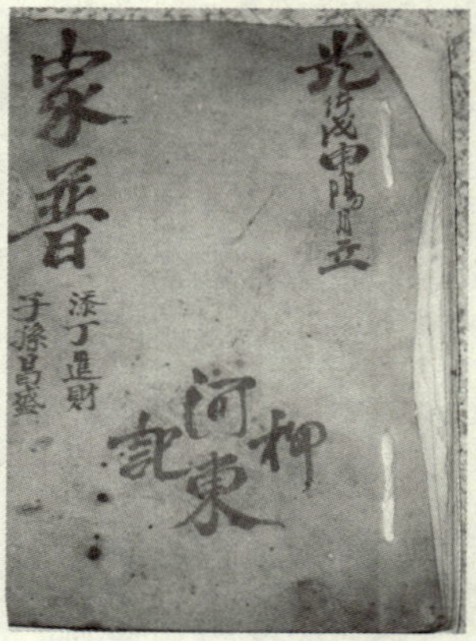

顶厝为：

光俊伯子，兴千万代，荣华富贵；

睿敏勤实，立广远基，通达丰宁。

下厝为：

孝友睦姻任恤，智仁信义忠和；

宽恭启泰循正，恒绥雅度协群。

第四节 史 迹

一、祠宇

前涂柳氏祖祠

位于涂岭镇清美村前涂。有顶柳祖厝和下柳祖厝 2 座。顶柳祖厝约于明万历年间（1573—1620 年）移址重建，三进式土木结构。20 世纪 90 年代重修。2005 年，柳德银等倡议重修下柳祖厝。

柳厝柳氏宗祠

位于南埔镇柳厝村。开族宗祠建于宋代，七开间三进，土木结构，2005 年重新修葺。其中顶厝和下厝分建祖祠，均为五开间二进一天井。顶厝祖祠于 2003 年依原基翻建，下厝祖祠于 2004 年重新修葺。

宗祠楹联是：

德堪激浊柳下家声远，
笔可扬清河东世泽长。
品德陶人淳风怀柳下，
文章报国善政忆河东。
顶厝楹联是：
柳下德风融鲁地，
河东文气蔚唐天。
敬业修身怀祖德心萦柳下，
齐家辅国灿文光源溯河东。
下厝楹联是：
溯本寻源铭记河东裔，
立身尚德萦怀柳下风。

柳厝顶厝祖祠

柳厝下厝祖祠

二、宫庙

后安宫

位于南埔镇柳厝村。2002 年重修。坐北朝南，单落加拜亭，五开间，石木结构，硬山式屋顶，翘脊飞檐，建筑面积 250 平方米。楹联有：

法雨频施苏万物，
慈航普度济群生。

清美龙山宫

位于涂岭镇清美村。

后安宫

清美龙山宫

三、墓葬

柳复善墓

位于南埔镇柳厝村后，俗称猪母石处。土墓，坐西朝东。柳复善，为柳厝村顶厝柳氏先祖。

林百四墓

位于南埔镇南埔村虎空山。土墓，坐东朝西。林百四，为柳厝村下厝柳氏支系始祖。

第五节　人　物

一、历代科第仕宦名录

柳伯顺　湖边（今前黄镇凤林村湖边）人，元代兴化府同知。

二、已知当代人物名录

（一）副处（团）级及以上人士

柳清海　南埔镇柳厝村人，1984 年出生，国家卫计委基层考核司指导处副处长。

（二）副处级及以上国有企业人士

柳顺峰　南埔镇柳厝村人，1969 年出生，中国人寿保险公司厦门分公司总经理。

（三）高级专业技术职务者

柳永忠　字影中，南埔镇柳厝村人，1924 年出生，惠安一中高级教师，书法家。

柳珍梅　南埔镇柳厝村人，女，1930 年出生，贵阳医学院附属医院内科副主任医师，副教授。

柳永梅　南埔镇柳厝村人，女，1938 年出生，成都军区后勤部建筑设计院昆明分院高级建筑师。

柳顺龙　南埔镇柳厝村人，1955 年出生，泉港南埔中学高级教师。

柳红英　涂岭镇涂岭村人，女，1967 年出生，泉港六中高级教师。

柳东平　南埔镇柳厝村人，1969 年出生，泉港二中高级教师。

柳东斌　南埔镇柳厝村人，1972 年出生，泉港美发中学高级教师。

柳春林　南埔镇柳厝村人，1975 年出生，泉港山腰中学高级教师。

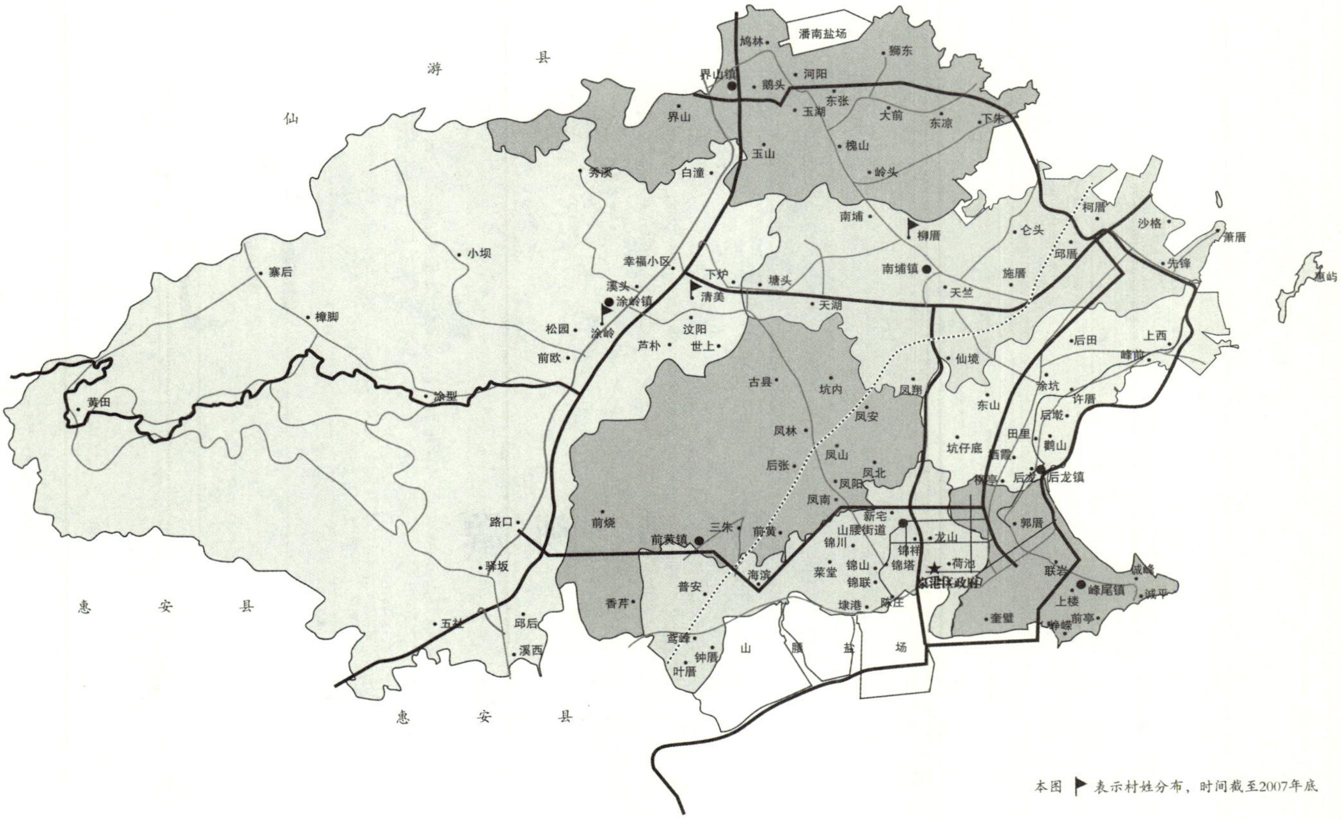

本图 ▶ 表示村姓分布，时间截至2007年底

泉港区柳姓分布图

第二十六章 何

第一节 溯 源

一、起源

出自姬姓，为周文王之后。《元和姓纂》记：唐成王弟唐叔虞孙韩王安，为秦所灭，子孙分散江淮间。音以韩为何，遂为何氏。

出自冒姓或赐姓。隋唐时，西域阿姆河、锡尔河流域各氏族统称为“昭武九姓”，其中有何姓。北魏孝文帝迁都洛阳后，鲜卑复姓贺拔氏改为单姓何氏。

历史上，何姓形成庐江、东海、陈郡、扶风等郡望。

二、入闽

相传何氏入闽最早在汉武帝时，有江西九江何氏 9 兄弟，避难入闽，居于仙游九鲤湖，世称“九仙祖”。今闽南仙公山大多敬祀何氏九仙。

西晋永嘉二年（308 年），中原板荡，衣冠 8 姓入闽。其中有何姓。

唐总章二年（669 年）三月十五日，庐江派下、光州固始何德（字嗣韩）随岭南行军总管陈政、陈元光父子入闽平乱。何德任后勤军需官，叛乱平息后，分镇泉州一带，食采螺阳（今惠安螺阳），卒葬惠安青林山舍利院旁。何德系韩改何姓第 29 世裔。

唐光启年间（885—888年），有固始何氏随王绪入闽。之后王潮重用何嗣韩裔孙何衍庆以协助安抚泉郡百姓。

南宋淳祐年间（1241—1252年），何逖基自古万安而迁居螺阳，定居温陵浔江，后隐居清源山麓。生有5子，其中次子何元钊（号同泉）移居惠安峰崎（也称埔崎，今属惠安县辋川镇）。

三、入泉港

庐江何氏派下、麟山东族3世祖何国信长子何容析居模柄顶乡（今属涂岭镇五社村），至今已传25世。

另有西族何英第6世孙何铁季子何纪派下迁居模柄。

五社村岭下何氏支系属麟山西族，其中新厝房、二房、三房、七房由钱埔析出，社尾房迁自埔崎山尾。

惠安埔崎山美何氏族人析居涂岭陈田。

民国初期，有族人自惠安辋川峰崎迁居今涂岭镇涂岭村。

民国29年（1940年），峰崎何氏第20世何国成自钱埔迁居埕边（今属山腰街道海滨村）。

辋川峰崎何金对迁居叶厝（今属山腰街道）。

另有何氏迁居南埔镇南埔村和涂岭镇溪西村陈田埔崎，迁入时间不详。

第二节　繁衍

一、区内分播

涂岭镇

五社模柄顶乡何氏

麟山何氏派下、何容裔孙何洽开基下村。何洽生4子：科、准、卓、天赐，形成4房系。

陈田何氏

1970年，因兴建陈田水库需要，部分族人迁居今涂岭镇溪西村陈田埔崎。

1971年，部分族人移居到前欧村新厝、和溜等村落。

南埔镇

麦厝何氏

民国年间（1912—1949年），麦厝（今属南埔镇凤翔村）麦姓归宗于峰崎何氏，改为何姓。

二、人口分布

泉港区何姓有 2058 人，列泉港世居姓第 26 位。主要聚居于 3 个镇（街道），依次是：涂岭镇 1781 人，南埔镇 251 人，山腰街道 26 人。具体分布如下：

街道、镇	村落人口	合计
山腰街道	海滨村埕边 22 人;叶厝村 4 人。	26
涂岭镇	五社村模柄 1000 人,岭下 500 人;溪西村陈田埔崎 90 人; 前欧村新厝、和溜 117 人;涂岭村埔上 21 人,寨内 25 人,墩上 15 人,下街 13 人。	1781
南埔镇	凤翔村麦厝 200 人; 南埔村 40 人;先锋村 11 人。	251

三、外迁主要支系

涂岭镇

涂岭寨内何氏

民国 37 年（1948 年），何金吉兄弟迁居台湾台北市。

前欧新厝何氏

1980 年，前欧村新厝何阔迁往台湾基隆定居。

五社岭下何氏

何奉成迁居厦门莲坂村乌烟厝，现有 80 多人。

南埔镇

凤翔村麦厝何氏

民国年间（1912—1949 年），有族人先后从麦厝迁往仙游县枫亭等地居住。

第三节　谱牒

《麟山何氏族谱》

系麟山何氏通族共谱。明景泰元年（1450 年）第 17 世何世从始修，内容为自入闽第 2—13 代世系，中间名讳缺失较多。第 25 代何开泰重修，明代惠安进士、广东按察司副使庄毓庆作序。清乾隆五十年（1785 年）何鸣玉续修。道光十七年（1837 年）何赫声重修。民国 29 年（1940 年）西亭何缵亭续修，共 13 卷，卷 1 收录谱序文献及峰崎一世祖何松隐以上闽南诸宗；卷 2 至卷 7 为东族，卷 8 起为西族，内容自第 1—22 代，按自然村分卷列房系。今存卷 1、卷 6 二册。字辈依次为：

松开昭穆明，茂宗诗礼灿，士范启自天，达正继绳缵，
绍纪维经纶，芳采群英冠，光裕振麟山，燕翼贻谋焕。

南埔镇凤翔村麦厝何氏

旧谱佚失莫稽，仅存字辈 8 字，依次为：

正君定国，端治和明。

第四节 史 迹

前欧何氏宗祠

位于涂岭镇前欧村。面阔三间，石砖瓦结构。

何氏宗祠

第五节 人 物

何纪欣 涂岭镇五社村人，1952 年出生，历任石狮市人民检察院检察长，泉州市人民检察院副检察长兼反贪局局长。

何土成 涂岭镇五社村人，1939 年出生，福建省海洋局高级工程师。

何清山　涂岭镇前欧村人，1969 年出生，泉港坝头中学高级教师。

何煜平　涂岭镇五社村人，1976 年出生，泉港六中高级教师。

第六节　记　事

1996 年 8 月 6 日，惠安峰崎召开何氏族谱修编完成“庆典大会”，参加对象有港、澳、台胞，还有省、市、县有关单位，人数达 2700 多人。泉港各村何氏组织宗亲前往参加。

2007 年，涂岭镇五社村何洪灿投资 30 万元建五社公路，投资 30 万元重建五社小学。

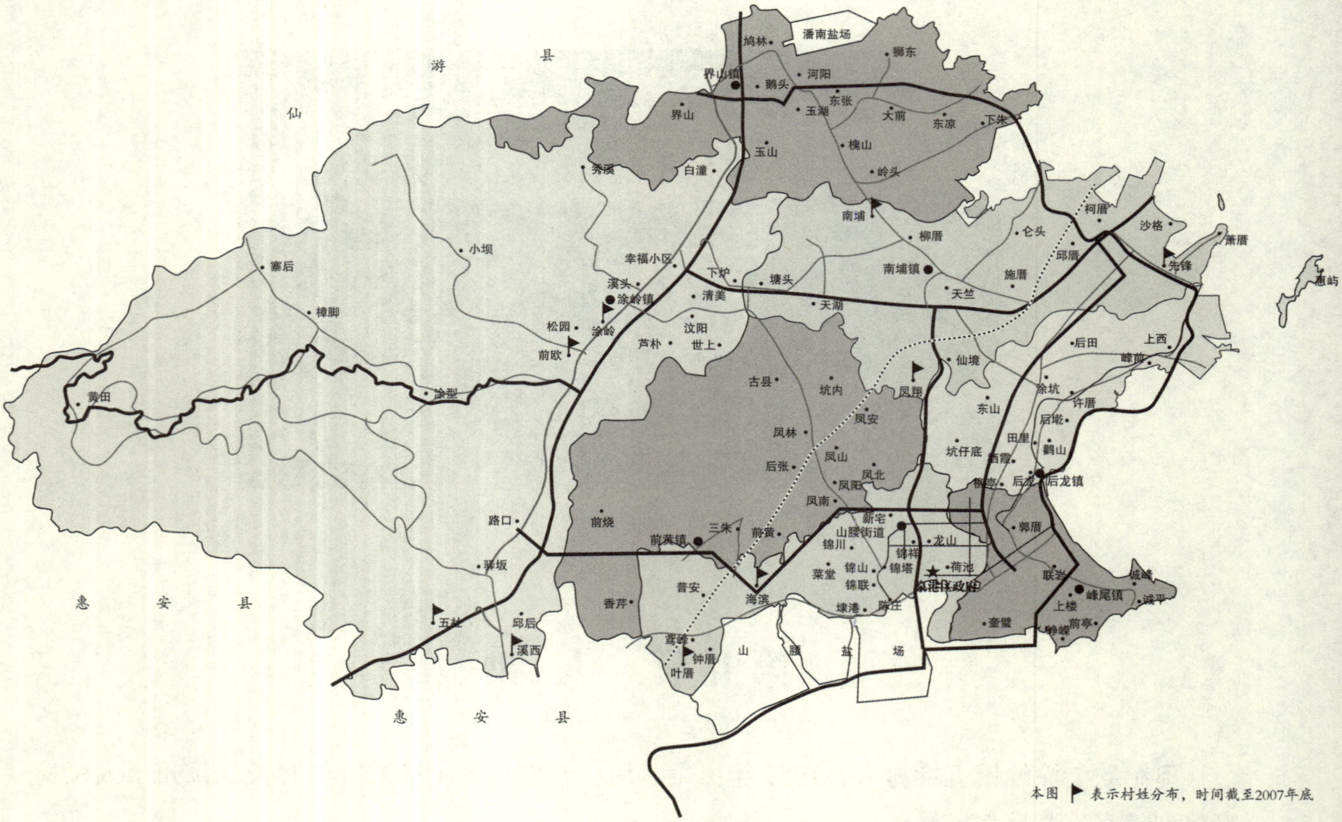

本图 表示村姓分布，时间截至2007年底

泉港区何姓分布图

第二十七章 唐

第一节 溯源

一、起源

出自祁姓。相传黄帝轩辕氏玄孙唐尧，谥号祁。帝舜封尧三子丹朱为唐侯（今河北省唐县），所建唐国后因叛乱被灭，后裔则被迁往杜国，称唐杜氏，子孙以国为氏姓唐。周昭王时，封丹朱之后在鲁县，为唐侯，后被楚国所灭，其子孙姓唐。

出自姬姓。周成王时，丹朱（帝尧之子）所建唐国被周公灭后，改封给成王之弟唐叔虞，其子孙姓唐。

唐姓历史上形成北海（今山东益都）、晋阳（今山西太原西南）等郡望。

二、入闽

唐总章二年（669 年），岭南道行军总管陈政率府兵自光州固始入闽平乱，其中有队正唐宗礼等。

唐光启年间（885—888 年），唐绮随王绪率领义军南下，由江西九江、南昌，沿广东省东北部进入福建长汀、龙溪、漳浦。后梁开平三年（909 年），梁太祖赐封唐绮为昭义大元帅，遂定居福州鳌峰坊，为唐氏入闽始祖。

宋淳化五年（994 年），唐绮第 6 世裔唐知心（号儒林）中举后居泉州城西，后居晋江南门外三都樟林乡唐厝山，为儒林唐氏开基祖。唐知心生 7 子，分派开基惠安、南安、晋江、安溪、莆田。其中第 5 子支系自晋江樟林乡迁居江西省莱宅。

三、入泉港

明代，唐知心第 5 子后裔自江西省莱宅重返福建，择居惠北新宅乡（今属山腰街道），已传 24 代。

清康熙中期，因时局迁变，唐知心长子派下、儒林第 11 世裔自晋江南门外樟林乡徙居惠安北门外福山铺六都后亭（今属山腰街道普安村）。

第二节　繁衍

一、区内分播

儒林唐氏长房第 12 世、普安第 2 世分支为 3 房，其中长房、三房定居今山腰街道普安村后亭、金山自然村。

儒林唐氏五房第 12 世、新宅第 2 世开 3 房，其中长房和次房仍居新宅，次房唐万兴、瑞兴兄弟迁居港头（今属峰尾镇联岩村）。

二、人口分布

泉港区唐姓有 1821 人，列泉港世居姓第 27 位。主要聚居于 2 个镇（街道），其中山腰街道 1670 人，峰尾镇 151 人。具体分布如下：

街道、镇	村　落　人　口	合计
山腰街道	新宅社区 950 人；普安村后亭 400 人，金山 320 人。	1670
峰尾镇	联岩村港头 151 人。	151

三、外迁主要支系

山腰街道

新宅唐氏

三房徙居今福清市宏路南宅村。

民国 36 年（1947 年），唐铁生远渡南洋，后定居新加坡。

有族裔唐友春、唐添贵、唐银宗、唐扣娘、唐银珠、唐秀珠等迁居新加坡、马来西亚，已传300多人。

普安后亭金山唐氏

次房（俗称长房二）移居惠安城关北门唐厝。

后亭金山三房后裔旅居东南亚等地。

另有族裔迁居我国台湾地区、新加坡以及惠安县辋川镇居仁村等处。

第三节 谱牒

山腰街道新宅唐氏

新宅唐氏族谱佚失。1996年10月，部分资料编入《儒林唐氏族谱》，由晋阳儒林侨乡理事会编印。灯号“晋阳”“儒林”。通用字辈共60字，依次为：

先贤昭盛世，德让永铭芳，清正葆慎诚，文明崇安荣，

宏志育英杰，诗礼焕升平，忠孝顺义理，和善振家声，

尚智开广道，造端展经纶，国泰庆华茂，昌隆福泽长。

第四节 史迹

一、祠宇

新宅唐氏家庙

位于山腰街道新宅社区新宅。明正统年间（1436—1449年），岁贡生唐源任临江府照磨后始建。历经多次修缮。民国16年（1927年），唐言福曾于此开展中共地下活动。1956年作为山腰中心小学新宅分班地点。1995年重修，1997年竣工。坐南朝北，三开间二进一天井，左右廊道，砖石木结构，宽10米，深23.6米，建筑面积236平方米。自门口

新宅唐氏家庙

埕至顶厅分为 7 个阶层，以 0.154 米渐次增高，上下落差 1.08 米。堂内有 4 对柱子，埕外有旗杆碣 2 对。楹联有：

晋谱新业祖功垂福泽，
阳照宅台宗德衍家声。
朝阳瑞气馨香千古在，
临江正史显赫万世传。
坐丁癸物华天宝，
兼午子人杰地灵。
宗祖规模远，
贤孙履衍长。

儒林唐氏宗祠

位于山腰街道普安村后亭。建于清光绪年间（1875—1908 年），坐西北向东南，建筑面积 171 平方米，占地面积 288 平方米。现仅存正面外墙及大门，余均倾倒废弃。

儒林唐氏宗祠

唐氏祖祠

位于峰尾镇联岩村港头。始建时间无考。因年久失修倒塌，2002 年重建。坐东朝西，占地面积 300 平方米。

二、墓葬

普安唐氏祖墓

位于前黄镇三朱村都巡自然村山后。系普安村后亭金山唐氏开基祖墓。

港头唐氏祖墓

位于峰尾镇联岩村港头自然村西南。坐北朝南，占地面积 50 多平方米。

第五节　人 物

一、历代科第仕宦名录

唐　源　七都新宅人，明正统十二年（1447 年）岁贡，任江西临江府照磨。

唐经邦　惠安人，祖籍普安前亭，清光绪八年（1882 年）郑孝胥榜恩科举人。

二、已知当代人物名录

（一）副处（团）级及以上人士

唐言福　山腰街道新宅社区人，1912 年出生。解放前任中共惠安县委代理书记、共青团福建省委组织部部长，越共华侨特委书记、西贡民先学校校长，新中国成后任福州市教育局副局长。

（二）高级专业技术职务者

唐秀宗　山腰街道人，1934 年出生，将乐县农业局种子公司高级农艺师。

唐惠平　山腰街道普安村人，1938 年出生，北京市仪表仪器厂高级工程师。

唐锡辉　山腰街道普安村人，1945 年出生，内蒙古自治区高级工程师。

唐玉财　峰尾镇联岩村人，1952 年出生，泉港圭峰中学高级教师。

唐玉顺　峰尾镇联岩村人，1955 年出生，泉港圭峰中学高级教师。

唐细宗　山腰街道普安村人，1963 年出生，泉州市行政学院副教授。

唐莉莉　山腰街道人，女，1964 年出生，泉州市第一医院副主任护师。

唐惠民　山腰街道新宅社区人，1966 年出生，泉港五中高级教师。

唐国强　山腰街道新宅社区人，1966 年出生，泉州洛江区妇幼保健所副主任医师。

唐建忠　山腰街道普安村人，1975 年出生，泉港民族中学高级教师。

唐惠煌　山腰街道新宅社区人，1975 年出生，惠安高级中学高级教师。

唐　艳　山腰街道普安村人，女，1976 年出生，泉港五中高级教师。

郑惠琴　山腰街道新宅社区人，女，1965 年出生，惠安高级中学高级教师。

（三）博士

唐海东　山腰街道新宅社区人，1984 年出生，中国科学院生物物理研究所博士。

（四）港澳台胞及海外侨胞知名人士

唐荣桂　祖籍山腰街道普安村，1925 年出生，居台湾，捐资修建普安小学校舍。

唐天使　祖籍山腰街道普安村，1947 年出生，侨居新加坡，高级工程师。捐资架设普安金山照明电网。

三、英烈名录

唐友进（1923—1951 年）　山腰街道新宅社区人，志愿军 40 军 28 师 252 团 1 营战士，在朝鲜战场上牺牲。

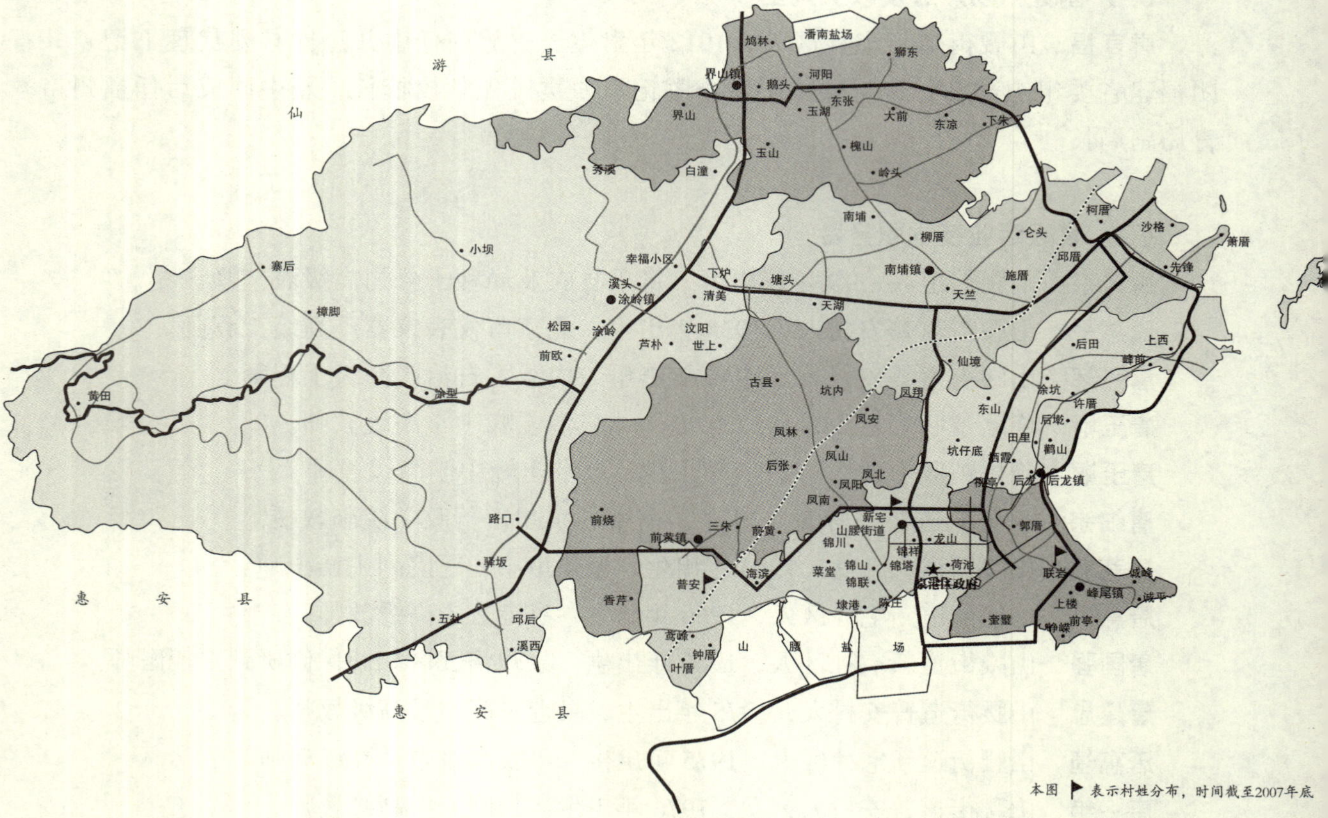

本图 ▶ 表示村姓分布，时间截至2007年底

泉港区唐姓分布图

第二十八章

曾

第一节 溯源

一、起源

出自姒姓，为夏禹的后裔。相传夏禹第 5 世孙少康封其子曲烈于“鄫”（今山东省苍山县西北）。鄫国历经夏、商、周 3 代，至春秋时被莒国所灭。太子巫出奔到鲁国，并在鲁国做官定居。其后裔为了不忘先祖，用原国名“鄫”为氏，后去邑旁，表示离开故城，称曾氏。

太子巫曾孙曾参，居山东武城，以“孝”著称，并提出“吾日三省吾身”的修身方法，被儒家奉为“宗圣”。后裔以“武城”为郡望，“三省”为堂号。曾参为武城曾氏始祖。

二、入闽

西汉时，武城第 15 世曾据因王莽之乱举族迁往江西吉阳，后裔播迁福建等地繁衍生息。

唐光启二年（886 年），武城第 36 派曾延祚（字延枢，曾隐子。另记作延世）率族自河南固始徙居晋江，定居泉州城西龙头山，为泉州曾氏龙山衍派一世祖。曾延祚生曾教、曾运，后裔迁播泉州、漳州、福州等地。至第 54 世曾沂、曾淮兄弟徙居惠安。曾沂生曾均进、曾均毅、曾均贡、曾均礼。

三、入泉港

明末，曾氏自惠安后曾（今属惠安县东桥镇）入籍今涂岭镇松园定居，配李氏，生 2 子。长子姓李，次子姓曾。

清乾隆四十五年（1780 年），惠安洛阳屿头曾氏族裔迁入，居于今前黄镇香芹村许厝斗、涂岭镇驿坂等村落。

第二节　繁衍

一、区内分播

涂岭镇

松园曾氏

清康熙年间（1662—1722 年），有涂岭松园曾氏族裔析居枫林坑（今属南埔镇柳厝村），已传 11 代。

有松园村曾氏析居南埔镇塘头村厝斗，时间不详。

二、人口分布

泉港区曾姓有 1572 人，列泉港世居姓第 28 位。主要聚居于 3 个镇，依次是：涂岭镇 1260 人，前黄镇 176 人，南埔镇 136 人。具体分布如下：

街道、镇	村落人口	合计
前黄镇	香芹村许厝斗 166 人；三朱村田厝 10 人。	176
涂岭镇	驿坂村街头 611 人；松园村 500 人；涂岭村中顶街 25 人，林角 24 人，长箱 18 人，寨内 17 人；秀溪村湖内 14 人；路口村路口 16 人，五里松 14 人；小坝村 21 人。	1260
南埔镇	柳厝村枫林坑 118 人；塘头村厝斗京尾 18 人。	136

三、外迁主要支系

涂岭镇

松园曾氏

民国 14 年（1925 年），曾廷模迁往新加坡谋生后定居繁衍。

民国 37 年（1948 年），曾灿昭迁居台湾，曾焕珍、曾续宗、曾文宗等人迁居厦门。

约1950年，曾培芬迁居江苏徐州。

约1966年，曾培荃、曾培松迁居崇安县（今武夷山市）。

涂岭曾氏

民国29年（1940年），寨内1户4人迁居惠安县洛阳镇。

1955年中顶街曾定桂1户4人迁居沙县。

1963年长箱曾水金1户5人迁居邵武。

南埔镇

柳厝曾氏

民国20年（1931年），枫林坑第8代曾玉福侨居新加坡，现人口30多人。

20世纪80年代初期，枫林坑第8代曾玉清携家定居惠安城关。

第三节　谱　牒

《松园龙山衍派曾氏族谱》

系涂岭镇松园曾氏族谱。民国23年（1934年）修编。“文化大革命”期间被焚毁，尚存残本1册。2007年由曾献辉等人续修，共6册。堂号“龙山”“三省”。昭穆依次为：

希言公彦承，宏闻贞尚衍，兴毓传纪广，

昭宪庆繁祥，令德维垂佑，钦绍念显扬。

《枫林曾氏家谱》

系南埔镇柳厝曾氏家谱。枫林第7世曾金发整理。第8世曾玉清续编。谱载昭穆有武城和龙山字辈。

武城字辈30字，依次为：

希言公彦承，宏闻贞尚衍，兴毓传纪广，

昭宪庆繁祥，令德维垂佑，钦绍念显扬。

龙山字辈40字，依次为：

奎璧呈云瑞，人文焕国华，台衡思继武，鼎甲励承家，

一贯书绅永，千秋锡福遐，贻谋资燕翼，世业仰清嘉。

第四节 史迹

驿坂顶曾祖厝

位于涂岭镇驿坂村。2004 年重建，坐东向西，五开间大厝，上下落中间天井，建筑面积 280 平方米，占地面积 400 多平方米。

驿坂下曾祖厝

位于涂岭镇驿坂街头。坐东向西，五开间，上下落中间天井，建筑面积 230 平方米，占地面积 300 多平方米。

松园曾氏祖厝

位于涂岭镇松园村。坐东北向西南，五开间上下落中间天井，建筑面积约 343 平方米，占地面积约 500 平方米。

武圣庙

位于涂岭镇秀溪村湖内。2002 年重建。

第五节 人物

已知当代人物名录

（一）副处（团）级及以上人士

曾玉才 涂岭镇松园村人，1932 年出生，中国人民解放军总参二部正师职干部。

曾德谦 涂岭镇路口村人，1950 年出生，厦门市公安局后勤部政委、主任。

曾炳辉 前黄镇香芹村人，1962 年出生，中共泉港区委常委、统战部部长。

曾美春 南埔镇塘头村人，1963 年出生，泉州市武警支队后勤管理处处长，转业任职于泉州市公安局。

曾红梅 涂岭镇驿坂村人，女，1970 年出生，国家统计局泉州调查队副调研员。

曾红华 涂岭镇驿坂村人，女，1973 年出生，福建医科大学附属二院副院长，副研究员。

（二）高级专业技术职务者

曾培芬 涂岭镇松园村人，1934 年出生，江苏教育学院副教授。

曾献秋　涂岭镇松园村人，1943 年出生，泉港涂岭学区中学高级教师。

曾国文　前黄镇三朱村人，1943 年出生，泉港三朱中学高级教师。

曾德明　涂岭镇路口村人，1948 年出生，泉港六中高级教师。

曾吉元　涂岭镇秀溪村人，1952 年出生，泉港二中高级教师。

曾森林　涂岭镇驿坂村人，1962 年出生，泉港六中高级教师。

曾秀民　涂岭镇松园村人，1965 年出生，泉港六中高级教师。

曾华宏　前黄镇三朱村人，1971 年出生，泉州师范学院副教授。

曾志强　涂岭镇涂岭村人，1973 年出生，泉港六中高级教师。

曾华强　涂岭镇驿坂村人，1975 年出生，泉港六中高级教师。

孙舜华　前黄镇三朱村人，女，1972 年出生，泉州师范学院副教授。

（三）港澳台胞及海外侨胞知名人士

曾灿聪　祖籍涂岭镇松园村，1912 年出生，居台湾，宜兰县县长。

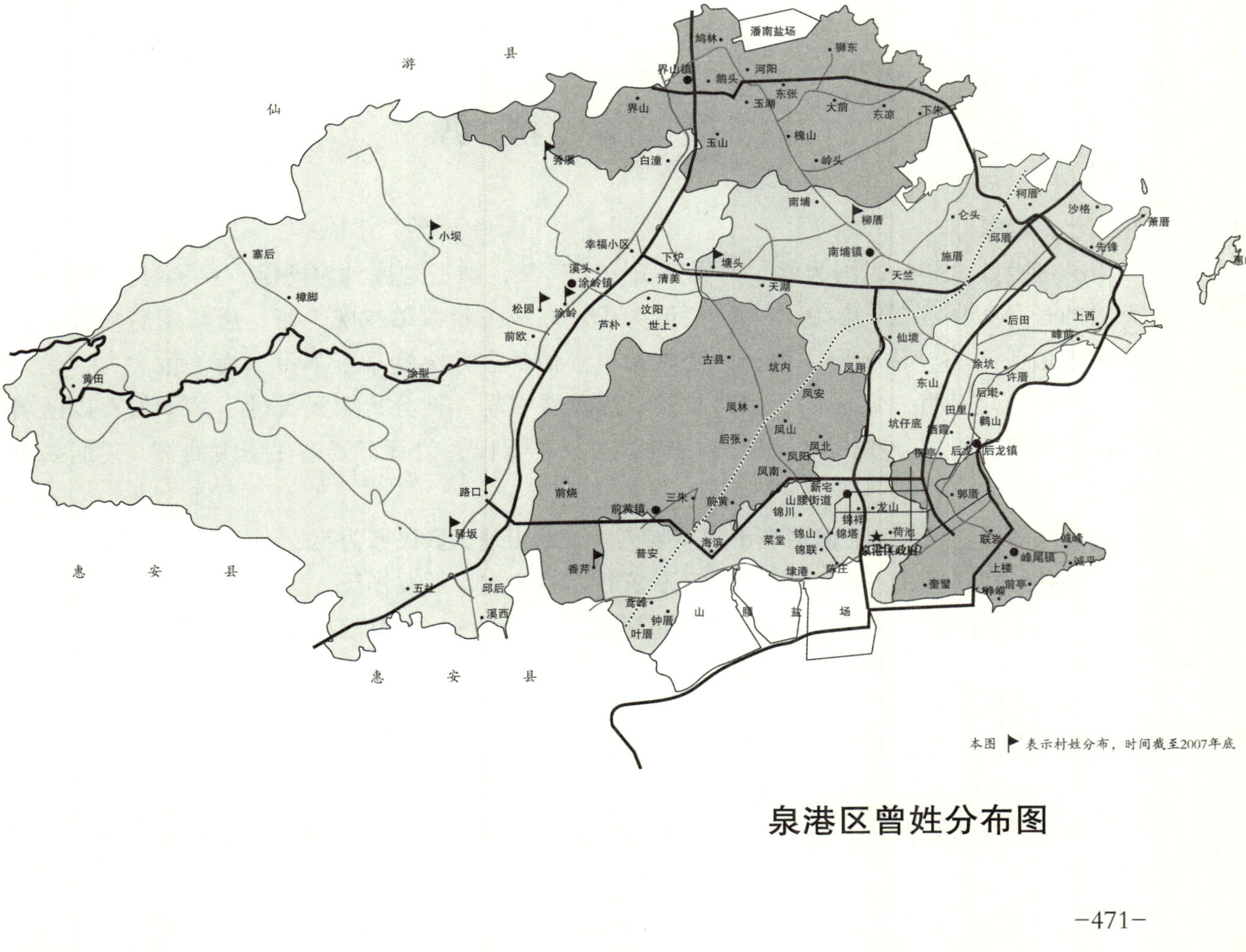

泉港区曾姓分布图

第二十九章 楊

第一节 溯 源

一、起源

出自姬姓。一是以国为姓。西周宣王之子尚父，幽王时被封为杨侯，春秋时晋国灭杨，尚父的子孙以国为氏，姓杨。二是以邑为氏。周成王封弟弟叔虞于唐，唐叔虞后裔晋武公封次子伯侨于杨，称杨侯，为杨姓受姓始祖。伯侨之孙突食采于羊舌，为羊舌大夫，是为羊舌氏。突之孙肸，字叔向，又称叔肸，因戴晋有功，被分封于杨氏邑，其子伯石以邑名为氏，称杨氏。周敬王六年（前 514 年），晋灭羊舌氏，伯石有子逃往华山仙谷，遂居弘农华阴，为弘农杨氏。

出自赐姓。三国时，诸葛亮平定哀牢夷后，赐当地少数民族为赵、张、杨、李等姓。

出自他姓改杨姓。《北史》有载，杨义臣本姓尉迟，后改杨氏。

出自他族改姓。如北魏孝文帝迁都洛阳后，有代北 3 字姓莫胡卢氏改为杨氏。

二、入闽

西晋末年，为避永嘉之乱，有中原杨氏南迁。

唐元和九年（814 年），杨衡入闽，居于福州福唐巷。

大顺二年（891 年），汉太尉杨震第 25 代孙杨盈由河南光州固始迁入泉州府莆田县杨山

（今属莆田市）。杨盈后裔衍居莆田华亭铺头、埔柳、仙游榜头象洋、北门万福官、赖店坂尾、钟山天珠、惠安洛阳屿头以及仙游县园庄、枫亭等地。

南宋高宗时，杨山杨值迁居杨城。

南宋末年，杨南山由漳州海澄县沧泉村迁居仙游郊尾杨寨村。

三、入泉港

明代，惠北大蚶庙海头乡（今属界山镇岭头村）已有杨氏世居。该支系据称析自仙游县郊尾杨寨杨氏。另有杨姓世居杨厝（今属峰尾镇郭厝村），与海头杨氏为同宗族亲。

明弘治十三年（1500年），杨氏支系迁居前炉（今属前黄镇香芹村）。

约明天启年间（1621—1627年），晋江梧坑杨氏迁居梧厝（今属涂岭镇下炉村）。

明末，杨氏移居峰张（今属前黄镇前烧村），现有33户。

清同治九年（1870年），杨拜自莆田仙游园庄后蔡经枫亭迁界山再迁至埭上（今属南埔镇天竺村）居住。

约清光绪二十二年（1896年），因邻村封建械斗所迫，惠安洛阳吉贝厝乡三房杨其忠携弟移居土坑后田（今属后龙镇）。

清道光年间（1821—1850年），惠安县洛阳白沙村西方杨氏多支族人迁居惠北（今泉港），分布于今南埔镇塘头村寮仔、先锋村丁龙，今界山镇鸠林村南庄、玉山村铁钉埕。

民国29年（1940年），杨氏由莆田枫亭兰友街迁居今南埔镇南埔村。

1953年，杨氏自仙游枫亭学士街迁居今涂岭镇秀溪村桥头、园头。

约1958年，杨氏自惠安洛阳白沙迁入今涂岭镇涂型村顶山居住。

另有诚峰杨氏始祖杨天最自泉州西街旧馆驿分支于惠安县洛阳吉贝厝乡，传至第14世杨于连迁居今南埔镇沙格村，第15世杨其守迁居峰尾。惠安县洛阳镇屿头杨氏有族裔迁居今涂岭镇樟脚村小山。

第二节　繁衍

一、区内分播

涂岭镇

民国28年（1939年），杨天恩自涂型村到小坝放牧，后定居小坝。

南埔镇

清末民初，倒桥上楼仔杨氏因土匪常入室抢劫，被迫迁居沙格，现传3户。

约 1950 年，天竺村油园杨细知兄弟迁居柳厝街经商。

后龙镇

清末民初，后田村杨氏支系迁居涂岭镇白潼村白水岭。

1954 年，第 16 世杨德辉，杨嘉辉，杨炳泉等 3 家拓基后田村邦企，现有 18 户。

二、人口分布

泉港区杨姓现有 1187 人，列泉港世居姓第 29 位。主要聚居于 6 个镇，依次是：南埔镇 382 人，界山镇 294 人，前黄镇 173 人，涂岭镇 203 人，后龙镇 80 人，峰尾镇 55 人。具体分布如下：

街道、镇	村落人口	合计
前黄镇	前烧村峰张 110 人；香芹村前炉 63 人。	173
涂岭镇	下炉村梧厝 54 人；白潼村白水岭 49 人；樟脚村 33 人；秀溪村桥头 15 人，园头 15 人；涂岭村 2 人；涂型村顶山 11 人；小坝村 5 人；溪头村 19 人。	203
界山镇	岭头村海头 48 人；鸠林村南庄徐厝里 110 人；玉山村铁钉埕 136 人。	294
南埔镇	柳厝村 60 人；先锋村丁龙 60 人；天竺村 50 人；沙格村 26 人；南埔村 36 人；塘头村寮仔 150 人。	382
后龙镇	后田村邦企 80 人。	80
峰尾镇	诚峰村 50 人；上楼村 5 人。	55

三、外迁主要支系

界山镇

岭头海头杨氏

1965 年，为开发山区，有海头杨氏移民崇安县杏田村。

涂岭镇

樟脚杨氏

有族裔移居仙游县枫亭镇霞桥村，时间不详。

20 世纪 60 年代，有樟脚杨氏移民崇安县杏田村。

第三节　谱　牒

《诚峰杨氏谱牒》

系峰尾镇诚峰村杨氏族谱。民国 18 年（1929 年）编修。郡望“弘农”，堂号“四知”，昭穆依次为：

天德肇广，钦时永世，可茂尔百，汝于其是，

元朝启瑞，清国垂光，大昭祖志，克绍宗功。

南埔镇天竺杨氏

昭穆为：文章华国，诗礼传家。

第四节　史　迹

一、宫庙

大蚶庙

又称龙仙宫，位于界山镇岭头村海头。始建于唐代。坐北朝南，建筑面积 100 多平方米。正堂悬挂“神昭海表”匾。明嘉靖《惠安县志》载：“大蚶庙在添奇铺海滨。昔海涛汹涌，有物轮囷高大，乘潮而至。乡人异之，为立庙。海商祈风，亦能分帆南北。五代南唐封光济王。”楹联有：

宫名龙仙鱼拜宴，

庙称大蚶旨勒封。

大蚶庙（内）

大蚶庙（外）

二、墓葬

岭头杨氏祖坟

位于界山镇岭头村海滨马头山山坪头卷沟口。坐甲向庚兼寅申。

杨氏祖墓

位于南埔镇塘头村东亭山顶。坐东南朝西北。系塘头村寮仔杨氏开基祖墓。

第五节　人 物

一、历代科第仕宦名录

杨起凤　八都杨厝人，清康熙五十三年（1714 年）林廷选榜举人，户部广西司观政，江南安庆府宿松县知县，授文林郎。

二、已知当代人物名录

（一）副处（团）级及以上人士

杨惠兴　峰尾镇联岩村人，1973 年出生，湖南省益阳市安化县委常委、副县长。

杨洪珍　界山镇岭头村人，女，1978 年出生，西藏灵芝地区广播电视局局长。

（二）副处级及以上国有企业人士

杨振华　南埔镇塘头村人，1953 年出生，铁道部十一局三处处长。

（三）高级专业技术职务者

杨元亨　峰尾镇诚峰村人，1932 年出生，泉州市第一医院主任医师。

杨嘉德　南埔镇天竺村人，1944 年出生，南平市政协办公室高级会计师。

杨顺荣　界山镇玉山村人，1965 年出生，石狮第一中学高级教师。

杨启明　峰尾镇诚峰村人，1971 年出生，泉港圭峰中学高级教师。

杨云平　涂岭镇小坝村人，1975 年出生，泉港山腰中学高级教师。

杨国清　涂岭镇溪头村人，1975 年出生，泉港二中高级教师。

第六节 记 事

1963 年，前烧村杨姓参加修建峰张水库。

1964 年，涂岭镇白潼村杨姓参与重建白潼小学。

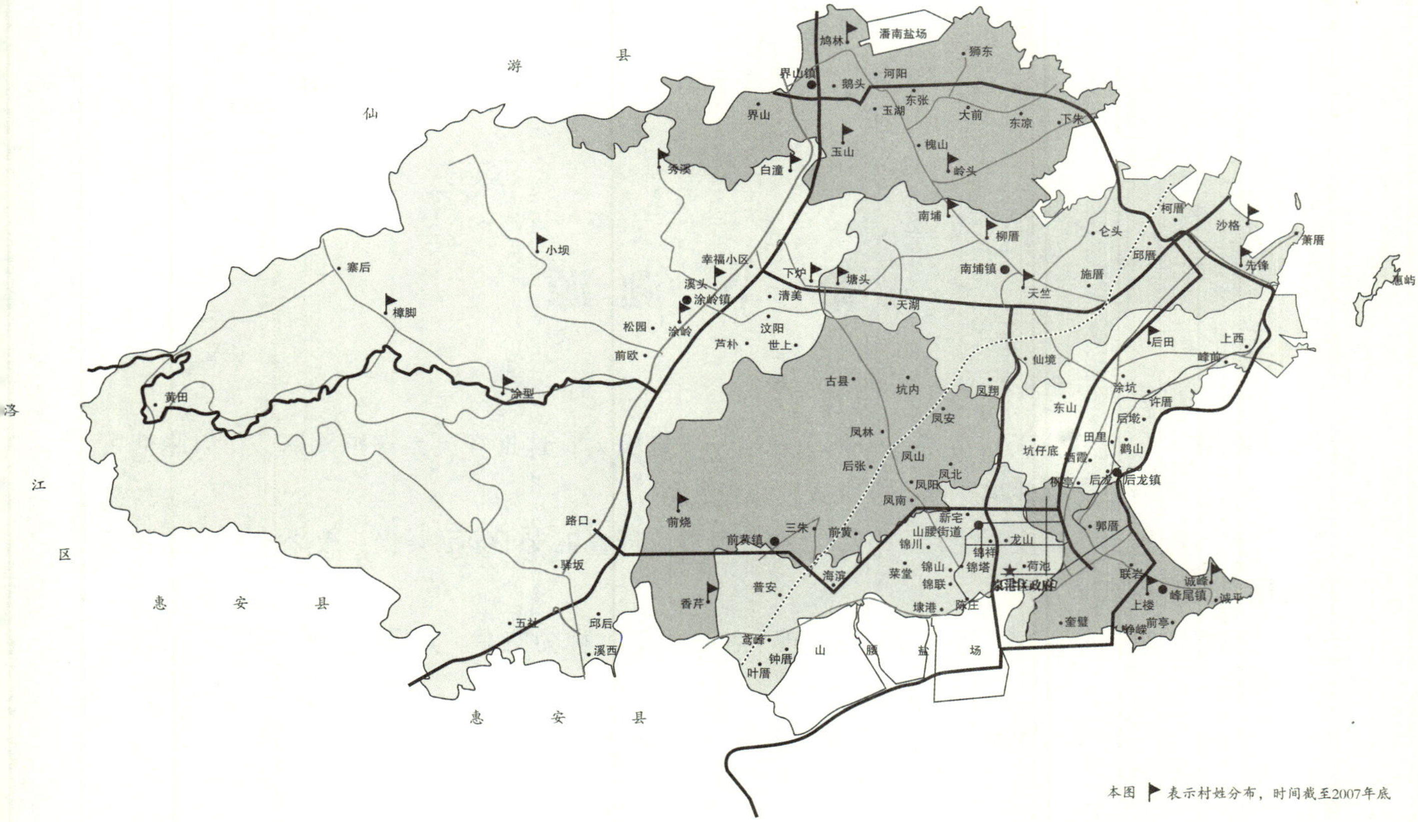

泉港区杨姓分布图

第三十章 詹

第一节 溯源

一、起源

据载，黄帝继位人从黄帝的子孙中选出一些守灵人，这批守灵人守护灵柩，得以瞻仰黄帝的遗容。为纪念这件事，部分守灵人便以詹为姓。

出自姬姓，为周文王之后。据《姓苑》所载，周宣王支子至弘封侯，食采于詹，史称詹文侯。其子孙以国为姓。

源于官职。周朝时，有一种专门管理卜巫的官职，称为詹尹。其后代有的以官职名为氏，为詹氏。

历史上，詹姓形成渤海、河间等郡望。

二、入闽

西晋永嘉二年（308 年），中原板荡，晋人衣冠八姓入闽，其中有詹姓，詹康邦为入闽始祖，第四世孙为福州侯官令，子孙迁建阳、晋江、大田、尤溪、闽清。

唐总章二年（669 年），岭南行军总管陈政率府兵入闽时，有队正詹英、詹次随同入闽。

唐光启年间（885—888 年），河南光州固始詹成与子詹缵随王绪部将王潮、王审知入闽。詹缵择居仙游县植德山下，长子詹世隆官拜兵曹录参军，次子詹世修留居仙游。詹世修之子詹敦仁因三避闽国高官之职，由仙游遁迹晋江，后移居泉州城北泉山（即今清源山）。南唐灭闽后，留从效任清源军节度使，据漳泉二郡。詹敦仁和留从效素有交谊，在力辞不获下，任南安县小溪场（今属安溪）监场。后周显德二年（955 年），小溪场获准置县，詹敦仁任清溪县令。后隐居安溪佛耳山，开族崇信里，繁衍 7 个支派。子孙因任官、战乱、谋生向外迁播。

三、入泉港

宋代，詹敦仁派下、詹镐之子詹域自安溪迁居惠安十一都莲峰（今南埔镇南埔村）。

约明正德元年（1506 年），詹敦仁第 21 世裔詹子祥、詹子隆、詹子宁自泉州迁至惠安北门外顶溪西寨内（今涂岭镇溪西村）聚族而居，已传 35 代。

另有资料称，有占姓居于今峰尾镇诚峰村后街。

泉港詹姓，也简化记为占姓。

第二节　繁　衍

一、区内分播

前黄镇

古县詹氏

民国 36 年（1947 年），古县赤土自然村（已废村）詹氏迁入今前黄镇古县村古县、凤林村田墩等地居住。

南埔镇

南埔莲峰詹氏

詹域生 5 子，支系分居南埔一带：长子詹余乾居南埔；次子詹余美居前沁；三子詹余坤外迁情况不详；四子詹余善居后张尾，后又迁居他乡；五子詹余贺初居苍厝，后居前洋。

明代，有莲峰詹氏支系迁往石牛（一作石扶，今属南埔镇塘头村）居住，现已繁衍至 115 户。

南埔前沁詹氏

明洪武年间（1368—1398 年），前沁詹余美长子詹淑阳偕子詹宗进拓基埔尾（今属南埔镇天湖村）。

塘头石牛詹氏

有石牛詹氏后裔析居今涂岭镇清美村，时间不详。

二、人口分布

泉港区詹姓有 1172 人，列泉港世居姓第 30 位。主要聚居于 3 个镇，依次是：南埔镇 969 人，涂岭镇 162 人，前黄镇 41 人。具体分布如下：

街道、镇	村落人口	合计
前黄镇	三朱村芹坑厝头 20 人；古县村 15 人；凤林村田墩 6 人。	41
涂岭镇	溪西村寨内 134 人；清美村 25 人；涂岭村 3 人。	162
南埔镇	塘头村石牛 600 人；南埔村前沁 185 人；天湖村埔尾 184 人。	969

三、外迁主要支系

南埔镇

塘头石牛詹氏

明代，詹氏支系迁往莆田秀屿东庄镇马厂村开族繁衍。

20 世纪 60 年代，詹氏族人为开发山区而移民崇安，现有 6 户 30 多人。

涂岭镇

溪西詹氏

1953 年，顶溪西“继”字辈詹裕祥迁居今厦门市中山路，现有 10 人。

第三节 谱牒

《詹氏家谱》

系涂岭镇溪西村顶溪西詹氏族谱。民国 17 年（1928 年）第 33 世詹马意重修并撰序，内有祖祠山图、序言、谱史、字辈及第 1—34 代世系。宣纸毛笔竖写，共 32 页。大宗昭穆沿用詹敦仁《勉儿》诗，依次为：

盛时方出仕，儒术可谋身。

报国丹心赤，传家黄卷新。

窗檠宜自勉，蔬饭莫嫌贫。

吾老子应少，禄荣须及亲。

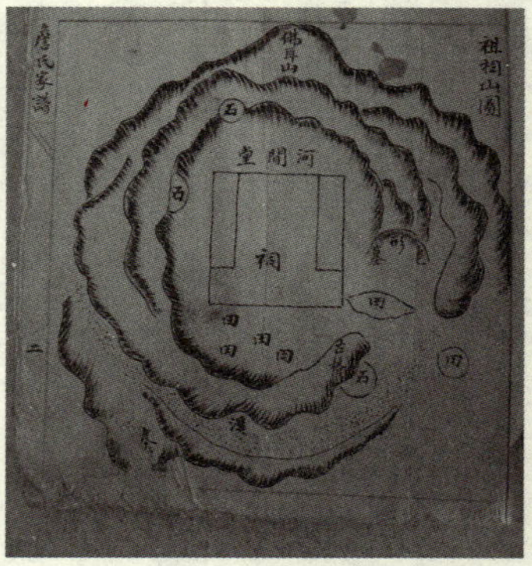

《詹氏家谱》

自30世纪起，字辈依次为：

开祖元勋，统继宗光，大肇尔宇，建作成章。

南埔镇塘头詹氏

原手抄本旧谱失稽。字辈共15字，依次为：

经纬匡君国，文章启圣贤，公侯为昇代。

第四节　史 迹

一、祠宇

南埔詹氏宗祠

即“莲峰社”。位于南埔镇南埔村。始建时间无考。坐北朝南，三开间二进一天井。正堂挂有“清溪衍派”匾额，“文化大革命”时被毁。

南埔詹氏宗祠

溪西村詹氏祖祠

位于涂岭镇溪西村。名为“河间堂”。2007年詹金灶等族人发起倡议，于原基址重建，坐辛乙兼酉卯，建筑面积90平方米。

溪西村詹氏祖祠

二、宫庙

帝爷宫

位于涂岭镇溪西村顶溪西。始建时间最迟在明天启二年（1622年）。因年久失修倾颓，1997

帝爷宫

年村民捐款于原址重建。主宫坐北向南（子午）。现存“出入相友”残碑1方。楹联有：

德参天地名垂千古，

功同日月普照乾坤。

詹介轩墓

三、墓葬

詹东郊墓

位于南埔镇塘头村。明代墓葬，占地面积近100平方米。詹东郊，南埔镇塘头村石牛詹氏先祖。

詹介轩墓

位于南埔镇塘头村石章山。明代墓葬，占地面积100多平方米。詹介轩，明代诰授徵仕郎。

第五节　人 物

詹进林　南埔镇塘头村人，1958年出生，泉港施厝中学高级教师。

詹闽川　南埔镇塘头村人，1982年出生，中国科技大学博士。

第六节　记 事

清雍正元年（1723年），惠安县令邝梦元为徵仕郎詹八娘（今南埔镇塘头村石牛人）立“年高德卲”匾。

清雍正十三年（1735年），惠安县知县钱梦珠为詹元洛（今南埔镇塘头村石牛人）立“令德是馨”匾。

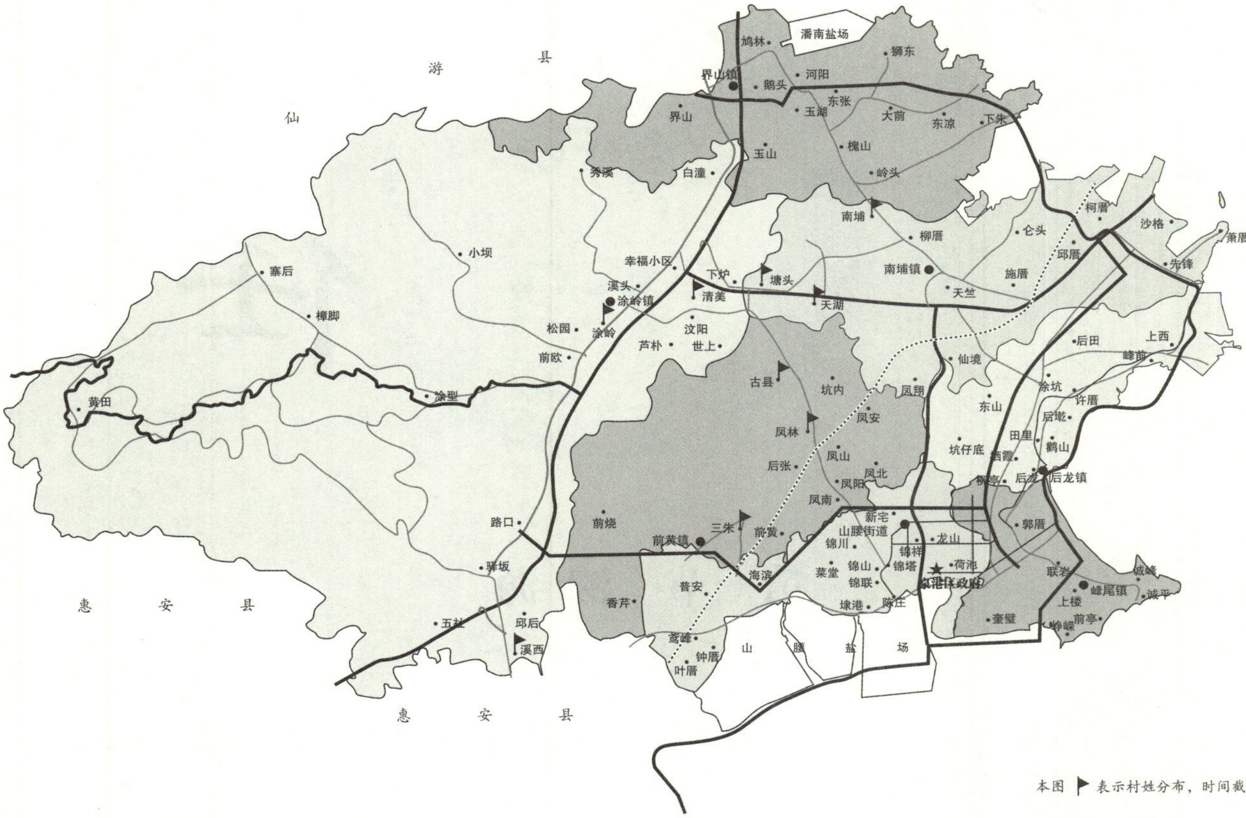

本图 ▶ 表示村姓分布，时间截至2007年底

泉港区詹姓分布图

第三十一章

任

第一节 溯 源

一、起源

出自远古母系氏族社会。人之所以得生，在于母亲妊娠，因生得姓，从母从女，为妊姓，后传为任姓，是最古老的姓氏之一。

出自黄帝的后代。相传黄帝少子禹阳被封在任国（今山东济宁），后裔以国为氏，姓任。

出自风姓。上古伏羲氏之后，周朝时为风姓之国，称任国。居者以国为氏。

历史上，我国南方有任姓少数民族。

任姓以乐安（今山东省广饶县）为郡望。

二、入闽

南宋绍兴十五年（1145 年），任献文自湖南岳州洞庭湖君山迁入罗星塔下君竹（今属福州市马尾区）定居。子孙繁衍，析居永泰、连江、平潭、福清、白沙、惠安等地方。

约明嘉靖二十三年（1544 年），君竹第 17 世任维雅迁居今惠安辋川镇后任村，已传 18 代。

三、入泉港

约明嘉靖三十九年（1560 年），惠安辋川后任任氏迁居今涂岭镇驿坂村虎穴自然村。

约明崇祯十四年（1641 年），君竹任氏第 20 世、任维雅裔孙任泰（后裔称为“鱼脯仔公”）自惠安辋川后任村迁居涂岭下溪西。清顺治十二年（1655 年），任泰迁移祖、父骨骸至溪西，分别葬于三枞松、虎须山（均属涂岭镇）。任泰为溪西任氏开基祖。

另有辋川后任任氏族裔迁居今山腰街道海滨村崇福，已传 7 代。

第二节　繁衍

一、区内分播

涂岭镇

任泰居溪西村，生 5 子：长子任匀派下居本村下楼；三子派下居顶溪西寨内深丘底；四子任基派下居本村三落；五子派下居在后门。子孙衍传形成大一房（下楼）、大三房（深丘底）、四房顶、四房二（新厝里）、四房三（顶大厝）、大五房（后门）等 6 个房系，至今已传 19 代。

清同治年间（1862—1874 年），溪西任氏第 12 世三房族人析居今峰尾镇联岩西华坑西，至今已传 6 代。

二、人口分布

泉港区任姓有 1167 人，列泉港世居姓第 31 位。主要聚居于 3 个镇（街道），其中，涂岭镇 1059 人，山腰街道 67 人，峰尾镇 41 人。具体分布如下：

街道、镇	村　落　人　口	合计
山腰街道	海滨村崇福 67 人。	67
涂岭镇	溪西村 966 人；驿坂村虎穴 82 人；路口村 11 人。	1059
峰尾镇	联岩村西华坑西 41 人。	41

三、外迁主要支系

涂岭镇

清初，开基祖任泰次子迁居浙江温州。

1949 年，溪西村任尾英、任奄躺迁居台湾。

1964 年，溪西村任伙生移民崇安，现有 18 人。

另有任连水定居漳州，任大兴定居厦门；任奄躺等人移居台湾。

峰尾镇

民国35年（1946年），联岩西华坑西任老哲举家迁居新加坡。

第三节 谱牒

任氏族谱

《溪西任氏族谱》

系涂岭镇溪西任氏族谱。2007年成立筹备组着手修撰，任锦桂为主编并作序。内容分为前言、寻根问祖、历史名人及现代人物录、各房系世图、彩照等，约2万字，共50页。堂号"乐安"。

第四节 史迹

一、祠宇

任氏祖祠

任氏祖祠

位于涂岭镇溪西村下溪西。系始祖任泰第四子肇建，为三落大厝1座，三进共28间，大门前有五祖埕、古井、八卦石。占地面积646平方米。

二、宫庙

莲花堂

也称"下厝社莲花堂"，位于涂岭镇溪西村。始建于清嘉庆三年（1798年）。坐北朝南，大门口有广场、戏台，东边辟有田地、菜园。建筑面积224平方米，占地面积2375平方米。

莲花堂

三、墓葬

任泰墓

位于涂岭镇溪西村风动石处。任泰系涂岭镇溪西任氏开基祖。

第五节 人 物

任秋来 山腰街道海滨村人，1952 年出生，惠安县人大常委会副主任、县政协副主席。

任 能 涂岭镇溪西村人，1935 年出生，福州大学体育教授，国家一级裁判。

任桂金 涂岭镇溪西村人，1935 年出生，泉州农业学校高级讲师。

任其顺 峰尾镇联岩村人，1945 年出生，福建纺织化纤集团有限公司高级政工师。

任贵来 山腰街道海滨村人，1946 年出生，国营 746 厂高级工程师。

任灿庭 涂岭镇溪西村人，1964 年出生，晋江市灵源街道办事处高级农艺师。

任晓红 涂岭镇溪西村人，女，1973 年出生，惠安县东园中学高级教师。

第六节 记 事

清康熙十三年（1674 年），因驻兵下田帮助溪西任家收拾地瓜、芋头，并带回去尝鲜，不久传出死了 2 个兵勇。任泰孙媳妇为救家翁、丈夫，当堂用剪刀割喉自尽。时知县题联“节重一时家百世，声轻片刻义千秋”吊唁。

清嘉庆三年（1798年），溪西村建下厝社观音堂。

民国34年（1945年）5月，溪西村流行鼠疫，死亡数十人，有的全家皆殁。

民国37年7月，涂岭溪西村遭遇水灾。洪水冲垮大涵，千亩良田被洗刷，溪蛋石、大粒砂沉积二尺有余，任氏族人奋力自救，用锄头、铁锹、畚箕、铁耙、牛等原始工具，清除淤泥沙石，历时2个多月。

1952年，大德溪溪水泛滥，淹没庄稼数百亩，造成粮食减产。

1954年，杉桥头溪岸被大水冲毁百米，农作物被淹严重。同年，溪西任氏参加后吴水库建设，渠道穿村而过。

1955年，溪西任氏参加菱溪水库建设，菱溪渠道沿村西边虎头山自北向南延伸。接受安置菱溪1个生产队的移民。同年9月，后吴水库溢洪道垮塌，坑厝桥被冲走，溪西涵仔自然村被淹没，牲畜伤亡惨重，千亩良田被淹，泥沙沉积2尺多。灾后，村民积极应对，奋起生产自救，用铁锹等铲除淤泥。当年五谷颗粒未收。

1956年，溪西任氏参加菱溪水库渠道尖西岭段落的深挖方。同年，溪西任氏高填方2条水渠，其中大墓后水渠长200米、高2米、上宽2米、下宽5米，填土石1500多立方米。

1957年，溪西任氏建大溪岸，其长1.5千米，上面宽2米，下底宽10米，高3米，填土石30000多立方米。确保农业旱涝保收。

1958年，成立人民公社，本村属超先公社涂岭管区管辖。同年，溪西任氏深耕深挖，改造低产田、土地平整。把顶、下洋的沙丘地改造成良田。任氏村民参加红星水库、古田水电站、漳泉铁路、永春烧炭、政和砍伐场及南埔高填方等建设和劳动。同年，创办溪西小学。

1961年，溪西任氏参加建设后山水库。

1963年8月，溪西归涂岭公社管辖，成为溪西大队。

1970年，溪西全村通电。田洋点灯诱蛾，为农业服务。同年，修建机耕路，实现耕地“井”形规范化，开始使用拖拉机耕地。

1973年，溪西岭大丘园兴建溪西小学校舍。

1982年，溪西村农业生产按户联产承包，成立村民委员会。

1996年，肖厝管委会从惠安县析出，溪西村归肖厝管委会所辖。

2000年12月，泉州市泉港区挂牌成立，溪西村属泉州市泉港区涂岭镇管辖。

2004年，溪西小学移址重建。

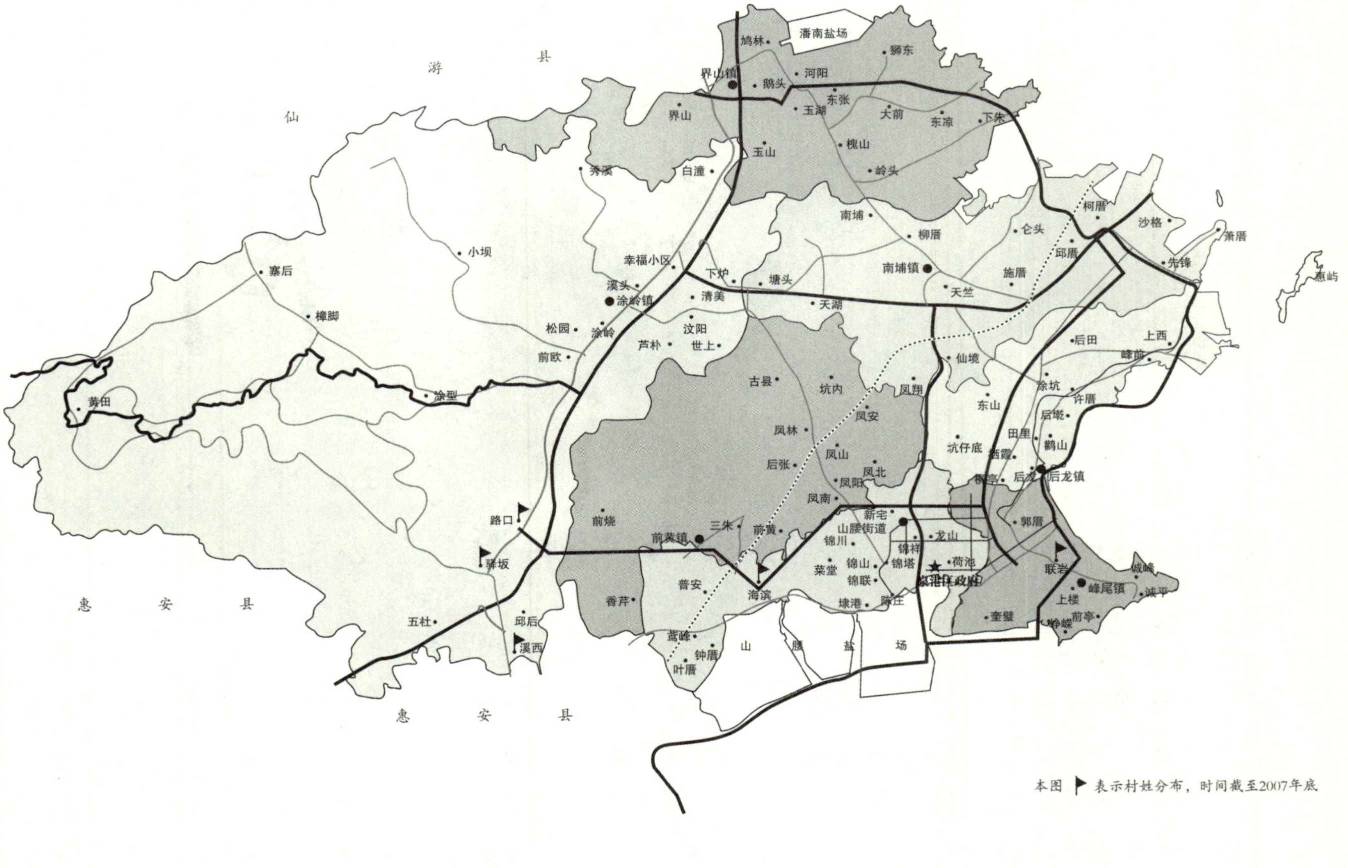

本图 表示村姓分布，时间截至2007年底

泉港区任姓分布图

第三十二章

周

第一节　溯源

一、起源

周姓的最早出现，可追溯到远古的黄帝轩辕氏。据《姓氏考略》所载，相传黄帝时有大将周昌，至商代有太史周任，这两个人的后代都以周为姓氏。

出自姬姓，其始祖为周文王。黄帝的儿子后稷，姓姬。后稷是古代周族的始祖。周公东征胜利后，大规模分封诸侯，其中姬姓国就有53个。这些姬姓国的后人大多改以国名、地名及祖父名号为姓氏。周赧王五十九年（前256年），周姓主流为周武王支脉，平王后裔。周被秦国所灭后，其中有相当一部分周宗室子孙及周朝遗民以周为氏。

由他氏改姓或他族改姓为周的。如北魏时有鲜卑皇族普氏改姓周；南北朝时，代北复姓贺鲁氏自北魏孝文帝迁都洛阳后，改汉字单姓周氏。唐玄宗时，有姬氏因避帝名讳，故而改姓周；唐末有叫成纳的，后梁时赐姓周。

历史上，周姓形成汝南、庐江、临川、河南等郡望，堂号有爱莲、笃祐等。

二、入闽

汉元封元年（前110年），汉武帝迁闽地居民于江淮间，并诏徙中州望族18姓入闽。时有徐州伯周宫奉诏从河南光州入闽，卜居今福州南台，为汉代周姓入闽肇基始祖。

唐总章二年（669年），河南固始人陈政、陈元光父子奉命率府兵入闽平乱，有周姓族人随军入闽。

唐光启年间（885—888年），河南光州周颐、周举元、周崇口等人随王绪入闽，居于福州。周颐后裔播衍于福建的侯官、福宁、福清、长乐、连江、平潭等地。

宋绍定年间（1228—1233年），入闽始祖周宫第47世孙周垦移居凰山之麓（今长乐市凤庄村），至今已传31代。

三、入泉港

约明嘉靖九年（1530年），惠安县辋川斗门（今惠安县辋川镇京山村）周氏迁居今涂岭镇邱后村下林。灯号"汝南"。

清初，永春周氏迁入黄田（今属涂岭镇黄田村）溪畔定居，已传17代。

清嘉庆初年，周氏自福州某地迁入今涂岭镇路口村。

约清光绪三十年（1904年），惠安龙盘铺霞象村周火生择居后龙土坑，已传5代。灯号"汝南"。

清末，周氏自惠安辋川许埭迁居今山腰街道海滨村埕边。

1962年，莆田黄石下埭周氏迁居今界山镇鸠林村南庄草埔。

另有惠安周氏陆续迁入今涂岭镇涂岭村、樟脚村犁壁岭，灯号"汝南"。

第二节　繁衍

一、区内分播

涂岭镇

邱后村下林周氏

有族裔析居涂型村，至今已传9代。

黄田村黄田周氏

有支系族人移居黄田村蔡田，至今已传6代。

二、人口分布

泉港区周姓有1092人，列泉港世居姓第32位。主要聚居于4个镇（街道），依次是：涂岭镇1020人，山腰街道43人，后龙镇26人，界山镇3人。具体分布如下：

街道、镇	村落人口	合计
山腰街道	海滨村埕边 43 人。	43
涂岭镇	黄田村 300 人；邱后村下林 224 人；驿坂村 173 人；涂岭村后坪 148 人，下打珠 5 人；涂型村 92 人；樟脚村犁壁岭 20 人；路口村 7 人；前欧村 51 人。	1020
界山镇	鸠林村南庄草埔 3 人。	3
后龙镇	涂坑村 26 人。	26

三、外迁主要支系

涂岭镇

黄田周氏

约民国 18 年（1929 年），黄田村周茂如迁居惠安海脚开基繁衍。

涂岭周氏

民国 37 年，涂岭村后坪周金堂迁往台湾省高雄。

民国 38 年 2 月，涂岭村周德明迁往台湾省高雄。

涂型周氏

20 世纪 40 年代初，第 6 世裔周银川、周连川、周来春 3 兄弟徙居今新加坡。

第三节 史迹

一、祠宇

黄田周氏祖祠

位于涂岭镇黄田村。

二、墓葬

周氏祖墓

位于涂岭镇梧坑社子岭土地庙岭下。系涂岭镇邱后村下林周氏祖墓。

黄田周氏祖祠

周火生墓

位于后龙镇土坑村窑埔山后。坐北朝南。周火生，后龙镇土坑村周氏开基祖。

周氏始祖墓

位于涂岭镇黄田溪畔村后山仔。系涂岭镇黄田村周氏开基祖墓。

第四节　人　物

周采凤　涂岭镇黄田村人，1941 年出生，龙岩兵工厂党委办主任。

周送宝　山腰街道海滨村人，1931 年出生，新疆水泥厂高级工程师。

周宝兴　涂岭镇驿坂村人，1935 年出生，惠安螺阳镇高级工程师。

周煌彬　涂岭镇邱后村人，1976 年出生，泉港六中高级教师。

周　亮　山腰街道海滨村人，1977 年出生，南方航空公司高级工程师。

第五节　记　事

清光绪五年（1879 年），今涂岭镇黄田村蔡田周情、周法父子捐献楼房 1 座，作基督教堂之用。村民林椿、陈楷、陈水、陈眼等人先后闻道入教。后再发展陈田、溪坪、黄塘半岭数十人。传道主有蔡安靖（东坑人）、松姑、周克辉（黄田溪坪人），庄志玉（山腰人），周谦希（黄田村蔡田人）

清光绪十一年，黄田村兴建基督教堂 1 座，名“天道堂”“耶稣圣教”。主教蔡安靖。

1949 年，黄田村基督教堂旧堂因年久失修，暂借民房集会。

1966 年，“天道堂”被毁，拆除二楼。

1976 年，基督教徒雪玉（泉州人）捐资 200 元，翻修旧堂 1 间。

1995 年，厦门教徒萧俊杰（泉港萧厝人）、连碧真（坝头人）、周采凭（漳州石马人），林福林等捐资兴建“蔡田基督教堂”，总投资近百万元。

1997 年，蔡田基督教堂落成。周新川牧师为主持，会友共 185 人。

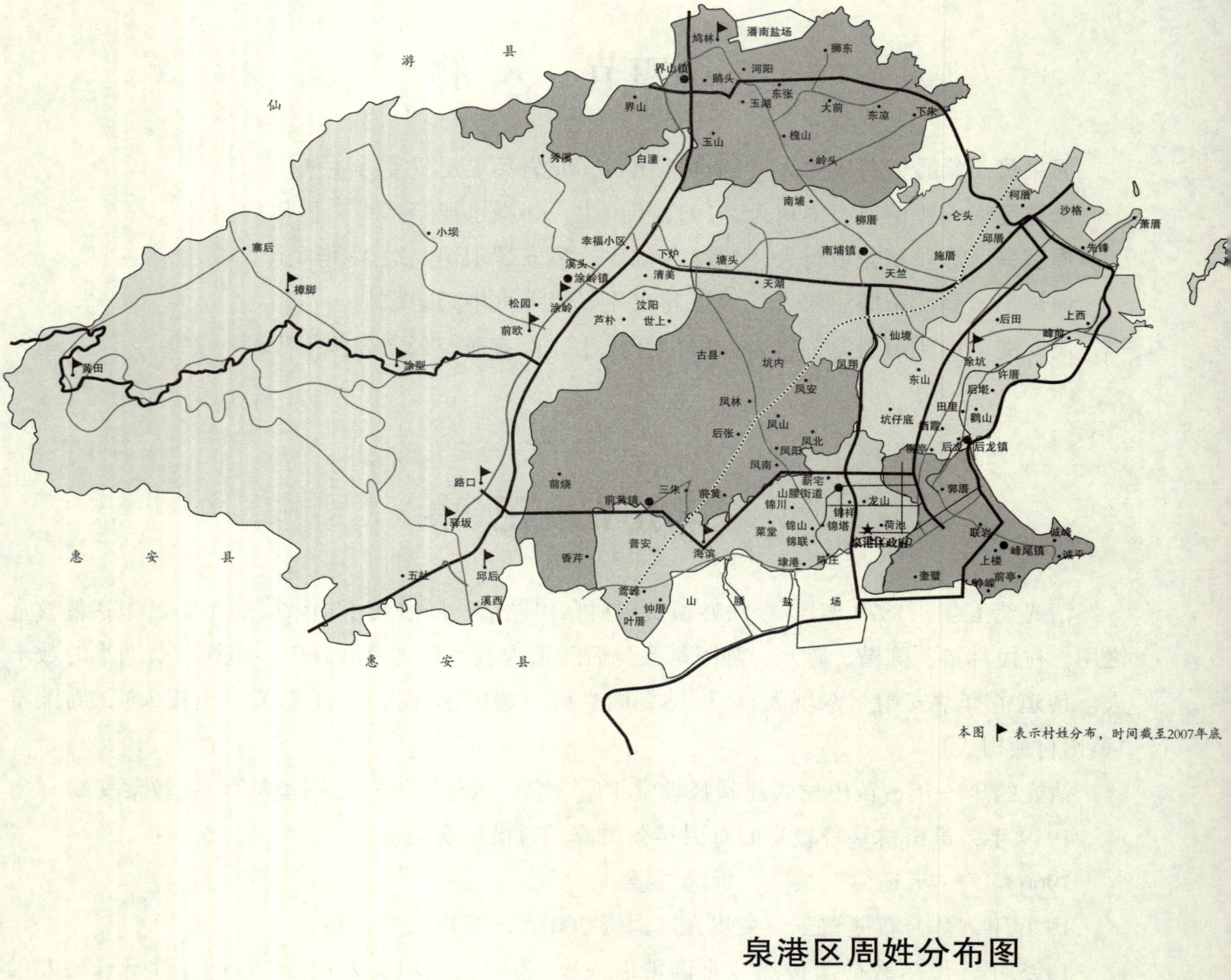

本图 ▶ 表示村姓分布，时间截至2007年底

泉港区周姓分布图

第三十三章

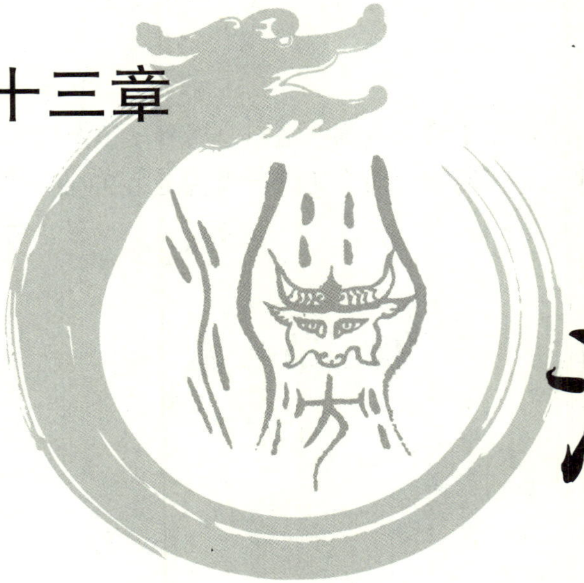

沈

第一节 溯 源

一、起源

出自姬姓，以国为姓。沈本是上古国名，最早是夏禹子孙的封国。周成王封其叔季载（周文王第 10 子）于沈国，又名聃国。春秋时，沈国为蔡国所灭，其子孙遂以原国名命姓，称沈氏。东汉时，沈氏第 32 世沈荣昌（行二）迁居吴兴武康。另有一说季载第 38 世孙沈戎因不接受东汉光武帝的封赏，从江北移居会稽乌程吴兴（今浙江省吴兴县），为沈姓南迁之始。

出自芈姓，是颛顼帝的后裔。春秋时，楚庄王之子公子贞被封在沈邑，其后遂以封邑名命姓，称沈姓。

出自少昊金天氏，以国为氏。少昊金天氏裔孙台骀氏之后裔建立沈国，春秋时，为晋国所灭，子孙遂以沈为氏。

历史上，有“江南无二沈”之说，沈姓大多以“吴兴”“汝南”为郡望。

二、入闽

唐总章二年（669 年），河南固始陈政、陈元光父子领军入闽开辟漳州，有分营将沈世纪、校尉沈天学随军，落籍福建，其子孙播迁泉州、南安、龙溪、漳浦、南靖、长泰、诏安等地。

唐光启年间（885—888 年），光州固始王潮、王审知兄弟率义军入闽，有沈姓族人随同迁入。

南宋初，吴兴人沈启承任职汀州知府，子沈廷辅随父入闽，后迁居建阳县。

三、入泉港

最迟在明代，沈氏聚族居于惠北八都西宅（今属峰尾镇奎璧村）。西宅明代有“沈郑”地名，即沈姓、郑姓聚居地。至明末，西宅沈氏已经传至第 38 世。郡望“吴兴”。

第二节　繁衍

一、区内分播

界山镇

下朱尾沈氏

1952 年，下朱尾沈氏族裔迁居岭头长房。

峰尾镇

西宅沈郑沈氏

明末，西宅沈氏第 38 世因民丁被征，十去其九，家道中落。至第 44 世沈营复振家声。

清嘉庆年间（1796—1820 年），西宅沈氏有支系析居今界山镇下朱村下朱尾。

今西宅已无沈氏居住。

二、人口分布

泉港区沈姓现有 1020 人，列泉港世居姓第 33 位。具体分布如下：

街道、镇	村落人口	合计
界山镇	下朱村下朱尾 1000 人；岭头村长房 20 人。	1020

三、外迁主要支系

界山镇下朱尾沈氏

民国期间（1912—1949 年），下朱尾沈金春、沈金华、沈秀贵、沈添来、沈来发、沈添寿等人先后漂洋过海，到南洋、我国台湾地区谋生发展。

第三节 谱牒

《沈氏族谱》

系清代西宅沈氏族谱。始修于清道光十年（1830 年），惠安八都西宅村征仕郎沈仕珍（讳财淑）、胞弟沈仕言修纂。灯号“吴兴”。旧谱序言记载下朱沈氏析自西宅沈氏。1992 年，下朱尾沈氏重修族谱，大前村陈和适撰序。字辈依次为：

朝士兴起振，公侯伯子男。

兴周居长春，孝悌家□，仁义礼乐。

界山镇岭头村长房沈氏

字辈为：公侯伯子男，仁义礼智信。

第四节 史迹

下朱尾沈氏祖祠

位于界山镇下朱村下朱尾。1992 年，下朱尾沈氏修建。坐东北朝西南，面积 180 多平方米，条石砌墙，单层瓦房，硬山式屋顶，三开间二进一天井二厢房。正厅悬挂“克绳祖武”匾。

下朱尾沈氏祖祠

第五节 人物

一、历代科第仕宦名录

沈财淑 八都西宅人，清道光年间（1821—1850 年）徵仕郎。

二、已知当代人物名录

沈志民 界山镇下朱村人，1975 年出生，泉港惠华中学高级教师。

第六节　记 事

民国 24 年（1935 年）间，莆田灵川镇西黄村（与下朱尾隔海相望，沈姓居住）附近 7 村围攻西黄村，不让在海边作业的沈姓村民上岸。下朱尾沈细果等 10 余人正在此地收购海蛎壳，勇往救助，后来得知是沈氏宗亲（吴兴沈氏）。西黄村为纪念沈细果恩情特供奉其遗像。

民国 28 年，下朱尾尚无正规学校，沈氏先以新三角为教学点，后转兴隆宫、惠仙堂、祖堂为临时学堂。

1951 年，下朱尾沈氏族人倡建下朱小学。

1972 年，下朱渔业队陈明清、沈金顺等主持造建下朱尾第一艘木船，船号“大支”。总吨位 80 吨。

1975—1976 年，下朱渔业队从福鼎买入“支 2”“支 3”2 艘渔船。其时下朱全村专业捕鱼人数达到 108 人。

1980 年 6 月，下朱沈氏修建兴隆宫。自此每年正月十五、三月初三到莆田黄石北辰宫进香，村里演戏。

1992 年，下朱尾沈氏修建祖厝，西黄村沈氏宗亲赠送牌匾“克绳祖武”作为纪念。

1998 年，下朱尾沈氏运输船队等捐资重建下朱尾小学。

2002 年，下朱尾沈氏修建辉仙堂。建筑面积 119.7 平方米，砖瓦结构，前后厅、两库房。

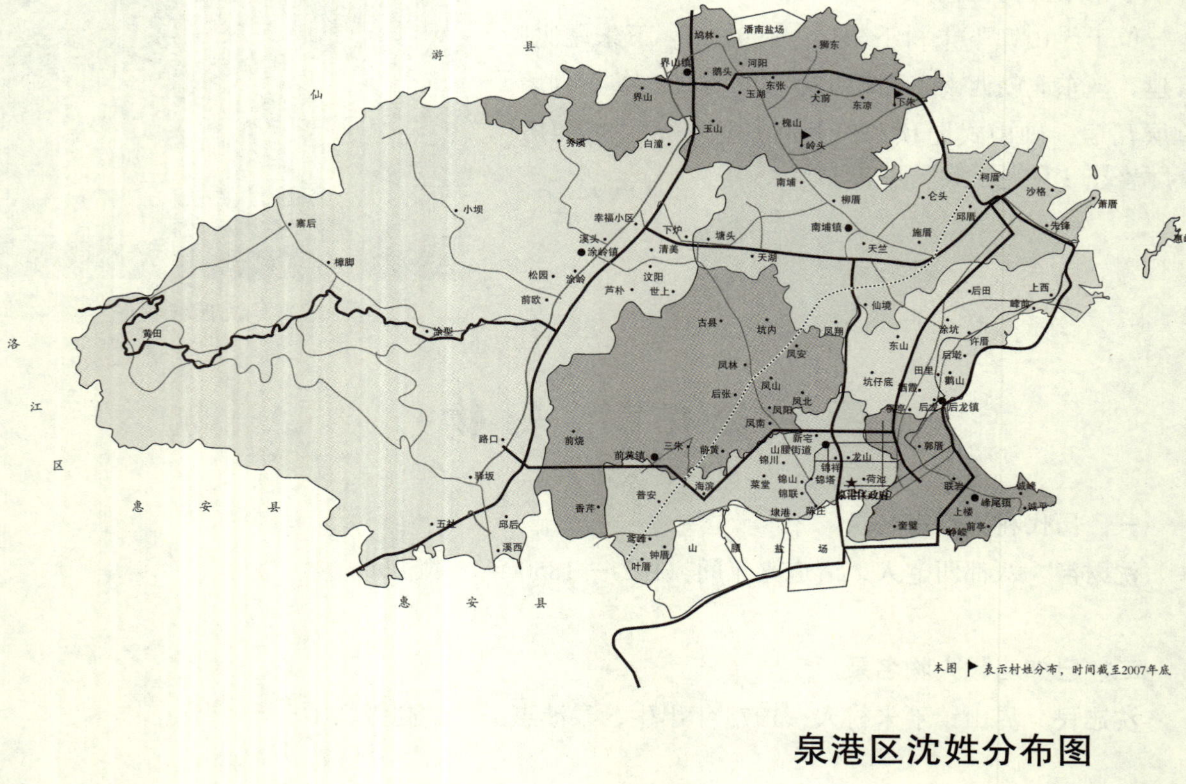

泉港区沈姓分布图

第三十四章 謝

第一节　溯 源

一、起源

出自妊姓。相传黄帝之子有妊姓，分支10族，其中一族为谢。谢建国在南阳宛县（今河南唐河、南阳一带），国亡后，子孙以国为姓。

出自姜姓，是炎帝后裔申伯的后代。周成王封伯夷的后裔为申侯，称申伯。周宣王继位后，封申伯于谢国。其子孙以邑名为姓，称谢氏。周惠王九年（前668年），申国被楚国灭掉。

为他姓改谢姓。如南北朝时，鲜卑族人直勒氏改为谢氏。

历史上，谢姓形成会稽、陈留等郡望。堂号“宝树”。

二、入闽

西晋永兴二年（305年），谢永任晋安郡太守。东晋有谢栌、谢景兴为晋安太守。

梁代，谢五段、谢竭任建安郡太守。

唐初，有谢成迁古田，谢善宰迁闽西，谢文仕迁闽东。

唐光启年间（885—888年），河南固始人王潮、王审知兄弟率乡民5000人从义军入闽，其中有谢姓。

唐中和元年（881 年）进士、福建御史大夫谢瑫（字国珍）避乱自会稽郡建昌（今江西省永修县西北）徙居入泉州。另有一说是谢瑫兄弟四人入闽，一居福州闽县，一居晋江，一居惠安，一居永春坂头。宋时，谢瑫曾孙谢微之次子谢仲规（字子方）高中进士，历任广西西路转运使判官、左朝散郎，受赐紫金鱼袋，建造“金鱼世第”（今泉州鲤城区金鱼巷）。

三、入泉港

唐末，谢逊举族入闽，择居涂岭菱溪，称谢庄（已废村）。元代以后，后裔情况不详。

元代，溪西（今涂岭镇溪西村）有名士谢子龙家族。后裔情况不详。

清康熙四十年（1701 年）之前，塔山周围的西蔡（今属山腰街道新宅村）和谢塘（今前黄镇凤安村社塘）有谢姓聚居。

清道光十八年（1838 年），惠安洛阳镇白沙村谢氏族人迁入今界山镇玉山村羊角山居住。

另有泉州金鱼巷谢氏族人迁入今南埔镇天湖村白井谢厝居住。

泉州鸿内和晋江洋尾谢氏有族人相继迁入，居于今涂岭镇小坝村南型，后析居涂岭村。

惠安涂寨谢厝谢氏有族人移居今前黄镇前烧村。

第二节　繁衍

一、区内分播

前黄镇

前烧谢氏

有族人析居前炉（今属前黄镇香芹村）。

涂岭镇

小坝南型谢氏

有族人析居涂岭（今涂岭镇涂岭村）。

南埔镇

先锋前厝谢氏

民国 31 年（1942 年），前厝谢氏有族人迁居柳厝（今属南埔镇）。

二、人口分布

泉港区谢姓有 810 人，列泉港世居姓第 34 位。主要聚居于 5 个镇（街道），依次是：前黄镇 450 人，涂岭镇 169 人，南埔镇 125 人，山腰街道 55 人，界山镇 11 人。具体分布如下：

街道、镇	村落人口	合计
山腰街道	海滨村埕边 55 人。	55
前黄镇	前烧村 87 人；香芹村前炉 363 人。	450
涂岭镇	小坝村南型 142 人，后头 22 人；涂岭村 5 人。	169
界山镇	玉山村羊角山 11 人。	11
南埔镇	天湖村白井谢厝 100 多人；先锋村前厝 15 人；柳厝村 10 人。	125

三、外迁主要支系

涂岭镇

菱溪谢氏

宋元两代，菱溪谢氏见载于志书者逾 10 人。元代以降，举族外迁，部分迁居郡城。详情无考。

南埔镇

天湖白井谢氏

1949 年前夕，谢港迁往台湾台北市谋生，现有 20 多人。

谢金泉，谢荣贵父子迁居新加坡谋生，现有 20 多人。

第三节　谱牒

南埔镇天湖白井谢氏

灯号“宝树”，昭穆依次为：

延启孔圣，元亨利祯，公侯伯子男，

孟仲叔季，奕世永昌，振启文武，瑞兆圭璋。

第四节 史 迹

白井谢氏祖墓

原位于南埔镇天湖村白井地灵宫西侧。1998 年，扩征公路后迁葬于天湖岩西侧山，坐北朝南。1989 年和 2000 年先后重修。面积约 120 平方米。

第五节 人 物

谢 履（约 1017—1094 年） 涂岭菱溪谢庄人，北宋嘉祐二年（1057 年）章衡榜进士。授南安主簿迁福清知县，改调清溪（今安溪）县，宋熙宁中升都水监丞，塞曹州灵平决河有功，以秘书丞两知兴化军事，历知汀州、婺州军州事。著有《双峰集》。

谢文龙 字德翔，涂岭菱溪谢庄人，北宋嘉祐二年（1057 年）举人，分教郡庠。

谢起宗 涂岭菱溪谢庄人，善评经史，自成一家。尝著《野议》十篇。

谢汝为 涂岭菱溪谢庄人，南宋乾道八年（1172 年）以“八行”举进士，山西山阴教谕。

谢齐石 涂岭菱溪谢庄人，南宋淳熙十一年（1184 年）以“八行”举进士，通直郎。

谢宜中 涂岭菱溪谢庄人，南宋开禧元年（1205 年）毛自知榜进士，大学录。

谢次鲁 字穆夫，涂岭菱溪谢庄人，南宋宝祐四年（1256 年）文天祥榜进士，分教南剑州。

谢子龙 字云从，溪西人，元至正年间（1341—1368 年）辟荐，分教郡庠，著有《云从先生诗文集》《隶谱》四卷。

谢 原 溪西人，谢子龙之子。明洪武年间（1368—1398 年）以明经荐，任湘王府纪善。

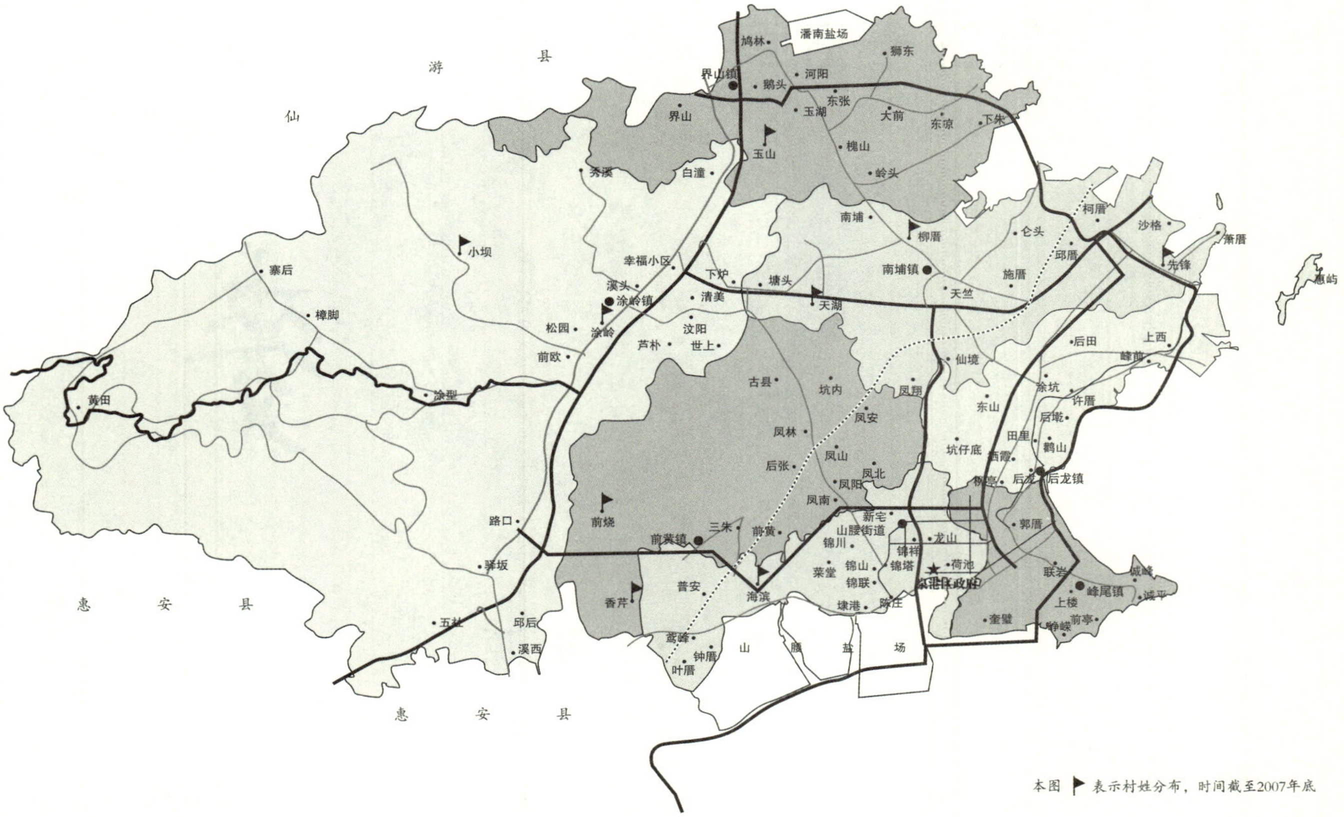
仙游县
洛江区
惠安县
惠安县
潘南盐场
鸠林
界山镇
鹅头
河阳
狮东
界山
东张
玉湖
大前
东埔
下朱
玉山
槐山
岭头
秀溪
白潼
小坝
寨后
樟脚
黄田
涂型
南埔
柳厝
仑头
柯厝
沙格
萧厝
先锋
惠屿
邱厝
施厝
南埔镇
天竺
幸福小区
下炉
塘头
天湖
溪头
涂岭镇
清美
松园
涂岭
汶阳
芦朴
世上
前欧
后田
上西
峰前
仙境
古县
坑内
凤翔
涂坑
许厝
东山
凤安
后墘
凤林
坑仔底
田里
鹤山
后张
凤山
酒霞
凤北
柳亭
后龙
后龙镇
凤阳
凤南
新宅
郭厝
路口
前烧
三朱
前黄镇
前黄
山腰街道
龙山
锦川
锦祥
驿坂
菜堂
锦山
锦塔
荷池
联岩
诚峰
香芹
普安
海滨
锦联
泉港区政府
峰尾镇
诚平
上楼
肆港
陈庄
前亭
五社
邱后
鸢峰
奎璧
钟厝
溪西
叶厝
山腰盐场
本图 表示村姓分布，时间截至2007年底

泉港区谢姓分布图

第三十五章 麦

第一节 溯源

一、起源

源自封赐，以地名为氏。战国时期，有位83岁的老翁在麦丘遇到齐桓公，为之祝寿，桓公喜，赐其封地“麦丘”。后来去丘为麦，子孙称为麦氏。

出自韩姓，因避难于麦地而改氏。西汉初立，刘邦手下功臣韩信因遭吕后谋害，族人逃难途中，有的因渡河幸免遂以“何”为姓；有的因躲入麦田幸免遂以“麦”为姓。故民间传称韩、何、麦三姓同宗。

出自刘姓，以封爵名为氏。西汉元鼎元年（前116年），汉武帝封景帝后裔刘昌为麦侯，地属瑯琊郡。其子孙为麦氏。

出自麴姓，因避乱去匊改为麦氏。

出自何姓，因赐姓而改氏。隋朝时何铁杖因屡立战功，封赏时要求“愿能日食斗麦！”文帝遂赐姓麦，成为闽南麦氏始祖，后子孙相传姓麦，称为麦氏。其弟饶瑞仍姓何。

二、入闽

唐总章二年（669年），安抚节度使、光禄大夫麦成肃自河南光州固始随陈元光将军入闽。

三、入泉港

唐宋时期，龙田（今属前黄镇古县村）有麦姓聚居。今该村已无麦姓。

南宋绍兴元年（1131 年），麦氏第 12 世麦仁昌（名炽）自广东顺德县香山辗转至福建泉郡，卜居惠北杨厝（今属南埔镇仑头村）。

今凤翔村麦厝原为麦姓聚居，迁入情况不详。民国年间，麦厝麦氏改姓“何”，归宗于惠安峰崎何氏。

第二节　繁衍

一、区内分播

南埔镇

仑头杨厝麦氏

南宋嘉定三年（1210 年），因遭遇变故，麦氏举族自杨厝（今南埔镇仑头村）迁出。其中麦君文迁居北港（俗称北辋、北网，今属南埔镇柯厝村），生 2 子，一居北寨（今属南埔镇柯厝村），一居下朱（今属界山镇下朱村）。居地均临山靠海，以航运渔业为生。

新中国成立初期，有北港麦姓族人析居今南埔镇天竺村埭头。

杨厝麦氏部分族裔迁居今南埔镇施厝村蔡宅。子孙繁衍为五房，其中长房外迁。

施厝蔡宅麦氏

民国 18 年（1929 年），蔡宅麦来荣、麦定泉父子迁入柳厝村岭口定居。

二、人口分布

泉港区麦姓现有 775 人，列泉港世居姓第 35 位。具体分布如下：

街道、镇	村　落　人　口	合计
南埔镇	施厝村蔡宅 418 人；柯厝村北港 285 人；仑头村 36 人；柳厝村岭口 21 人；天竺村 15 人。	775

三、外迁主要支系

南埔镇

仑头杨厝麦氏

南宋嘉定年间（1208—1224 年），麦氏后裔以航海为业，族人大量迁居广东、海南、我国台湾地区以及东南亚等地。

施厝蔡宅麦氏

1949 年，有族人移居我国台湾地区及新加坡等地，现有 60 多人。

1965 年，有族人移民崇安县（今属武夷山市），现有 100 人。

柯厝北港麦氏

民国 34 年（1945 年），“国”字辈有族人迁居我国台湾地区及新加坡等地，现有 100 多人。其中麦顺发与麦锦城迁居新加坡，现有 60 多人。

第三节 谱牒

《麦氏家谱》

施厝蔡宅、柯厝北港及仑头村 3 支系麦氏均以杨厝（今南埔镇仑头村）为祖籍地。堂号“庐江”。麦氏字辈原有 24 字，前 12 字佚失，仅存后 12 字。后再添续 8 字，共 20 字。依次为：

玄孟仲淑，正君定国，端治和明；

科教兴邦，育才荣宗。

第四节 史迹

一、祠宇

麦氏宗祠

位于南埔镇仑头村杨厝东北处。肇建时间无考，1949 年屋顶前部分倒塌，屋内尚存木主牌数百个，后全部毁弃。仑头龙山祠内有对石柱雕有“弟子麦游观，嘉庆庚辰年”字样，可见最迟在清嘉庆二十五年（1820 年）时，麦氏与仑头陈氏同奉祠祀。

北港麦氏祖厅

位于南埔镇柯厝村北港。2000 年由新加坡侨胞麦金城、麦聚财及麦氏第 5 世裔等捐资重建。2003 年，因建设沿海大通道而再次移址重建。

二、宫庙

清善庵

俗称“菜堂”，位于南埔镇施厝村蔡宅。始建于清代，修建于20世纪80年代。

成龙宫

位于南埔镇柯厝村北港。始建时间不详，2003因征迁需要，于2004集资移址重建。坐东北向西南，二进一天井，建筑面积140平方米。

成龙宫（内）

成龙宫（外）

第五节　人　物

麦国民　南埔镇施厝村人，1953年出生，中国建设银行泉港支行行长。

第六节　记　事

2002年，南埔镇施厝村蔡宅麦氏重建洞灵宫。

2003年，洞灵宫落成开光，何麦宗亲在施厝村蔡宅举行恳亲联谊活动。

2006年，新加坡麦锦城捐资重建柯厝村北港成龙宫竣工，北港麦氏举办何麦宗亲联谊活动。

2009年，厦门达亿石材公司麦江龙捐资铺建施厝村蔡宅水泥路面。

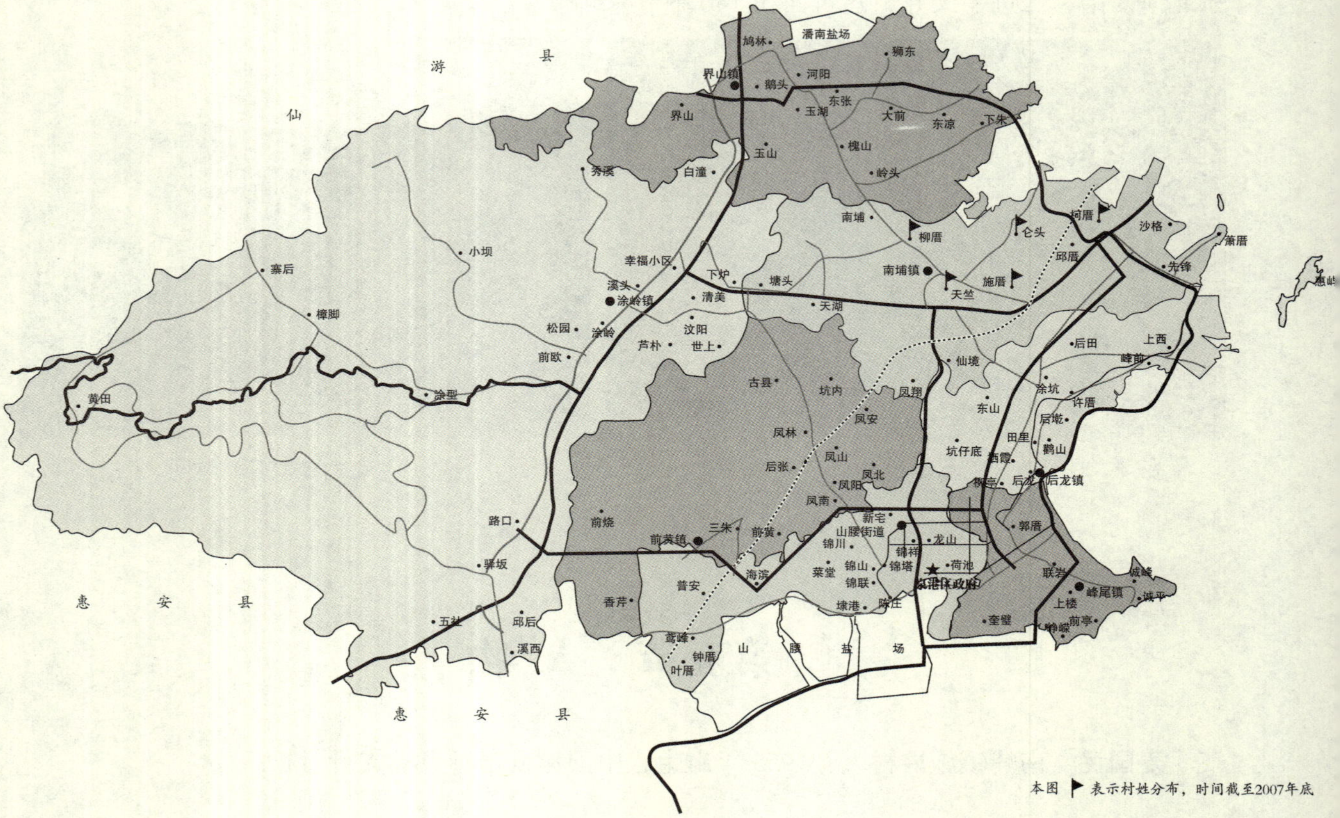

本图 表示村姓分布，时间截至2007年底

泉港区麦姓分布图

第三十六章 陸

第一节 溯 源

一、起源

出自陆终。相传吴回在帝尧时任火神祝融，其子名终，因居于平原县陆乡一带，故称陆终。陆终子孙以陆为姓，称陆氏，为山东陆氏。战国时田完裔孙齐宣王有个孙子叫通，受封于陆乡，也以陆为氏。

出自陆浑国。春秋时（前 525 年）陆浑国被晋国所灭，其亡国遗民依照汉人的习惯，以国为氏，为陆氏。

出自他族改姓。南北朝有代北鲜卑复姓步陆孤氏，北魏于太和十八年（494 年）迁都洛阳后，将其改为陆氏。

二、入闽

五代末年，因避战乱，陆希声迁居江西金溪，买田治生，成为地方上有名的豪门大族。其第八世孙陆九渊（1139—1193 年）为宋代理学名家，学者尊为“象山先生”。其派下裔孙迁播入闽，以“象山”为号。

南宋景炎元年（1276 年），陆秀夫到兴化军募兵勤王，纳蔡襄裔孙蔡日中之女荔娘为侧室，生子陆钊。据《兴化陆氏族谱》所记，陆钊为兴化陆氏始祖。

明初，陆钊后裔自兴化（今莆田）迁居惠安辋川后许北石（今属惠安县辋川镇许厝）。

三、入泉港

明末清初，辋川许厝陆氏相继迁居他处。其中一支迁移到惠北东坑蔡厝（今涂岭镇樟脚村陆厝），另一支迁居今前黄镇前烧村光洋。

第二节　繁衍

一、区内分播与人口

泉港区陆姓现有763人，列泉港世居姓第36位，其中前黄镇503人，涂岭镇260人。具体分布如下：

街道、镇	村　落　人　口	合计
前黄镇	前烧村光洋503人。	503
涂岭镇	樟脚村陆厝260人。	260

二、外迁主要支系

涂岭镇樟脚陆氏

有族人迁居于菲律宾、新加坡以及我国台湾等地繁衍。

有族裔数人迁居泉州、厦门和移民崇安等地。

第三节　谱牒

《象山陆氏族谱》—涂岭镇樟脚陆氏族谱

祖籍河南，堂号“象山”。已传20代，昭穆共32字，依次为：

克绍箕裘，祖德宗功，继志述序，弈世流芳，

孝思永守，福禄祯祥，源远可溯，攀缘在望。

第四节 史 迹

一、祠宇

樟脚陆氏祖厝 位于涂岭镇樟脚村。清嘉庆年间（1796—1820 年）修建，为五开间古大厝，土石结构，二进一天井，瓦顶。内有“象山”“河南”牌匾。

樟脚陆氏祖厝

二、宫庙

樟脚相公庙 位于涂岭镇樟脚村。建筑面积约 100 平方米，旁有捐资兴建石碑。对联有：

公卿远瞩千秋岭，

相将高瞻万仞山。

樟脚相公庙

三、墓葬

樟脚陆氏祖墓 位于涂岭镇樟脚村馆仔后山。坐东北向西南，清代墓葬。

第五节 人 物

陆飞阳 前黄镇前烧村人，1962 年出生，泉港区人武部副部长，中校，转业任职于泉州市政法委。

陆友土 前黄镇前烧村人，1946 年出生，泉州市渔业无线电管理站高级工程师。

英烈名录

陆岛法（1923—1951 年） 涂岭镇樟脚村人，志愿军 26 军 233 团 1 营 1 连战士，在朝鲜战场牺牲。

第六节 记事

1958 年，前烧村陆氏响应政府号召，参与建设光洋水库。

2007 年 6 月 4 日，惠安、泉港陆氏宗亲到辋川许厝巡看祖墓。9 日惠安、泉港陆氏宗亲在崇武山头成立陆姓宗亲理事会筹备组。

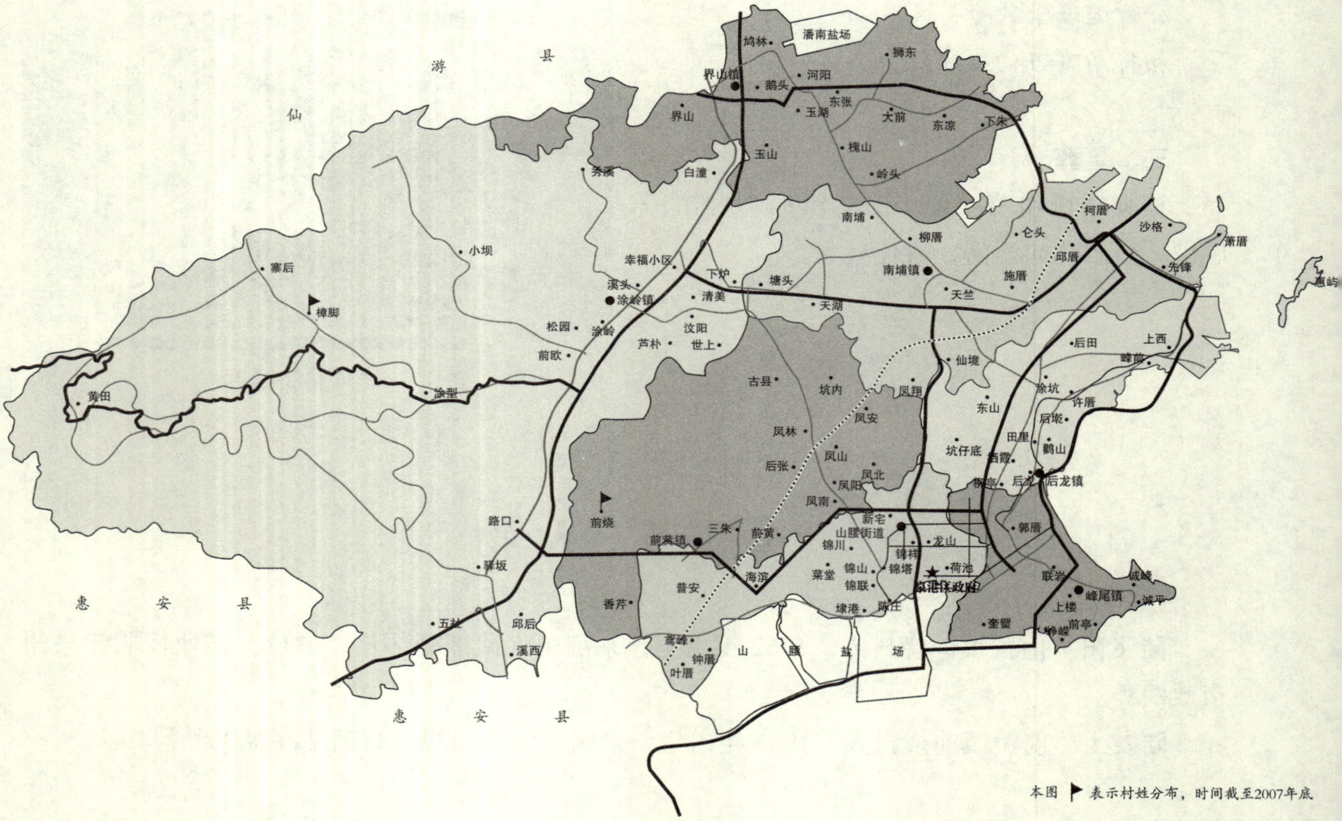

泉港区陆姓分布图

第三十七章

方

第一节 溯 源

一、起源

黄帝时有方相氏，系嫫母之后，衍传河南方氏。

出自姬姓。西周周宣王时，有大夫姬方叔因功受封于洛（今河南洛阳），其子孙以字为氏，称方氏。

出自方雷氏及方相氏之后裔。传说古帝榆罔之子雷，黄帝伐蚩尤时，因功被封于方山（大致为今河南叶县南）。子孙以地为氏，姓方。

二、入闽

西汉末年，为避王莽之乱，固始籍汝南人尹方紘迁至安徽歙县东乡安家。子孙繁衍于九江、滁阳、莆田等地。

唐总章二年（669 年），有河南方重随陈政、陈元光父子入闽平乱后定居漳州，为漳州开基祖。

唐光启年间（885—888 年），固始人方世琮随王潮、王审知入闽，镇守莆田、泉州一带。

唐大顺二年（891 年），河南固始人方廷范登进士第，入闽为官，后择居莆田刺桐巷，并改地名为“方巷”。

宋初，福建泉州人翁乾度，生有6子，分别以洪、江、翁、方、龚、汪为姓。其中第4子处朴受姓方，择居莆田兴福里竹啸庄（今莆田北郊竹庄），为莆阳方氏开基始祖。其后嗣传入莆田黄石下洋。堂号“河南”。

三、入泉港

明万历二年（1574年），方氏叔侄自莆田黄石下洋徙居惠北下龙尾方厝（今前黄镇古县村方厝）。灯号“六桂”。

明末，惠安螺城后方村方氏析居南埔（今属涂岭镇黄田村）。

清雍正八年（1730年），香林乡（今前黄镇坑内村一带）有方姓聚居。

约民国9年（1920年），有方氏族人自福州迁入，居于今山腰街道锦山村细房。

最迟在明代，方姓居于芦朴（今属涂岭镇芦朴村）一带，并同詹、涂等姓兴建龙济宫。后迁徙，情况不详。

第二节 繁衍

一、区内分播

前黄镇古县方厝

清末，方氏族人到涂岭经商，定居于涂岭村寨内。

另有族人析居前黄镇前烧村顶后郭。

二、人口分布

泉港区方姓现有729人，列泉港世居姓第37位。聚居于3个镇（街道），依次是：前黄镇592人，涂岭镇117人，山腰街道20人。具体分布如下：

街道、镇	村落人口	合计
山腰街道	锦山村20人。	20
前黄镇	古县村方厝525人；前烧村顶后郭67人。	592
涂岭镇	黄田村南埔90人；涂岭村寨内21人，亭铺6人。	117

三、外迁主要支系

前黄镇

古县方厝

清乾隆年间（1736—1795年），有方氏族裔移居台湾竹林乡，已传9代，现有500多人。

民国4年（1915年），有方氏族人迁居东南亚等地。

第三节 谱 牒

《方氏族谱》

系前黄镇龙田方氏族谱。“文化大革命”期间，手抄本旧谱被毁。字辈共16字，依次为：

日月永昌，光源仕志，君臣朋友，联捷登科。

另有支系新续编16字，依次为：

宏毓人才，孝熙博章，德义谦和，世禄兴胤。

第四节 史 迹

一、祠宇

方氏祠堂 位于前黄镇古县村下龙尾。始建时间不详。清代中期重建。坐西北向东南，旧时厅口竖旗杆夹2对，堂上悬挂“齿德兼优”“学士”“贡士”等匾额，毁于“文化大革命”初期。楹联有：

方氏祠堂（内）

方氏祠堂（外）

慕祖德仁义为本史已温存安世态，
追宗高意志于业持身勤俭立新风。
兄弟叔伯须分多论寡，
长幼内外宜法肃辞严。

二、墓葬

方氏祖墓 原位在前黄镇古县村社公山麓。“文化大革命”期间被毁，有砖制墨字墓铭。2003年建路时迁葬本山六份山。坐西南向东北。该墓系古县村方氏开基祖墓。

第五节 人 物

已知当代人物名录

（一）副处（团）级及以上人士

方一新 前黄镇古县村人，1930年出生，水利部副研究员，厦门汀溪水库管理处离休干部。

方秋金 前黄镇古县村人，1944年出生，历任驻闽第93师副政委，国防大学基本系二队政委、党委书记，大校。

方瓦忠 前黄镇古县村人，1945年出生，福建省军区保密档案室主任，转业任福建金融管理干部学院政治处主任、人事处处长。

（二）高级专业技术职务者

方晏金 前黄镇古县村人，1945年出生，泉港二中高级教师。

方宝金 前黄镇古县村人，1947年出生，泉港六中高级教师。

方超飞 前黄镇古县村人，1968年出生，集美中学高级教师。

（三）港澳台胞及海外侨胞知名人士

方安雄 祖籍前黄镇古县村方厝，居台湾，日本医学博士，曾到古县方厝寻根觅祖。

第六节　记　事

清乾隆年间（1736—1795年），古县村方厝方氏有族裔迁居台湾新竹县竹林镇。

民国4年（1915年），方氏族人移迁厦门和东南亚各地，多数未回，留下孤儿寡母，艰难度日。全村不足100个人。

民国年间，因水利失修洪水泛滥成灾，土地受淹田地溪沙覆盖，加上高利贷和各种苛捐杂税难以承受，方厝族人先后背井离乡并随带家眷外迁。

1950年，衡山乡（今前黄镇古县）土地改革在方厝试点。

1954年，方厝方氏参加开建西坝拦溪坝，通过渠道（水沟）引水灌溉。

1958年，超先公社调动群众，抽调和组织民工疏直拓宽坝头溪，扩宽50米，有方氏参加。

1962年，方氏村民于旧钉桥上游建造第一条石板桥。

1976年，兴建方厝拱桥。

1998年，坝头溪北岸、方厝路段铺设柏油路。

1999年，方厝拱桥被洪水冲垮。

2003年，政府拨款并筹集民间资金共76万多元，重建位于古县村方厝的桥梁，名为“连心桥”。

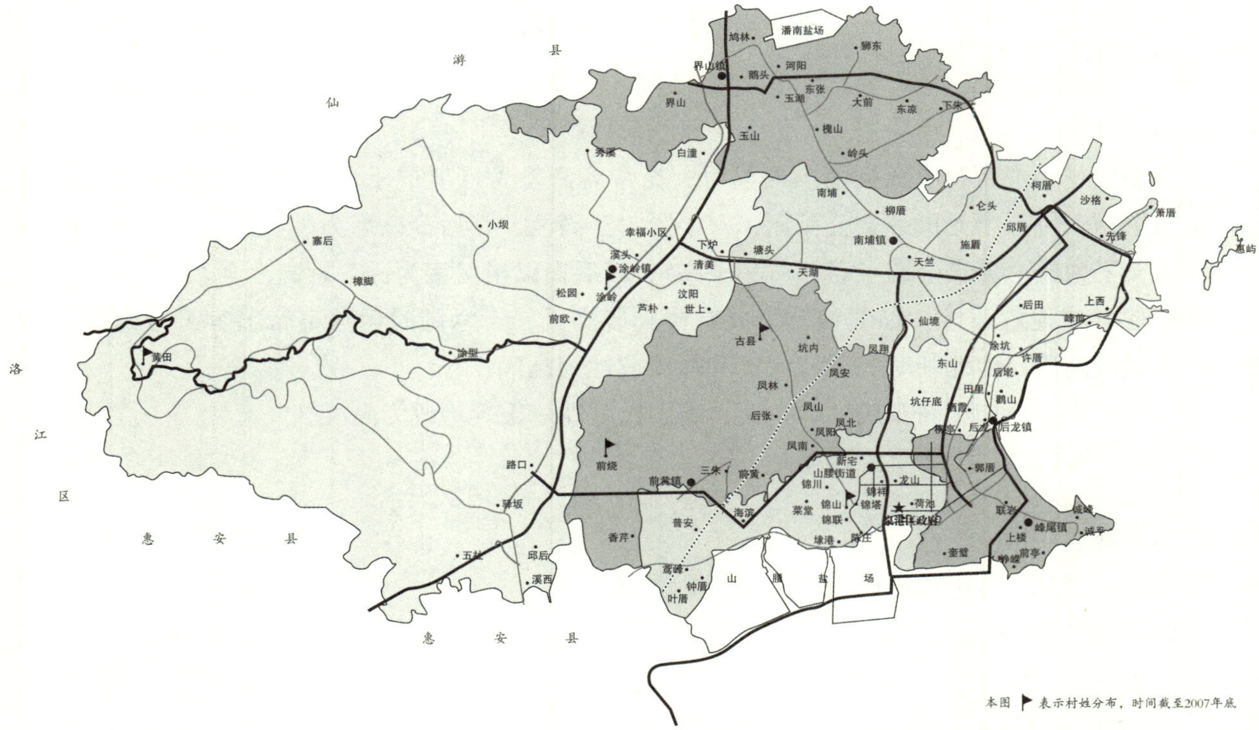

泉港区方姓分布图

第三十八章 高

第一节 溯源

一、起源

出自姜姓，为炎帝神农氏后裔。西周时，炎帝后裔姜尚（字子牙）因辅佐周武王灭商有功，被封于齐。传至第6世孙文公吕赤，有子受封于高邑，其后裔以高为姓。

以王父字为氏。齐惠公有子名祁（字子高），其后裔以祖父字为氏，姓高。

出自他族或他姓改姓。如北魏鲜卑族有楼氏改高氏，十六国时后燕皇帝慕容云改姓高，高丽羽真氏改高氏，南北朝时先后有元氏和徐氏改姓为高氏。

改复姓为单姓。如：高车氏、高堂氏、高阳氏、高陵氏等均改为高姓。

历史上，高姓以“渤海”为郡望。

二、入闽

西晋永嘉之乱，有中原高氏南迁入闽。

唐总章二年（669年），随河南固始人陈政、陈元光父子入闽平乱，有队正高盛典。

唐中和元年（881年），河南人高钢（字一清）为避黄巢之乱携眷南迁入闽怀安（福州）仓山，经福唐（今福清）迁漳浦，再徙欧冶（今福州冶山），定居怀安凤岗（今福州），为高姓入闽始祖。

宋代，高钢第5世孙高德任泉州知府，其子高镔、高镒择居安平（今晋江市安海镇）。高镒长子高思连，延至第6世孙高士泽迁居南安县埕边。次子高惠连系宋开国侯、兵部尚书，其后裔登科及第者众多。

三、入泉港

元朝中叶，高氏族人自晋江安海迁居今山腰街道海滨村埕边。灯号“渤海”。

最迟在明代，八都荻林埭边已有高姓聚居，村名高厝（位于今后龙镇后柳一带），已废乡，仅存“高厝澳”地名。

清光绪十年（1884年），高宽自漳州尾篮村迁居涂岭镇五社村八担。

另有高氏自晋江迁居今涂岭镇涂岭村长箱。

第二节　繁衍

一、区内分播

涂岭镇五社村高氏

民国32年(1943年)，有族人迁居山腰海滨村埕边。该支系现有20户98人。

二、人口分布

泉港区高姓有711人，列泉港世居姓第38位。主要聚居于3个镇（街道），依次是：山腰街道311人，涂岭镇305人，界山镇55人，前黄镇40人。具体分布如下：

街道、镇	村落人口	合计
山腰街道	海滨村埕边311人。	311
前黄镇	三朱村田厝40人。	40
涂岭镇	五社村八担300人;涂岭村长箱5人。	305
界山镇	界山村东丘55人。	55

三、外迁主要支系

山腰街道

民国后期，海滨村埕边高灿文迁居台湾。

20世纪80年代，高鹏辉定居美国。

涂岭镇

民国32年（1943年），五社村高氏族人析居仙游县枫亭镇南苍村。现有5户30多人。

第三节　史迹

海滨高氏祖厝

位于山腰街道海滨村。

八担古地

位于涂岭镇五社村八担。始建时间无考，坐北朝南，土石木结构，占地面积约150平方米。

八担古地

第四节　人物

一、副处（团）级及以上人士

高茂辉　山腰街道海滨村人，1931年出生，浙江舟山海军大校，航空航天通讯工程师，教授。

高振明　山腰街道海滨村人，1938年出生，永春县人民政府副县长。

高友土　山腰街道海滨村人，1962年出生，泉州市方志委副主任，党史研究室副主任。

高　航　山腰街道海滨村人，1963年出生，东北大学机械工程与自动化学院副院长、教授、博士。

二、高级专业技术职务者

高　怀　山腰街道海滨村人，1917年出生，厦门市政协文史委编辑室主任，书法家。

高三英　山腰街道海滨村人，1928年出生，沈阳医科大学教授。

高灿华　山腰街道海滨村人，1936 年出生，山东胜利油田高级工程师。

高振技　山腰街道海滨村人，1942 年出生，厦门开发投资总公司高级工程师。

高玉萍　山腰街道海滨村人，女，1964 年出生，泉港区妇幼保健院副主任医师。

高玉玲　山腰街道人，女，1968 年出生，泉州市第一医院副主任护师。

高英辉　山腰街道海滨村人，1970 年出生，惠安一中高级教师。

王淑琴　山腰街道海滨村人，女，1935 年出生，沈阳医科大学副教授。

三、博士

高鹏辉　山腰街道海滨村人，1955 年出生，美国国家疾病控制中心博士。

高　昕　山腰街道海滨村人，1983 年出生，美国哈佛大学博士，2001 年获美国总统奖。

四、港澳台胞及海外侨胞知名人士

高灿文　祖籍山腰街道海滨村埕边，1919 年出生，居台湾，高雄市稽征署署长，曾回祖居地省亲，后移居美国。

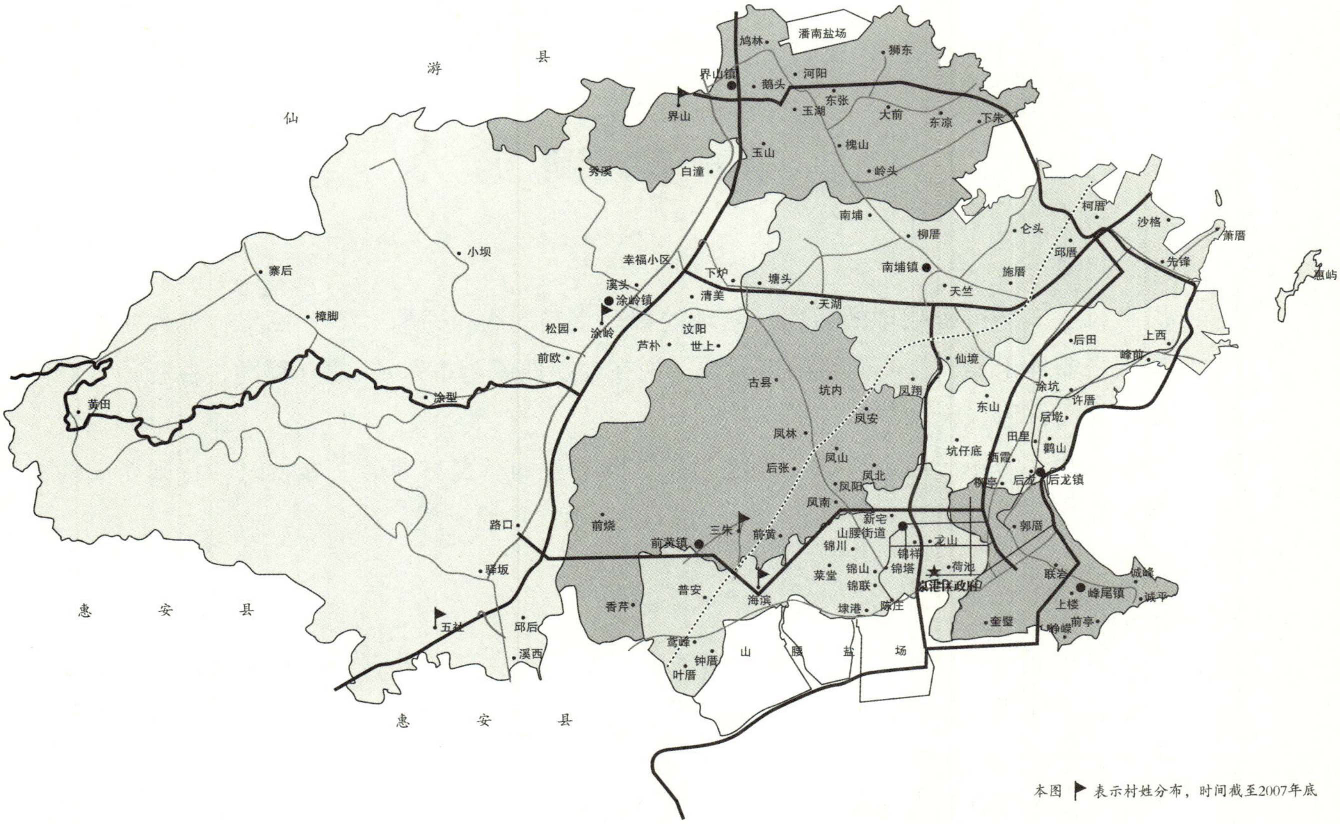

泉港区高姓分布图

第三十九章

程

第一节 溯源

一、起源

出自风姓，是古帝颛顼的后代。颛顼的曾孙重黎为火正之官，掌管民事，称作祝融。商时封重黎之裔孙于程（今河南洛阳市东，一说在今陕西咸阳市东），建立程国，称程伯。后其子孙以国为氏，称程氏。

出自姬姓，为荀氏后裔所改，以邑为氏。周文王的后裔有荀姓。春秋时，晋国荀氏的支子被封于程邑（今山西新绛县东北），子孙以邑为氏，称程氏。

二、入闽

唐光启年间（885—888年），程姓自河南固始君子乡兴贤里（今固始县黎集镇）随王绪入闽，已知的有部将程赟、程贵、程延赟等。

宋末，程大昌携家眷自河南入闽避难。

元代，程文智自河南开封府祥符县太守坊入闽，任福州知事，为程氏开基始祖。其弟程文惠居漳浦。

元至正年间（1341—1368年），北宋理学家程颐裔孙程玄元（一作程均玄）自金陵凤阳府入闽赴漳平任主簿，后避难隐居于安溪县虎邱梧阴（今安溪县虎邱镇美亭村）。至明嘉靖年间（1522—1566 年），其后裔徙居泉州北门。

三、入泉港

明万历年间（1573—1620 年），程泰然自泉州北门迁入，居于塔山山前（今山腰街道新宅社区山前）。

清嘉庆年间（1796—1820 年），惠安辋川许埭程氏族人迁居今前黄镇香芹村。

第二节　繁衍

一、区内分播

新宅社区　山前程氏有族人移居后柳（今属后龙镇柳亭村）、后厝（今属前黄镇凤阳村）等地方。

二、人口分布

泉港区程姓有 576 人，列泉港世居姓第 39 位。主要聚居于 3 个镇（街道），依次是：山腰街道 500 人，前黄镇 56 人，后龙镇 20 人。具体分布如下：

街道、镇	村　落　人　口	合计
山腰街道	新宅社区山前 500 人。	500
前黄镇	凤阳村 9 人;香芹村 41 人;凤林村 6 人。	56
后龙镇	柳亭村后柳 20 人。	20

第三节　人物

程顺泉　后龙镇柳亭村人，1934 年出生，解放军 28 军 84 师 364 团政委。

程德福　山腰街道新宅社区人，1943 年出生，惠安盐场职工医院副主任医师。

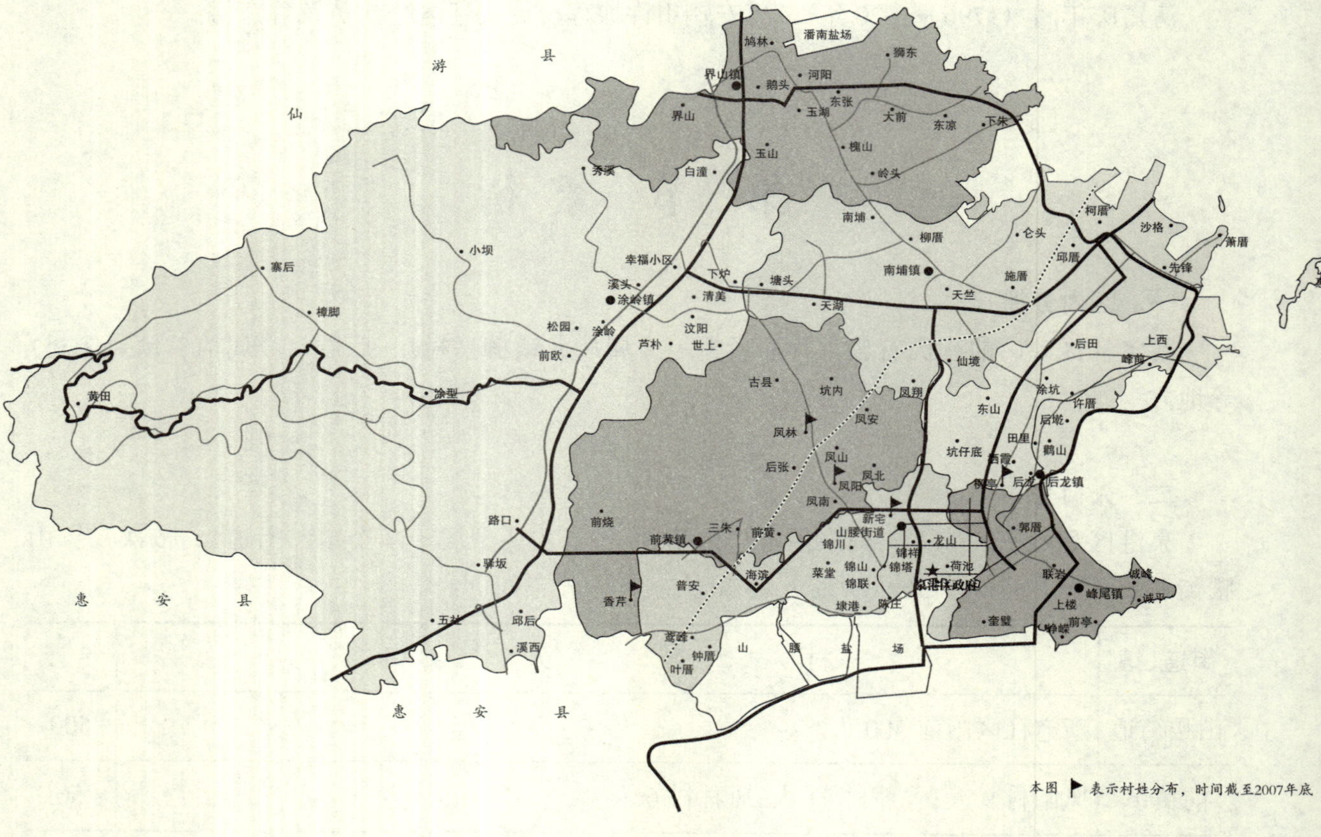
仙
游
县
洛
江
区
惠
安
县
惠
安
县
潘南盐场
山
腰
盐
场
界山镇
涂岭镇
南埔镇
后龙镇
峰尾镇
前黄镇
泉港区政府
山腰街道
惠屿
本图 表示村姓分布，时间截至2007年底

泉港区程姓分布图

第四十章 趙

第一节 溯 源

一、起源

出自嬴姓，形成于西周。祖先伯益，始祖为造父。伯益乃颛顼帝裔孙，舜赐姓嬴。造父为伯益第 9 世孙。西周时，造父为周穆王驾驭马车，徐国徐偃王造反时，造父驾车日驰千里，及时返回镐京。叛乱平定后，为彰造父驱驰之功，周穆王赐赵城给造父。造父族自此史称赵氏。传至第 7 世，赵叔带离周仕晋。战国初年，叔带第 12 世孙赵襄联合魏氏、韩氏三家分晋，建立赵国。

出自皇帝赐姓和少数民族改姓。

二、入闽

唐初，有赵姓将士在平“蛮獠啸乱”中开赴福建并定居。

据《宋史·宗室世系表》载：宋朝宗室分为 3 个支派，即太祖（赵匡胤）支派、太宗（赵光义）支派、魏王（赵廷美）支派。太祖支派分为燕王（赵德昭）支派和秦王（赵德芳）支派，燕王支派在北宋末年因外放做官而迁居如下地区：安徽颍州、四川蜀州（今崇庆）、江苏泰州、镇江、福建福州、泉州、江西吉安、湖北江陵、广东南雄等地，秦王支派则迁居如下地区：浙江绍兴、湖州、台州、明州、婺州，福建福州、泉州，江苏真州、太平州；而魏王则降调至房州（今湖北房县），其子孙为官而迁徙的地区有河南开封、洛阳，山东沂州、济州，福建汀州，江苏昆山、溧城，浙江秀水等。

南宋建炎元年（1127 年），因金兵攻入开封，宋钦宗之弟赵构称帝后，建都临安（今浙江杭州），史称南宋。赵氏族人大举南迁入闽。南宋绍兴间，南外宗正司迁入泉州。

南宋祥兴二年（1279 年），南宋为元所灭。宗室赵氏因避难而散落隐居于闽南各地。

三、入泉港

约清乾隆二十五年（1760 年），赵氏自莆田仙游县园庄枫林村赵厝迁居境内。其中有支系居于今界山镇界山村南山，有支系迁居今涂岭镇寨后村石峡里。

1949 年，赵京全（山东莱阳人）随大部队南下解放惠安，后娶妻今峰尾镇上楼村杨氏，并入籍定居。

约 1950 年，莆田忠门后秀村赵氏迁居今南埔镇南埔村。

另有赵氏族人迁居今前黄镇三朱村芹坑厝头，现有 25 户。

第二节 繁衍

泉港区赵姓有 547 人，列泉港世居姓第 40 位。主要聚居于 4 个镇，依次是：前黄镇 230 人，涂岭镇 183 人，界山镇 108 人，南埔镇 16 人，峰尾镇 10 人。具体分布如下：

街道、镇	村落人口	合计
前黄镇	三朱村芹坑厝头 150 人； 前黄村 80 人。	230
涂岭镇	寨后村 180 人;涂岭村 3 人。	183
界山镇	界山村南山 108 人。	108
南埔镇	南埔村 16 人。	16
峰尾镇	上楼村 10 人。	10

第三节 谱 牒

界山镇界山村南山和涂岭镇寨后村赵氏堂号均为“夹马异香”，昭穆前14字为：
德惟，守（从）世令子，伯师希与，孟由宜顺。
寨后村新增14字：
溥纲鼎建存忠厚，礼义谦和最永循。

第四节 人 物

一、副处（团）级及以上人士

赵京全 峰尾镇上楼村人，1917年出生，原籍山东省莱阳，南下干部，漳州市第一塑料厂厂长、书记，处级离休干部。

赵清进 前黄镇三朱村人，1922年出生，惠安县政法系统处级离休干部。

赵清辉 前黄镇三朱村人，1932年出生，泉港区工商局副处级离休干部。

赵金狮 界山镇界山村人，1949年出生，江苏泰州市科技副市长。

赵 曙 涂岭镇汶阳村人，女，1955年出生，空军乌鲁木齐医院副团级主管技师。

赵建松 前黄镇前黄村人，1963年出生，民航厦门交通管理站副站长。

二、高级专业技术职务者

赵伟强 前黄镇三朱村人，1956年出生，泉港华侨医院副主任医师。

赵婷婷 前黄镇三朱村人，女，1965年出生，泉港区计生服务站副主任医师。

赵建峰 前黄镇前黄村人，1969年出生，厦门航空有限公司高级工程师。

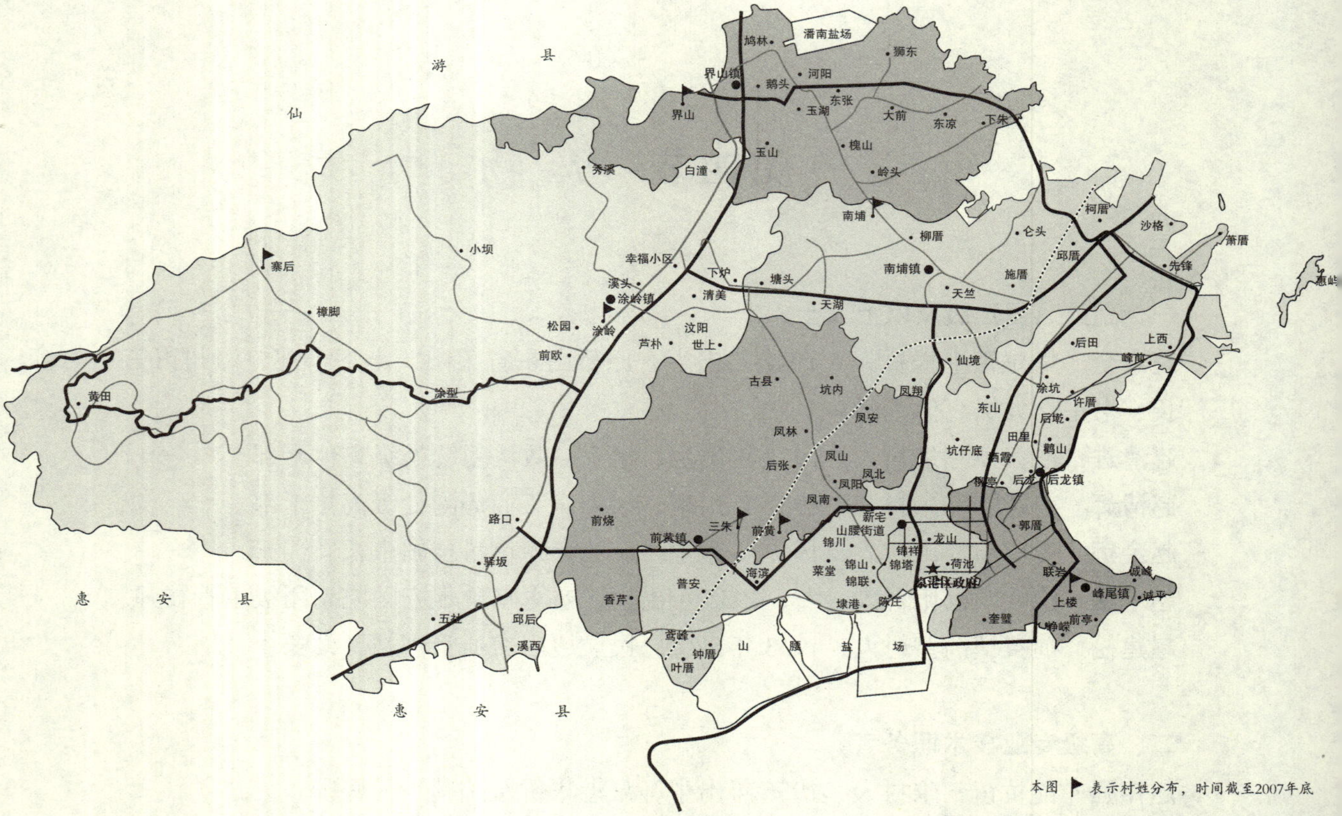

本图 表示村姓分布，时间截至2007年底

泉港区赵姓分布图

第四十一章 蒋

第一节 溯 源

一、起源

出自姬姓，其血统与来源与西周皇族有关。据《左传》《唐书·宰相世系表》《元和姓纂》等所载，周武王弟周公姬旦有子名伯龄，周成王时受封于蒋，建立蒋国，为伯爵，史称其为蒋伯。春秋时灭于楚，后世子孙以国名为姓，称蒋氏。

出自他族。少数民族中有蒋姓。

蒋姓源于河南，后在乐安（今山东邹平）发展为望族，后裔以“乐安”为郡望。

二、入闽

唐总章二年（669 年），有河南蒋姓将佐随陈政、陈元光父子入闽，开辟漳州后入籍定居。

唐光启年间（885—888 年），有河南固始蒋姓随同王潮、王审知入闽。

元末，永嘉人（今浙江温州）蒋允文避乱移居闽中。

明洪武二十五年（1392 年），祖籍安徽的蒋旺任福建永宁卫福全所千户，入籍晋江。

洪武年间（1368—1398 年），安徽蒋范南迁入闽，任泉郡南安司训，居于南安二都仙景乡。其孙蒋贞介徙居树兜（属南安），为奇树蒋氏一世祖。

三、入泉港

明代，泉州新门外树兜村蒋氏迁居今涂岭镇松园村。灯号“玉筍”。

界山镇狮东村蒋厝蒋氏来源有两支。一支为“顶厅祖”，明代由莆田后山中房第12代（蒋氏104世）蒋学仁从莆田忠门迁入。另一支为“下厅祖”，先祖由泉州迁入狮东，至今已传17代，但何时由泉州何地迁来不详。两支蒋氏同村居住，沿用同一昭穆。据传狮东蒋厝蒋姓先祖与东吴吴姓先祖是表兄弟至亲，当时同来惠北东吴、蒋厝开族，吴氏祠堂内至今还悬挂蒋姓表亲赠送的“联谊永固”牌匾。

第二节　繁衍

一、区内分播

涂岭镇

松园村蒋氏

有族人析居赤埔（今属涂岭镇松园村）。

界山镇

狮东蒋厝蒋氏

清光绪十八年（1892年），有顶厅蒋氏族裔析居南庄施厝下店仔（今属界山镇鸠林村）。

二、人口分布

泉港区蒋姓有543人，列泉港世居姓第41位，其中界山镇383人，涂岭镇160人。具体分布如下：

街道、镇	村落人口	合计
涂岭镇	松园村松园140人，赤埔20人。	160
界山镇	狮东村蒋厝300人，鸠林村南庄施厝下店仔83人。	383

三、外迁主要支系

界山镇

狮东村蒋厝

界山镇狮东村蒋厝蒋氏有族人迁往惠安县大红埔1户，莆田市仙游县郊尾沙溪3户，侨居马来西亚36户，新加坡3户。

鸠林村施厝

下店仔第 4 代蒋文兴举家迁往马来西亚，现有 30 多人。

第三节 谱 牒

《惠北狮东村蒋厝（蒋氏）家谱》

系界山镇狮东村蒋厝顶厅祖和南庄蒋厝蒋氏合谱。旧谱佚失，2005 年，经侨胞蒋亚九倡议发起重修。共 38 页，内容有辈分表、序言、第 2—8 代世系谱录（“侯”字辈为第 2 代）。简体竖排，16 开油印简本。

《乐安蒋氏家谱（续第十一代）》

系界山镇狮东村蒋厝下厅祖蒋氏族谱。第 15 代族裔蒋坤华于 1987 年冬据旧谱续编并撰前言。共 34 页，内容自第 5—16 代世系谱料，其中“侯”字辈为第 11 代。简体竖排，16 开油印简本。

昭穆自第 10 代起，依次为：

公侯伯子男，君卿士大夫。

又续编 10 字，依次为：

贤良兴国族，寿世定永昌。

第四节 史 迹

一、祠宇

鸠林蒋氏祖厝

位于界山镇鸠林村施厝下店仔。始建于清光绪三十一年（1905 年），2002 年翻建。土木结构，建筑面积约 80 平方米。

鸠林蒋氏祖厝

狮东蒋厝蒋氏祖祠

位于界山镇狮东村蒋厝。始建于明朝年间，坐北向南，九开间两进，土木结构，历代均有修缮。2009 年 5 月大厅进行大修，建筑面积约 300 平方米，由上、下厅、天井、走廊组成，大厅上方悬挂“乐安流芳”。楹联有：

祖承学士高门第，

祠开伟章多俊才。

狮东蒋厝蒋氏祖祠

二、宫庙

吾埭宫

位于界山镇狮东村蒋厝西北面，坐北朝南，占地 533 平方米。2003 年 4 月，由马来西亚族裔蒋亚九、蒋玉珠发动本族乡亲及海外侨胞捐资重建。楹联有：

扶社稷义壮河山，

保黎民名垂竹帛。

尺剑冲霄驱魍魉，

丹衷护国显英雄。

玄天威震山河司马尽忠扬千古，

元帅恩泽吾埭张公护国保万民。

吾埭宫

第五节　人　物

蒋晏法　涂岭镇松园村人，1947 年出生，泉港清美中学高级教师。

蒋连玉　涂岭镇松园村人，1951 年出生，泉港涂岭学区中学高级教师。

蒋坤华　界山镇狮东村人，1958 年出生，泉港区教育督导室中学高级教师。

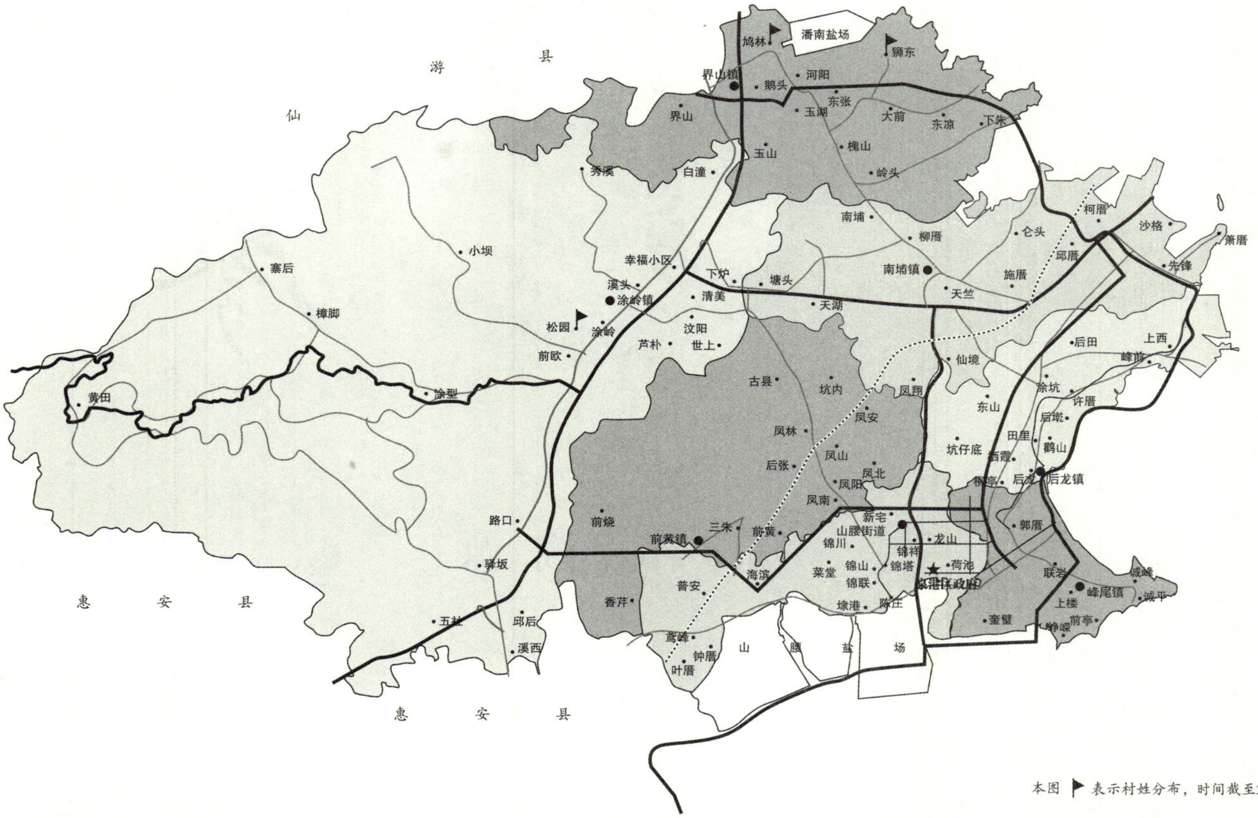

本图 ▶ 表示村姓分布，时间截至2007年底

泉港区蒋姓分布图

第四十二章

廖

第一节　溯　源

一、起源

出自古帝颛顼的后裔。夏朝时，颛顼裔孙叔安封于廖国，称廖叔安。其后代以国为氏，称廖氏。

出自姬姓，为周文王的后裔。周文王之子伯廖，因受封于廖，其后裔以廖为氏，称廖氏。

出自偃姓。夏朝时，皋陶有后裔受封于廖，子孙姓廖。

为缪、颜2姓所改。商纣王残酷暴无道，有缪、颜2姓隐居于黄河西北，改姓为廖。

二、入闽

晋代，福建将乐有隐士廖棠。

隋代，有廖氏入闽居于闽北将乐、顺昌一带。

唐总章二年（669年），有廖氏随陈政、陈元光父子入闽。

唐大顺年间（890—891年），唐兵部尚书廖奇轼之孙廖俨（字端庄）自河南光州固始南迁入闽，为小溪场（今泉州市安溪县）首任长官，开发蓝溪。

后梁开平三年（909年），廖俨避乱隐居于小溪场，后移居新溪里弥勒山下象坂（今南安市官桥镇上苑村）。后裔繁衍迁播各地。

三、入泉港

清初，廖氏自南安埔仔（一说来自安溪）流落涂岭，被埔仔（属涂岭）清河张姓人家收养，后成家立业，迁居陈田工部郎乡。工部郎乡成盆地状，四面环山，居住有 30 多户 200 多人，分布于坑仔、埔仔、埔崎、后洋、许厝、颜李，总称下廖。堂号“汝南”，也称“嵋山”。

嘉庆二十五年（1820 年），廖云孟自永春湖洋大坑内碗窑岑迁居惠安县十一都添奇铺（今涂岭镇秀溪村吟兜）。灯号“清溪”。

第二节　繁衍

一、区内分播

自 1969—1972 年，因陈田水库建设需要，陈田工部郎村廖氏被分散安置，居住于今涂岭镇黄田村奄前，涂型村顶山，溪西村陈田新村，小坝村后头、埔尾，五社村园内，前欧村和溜、西尾池、梧洋。

二、人口分布

泉港区廖姓有 520 人，列泉港世居姓第 42 位。具体分布如下：

街道、镇	村落人口	合计
涂岭镇	秀溪村 184 人；溪西村陈田新村 130 人；前欧村和溜、西尾池、梧洋 57 人；驿坂村 48 人；黄田村奄前 30 人，涂型村顶山 13 人；五社村园内 8 人；小坝村后头、埔尾 28 人；下炉村 22 人。	520

三、外迁主要支系

民国初年，陈田工部郎自然村廖氏三房迁居福清。

有族人廖应水迁往马来亚马六甲定居。有族人迁居泉州、厦门等地。时间不详。

第三节 谱牒

涂岭镇

陈田工部郎廖氏

堂号“嵋山”，字辈有：

清标刻立，修德为先，拿铭世宋，福位佳仙。

第四节 史迹

吟兜宫

位于涂岭镇秀溪村。始建时间无考。1981 年，廖、蔡两姓群众重建，粗石砌墙，杉木、瓦片盖顶，建筑面积约 40 平方米。

第五节 人物

廖建良 涂岭镇黄田村人，1975 年出生，泉港六中高级教师。

廖学良 涂岭镇黄田村人，1977 年出生，泉港六中高级教师。

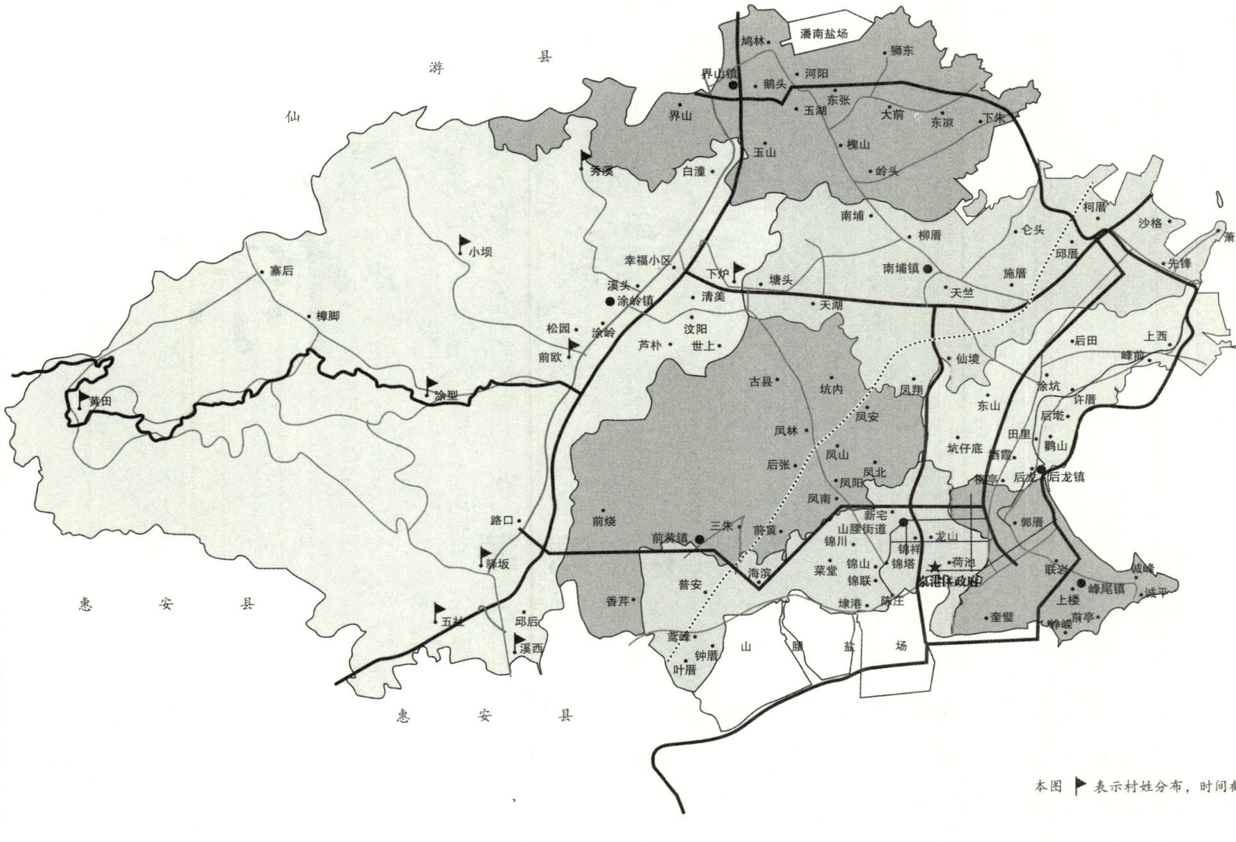

本图 表示村姓分布，时间截至2007年底

泉港区廖姓分布图

第四十三章 徐

第一节 溯源

一、起源

出自殷商都城。西周初期，周公姬旦分封给长子伯禽的“殷民六族”，其一为徐氏。

出自嬴姓。相传伯益因辅佐大禹治水有功，其中小儿子若木受封于徐，建立徐国。春秋时期，徐国被吴国所灭，后裔以国为姓，称徐氏。

历史上，徐姓形成东海、高平、濮阳等郡望。

二、入闽

汉代，徐氏已在闽地生活。《后汉书》载：“徐登，闽人，本女子，化为丈夫，善巫术。”

唐总章二年（669 年），随陈政、陈元光父子入闽平乱的府兵中有徐本顺。

唐天宝八年（749 年），徐务（字恒经）为避难自浙江衢州迁居莆田县崇仁里。

宋末，徐姓族人自江西石城迁至福建上杭、连城等地。

三、入泉港

南宋末年，徐氏迁入涂岭，居于今路口村。

清嘉庆二十年（1815 年），徐氏自惠安洛阳迁入，居于徐厝（今属界山镇鸠林村南庄），至今已传 9 代。灯号“东海”。

第二节　繁衍

泉港区徐姓有 421 人，列泉港世居姓第 43 位。具体分布如下：

街道、镇	村落人口	合计
界山镇	鸠林村徐厝里 300 人。	300
涂岭镇	路口村 103 人；前欧村 18 人。	121

第三节　谱牒

《东海徐氏族谱》

字辈共 16 字，依次为：元亨利贞，文行忠信，财源长发，福寿归昌。

第四节　史迹

徐厝里祖厝

位于界山镇鸠林村。始建于清嘉庆二十三年（1818 年），土木结构，建筑面积 100 多平方米。

第五节　人物

徐忠明　界山镇鸠林村人，1965 年出生，泉港惠华中学高级教师。

徐秋东　界山镇鸠林村人，1973 年出生，泉港鸠林中学高级教师。

徐明川　山腰街道普安村人，1975 年出生，泉港美发中学高级教师。

徐菊芳　界山镇鸠林村人，女，1977 年出生，泉港天竺中学高级教师。

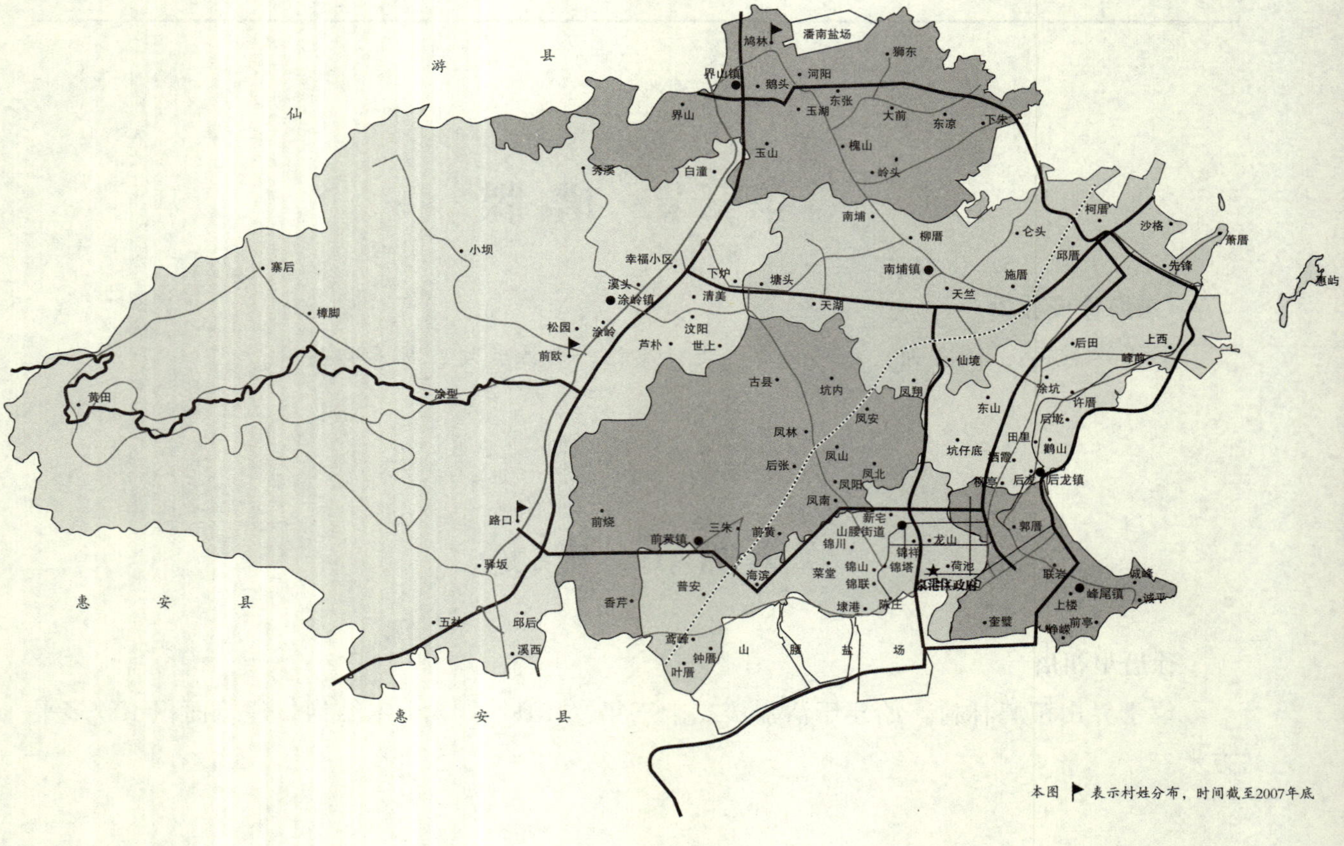

泉港区徐姓分布图

第四十四章

章

第一节 溯 源

一、起源

出自姜姓，为炎帝神农氏的后裔，以国名为氏。商朝时有鄣国（今山东章丘），西周初，被姜（齐）太公收为附庸国，后分封给庶子。春秋时鄣国被齐灭掉，国人为纪念故国而去邑为章，称为章氏。

出自妊姓，妊姓出自风姓，是太昊伏羲氏的后裔。黄帝有25子，得姓12，其一为妊。而谢、章、薛、舒、吕、终、泉、毕、过、祝等10姓均出自最初的妊姓。

历史上，章姓形成河间、豫章等郡望。

二、入闽

唐总章二年（669年），河南固始陈政、陈元光父子奉命入闽平乱，随军中有队正章鳌、火长章敦复。

唐末，河北河间县章仔钧徙居福建浦城，其妻练夫人于后晋开运二年（945年）以命救城，被誉为“芝城之母”。后裔播迁闽南各地。

三、入泉港

清乾隆六十年（1795 年），章氏自福建浦城逃难流落惠安县涂岭，后定居驿坂街尾。灯号“河间”。

第二节 繁衍

一、区内分播

涂岭镇

驿坂街尾章氏

有章氏族人迁居涂岭村中顶街。

二、人口分布

泉港区章姓有 245 人，列泉港世居姓第 46 位。具体分布如下：

街道、镇	村落人口	合计
涂岭镇	涂岭村中顶街 126 人；驿坂村街尾 119 人。	245

三、外迁主要支系

涂岭镇

民国 37 年（1948 年），涂岭村中顶街章世忠、章景和移居台湾。

第三节 史迹

大德桥

大德桥位于涂岭镇驿坂村街南，区级文物保护单位。肇建于宋代。清顺治年间（1644—1661 年），进士陈懋芳重建。后倾圮，邑绅陈元椿、陈文辉修建。乾隆四十八年（1783 年）被山洪冲塌，嘉庆十二年（1807 年）陈永华再建。道光九年（1829 年）惠安知县仝卜年捐修。残桥长约 23 米，宽 3.3 米，3 孔 4 墩，每孔跨度 5.3 米，为石墩石梁桥；桥墩长方形，上端叠梁出檐；桥面结构由三节各 5 条大石组成，石质坚硬光滑，桥板最长 5.9 米，宽 0.7

米，厚 0.4 米。桥碑 2 座，分别为创建碑文和重修碑文。

大德桥

关帝庙

关帝庙

位于涂岭镇驿板大德桥边。肇建年月无考，清嘉庆十七年（1812 年），“授儒林郎知惠安县事长垣”郑奎重建。坐西向东，占地约 120 平方米。庙中横匾上书“协天大帝”及“忠义两全”。庙内设圣神坛。

第四节　人　物

章寿卿　号德星，涂岭镇涂岭村人，清光绪二十三年（1897 年）出生，开明绅士，支持并资助陈平山、吴敦仁等革命英烈领导的农民运动，组织乡民抗击匪患。

章伟强　涂岭镇涂岭村人，1970 年出生，泉州市老干局副调研员。

章建法　涂岭镇驿坂村人，泉州市律师办事处副主任，二级律师。

章小曼　涂岭镇驿坂村人，1982 年出生，福建师范大学物理与光电信息科技学院博士。

章欣欣　涂岭镇涂岭村人，1983 年出生，博士。

章世忠　祖籍涂岭镇涂岭村，民国 20 年（1931 年）出生，居台湾，台湾防务部门海军中校。

第五节　记　事

清顺治年间（1644—1661 年），进士陈懋芳及邑绅陈文辉先后修建大德桥（注：因章姓居于大德桥附近，故有关大德桥事且记于此）。

清乾隆四十八年（1783 年）夏间，大雨引发山洪，冲塌大德桥。

清嘉庆十七年（1812 年），惠安知县郑奎重建驿坂关帝庙。

清道光九年（1829 年），重建大德桥。

民国 8 年（1919 年）9 月 19 日，匪军陈宗仪部盘踞涂岭菜堂，向百姓派饭、派款，并入侵民宅糟蹋妇女。乡民奋起将匪徒全歼。事后，福建督军兼省长李厚基题写“功垂桑梓”横匾褒奖乡绅章寿卿。

民国 19 年 9 月 14 日晚，中共地下党涂岭方面按惠安暴动计划举行暴动。暴动前的夜间，汪汉民（柴水）的弟弟汪云龙（绰号汪老二）带领 20 名匪军突然入住章寿卿家。陈平山、吴敦仁急忙赶赴章寿卿家，让其设法稳住汪老二。

民国 24 年 9 月 18 日晚，章寿卿被当地恶霸收买的匪徒暗杀。

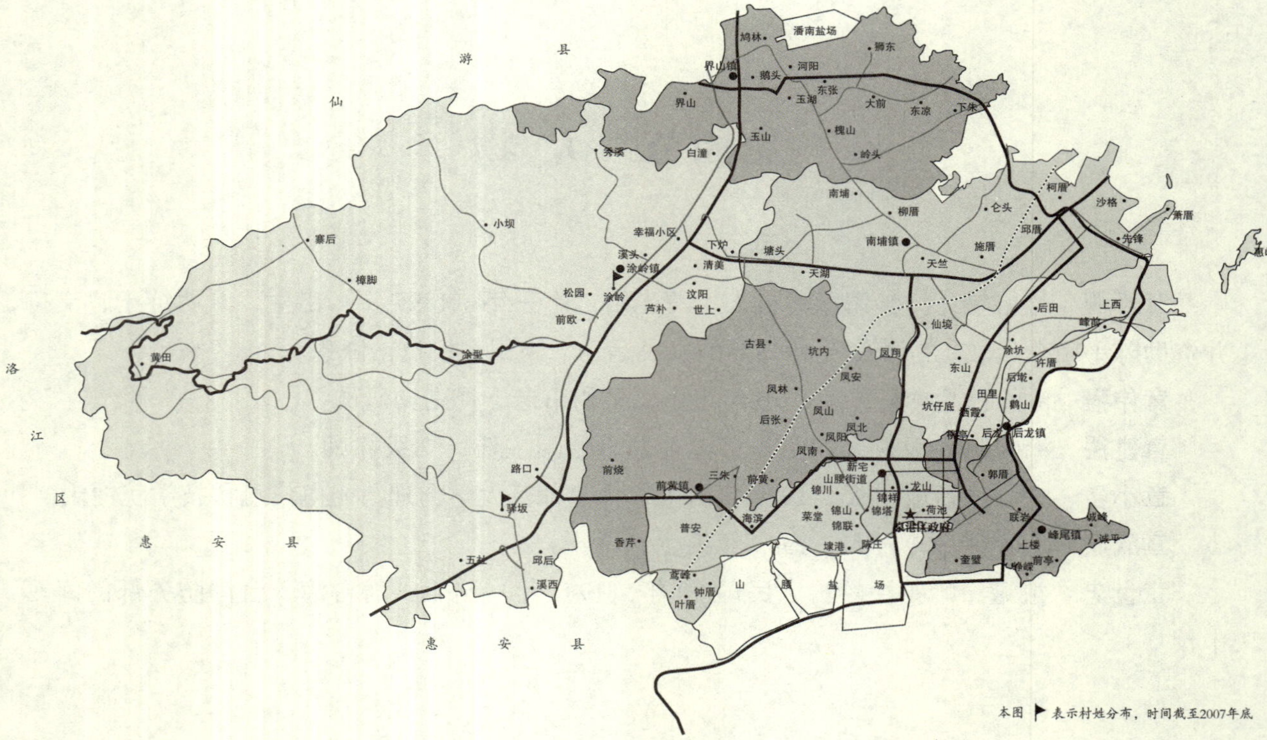

泉港区章姓分布图

第四十五章

盧

第一节　溯 源

一、起源

出自姜姓，为炎帝神农氏之后裔。姜太公第 11 世孙高傒，受封于河南卢邑。后人以邑为姓，是为卢姓。高傒为卢氏得姓始祖。高傒派下有洛阳卢氏一族，世居河南卢氏县，尊卢潞为始祖。卢潞为避战乱出奔北京大名府地。后受唐高祖李渊封为信武将军，子孙贵盛，故居位于开封尚符县魏陵乡郄冢里。

出自复姓改单姓卢氏。据载，以“卢蒲”为姓的一支，出自姜姓，传自齐桓公，后来改单字为卢氏。南北朝时，有代北（今内蒙古中部和山西北端）复姓吐伏卢氏、伏卢氏、卢浦氏、莫芦氏改为汉字单姓卢氏。

出自他姓赐卢氏。隋炀帝时，河间人章仇（复姓）太翼赐姓卢氏。

出自他姓改卢姓。如后周河北范阳雷氏改姓卢氏。唐时陕西三原闾氏改为卢氏。

卢氏以范阳为郡望。

二、入闽

魏晋南北朝之际，卢姓开始大举南迁。西晋末年因“永嘉之乱”，卢氏大族随晋室南迁。

唐总章二年（669年），校尉卢铁（字如金）与其子卢伯道，随光州固始人陈政陈元光父子入闽，落藉漳州。

唐僖宗年间（862—888年），卢邹入闽居同安，有裔孙于明代迁金门。

五代时，卢潞派下裔孙卢仲谘偕族人避地入闽，居福州卢塘。族人分居汀州永定、漳浦南靖。其长子卢廓（字开甫）于开宝初年初知南安，因慕泉之民俗风景，于是卜居于南安四都朋山之下（今南安市洪濑镇）。卢廓以明经学举为漳州主簿，迁南安令，升广东衡政参军，终吏部，授宣德大夫。生5子：顺、愿、颐、顾、颛，衍传为仁、义、礼、智、信5房。卢廓为卢氏入泉始祖。灯号“范阳”。

另有唐评事拾遗谏议大夫卢简方从弟卢简龙，由河南光州固始随王潮、王审知入闽，次年择居泉南西埔。河南固始人、侍御史中丞卢邹，游宦于闽，后裔居同安、金门一带。

三、入泉港

北宋开宝三年（970年），卢廓次子、义房卢愿（字胤禄，号北海）与叔父卢庸（字大中）自南安四都朋山迁居惠安德音里圭峰山下（今峰尾镇诚平村卢厝）。卢庸派下后来返居南安朋山，因此，卢愿为德音里卢氏一世祖。

第二节 繁衍

一、区内分播与人口

泉港区卢姓有181人，列泉港世居姓第50位，其中峰尾镇178人，涂岭镇3人。具体分布如下：

街道、镇	村落人口	合计
峰尾镇	诚平村卢厝152人;联岩村下后曾20人;奎壁村6人。	178
涂岭镇	涂岭村中街3人。	3

二、外迁主要支系

南宋建炎元年（1127年），卢庸第5世裔因庐舍被海寇焚毁而迁回南安朋山与族人聚居。传至第6世卢孝、卢孟、兄弟迁往莆田黄石。

元末明初，卢厝卢氏族裔迁住今惠安县的涂寨赤埕、古山、许仁、许湖及北关、吴厝围、崇武、小岞等地。

清康熙年间（1662—1722年），圭峰卢端、卢开迁往山东州东关外东店居住。

第三节 谱牒

《德音里卢氏族谱》

系峰尾镇诚平村卢厝卢氏家谱。宋嘉泰二年（1202年）特恩进士、第8世卢迪始修。家谱于元末兵乱时遗失。明洪武十九年（1386年），卢琦之子、第11世卢杲购得残本，重新纂辑，监察御史、进士刘安生撰序。明万历二十年（1592年），德音派下第18世卢居安续修并撰序。明末清初，第20世卢元霁、21世卢拔智补修。共有3卷分世系宗传两大部分。世系起自入泉初祖卢廓和入惠一世祖卢愿，止于第21世，每个人物小传附有赞语，仿太史公笔法，褒贬分明。其中卷一含世系分支本末、祠宇兴建终始、族规、祀礼、世系、德音宗传；卷二含儛房世系宗传；卷三含上世宗传、列祖像赞、历世娶氏、历世坟墓志铭。毛笔楷书竖排，线装，共119页。卢琦画像今存惠安螺城镇北关卢厝。卢琦夫人陈氏墓志铭（石刻，莆田陈中撰）今存峰尾镇卢厝祖祠。

第四节 史迹

一、祠堂

德音卢氏祠堂

德音卢氏祠堂

位于峰尾镇诚平村卢厝。区级文物保护单位。宋开宝三年（970年）建为房宅。至北宋元丰二年（1079年）毁于海寇。北宋元祐元年（1086年），卢瞻拓大规模，新建两列20多间为室，后座为正厅厅事，门匾为“德音卢氏祠堂”。南宋乾道七年（1171年），卢应时修葺。元至元十三年（1276年）又毁。至正二年（1342年），卢琦改建，有后座、前座、中座，每座筑室7间。厅事为祠堂，以祀初祖及其高、曾、祖、考；堂中左右有附室，以祀附祭之宗。后有宴私堂，为每年祭祀族姓兄弟宴会之所。至明洪武年间栋宇犹存。嘉靖年间因倭乱而族裔分处城中，有儛房卢继林管理。清乾隆以来，多次修葺重建，但规模大不如前。今存建筑面积228平方米，占地近1000平方米。

二、古塔

圭峰塔

位于峰尾镇诚平村东南面海滨。区级文物保护单位。肇建时间不详。明崇祯三年（1630年）坍塌，里人陈元良、林予登、黄雅质等倡建。清嘉庆三年（1798年）重建。1998年集资修葺，并增建两座凉亭及公园、城堞等。塔为石构方形，四角重檐楼阁式，三层，顶为葫芦刹。坐西朝东，高6米，底座宽3.7米，高2米；第一层高1.82米，宽3.2米，设龛门；第二层高1.6米，宽2.8米，设一门，上阴刻“圭峰塔”三字，内有重建碑记。龛联有：

作东南巨镇，
起海国文明。

圭峰塔

三、墓葬

卢琦墓

位于八都龟鳖山之原（今属峰尾镇）。坐艮向坤。卢琦，元代进士。溪西谢子龙为撰志铭。

第五节 人 物

一、历代科第仕宦名录

卢 仁 字顺良，八都卢厝人（今峰尾镇诚平村卢厝，下同省略）人，北宋咸平二年(999年）以文学名辟，任从事。

卢 瞻 字潜圣，峰尾卢厝人，在惠安螺山结庐读书，笃志力学，北宋元祐六年(1091年）以八行举马涓榜进士。山因之称为“登科山”，俗称“科山”。著《高士集》《卢瞻文集》。

卢应时 字用行，峰尾卢厝人，南宋乾道八年（1172年）特恩进士，官主事，授宣义郎，著有《卢应时诗集》。

卢 迪 字义鼎，峰尾卢厝人，南宋嘉泰二年（1202年）特奏名，卢应时孙。

卢 琦 字希韩，号圭峰，峰尾卢厝人，元至正二年（1342年）陈祖仁榜进士。清嘉庆《惠安县志》称“终元之世，泉人第进士者，惟琦一人”（待考）。初授将士郎，台州录事，未任，丁外艰。服除改延平知事。十一年，尹永春县，赈饥止横敛，均赋役。调宁德县尹、盐课司郎。元至正二十二年，升任温州路平阳知州，未到任病逝。著作《圭峰诗集》12卷、《圭峰文集》10卷，收入《四库全书》。今存《圭峰集》2卷。

卢琦夫人志铭

卢 杲 字述希，峰尾卢厝人，明洪武中以人才荐，授河北钜鹿知县。

卢 昺 峰尾卢厝人，明洪武年间以人材荐，授河北广平知县。

卢居安 字惟深，峰尾卢厝人，明万历七年（1579年）举人，任霸州知州，升广信府同知，兼理郡事。

卢士槐 字星一，号怀原，万历三十七年（1609年）举人，官至广西宾州知州。

二、已知当代人物名录

卢　勤　界山镇玉湖村人，1947 年出生，福建农林大学教授。

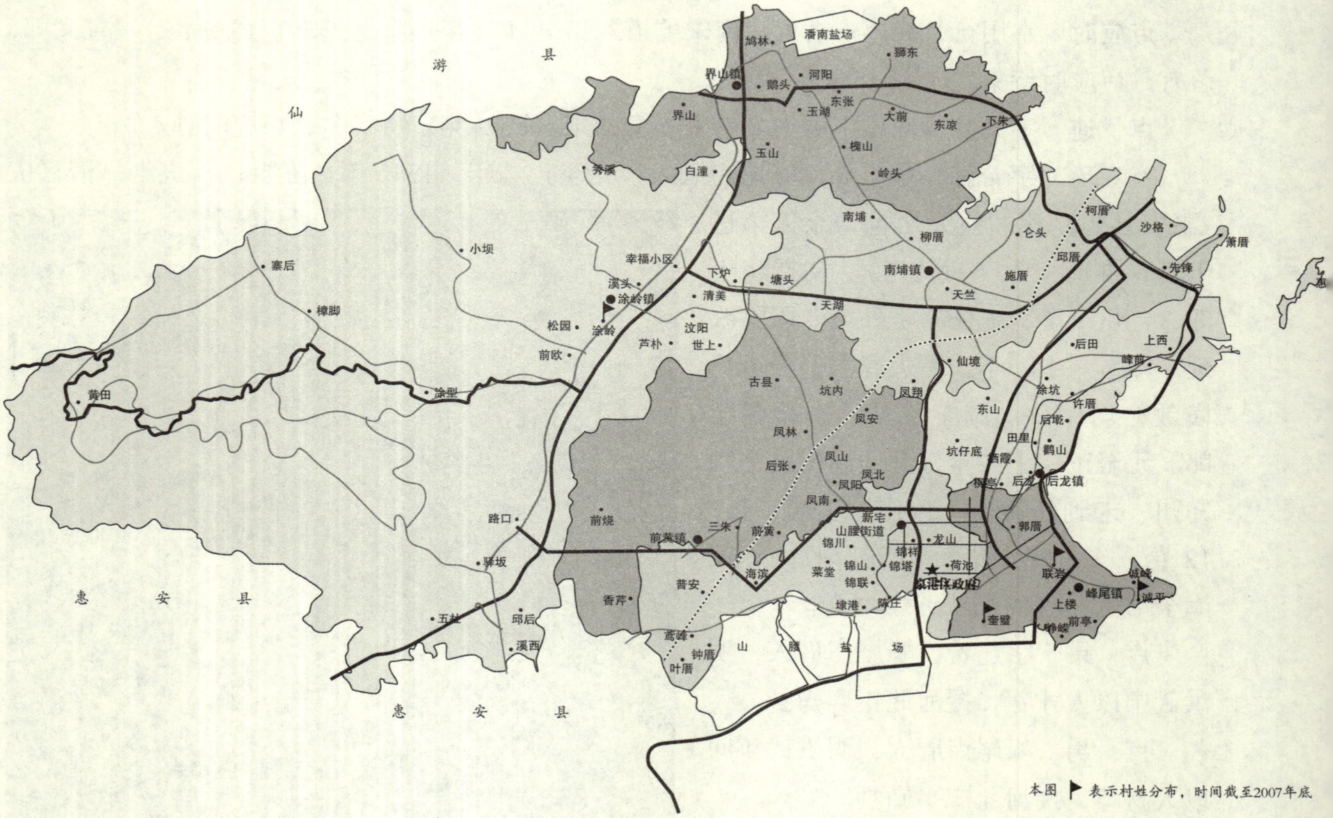

泉港区卢姓分布图

第四十六章

賴汪翁梁姚

第一节　赖

一、溯源

（一）起源

出自姜姓，为炎帝神农氏的后裔。相传炎帝后裔、古羌族4个氏族部落之一的烈山氏，商代在河南厉乡县建赖国，依附于商朝。后周武王封其为子爵，为赖子国。后裔以国为氏，称赖氏。

出自姬姓，为周文王姬昌的后代。周武王有弟叔颖被封于赖（位于今河南省）颍川郡（今许州），后为楚所灭，子孙以国为氏，以“颍川”为号。

（二）入闽

南朝宋元嘉三十年（453年），叔颖第30世孙赖硕迁居江西宁都，其第3子赖灿生7子：昭、德、明、广、思、永、彦，子孙迁播江南各地。

唐贞观年间（627—649年），赖氏第32世赖德携眷入闽，生3子：标、极、枢。后裔播迁汀州、宁化、永定、延平、诏安等地。

唐光启年间（885—888年），有河南固始籍赖氏随王绪入闽。

宋末，赖允用第5子赖泽翁由汀州徙居泉郡，择居晋江八仙山下西麓风山里。

另一说是叔颖第91世裔赖廷贵自福建宁化迁入泉州，居赖厝（今属泉州晋江）。

（三）入泉港

晋江赖厝五房、第18世裔赖筑轩支系迁入，居于大仁（今属涂岭镇黄田村大安）。

2000年，仙游县园庄镇赖氏入籍涂岭镇涂岭村寨内居住。

二、繁衍

（一）区内分播与人口

1. 区内分播

1956年，涂岭镇黄田村大安赖氏入籍今涂岭村寨内居住。

1956年，因菱溪水库建设需要，菱溪村赖氏移民到涂岭镇路口村五里松定居。

2. 人口

泉港区赖氏现有343人，列泉港世居姓第44位。具体分布如下：

表46-1

街道、镇	村落人口	合计
涂岭镇	黄田村大安大仁330人;路口村10人;涂岭村寨内3人。	343

三、人物

赖玉林　涂岭镇黄田村人，1941年出生，华侨大学机械厂高级工程师。

赖清泉　涂岭镇黄田村人，1944年出生，泉港区疾控中心副主任医师。

赖桂华　涂岭镇黄田村人，1966年出生，泉州师范学院副研究员。

赖志阳　涂岭镇黄田村人，1969年出生，惠安县医院主任医师。

第二节　汪

一、溯源

（一）起源

源自商代汪芒氏之后。商朝，古诸侯防风氏的后代汪芒氏改为单字汪氏。战国时，汪氏西迁至今安徽歙县一带。

出自姬姓。春秋时，鲁成公的庶子被封到汪邑（今山东省境内），子孙以邑为氏，姓汪。

还有一支是翁氏分化出来的。据载，宋初，翁乾度生6子，分姓洪、江、翁、方、龚、汪六姓。第6子处休派下姓汪。

历史上，汪姓形成新安、平阳等郡望，有“六桂”等堂号。

（二）入闽

《汪氏族谱》载：“汪氏起家新安，后自歙徙婺源，自婺源徙休宁，而后入闽，居泉州之天马山。”

唐总章二年（669年），河南光州固始人陈政、陈元光率府兵入闽平乱，随从有队正汪子固、火长汪迺君，入籍闽地开基。

北宋末年，江淮招讨使汪立信以身殉国，其妻康氏携4子逃难入闽，隐居惠安。

（三）入泉港

有惠安洛阳白沙汪氏族人迁入，居于顶山（今属涂岭镇涂型村）。

其他汪氏支系迁入情况不明。

二、繁衍

（一）区内分播与人口

1. 分播

涂岭镇涂型村汪氏迁入南埔镇塘头村厝斗自然村居住。

1958年，因建设泗洲水库需要，泗洲村汪氏移民散居于涂岭村新村等地。

2. 人口

泉港区汪姓有319人，列泉港世居姓第45位，其中涂岭镇190人，南埔镇106人，界山镇23人。具体分布如下：

表46-2

街道、镇	村落人口	合计
涂岭镇	溪西村下溪西桥头166人;涂岭村新村19人;涂型村顶山5人。	190
界山镇	玉山村铁钉埕23人。	23
南埔镇	塘头村厝斗106人。	106

（二）外迁主要支系

民国34年（1945年），涂岭村汪氏族人2户迁往厦门定居。现有26人。

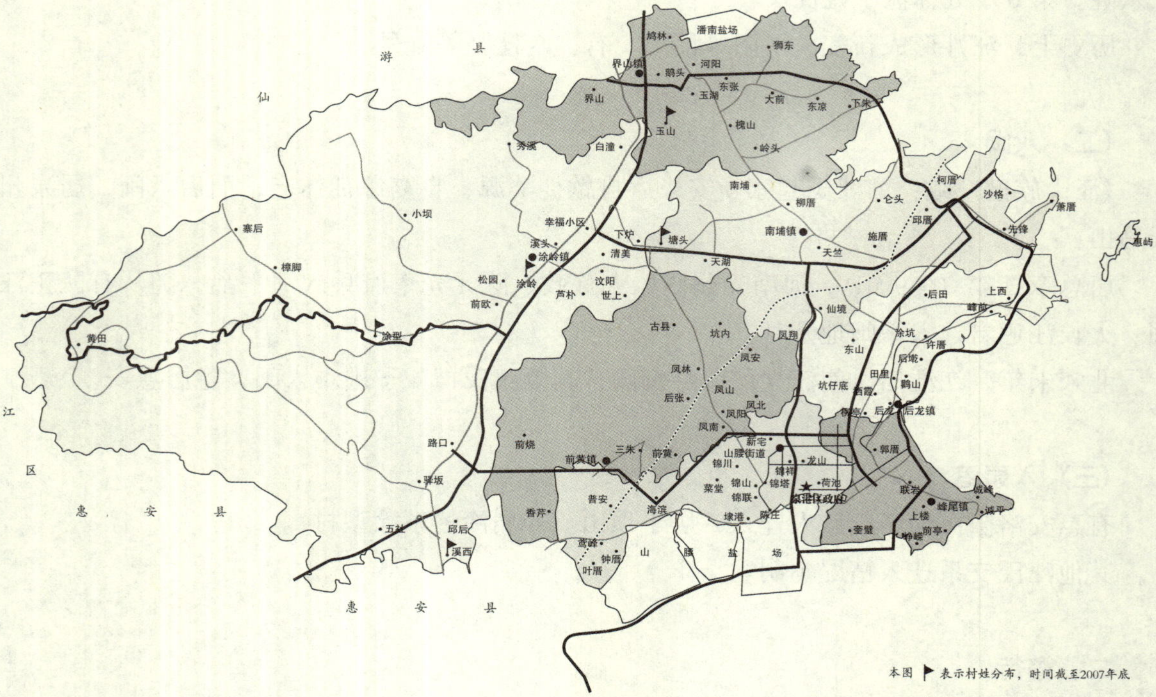

泉港区赖姓分布图

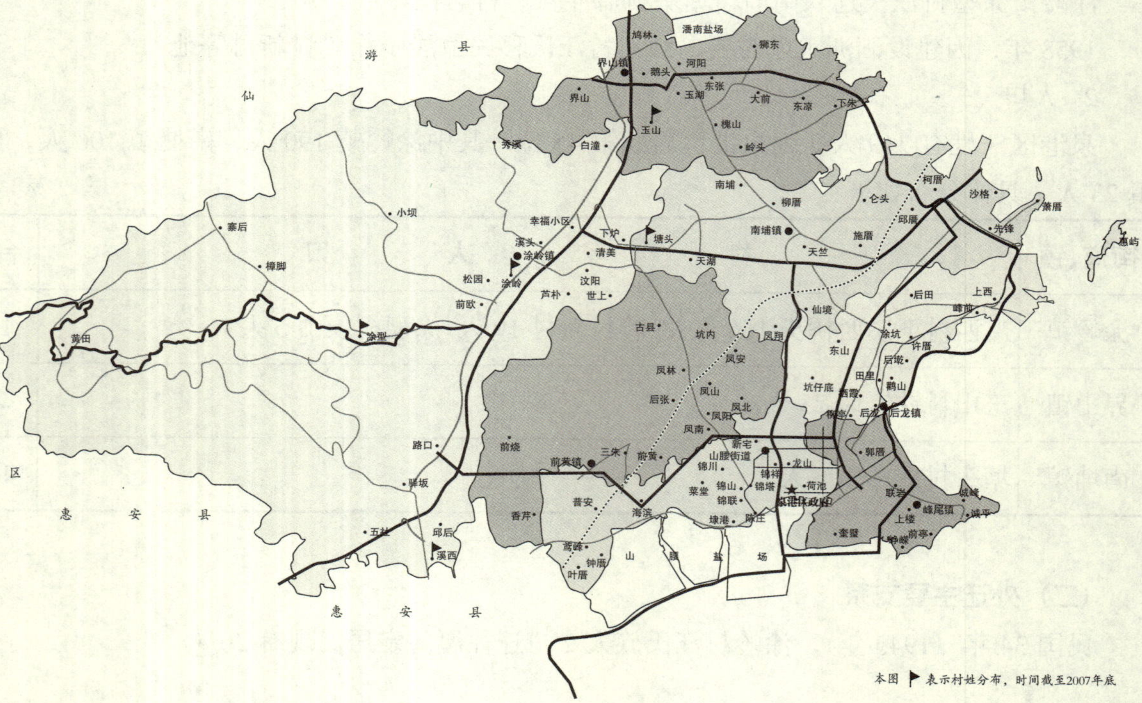

泉港区汪姓分布图

汪氏祖祠

新德堂

三、史迹

汪氏祖祠

位于南埔镇塘头村。

新德堂

位于南埔村塘头村。

四、人物

汪顺进 南埔镇塘头村人，1966 年出生，泉港美发中学高级教师。

汪良文 南埔镇塘头村人，1973 年出生，惠安一中高级教师。

第三节 翁

一、溯源

（一）起源

出自姬姓。相传周昭王小儿子左手掌纹像“公”字，右手掌纹像“羽”字，遂起名“翁”，其后裔以翁为姓。

据载，周昭王庶子姬溢食采于翁山。子孙以邑名为姓，姓翁。姬溢为翁氏得姓始祖。

历史上，翁姓形成盐官（今浙江海宁）、钱塘（今浙江杭州）等郡望。

（二）入闽

唐建中年间（780—783 年），翁弘第 34 世翁轩迁居入闽，居于漳浦，为翁氏入闽始祖。其长子翁何官散骑常侍，择居莆田兴福里竹啸乡，为莆田翁氏一世祖。

翁何第5世孙翁乾度生6子：处厚、处恭、处易、处朴、处廉、处休。兄弟皆登进士榜，誉称“六桂联芳”。6子分姓洪、江、翁、方、龚、汪。第三子处易姓翁，官南剑少府，居竹啸乡。

（三）入泉港

明末清初，翁处易后裔自莆田竹啸乡迁居今仙游县园庄镇十二路岭北，继迁今涂岭镇邱后村居住。

二、繁衍

（一）区内分播与人口

泉港区翁姓有227人，列泉港世居姓第47位，其中涂岭镇222人，南埔镇5人。具体分布如下：

表46-3

街道、镇	村落人口	合计
涂岭镇	邱后村下林222人。	222
南埔镇	天竺村埭上5人。	5

（二）外迁主要支系

20世纪40年代，南埔镇天竺村埭上翁氏部分族人迁居台湾台北市。

三、史迹

帝爷宫

位于涂岭镇邱后村下林。坐东朝西，石木结构。

翁氏祖墓

位于涂岭镇涂型村边。

四、人物

翁春金　涂岭镇邱后村人，1968年出生，泉港六中高级教师。

第四节　梁

一、溯源

（一）起源

出自嬴姓，是黄帝第9世孙伯益的后裔。伯益第31世孙非子邑于秦，周平王时其裔孙康于夏阳梁山（今陕西韩城县南）建立梁国，称梁康伯。周襄王十一年（前641年），秦穆公攻灭梁国。亡国后的梁国子孙以原国名为氏，姓梁，尊康为始祖。

以封邑名作姓氏。春秋时期，晋国解梁、高梁、曲梁等封地的后代以梁为姓。

出自改姓。北魏时，少数民族代北拨列兰氏改姓梁。

历史上，梁姓形成安定、天水、河南等郡望，堂号为“梅镜堂”。

（二）入闽

西晋时有梁芬，其女为晋怀帝后，因晋室离乱，举族跟随晋室渡江，子孙在钱塘（今浙江杭州）、合浦（今属广西）等地繁衍。

东晋时，梁芬之孙梁遐因桓玄篡位，随晋安帝逃到福建三山（今福建省福州市）定居，为梁氏入闽始祖。

唐天宝年间（742—755年），梁遐第13世裔梁选为南安令，家居南安。梁逸为闽县令，移居莆田下林，其次子梁范析居惠安。另有一说，梁遐第21世裔梁颀于唐代迁居惠安境内。

梁范裔孙、梁氏第55世梁克家于南宋绍兴三十年（1160年）状元及第，为“梅镜堂”梁氏支系祖。

（三）入泉港

清代，惠安梁厝梁氏有族人迁居今前黄镇三朱村田厝，已传8代。

另有族人迁居涂岭镇路口村。

二、繁衍

1970年10月，因陈田水库建设需要，陈田梁氏移民居于小坝村上新和五社村八担等地。

泉港区梁姓有220人，列泉港世居姓第48位，其中涂岭镇120人，前黄镇100人。具体分布如下：

表46-4

街道、镇	村　　落　　人　　口	合计
前黄镇	三朱村100人。	100
涂岭镇	小坝村上新54人；路口村33人；五社村八担18人；驿坂村15人。	120

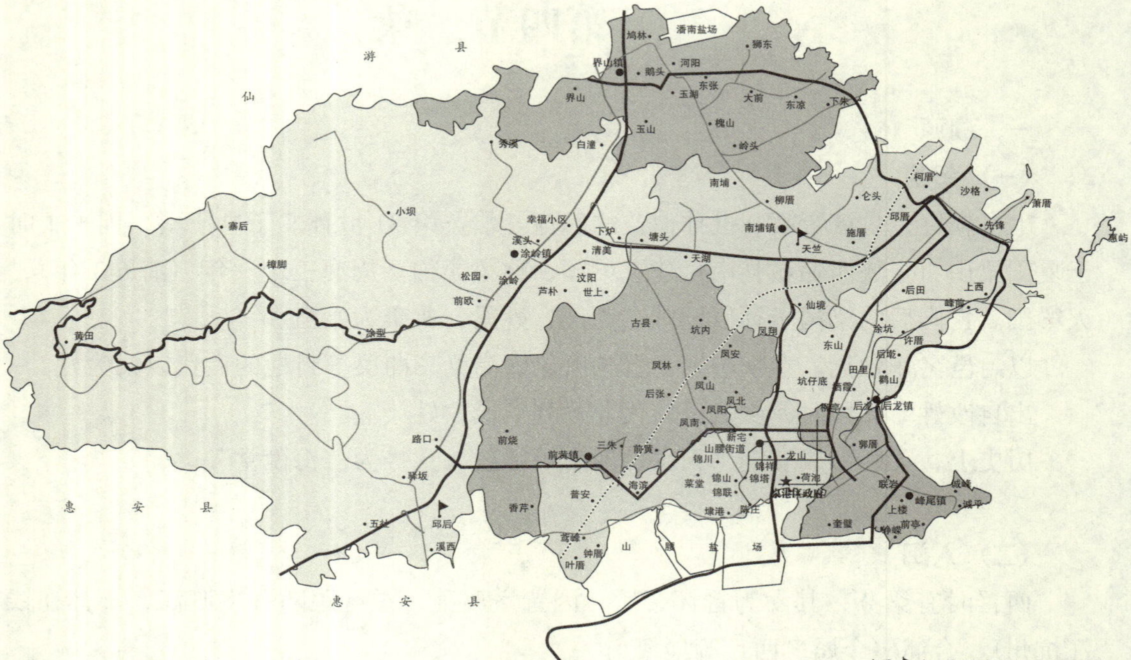

本图 表示村姓分布，时间截至2007年底

泉港区翁姓分布图

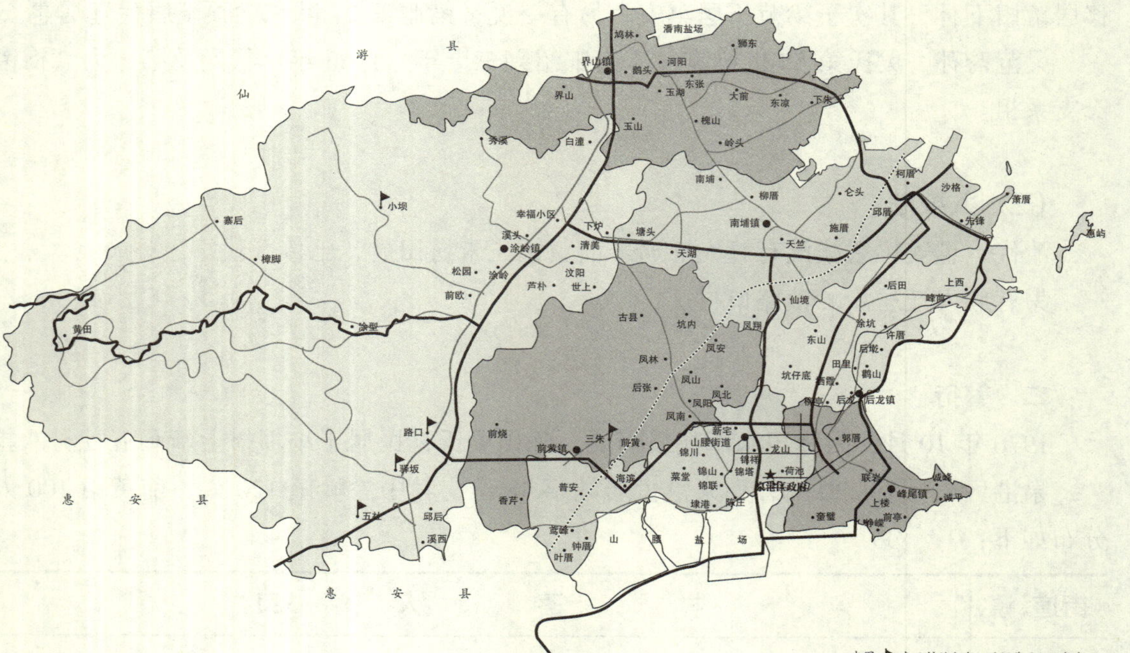

本图 表示村姓分布，时间截至2007年底

泉港区梁姓分布图

三、谱牒

《梁氏族谱》

堂号“梅境衍派”。详情不明。

四、人物

梁国平 涂岭镇路口村人，1950 年出生，厦门市公安局行政科长。

梁国成 涂岭镇路口村人，1953 年出生，厦门市外经贸委主任。

梁永清 涂岭镇路口村人，厦门市鼓浪屿疗养院处级干部。

第五节 姚

一、溯源

（一）起源

出自虞舜。虞舜生在姚墟（今河南范县濮城南），子孙以地为氏，称姚氏。

出自子姓。春秋时有姚国，为商族的后代，其子孙以国为氏，姓姚。

出自他族改姓。西晋时有羌族首领姚戈重，本是汉时西羌烧当氏的后人，改姓姚。

（二）入闽

唐总章二年（669 年），有姚氏随河南固始人陈政、陈元光入闽平乱，开辟漳州。

唐光启年间（885—888 年），姚凤、姚天明随王潮、王审知入闽，择居兴化（今莆田）。

二、繁衍

（一）区内分播与人口

1. 分播

姚氏原聚居新埭尾（今山腰街道普安岭一带，已废村）。据乡老称，家族旺盛时有近百户人家。清初迁界，族人四处外逃，复界时返回者不足一二，部分移居今山腰街道普安村店仔（离旧村址不远）。另有部分族人自仙游返回后居于今涂岭镇涂岭村。

2. 人口

泉港区姚姓有 186 人，列泉港世居姓第 49 位，其中山腰街道 156 人，涂岭镇 30 人。具体分布如下：

表 46-5

街道、镇	村　　落　　人　　口	合计
山腰街道	普安村店仔 156 人。	156
涂岭镇	涂岭村寨内 30 人。	30

（二）外迁

清初迁界，族人四处外逃，大部分迁居福清、仙游、莆田以及晋江等地。

民国 37 年（1948 年），涂岭寨内（今涂岭村）姚琼南迁往台湾。

三、人物

姚铭全　山腰街道普安村人，1931 年出生，第七机械工业部 502 所党委书记，研究员。

姚华民　山腰街道普安村人，1959 年出生，广深高速公路工会主席。

姚黎阳　山腰街道普安村人，1968 年出生，惠安县教师进修学校中学高级教师。

姚庆阳　山腰街道普安村人，1971 年出生，泉州市第一医院副主任医师。

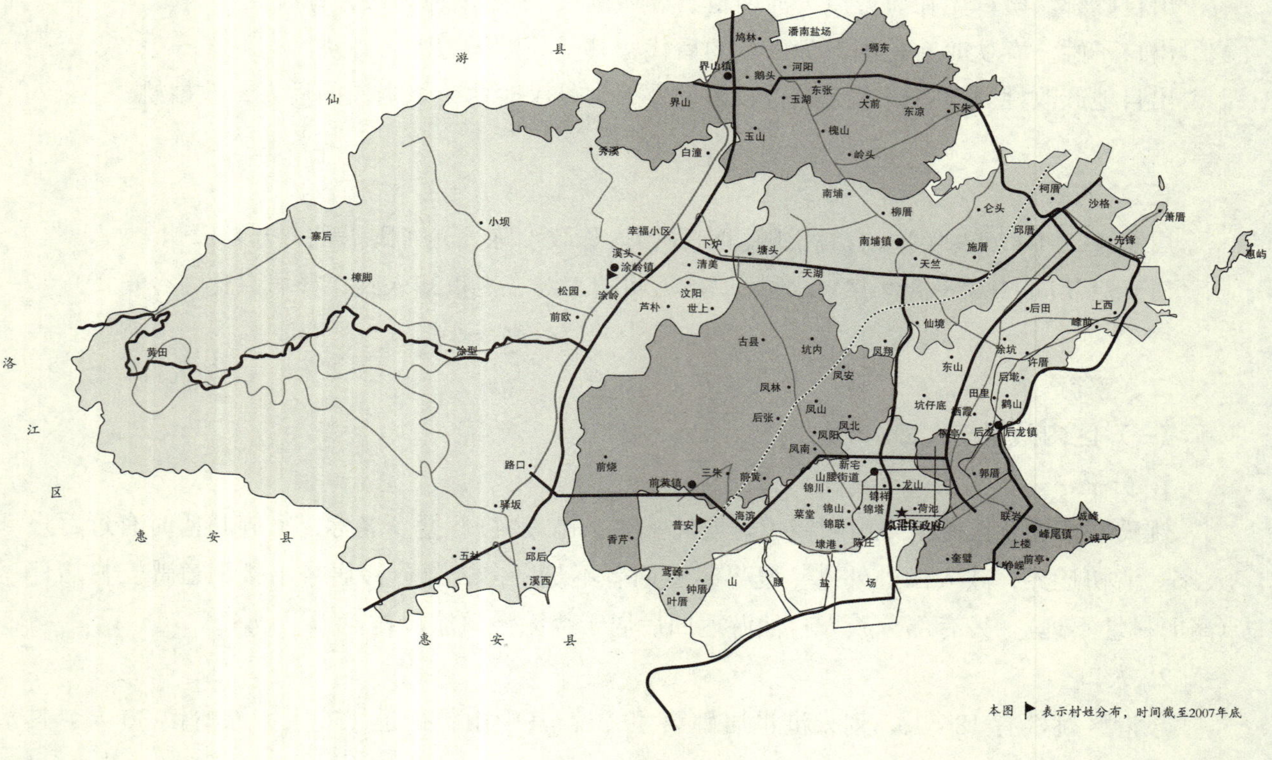

本图 ▶ 表示村姓分布，时间截至2007年底

泉港区姚姓分布图

第四十七章

孫顏溫洪卓

第一节　孙

一、溯源

（一）起源

出自姬姓。周文王第 8 子康叔为卫国国君，其 9 世孙叫惠孙，惠孙之孙乙（字武仲）以祖父的字命氏，为孙氏。

出自芈姓，为春秋时楚国令尹孙叔敖之后。孙叔敖任楚令尹时，曾在期思开发水利有功，深得楚人拥护，其子孙姓孙。

出自妫姓。春秋时，陈国陈厉公之子陈完，因事逃亡齐国后，改姓田。其裔孙田书（字子占）为齐国大夫，因功被齐景公赐姓孙氏，以乐安为食邑。

历史上，孙姓主要郡望有太原、乐安、吴郡等。

（二）入闽

唐光启二年（886 年），孙平谕自河南光州固始县避乱入闽，为孙氏入闽一世祖。

孙平谕举家初居今福清，再徙泉州东门外，为孙氏入泉州始祖。其第 5 世裔孙班尉，生 2 子：长子衍居晋邑诸乡；次子孙嘉安迁居惠安玉塘里，为惠安孙氏肇基祖。

（三）入泉港

玉塘孙氏后裔衍居惠安辋川王孙岭之后，部分族裔析居和溜（今属涂岭镇前欧村）。

二、繁衍

泉港区孙姓有178人，列泉港世居姓第51位。具体分布如下：

表47-1

街道、镇	村落人口	合计
涂岭镇	前欧村和溜178人。	178

三、史迹

兴龙宫

位于涂岭镇前欧村和溜自然村。坐东朝西，石砖木结构，占地面积约250平方米。

兴龙宫

孙尚德墓

位于涂岭镇前欧村和溜自然村边。坐西北朝东南。1999年8月重修，占地面积约150平方米。孙尚德，和溜孙氏一世祖。

第二节　颜

一、溯源

（一）起源

出自颛顼之后裔。古帝颛顼玄孙陆终第5子安，其苗裔郳子挟于周武王时，被封于郳，建立郳国。郳子挟5世孙名夷父（字颜），又称郳颜公。夷父次子友被封到倪地，国名小郳，以其父字为氏，称颜氏。

出自姬姓，起源于春秋时鲁国公族，是周公旦后代。周公长子伯禽被封于鲁。伯禽部分子孙被封在颜邑，遂以封邑为姓，称颜姓。

历史上，颜姓形成琅琊、鲁郡等郡望。

（二）入闽

唐总章二年（669年），陈政、陈元光父子率领府兵入闽平乱，军中有河南固始人颜伯矩。

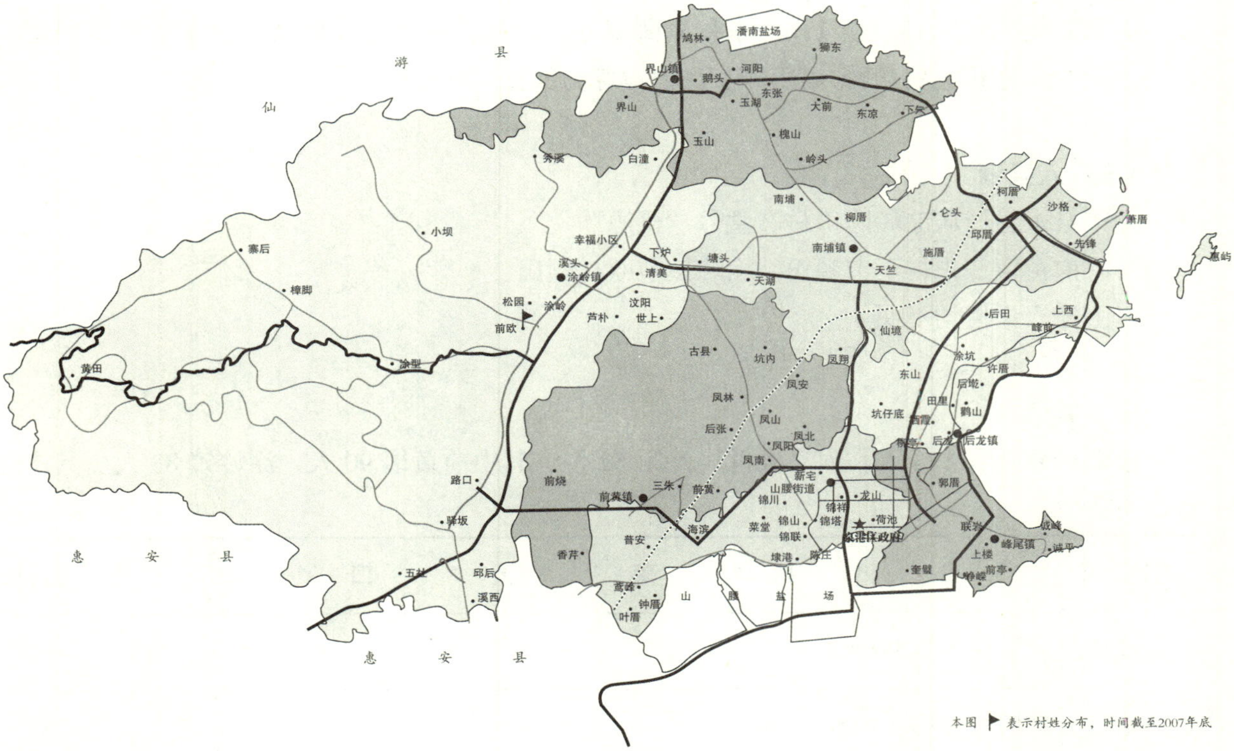

本图 ▶ 表示村姓分布，时间截至2007年底

泉港区孙姓分布图

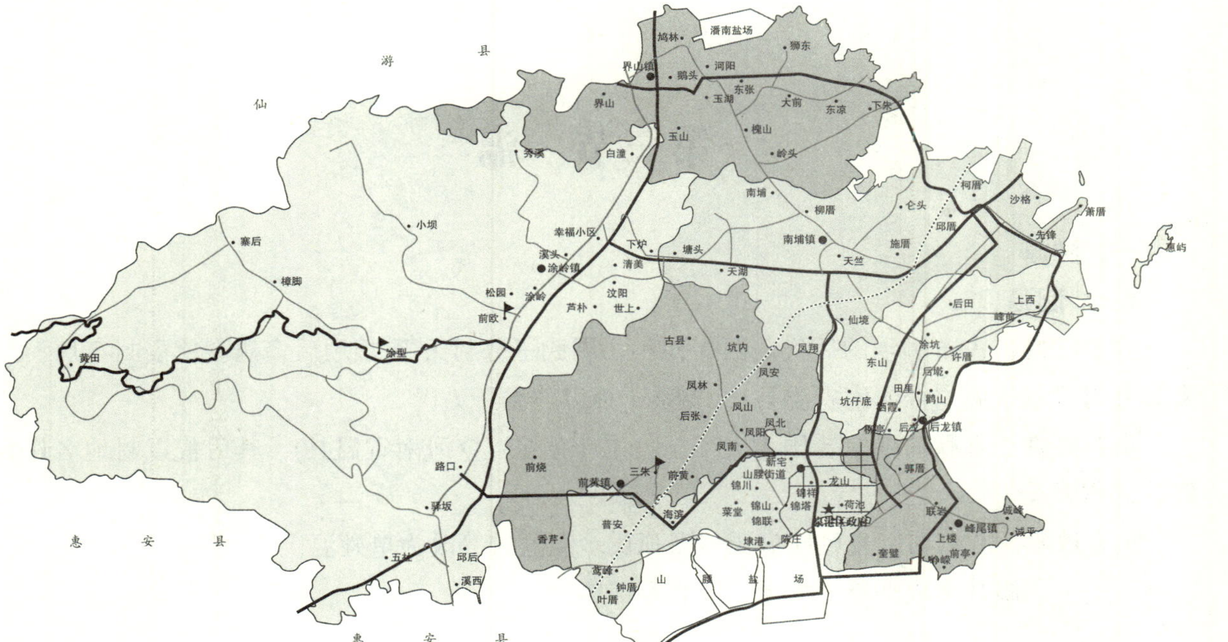

本图 ▶ 表示村姓分布，时间截至2007年底

泉港区颜姓分布图

大和年间（827—835年），山东颜真卿第6世孙颜洎率军平定闽粤，驻于永泰县归德场归义乡（今属德化县），后移居永春。颜洎被尊为颜氏入闽始祖。

（三）入泉港

颜氏自永春迁居涂岭陈田村，堂号“桃源”。

另有前黄镇三朱村下宝颜氏、涂岭镇前欧村颜氏。

以上迁入详情均不明。

二、繁衍

泉港区颜姓有173人，列泉港世居姓第52位，其中前黄镇90人，涂岭镇83人。具体分布如下：

表47–2

街道、镇	村　落　人　口	合计
前黄镇	三朱村下宝90人。	90
涂岭镇	涂型村25人；前欧村58人。	83

1970年，因兴建陈田水库需要，颜氏自涂岭陈田颜李组移民到涂型村顶山自然村。

第三节　温

一、溯源

（一）起源

源于己姓，古帝颛顼的后代。西周初年，周武王分封天下,颛顼后裔唐叔虞受封于唐。后来又分封晋叔于温（今河南省温县），支系子孙以“温”为氏。

出自姬姓。春秋时期，晋国大夫郤至食采于温邑（今河南省温县），其后代以封地名作为族姓，称温氏。

出自改姓。北魏时，复姓叱温氏、温孤氏、温盆氏等改为单姓温氏。

历史上，温姓形成平原、太原、清和等郡望。

（二）入闽

西晋永嘉二年（308年），名臣温峤举族迁居于江西南昌，子孙繁衍，部分迁入福建。

（三）入泉港

宋末，惠安洛阳（一说是涂寨曾厝）温氏迁居今南埔镇塘头村料仔（也作“寮仔”）。另有支系居于今南埔镇凤翔村，详情无考。

明末，温氏自今惠安涂寨镇许堂温厝迁入，居于今涂岭镇溪西村下溪西，仍以故里“温厝”为名。灯号“太原”。

清末，惠安螺阳许塘温氏迁居今涂岭镇涂型村。

二、繁衍

泉港区温姓有 167 人，列泉港世居姓第 53 位，其中涂岭镇 87 人，南埔镇 80 人。具体分布如下：

表 47–3

街道、镇	村　落　人　口	合计
涂岭镇	涂型村 57 人;溪西村温厝 30 人。	87
南埔镇	塘头村寮仔 80 人。	80

三、史迹

温公庙

位于南埔镇塘头村料仔村北。

温氏始祖墓

位于涂岭镇下炉村山头寺西侧山坳。系塘头料仔温氏开基祖墓。

四、人物

温文辉　南埔镇塘头村人，1969 年出生，泉港一中高级教师。

温志伟　涂岭镇涂型村人，1987 年出生，中国科学院长春研究所博士。

第四节　洪

一、溯源

（一）起源

源自共工氏，为上古炎帝神农氏之后。相传共工本姓共氏，黄帝时为水神。颛顼帝时，共工起兵争天下，后失败。大禹时，共工被放逐到了江南蛮荒之地，共工氏后人在江南定居后，为纪念祖先是水神，就给共字加上水旁，形成洪姓。

以国为姓。西周时有封国称共国（今河南辉县）。春秋时，共国被卫国所灭。后裔用国名“共”作为姓氏。后为避祸，改为洪姓。

出自改姓。一是为避讳而改，如五代时参知政事刘弘昌、刘弘果二人，为避宋太祖之父赵弘殷之讳，遂改“弘”为“洪”，并改刘姓为洪姓。一是分支改姓。莆田人翁乾度 6 子奉父命各分 1 姓，其中长子翁处厚派下改姓洪。

历史上，洪姓主要以敦煌、豫章、宣城等为郡望。

（二）入闽

唐总章二年（669 年），陈政、陈元光父子入闽平乱，有队正洪有道入籍福建。

唐光启年间（885—888 年），朝奉大夫洪十四郎携子自河南光州固始随王潮等南迁入闽，驻武荣泉山。后裔衍居永春、安溪、鲤城、晋江等地。

（三）入泉港

明初，峰尾设巡检司时，澳城大石脚已有洪姓聚居。今有洪厝宫及洪山边遗址地名。

清末，泉州涂门街洪氏兄弟迁入，居于今后龙镇坑仔底村企塘。后因兵匪侵扰，族人大多逃往莆田、仙游一带，仅部分返回，移居后柳（今属后龙镇柳亭村）。

1951 年，惠安洛阳井吟洪氏迁居涂岭镇涂岭村旧街，后又迁居今涂岭镇前欧村。堂号“双忠”。

山腰街道埭港村有洪厝地名，历史上为洪姓聚居地。

二、繁衍

泉港洪氏共有 163 人，列泉港世居姓第 54 位，其中涂岭镇 93 人，后龙镇 70 人。具体分布如下：

表 47–4

街道、镇	村落人口	合计
涂岭镇	前欧村 81 人;涂岭村寨内 12 人。	93

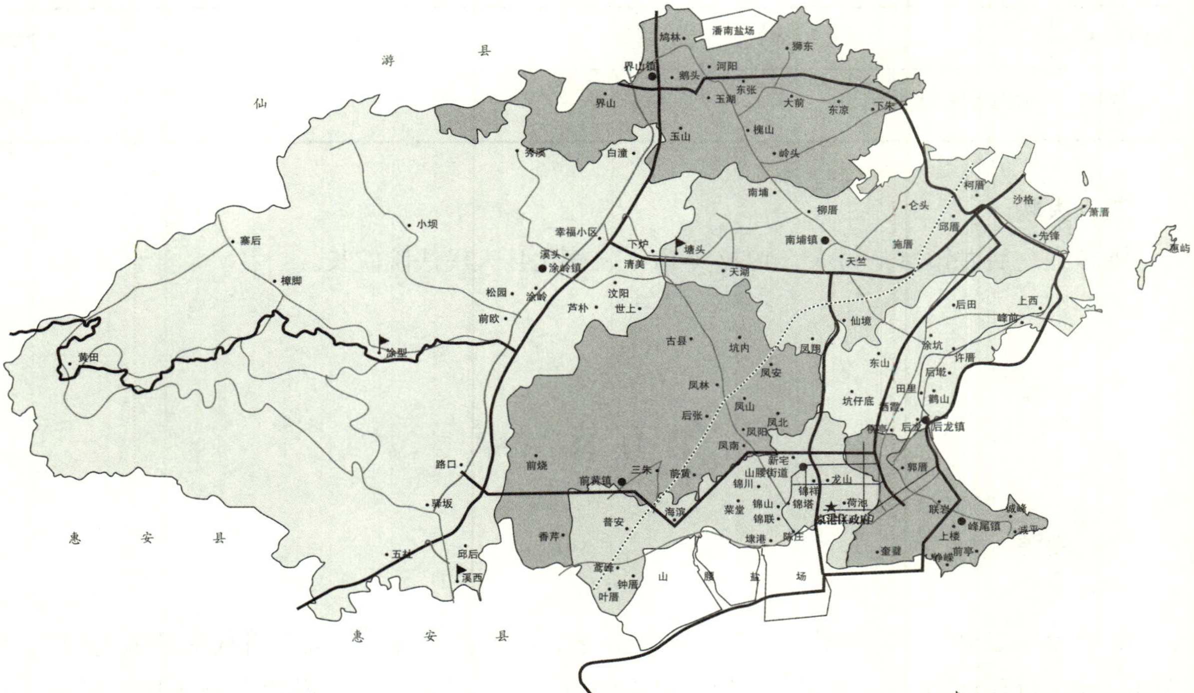

本图 ▶ 表示村姓分布，时间截至2007年底

泉港区温姓分布图

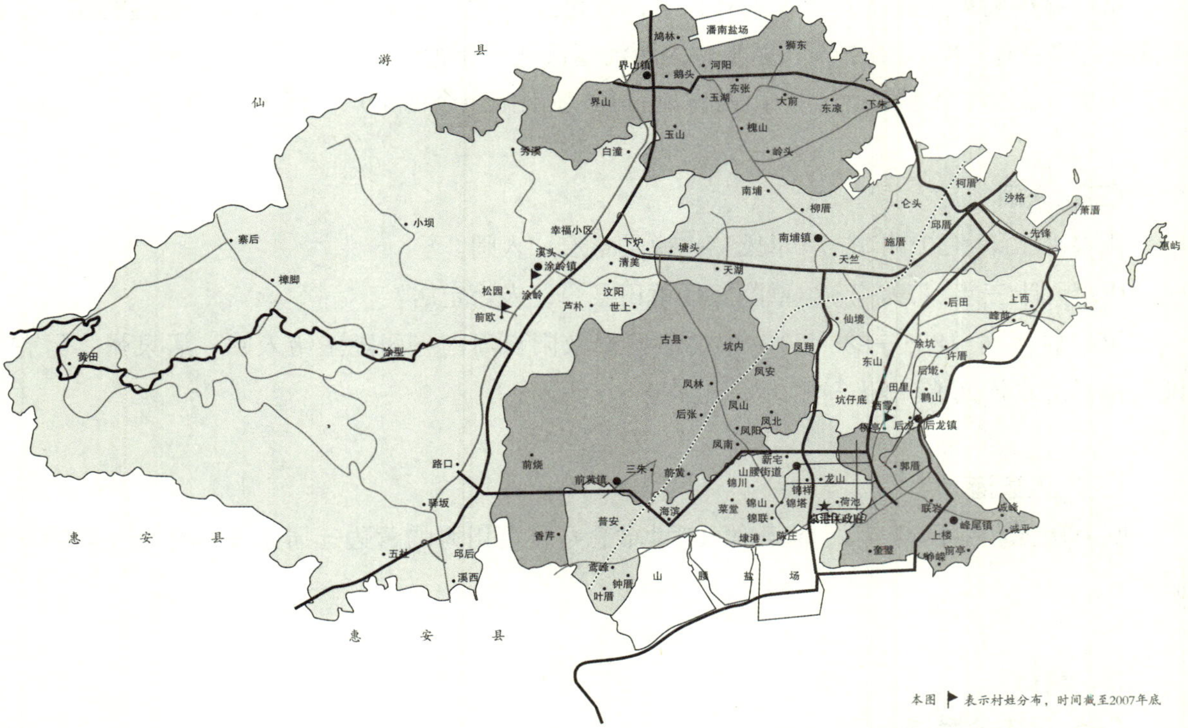

本图 ▶ 表示村姓分布，时间截至2007年底

泉港区洪姓分布图

街道、镇	村　落　人　口	合计
后龙镇	柳亭村后柳 70 人。	70

三、人物

洪志强　后龙镇柳亭村人，1972 年出生，德化县人民法院院长。

第五节　卓

一、溯源

（一）起源

源于楚国先祖芈姓。春秋时，楚宫失火，芈姓宗谱被烧毁。楚大夫滑凭借超人的记忆力，口诵笔录，重新记录，一字不差。楚荆武王将卓邑赐封给滑，其子孙以封地为氏，姓卓。卓滑被尊为得姓始祖。

春秋时期，楚国国君有子叫卓，后代以名为姓，姓卓。

东汉卓茂辅佐光武帝刘秀灭王莽有功，位列云台 32 功臣榜，官至太傅，封褒德侯，子孙 4 世袭封汎乡侯。卓茂生卓嵩、卓崇，为西河卓氏通族始祖。

历史上，卓姓形成西河（今山西省离石县）、南阳（今河南）等郡望。

（二）入闽

晋永兴二年（305 年），有卓氏（一说是卓宏）入闽。

唐贞元十三年（797 年），卓隐之任莆田县令，入籍定居。

唐光启年间（885—888 年），卓滑后裔卓敬阳自河南光州随王绪入闽，居泉州。另有一说是卓禄美自河南光州随王审知入闽。

（三）入泉港

明万历元年（1573 年），卓氏第 17 世卓念八自莆田秀屿营边迁居惠安梅林（今属后龙镇后埯村）。

二、繁衍

（一）区内分播与人口

泉港区卓姓有 155 人，列泉港世居姓第 55 位。具体分布如下：　　表 47-5

街道、镇	村　落　人　口	合计
后龙镇	后埯村梅林155人。	155

（二）外迁主要支系

清末，卓氏有1户迁往仙游县盖尾。

民国17年（1928年），卓孙吓举家迁往南洋，现居泰国，有60多人。

民国36年，卓秋源、卓秋机兄弟及卓成玉等人为避“抓壮丁”之难，逃居台湾，现有70多人。

三、史迹

卓氏家庙

位于后龙镇后埯村梅林。始建年代无考。1960年倒塌，1989年春重修厅堂。坐南朝北，石木结构，面积约80平方米。厅堂上悬挂莆郡营边村、石厝村卓氏赠送的“克绳祖武”匾，墙上有“选魁”“举人”“中宪大夫”字样。门前左侧曾竖有旗杆夹，现柱石仍在。

梅林卓氏祖妈墓

位于南埔镇邱厝村西面山上。清代墓葬。占地面积100多平方米，墓碑正中有“梅山皇清例赠孺人卓母陈氏”等字样。有石狮等物件散落于田地处。

卓氏家庙

梅林卓氏祖妈墓

四、人物

卓秋好　后龙镇后埯村人，1939年出生，浦城县农业局高级农艺师。

卓坤辉　后龙镇后埯村人，1967年出生，泉港五中高级教师。

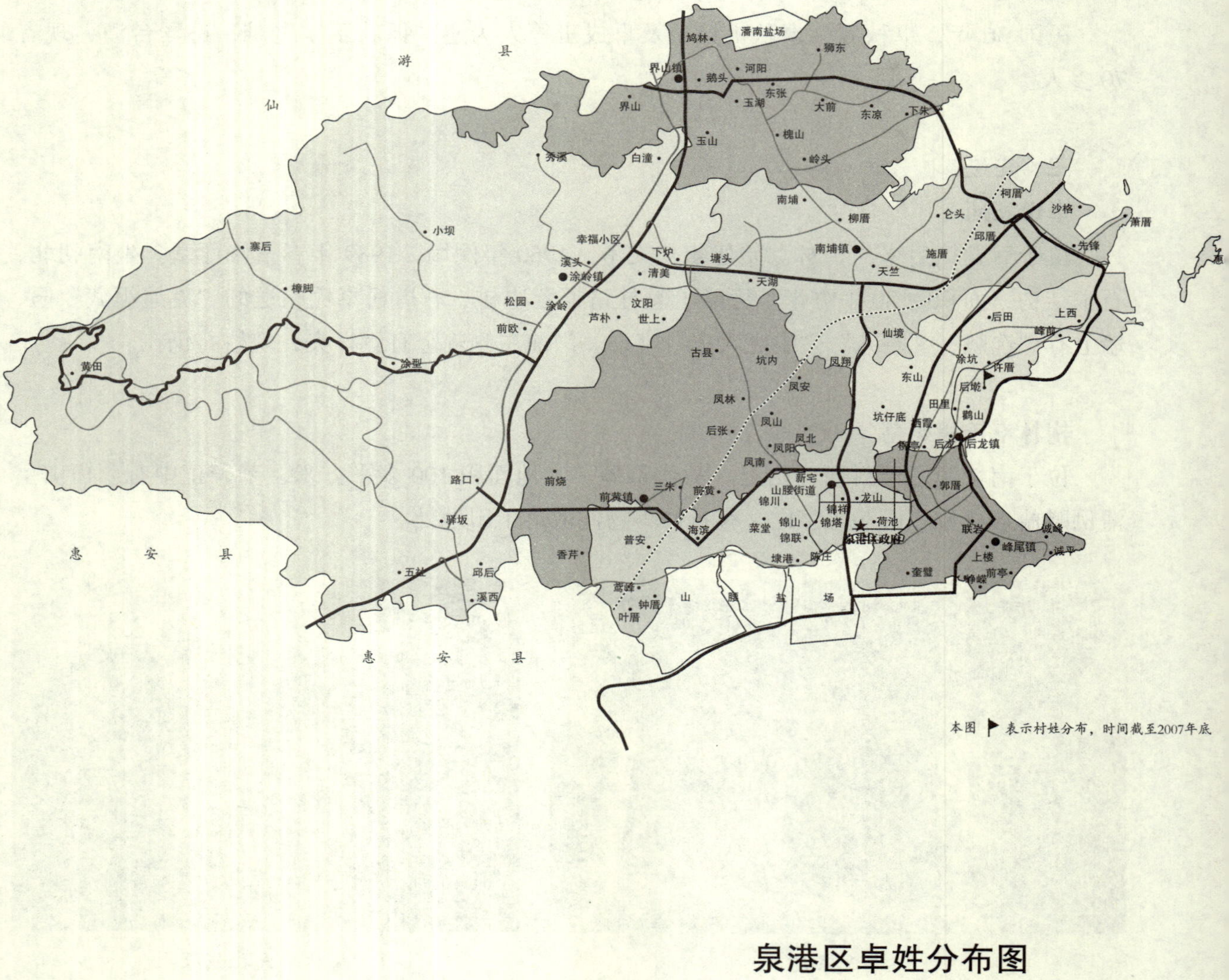

本图 ▶ 表示村姓分布，时间截至2007年底

泉港区卓姓分布图

第四十八章

胡涂吕江辛

第一节　胡

一、溯源

（一）起源

出自妫姓，是胡公满的后裔。虞舜第33代孙妫满，被周武王封为陈侯，逝后谥号“胡”。其部分后裔以胡为姓。

源于古代国名，是以国为姓。周代有胡子国（今河南郾城一带），春秋时被楚国灭掉。其王族子孙以原国名为姓。

源于他族改姓。如晋代以前有“胡母”复姓，后渐渐被“胡”姓所代替。

历史上，胡姓有安定、淮阳等郡望，堂号有安定堂、澹安堂等。

（二）入闽

西晋末年，为避永嘉之乱，晋人南渡，中原士族八姓入闽，其中有胡姓。

唐总章二年（669年），河南固始人陈政、陈元光入闽，落籍漳州，随从有胡贤。

唐乾符元年（874年），胡芝山自安徽寿春南迁入闽。其后裔播迁福建崇安、闽县、晋江等地。

(三)入泉港

胡姓肇居境内历史悠久，历经朝代更替，后裔大量播迁，详情莫稽。

据明《惠安县志》记载，唐天复三年（903年），塔山（今属山腰街道）有里人胡罕复建华林寺。

明代，有胡姓迁居今涂岭镇秀溪村园头。

清乾隆年间（1736—1795年），胡氏部分族裔自泉州东海返回祖地，居于塔山北面前埔（今属前黄镇凤安村）。

今前黄镇三朱村胡姓，据称开基历史久远。原居于坑南，至清代徙居下宝（一作下堡）。

二、繁衍

泉港区胡姓共有151人，列泉港世居姓第56位，其中前黄镇96人，涂岭镇55人。具体分布如下：

表48-4

街道、镇	村落人口	合计
前黄镇	三朱村下宝50人;凤安村46人。	96
涂岭镇	秀溪村园头25人;芦朴村后铺30人。	55

三、人物

胡美金 前黄镇三朱村人，1928年出生，历任中共晋江县委书记，中共晋江地委副书记兼组织部长，泉州市人大常委会主任。

胡永刚 前黄镇三朱村人，1953年出生，历任泉州市公安局副局长，厦门海关巡视员。

胡惠红 前黄镇三朱村人，女，1956年出生，泉州市审计局局长。

胡东红 前黄镇三朱村人，女，1959年出生，泉州师范学院人事处处长。

第二节 涂

一、溯源

(一)起源

源于远古时期的涂山氏。《左传》载：“禹合诸侯于涂山（今安徽蚌埠市西淮河东岸）”，涂山为涂氏的发祥地。春秋战国时，晋国新吴侯涂钦，渡长江南迁至豫，为东南涂氏之祖。

以水名为氏，望出豫章。古有涂水（今称滁河），发源于今安徽滁县，流经江苏六合县入长江。涂水流域的部分先民以河流名称为姓，称涂氏。涂氏依靠涂水流域的肥沃之地，很快成为江西南昌一带的盛族。南昌古称豫章，故涂氏堂号为“豫章”。

（二）入闽

涂姓入闽大致有以下说法：

唐光启年间（885—888年），涂建昌自河南光州固始随王潮、王审知等人入闽，后裔衍传于福建。

北宋宣和三年（1121年），江西宜黄涂氏后裔涂正胜进士及第任庐州录事参军升湘潭知县，后任职于泉州，后裔定居泉州。

另说有涂姓自三山（即福州。或说“三江”“涂山”）迁入惠安（含今泉港区）。

（三）入泉港

涂姓为境内最古老的姓氏之一。

明清《惠安县志》有载：“观音山北有涂姓兄弟人居之，殁而为神。今郡城（指泉郡）东湖旁有昭惠庙即其祠，宋淳熙间赐额。”据传系汉代迁入。

宋元时期，惠北七都前涂（今属山腰街道）有涂姓聚居，明代为望族。今前涂已无涂姓。

明永乐年间（1403—1424年），部分子孙迁入府县城内。

明弘治之前，今涂岭清美村有涂姓居住，村名上涂（一作前涂）。至清初顺治十六年（1659年）之前，上涂仍有涂姓聚居。后因迁界，后裔迁居他方。

约明天启年间（1621—1627年），三山涂氏兄弟四人迁居入惠安，其中一人居惠北虎石，一人居洪厝墘后迁峰尾后山大街。

清初顺治十六年（1659年）之前，上涂仍有涂姓聚居。后因迁界，后裔迁居他方。

民国年间，前涂仍有涂姓聚居，存有三座古厝、地基、粪池等。

二、繁衍

（一）区内人口与分布

泉港区涂姓有126人，列泉港世居姓第57位，其中后龙镇71人，峰尾镇55人。具体分布如下：

表48-1

街道、镇	村落人口	合计
后龙镇	坑仔底村虎石71人。	71
峰尾镇	诚平村后山55人。	55

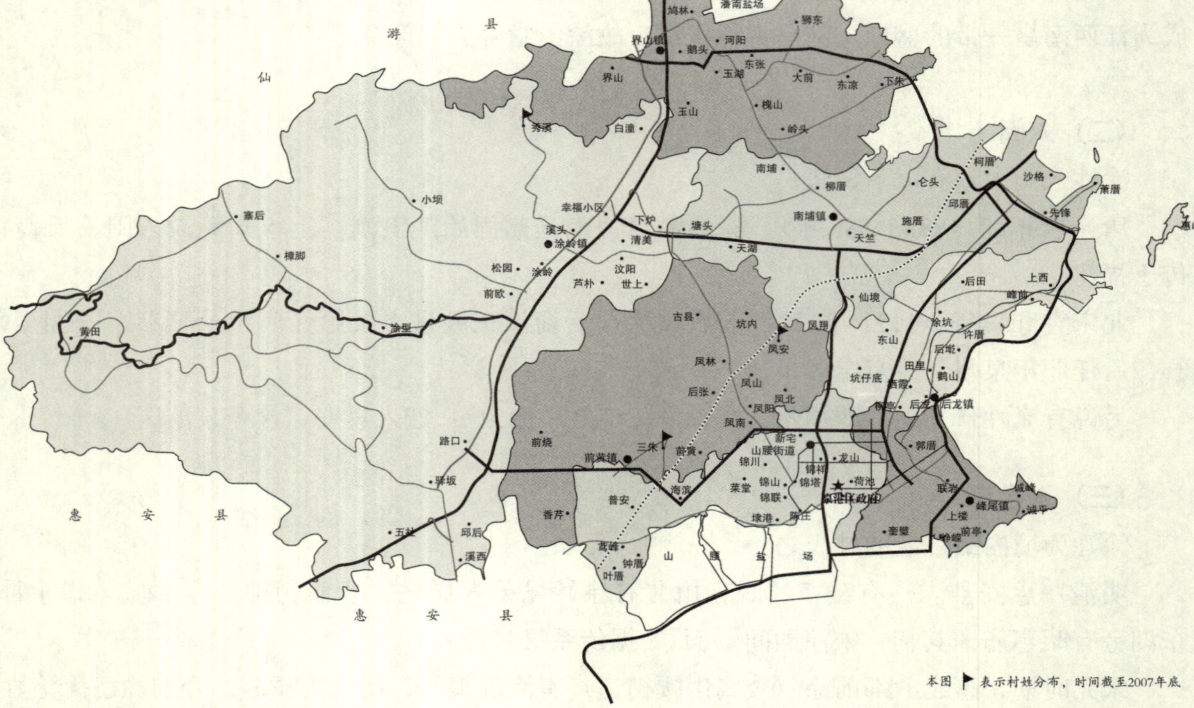

本图 ▶ 表示村姓分布，时间截至2007年底

泉港区胡姓分布图

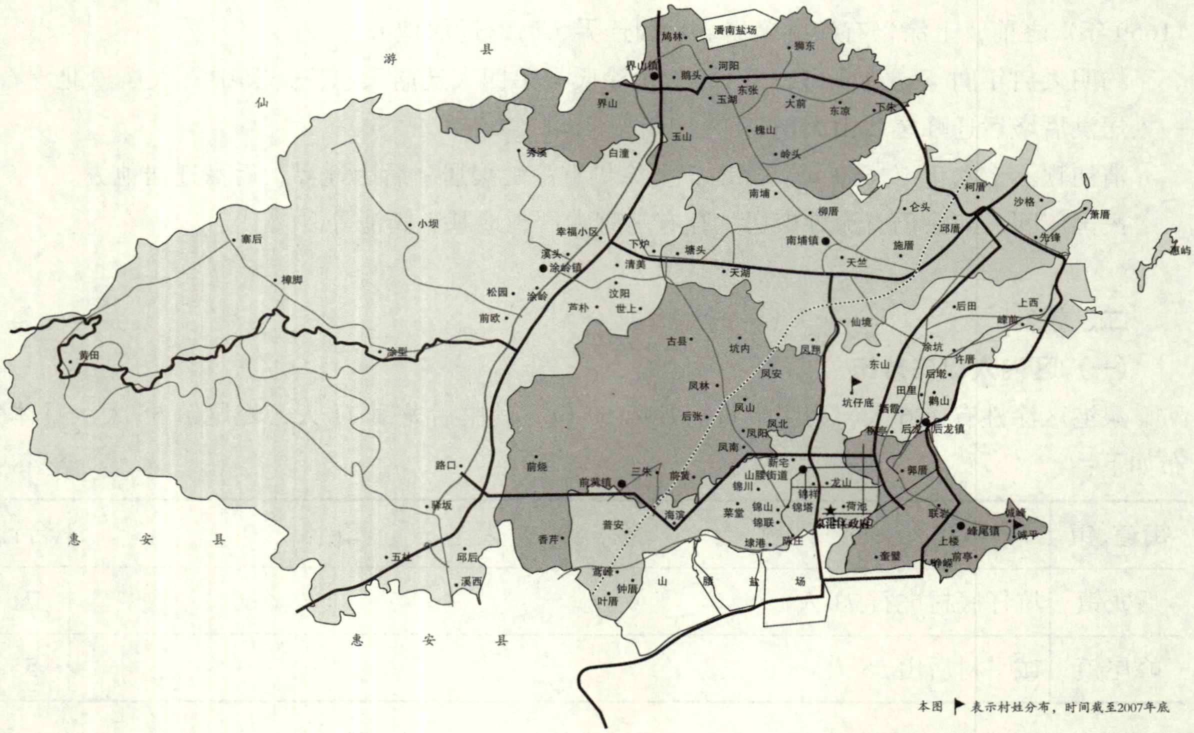

本图 ▶ 表示村姓分布，时间截至2007年底

泉港区涂姓分布图

（二）外迁主要支系

涂姓移居于莆田、仙游、福清等地。具体情况不详。

三、史迹

虎石涂氏祠堂

位于后龙镇虎石村。祠堂前残存清代涂氏昆仲合葬墓碑1方。

四、人物

（一）历代科第仕宦名录

涂　完　一作涂元，字尚美，七都前涂人，明永乐十五年（1417年）李骐榜举人，授南京应天府江浦知县。

（二）已知当代人物名录

涂荣泉　后龙镇坑仔底村人，1968年出生，泉港二中高级教师。

涂宝珍　后龙镇坑仔底村人，女，1975年出生，泉港五中高级教师。

第三节　吕

一、溯源

（一）起源

出自姜姓，以国为氏。上古部族首领神农氏炎帝，因居姜水流域，称姜姓。姜姓4支胞族称“四岳”，吕为部族之一。夏时建姜姓诸侯国吕国（今河南南阳），春秋时，吕国被楚国所灭，其后子孙以国为氏，称吕氏。此外，古时还有一吕国（在今河南新蔡），史称东吕。春秋时，东吕为宋所灭，其后裔以国为氏，称吕氏。

出自魏氏。春秋时晋国有吕氏，系从魏氏分化而来。

出自少数民族改姓。南北朝时，北魏孝文帝迁都洛阳后，实行汉化，原鲜卑族复姓叱吕氏、叱丘氏改为吕氏。

历史上，吕姓形成河东、淮南、东平等郡望，有渭滨、东莱等堂号。

（二）入闽

唐光启年间（885—888年），吕占（字竞茂）自光州固始辗转入闽，定居郡城桂香坊

（今泉州市区相公巷），为入闽吕氏一世祖。后裔衍居晋江、南安等地。

（三）入泉港

约清康熙年间（1662—1722 年），吕氏自今永春蓬壶镇杰山迁居涂岭路口。

另有一说，有南安吕甲吕氏族人迁入路口居住，时间无考。

二、繁衍

泉港区吕姓有 125 人，列泉港世居姓第 58 位。具体分布如下：

表 48-2

街道、镇	村　落　人　口	合计
涂岭镇	路口村 125 人。	125

三、史迹

世斋堂

位于涂岭镇路口村。始建于清咸丰三年（1853 年）。2007 年，吕双辉捐资修复。建筑面积约 163 平方米，由后殿、上堂、下厅等组成。

四、人物

吕华民　泉港区人，1963 年出生，武警福州指挥学校政治部副主任、副校长。

吕庆南　涂岭镇路口村人，1958 年出生，泉港六中高级教师。

吕宗民　涂岭镇路口村人，1965 年出生，泉港职专高级教师。

第四节　江

一、溯源

（一）起源

出自嬴姓，为古帝颛顼裔孙伯益之后。西周时，伯益裔孙受封于江，建立江国。春秋时，江国被楚国所灭。后裔以国名为氏，姓江。

为翁氏所分。宋初，莆田翁乾度六子奉父命分成洪、江、翁、方、龚、汪等 6 姓。其中次子处恭支系为江姓。

历史上，江姓有济阳（治所在今河南兰考县东北）、淮阳（今河南淮阳）等郡望，有忠廉、六桂等堂号。

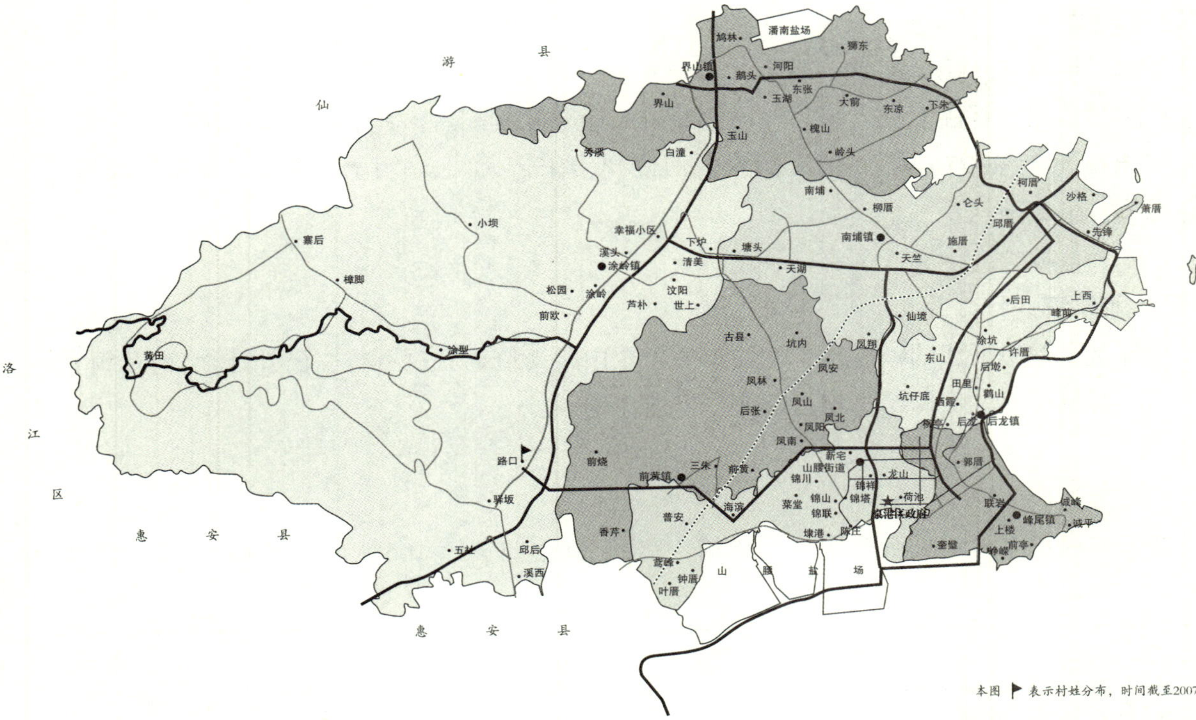

本图 表示村姓分布，时间截至2007年底

泉港区吕姓分布图

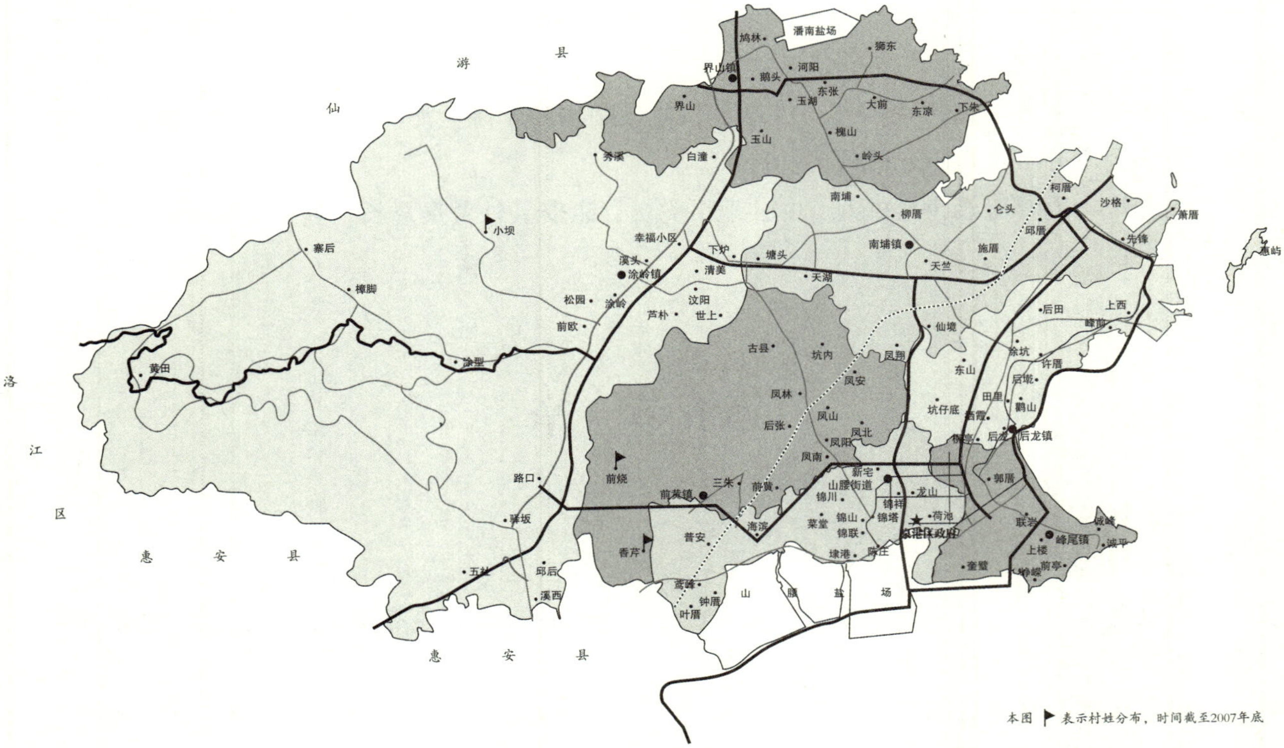

本图 表示村姓分布，时间截至2007年底

泉港区江姓分布图

（二）入闽

唐总章二年（669年），陈政、陈元光父子奉命入闽平乱，随行军校有江姓。

宋室南渡，北方百姓大批入闽。江塙率领族人迁至江西都昌，其子孙迁播入闽。

南宋德祐元年（1275年），江万载自江西饶州奉宋帝入闽，亡国后隐居于同安汤坂里，后裔播迁漳、泉2郡。

（三）入泉港

江氏自惠安辋川下江陆续迁入，主要聚居于今山腰街道锦联村石桥（已外迁）、前黄镇香芹村、前烧村下后郭，涂岭镇小坝村新庄。详情无考。

二、繁衍

泉港区江姓有124人，列泉港世居姓第59位，其中前黄镇106人，涂岭镇18人。具体分布如下：

表48-3

街道、镇	村落人口	合计
前黄镇	前烧村下后郭84人;香芹村22人。	106
涂岭镇	小坝村上新18人。	18

三、人物

江寿平 山腰街道锦联村人，1932年出生，中国科学院上海生物化学研究所副主任、副研究员，上海分子科学研究所理事长。

江寿华 山腰街道埭港村人，中共地下党员，惠安县外贸局局长，处级离休干部。

第五节 辛

一、溯源

（一）起源

出自有莘氏。上古有部落称有莘氏。相传，夏禹的母亲就是有莘氏之女，商汤也娶有莘氏女子为妻。“莘”后改作“辛”，为辛姓。

出自莘姓，又出自姒姓，是禹的后代。禹的儿子启建立夏朝，封其支子于莘（今陕西合阳东南），建立莘国。王族子孙以地名莘为氏。因莘、辛音近，改为辛姓。

辛姓望出陇西（今甘肃兰州、巩昌、秦州一带），堂号“双贞堂”。

（二）入泉港

清康熙年间（1662—1722 年），安溪辛氏族人迁居香芹（今属前黄镇）。

晋江长尾埔辛氏族人迁入今前黄镇前烧村下后郭居住，迁居时间不详。

二、繁衍

泉港区辛姓有 102 人，列泉港世居姓第 60 位。具体分布如下：　　表 48-5

街道、镇	村　　落　　人　　口	合计
前黄镇	香芹村 92 人；前烧村下后郭 10 人。	102

三、人物

辛惠宁　前黄镇香芹村人，1977 年出生，福建省立医院副主任医师，博士。

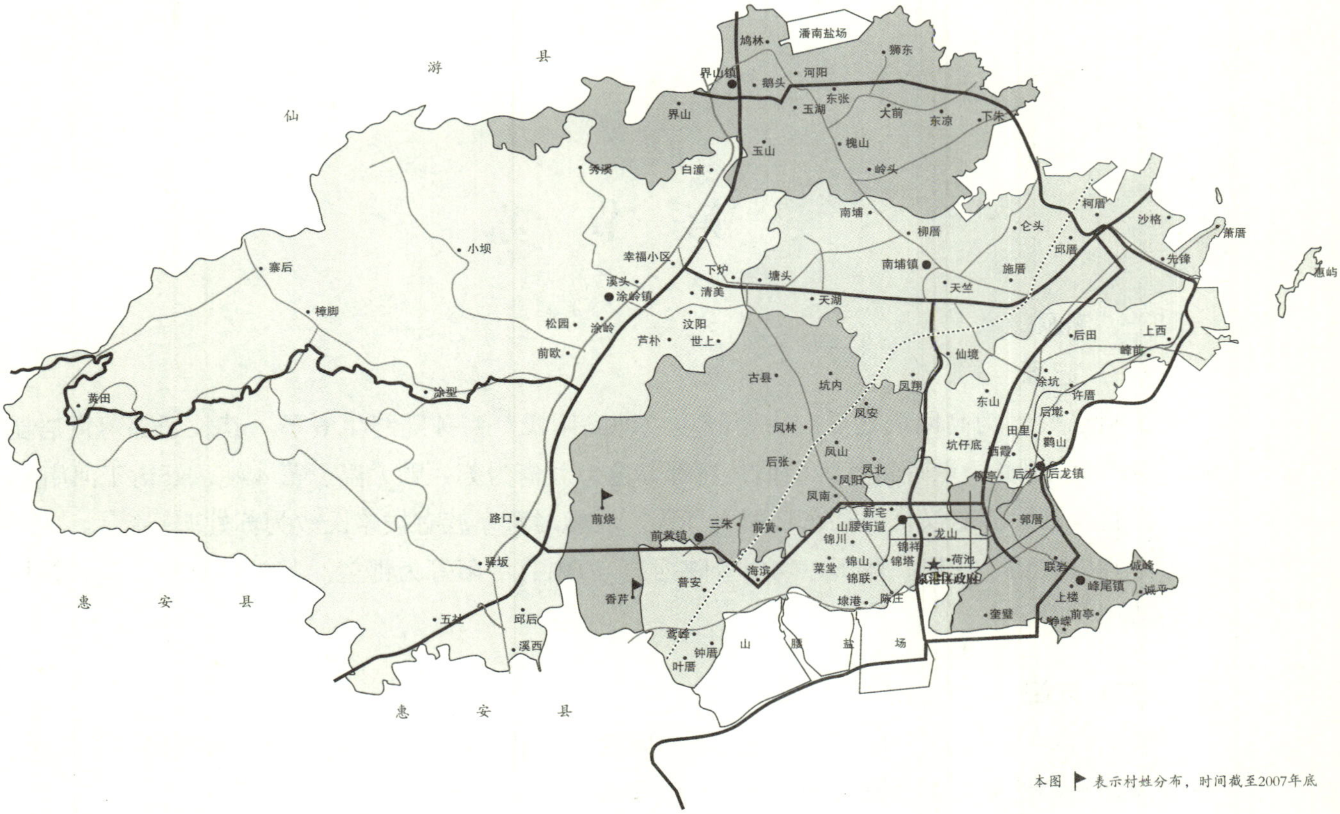

本图 表示村姓分布，时间截至2007年底

泉港区辛姓分布图

第四十九章

蘇康餘韓辜

第一节　苏

一、溯源

（一）起源

出自己姓，为高阳氏之后。古帝颛顼（即高阳氏）裔孙陆终生 6 子。其长子部落世居昆武（今河南濮阳），夏帝封其为侯伯，建都苏邑，后裔为苏、顾、温、董 4 姓，繁衍于河南。

出自少数民族。汉代，辽东乌桓有苏氏。北魏时鲜卑族有拔略氏改为苏姓。

苏姓以武功、扶风、蓝田（均属今陕西）、河内、洛阳等为郡望。其堂号有芦山堂、扶风堂、蓝田堂等。

（二）入闽

唐光启年间（885—888 年），河南光州固始人苏益（字世进）随王潮、王审知兄弟入闽，任泉州押卫都统使。苏益被尊为入闽苏姓 1 世祖。

苏益第 3 子苏光诲任漳州刺史、平海卫节度使，建府第于同安县永丰乡葫芦山下。

（三）入泉港

约清康熙四十九年（1710 年），苏氏自惠安县东园苏坑迁居今涂岭镇路口村。

道光八年（1828 年），苏氏自仙游园庄迁居今界山镇鸠林村港西。

二、繁衍

泉港区苏姓有 90 人，列泉港世居姓第 61 位，其中界山镇 50 人，涂岭镇 40 人。具体分布如下：

表 49-1

街道、镇	村落人口	合计
涂岭镇	路口村 40 人。	40
界山镇	鸠林村港西 50 人。	50

三、史迹

苏氏宗祠

位于界山镇鸠林村。始建于清嘉庆十三年（1808 年）。土木结构，建筑面积 120 平方米。灯号“眉山”。

四、人物

苏法全（1902–1930 年）　又名苏福泉，涂岭镇路口村人，1927 年加入中国共产党，中共福建省委工运部部长。1930 年 5 月在鼓浪屿被国民党特务逮捕，同年 7 月牺牲。1957 年厦门市人民政府追认其为革命烈士。

第二节　康

一、溯源

（一）起源

出自姬姓，源于西周武王之弟卫侯康叔。周武王分封诸侯，同母弟姬封被封于康（今河南省禹州市西北），称康叔。其子孙有支系以封邑为氏，姓康。

以国为姓，源于古代西域的康居国。康居国王子滞留在中原，子孙以原国名为姓，自称姓康。

由匡改姓而来。据《宋史》记载，宋太祖赵匡胤在位，匡姓人为避讳而改姓康。

历史上，康姓形成京兆、东平、会稽等郡望。

（二）入闽

唐开元四年（716 年），进士康子元（字右昌）奉旨入闽观风，自山东东昌偕子康仲璟（字士焕）居建宁府建阳县。后康仲璟移居兴化砺山仁德里崇福乡。

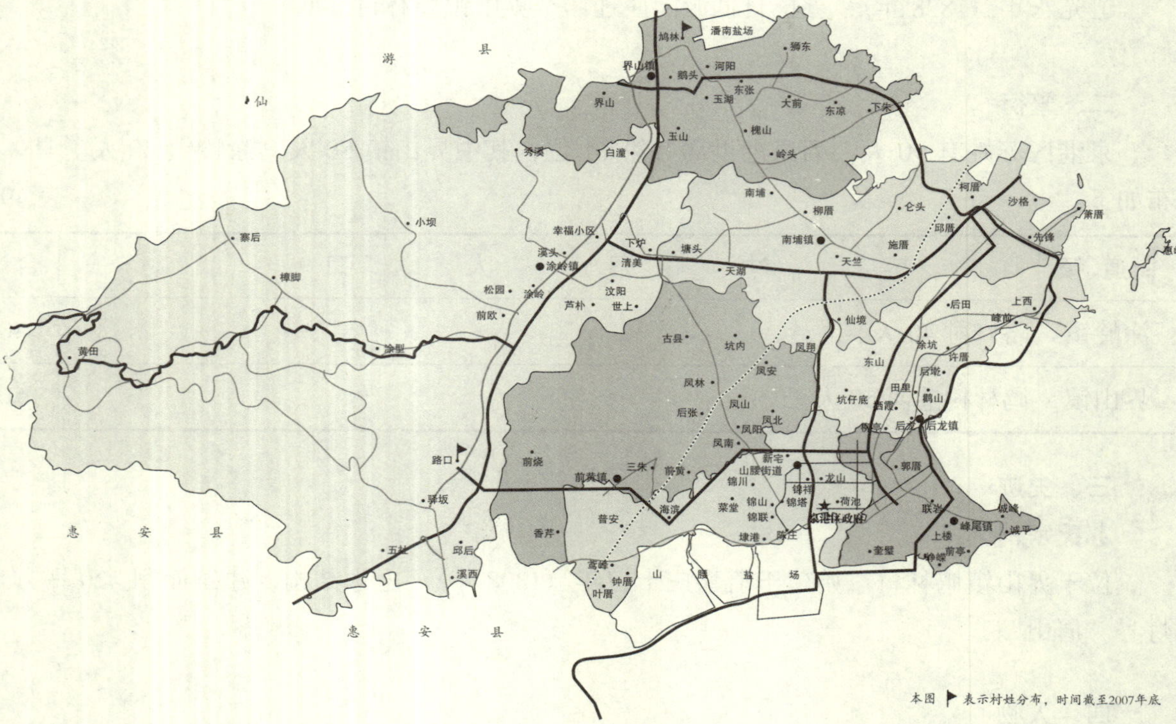

本图 ▶ 表示村姓分布，时间截至2007年底

泉港区苏姓分布图

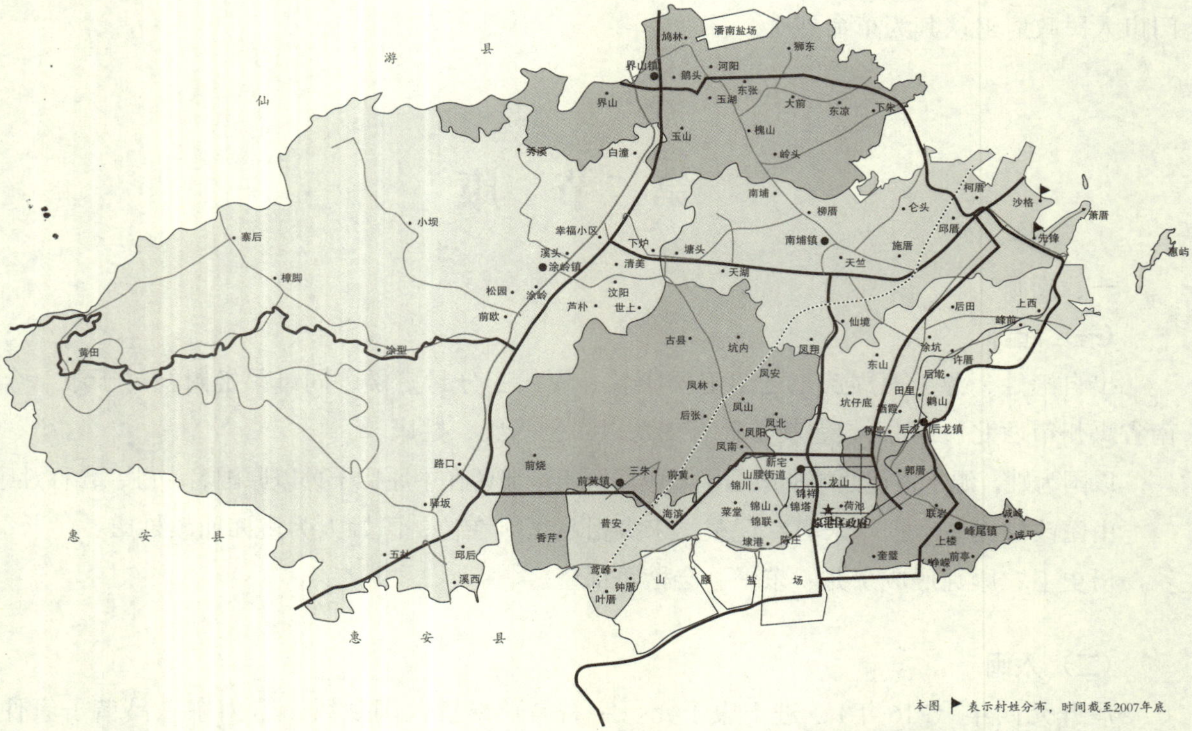

本图 ▶ 表示村姓分布，时间截至2007年底

泉港区康姓分布图

(三) 入泉港

唐大历年间（766—779年），康仲璟裔孙康存原自莆田迁入，居于今南埔镇先锋村后坑（旧称“泉州府十八社宫后坑乡”）。

二、繁衍

民国初年，先锋后坑康氏析居沙格村西头，现有2户。

1989年因福建炼油厂建设需要，后坑被征地拆迁，康氏族人安置于先锋新村。

泉港区康姓共有76人，列泉港世居姓第62位。具体分布如下：

表49-2

街道、镇	村落人口	合计
南埔镇	先锋村60人;沙格村西头16人。	76

第三节 余

一、溯源

(一) 起源

源自姬姓。周武王之孙燮为晋侯，传至晋献公生子由余，于西戎为官，后奉命出使秦国，见秦穆公贤德大度，就留在秦国为臣，为穆公谋划征伐西戎有功。其后代子孙有的姓由，有的姓余。

出自赤狄族，为隗姓之后。《国语》载：“潞、洛、泉、余、满五姓，皆赤狄隗姓。”

另有少数民族姓余。

历史上，余姓世居歙州，为新安大族，望出下邳、吴兴。

(二) 入闽

南朝梁时（502—557年），由余第52世裔余青（字隆对）自江西入闽任建阳令。其后裔播迁古田、漳州、莆田、仙游、安溪等地。

唐总章二年（669年），岭南道行军总管陈政奉诏率中原将士入闽平乱，有队正余良、余克随从并落籍福建。

(三) 入泉港

明崇祯之前，龟壁头（今峰尾镇奎璧）有余氏聚居，村名“余厝”。据当地余氏族人称，余姓先祖于唐代迁入此地肇居。

二、繁衍

清初迁播之后，有部分外迁浙江温州等地居住，返居故里者部分改姓。

泉港区余姓有 67 人，列泉港世居姓第 63 位。具体分布如下：

表 49-3

街道、镇	村落人口	合计
峰尾镇	奎璧村庄厝 67 人。	67

三、史迹

余氏宗祠

位于峰尾镇奎璧村庄厝。始建时间无考。明清均有修复。旧名为“永祠堂”，5 开间 2 进 1 天井。据称余氏肇基祖官至中宪大夫。祠堂曾悬挂“五世其昌”等牌匾，连同旧谱于“文化大革命”期间被毁。

钱塘庵

位于峰尾镇奎璧村庄厝。坐北朝南，占地约 200 平方米。楹联有：

钱塘重光物华天宝日，

庵铺盛逢人杰地灵时。

钱塘庵

第四节　韩

一、溯源

（一）起源

出自姬姓,以邑为氏。周成王分封其弟叔虞于唐邑。叔虞之子燮继位后，称晋侯。晋穆侯之孙毕万受封于韩原（今陕西韩城县以西），史称韩武子。其后裔以封地为氏，姓韩。

以国为氏。战国七雄之一有韩国。韩、赵、魏三家分晋以后，于周威烈王二十三年（前 403 年）由周威烈王承认为诸侯，建都阳翟 (今河南新郑县)。秦始皇十七年（前 230 年），韩国被秦国攻灭。其后人以韩为氏。

历史上，韩姓形成颍川（今河南许昌）、南阳（今属河南）等郡望。

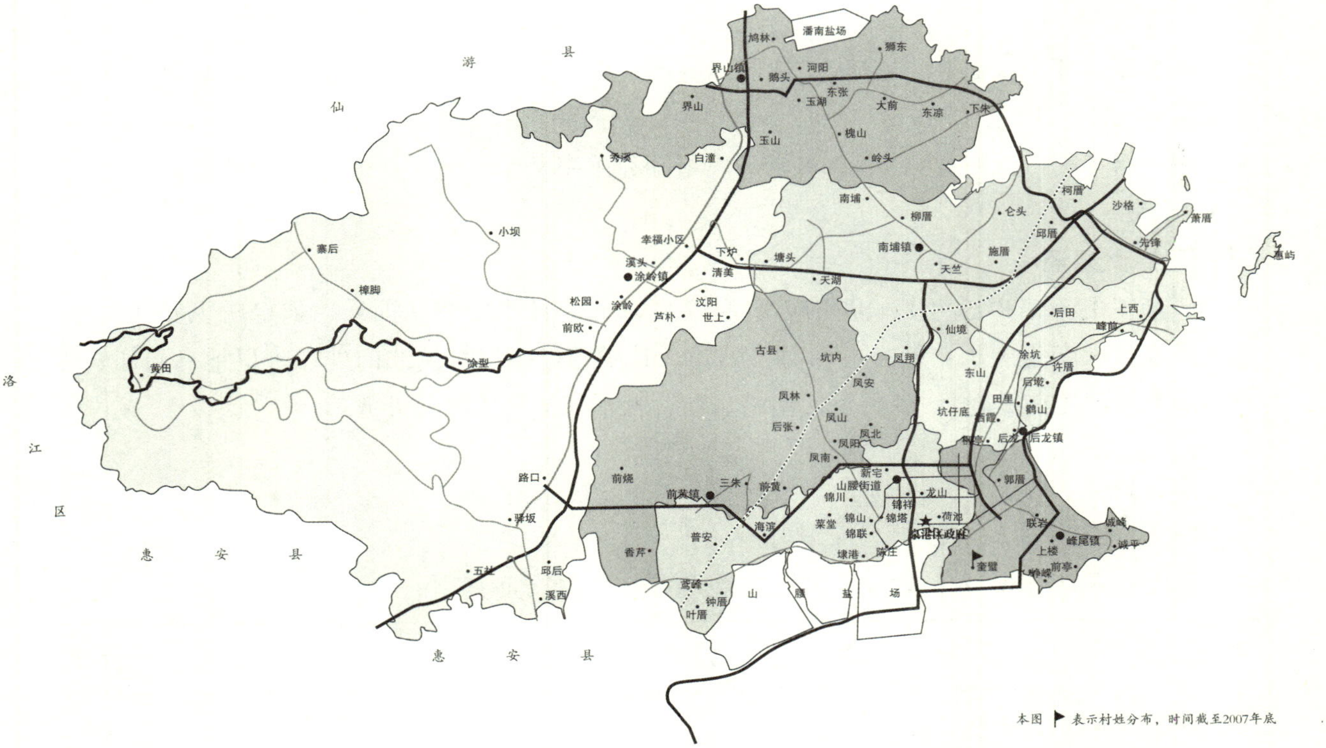

本图 表示村姓分布，时间截至2007年底

泉港区余姓分布图

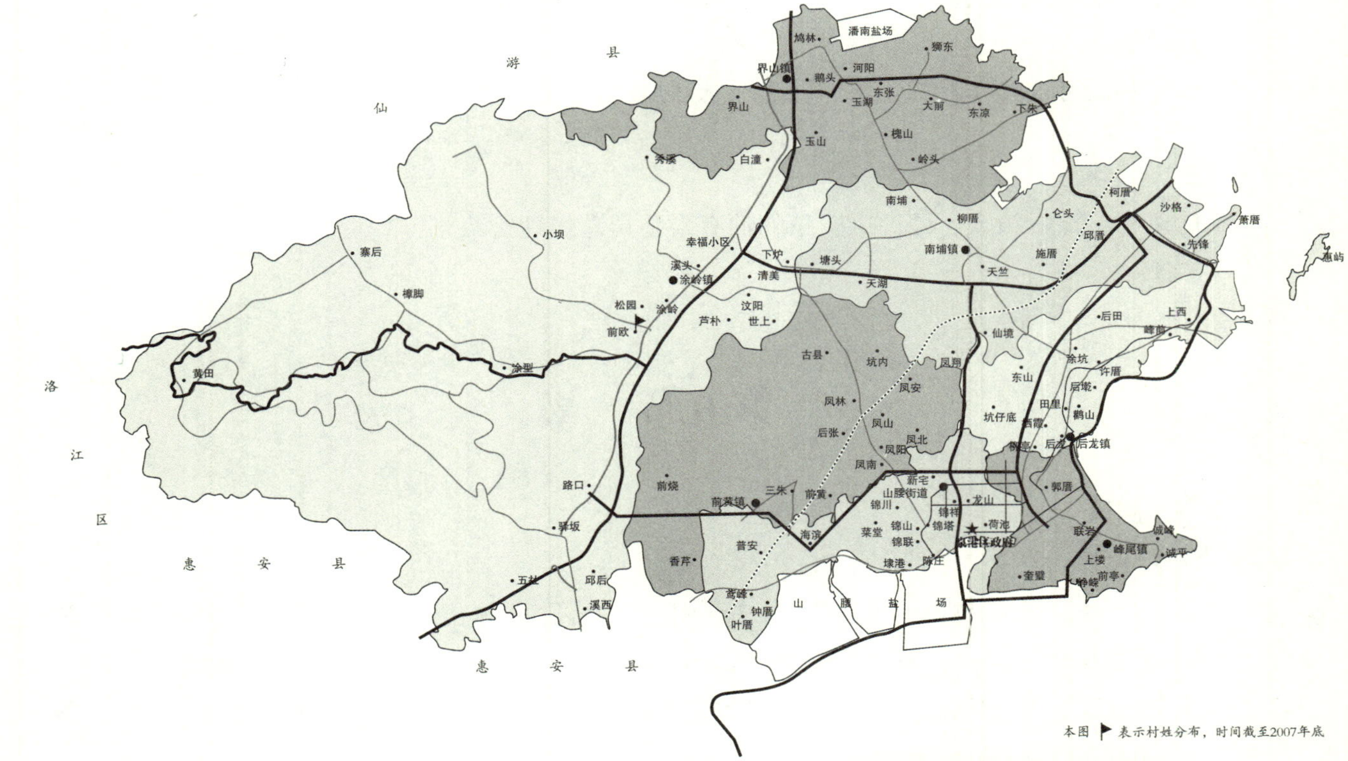

本图 表示村姓分布，时间截至2007年底

泉港区韩姓分布图

（二）入闽

唐总章二年（669年），有队正韩器、韩尧、韩求等人自河南光州固始随陈政父子入闽，入籍漳州。

唐光启年间（885—888年），王潮、王审知兄弟率义军入闽，其中有韩姓随从。

（三）入泉港

清雍正七年（1729年），漳州南靖第17世韩元泽任惠安儒学训导，遂定居惠安北门外，第5代裔孙韩秦生3子：韩齿、韩爵、韩辅。其中韩齿择居惠邑北门外三十里地乌石庙自然村（今属涂岭镇前欧村）。韩爵返回南靖居住，韩辅移居莆田西门外渡口。

二、繁衍

（一）区内分播与人口

泉港区韩姓有63人，列泉港世居姓第64位。具体分布如下：

表49-4

街道、镇	村落人口	合计
涂岭镇	前欧村乌面宫63人。	63

（二）外迁主要支系

涂岭镇

前欧乌石韩氏第7代韩元水、韩惠成移居厦门。

三、人物

韩凤彬　涂岭镇人，厦门中鹭植物油有限公司总经理。

第五节　辛

一、溯源

（一）起源

源于子姓，出自林姓。殷商比干之子林坚，其后裔林正世居福建莆田太平村永定里(今莆田尊贤里) 北螺村。唐贞观八年 (634年) 甲午科进士及第，授江南道观察使，后蒙冤下狱。平反后，唐太宗因其无辜受罪特赐“辛”姓，昭其“辛苦”之德。林正遂为“辛正”，为辛氏得姓始祖。

（二）入闽

辜正告老后没有回莆田老家，继续定居于江西。逝世后，当地百姓为其建嘉德祠以表怀念。传至第 4 世有辜源、辜澜两兄弟，均为唐开元年间进士。后来，兄弟以闽地乃其祖籍，相约回闽定居。辜源居福建南安罗溪，辜澜居福建漳州磁窑乡。

辜源生 3 子：辜桓、辜植、辜森。辜桓逝后葬于福建同安县白礁文圃山。辜桓有 4 子，衍传为 4 个房系，统称白礁辜。其中长房辜九鹏居龙岩；二房辜九霄居文圃之东（今白礁）；三房、四房先后向永春、泉州、惠安等地播迁，部分于清康熙年间迁往台湾。

南宋初期，辜正第 15 世裔、辜桓二房派下辜志明迁居泉州打锡巷，其后裔向潮州、台湾彰化等地播迁。

明崇祯年间（1628—1644 年），辜志明第 9 世裔辜旺迁居惠安县东园洋埔。

另有白礁辜氏派下辜汉杰徙居仙游；辜光启先迁南安罗溪后再迁入永春。时间不详。

（三）入泉港

宋代，辜澜派下自漳州磁窑乡迁居惠北，村名“磁窑”，以示不忘祖地。磁窑辜氏除迁播他方外，大多恢复祖姓，改为林姓。

明洪武年间（1368—1398 年），辜玉芝迁入惠北（今泉港）峰尾谋生。辜玉芝生子辜在耀，辜在耀生 2 子：辜国滕、辜国庆。

1954 年，惠安县龙盘铺霞象村有辜氏族人到惠北谋生，后定居南埔村。

二、繁衍

（一）区内分播与人口

1. 分播

清顺治年间（1644—1661 年），辜玉芝长子辜国滕之曾孙辜亮成析居霞珠乡（今界山镇下朱村），为霞珠辜氏开基祖。迁播时星散他乡，复界后，大部分族人改为林姓。次房辜国庆之孙辜明夏，开族峰尾，至清嘉庆十九年峰尾仍有辜氏。今有辜厝宫和辜氏五间张大厝遗址。

2. 人口

泉港区辜姓有 55 人，列泉港世居姓第 65 位，其中界山镇 40 人，南埔镇 15 人。具体分布如下：

表 49-5

街道、镇	村　落　人　口	合计
界山镇	下朱村 22 人；槐山村 18 人。	40
南埔镇	南埔村 15 人。	15

（二）外迁主要支系

辜氏大多滨海而居，主要从事海上运输商贸活动。族裔从海路徙往我国台湾地区、东南亚一带发展者众多。

清光绪十七年（1891年），霞珠第7世辜于柑迁居鼓霞村（今莆田市仙游县枫亭镇古霞村）。至民国27年（1938年），部分后裔返回祖地居于今界山镇槐山村。

民国年间（1912—1949年），霞珠第9世辜廷瑞携子徙居马来亚。

三、谱牒

《霞珠辜氏家谱》

系界山镇下朱村辜氏族谱。修于清末，霞珠辜氏第7世裔辜于莉、姻亲林琼共同修撰。旧谱外为乌蓝纱布面，内为鹅黄色宣纸，红框竖排，毛笔书写。内容有谱序、入峰记、辜氏世系、前代神主抄录及海上商贸账目。字辈依次为：

玉在国朝，明亮光辉，中于家庭，

世代有规，诒谋垂裕，笃庆克昌。

四、史迹

辜亮成墓

位于界山镇下朱村港仔底，坐壬丙兼亥已。1955年，辜氏海外裔孙集资改葬，砌石结龟修葺。辜亮成系霞珠辜氏开基祖。

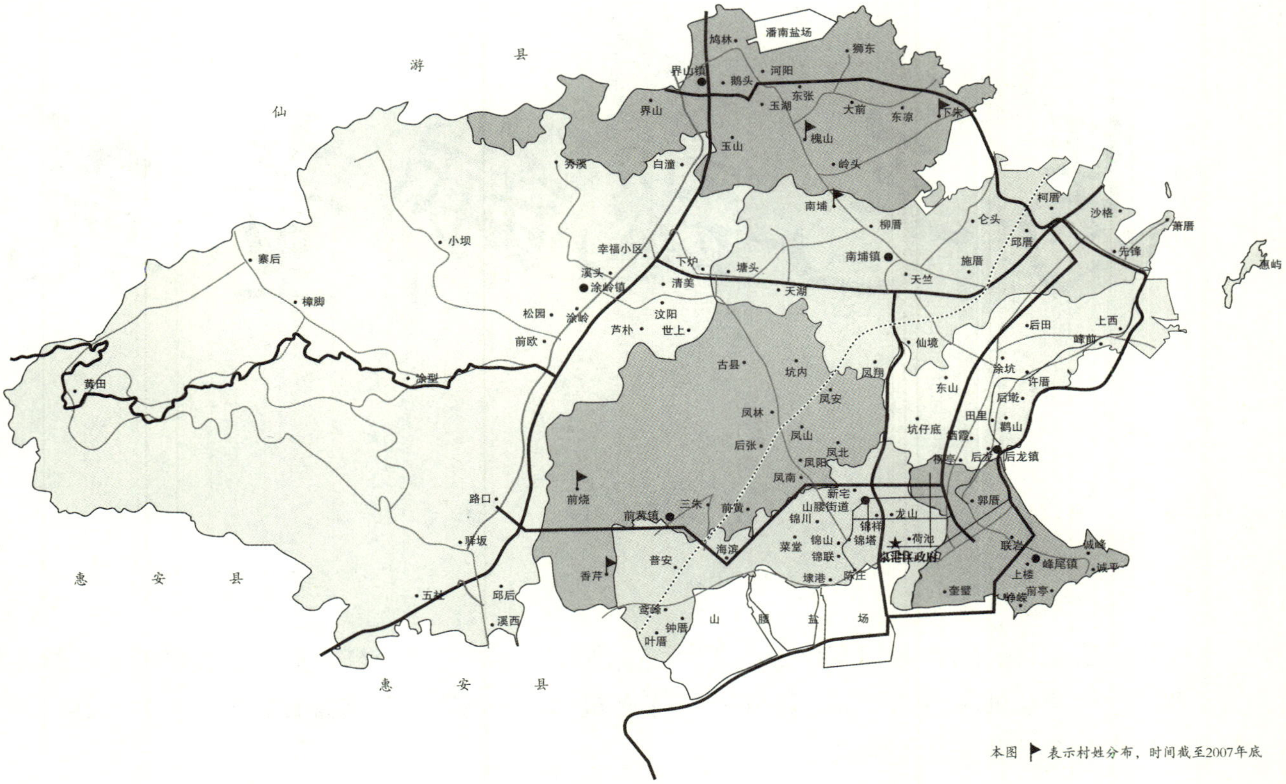

本图 ▶ 表示村姓分布，时间截至2007年底

泉港区辜姓分布图

第五十章

馬毛魏錢董範

第一节　马

一、溯源

出自嬴姓，为帝颛顼裔孙伯益之后。战国时，赵王子赵奢打败秦军，被赵惠文王封在马服（约今河北邯郸西北），称马服君，其子孙最初以“马服”两字为其姓氏，后去服姓马，为马氏。赵奢被尊为马姓始祖。

出自他姓改马姓。有马矢氏改姓马。

出自他族改姓。西域人马庆祥迁居临洮狄道（今甘肃省境内），遂以马为氏。蒙古人月乃和，因其祖在金末为凤翔兵马判官，遂改姓马氏。

另外，少数民族有马姓。金元以后，马姓为回族大姓。

二、繁衍

清代，马氏自同安马巷迁居涂岭镇松园村。灯号“河内”。

2000 年，湖北籍马六毛入籍南埔镇塘头村定居。

泉港区马姓有 53 人，列泉港世居姓第 66 位，其中涂岭镇 50 人，南埔镇 3 人。具体分布如下：

表 50–1

街道、镇	村　　落　　人　　口	合计
涂岭镇	松园村 50 人。	50
南埔镇	塘头村厝斗 3 人。	3

三、人物

马玉峰（1924—1949 年）　山腰街道叶厝村人，解放军第三野战军第七兵团 23 军 67 师 200 团 3 营 7 连战士，渡江战斗中牺牲。

第二节　毛

一、溯源

出自姬姓，以国为氏。周武王灭商后，周文王第 8 子叔郑被封于毛国（今陕西岐山、扶风一带），世称毛公。毛公子孙在周朝世袭卿士，称为毛氏。

出自姬姓，以封地为氏。周文王第 9 子伯聃被封在毛邑（今河南宜阳县东北一带），世称毛伯聃，后代子孙以封邑毛为姓，称毛姓。

源自少数民族。南北朝时，代北（今山西离石、灵石、昔阳以北和河北蔚县、阳原、怀安等地）有少数民族，世代为酋长，称毛氏。

二、繁衍

民国 19 年（1930 年），毛氏自惠安县城关打铁巷毛厝迁入，于今南埔镇柳厝街置业定居。

泉港区毛姓有 50 人，列泉港世居姓第 67 位。具体分布如下：

表 50-2

街道、镇	村　　落　　人　　口	合计
南埔镇	柳厝村 50 人	50

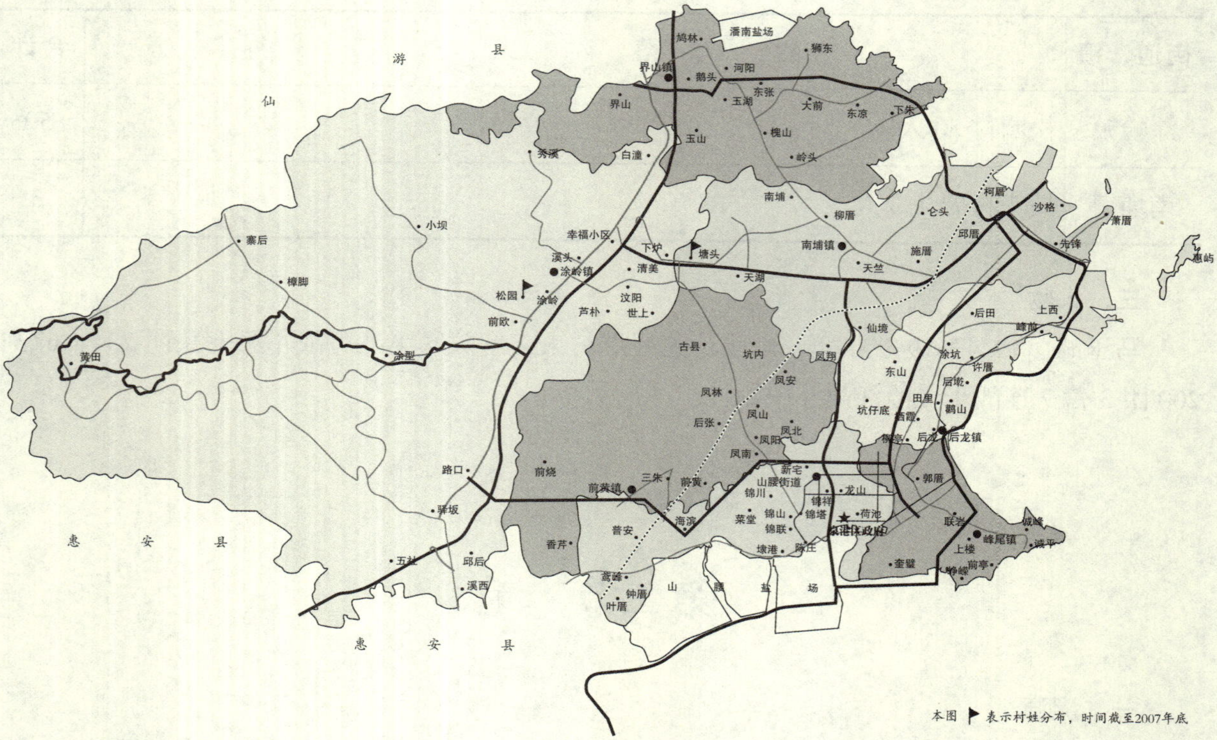

本图 ▶ 表示村姓分布，时间截至2007年底

泉港区马姓分布图

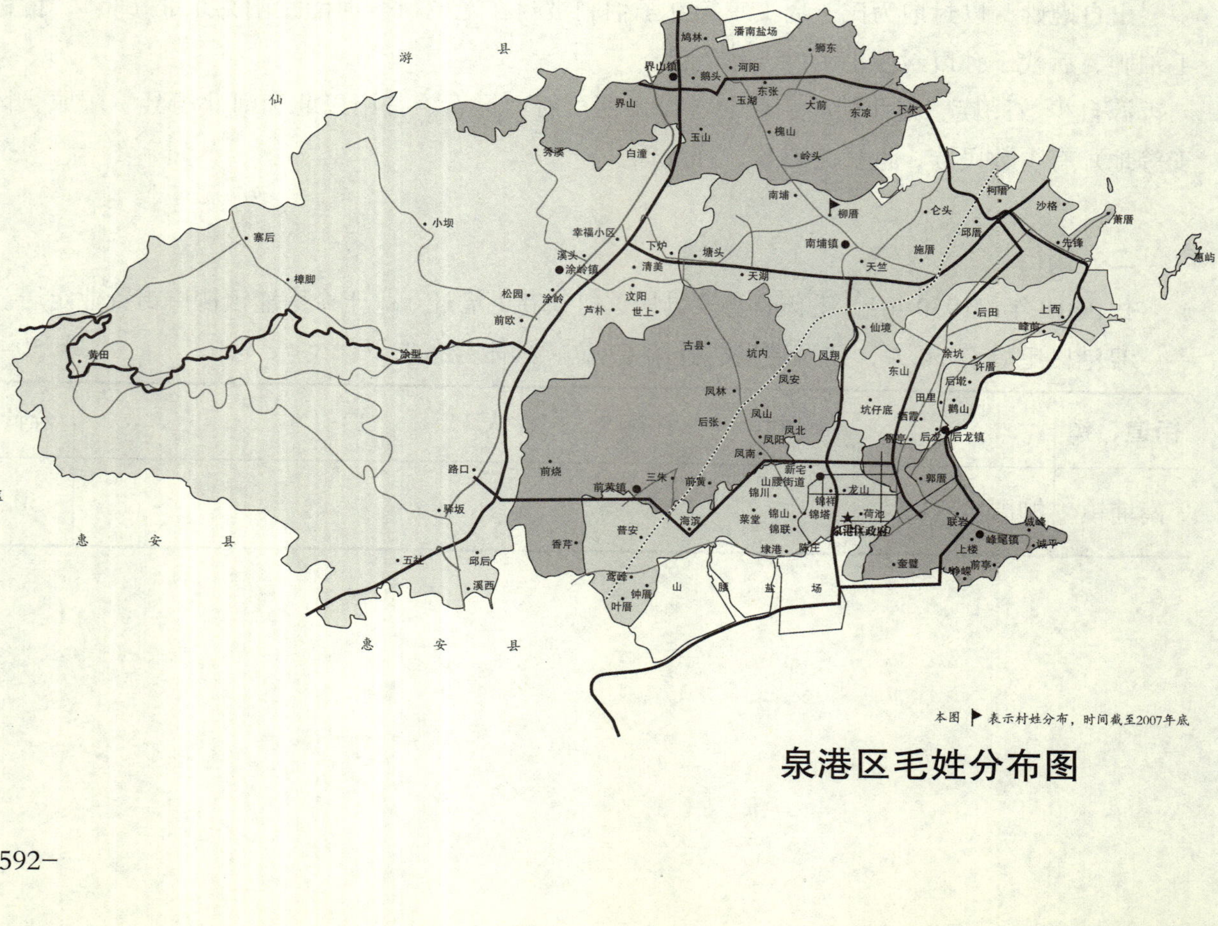

本图 ▶ 表示村姓分布，时间截至2007年底

泉港区毛姓分布图

第三节　魏

一、溯源

（一）起源

出自姬姓，以邑为氏，或以国名为氏。周文王第 15 子毕公高受封于毕，其裔孙毕万在毕国被西戎攻灭后，投奔到晋国，后因功受赐魏地为邑。其子孙以邑为氏，称为魏氏。周贞定王二十四年（前 445 年），毕万裔孙魏斯建立魏国，于秦始皇二十二年（前 225 年）被秦所灭后，亡国的魏国王族以国名为氏，形成魏姓最重要的一支。

源于外姓改姓魏。如战国秦昭襄王时，有昭襄王之母宣太后的异父弟魏冉，本是楚人，姓芈，后改姓魏。

历史上，魏姓形成钜鹿、任城等郡望。

（二）入闽

唐总章二年（669 年），河南光州固始人陈政、陈元光父子率府兵入闽平乱，随行将佐有军谋祭酒魏有仁、队正魏仁溥，均入籍闽地开基繁衍。

唐开元十二年（724 年），魏誉任唐节度使，后被贬入闽，在泉州任职。

唐朝名相魏徵第 25 世裔徙居于泉州城东，生 4 子衍传 4 房。长房居泉州城东西福，灯号“钜鹿”；次房析居泉州城东，灯号“麒麟”；三房、四房迁居仙游园庄山兜村，灯号“凤山”。

（三）入泉港

清康熙三十三年（1694 年），惠北良兴铺后张尾已有魏姓居住。

光绪年间（1875—1908 年），魏氏自泉州析居涂岭泗洲、陈田，灯号“钜鹿”。

二、繁衍

1958 年 10 月，因泗洲水库建设需要，魏氏移民分散安插于涂岭各村。

泉港区魏姓有 48 人，列泉港世居姓第 68 位。具体分布如下：

表 50-3

街道、镇	村　落　人　口	合计
涂岭镇	小坝村上新 46 人,涂岭村 2 人。	48

第四节　钱

一、溯源

(一) 起源

源于颛顼之后裔，以官职为姓。古帝颛顼曾孙陆终生彭祖，彭祖的后裔彭孚，在西周任钱府上士（官名）。彭孚遂以官职为姓，为钱氏。

历史上，钱姓望出彭城、下邳、吴兴。

(二) 入闽

唐总章二年（669年），有队正钱仲先随光州固始人陈政、陈元光父子入闽开辟漳州，落籍福建。

唐末，杭州临安人钱镠任镇海节度使，于唐乾宁三年（896年）年击败董昌，占据浙江及江苏西南部、福建东北部地区。

唐天祐四年（907年），钱镠被后梁封为吴越王。这是中国历史上唯一的钱氏政权。北宋太平兴国三年（978年）归顺北宋后，族裔流落闽地。

明洪武二十八年（1395年），直隶庐州合肥县钱忠授崇武卫所正千户，入籍惠安。

(三) 入泉港

唐末，境内有钱蔡（今属山腰街道），为钱姓、蔡姓聚族而居之地。

清康熙五十四年（1715年），钱纯德自惠安邑内迁居十一都添奇铺大店乡（今属界山镇玉湖村）。

二、繁衍

泉港区钱姓有43人，列泉港世居姓第69位。具体分布如下：　表50-4

街道、镇	村　落　人　口	合计
界山镇	玉湖村大店、新东张43人。	43

另有部分钱姓散居于界山镇槐山、南庄、港西，或改为他姓。

因毗邻仙游县，钱氏外迁于仙游县所辖的枫亭、长坝、南岭、长坝桥等地。

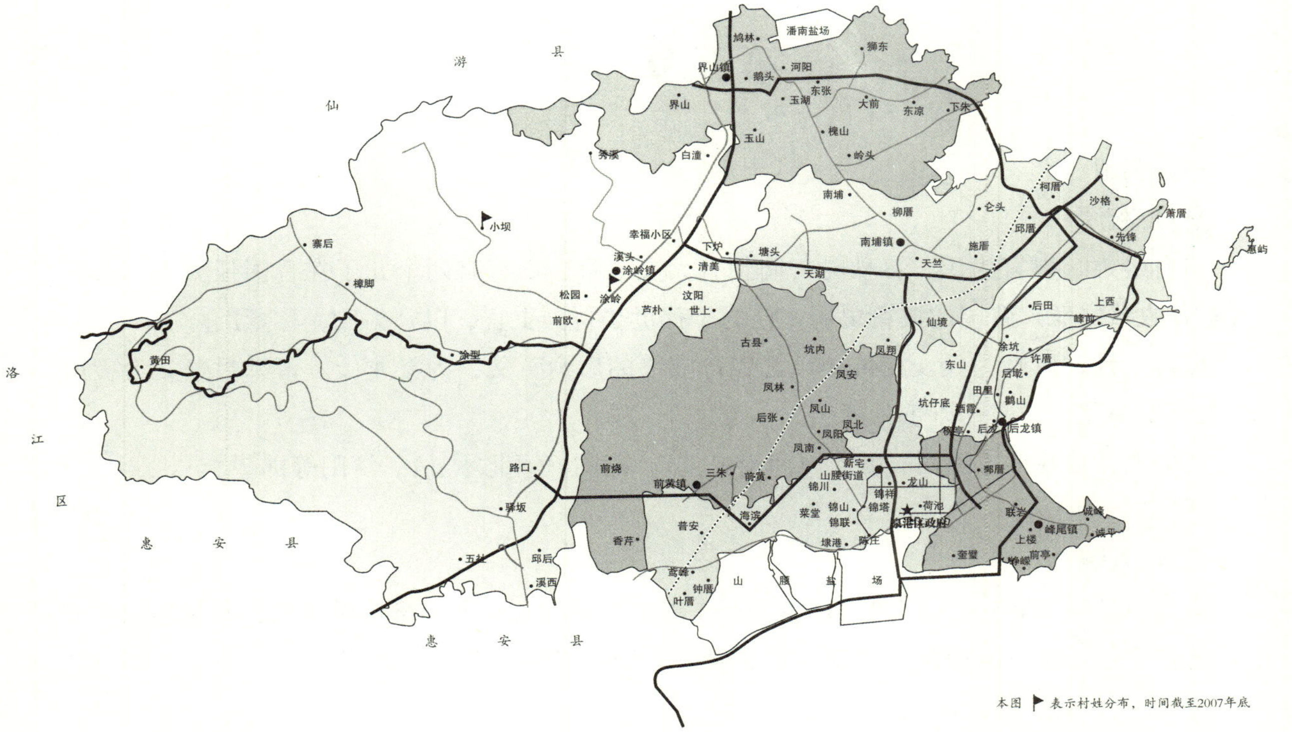

本图 表示村姓分布，时间截至2007年底

泉港区魏姓分布图

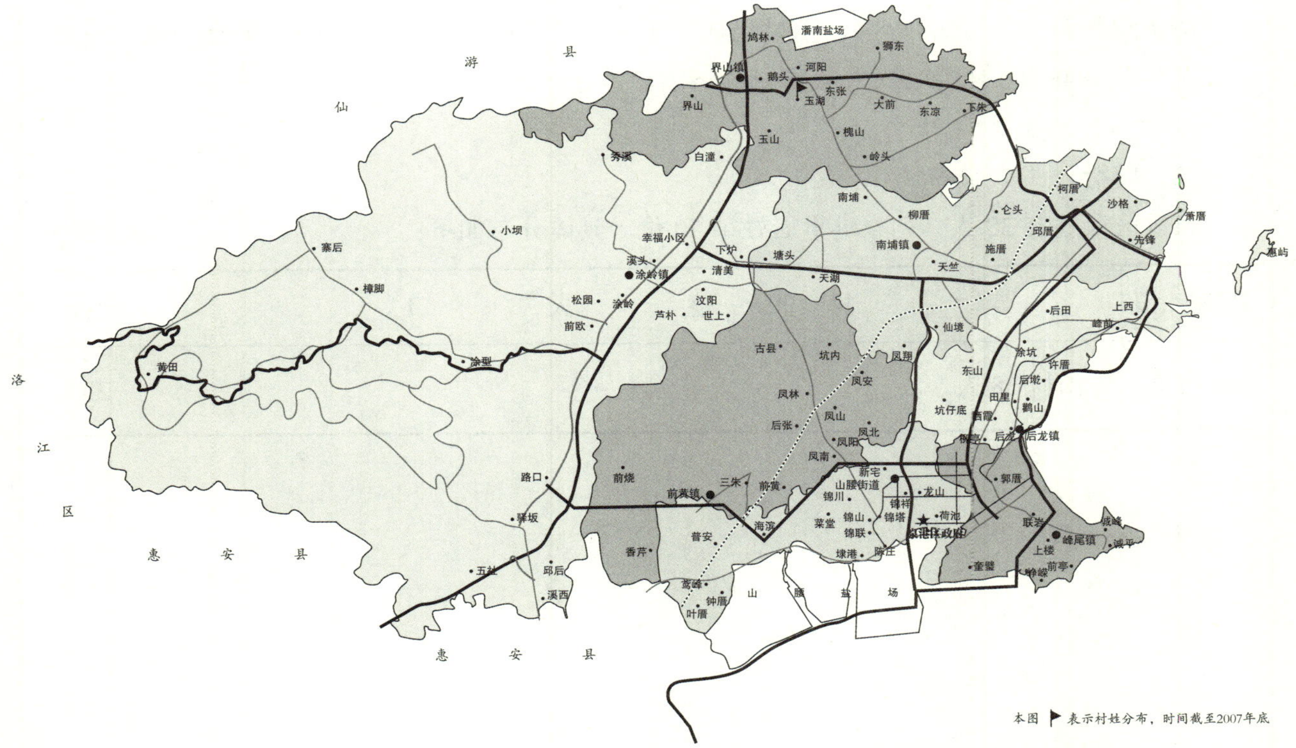

本图 表示村姓分布，时间截至2007年底

泉港区钱姓分布图

第五节　董

一、溯源

（一）起源

出自姬姓，以官为氏。春秋时，周朝有大夫辛有，辛有有两个儿子在晋国任太史，董督（考察并收藏之意）晋国的典籍史册，他的子孙世袭晋国史官，以官为氏，称董氏。

出自己姓，以姓为氏。相传颛顼之曾孙陆终的后裔董父，为豢龙氏。帝舜封董父为鬷川（今山东定陶北）侯，赐以董为姓氏。

历史上，董姓形成陇西、弘农（河南灵宝）、范阳（河北涿县）、济阳等郡望。

（二）入闽

唐光启年间（885—888 年），河南固始王潮、王审知兄弟偕其母董氏入闽，有董姓相佐。

后晋开运二年（945 年），南唐灭闽，董思安隐居泉州承天巷登贤里。

（三）入泉港

宋代，今前黄镇坑内村、界山镇东张村等地有董姓聚居。后外迁或改姓，今已无考。

清康熙二十二年（1683 年），董姓已居于羊角山（今属界山镇玉山村）。另有一说，道光二十八年（1848 年），董氏族人从惠安县洛阳白沙迁入羊角山。

二、繁衍

泉港区董姓有 38 人，列泉港世居姓第 70 位。具体分布如下：

表 50-5

街道、镇	村　落　人　口	合计
界山镇	玉山村 38 人。	38

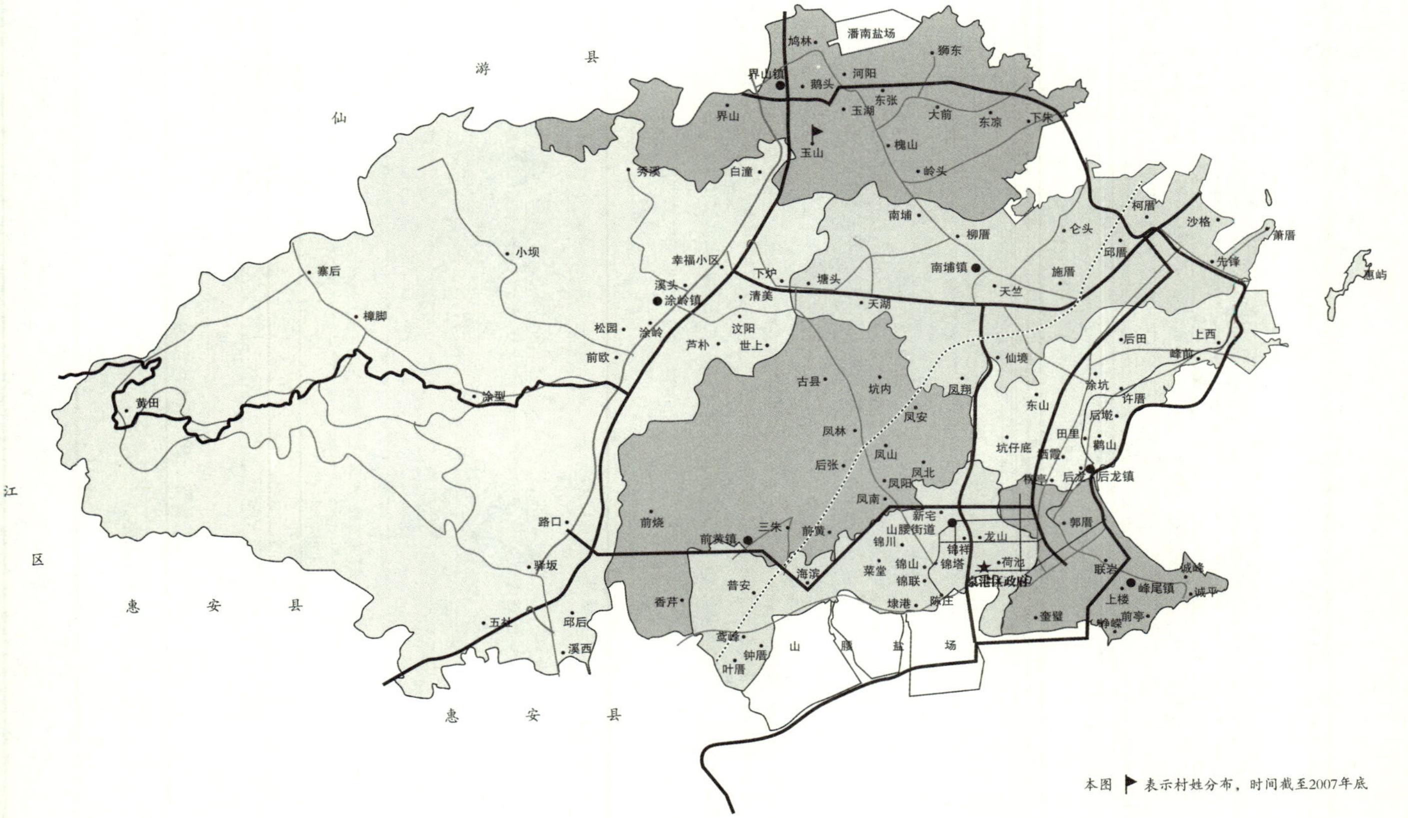

本图 ▶ 表示村姓分布，时间截至2007年底

泉港区董姓分布图

第六节　范

人物

范寿春　涂岭镇溪头村人，1928 年出生，厦门人民广播电台副台长、主任记者。

第五十一章

尤俞杜侯田

第一节　尤

一、溯源

（一）起源

自沈姓改姓而来。后梁开平三年（909 年），王审知称闽王，下诏避讳。有沈文宗随王审知入闽有功，官驸马，为避王讳，去水旁为尤姓，世居温陵。

出自他族改姓而来。如清代满洲人赫哲族尤可勒氏改汉姓为尤。

历史上，沈姓郡望有吴兴和汝南。吴兴地处闽地，沈改尤后，吴兴成为尤姓郡望。

（二）入泉港

明代，尤氏自今泉州鲤城菜巷迁居涂岭。

峰尾曾有尤姓聚居，后迁居邻村上楼，具体情况不详。

二、繁衍

泉港区尤姓有 37 人，列泉港世居姓第 71 位。具体分布如下：

表 51-1

街道、镇	村　落　人　口	合计
涂岭镇	松园村洋尾 37 人。	37

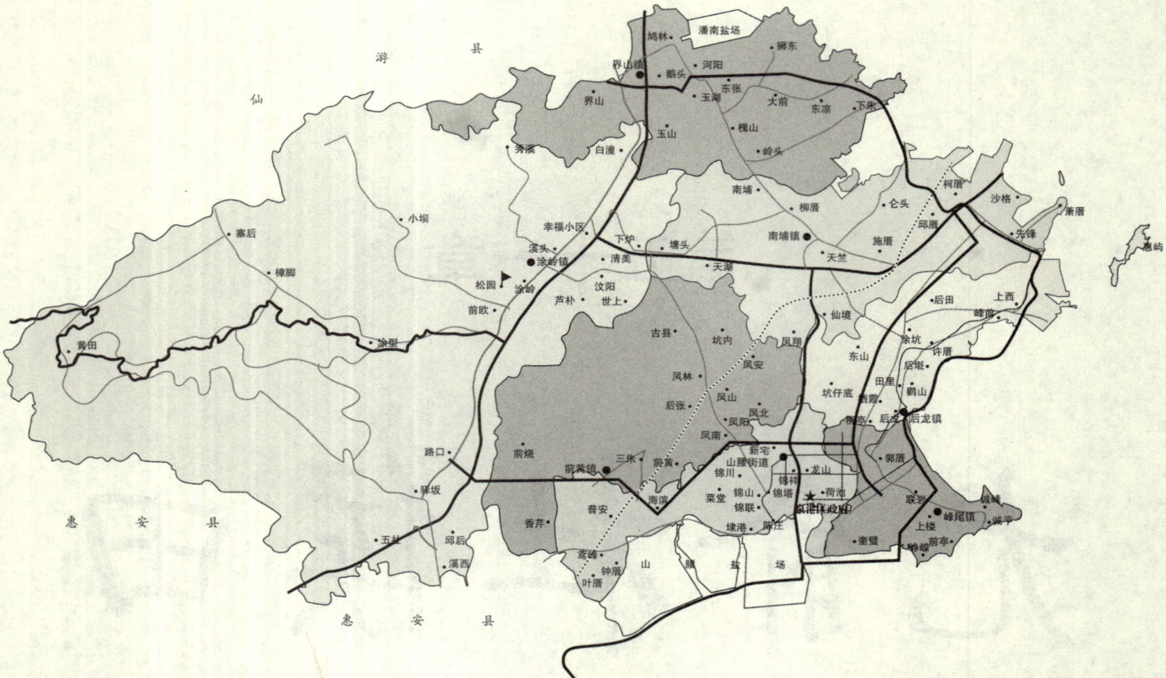

本图 ▶ 表示村姓分布，时间截至2007年底

泉港区尤姓分布图

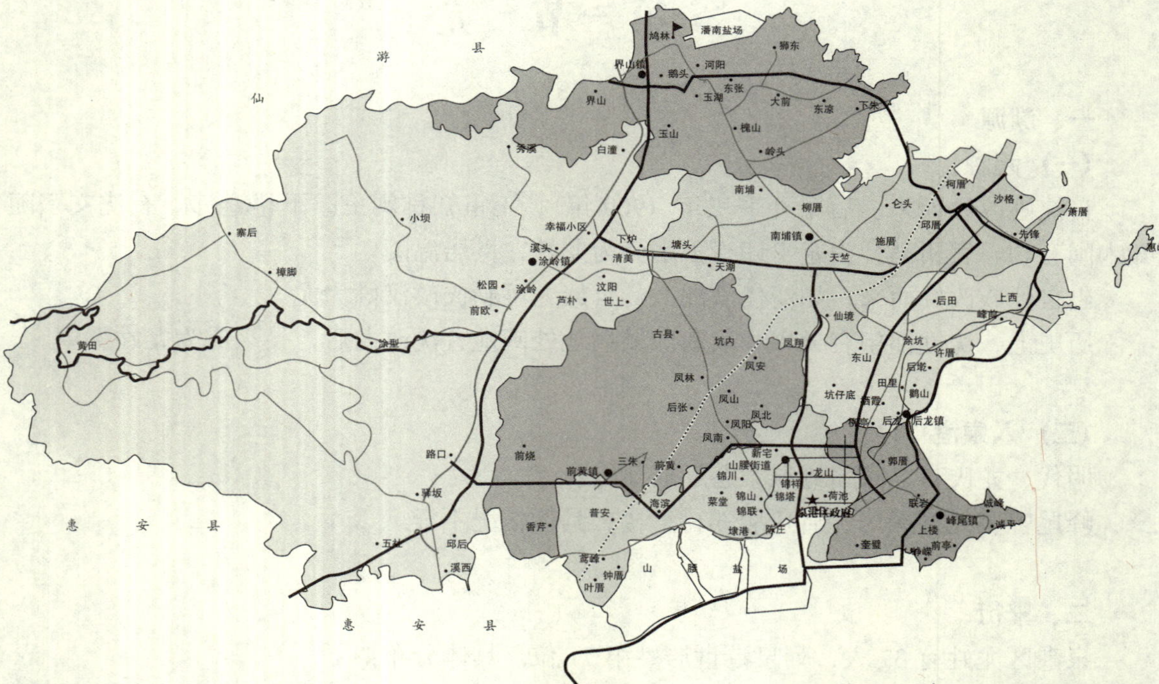

本图 ▶ 表示村姓分布，时间截至2007年底

泉港区俞姓分布图

三、史迹

尤氏祖厝

位于涂岭镇松园村洋尾。建于清代中叶，坐东北向西南，建筑面积约 25 平方米。

第二节 俞

一、溯源

（一）起源

始自黄帝时的神医俞跗（一作拊）。相传，俞跗精通外科手术，曾注释黄帝《素问》一书。其后代以俞为姓。此外，少数民族也有俞姓。

历史上，俞姓有河间、河东等郡望。

（二）入泉港

民国 9 年（1920 年），莆田仙游县海地俞氏移居今界山镇鸠林村南庄林厝。

二、繁衍

泉港区俞姓有 30 人，列泉港世居姓第 72 位。具体分布如下：

表 51–2

街道、镇	村落人口	合计
界山镇	鸠林村南庄林厝 30 人。	30

第三节 杜

一、溯源

（一）起源

始自黄帝时掌管膳食的官，叫杜康。另有一说，夏朝第六代国王少康，居于今河南西部。少康姓杜。

出自祁姓，以邑为氏。周成王将帝尧之后唐杜氏移于杜城（今陕西省西安市东南），称为杜伯，其子孙以“杜”为氏。

出自少数民族改姓，为南北朝时鲜卑族姓氏所改。北魏时，代北三字姓独孤浑氏，随孝文帝迁都洛阳后改为汉字单姓杜氏。

历史上，杜氏形成京兆（相当于今陕西西安市以东至华县一带）、汉阳（相当于今甘肃天水地区）、南阳（相当于今河南省洛阳市一带）等郡望。

（二）入闽

南宋末年，因随文天祥勤王兵败，杜仁、杜信兄弟在同安以马銮、马甲为信物，各奔前程。杜仁避居同安安仁里；杜信避居泉州（今洛江区马甲镇），为杜氏凤栖始祖。

明末，马甲杜氏族裔析居惠安后苏。

（三）入泉港

民国 29 年（1940 年），惠安后苏杜氏第 12 世裔杜泉金迁居今涂岭镇下炉村水曲。

二、繁衍

泉港区杜姓有 25 人，列泉港世居姓第 73 位。具体分布如下：　　表 51-3

街道、镇	村落人口	合计
涂岭镇	下炉村水曲 25 人。	25

三、谱牒

涂岭下炉村水曲杜氏

昭穆为：奕亮贞文德，丕成振武威。

第四节　侯

一、溯源

（一）起源

出自姒姓。是夏禹的后代，相传夏后氏的后裔有的被封于侯，子孙以地为氏，称为侯氏。

出自姬姓。春秋时，晋国公族晋哀侯兄弟被晋武公所杀，其子孙便迁居他国，并以祖先的爵位为姓，是为侯姓。

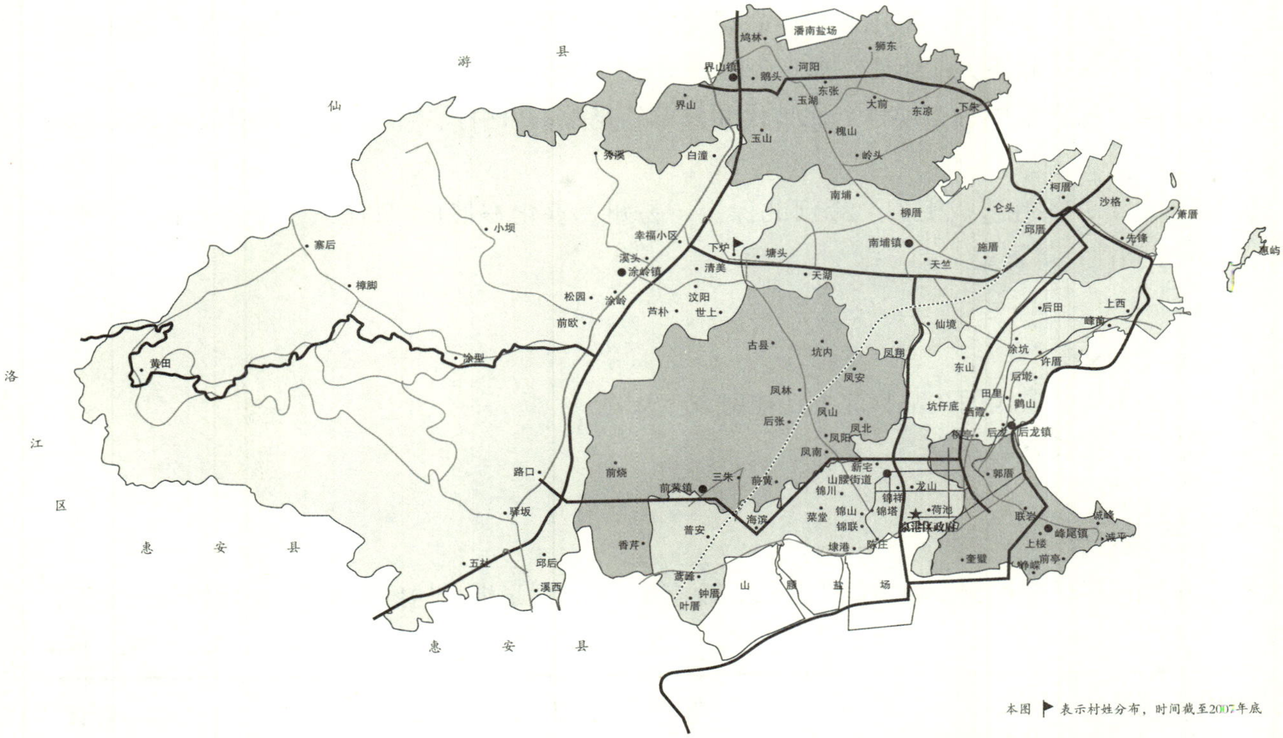

本图 ▶ 表示村姓分布，时间截至2007年底

泉港区杜姓分布图

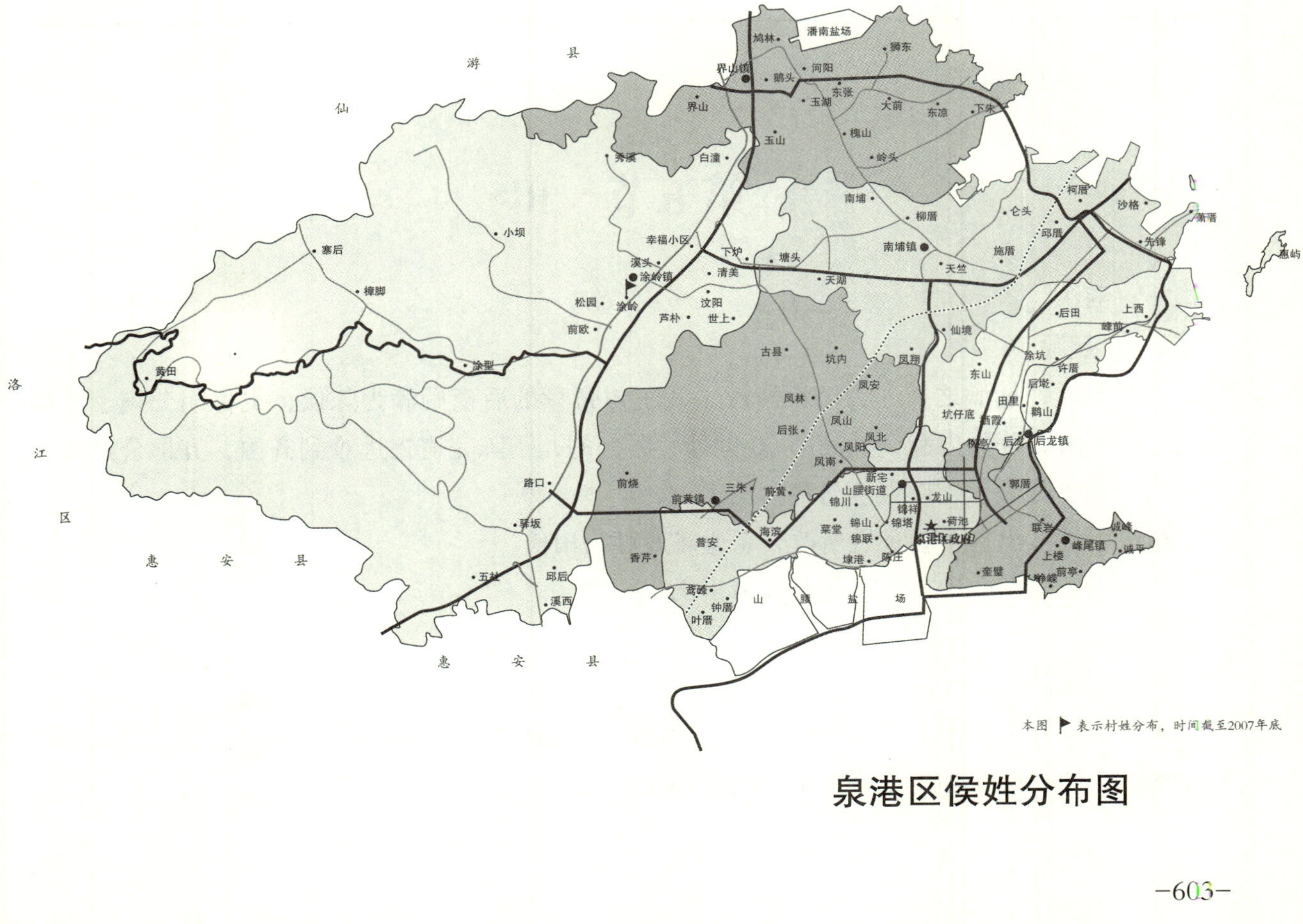

本图 ▶ 表示村姓分布，时间截至2007年底

泉港区侯姓分布图

出自叔段。春秋时，郑国叔段因要谋反的动机被哥哥庄公发觉而讨伐他，他逃到共这个地方，被称做共叔段，他死后，郑庄公赐其子孙共仲为侯氏。

少数民族将复姓改为侯姓。北魏代北鲜卑族复姓古口引氏、侯奴氏、古引氏等姓氏改为侯氏。

历史上，侯姓形成上谷（今河北保定、易州、宣化一带）、丹徒（今江苏丹徒）、河南（治所在洛阳）等郡望。

（二）入闽

西晋末年，侯氏因战乱自北方迁往南方。

唐代，侯氏移居福建。

二、繁衍

泉港区侯氏据称自涂岭大雾山迁入，现有 19 人，列泉港世居姓第 74 位。具体分布如下：

表 51-4

街道、镇	村落人口	合计
涂岭镇	涂岭村亭脚 19 人。	19

第五节　田

一、溯源

（一）起源

源于妫姓，妫满之后，为陈氏所改。武王封帝舜的后裔妫满为陈侯，史称胡公满、陈胡公。至春秋时，陈国内乱，妫满第 10 世孙、厉公的儿子陈完避祸逃难到齐国，齐桓公封其于田地，子孙改陈为田，以封邑名称为氏。

源于姬姓，出自明朝黄姓所改，系避难改姓为田氏。

源于少数民族改姓，系汉化改姓为田氏。

（二）入闽

宋代，田氏开始迁入今福建、广东。田希圣为闽粤始祖，原居浙江杭州，四传至田衍，移居福建宁化。田衍孙田滋茅于宋末徙居福建长汀。

（三）入泉港

1949 年，田汝南随解放军南下，后入籍今南埔镇先锋村前厝定居。

二、繁衍

泉港区田姓有 12 人，列泉港世居姓第 75 位。具体分布如下：　　表 51-5

街道、镇	村　落　人　口	合计
南埔镇	先锋村 12 人。	12

三、人物

田汝南　南埔镇先锋村人，1922 年出生，惠安县机修厂处级离休干部。

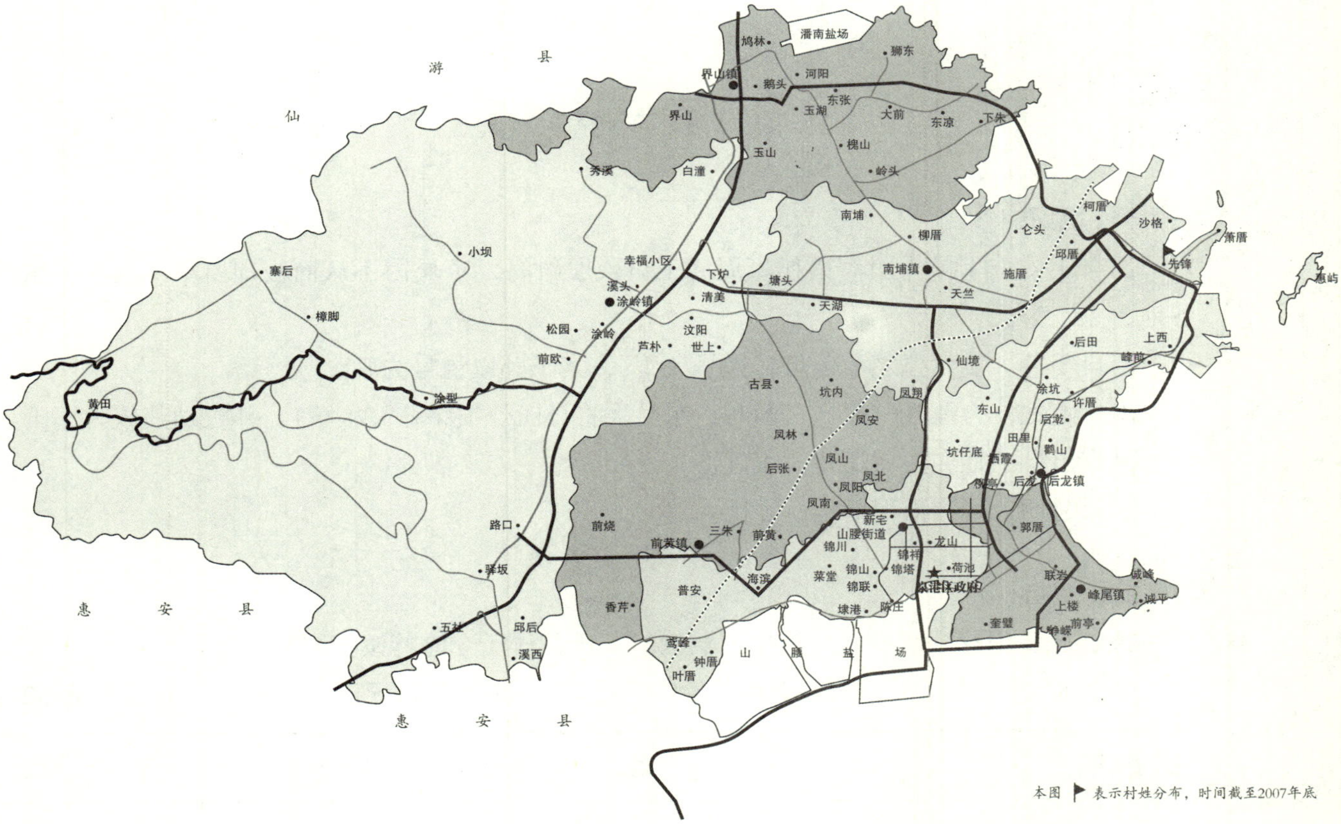

泉港区田姓分布图

第五十二章

丁陶雍鄒應

第一节　丁

一、溯源

出自丁侯。丁侯为殷商诸侯。周武王讨伐殷纣时，丁侯因不从而被周所灭，其子孙散居各地，以丁为氏。

出自姜姓。姜太公之子姜伋，谥号“丁”，其子孙以谥号为姓。

出自姬姓，为孙姓所改。三国时，东吴大将孙匡烧损茅芒（粮草），孙权别其族为丁氏。

另有出自子姓和西域汉化改丁姓。

宋元时期，阿拉伯穆斯林有丁氏。

二、繁衍

1958 年，因修建泗洲水库需要，泗洲村丁氏移居于今涂岭镇松园村西安。

泉港区丁姓有 11 人，列泉港世居姓第 76 位。具体分布如下：　表 52–1

街道、镇	村落人口	合计
涂岭镇	松园村西安 11 人。	11

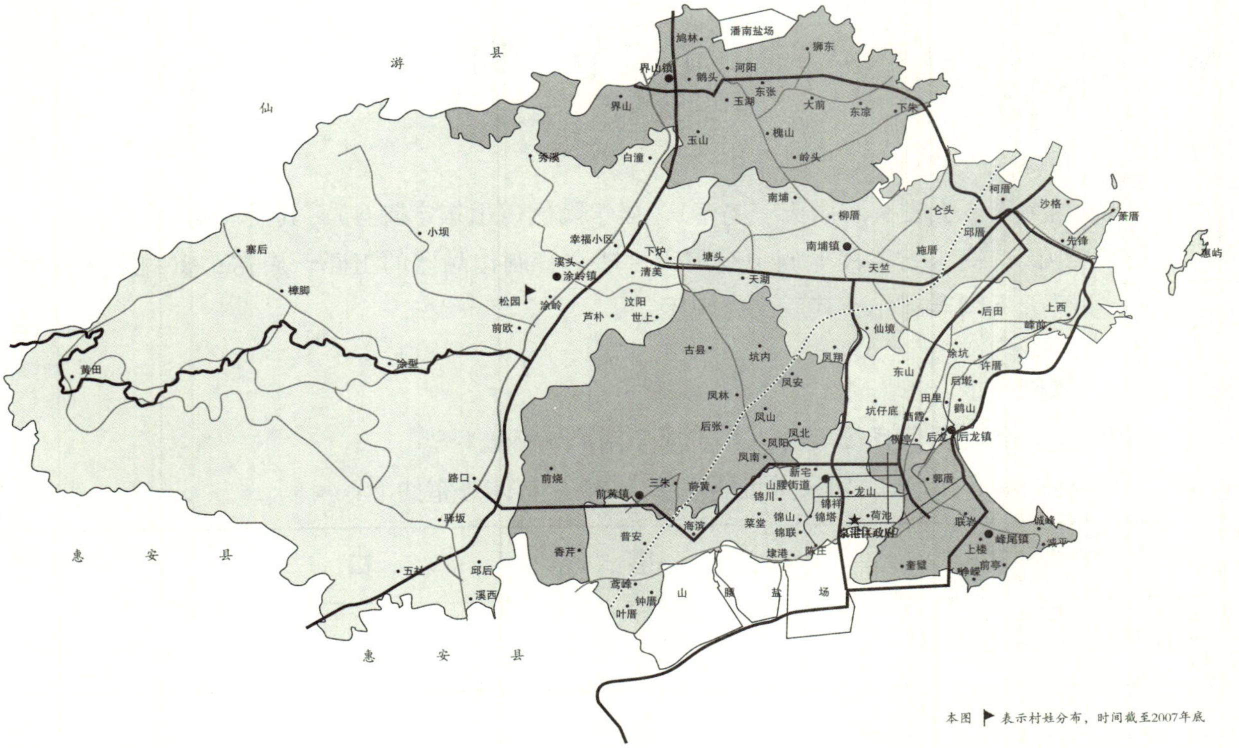

本图 ▶ 表示村姓分布，时间截至2007年底

泉港区丁姓分布图

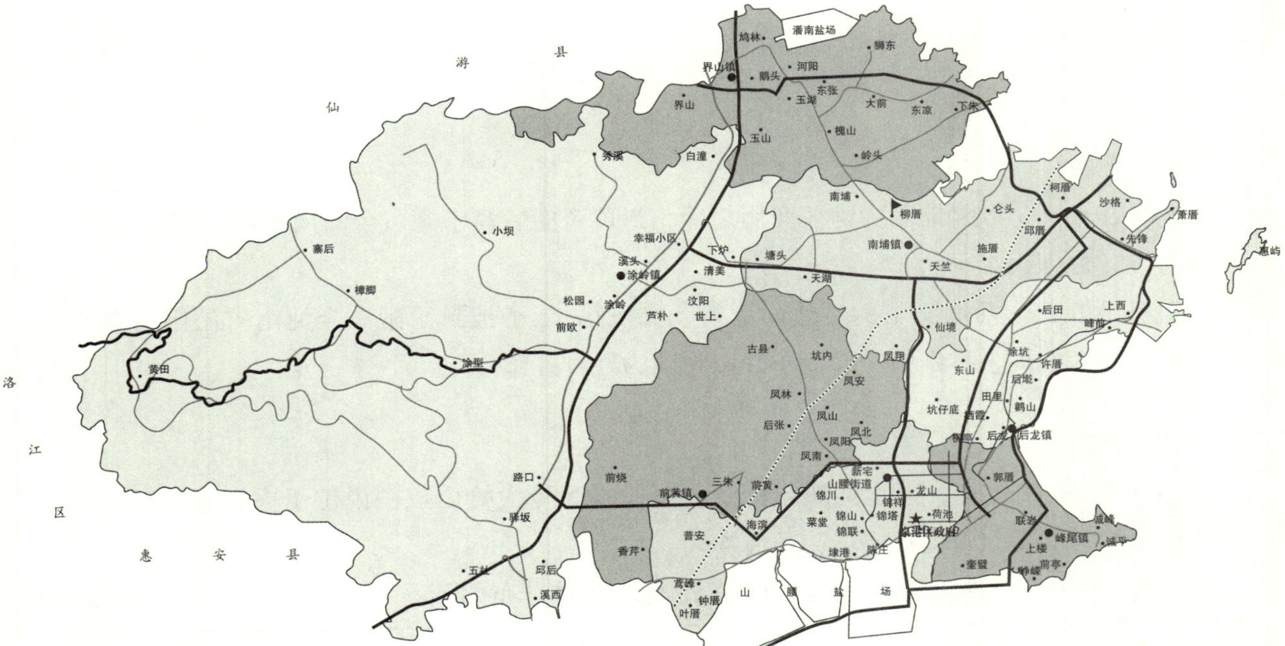

本图 ▶ 表示村姓分布，时间截至2007年底

泉港区陶姓分布图

第二节　陶

一、溯源

以地名为氏。上古有陶唐氏（尧帝），居于陶邑（山东定陶县），其后有陶氏。

以官为氏。商末，殷民七族中有陶氏，即掌管制作陶器的工匠。周初，虞阏之父虞思为陶正，掌管天下陶器制作，其后裔为陶氏。

二、繁衍

1965 年，福鼎县陶氏娶妻并入籍定居于南埔镇柳厝村。

泉港区陶姓有 10 人，列泉港世居姓第 77 位。具体分布如下：

表 52-2

街道、镇	村落人口	合计
南埔镇	柳厝村 10 人。	10

第三节　雍

一、溯源

出自轩辕氏，以封地名为姓。商周之际，封黄帝的后裔于雍（今河南内黄）。其后代子孙以雍为姓，称雍氏。

出自姬姓，为西周文王的后代。周初，文王第 13 子被封于雍（今河南省沁阳县东北），建立雍国，为伯爵，称雍伯。后裔子孙以封国为姓，姓雍。

二、繁衍

20 世纪 50 年代初，因土匪频繁骚扰，雍氏自涂岭大岭山（一说位于虎岩寺一带）迁至涂岭镇涂岭村旧街（下街）定居，已传 4 代。

泉港区雍姓有 8 人，列泉港世居姓第 78 位。具体分布如下：

表 52-3

街道、镇	村落人口	合计
涂岭镇	涂岭村旧街 8 人。	8

第四节 邹

一、溯源

（一）起源

出自蚩尤之后。据载，上古时期，黄帝打败蚩尤后，迁其民于邹屠，以地命族为邹屠氏。后邹屠氏又分为邹、屠两姓。

出自邾娄国，是颛顼帝的后代。周武王伐纣而得天下之后，封颛顼帝后裔采邑于邾娄，亦称邾国，附属于鲁国。战国时期，被鲁穆公改号为邹。邹后来被楚国所灭，国人以故国号为姓氏。

出自子姓。殷商的后代被周武王封在宋地，以奉殷汤之祀。后来宋愍公的后代正考公食采于邹，其子孙就以国为氏。

历史上，邹姓以范阳（今北京部分地区及河北涿县）为郡望。

（二）入闽

唐总章二年（669 年），陈政、陈元光父子奉命入闽开辟漳州，部分邹氏随从同往，后在福建安家。

唐贞元二十一年（805 年），邹垣因避战乱，自今安徽当涂迁居江西南昌新吴驾山。至唐咸通五年（864 年），为避战乱举家迁入福建。

唐光启年间（885—888 年），光州固始人邹盘、邹勇夫随王潮、王审知入闽。后邹勇夫镇守归化。

南宋时期，邹勇夫第 10 世孙、泰宁人邹应龙任参知政事。其子孙散居闽、粤。

（三）入泉港

明代，邹氏聚居于山外村（今属涂岭镇）。

二、繁衍

1966 年，因山外水库建设需要，邹氏移居今涂岭镇秀溪村园头。

泉港区邹姓有 6 人，列泉港世居姓第 79 位。

表 52-4

街道、镇	村落人口	合计
涂岭镇	秀溪村园头 6 人。	6

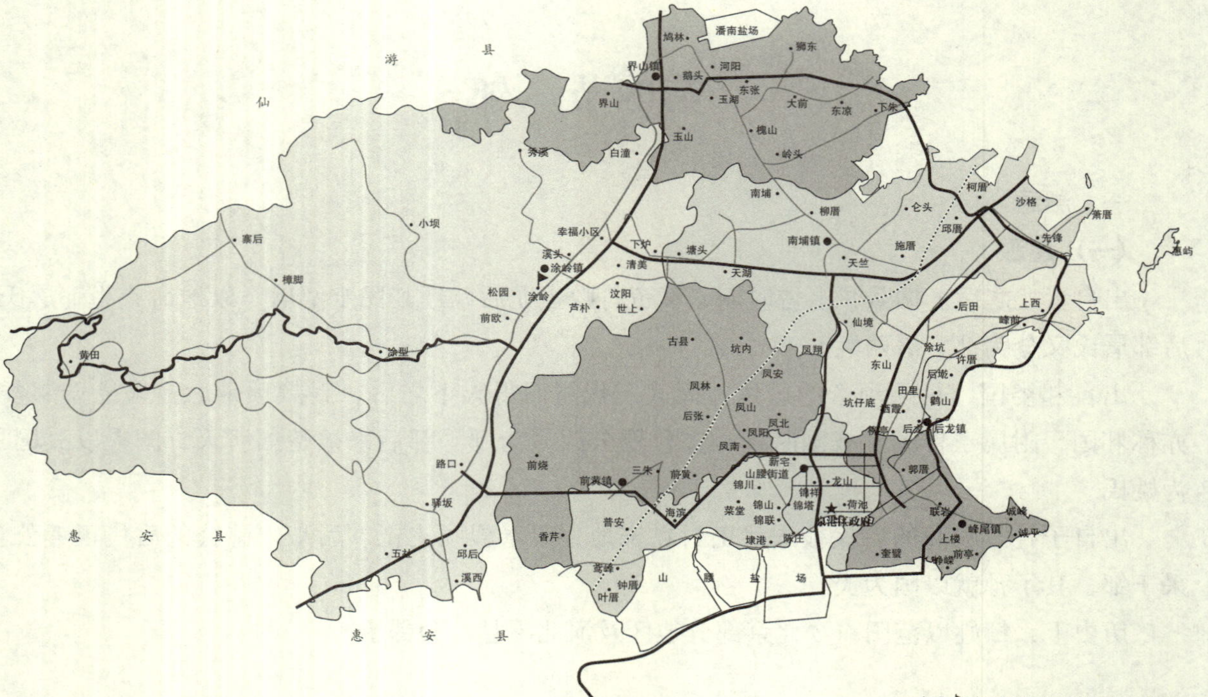

本图 ▶ 表示村姓分布，时间截至2007年底

泉港区雍姓分布图

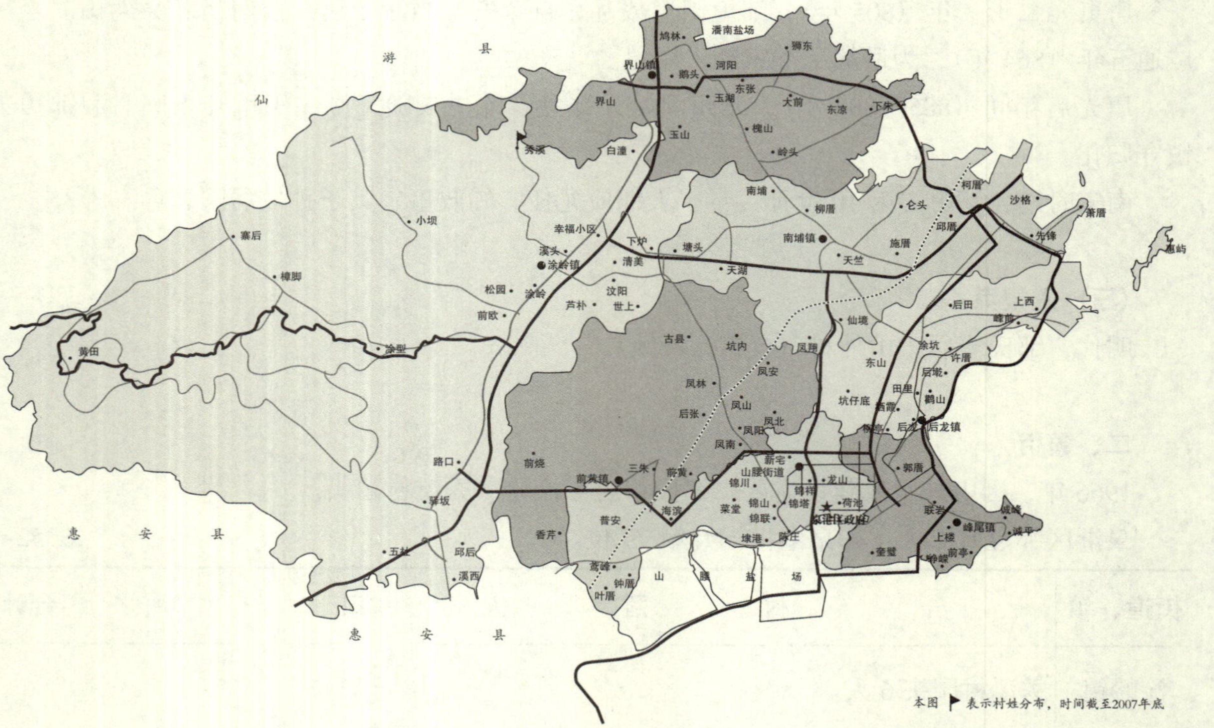

本图 ▶ 表示村姓分布，时间截至2007年底

泉港区邹姓分布图

第五节　应

一、溯源

出自姬姓，周武王姬发之后。武王克商后，封其第 4 子于应（今河南鲁山县），为应侯，建立应国。子孙以封国为姓，为应氏。

历史上，西域姓氏中也有应氏。

历史上，应姓形成汝南（今河南汝南县东南）等郡望。

二、繁衍

山腰盐场有盐兵姓应，中华人民共和国成立后入籍海滨定居。

泉港区应姓有 3 人，分布在山腰街道海滨村，列泉港世居姓第 80 位。

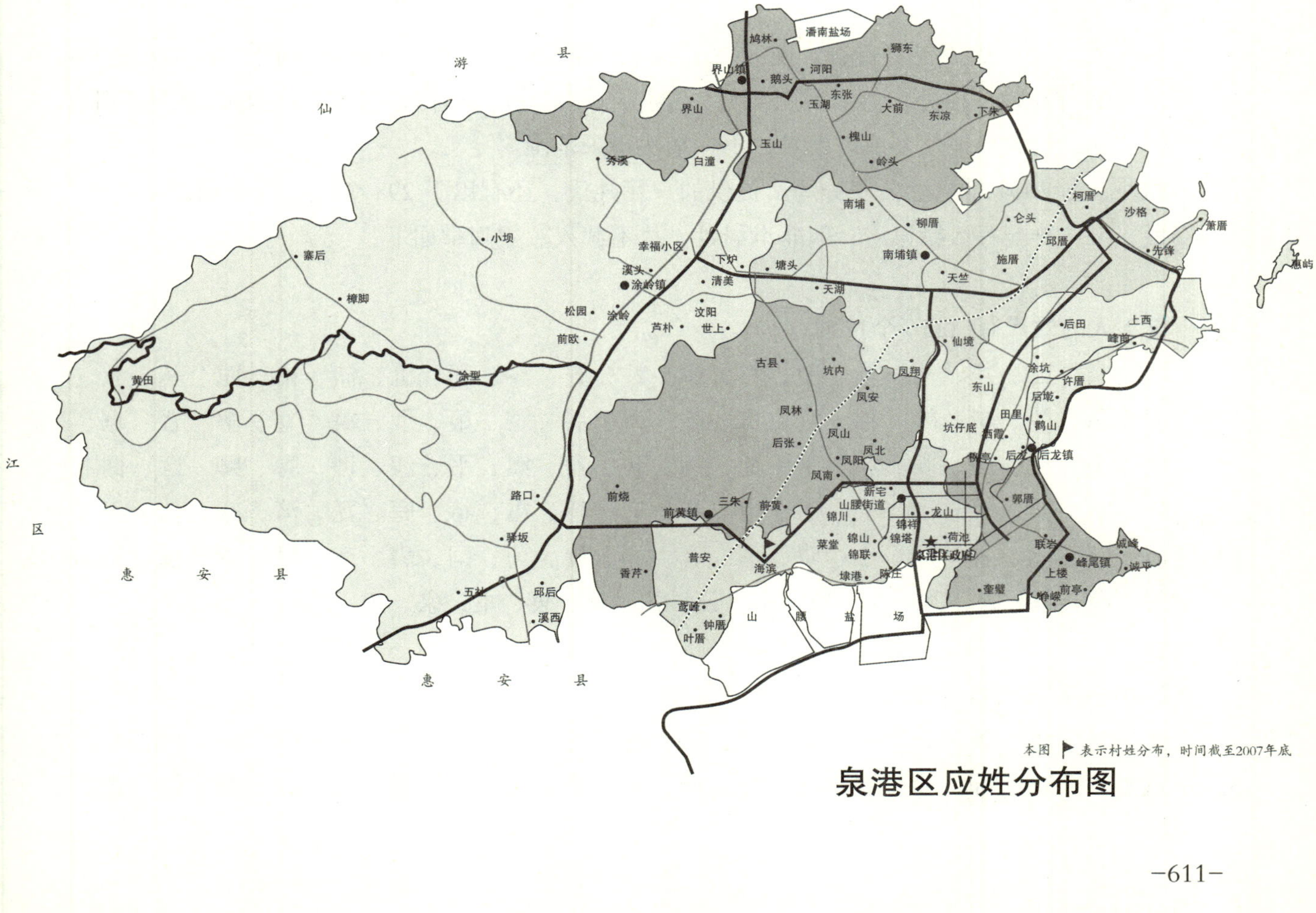

泉港区应姓分布图

第五十三章

其他姓氏

2009年，全区姓氏资料普查，前48章共80个姓为世居族姓。据史料记载，境内历史上还有诸如欧厝欧姓、白井白姓、林头冉姓、染厝染姓、涂岭下打朱范姓等许多姓氏家族。限于体例，凡已迁播异地他乡或改姓者，不在本次辑录范围。

此外，据2009年泉港公安分局所提供的户籍姓氏，还有以下298个姓氏因婚姻嫁娶、购房安置、工作分配等入籍泉港，因非世居姓，故不载入。兹列举如下：

仅1人的姓氏有（116个）：

阿、安、巴、邦、笔、毕、闭、宾、博、补、查、察、朝、仇、储、褚、聪、丛、狄、帝、刁、藩、芳、费、峰、柑、宫、贯、哈、河、后、霍、姬、戢、冀、蹇、解、晋、琚、科、郎、狼、吏、廉、娄、庐、米、免、闵、裴、盆、漂、平、漆、谯、青、卿、区、曲、权、仁、汝、桑、筛、山、上、射、申、释、守、枢、霜、特、庭、瓦、湾、旺、伪、卫、喜、霞、吓、闲、香、翔、小、晓、刑、杏、襬、旋、荀、闫、岩、彦、晏、燕、扬、阳、伊、阴、银、茚、邮、渊、元、原、院、云、扎、真、衷、桌、宗、佐、井。

2–10人的姓氏有（135个）：

艾、付、焦、聂、饶、祝、池、崔、官、吉、齐、童、卜、贾、凌、潭、武、白、葛、孔、篮、芦、丘、邵、盛、翟、鲍、辞、桂、华、季、揭、练、蒙、代、古、郝、简、蓝、鲁、梅、孟、年、浦、容、色、邬、项、邢、应、虞、成、苻、耿、苟、关、尖、邝、乐、泮、冉、舒、滕、尧、喻、敖、班、边、布、藏、常、车、封、管、暨、敫、糠、穆、倪、宁、皮、屈、水、粟、索、郤、土、巫、鄞、湛、卞、岑、柴、谌、楚、单、东、番、樊、公、顾、海、红、蕉、景、匡、拉、冷、栾、明、铙、牛、农、盘、庞、蒲、普、乔、庆、全、阙、商、尚、司、危、伟、五、奚、席、修、鄢、殷、岳、支、欧阳。

11-20 人的姓氏有（21 个）：

甘、候、金、秦、石、兰、易、史、夏、向、佘、覃、莫、尹、龚、贺、文、段、于、万、左。

21-30 人的姓氏有（11 个）：

骆、阮、伍、熊、严、符、游、曹、姜、汤、谭。

31-40 人的姓氏有（8 个）：

雷、韦、欧、冯、宋、黎、龙、袁。

50-100 人的姓氏有（4 个）：

邓、彭、范、戴。

100-200 人的姓氏有（3 个）：

薛、纪、罗。

泉港籍异地商会（团体）组织

改革开放以来，泉港各姓氏中的部分乡贤为进一步提升生活质量，赢得更好发展，发扬爱拼敢赢、包容坚韧精神，走出泉港、走向全国各地，或仕或学、或商或工，并逐步融入流入地，扎根创业，活跃在各行业、领域，有的甚至成为所在行业、领域的佼佼者。在发展中，流入地共约5.6万的泉港籍各姓氏乡贤不忘故里、互相帮持、抱团发展，相继成立姓氏流动中特殊组织——商会或兼具文化发展的经济团体，在促进泉港与流入地的经济社会发展中发挥积极作用，也为泉港姓氏的流动写下崭新篇章。

就国内而言，各省（市、自治区）均有泉港籍乡亲居住或工作。在姓氏人口相对集中的地区，泉港籍乡亲组织了泉港商会或兼具文化发展的经济团体。截至2014年底，涉及泉港籍乡亲的团体17个，其中由泉港籍乡亲独立成立的8个。

1、厦门市泉州泉港商会

前身为泉港区（厦门）经济技术促进总会，2001年8月成立，登记会员473名。是泉港区最早成立的在外泉港籍乡亲的组织，宗旨在于联络乡谊，关心家乡，提供信息，牵线搭桥，为促进泉港的经济发展和社会进步服务。

2008年，促进总会转向以经济界为主体的商会建设。2008年8月31日经厦门市经发局和民政局批准成立，2011年9月25日换届，登记会员863名。商会主要开展联谊互助、商贸合作、招商引资、信息共享、培训交流、协助维权等服务，搭建企业和政府沟通的桥梁与纽带，承办政府和相关部门的委托事项。其中，“海西春雨”泉港助学行动成为商会一项常规性活动，至2015年共举办八届，资助学生544人，累计投入资金207.5万元。本届商会设会长1名，常务副会长16名，副会长9名，常务理事67名，理事88名。其隶属乡籍于界山、南埔、后龙、峰尾、山腰、前黄、涂岭的企业家下设分会开展相应活动。办公地点位于厦门市思明区厦禾路839号汇成大厦19楼03室。

历任会长及监事长

⑴泉港区（厦门）经济技术促进总会

第一届（2001年8月—2008年7月）

会　长：郭丁法，山腰街道龙山社区人，1945年出生，厦门海沧投资区管委会助理巡视员。

⑵厦门市泉州泉港商会

第一届（2008年8月—2011年8月）

会　长：王少雄，涂岭镇五社村人，1958年出生，厦门市达意房地产开发有限公司董事长兼总经理。

监事长：林明贵，南埔镇南埔村人，1940年出生，福建省边防总队原总队长。

第二届（2011年9月—至今）

会　长：王少雄。

监事长：黄宗洪，前黄镇前黄村人，1947年出生，厦门市老干部局原局长。

2、福州市泉州泉港商会

2010年1月，福建天马科技集团有限公司等30多家在榕泉港籍的企业家和经营管理人员，发起成立泉港区（福州）商会。2015年2月商会换届，注册地从泉港区迁移到福州市民政局注册登记，更名为“福州市泉州泉港商会”。登记企业（个人）会员120多家（人）。会员主要从事饲料生产、房地产开发、建筑施工、装修装璜、教育培训、消防工程、医疗器械、物流、照明工程、家电厨具、采矿、电讯等。商会设有党支部、区政协福州联络委、泉港区驻福州人才工作站。建立网站宣传会员企业和家乡信息，组织会员开展联谊交流、互通信息、考察学习、回乡投资和参与家乡的经贸活动、慈善事业等。2014年被泉港区民政局评定为5A级社会组织。办公地点位于福州市鼓楼区华林路166号华林星座11层322室。

历任会长及监事长

⑴泉港区（福州）商会

第一届（2010年1月—2015年1月）

会　长：陈庆堂，界山镇东张村人，1968年生，福建天马科技集团股份有限公司董事长、福建省第十二届人民代表大会代表。

监事长：陈松青，涂岭镇世上村人，1948年生，福建省口岸与海防办原副主任，党组成员（正厅级）。

⑵福州市泉州泉港商会

第一届（2015年2月—至今）

会　长：陈庆堂。

监事长：陈松青。

3、海南省三亚市（福建）泉港商会

前身为海南省福建商会三亚泉港企业家联谊会，2010年11月18日成立。2014年1月1日，成立三亚市（福建）泉港商会，登记会员企业150家。商会以“齐心协力，共谋发展”为办会宗旨，坚持“感恩、奉献、和谐”原则，在增进三亚泉港人乡情，促进三亚、泉港两地交流与合作等方面发挥积极作用。办公地点位于三亚市荔枝沟路6号怡和豪庭A栋310–314室。

历任会长及监事长

⑴海南省福建商会三亚泉港企业家联谊会

第一届（2010年11月18日—2014年1月）

会　长：连式林，前黄镇凤山村人，1954年出生，海南福安集团总裁。

监事长：肖亿文，南埔镇萧厝村人，1964年出生，三亚亿源实业开发有限公司董事长。

⑵海南省三亚市（福建）泉港商会

第一届（2014年1月—至今）

会　长：连式林。

监事长：陈宝顺，后龙镇坑仔底村人，1959年出生，三亚磊鑫房地产开发有限公司董事长。

4、深圳市泉州泉港商会

前身为深圳市泉港投资有限公司，外挂深圳市泉港商会，2010年12月18日成立，登记会员企业65家。鉴于深圳市当时只为地级市以上行政单位办过驻外商会登记手续，从来没有为县级行政单位办过驻外商会登记手续的具体情况，参照香港及其他县（市、区）如广东新会等在深圳的做法，通过成立公司形式进行运作，对外是公司，对内是商会，实行一套人马、两块牌子。公司按股份制运作。商会成立后，所有的理事以上成员都可以是股东，商会会长为公司法人。办公地点位于深圳市宝安区龙华街道人民北路396号物业大厦。

2014年11月16日，成立深圳市泉州泉港商会，登记会员企业120多家。会员主要从事电子、五金、塑胶、家具、建筑、房地产、鞋业、餐饮和教育、培训等。商会成立后，主要工作：2014年11月27日，香港恒昂集团旗下的泉州恒昂地产有限公司，与北京大学培文教育文化产业有限公司签约合作办校；2015年4月6日，捐资慰问泉港的复杂先天性心脏病患儿；2015年5月27日，由常务副会长刘三川投资的电影《木偶传奇》在泉州举行首映式；2015年6月7号，第四届异地商会会长联席会以及恒昂集团为家乡捐设1000万医疗基金；2015年8月5日，捐资慰问泉港的白血病患儿。办公地点位于深圳市龙岗区中心城清林路546号城投商务中心516室。

历任会长及监事长

⑴深圳市泉港投资有限公司暨深圳市泉港商会

第一届（2010年12月18日—2014年10月）

会　长：朱景辉，涂岭镇涂岭村人，1960年出生，深圳闽泰集团董事长，深圳市泉港投资公司法人代表。

监事长：刘龙滨，后龙镇后田村人，1975年出生，深圳恒昂实业有限公司董事长，深圳市泉港投资公司董事。

⑵深圳市泉州泉港商会

第一届（2014年11月—至今）

会　长：刘国彬，后龙镇后田村人，1977年出生，香港恒昂集团董事长。

监事长：李建煌，涂岭镇邱后村人，1974年出生，深圳格调家私有限公司总经理。

5、海南省海口市福建泉港商会

前身为海南省福建商会海口泉港企业家联谊会，2010年12月20日成立，登记会员企业

100 多家。会员主要从事房地产、酒店、建筑、建材及高科技等。2014 年 10 月，成立海南省海口市福建泉港商会。商会在促进泉港与海南两地的合作与交流，推动两地经济等方面的共同繁荣发挥积极作用。至 2014 年底，会员在琼投资累计 300 多亿元，为海南和家乡公益事业捐款达 3500 万元。2015 年 7 月、8 月，在琼海、澄迈、海口三地发生三起涉及泉港籍乡亲死亡事件，商会积极介入并号召募捐，妥善处理后事。办公地点位于海口市龙昆正义路 12 号泰和园别墅 D6 幢。

历任会长及监事长

⑴海南省福建商会海口泉港企业家联谊会

第一届（2010 年 10 月—2014 年 10 月）

会　长：林秀才，界山镇岭头村人，1966 年出生，中国城建第六工程局集团董事长。

监事长：刘其明，后龙镇后埬村人，1958 年出生，海南铭豪集团董事长。

⑵海南省海口市福建泉港商会

第一届（2014 年 10 月—至今）

会　长：林志强，南埔镇南埔村人，1972 年出生，海南众志富强建设集团董事长。

监事长：黄生辉，后龙镇后龙村人，1972 年出生，海南信生实业有限公司董事长。

6、广东省泉港经济文化促进会

广东省泉港经济文化促进会，2011 年 6 月成立，登记企业（个人）会员 200 多家（人）。会员主要从事饮食业、服装业、珠宝业、妇幼保健等。促进会为泉港在粤创业的乡亲提供互动平台，增进乡情友情，互通商务信息，加强多方交流，形成协作机制，共谋发展之路，为促进泉港广东两地经济文化合作搭建桥梁。促进会 2012 年以来连续 4 年参加泉港区“海西春雨助学”活动。办公地点位于广州市海珠区新港东路 1000 号保利世贸中心西塔 C 座 1006 室。

历任会长及监事长

第一届（2011 年 6 月—2013 年）

会　长：许惠山，后龙镇许厝村人，1972 年出生，广东鼎泰集团有限公司董事长。

监事长：黄世钊，前黄镇前黄村人，1955 年出生，香港庄氏集团华南区总经理。

第二届（2013 年—至今）

会　长：连国鹏,前黄镇凤南村人，1962 年出生，佛山市鹏发针织机械有限公司董事长。

监事长：黄世钊。

7、西安市福建泉港商会

西安市福建泉港商会，2011 年 9 月 29 日成立，登记企业会员 100 多家，会员人数 5180 人。会员主要从事房地产、商业地产、钢铁、建材贸易、酒店、建筑、装修、文化传媒、物流等。商会秉承“凝心聚力　共同发展”原则，以创新为主题、以发展为核心、以服务为宗旨、以共赢为目标，推动闽陕合作，助推企业发展；促进兄弟商会互动，抱团做大做强。2014 年举办第三届泉港区异地商会会长联席会。办公地点位于西安市经济技术开发区凤城 3

路凤凰新城 3 号楼 6C 室。

历任会长及监事长

第一届（2011 年 9 月—至今）

会　长：郑益洪，南埔镇西枫村人，1968 年出生，陕西洪盛设计装饰有限公司董事长。

监事长：连明辉，前黄镇坑内村人，1950 年出生，陕西宝陵建设集团有限公司西安公司总经理。

8、泉港区北京经济与文化促进会

泉港区北京经济与文化促进会，2014 年 10 月 18 日成立。登记企业（个人）会员 120 家（个）。会员主要从事风力发电、金融租赁、金融投资、房地产开发、建材贸易、装修、文化传媒、互联网、医疗等。设立泉港区首个驻外“人才工作站”。组织会员参与投资建设泉港区人民医院，并提出医养互有新模式。发挥好桥梁和纽带作用，协助区政府争取福厦高铁增设泉港站。办公地点位于北京市朝阳区朝阳北路雅成二里 3-6 号。

历任会长及监事长

第一届（2014 年 10 月 18 日—至今）

会　长：庄清宝，山腰街道埭港村人，1967 年出生，北京国济中医医院院长。

监事长：黄志山，前黄镇前黄村人，1975 年出生，北京美亚海绵有限责任公司董事长。

9、北京惠安·泉港·台商区商会

前身为北京惠安商会，2007 年成立。2012 年 12 月 28 日，成立北京惠安·泉港·台商区商会，登记企业（个人）会员 165 家（人）。会员主要从事建筑装饰、销售，土建，钢材、石材、木材贸易，茶叶销售，保健品、制药、医疗卫生和雕刻工艺等。商会以“团结、交流、互助、合作”为办会宗旨，联系并服务在京的“两区一县”乡亲及企业。引导成立北京惠安劳务分包有限公司，北京惠安劳务分包有限公司工会委员会和北京惠安·泉港·台商区高校同学联谊会。2012 年 12 月 8 日设立“慈善爱心基金会”。现任会长张荣清（惠安人）。办公地点位于北京市朝阳区西直河康化路石材管理中心大厦一层。

10、永安市惠安泉港商会

永安市惠安泉港商会是在旅燕惠安乡友会 10 周年的基础上，2008 年 8 月 28 日成立，登记会员 500 多人。会员主要从事房地产和建筑业，经商次之。其中，具有一定规模的企业如惠三建设公司、三明环球房地产开发有限公司、福建竹天下置业开发有限公司、永安海德建设有限公司、惠鑫钢结构公司等 30 多家。会员企业年产值近 10 亿元。商会设立扶贫资金，慰问和帮助困难户解决实际问题；重视奖优助学，设立会长“优秀生专项奖”“贫困生助学金”和“孝心专项奖”。现任会长江伟忠（惠安人）。办公地点位于三明永安市南山路 2 号楼 6 幢 301 室。

11、南安市惠安泉港台商区商会

前身为惠安交流促进会，2010 年 1 月 22 日成立，登记会员 270 人（不含溪美镇）。2014

年7月2日成立南安市惠安泉港台商区商会，登记企业（个人）会员350（家）人。80%会员从事石材、装修、建筑、建材等行业。商会以“一县两区”大惠安区域为背景、以“大惠安”浓厚乡情为纽带，坚持“齐心协力、抱团发展、资源共享、同舟共济、合作共赢”宗旨，秉承“沟通南惠、联结同乡”理念，搭建叙乡情、增友谊、谋发展平台，促进会员企业发展、参与四地经济建设、会员企业与政府的良好沟通联系。现任会长卢昆山（惠安人）。

12、漳州市惠安泉港台商区商会

漳州市惠安泉港台商区商会，2010年9月8日成立，登记会员161人。会员主要从事房地产、建筑工程等行业。商会以“团结、诚信、发展、奉献、守法”为办会宗旨，以“为会员服务，为社会服务，为政府服务”为主要任务，发动会员开展捐资助学、帮困、救灾等慈善活动，协助会员开展被拖欠工程款等维权工作，组织“每月一聚”品尝“番薯粉块”“菜头丸”等具有“大惠安”风味小吃。现任会长杨国斌（惠安人）。本届商会副会长以上22人，常务理事数22人，理事63人，会员代表54人。

13、三明市惠安·泉港商会

在三明的惠安、泉港籍乡贤约1.1万人。三明市惠安·泉港商会，2011年12月成立。登记企业会员128家，个人会员212人。会员主要从事汽车贸易、建筑工程、房地产、机械加工、机电设备、纺织、木业加工、饮食服务、商品贸易、物流运输、咨询中介等。首任会长连利隆（泉港人）。办公地点位于三明市梅列区列东乾龙新村102幢4号。

14、长三角惠安·泉港·台商区商会

长三角惠安·泉港·台商区商会，也称“长三角惠安工商联合会”，2013年7月成立，登记会员1059人。长三角，即以上海为中心两小时经济圈，包括江苏、浙江、安徽三省28个地级市。大惠安人到长三角地区投资创业始于20世纪80年代以后，主要从事建筑、房地产、石材建材、幕墙干挂、高新科技、金融投资、矿业、医疗、教育、纺织鞋帽、文化传媒广告、动漫产业、物流、茶叶销售、食品干货海鲜贸易等。商会成立得到全国人大常委会原副委员长王汉斌、彭佩云伉俪的大力支持，王汉斌为商会题会名——“长三角惠安工商联合会”，题词“惠泽五洲，商系四海”。

商会以“团结、合作、发展、回馈”为立会宗旨，坚持“服务会员，依法维权，共享资源”办会原则，秉承“大惠安、大协作、大发展、追梦长三角”会训，下设秘书处、办公室、编辑部、外联部，建立一个基金，两个中心，四个专家咨询委员会，为广大会员和家乡服务。一个基金，即惠商投资基金；两个中心，即金融服务中心和经济互助中心，在投资、融资、审计等方面提供商业咨询和服务，共享商业信息；四个专家咨询委员会，即医疗卫生咨询委员会、教育咨询委员会、法律咨询委员会、商会咨询委员会。现任会长黄世杰（惠安人）。办公地点位于上海市虹口区溧阳路1111号虹口世纪大酒店8楼D幢。

15、龙岩市惠安泉港台商区商会

龙岩市惠安泉港台商区商会，2013年10月26日成立，登记个人会员200人（泉港籍乡贤 90 多人)、会员企业 100 家。会员主要从事商贸.餐饮、机械、建材、装饰、化工、石材、雕艺、纺织、化纤、生物科技、软件开发、房地产、建筑、物流、鳗鱼养殖等。会员累计完成固定资产投资近 100 亿元，解决就业近万人。办公地点位于龙岩市新罗区南城小溪路 4 号龙景商务大酒店。

历任会长及监事长

第一届（2013 年 10 月—至今）

会　长：肖凌安，南埔镇萧厝村人，1974 年出生，福建省新纶纺织科技有限公司董事长。

监事长：陈秀忠，后龙镇坑仔底村人，1963 年出生，龙岩市皇都房地产有限公司董事长。

16、河北惠安商会

河北惠安商会，由生活在河北的大惠安籍乡亲乡贤组成，2013 年 12 月 14 日成立，登记个人会员 150 多名，企业会员 60 多家。会员主要从事房地产、产业投资、建筑建材、石材等行业。商会以“热诚服务会员、传承家乡情缘、构建合作平台、促进企业发展”为办会宗旨，以促进惠安、河北两地的经济文化合作交流为根本任务。现任会长李国兴（惠安人）。办公地点位于石家庄市裕华区福建茶城。

17、沙县惠安·泉港商会

三明市沙县惠安·泉港商会，2008 年 12 月成立。后与三明市惠安·泉港商会实行合署办公，实行一套人马、两块牌子。

三、泉港籍乡亲在创业地担任其他商会主要负责人

1、海南省福建商会

会　长：庄学添，山腰街道莱堂村人，1958 年出生，海南盛达集团董事长。

2、江西省宜春市福建商会

会　长：林敏，南埔镇外厝村人，1973 年出生，江西德和实业集团有限公司董事长。

3、西藏自治区福建商会

会　长：柯元枝，界山镇界山村人，1969 年出生，西藏晶磊投资发展有限公司董事长。

4、云南省西双版纳州福建商会

理事长：吴龙清，南埔镇仙境村人，1970 年出生，西双版纳福纳房地产开发有限公司董事长。

泉港姓氏人口基本情况表

表一　　　　　　　　　　　　　　　　　　　　　　　　　　单位:人

序号	人口数 分布 / 姓氏	山腰	前黄	涂岭	界山	南埔	后龙	峰尾	合计	全国人口数（万人）	中华姓氏排名	郡望
姓氏数合计		213	164	193	190	202	174	161	376			
人口数合计		62425	40860	52596	51920	69108	44533	54013	375455			
1	陈	2925	2455	11918	16639	13720	15142	5289	68088	5800	5	颍川
2	林	1386	1345	3499	12538	12414	4534	10886	46602	1300	17	西河
3	庄	30995	1194	263	70	509	626	1749	35406	160	113	天水
4	刘	920	499	1136	342	3429	9771	15677	31774	6700	4	彭城
5	连	1313	13710	131	139	1165	366	322	17146	54	190	上党
6	张	2898	3141	2641	1297	1484	2720	1442	15623	8500	3	清河
7	黄	787	5193	4514	310	465	2054	1436	14759	3100	7	江夏
8	郭	2783	198	83	129	335	2488	8190	14206	1400	16	太原
9	郑	3618	1032	2055	552	931	1028	4983	14199	1100	21	荥阳
10	王	373	321	3886	493	6449	1654	302	13478	9200	1	太原
11	吴	260	804	3689	4996	3128	340	85	13302	2400	10	延陵
12	萧	182	43	170	110	8749	538	126	9918	730	30	兰陵
13	柯	58	23	212	3474	3790	147	34	7738	80	165	济阳
14	朱	427	3672	969	1166	81	67	1002	7384	1500	13	沛国
15	钟	5692	204	30	12	32	30	44	6044	440	54	颍川
16	潘	134	62	1146	3470	119	19	18	4968	620	36	荥阳
17	蔡	140	1241	1368	357	1561	125	33	4825	650	34	济阳
18	施	54	17	95	493	3602	240	51	4552	210	97	吴兴
19	许	229	869	829	303	139	1277	53	3699	730	28	高阳
20	李	279	1110	1271	447	163	134	162	3566	9000	2	陇西
21	邱（丘）	66	240	105	873	2118	65	36	3503	380	65	河南

续表　　　　单位：人

序号	人口数 分布 / 姓氏	山腰	前黄	涂岭	界山	南埔	后龙	峰尾	合计	全国人口数（万人）	中华姓氏排名	郡望
22	叶	2502	192	355	18	27	23	19	3136	580	42	南阳
23	何	394	175	1633	45	209	33	28	2517	1300	18	庐江
24	出	15	24	1922	4	10	4		1979			燕山
25	柳	25	26	209	92	1532	50	15	1949	114	133	河东
26	曾	60	152	1399	50	101	35	28	1825	680	32	武城
27	唐	1367	123	11	20	24	53	141	1739	780	25	晋昌
28	杨	105	204	263	346	349	109	51	1427	4000	6	弘农
29	周	99	47	969	26	40	35	28	1244	2500	9	汝南
30	房	21		2		4	19	1108	1154	60	183	清河
31	沈	25	4	7	1023	43	11	6	1119	470	49	吴兴
32	詹	15	56	165	89	765	14	7	1111	89	147	河间
33	谢	96	396	320	49	129	22	18	1030	900	24	陈留
34	程	481	214	122	12	27	51	38	945	660	33	安定
35	任	94	19	782	3	10	1	1	910	420	59	乐安
36	高	321	71	386	68	15	10	3	874	1200	19	渤海
37	陆	16	459	341	7	7	4	7	841	420	60	河南
38	方	50	473	143	21	37	17	15	756	410	63	河南
39	麦	8	1	7	27	620	22	6	691	42	211	
40	徐	28	0	133	478	16	13	20	688	1900	11	东海
41	蒋	16	6	169	329	25	8	5	558	540	45	乐安
42	赵	42	127	172	159	24	13	8	545	1800	12	天水
43	廖	18	5	452	23	12	5	8	523	420	61	
44	赖	19	4	315	9	7	9	4	367	230	90	颍川
45	江	81	135	47	5	9	9	8	294	450	52	济阳
46	汪	16	11	144	23	86	4	9	293	430	56	平阳
47	胡	41	93	84	13	25	17	11	284	1400	15	安定

续表　　　　　　　　　　　　　　　　　　　　　　　　单位:人

序号	分布 人口数 姓氏	山腰	前黄	涂岭	界山	南埔	后龙	峰尾	合计	全国人口数(万人)	中华姓氏排名	郡望
48	翁	13	8	218	3	5	3	4	254	82	159	钱塘
49	章	2	1	229	2	4	4	2	244	150	114	河间
50	苏	42	16	57	69	24	14	20	242	580	41	武功
51	孙	10	9	184	9	7	5	5	229	2600	8	乐安
52	梁	12	34	131	14	5	6		202	1100	20	安定
53	卓	9		4	1	17	161	4	196	36	224	西河
54	洪	16	7	108	7	9	36	10	193	200	99	豫章
55	颜	27	36	114	8	1	3	2	191	170	112	鲁国
56	卢	22	9	8	34	14	8	79	174	440	55	范阳
57	吕	10	9	128	9	3	5	5	169	570	43	河东
58	姚	105	10	33	2	2	3	5	160	410	62	吴兴
59	魏	8	9	102	10	7	9	13	158	570	44	钜鹿
60	温	16	3	102	8	23	2		154	190	104	平原
61	薛	11	1	9	120	4	1	2	148	310	76	河东
62	余	25	9	14	8	9	19	49	133	580	40	下邳
63	纪	105	1	4			4	4	118	110	136	天水
64	康	15	9	10	4	62	12	5	117			
65	罗	19	20	21	14	12	14	17	117	1000	22	豫章
66	涂	9		3	1	6	49	43	111	85	153	
67	辛	2	81	9	1	1	1	1	96	90	145	陇西
68	马	5	3	48	15	14	1	6	92	1500	14	扶风
69	邓	14	8	14	16	3	13	5	73	730	29	南阳
70	董	8	7	6	38	5	3	4	71	590	39	陇西
71	韩	8	2	52	3		1		66	760	26	南阳
72	杜	22	4	21	4	7	2	5	65	520	47	京兆
73	辜	5			42	11	1	1	60			

续表　　　　单位:人

序号	人口数 / 分布 / 姓氏	山腰	前黄	涂岭	界山	南埔	后龙	峰尾	合计	全国人口数（万人）	中华姓氏排名	郡望
74	邹	12	2	25	1	4	8	8	60	360	70	范阳
75	彭	14	8	11	6	10	4	6	59	640	35	陇西
76	范	8	1	5	19	15	1	3	52	460	51	高平
77	尤		2	43		4		2	51	80	163	吴兴
78	戴	12	6	5	5	8	7	7	50	430	57	谯国
79	雷	9	1	9	4	3	9	5	40	300	78	冯翊
80	毛	4	2	2	5	24	3		40	250	86	西河
81	钱	1		2	33		2		38	220	96	彭城
82	韦	7	2	13	8	1	4	2	37	370	68	京兆
83	俞	4			30	1	1	1	37	140	119	河间
84	欧	9	4		14	4	2	2	35	113	134	平阳
85	冯	8	1	4	2	3	1	13	32	700	31	始平?
86	宋	6	1	7	4	4	7	3	32	900	23	京兆
87	丁	9		13	1	6		2	31	470	48	济阳
88	黎	5	3	4	3	3	5	8	31	200	103	京兆
89	龙	3	3	8	6	4	3	4	31	280	80	武陵
90	田	8	4	4	3	3	2	7	31	520	46	雁门
91	袁	6	2	6	2	8	1	6	31	620	37	汝南
92	骆	7	2	9	4	4	3	1	30	118	130	内黄?
93	阮	1	2	9	11	3	1	2	29	81	162	陈留
94	伍	6	3	11	1	3	4		28	130	128	安定
95	熊	4	3	9	3	6	2	1	28	360	72	江陵
96	严	3	6	1	4	5	2	5	26	220	94	天水
97	符	5	2	4	8	5			24	94	144	琅琊
98	游	8	1	3	4	3	4		23	81	161	广平
99	曹	7	2	5		3	3	2	22	730	27	谯国

续表　　　　单位：人

序号	人口数 分布 / 姓氏	山腰	前黄	涂岭	界山	南埔	后龙	峰尾	合计	全国人口数（万人）	中华姓氏排名	郡望
100	姜	6	2	3	4		2	5	22	460	50	天水
101	汤	3	2	2	5	3	5	2	22	2000	101	中山
102	谭	6	4	3	1	2	2	3	21	370	67	广平
103	甘	8	1	3	4	1	1	2	20	84	155	渤海
104	侯	4		22	1		1	7	35	300	77	上谷
105	金	1	1	1	3	8		4	18			彭城
106	秦	3	2	4	3	4	1	1	18	320	74	天水
107	石	4	2	3		4	1	4	18	360	71	武威
108	兰	1	4		4	4	3	1	17	84	154	中山
109	易	6	2	1	1	3	3	1	17	70	106	太原
110	史	2	1	2	2	3	3	3	16	250	85	京兆
111	夏	7	2	1	1	2		3	16	370	66	会稽
112	向	2	2	4	3		2	3	16	140	124	河南
113	佘	2			4	1		8	15	31	242	新郑
114	覃	6	1	2	2		2	2	15	130	129	
115	莫	4	2	4	2		1	1	14	190	105	钜鹿
116	尹	3	2	1	2	1	2	3	14	220	95	天水
117	龚	1	4	2	3	1	2		13	200	100	武陵
118	贺	4	2	1		3	2	1	13	220	93	广平
119	陶	1		4	2	5	1		13	200	102	济阳
120	文	5	2	1	1	2		2	13	170	109	雁门
121	段	3	2	2	2		1	2	12	270	81	京兆
122	雍			11			1		12	600	38	京兆
123	于	2		1		5	2	2	12	600	38	河内
124	万	3	1	3	3		1		11	240	88	扶风
125	左	4	1	4	1		1		11	97	141	济阳

续表　　单位：人

序号	分布／人口数／姓氏	山腰	前黄	涂岭	界山	南埔	后龙	峰尾	合计	全国人口数（万人）	中华姓氏排名	郡望
126	艾	3		4	1			2	10	40	215	天水
127	付	1	1	3		1	3	1	10			
128	焦		1	5		1		3	10	115	132	中山
129	聂	2	5		1		2		10	140	122	河东
130	饶	1	2		2	2	3		10	72	172	平阳
131	祝	6	1			2		1	10	111	135	太原
132	池	1	1	1	3	2	1		9	34	232	西河
133	崔		1	1	3	1	3		9	421	58	博陵
134	官	1	2	3	1	2			9	28	255	
135	吉	3	1		1	3	1		9	49	195	冯翊
136	齐	3	3	1		1	1		9	140	123	汝南
137	童	2	2	1			2	2	9	83	158	雁门
138	卜	1	1			1	3	2	8	72	170	西河
139	贾	3	2	1		1		1	8	370	69	武威
140	凌	2		1	1	2	1	1	8	71	174	河间
141	潭	1	1		2	2	1	1	8			
142	武	2				2	1	3	8	220	91	
143	白	3	1	1		1	1		7	280	79	南阳
144	葛	3	1			1		2	7	140	126	顿丘
145	孔			1	5		1		7	270	83	东鲁
146	篮	1	1	2	1	2			7			
147	芦	2		3			2		7	98	140	
148	邵	3		2		1	1		7	270	84	博陵
149	盛		2	3		2			7	70	175	汝南
150	翟	3	1			2	1		7	140	120	南阳
151	鲍	2		1		2	1		6	67	179	晋阳

续表 单位：人

序号	分布 人口数 姓氏	山腰	前黄	涂岭	界山	南埔	后龙	峰尾	合计	全国人口数（万人）	中华姓氏排名	郡望
152	辞	2			3	1			6			
153	桂	2			2		2		6	39	218	天水
154	华	1				3	1	1	6	67	180	武陵
155	季	2			1		3		6	96	142	渤海
156	揭	2		2			2		6	28	253	
157	练	1		1		2		2	6	29	251	
158	蒙		2		1		2	1	6	47	200	
159	代	3	1			1			5			
160	古	1			1		3		5	46	204	
161	郝		2				1	2	5	270	82	太原
162	简	2			1	2			5	55	188	范阳
163	蓝				5				5	140	121	汝南
164	鲁	1		2	2				5	150	115	扶风
165	梅	2	1			2			5	83	157	
166	孟	1	1	1	1		1		5	330	73	平陆
167	年	2			1	2			5			怀远
168	浦	1	1	1	1	1			5			
169	容		3		2				5			敦煌
170	色			4		1			5			
171	郇	2		2			1		5	52	194	太原
172	项	1	2			1		1	5	53	192	辽西
173	邢	3			2				5	140	118	河间
174	应	4				1			5	30	247	汝南
175	虞		1		1	2		1	5	31	244	陈留
176	成			1		2		1	4	72	171	上谷
177	苻（符）			1				3	4			琅琊

续表

单位:人

序号	人口数分布 / 姓氏	山腰	前黄	涂岭	界山	南埔	后龙	峰尾	合计	全国人口数(万人)	中华姓氏排名	郡望
178	耿	2		1		1			4	99	139	高阳
179	苟			1		1		2	4	33	237	
180	关	2			1			1	4	117	131	陇西
181	尖	1	2					1	4			
182	邝	1				3			4	24	264	
183	乐	1			2		1		4	19	279	南阳
184	泮	1		3					4			
185	冉	1	1			1	1		4	67	178	武陵
186	舒	2		1			1		4	80	164	
187	滕	2				1	1		4	78	167	南阳
188	尧			4					4			
189	喻				1	2		1	4	58	184	江夏
190	敖	1		1				1	3	25	261	谯国
191	班			2		1			3			扶风
192	边					2		1	3	34	234	陇西
193	布	1			2				3			
194	藏(臧)	2			1				3	31	241	东海
195	常		1				1	1	3	240	87	平原
196	车		1				1	1	3	54	191	京兆
197	封			2		1			3	27	257	
198	管	1		1		1			3	95	143	
199	暨	1				2			3			渤海
200	敫		3						3			
201	糠				1	1	1		3			
202	穆			1			2	1	3	45	206	河南
203	倪						2		3	140	116	千乘

续表

单位:人

序号	分布 人口数 姓氏	山腰	前黄	涂岭	界山	南埔	后龙	峰尾	合计	全国人口数(万人)	中华姓氏排名	郡望
204	宁			2	1				3	71	173	齐郡
205	皮				1		2		3			天水
206	屈	1					1	1	3	62	182	
207	水	3							3			吴兴
208	粟					2		1	3			
209	索			1			2		3			武威
210	郜	1				2			3			平卢
211	土					2	1		3			
212	巫	1		1		1			3	25	260	平阳
213	鄞	3							3			
214	湛	1	1			1			3			豫章
215	卞	1		1					2	31	243	济阳
216	岑	2							2	34	235	南阳
217	柴	1				1			2	135	127	平阳
218	谌	1				1			2			
219	楚					2			2	28	252	
220	单	1			1				2	68	177	
221	东				1	1			2			
222	番			1				1	2			
223	樊			1				1	2	170	107	
224	公							2	2	15	296	
225	顾	1				1			2	230	89	武陵
226	海				2			2				
227	红			1		1		2				平昌
228	蕉					2			2			
229	景		1		1				2	44	209	

续表

单位：人

序号	人口数分布 / 姓氏	山腰	前黄	涂岭	界山	南埔	后龙	峰尾	合计	全国人口数（万人）	中华姓氏排名	郡望
230	匡			1		1			2	30	248	晋阳
231	拉	2							2			
232	冷	2							2	30	246	
233	栾	2							2	36	226	西河
234	明				1			1	2	19	282	吴兴
235	铙		2						2			
236	牛		1		1				2	200	98	陇西
237	农			1	1				2	33	236	雁门
238	盘	1				1			2			
239	庞					1		1	2	140	117	始平
240	蒲					2			2	55	186	
241	普		1					1	2			
242	乔			1		1			2	170	108	
243	庆	1						1	2			
244	全			2					2	36	228	京兆
245	阙	1		1					2			
246	商	2							2	32	240	
247	尚	1					1		2	102	137	上党
248	司						1	1	2	48	198	
249	危	1						1	2			汝南
250	伟			2					2			
251	五			1		1			2			
252	奚					2			2	19	281	谯国
253	席				1		1		2	47	201	安定
254	修	2							2			
255	鄢				1		1		2	39	217	

续表

单位:人

序号	分布 / 人口数 / 姓氏	山腰	前黄	涂岭	界山	南埔	后龙	峰尾	合计	全国人口数(万人)	中华姓氏排名	郡望
256	殷			1	1				2	170	111	汝南
257	岳			1				1	2	72	169	
258	支	1			1				2			
259	阿							1	1			
260	安					1			1	170	110	武陵
261	巴			1					1			高平
262	邦					1			1			
263	笔					1				1		
264	毕		1						1	99	138	河南
265	闭					1			1			
266	宾		1						1			
267	博		1						1			
268	補						1		1			
269	查	1							1			
270	察			1					1	68	176	
271	朝				1				1			
272	仇						1		1	29	250	平阳
273	储				1				1	23	267	
274	褚				1				1	36	225	河南
275	聪				1				1			
276	丛	1							1	34	233	
277	狄				1				1			天水
278	帝				1				1			
279	刁							1	1	30	245	弘农
280	藩		1						1			
281	芳			1					1			

续表

单位:人

序号	人口分布数 姓氏	山腰	前黄	涂岭	界山	南埔	后龙	峰尾	合计	全国人口数（万人）	中华姓氏排名	郡望
282	费				1				1	47	199	江夏
283	峰				1				1			
284	柑		1						1			
285	宫	1							1	44	208	太原
286	贯				1				1			
287	哈						1		1			长葛
288	河					1			1			
289	后							1	1			东海
290	霍			1					1	81	160	太原
291	姬		1						1	44	207	南阳
292	戢		1						1			
293	冀						1		1	16	294	渤海
294	蹇			1					1			
295	解				1				1	55	185	
296	晋						1		1			
297	琚				1				1			
298	科					1			1			
299	郎			1					1	34	231	中山
300	狼						1		1			
301	吏						1		1			
302	廉	1							1	16	290	河东
303	娄	1							1	35	229	
304	庐			1					1			
305	茅	1							1			
306	米				1				1	43	210	京兆
307	免				1				1			
308	闵						1		1	52	193	陇西

续表 单位：人

序号	姓氏＼人口数＼分布	山腰	前黄	涂岭	界山	南埔	后龙	峰尾	合计	全国人口数（万人）	中华姓氏排名	郡望
309	裴							1	1	83	156	
310	盆						1		1			
311	漂				1				1			
312	平			1					1			河内
313	漆					1			1			
314	谯					1			1			京兆
315	青						1		1			
316	卿			1					1			
317	区	1							1			
318	曲					1			1	88	148	
319	权					1			1			天水
320	仁		1						1			
321	汝							1	1			天水
322	桑			1					1	26	259	
323	筛				1				1			
324	山					1			1			河南
325	上					1			1			
326	射			1					1			
327	申					1			1	140	125	
328	释					1			1			
329	守					1			1			
330	枢				1				1			
331	霜			1					1			
332	特					1			1			
333	庭					1			1			
334	瓦				1				1			
335	湾				1				1			

续表

单位：人

序号	分布 人口数 姓氏	山腰	前黄	涂岭	界山	南埔	后龙	峰尾	合计	全国人口数（万人）	中华姓氏排名	郡望
336	旺						1		1			
337	伪				1				1			
338	卫					1			1	55	187	河东
339	喜							1	1			
340	霞		1						1			
341	吓			1					1			
342	闲		1						1			
343	香				1				1			
344	翔	1							1			
345	小							1	1			
346	晓			1					1			
347	刑				1				1			
348	杏			1					1			
349	褶							1	1			
350	旋					1			1			
351	荀			1					1			
352	闫（阎）				1				1			太原
353	岩				1				1			
354	彦				1				1			
355	晏	1							1	47	202	齐国
356	燕		1						1	26	258	
357	扬					1			1			
358	阳			1					1	49	197	陇西
359	伊			1					1			
360	阴	1							1			
361	银	1							1			
362	茚					1			1			

续表

单位：人

序号	人口数分布 / 姓氏	山腰	前黄	涂岭	界山	南埔	后龙	峰尾	合计	全国人口数（万人）	中华姓氏排名	郡望
363	邮					1			1			
364	渊				1				1			
365	元							1	1			河南
366	原			1					1	25	262	
367	院					1			1			
368	云			1					1			琅琊
369	扎			1					1			
370	真					1			1			
371	衷					1			1			
372	桌							1	1			
373	宗				1				1	22	268	
374	佐			1					1			

注：本表根据2009年泉州市泉港区公安分局户籍数据统计,与志中数据不一致。

泉港80个世居村姓分布及人口统计表

表二　　单位:人

序	姓	山腰	前黄	涂岭	界山	南埔	后龙	峰尾	总数
	合计	60907	42775	54850	52494	73707	46834	54989	386556
1	陈	1666	1634	11349	16418	14775	18179	3971	67992
2	林	304	1413	2977	12918	13281	4920	12428	48241
3	庄	35624		112		31	16	932	36715
4	刘	147	284	1454	20	3042	10541	15257	30745
5	连	10	17536		61	640			18247
6	张	2845	3035	3131	1212	1195	3123	1613	16154
7	黄	65	5362	5760	153	144	2450	1928	15862
8	郑	4334	1176	2425	379	613	1020	5140	15087
9	郭	2934		28	110	98	2164	9288	14622
10	吴		813	3774	5168	4230	176		14161
11	王		186	4294	87	5738	1995	138	12438
12	萧	23	22	146		11553	148	36	11928
13	柯			203	4047	4130			8380
14	朱		4542	1508	1089			1057	8196
15	钟	7007							7007
16	潘			1219	4990				6209
17	邱		231	83	2122	2767		20	5223
18	蔡		1546	1289	39	2117			4991
19	施			55	500	4410			4965
20	许	124	955	1071	323	51	1700		4224
21	叶	2968		404					3372
22	李	5	1265	1440	460			94	3264
23	房							2530	2530
24	出		20	2425					2445

续表 单位:人

序	姓	山腰	前黄	涂岭	界山	南埔	后龙	峰尾	总数
25	柳			311		1861			2172
26	何	26		1781		251			2058
27	唐	1670						151	1821
28	曾		176	1260		136			1572
29	杨		173	203	294	382	80	55	1187
30	詹		41	162		969			1172
31	任	67		1059				41	1167
32	周	43		1020	3		26		1092
33	沈				1020				1020
34	谢	55	450	169	11	125			810
35	麦					775			775
36	陆		503	260					763
37	高	311	40	305	55				711
38	方	20	592	90					702
39	程	500	56			20			576
40	赵		230	183	108	16		10	547
41	蒋			160	383				543
42	廖			520					520
43	徐			121	300				421
44	赖			343					343
45	汪			190	23	106			319
46	章			245					245
47	翁			222		5			227
48	梁		100	120					220
49	姚	156		30					186
50	卢			3				178	181
51	孙			178					178
52	颜		90	83					173

续表　　　　　　单位:人

序	姓	山腰	前黄	涂岭	界山	南埔	后龙	峰尾	总数
53	温			87		80			167
54	洪			93			70		163
55	卓						155		155
56	胡		96	55					151
57	涂						71	55	126
58	吕			125					125
59	江		106	18					124
60	辛		102						102
61	苏			40	50				90
62	康					76			76
63	余							67	67
64	韩			63					63
65	辜				40	15			55
66	马			50		3			53
67	毛					50			50
68	魏			48					48
69	钱				43				43
70	董				38				38
71	尤			37					37
72	佘				30				30
73	杜			25					25
74	侯			19					19
75	田					12			12
76	丁			11					11
77	陶					10			10
78	雍			8					8
79	邹			6					6
80	应	3							3

注：本表根据2013年第二次全区审核时区内80个世居姓上报数据统计。

泉港各村姓迁入情况一览表

表三

姓氏	迁入时间	从何处迁入	迁居何处
西晋			
林氏	西晋		晋安
唐			
康氏	大历年间（766—779 年）	莆田	南埔镇先锋村后坑
蔡氏	大中年间(847—860 年）	莆田	十都（今属南埔镇）
郭氏	大顺元年(890 年）	光州固始	山腰街道龙山村前郭
谢氏	唐末	光州固始	今涂岭镇菱溪村谢庄(已废）
郑氏	唐末	光州固始	十都（今属南埔镇）
陈氏	唐末	光州固始	十都（今属南埔镇）
庄氏	唐末	永春	古县龙田（今属前黄镇）
宋			
卢氏	北宋开宝三年(970 年）	南安	峰尾镇诚平村卢厝
黄氏	北宋元祐六年（1091 年）	莆田前黄	前黄镇前黄村
蔡氏	宋崇宁年间（1102—1106 年）	仙游县枫亭镇	前黄镇香芹村
邱氏	北宋年间(960—1127 年）	泉州清源	南埔镇邱厝村
王氏	北宋末年（1127 年）	莆田	南埔镇沙格村
林氏	南宋绍兴元年（1131 年）	莆田阳城北螺	后龙土坑东坑尾转田里上坑
麦氏	南宋绍兴元年（1131 年）	广东顺德	南埔镇仑头村杨厝
吴氏	南宋乾道二年（1166 年）	莆田水南	界山镇狮东村东吴
林氏	南宋淳熙年间（1174—1189 年）	惠安城关锦水村	峰尾镇诚平村打银
林氏	南宋庆元年间（1195—1200 年）	莆田	界山镇槐山村
连氏	南宋嘉泰年间（1201—1204 年）	仙游唐安连坂	前黄镇坝头
陈氏	南宋宝庆元年（1225 年）	莆田湖柄	南埔镇沙格村

续表

姓氏	迁入时间	从何处迁入	迁居何处
郭氏	南宋景定五年（1264 年）	仙游碧溪	峰尾镇郭厝村
林氏	南宋咸淳年间（1265—1274 年）	广东增城县	南埔镇南埔村
陈氏	南宋祥兴元年（1278 年）	莆田阔口	界山镇东张
陈氏	南宋祥兴二年（1279 年）	兴化莆田	后龙镇割山、田里村
邱氏	宋代	泉州	界山镇玉湖村青枫林
郑氏	宋代	仙游园庄上坂村	界山镇岭头村郑厝
黄氏	宋代	仙游街尾	涂岭镇路口村
柳氏	宋代	莆田忠门	南埔镇柳厝村
沈氏	宋代	漳州诏安	峰尾镇奎璧村西宅（西宅村沈郑）
温氏	宋末	惠安洛阳	南埔镇塘头村料仔
徐氏	南宋末年		涂岭镇路口村
		元	
郑氏	元初	莆田	前黄镇凤山村坑边
施氏	元初	福清	南埔镇施厝
林氏	元元贞元年（1295 年）	莆田东林村	南埔镇施厝村蔡宅
黄氏	元大德四年（1300 年）	莆田黄巷村	涂岭镇清美村
蔡氏	元天顺元年（1328 年）	莆田东沙	南埔镇先锋村港墘
黄氏	元至顺元年（1330 年）		峰尾镇诚峰村
陈氏	元至正元年（1341 年）	晋江南厢	界山镇大前村
陈氏	元至正十三年（1353 年）	河南	山腰街道陈庄
高氏	元代	晋江安海	山腰街道海滨村埕边
叶氏	元末	仙游古濑	山腰街道叶厝村
张氏	元末	永福县二十九都月洲村	前黄镇后张村
		明	
张氏	元末明初	仙游县园庄东坪前张	峰尾镇郭厝村大安埔

续表

姓氏	迁入时间	从何处迁入	迁居何处
郑氏	元末明初	南安鳌山洪山乡	前黄镇凤北村洪诰
潘氏	明初	仙游县仙溪底	界山镇河阳、鹅头村
陈氏	明初	莆田	前黄镇凤林村刈林
林氏	明洪武初年	莆田池头埔上	前黄镇龙田村
林氏	明洪武二年（1369 年）	莆田贤良港	界山镇岭头村
张氏	明洪武三年（1370 年）		南埔镇先锋村登龙
郑氏	明洪武三年（1370 年）	兴化府莆田吉蓼	山腰街道荷池村
施氏	明洪武三年（1370 年）	晋江龙湖前港村	南埔镇施厝村
萧氏	明洪武七年（1374 年）	莆田岱石	南埔镇萧厝村
张氏	明洪武十五年（1382 年）	莆田横塘村	后龙镇上西村
出氏	明洪武二十六年（1393 年）	福州中卫街	后龙镇上西村 转迁涂岭镇小坝村洪厝坑
林氏	明洪武年间（1368—1402 年）	莆田阳城	界山镇玉湖村 青枫林转迁玉山村羊角山
辜氏	明洪武年间		界山镇下朱村
刘氏	明洪武末年	惠安辋川下江	峰尾镇诚峰村
庄氏	明永乐初年	泉州洛阳桥南琯头村	山腰街道锦山(旧名前蔡)
林氏	明永乐初年	泉州花巷井亭	前黄镇凤安村安兜
陈氏	明永乐二年(1404 年)	延平府金沙县益丰街	后龙镇许厝埭北
刘氏	明永乐二年(1404 年)	莆田秀屿	后龙镇土坑村
陈氏	明永乐八年(1410 年)	莆田阔口	南埔镇凤翔村田头
吴氏	明永乐十八年(1420 年)	莆田东吴吉蓼	南埔镇仙境村
吴氏	明永乐十八年(1420 年)	莆田赤石	峰尾镇诚平村打银
朱氏	明永乐十九年(1421 年)	仙游枫亭朱寨	涂岭镇芦朴村西仁
朱氏	明永乐二十二年(1424 年)	仙游朱寨	前黄镇三朱村

续表

姓氏	迁入时间	从何处迁入	迁居何处
蔡氏	明永乐年间(1403—1424 年)	莆田东沙	南埔镇塘头村
郑氏	明永乐年间	洛阳白沙	峰尾镇峥嵘村
柯氏	明永乐年间	仙游	南埔镇柯厝村
王氏	明正统年间(1436—1449 年)	仙游园庄	山腰街道龙山村刘厝头
张氏	明天顺六年(1462 年)	安徽庐州六安县	南埔镇先锋村林头
杨氏	明弘治十三年(1500 年)	?	前黄镇香芹村前炉
詹氏	明弘治年间(1488—1505 年)	泉州清源山	涂岭镇溪西村
陈氏	明正德元年(1506 年)	惠安辋川侯卿	涂岭镇菱溪埕尾埔
王氏	明正德五年(1510 年)	莆田	后龙镇峰前村
陈氏	明正德十二年(1517年)	莆田阔口	南埔镇天竺村埭头
张氏	明嘉靖五年(1526 年)	莆田武盛里赤岐塘下村	山腰街道普安村
钟氏	明嘉靖六年（1527 年）	安溪善坛	山腰街道钟厝村
周氏	明嘉靖九年（1530 年）	惠安辋川京山村	涂岭镇丘后村下林
林氏	明嘉靖十五年（1536 年）	惠安水锦村	峰尾镇诚平村后山
任氏	明嘉靖三十九年（1560 年）	惠安辋川镇后任	涂岭镇驿坂村虎穴组
房氏	明嘉靖三十九年（1560 年）	清河流域	峰尾镇前亭村
蔡氏	明嘉靖年间	莆田东沙三房	前黄镇龙田村、南埔镇南埔村、涂岭镇芦朴村、涂岭村
黄氏	明嘉靖年间	惠安县辋川峰崎承天	涂岭镇丘后村
林氏	明嘉靖年间	仙游县园庄	涂岭镇寨后村后窟
卓氏	明万历元年（1573 年）	莆田秀屿营边	后龙镇后墘村梅林
方氏	明万历二年（1575 年）	莆田黄石下洋	前黄镇龙田村霞仁美方厝
蔡氏	明万历初年	泉州鲤城花巷	前黄镇三朱村田厝
张氏	明万历二十八年（1600 年）	惠安洛阳陈三坝河	涂岭镇下炉村水曲

续表

姓氏	迁入时间	从何处迁入	迁居何处
朱氏	明万历年间（1573—1619 年）	仙游县赖店玉墩古洋	界山镇东凉村赤屹仔
黄氏	明万历年间（1573—1619 年）	惠安县东园内厝外庭房	涂岭镇芦朴村
李氏	明万历年间（1573—1619 年）	惠安北门李厝	前黄镇凤北村港墘
李氏	明万历年间（1573—1619 年）	泉州	涂岭镇松园村垄尾
吴氏	明万历年间（1573—1619 年）	惠安县大吴村(今属东桥镇)	涂岭镇、前黄镇部分村落
陈氏	明万历年间(1573—1619 年)	惠安县辋川侯卿	涂岭镇前欧、菱溪村
程氏	明万历年间(1573—1619 年)	泉州北门	山腰街道新宅村山前
陈氏	明万历年间(1573—1619 年)	兴化莆田竹林	后龙镇后墘村林里
陈氏	明万历年间(1573—1619 年)	兴化涵口	涂岭镇黄田村
陈氏	明万历年间（1573—1619 年）	惠安洛阳白沙	界山镇玉山村
蔡氏	明天启三年（1623 年）	莆田东沙二房	涂岭镇秀溪村岑兜
李氏	明天启三年（1623 年）	惠安北门	界山镇界山村南山
杨氏	明天启年间（1621—1627 年）	晋江梧坑	涂岭镇下炉村梧厝
刘氏	明崇祯五年（1632 年）	惠安洛阳白沙	前黄镇三朱村东头埔转迁田厝
许氏	明崇祯年间（1628—1644 年）	莆田仙游	后龙镇许厝村
任氏	明崇祯年间	惠安辋川后任	涂岭镇溪西村
黄氏	明代	惠安锦田	前黄镇许厝村前厝
蒋氏	明代	泉州树梲	涂岭镇松园村
黄氏	明代	泉州、洛阳、浙江苍南	涂岭镇涂岭村亭铺、林角、新街
尤氏	明代	泉州菜巷	涂岭镇松园村洋尾
邹氏	明代		涂岭镇山外转迁秀溪村
张氏	明代	惠安东湖（今属东桥镇）	涂岭镇涂岭村东湖
张氏	明代	惠安县城东门街	峰尾镇郭厝村后埭仔

续表

姓氏	迁入时间	从何处迁入	迁居何处
蔡氏	明代中叶	莆田东沙三房	前黄镇龙田、南埔镇南埔、涂岭镇芦朴、涂岭等村
刘氏	明代中叶	莆田秀屿	南埔镇凤翔村文坂
陈氏	明末	莆田阔口	上西村后张
温氏	明末	惠安涂寨许堂温厝	涂岭镇溪西村下溪西
张氏	明末	惠安张坑	涂岭菱溪转迁山尾
黄氏	明末	泉州	涂岭镇驿坂后田角
唐氏	明末	江西莱宅	山腰街道新宅村
方氏	明末	惠安螺城后方村	涂岭镇黄田村南埔
吴氏	明末	东吴张坑海拢三房	前黄镇凤北村后宅
杨氏	明末		前黄镇前烧村峰张
陆氏	明末清初	惠安辋川许厝	涂岭镇樟脚村陆厝、前黄镇前烧村光洋
吴氏	明末清初	惠安螺阳镇盘龙	前黄镇前烧村
翁氏	明末清初	仙游十二路岭北	涂岭镇丘后村下林
陈氏	明末清初	惠安南门外新亭尾	前黄镇坑内村
李氏	明末清初	惠安北门	涂岭镇清美村
邱氏	清顺治五年（1648 年）	泉州潘山	前黄镇古县村溪古
蔡氏	清顺治十年（1653 年）	晋江	前黄镇古县村东庄蔡厝
黄氏	清顺治十八年（1661 年）	张坂锦田内后边	涂岭镇陈田
吴氏	清顺治年间（1644—1661 年）	仙游钟山三角埕	涂岭镇秀溪村半岭
朱氏	清康熙十年（1671 年）	泉州东岳	前黄镇古县村土仁
李氏	清康熙二十年（1681 年）	惠安北门	前黄镇古县村
陈氏	清康熙三十七年（1697 年）	惠安东园埭（一说漳州圳尾）	涂岭镇樟脚村
施氏	清康熙三十九年（1700 年）	惠安洛阳白沙	涂岭镇白潼村
郑氏	清康熙四十三年（1704 年）	仙游县枫亭下街	前黄镇龙田村隔壁

续表

姓氏	迁入时间	从何处迁入	迁居何处
陈氏	明嘉靖年间(1522—1566 年)	惠安东岭羊西坑(今东桥镇)	涂岭镇世上村
苏氏	清康熙四十九年（1710 年）	惠安东园门头苏坑	涂岭镇路口村
钱氏	清康熙五十四年（1715 年）	惠安城关	界山镇玉湖村大店
唐氏	清康熙年间（1622—1722 年）	晋江南门外樟林乡	山腰街道普安村后亭金山
黄氏	清康熙年间	南安县卢口村	后龙镇坑仔底村虎石
林氏	清康熙年间	惠安辋川峰崎	涂岭镇驿坂村街尾草埔
陈氏	清康熙年间	惠安紫山林口	涂岭镇溪西村
杨氏	清康熙年间	仙游郊尾杨寨	界山镇岭头村海头
辛氏	清康熙年间	安溪	前黄镇香芹村
韩氏	清雍正七年（1729 年）	漳州南靖	涂岭镇前欧村乌面宫
曾氏	清乾隆初年	惠安东岭后曾	涂岭镇松园村
黄氏	清乾隆二十二年(1757 年)	泉州开元	界山镇玉山村铁钉埕
赵氏	清乾隆二十五年（1760 年）	仙游园庄东林村	界山镇界山村南山、仙游园庄赵厝村、涂岭镇寨后村
郭氏	清乾隆四十五年（1780 年）		惠安县百崎峰尾镇诚峰村
曾氏	清乾隆四十五年（1780 年）	惠安洛阳屿头	前黄镇香芹村许厝斗
章氏	清乾隆六十年（1795 年）	福建浦城县城	涂岭镇涂岭村
胡氏	清乾隆年间	泉州东海	前黄镇凤安村前埔
周氏	清嘉庆初年	福州	涂岭镇路口村
徐氏	清嘉庆二十年（1815 年）	惠安洛阳	界山镇鸠林村南庄徐厝
朱氏	清嘉庆二十一年(1816 年)	莆田白沙	涂岭镇白潼白水岭、界山镇玉山铁钉埕
廖氏	清嘉庆二十五年（1820 年）	永春湖洋大坑内	涂岭镇秀溪村岑兜
施氏	清嘉庆年间（1796—1820 年）	晋江	界山镇鸠林村南庄
郑氏	清嘉庆年间	仙游县郊尾镇	峰尾镇诚峰村
陈氏	清嘉庆年间	漳州圳尾	涂岭镇樟脚村

续表

姓氏	迁入时间	从何处迁入	迁居何处
程氏	清嘉庆年间	惠安辋川许埭	前黄镇香芹村
周氏	清嘉庆年间	惠安破溪兜门宫	涂岭镇涂型村
苏氏	清道光八年（1828 年）	仙游园庄	界山镇鸠林村港西
吴氏	清道光十年（1830 年）	惠安县东岭大吴	前黄镇龙田村白鸽林
谢氏	清道光十八年（1838 年）	惠安洛阳白沙	界山镇玉山村羊角山
张氏	清道光二十年（1840 年）	惠安涂寨	涂岭镇涂岭村洋尾
董氏	清道光二十八年（1848 年）	惠安县洛阳镇白沙	界山镇玉山村羊角山
张氏	清道光三十年(1850 年）	惠安东岭后曾	前黄镇香芹村
杨氏	清道光年间（1821—1850 年）	惠安县洛阳白沙村西方	界山镇玉山村铁钉埕、鸠林村南庄、南埔镇先锋村登龙、塘头村料仔
林氏	清道光年间	惠安水锦村	涂岭镇涂岭村顶打珠
杨氏	清同治九年（1870 年）	仙游园庄后蔡	南埔镇天竺村埭上
王氏	清同治年间（1862—1874 年）	惠安洛阳上曾	涂岭镇溪头村南田
柯氏	清光绪四年（1878 年）	仙游县唐安乡连江里后榄村	涂岭镇秀溪村棋盘
高氏	清光绪十年（1884 年）	漳州尾篮村	涂岭镇五社村八担
杨其忠	清光绪二十二（1896 年）	惠安洛阳吉贝厝村	后龙镇后田村
周氏	清光绪三十年（1904 年）	惠安龙盘铺霞象村	后龙镇土坑村
魏氏	清光绪年间（1875—1908 年）	泉州	涂岭镇小坝村
郑氏	清初	惠安县黄塘仕美村	涂岭镇白潼村白水
陈氏	清初	惠安辋川侯卿	山腰街道新宅村土庄
郑氏	清初	惠安县洛阳白沙	涂岭镇白潼村
郑氏	清初	台湾云林(原籍厦门同安)	山腰海滨村崇福
施氏	清初	晋江衙口	涂岭镇樟脚村
周氏	清初	永春	涂岭镇黄田村
廖氏	清初	南安埔仔（一说安溪）	涂岭镇陈田村工部郎自然村

续表

姓氏	迁入时间	从何处迁入	迁居何处
许氏	清代	惠安涂寨山尾岭	山腰街道新宅村土庄
许氏	清代	仙游枫亭镇赤岭村	涂岭镇樟脚村
许氏	清代	惠安县科山脚	后龙镇柳亭村后柳
曾氏	清代	惠安县东岭后曾（今东桥镇）	涂岭镇松园村
梁氏	清代	惠安梁厝	前黄镇三朱村田厝
江氏	清代	惠安辋川下江	前黄镇香芹村、前烧村下后郭，涂岭镇小坝村新庄
马氏	清代	同安马巷	涂岭镇松园村
周氏	清末	惠安辋川许埭	山腰街道海滨村埕边
温氏	清末	惠安螺阳许塘	涂岭镇涂型村
陈氏	清末	惠安辋川三兴亭大石盘	涂岭白潼村后望、界山玉山村铁钉埕
蔡氏	清末		前黄镇凤安村社塘
王氏	清末	惠安洛阳	峰尾镇诚峰村
洪氏	清末	泉州涂门街	后龙镇柳亭村后柳
吴氏	清末	惠安县南门尾	南埔镇柳厝街
		民国	
林氏	民国初年	莆田湄洲	峰尾镇诚峰村
郑氏	民国初年	仙游县枫亭郊尾	峰尾镇诚峰村
何氏	民国初年	惠安辋川峰崎	涂岭镇涂岭村
林氏	民国七年（1918 年）	仙游枫亭镇学士街	界山镇界山村苍厝
郭氏	民国七年（1918 年）	仙游枫亭沧溪村	界山镇鸠林村港西
俞氏	民国九年（1920 年）	仙游海地	界山镇鸠林村南庄林厝
方氏	民国九年（1920 年）	福州	山腰锦山村细房
蔡氏	民国十四年（1925 年）	莆田东沙	界山镇鸠林村南庄草埔
毛白兔	民国十九年（1930 年）	惠安城关打铁巷毛厝	南埔镇柳厝

续表

姓氏	迁入时间	从何处迁入	迁居何处
王氏	民国二十二年（1933 年）	仙游枫亭耕丰垅底	界山村苍厝
陈氏	民国二十二年（1933 年）	惠安洛阳西风村	界山镇鹅头村
辜氏	民国二十七年（1938 年）	枫亭镇古霞村	界山镇槐山村
蔡氏	民国二十八年(1939 年)	莆田东沙	涂岭镇下炉村铺尾
何氏	民国二十九年(1940 年)	惠安辋川峰崎	山腰街道海滨村埕边
杜氏	民国二十九年(1940 年)	惠安后苏	涂岭镇下炉村水曲
蔡氏	民国二十九年(1940 年)	莆田东沙后厝	涂岭镇秀溪村棋盘
张氏	民国二十九年(1940 年)	惠安东岭张坑西湖	峰尾镇前亭村龙厝
张氏	民国二十九年(1940 年)	惠安东岭东湖村	涂岭镇清美村
杨氏	民国二十九年(1940 年)	莆田枫亭兰友街	南埔镇南埔村
黄氏	民国二十九年（1940 年）	莆田枫亭下桥	南埔镇天竺村林柄
赵氏	民国三十七年（1948 年）	山东莱阳	峰尾镇上楼村
共和国成立后			
郑氏	1949 年	福鼎	涂岭镇下炉村水曲
赵氏	1950 年	莆田忠门后秀村	南埔镇南埔村
洪氏	1951 年	惠安洛阳井吟	涂岭镇涂岭村旧街
杨氏	1953 年	仙游枫亭学士街	涂岭镇秀溪村桥头
辜氏	1954 年	惠安县龙盘铺霞象村	南埔镇南埔村
林氏	1955 年	莆田市灵川镇硎头村	涂岭镇白潼村白水岭
黄氏	1955 年	莆田	界山镇鹅头村加口
吴氏	1955 年	仙游县郊尾	界山镇鹅头村加口
杨氏	1958 年	惠安洛阳白沙	涂岭涂型村顶山
周氏	1962 年	莆田黄石下埭村	界山镇鸠林村南庄草埔
陶氏	1965 年	福鼎县	南埔镇柳厝村
陈氏	1967 年	惠安县辋川西街头	前黄镇前烧村峰张

续表

姓氏	迁入时间	从何处迁入	迁居何处
未知迁入时间			
陈氏		同安马巷	涂岭镇黄田村奄前
陈氏		晋江、南安	南埔镇南埔村山沟尾
陈氏		漳州	界山镇鸠林村南庄
陈氏		泉州菜巷	涂岭镇涂岭长箱
陈氏		兴化西亭	峰尾镇诚平村
张氏		南安坑仔	涂岭镇陈田坑仔
张氏		南安梅山镇埔仔村	涂岭陈田埔仔村
张氏		莆田忠门	界山镇岭头村浮洋
吴氏		漳州	涂岭镇小坝村
吴氏		仙游园庄	涂岭镇涂型村
郑氏		兴化府莆田吉蓼城	南埔镇仑头村张俱
郑氏		仙游园庄乡宫兜村井兜	界山镇鹅头村窑郑
郑氏		仙游园庄后埔山后埔城	涂岭镇寨后村店仔后
黄氏		惠安张坂锦田后边	涂岭镇清美村
王氏		惠安城关东门头	后龙镇后龙村礁头
许氏		惠安紫山半岭	前黄龙田许厝、涂岭陈田村后洋许厝、涂岭黄田村
许氏		惠东许山头东堡	后龙镇柳亭村后柳、前黄镇三朱村下宝、前烧村、涂岭镇涂岭村墩上
李氏		安溪湖头	涂岭镇陈田村
李氏		同安南山	峰尾镇诚平村打银
李氏		福清	涂岭镇丘后村
李氏		惠安	界山镇槐山村上庄
詹氏		安溪	南埔镇南埔村

续表

姓氏	迁入时间	从何处迁入	迁居何处
杨氏		惠安洛阳吉贝厝乡	南埔镇沙格村
杨氏		惠安县洛阳镇屿头	涂岭镇樟脚村小山
任氏		惠安辋川后任	山腰街道海滨村崇福
曾氏		惠安洛阳	涂岭镇驿坂
陆氏		辋川许厝	前黄镇前烧村光洋
蒋氏		莆田忠门外东吴冲	界山镇狮东村东吴蒋厝
赵氏		仙游园庄镇赵厝村	涂岭镇寨后村石峡里
谢氏		泉州金鱼巷	南埔镇天湖村白井谢厝
谢氏		泉州鸿内晋江洋尾	涂岭镇小坝村南型，涂岭村
谢氏		惠安涂寨谢厝	前黄镇前烧村，香芹村前炉
赖氏		晋江赖厝	涂岭黄田大安大仁
汪氏		惠安洛阳白沙	涂岭镇涂型村顶山
姚氏		?	山腰街道普安村店仔
姚氏		仙游	涂岭镇涂岭村
孙氏		辋川镇王孙岭	涂岭镇松园村和溜
赵氏			前黄镇三朱村芹坑
颜氏		永春	涂岭镇涂型村
吕氏		南安吕甲	涂岭镇路口村
辛氏		晋江长尾埔	前黄镇前烧村下后郭
涂氏		惠安螺城镇八间厝	后龙镇坑仔底村虎石
侯氏			涂岭镇大雾山
丁氏			涂岭镇泗州村
雍氏			涂岭
田氏			南埔镇先锋村
应氏			山腰街道海滨村

泉港古今乡里地名表

表四

古			今		
都	铺	乡里	今名	今村	今镇
三都	锦溪铺(部分。古三都,离城二十里)	试剑	试剑	试剑	辋川
		司口	司口	试剑	辋川
		溪西	溪西	溪西	涂岭
		岭内	岭下	五社	涂岭
		百担	八担	五社	涂岭
		山头			涂岭
		桥头	桥头	秀溪	涂岭
		溪头	溪头	丘后	涂岭
		墩园	墩园	丘后	涂岭
		郑厝			涂岭
		墓边	墓柄	五社	涂岭
		路园			涂岭
		草厝下			涂岭
		上黄	上黄	五社	涂岭
		顶上黄	顶上黄	五社	涂岭
		加田			涂岭
		涂坑仔			涂岭
		淡水坑			涂岭
		鹿窟			涂岭
		岭兜			涂岭
		埔头	埔头	丘后	涂岭
四都	驿坂急递	驿坂	驿坂	驿坂	
		酒店	酒店	驿坂	
		后浯	后吴	驿坂	
四都	驿坂急递(古三、四都,离城二十里)	菱溪			涂岭
		小坑			涂岭
		库内			涂岭
		山尾	山尾		涂岭
		涂门	土门林场		涂岭
		虎树头			涂岭
		岭顶			涂岭
		糖灶	糖灶	驿坂	涂岭
		北门头			涂岭
		后田角	后田角	驿坂	涂岭
		东合			涂岭
		石佛			涂岭
		后树			涂岭
		墓庵			涂岭
		巷仔	巷仔口	溪西	涂岭
		崔厝			涂岭
五都	承天铺(清代县志注古六都,离城二十五里)	承天	承天	梧山	辋川
		竹洋	竹洋	路口	涂岭
		路口	路口	路口	涂岭
		岗洋	光洋	前烧	前黄
		南封张	峰张	前烧	前黄
		上肖	前烧	前烧	前黄
		前洋	中、北、后洋	凤山	前黄

续表

古			今		
五都	承天铺	香芹	香芹	香芹	前黄
		后郭	顶后郭	前烧	前黄
		许厝斗	许厝斗	香芹	前黄
		华林			前黄
		前炉	前炉	香芹	前黄
		前孙			前黄
		吴山头	梧山	梧山	辋川
		路口庄	路口庄	路口	涂岭
		十八汾			涂岭
		五里松	五里松	路口	涂岭
		东宫			
		岭尾			
		后黄			
		院后			
		官林			
		下后郭	下后郭	前烧	前黄
		吴洋	梧洋	前欧	涂岭
	石江铺(离城二十里)	下江	下江	下江	辋川
		赵炉	赵炉	许厝	辋川
		法石			辋川
		下店			辋川
		下湖	下湖	许厝	辋川
		赖厝	赖厝	下江	辋川
		小山	小山	小山	辋川
		新村			辋川
		大林	大林	香芹	前黄
		埭上			辋川
五都	石江铺	四高			辋川
		过宅	过宅	小山	辋川
		后堡			
		路口	路口	路口	涂岭
		前店			
六都	福山铺(清代县志注古五都,离惠安县城二十里)	海头	钟厝	钟厝	山腰
		曾炉	曾炉	叶厝	山腰
		芳埭头	叶厝	叶厝	山腰
		石埁			山腰
		社兜			山腰
		新仓			山腰
		下莲	下莲	普安	山腰
		普安	普安	普安	山腰
		仙塘			山腰
		仪厝			山腰
		崇福	崇福	海滨	山腰
	鳌塘铺(古六都,离城二十五里)	埕边	埕边	海滨	山腰
		坑南			前黄
		芹坑			前黄
		东头埔		三朱	前黄
		完内		三朱	前黄
		前黄	前黄	前黄	前黄
		后林	后林	三朱	前黄
		后张	后张	后张	前黄
		山尾	山尾	普安	山腰
		鹳林	鹳林	凤林	前黄
		刘山	刘山	凤林	前黄

续表

古			今		
六都	鳌塘铺	溪古	溪古	古县	前黄
		下龙尾	下龙尾	龙田	前黄
		古县	古县	古县	前黄
		东仓	东庄	古县	前黄
		虎岩	虎岩	松园	涂岭
		西黄	西黄	前黄	前黄
		樟林	樟林	三朱	前黄
		北坑	北坑	后张	前黄
		石湖			前黄
		社仔	社仔	古县	前黄
		亭头	亭头	古县	前黄
		园林			前黄
		圆通寺		后张	前黄
		桥头			
		岭兜			
		輞仔			
		桥仔头			
		田厝	田厝	三朱	前黄
		土垅	土仁	芦朴	涂岭
		下井			
		大岸			
		赤涂		古县	前黄
		邱厝	邱厝	古县	前黄
		东头尾	东头尾	古县	前黄
		后埔	后埔		前黄
		翁厝	翁厝	古县	前黄
		艾山	艾山	古县	前黄

古			今		
六都	鳌塘铺	柯厝	柯厝	古县	前黄
		石门	石门	古县	前黄
七都	古楼铺(古七都，离城四十里)	坝头			前黄
		香林	朝林	坑内	前黄
		文坂	文坂	凤翔	南埔
		虎石	虎石	坑仔底	后龙
		社塘	社塘	凤安	前黄
		坑边	坑边	凤山	前黄
		后山	后山	凤山	前黄
		前埔	前埔	凤安	前黄
		山头			前黄
		安兜	安兜	凤安	前黄
		坑内	坑内	坑内	前黄
		大厅	大厅	凤山	前黄
		楼上	楼上	凤山	前黄
		井亭	井亭	凤安	前黄
		湖内			前黄
		顶坑内	顶坑内	坑内	前黄
	安埕铺(含庐安铺和前程铺，离城三十五里)	前涂	前涂	新宅	山腰
		西蔡	西蔡	新宅	山腰
		新宅	新宅	新宅	山腰
		西吴	西吴	凤南	前黄
		蔡头	蔡头桥	凤南	前黄
		洪库	洪库	凤北	前黄
		墩上			前黄
		前程	前埕	锦塔	山腰
		下头	下头	埭港	山腰

续表

古			今		
七都	安埕铺	陈庄	陈庄	锦塔	山腰
		东边	前郭	龙山	山腰
		上郭	前郭	龙山	山腰
		前蔡		锦山	山腰
		埭仔		埭港	山腰
		下墩	下墩	凤山	前黄
		山前	山前	新宅	山腰
		山腰	锦山	锦山	山腰
		沟墘	后沟田墘		山腰
		孙厝			山腰
		港墘	港墘	凤北	前黄
		后厝	后厝	凤阳	前黄
		田墩	田墩	凤林	前黄
		楼厝头	刘厝头	龙山	山腰
		下边			
		涂村	土庄	新宅	山腰
		后宅	后宅	凤北	前黄
		外厝			
八都	蔡林铺(古八都,含荻林铺和下蔡铺。离城五十里)	郭厝	郭厝	郭厝	峰尾
		何厝	瓦厝	荷池	山腰
		后柳	后柳	柳亭	后龙
		西张	西张	坑仔底	后龙
		高厝		柳亭	后龙
		后陈	后亭	柳亭	后龙
		欧厝	欧厝	龙山	山腰
		后吴	后吴	柳亭	后龙
		下坑	下坑	郭厝	峰尾
八都	蔡林铺	大安	大安	郭厝	峰尾
		上坑		郭厝	峰尾
		尹厝	尹厝	奎壁	峰尾
		后黄	后黄	奎壁	峰尾
		西何	西华	联岩	峰尾
		后曾	后曾	联岩	峰尾
		沈郑	西宅	奎壁	峰尾
		龟鳖头	奎壁	奎壁	峰尾
		前营	峥嵘	峥嵘	峰尾
		西陈	西亭	联岩	峰尾
		港头	港头	联岩	峰尾
		上刘	上楼	上楼	峰尾
		金窟			峰尾
		前陈	前亭	前亭	峰尾
		潭边		前亭	峰尾
		下楼	下楼	诚平	峰尾
		杨厝	杨厝	郭厝	峰尾
		西宅	西宅	奎壁	峰尾
		庄厝	庄厝	奎壁	峰尾
		后埭	后埭仔	郭厝	峰尾
		东坑	东坑	联岩	峰尾
	后林铺(古八都,含前林铺和举厚铺,离城五十里)	前林		前亭	峰尾
		林柄		前亭	峰尾
		举厚		诚峰	峰尾
		厚美		诚平	峰尾
		城内	新街	诚平	峰尾
		大街	大街	诚平	峰尾

续表

古			今		
八都	后林铺	打银	打银	诚平	峰尾
		卢厝	卢厝	诚平	峰尾
		后山	后山	诚平	峰尾
九都	梅峰铺（古九都，含峰前铺和梅林铺，离城四十五里）	峰前	峰前	峰前	后龙
		肖厝	肖厝	萧厝	南埔
		吴厝	（废）	萧厝	南埔
		柯厝	柯厝	柯厝	南埔
		前亭	前亭	先锋	南埔
		登龙	丁龙	先锋	南埔
		西林	西龙	先锋	南埔
		方厝			南埔
		上西	上西	上西	后龙
		浦头			后龙
		大覩林			后龙
		竹头	竹头	涂坑	后龙
		莲坑			后龙
		鹳山	割山	割山	后龙
		坑头	坑头	后龙	后龙
		廖澳			后龙
		后宁	后龙	后龙	后龙
		礁头	礁头	后龙	后龙
		铁塘	企塘	坑仔底	后龙
		柳山头	柳山头	坑仔底	后龙
		杨厝后	杨厝后	坑仔底	后龙
		井安			后龙
		田里	田里	田里	后龙
		后张	后张	上西	后龙

古			今		
九都	梅峰铺	郑厝	郑厝	峰前	后龙
		前张	前张	峰前	后龙
		后房	后房	峰前	后龙
		坂上	坂上	峰前	后龙
		埭北	埭北	许厝	后龙
		许厝	许厝	许厝	后龙
		前厝	前厝	许厝	后龙
		铁坑	钱坑	涂坑	后龙
		梅林	梅林	后墩	后龙
		上林			后龙
		后田	后田	后田	后龙
		上坑	上坑	田里	后龙
		朴素	打厝	田里	后龙
		西吴			后龙
		白石安	白石安	东山	后龙
		东山	东山	东山	后龙
		涂坑	涂坑	涂坑	后龙
		白泉	白泉	后田	后龙
		林厝			后龙
		林里	林里	后墩	后龙
		蔡坑	蔡坑头	仙境	南埔
		彭厝	彭厝	坑仔底	后龙
		月林	梅林	后墩	后龙
十都	仙塘铺（古十都，离城五十里）	沙格	沙格	沙格	南埔
		前埔	前埔	先锋	南埔
		港墘	港墘	先锋	南埔
		后蔡	后蔡	先锋	南埔

续表

古			今		
十都	仙塘铺	许店	许店	沙格	南埔
		坑山			南埔
		后坑仔	后坑仔	先锋	南埔
		枫厝	枫厝	先锋	南埔
	东林铺(古十都,离城五十里)	东林		外厝	南埔
		林头	林头	先锋	南埔
		阿厝	柯厝	柯厝	南埔
		丘厝	邱厝	邱厝	南埔
		港口	邱厝	邱厝	南埔
		北網	柯厝	柯厝	南埔
		仑头	仑头	仑头	南埔
		山边	山边	仑头	南埔
		张具	张具	仑头	南埔
		鹳落		仑头	南埔
		垫仔		仑头	南埔
		外厝	外厝	外厝	南埔
		施厝	施厝	施厝	南埔
		坑墘			南埔
		西边	西枫	西枫	南埔
		杨厝	杨厝	仑头	南埔
		麦厝	麦厝	仑头	南埔
		蔡宅	蔡宅	施厝	南埔
	竹溪铺(古九都,离城五十里)	林柄	林柄	天竺	南埔
		仙境	仙境	仙境	南埔
		埭头	埭头	天竺	南埔
		后郑	后郑	天竺	南埔
		蒋厝			南埔

古			今		
十都	竹溪铺	枫林坑	枫林坑	柳厝	南埔
		上蔡	岭口	柳厝	南埔
		院前	院前	凤翔	南埔
		田头	田头	凤翔	南埔
		龙田	龙田	龙田	前黄
		穑上	世上	世上	涂岭
		夏芦	下炉	下炉	涂岭
		黄山郑	黄山郑	下炉	涂岭
		朴素	打厝	天湖	南埔
		柳厝	柳厝	柳厝	南埔
		山沟	山沟	南埔	南埔
十一、十二都	龙兴铺(即良兴铺,古十一都,离城五十里)	下朱	下朱	下朱	界山
		下梁	下凉尾	东凉	界山
		下梁庄	下凉	岭头	
		东潘	东潘	东凉	界山
		下戴		东凉	界山
		后郑			
		蒋厝	蒋厝	狮东	界山
		海尾	海尾	狮东	界山
		东吴	东吴	狮东	界山
		前潘	前潘	大前	界山
		后坑			
		大路	大路	大前	界山
		东乾			
		上仓	上庄	槐山	界山
		磁窑	槐窑	槐山	界山
		下窑	下窑	槐山	界山

续表

古			今		
十一、十二都	龙兴铺	岭头	岭头	岭头	界山
		前涂	前涂	岭头	界山
		前仍	前沁	南埔	南埔
		塘头	塘头	塘头	南埔
		埔尾	埔尾	天湖	南埔
		白井	白井	天湖	南埔
		后张尾	后张尾	天湖	南埔
		陈林			南埔
		南埔	南埔	南埔	南埔
		浮洋	浮洋	岭头	界山
		海头	海头	岭头	界山
		石牛	石牛	塘头	南埔
		村厝	苍厝	天湖	南埔
		后社			
		黄宅			
		赤屿仔	赤屿仔	东凉	界山
		后埭	后帝	东凉	界山
		厝场	厝场	东凉	界山
		崎尾	京尾	塘头	南埔
		梅山			
		山仔尾	山仔尾	南埔	南埔
		安兜			
		下岭头			
		楼仔下	楼仔下	东凉	界山
		潦仔	寮仔	塘头	南埔
		厝斗	厝斗	塘头	南埔
	添奇铺	东陈	东陈	玉湖	界山

古			今		
十一、十二都	添奇铺添奇铺（古十一都，离城五十里）	东张	东张	东张	界山
		潘厝	潘厝	河阳	界山
		徐厝	徐厝	鸠林	界山
		港西	港西	鸠林	界山
		南庄	南庄	鸠林	界山
		介乡	介山	界山	界山
		东丘	东丘	界山	界山
		小溪	秀溪	秀溪	涂岭
		西充	西清	白潼	涂岭
		白水	白水	白潼	涂岭
		上涂	前涂	清美	涂岭
		朴朱	顶下打珠	涂岭	涂岭
		阿厝		界山	界山
		苍厝	苍厝	界山	界山
		鹅头	鹅头	鹅头	界山
		沟口	沟口	鹅头	界山
		新东张	新东张	玉湖	界山
		打埔			界山
		南山	南山	界山	界山
		石寨			界山
		大路寨			界山
		踏店			界山
		大石			界山
		后墓	后望	白潼	涂岭
		羊角山	羊角山	玉山	界山
		铁钉墩	铁钉埕	玉山	界山

续表

古			今		
十一、十二都	添奇铺	陈同关	潼关	白潼	涂岭
		白水岭	白水岭	白潼	涂岭
		冠石		下炉	涂岭
		水窟	水窟	下炉	涂岭
		西蔡			涂岭
	涂岭急递	涂岭	涂岭	涂岭	涂岭
		埔上	埔上	涂岭	涂岭
		卢朴	芦朴	芦朴	涂岭
		上黄	上黄	松园	涂岭
		白岩			涂岭
		乌石	乌石	前欧	涂岭
		前欧	前欧	前欧	涂岭
		谢宅			涂岭
		泗洲	泗洲新村	涂岭	涂岭
		泮头			涂岭
		南墘			涂岭
		小坝	小坝	小坝	涂岭
		洪厝坑	洪厝坑	小坝	涂岭
		东坑	东坑	樟脚	涂岭
		黄田	黄田	黄田	涂岭
		陈田	陈田	涂型	涂岭
		寨后	寨后	寨后	涂岭
		涂营	涂型	涂型	涂岭
十三都	樟柿铺	溪东			涂岭
		派头			涂岭
		村尾			涂岭
		林角	林角	涂岭	涂岭

古			今		
十三都	樟柿铺（古十一都，离城三十里）	洋内			涂岭
		后垅			涂岭
		新桥	新桥	松园	涂岭
		东塘			涂岭
		长厢	长厢	涂岭	涂岭
		洋林			涂岭
		溪铺头			涂岭
		后铺			涂岭
		洗马池			涂岭
		宅内			涂岭
		过山			涂岭
		东吴	东吴	松园	涂岭
		西安	西安	松园	涂岭
		和溜	和溜	前欧	涂岭
		西吴	西吴	涂岭	涂岭
		新村	新村	小坝	涂岭
		汀垅			涂岭
		上柯			涂岭
		铜上			涂岭
		西垅	西仁	芦朴	涂岭
		员田	园头	秀溪	涂岭
		后头	后头	小坝	涂岭
		新街	新街	涂岭	涂岭
		古楼			涂岭
		洋尾			涂岭
		亭下			涂岭
		溪头			涂岭

续表

古			今		
十三都	樟柿铺	钱厝			涂岭
		竹溪			涂岭
十四都	黄田铺(部分)	尾岭			涂岭
		柯溪			涂岭
		后沈			涂岭
		洋朴			涂岭
		丘后			涂岭
		占厝			涂岭
		外库			涂岭
		白岩			涂岭
		蔡田	蔡田	黄田	涂岭
		宫边			涂岭
		岭兜			涂岭
		吴厝	吴厝	下炉	涂岭
		岭头	岭头	樟脚	涂岭
		石峡	石峡	寨后	涂岭
十四都	谷口铺(部分)	虎窟	虎窟	寨后	涂岭
		后店			涂岭
		埔上	埔上	涂岭	涂岭
		东坪	东坪		涂岭
		林坪头			涂岭
		东庄	东庄	樟脚	涂岭
		前吴			涂岭
		岭北	岭北		

注：1. 为统一图表，本资料以明代《惠安政书》之都铺为据，参考明、清两代《惠安县志》而进行编制。2. 古乡里或存或废或改名或移址，本表未能确辨故录入难于周全。3. 表中辋川所辖村属惠安县。

村姓资料员与审核员名表

表五

序号	村居	2009—2013年资料员	2013年再增补审核员
山腰街道——负责人：庄雪辉，林昀瑜； 工作人员：庄玉宗，陈惠煌			
1	荷池	郑锡亮	郑碧清 郑枝凤
2	龙山	郭庆来 郭景滨	
3	新宅	唐崇金 唐荣生 程顺才 庄绍坤 许平飞	庄兴珍 程文金 陈清财
4	锦塔	庄碧凤 陈金成 庄理庆 庄玉宗	陈金泉
5	陈庄	庄朝阳 庄绍辉	庄凤平
6	锦联	庄秋明 庄锡明	庄育元
7	锦山	庄泉明 庄细目	庄梅萍
8	锦川	庄益文 庄其和	
9	菜堂	庄美聪 庄学如	钟一红
10	埭港	庄永清 庄福星 庄锡仲	
11	钟厝	钟春枝 钟来宝	钟良平
12	鸢峰	钟庆南 钟庆山	钟祖培
13	叶厝	叶志成 叶宝进	叶荣民
14	普安	张炳钦 张进金 唐天泉 姚锦枝 林顺元	姚桂明
15	海滨	高友成 陈文煌 郑碰金 任文来 林庆金 刘木桂	林阳平 周炳舜 何秋金 朱亘如
16	锦祥	庄学强 张淑琴	庄惠民
前黄镇——负责人：吴海鹰，王传林； 工作人员：柯成辉，萧桂英			
1	凤南	连清华 连心良	连明勇
2	凤北	连其兴 李宣才 连龙玉 郑荣金	吴耀辉 陈弼忠
3	凤山	连志强 郑长川	连金明
4	凤阳	连国强	连曙煌
5	凤安	连顺和 连荣春	庄琼红

续表

序号	村居	2009—2013 年资料员	2013 年再增补审核员
6	凤林	连华辉　郑金兴	连木枝
7	坑内	连式能　连庆木　陈良文	连归平　陈水能
8	古县	邱继宏　邱景中　蔡玉聪　林宝贵　许进良　方瓦法　林庆章	黄秀清　朱庆峰　朱友良　刘万成　陈水元　林水明　林俊庭
9	后张	张振玉	
10	前黄	黄奕斌　林宝添　黄英海	黄鹏辉　黄惠龙　赵后成　黄炳瑜
11	三朱	朱秀泉　朱添贵	朱毓谦　蔡法金　梁来法　许惠平　赵世强　颜秀辉　黄伟庆　朱秋贵
12	前烧	吴河辉	
13	香芹	蔡跃彬　蔡友联	张宝珠
涂岭镇——负责人: 萧德宝,吕伟成;　**工作人员:** 刘婉娥,徐燕			
1	清美	潘鹏祥　潘天仕　黄石民　柳国辉　张章美　柳志斌　林育明　李锦山	柳辉良　潘子清
2	白潼	刘国桂　郑清元　柯瑞春　陈玉财　蔡开荣	杨秀英
3	下炉	刘惠阳　王庆忠　黄茂金　黄惠元　刘桂木　刘平煌　张富明	王必龙
4	世上	陈松永　陈玉水　张锦辉　林爱忠	陈惠昭
5	秀溪	吴惠清　吴柳水　王定坤　柯亚成　陈明坤　廖良富　蔡玉荣　蔡桂贵	廖怀忠　潘宝成　张开秀　刘木水　杨滨婷
6	芦朴	黄文江　黄伟平　林锦聪　蔡金德　朱冬玉　陈晚金	黄梅坤　黄地枝　黄卫东
7	汶阳	吴剑梅　吴成来	
8	松园	张乌宗　张能富　曾献辉　李安居　张其南	李冬玉
9	小坝	出国良　出振和　出其中	谢尾财　陈细辉　魏秀忠　谢川民　邱永顺
10	涂岭	郑献生　蔡志平　王志忠　陈细成　张文辉　朱凤山　张德才　蔡晏福　章纪辉　王拱奇　王拱文　蔡文加	王少聪　李瑞聪　朱小丽　王晓龙
11	溪头	王延阳　王茂清　潘炳元　黄瑞聪	吴延珍　张志强

续表

序号	村居	2009—2013 年资料员	2013 年再增补审核员
12	幸福	林必宗　郑亚才　刘金良	
13	涂型	陈清民　张印水　陈玉川　陈锦川	
14	樟脚	萧联兴　陈碧娥　蔡国平　萧炳坤　陈瑞兴　许宝同　杨春英　庄平川　出秀川　陆秀川	蔡宝辉
15	寨后	陈钊阳　郭水枝　王成珍　林景招　赵秀忠	郑章平　吴荣川
16	黄田	赖其招　陈章英　赖秀章　周采恭	陈伟聪　陈庆春　周太源
17	驿坂	陈红华　陈添恩　张秀聪　黄青山　章清良　曾庆平　许清辉　林庭标　曾庆荣　吴炳煌　曾华彬	周清泉　曾文彬
18	路口	陈锦文　陈聪明　曾德明　陈瑞玉　陈英杰	梁建泉
19	前欧	出文彬　陈英明　张玉川　廖秀辉　廖梅山　许玉珍　韩宝川　周文辉　黄文元　何偏枝　出水聪　萧新民　徐玉恩　孙秀阳　洪伙春　颜启珍	颜启宗　颜枝山　吴荣民
20	溪西	陈炳元　陈送成　叶永泉　陈进元　詹金灶　任锦桂　汪泉德　郑冬木　廖景隆　何温哲　张德法	任丽明
21	五社	何海斌　何庆法	
22	邱后	李伙林　黄德金　许添辉　张志坚　陈秀全　翁锦标　李龙木　周团阳　林金奎	黄晶志　李金木　黄双全　周碧玉
界山镇——负责人：陈宝喜，康良兴；　工作人员：程安明，林劝阳			
1	岭头	张庆泉　林开榜　刘明水　林荣春　林良金	
2	鸠林	陈义清　陈庆南　陈春锦　郭元财　林金福　许顺清　徐子华　施福良　蒋明才　郑金宝　王加富	林志雄　徐忠贤　邱良文　徐丽芳　郑清荣　杨宗棋　吴俊福　郭金华　王元贵　苏占文　俞瑞荣
3	河阳	潘洪鹏　潘明金　潘金泰	
4	大前	陈顺琼　陈玉泉　陈和适　陈添福　陈尚仁	
5	东凉	陈银海　张细祥　陈乌金　陈文盛　朱坤辉	朱良付　陈庆泉　陈春斌　陈国财　陈梅霞　柳丽琴

续表

序号	村居	2009—2013 年资料员	2013 年再增补审核员
6	东张	陈凤财　陈庆星　陈志庆	
7	界山	柯世狮　柯子华	柯文贵　柯益洪　柯得进
8	鹅头	潘正凤　潘荣洪　潘一修　郑宜平　连祥春　陈其祥　陈玉仁	吴良喜　黄东升　陈春祥
9	槐山	林秀河　林凤文　林庆梅	林春贵　林剑棠
10	玉湖	陈长林　陈顺燕	
11	下朱	林文秀　林平坤　林其顺	林剑南　沈建宗
12	狮东	吴庆平　吴子林　蒋德恩　蒋春阳	吴金垒　吴文清　蒋坤华
13	玉山	林宗澄　林顺辉　黄平华	林建和　林　雄
南埔镇——负责人：陈秋才，刘建阳；　**工作人员：**林临昕			
1	南埔	林永才　林敬兴　詹顺良　陈荣贵　辜锡坤　吴秀忠　林华猛　林森通　林金泉　许时装　刘春锦　萧清龙　杨金贵　张玉清	林　煌　许瑞东　杨文峰　刘团结
2	柳厝	柳秀辉　柳宗朴　连福成　连庆祥　王惠凤　曾玉清	
3	塘头	林锦兴　蔡建平　蔡进文　蔡国清　蔡钦宾　陈玉山　陈益明　林秋荣　刘财岩　萧宗荣　黄宝辉　汪顺添　杨进顺　詹水春　温文荣　郭玉顺　詹坤付	萧辉煌
4	天湖	林鸿山　陈兴发　林秀峰　詹顺发　柯瑞才　谢荣金　张景发	蔡宗辉
5	天竺	王　论　陈锦华　陈文荣　陈宗枝　陈庆法　王添明　王茂荣　陈明贵	
6	仙境	吴宗海　吴荣辉　吴淑斌　吴友明	吴国龙　刘贞贞　吴友开　刘梅文
7	凤翔	陈秀发　陈秀枝　刘才如　吴春泉　陈宗海	陈道友　刘庆龙
8	施厝	施国进　施贻龙　施振贵　施顺金　麦金水	麦秋荣　施丽玉
9	仑头	陈玉章　陈玉水　陈龙明　施月英　郑荣富　郑顺金	陈培成

续表

序号	村居	2009—2013 年资料员	2013 年再增补审核员
10	先锋	林必华　陈才金　萧国柱　张泉宝　萧志洪　杨友仁　刘景德　刘友水　康章兴　蔡新飞　庄鹏广	张淑英　张明泉　蔡清辉　林玉才
11	邱厝	邱文胜　邱德金　邱金法　邱学良　邱玉才　邱顺裕	邱金荣
12	柯厝	柯惠嘉　柯德聪　柯文勇　柯顺宗　麦锦同　麦仙发　林宗玉	柯煌发　柯玉清　林顺兴
13	沙格	王景清　王锡明　王清锦　陈兴德	王德添
14	萧厝	萧宗金　萧　波　萧德清　萧辉生	萧国宁
15	惠屿	萧清林	萧小平
后龙镇——负责人：蒋海昆，蔡志阳；　**工作人员**：林淑红，王华章			
1	上西	张如庆　张仕海　陈兴良	张惠明
2	峰前	王传伟　王荣玉　王传富　萧秋森　刘能海　郭顺贵　郑元金　张国意　林加祥　陈文法	刘坤良　王梅雅　刘舟平　王伟斌　陈文坤　郭顺贵　郑宗芳
3	许厝	黄炳章　许荣宗　许顺庆　陈枝春　张泉锦　黄美金　黄金贵	陈永九　张德坤
4	后垅	刘玉祥　刘双萌　陈兴水　刘凤翔	
5	后田	刘汉滨　刘顺泉　杨庆龙　刘来水	刘开锦　刘友坤
6	土坑	刘永才　刘嘉煌　周永元　郭文贵　刘祖英	刘惠强　郭志阳　郭琼贤
7	东山	刘秀良　刘明星	刘俊辉　郑泽宏　刘森兴
8	田里	陈玉顺　陈美才　陈献林　陈文泉　刘来泉	林秋贵　陈永富
9	鹳(割)山	陈惠坤　陈开登	陈宗顺　陈文正　陈芳梅　陈团平
10	坑仔底	陈震川　陈评章　黄建聪　郭玉枝　涂春金	陈远波
11	后龙	陈丽明　陈良贵　陈荣梁　林荣贵　黄清法　王其顺　刘荣茂	王阿文
12	柳亭	郭滨东　郭辉阳	陈文来　郭永清　郭昌明　洪龙顺　许荣玉　陈兴泉

续表

序号	村居	2009—2013 年资料员	2013 年再增补审核员
13	栖霞	林锦祥　林庆辉　林珠荣	林志鹏　郑锦聪
峰尾镇——负责人：庄剑锋，庄俊洋；　**工作人员：**郭景滨，刘良钗			
1	诚峰	刘华龙　刘宗湖　黄初宗　杨朝阳	
2	诚平	林配宗　黄三备　刘宗凯　林世荣 李阿孙　萧美辉　卢顺宝　陈顺福	林荣全　李双宝　陈碧玲 涂明真
3	前亭	房太国　陈子华　房聪顺　林良法 张恭顺　刘顺宗　萧秀全	林传龙　林金泉　房宗彩　房佩英 陈　路　陈丽兴　陈荣森　陈爱文
4	峥嵘	郑龙桂　郑荣辉	郑玉才
5	上楼	林文銮　林志阳　林平法	林琼顺　卢坤法
6	联岩	郑忠华　朱宗逊　朱金吉　郑玉清 陈振顺　陈泉建　张金福　唐玉才 卢秋顺　任其顺　林其辉	郑真法　郑顺林　林发明
7	郭厝	郭淑荣　张如顺　郭金来	郭龙海
8	奎壁	林惠峰　林成重　林温法　庄德金	林春梅

注：表中各村负责人系时任村（居）主任。街道、镇负责人系时任党委秘书；工作人员系镇党政办人员。2009 年资料员兼 2013 年审核员及村主任不重复出现。资料员所分工负责的姓氏表中不予体现。

当代人物部分核审单位和人员名表

一、异地商会或乡贤

表六

核审区域或核审单位		核审人	担任职务
北京市		庄清宝	泉港区北京经济与文化促进会会长
		林秀权	中国老教授协会编审委员会理事
		肖群森	泉港区北京经济与文化促进会常务副会长
		肖文煌	泉港区北京经济与文化促进会秘书长
		林梅英	泉港区北京经济与文化促进会副秘书长
上海市		林竞君	上海市委办公厅市区工作处副处长
		郑良贤	上海建配龙集团董事长
江苏省		刘荣权	江苏常州市米聪智能科技有限公司董事长
浙江省		郑文庭	浙江大学副教授
		林明宝	浙江省杭州市上城区中山中路
福建省	福州市	张金栋	福州市泉州泉港商会高级顾问
		陈竹丛	福州市泉州泉港商会名誉会长
		陈庆堂	福州市泉州泉港商会会长
		陈松青	福州市泉州泉港商会监事长
		陈金长	福州市泉州泉港商会副秘书长
		吴美铨	泉港区政府驻榕办主任
	厦门市	王少雄	厦门市泉州泉港商会会长
		刘荣忠	厦门市泉州泉港商会常务副秘书长
		施明龙	厦门市泉州泉港商会副秘书长（南埔）
		林爱勇	厦门市泉州泉港商会副秘书长（界山）
		陈亦松	厦门市泉州泉港商会副秘书长（后龙）
		刘建河	厦门市泉州泉港商会副秘书长（峰尾）
		庄华阳	厦门市泉州泉港商会副秘书长（山腰）
		张　榕	厦门市泉州泉港商会副秘书长（前黄）
		曾长虹	厦门市泉州泉港商会副秘书长（涂岭）
	漳州市	陈秀勋	漳州市泉州商会副会长
	泉州市	陈明泉	泉台交流协会秘书长
		朱定波	泉港区政府文化顾问团团长
		林聪顺	泉州市卫生局原调研员
		陈宗元	原泉州市委党校讲师
		刘地养	《人民论坛》泉州站站长

续表

核审区域或核审单位		核审人	担　任　职　务
福建省	泉州市	林辉才 刘建锋	泉州市农机管理总站副站长 泉州市直机关工委干部
	三明市	林金来	三明市三元区政协副主席
	莆田市	黄建富 林顺富	莆田市委台办副主任 福建华泉房地产公司董事长
	南平市	肖惠民	南平市光泽县政府办副主任
	龙岩市	肖凌安 陈国华 陈文泉	龙岩市惠安泉港台商区商会会长 龙岩市惠安泉港台商区商会秘书长 龙岩市惠安泉港台商区商会办公室主任
	宁德市	陈锦耀	宁德市木材公司汽车队
江西省		郑宗文	江西省国防工业办公室原主任
山东省		陈贤强	山东省青岛闽联商贸有限公司董事
广东省		连国鹏 林忠华 林文生 林敏敏 刘国斌 刘月章	广东省泉港经济文化促进会会长 广东省泉港经济文化促进会顾问 广东省泉港经济文化促进会副秘书长 广东省泉港经济文化促进会工作人员 深圳市泉州泉港商会会长 深圳市泉州泉港商会秘书长
海南省		林志强 黄生辉 连式林 陈宝顺	海南省海口市福建泉港商会会长 海南省海口市福建泉港商会监事长 海南省三亚市福建泉港商会会长 海南省三亚市福建泉港商会监事长
贵州省		庄宗杰	贵阳医科大学原党委副书记、副院长
云南省		吴龙清	西双版纳州福建商会理事长
西藏自治区		柯元枝	西藏自治区福建商会会长
陕西省		郑益洪 张章顺	西安市福建泉港商会会长 西安市福建泉港商会办公室主任
台湾地区		汪宏远 肖宗健 肖如建	台中市惠安同乡会理事长 台北市闽南同乡会理事 台湾怀恩慈善福利协会负责人

二、区直有关部门

单　　位	姓　名	职　　务
区委办公室	陈丽云	区委党史研究室副主任
区人大常委会办公室	刘大安	副主任、主任科员
区政府办公室	柯金清	区方志办副主任科员，借用政府办
区政协办公室	邱良清	学习文史委副主任
区纪委办公室	陈学明	办公室科员
区委组织部	姚泽安	前黄镇市场监督管理所指导员
区委统战部	龚锦泉 叶彬彬 吴海鹰 林伟婷	副部长、统战系统党委书记 副部长、工商联党组书记 统战系统党委专职副书记 工作人员
区方志办	林珠金 黄丽虹	聘用人员，专职核对当代人物部分 工作人员
区教育局	肖腾伟	副局长
区人事劳动和社会保障局	陈志蓉	副局长
区农林水局	庄小阳 王　琪	综合股负责人 工作人员
区文体新局	连　励	主任科员
区卫生局	柯春付	纪检干事
区侨台外事局	郑月琼 丁思金 庄碧英 庄秀琼	局长 副局长 外事侨务股负责人 台湾事务股负责人
区科技局	肖来章	副局长
区总工会	林宗宝	副主席、主任科员
区工商联	庄学明	常务副主席
区侨联	王梅珠	主席
山腰盐场	邱丽丽	宣传委员

三、各镇（街道）

单位	姓　名	单位	姓　名	单位	姓　名
南埔镇：刘建阳					
南埔村	林华孟	仙境村	吴国龙	邱厝村	邱金荣
柳厝村	王国梅	凤翔村	陈宗海	柯厝村	柯煌发
塘头村	林锦兴	施厝村	施振贵	沙格村	陈兴德
天湖村	林鸿山	仑头村	施月英	肖厝村	肖　波
天竺村	陈文金	先锋村	张淑英	惠屿村	肖小平
界山镇：康良兴					
岭头村	林志雄	东张村	陈庆友	下朱村	林文秀
鸠林村	陈义清	界山村	柯文富	狮东村	吴金垒
河阳村	潘洪鹏	鹅头村	郑宜平	玉山村	林建和
大前村	陈荣祖	槐山村	林剑棠		
东凉村	陈泉和	玉湖村	陈长林		
后龙镇：蔡志阳					
上西村	张惠明	土坑村	刘惠强	后龙村	陈黎明
峰前村	王梅雅	东山村	刘俊辉	柳亭村	郭辉阳
许厝村	黄炳章	田里村	陈玉顺 陈丽鹏	栖霞社区	林志鹏
后圩村	刘玉祥	割山村	黄丽云		
后田村	刘开锦	坑仔底村	陈远波		
峰尾镇：林志江					
诚峰村	刘荣泰	峥嵘村	郑章才	奎璧村	林春梅
诚平村	林宗英	上楼村	林琼顺	郭厝村	郭龙海
前亭村	房招平	联岩村	林龙华		
山腰街道：林昀瑜					
荷池社区	郑碧清	锦联村	庄绍宝	鸯峰村	钟乞春

续表

单位	姓　名	单位	姓　名	单位	姓　名
龙山社区	郭庆来	锦山村	庄细目	叶厝村	叶荣民
新宅社区	庄水金	锦川村	庄民义	普安村	姚桂明
锦祥社区	庄一斌	菜堂村	钟一红	海滨村	朱亘如
锦塔村	庄国春	埭港村	庄占彬		
陈庄村	庄朝阳	钟厝村	钟春枝		
前黄镇： 郑瑞彬					
凤南村	连明勇	凤林村	连华辉	三朱村	朱毓谦
凤北村	连其兴	坑内村	连旧平	前烧村	吴河辉
凤山村	连金明	古县村	黄秀清	香芹村	蔡跃彬
凤阳村	连曙煌	后张村	张振平		
凤安村	庄琼红	前黄村	黄鹏辉		
涂岭镇： 郑伟伟					
清美村	潘子清	小坝村	出东玉	驿坂村	陈红华
白潼村	刘国桂	涂岭村	郑献生	路口村	陈　锦
下炉村	王必龙	溪头村	王志阳	前欧村	出文彬
世上村	陈松永	幸福社区	郑永安	溪西村	陈平辉
秀溪村	廖怀忠	涂型村	张玉法	五社村	何海斌
芦朴村	黄梅坤	樟脚村	肖联兴	邱后村	黄晶志
汶阳村	吴碧林	寨后村	吴荣川		
松园村	张乌宗	黄田村	陈伟聪		

后 记

《泉港姓氏志》系泉港区首部专志书。2003年福建省方志委下文部署后，修纂过程断断续续，几经波折，如今终于编纂成书。这部由近百万字资料和上千张图片形成的“泉港大族谱”，让泉港百姓千年历史首次得到抢救、归集、整理，实属不易，弥足珍贵。

2009年5月，经过反复论证、充分酝酿，开创性运用“政府主导，民间运作，全面发动，开门修志”的工作模式，秉着“为祖公做件善事，给子孙留点史料”的善念，与各村各姓资料员、审核员互动配合，采取查文献、开座谈、访宗亲、问老人、寻古物、察遗址等方法发掘抢救丢失已久的记忆。从村姓入手，通过各种办法最大限度激发各村姓资料员的参与热情，增强采编人员的责任感和使命感。在形成高度共识和深刻认识的基础上，认准“资治、教化、存史”的修志目标，力求资料入志的“实、全、准”，掀起民间新一轮抢救家族史料、保护姓氏文化的热潮，历经22稿定编，以翔实的史料记载了泉港各姓氏的起源嬗变历程，反映了各姓氏在泉港发展繁衍的历史与现状，而且通过搜集、归类、考究和审核的编纂过程，在全区范围内整体性地普及了方志知识，增强了方志意识，锻炼了方志队伍，激发了基层活力，承传了姓氏文化，服务于社会进步和经济建设。

时逢盛世，修志存史的优良传统得到光大弘扬，《泉港姓氏志》因之应运而生。感谢这个伟大的时代、和谐的社会、文明的国度，创造了一个历史机遇。

感谢历代修纂志书、修纂族谱、保存家族记忆的前辈先贤，留下了珍贵的史料线索。修志过程中，得到区委、区政府的重视支持，福建省方志委、泉州市方志委、区方志委的关心指导和陈支平、林浩、蔡干豪、李连秀、凌文斌、陈桂炳、林龙海、林少川、林永平、陈开登、林珠金等各路方家学者，以及台胞肖宗健、肖如建等的支持帮助。异地商会、相关部门和惠安县方志办、档案局、图书馆等兄弟单位也提供了宝贵资料，全区100个行政村（居）的1007名资料员、审核员和诸多默默工作的参与者们作出了不懈努力。实践证明，这是全区内外古今的集体智慧和众人通力合作的成果结晶。

首修不易，其实不懂。除方志体例体裁难以把持外，所编纂对象涉及面广，时间跨度大。而族谱史料匮乏零散、核实取证烦琐艰难等问题自始至终难以克服。编者在干中学，在学中干，诚惶诚恐，仍有疏漏。特别是对港澳台和海外知名人士的把握上，由于资料缺乏，加上沟通渠道有限，错漏相对较多，拟待修编《泉港人物志》时予以补充完善。工程浩大，心力有限，留下遗憾，敬请谅解！但愿在不久的将来，有识之士续修勘误，更望在一定的历史阶段，有志之士发力扛鼎推翻重修。这是我们真诚的希望，更是全体泉港人共同的责任！

编　者

2015年9月

图书在版编目（CIP）数据

泉港姓氏志 / 泉港区地方志编纂委员会编. --北京：方志出版社，2016.6
ISBN 978-7-5144-1811-8

Ⅰ.①泉…　Ⅱ.①泉…　Ⅲ.①姓氏-研究-泉州市
Ⅳ.①K810.2

中国版本图书馆CIP数据核字(2015)第282021号

泉港姓氏志

编　　者：泉港区地方志编纂委员会
责任编辑：黄　彦
出 版 人：冀祥德
出 版 者：方 志 出 版 社
地址　北京市朝阳区潘家园东里9号（国家方志馆4层）
邮编　100021
网址　http://www.fzph.org
发　　行：方志出版社发行中心
电话（010）67110500
经　　销：各地新华书店
印　　刷：泉州市泉港福利印务有限公司（0595-87991999）
开　　本：889*1194　1/16
印　　张：28.75
字　　数：956 千
印　　次：2016 年6月第 1 版　2016 年6月第 1 次印刷
印　　数：0001～2000 册
ISBN 978-7-5144-1811-8　　定价：266元